D1755487

# Die Dynamik des Wandels

Schweizerischer Bankverein 1872–1997:
Das fünfte Vierteljahrhundert

Peter G. Rogge
unter Mitarbeit von
Peter Unold

Dr. Peter G. Rogge, Jahrgang 1931, gebürtiger Norddeutscher, Schweizerbürger seit 1972. Studium der Nationalökonomie an der California State University sowie an den Universitäten Göttingen und Basel; 1957 Dr. rer. pol. in Basel.

1957 bis 1959 Forschungsarbeiten für die EWG und Beratertätigkeit beim Stanford Research Institut in Zürich. Von 1960 bis 1977 bei der Prognos AG in Basel, zunächst als Projektleiter, ab 1962 als Geschäftsführer und ab 1967 als Vorsitzender der Geschäftsleitung. 1977 zum Schweizerischen Bankverein, zunächst (im Range eines Direktors) betraut mit der Koordination und Kontrolle der Nichtbanktochtergesellschaften und -abteilungen der Bank, ab 1981 mit der Leitung eines Stabsbereichs, und schliesslich von 1990 bis zu seiner Pensionierung im März 1994 mit der Ressortleitung für Volks- und Betriebswirtschaft in der Bankverein-Generaldirektion. Gleichzeitig weiterhin bei Prognos, zunächst bis 1989 als Verwaltungsratspräsident und seither als Vorsitzender des Wissenschaftlichen Beirats. Mitglied der Aufsichtsgremien zahlreicher Institutionen und Unternehmen. Zahlreiche Publikationen und internationale Vortragstätigkeit über aktuelle Wirtschaftsfragen. Verheiratet, drei erwachsene Kinder, in Reinach (Baselland) ansässig.

Herausgegeben durch den Schweizerischen Bankverein
anlässlich seines hundertfünfundzwanzigjährigen Bestehens

Basel 1997

Die Deutsche Bibliothek – CIP-Einheitsaufnahme
Rogge, Peter G.: Die Dynamik des Wandels : Schweizerischer Bankverein 1872–1997: Das fünfte Vierteljahrhundert / Peter G. Rogge. Unter Mitarbeit von Peter Unold. – Basel : F. Reinhardt, 1997.
ISBN 3-7245-0947-2

1. Auflage 1997
Alle Rechte vorbehalten
Copyright 1997 by Schweizerischer Bankverein, Basel
Kommissionsverlag Friedrich Reinhardt Verlag, Basel
Gedruckt in der Schweiz
ISBN 3-7245-0947-2

## Geleitwort

Jubiläen markieren Etappen auf dem Lebensweg einer Unternehmung und bieten Gelegenheit, den Blick auf die wichtigsten Ereignisse und Entwicklungen zu werfen, die eine Firma bis zum heutigen Tag prägten und beeinflussten. Aus Anlass des 125. Geburtstages des Schweizerischen Bankvereins lassen wir besonders die letzten 25 Jahre Revue passieren, die für den Fortschritt der Bank von entscheidender Bedeutung waren. Dr. Peter G. Rogge, der während 24 Jahren leitende Funktionen in unserer Gruppe wahrgenommen hat, hat die grosse Aufgabe übernommen, die Fakten zusammenzutragen und die vorliegende Chronik zu redigieren. Ich danke ihm ganz herzlich dafür.

Wir haben dem Autor selbstverständlich freie Hand gelassen. Er nutzte dies, um ein realistisches Bild der Ereignisse zu entwerfen. Offen und ehrlich wird die Geschichte einer Bank mit ihren Erfolgen, aber auch ihren Rückschlägen, nachgezeichnet. Im Vordergrund steht dabei der tiefgreifende Strukturwandel, der zur heutigen Organisation, zu unserer Erfolgskultur und zur starken Marktstellung des Bankvereins führte.

Drei wesentliche Entwicklungen kennzeichneten in den vergangenen Jahren den Weg unserer Bank zu neuen Ufern: der Umbau des Schweizer Geschäfts, der Vorstoss auf die Weltmärkte und die Konzentration auf unsere Kernkompetenzen.

In der Schweiz brachte uns eine tiefgreifende Reorganisation auf den Pfad des Erfolgs zurück. Wir führten im Konzern die funktionale Führung ein und richteten unser Geschäft konsequent auf die Kundenbedürfnisse aus. Der Abschied von einer Epoche mit ihren Traditionen und «kleinen Königreichen» war zwar schmerzhaft, setzte jedoch ungeahnte Energien frei und beeinflusste die Performance unseres Unternehmens positiv. Obwohl der rasante Kurswechsel einen regelrechten Kulturschock auslöste, zweifelt im Rückblick niemand mehr an dessen unbestrittenen Vorteilen.

Die zweite markante Entwicklung resultierte aus unserer zielstrebigen Offensive auf den Weltmärkten. Mit der Akquisition von *O'Connor Partners*, Chicago, gelang es dem Bankverein, eine führende Marktstellung im Risikomanagement und speziell im Geschäft mit Derivaten zu erobern. Mit *Brinson Partners* sicherten wir uns zudem eine Hauptrolle im internationalen Geschäft mit den Institutionellen Anlegern. Dank der Professionalität und des erworbenen, hochentwickelten Know-how wurden wir rasch zu einem Schlüsselspieler auf diesen Märkten. Was danach folgte, entspricht einer logischen Entwicklung: Durch die Verbindung mit unserer eigenen, breiten Kundenbasis konnten wir diese stark nachgefragten Dienstleistungen noch rentabler gestalten. Auch bei der Akquisition der britischen Investmentbank *S.G. Warburg* ging es um die Nutzung komplementärer Stärken. Aufgrund einer raschen Integration sicherten wir uns innert kürzester Frist Spitzenpositionen auf verschiedenen Gebieten des internationalen Investment Bankings.

Im letzten Jahr schliesslich richteten wir unsere Organisationsstruktur konsequent auf die vier für

Geleitwort

uns relevanten Kerngeschäfte Private Banking, Investment Banking, Institutionelle Vermögensverwaltung sowie das Retail- und Firmenkundengeschäft in der Schweiz aus. Mit zukunftsweisenden Massnahmen – einer Konzentration der Stabs- und Logistikfunktionen auf drei Regionen, der Straffung unserer Filialstruktur und einem radikalen Systemwechsel in der Rückstellungspolitik – werden wir unser Ergebnis insbesondere im Unternehmensbereich Schweiz nachhaltig verbessern können.

Die internationalen Finanzmärkte kennzeichnen sich durch eine weiter fortschreitende Globalisierung. Darüberhinaus beeinflussen neue Technologien wie das Electronic und das Home Banking zunehmend die Bedürfnisse und das Verhalten unserer Kunden. Die Bank muss sich diesem permanenten Wandel dynamisch anpassen.

Dank einer reichen Erfahrung im Umgang mit Veränderungen ist der Schweizerische Bankverein auf künftige Herausforderungen bestens vorbereitet. Wir verfügen über innovative und hochmotivierte Mitarbeiterinnen und Mitarbeiter, die bereit sind, unsere starke Stellung in zunehmend kompetitiven Märkten zu verteidigen und zu festigen. Aus unserer erfolgreichen jüngeren Geschichte schöpfen wir somit die Kraft zu neuen Taten. Oberste Zielsetzung unserer Bank ist und bleibt es, Mehrwerte zu erwirtschaften und damit das Vertrauen unserer Kunden und Aktionäre zu rechtfertigen. Ich wünsche Ihnen viel Vergnügen bei der Lektüre dieser Jubiläumsschrift.

Basel, im Frühjahr 1997

Dr. Georges Blum
Präsident des Verwaltungsrates

# Inhaltsverzeichnis

Seite

**Vorwort** 9
**Prolog** 15
**Einführung: Die Dynamik von Wandel und Wachstum** 17

## Teil 1
## Die Entwicklung des Geschäfts: Geschäftsarten und Geschäftssparten im Wettlauf

### Kapitel 1
### Schweizerisches Kommerzgeschäft im konjunkturellen und strukturellen Wandel 29

**Abschnitt 1: Inlandkreditgeschäfte** 29
- Kommerzkredite in wechselvollen Zeitläufen 31
- Hypothekarkredite: Wachstum der Märkte und der Risiken 38
- Alternative zu Krediten: Leasing 41
- Risiken im Inlandkreditgeschäft 41

**Abschnitt 2: Exportfinanzierung** 49
- Exportförderung und Exportrisiken 49
- Forfaitierungen und Factoring: Unterstützung für Exporteure 51
- Beratungsdienste für schweizerische Exporteure 52

**Abschnitt 3: Andere Dienstleistungen für schweizerische Firmenkunden** 54
- Cash und Informations-Management: Effizienz für die (und bei den) Kunden 54
- Unterstützung der Firmenkunden bei der Personalvorsorge 56

**Abschnitt 4: Effizienzsteigerung im Firmenkundengeschäft** 59
- Permanente Bemühungen um Effizienz ... 59
- ... und Rentabilität 59

### Kapitel 2
### Kapitalmärkte und internationale Kreditgeschäfte 63

**Abschnitt 1: Emissionsgeschäft in der Schweiz** 63
- Inländische Obligationen-Emissionen: Stark schwankend, aber stark wachsend 64
- Neue Finanzierungsinstrumente für volatile Märkte 67
- Inländische Aktienemissionen: Investment Banking à la suisse 69
- Ausländisches Emissionsgeschäft: Der Turntable in Bewegung 71

**Abschnitt 2: Internationales Kapitalmarktgeschäft** 77
- Eurobondgeschäft: Mitwirkung an einer Explosion 79
- Finanzinnovationen in der Offensive – offensiv in Finanzinnovationen 85
  - Euronotes 85
  - Eurocommercial Paper-Programme 87
  - Liability Swaps 88
- Internationale Aktienemissionen: Globalisierung in »action« 89

**Abschnitt 3: Internationales Kreditgeschäft** 94
- Eurokreditgeschäfte – im Zeichen des Petrodollar-Recycling ... 95
- ... und nach der internationalen Schuldenkrise 96
- Vorsorgliche Massnahmen im internationalen Kreditgeschäft 98
- Nicht verschont von Problemfällen 100

**Abschnitt 4: Derivative Finanzinstrumente** 103
- Früher Einsatz von Absicherungsinstrumenten 104
- O'Connor: Schrittweise vollzogene »Brain-Transplantation« 107
- Stellungsausbau im Derivativgeschäft 110
- Risiko-Management für Risikomanagement-Produkte 112

**Abschnitt 5: Devisenhandel und Geldmarktgeschäfte** 114
- Im Banne staatlicher Eingriffe ... 115
- ... und im Sog der Kräfte des Marktes 117

**Abschnitt 6: Edelmetallhandel und Handelsfinanzierungen** 121
- Alte Prominenz im Edelmetallhandel ... 121
- ... und vorübergehende Prominenz im Rohstoffhandel 124

### Kapitel 3
### Global Corporate Finance: Vielfältiges Financial Engineering 127

**Abschnitt 1: Frühe Wurzeln** 127

**Abschnitt 2: Ausbau der Corporate Finance-Organisation** 130
- Knüpfung eines Standortnetzes 132
- Aufbau einer Führung 133
- Verankerung im angloamerikanischen Markt 135

| | |
|---|---|
| **Abschnitt 3: Corporate Finance-Geschäfte** | **140** |
| – Finanzierung von Projekten | 141 |
| – «Mergers & Acquisitions» | 143 |
| – «Equity Banking» | 145 |

**Kapitel 4**
**Vermögensverwaltung für institutionelle und private Kunden** — **149**

| | |
|---|---|
| **Abschnitt 1: Institutionelle Anleger** | **150** |
| – Aufbau einer Portfolio Management-Gruppe | 151 |
| – Auf dem Weg zum «Global Player» im Institutionellen Asset Management | 155 |
| – Ausbau der Informatik in der institutionellen Vermögensverwaltung | 157 |
| **Abschnitt 2: Private Anleger** | **159** |
| – Privatbanken: Verlängerter Arm des Bankvereins zu den Privatkunden | 159 |
| – Privatkundengeschäft im Aufwind | 163 |
| – Anlagefonds im Vormarsch | 166 |
| – Gepflegte Spezialität: Corporate- und Trust-Geschäft | 170 |

**Kapitel 5**
**Retail Banking – Kleinkunden in grosser Zahl** — **175**

| | |
|---|---|
| **Abschnitt 1: Von den Anfängen bis zur Systematisierung** | **178** |
| – Vom Sparheft zu den Kundenkonten | 178 |
| – Vom Bargeld zu den Karten | 181 |
| – Produktestandardisierung im Vormarsch | 186 |
| **Abschnitt 2: Von der Diversifikation bis zum Marketing** | **187** |
| – Kleinkredite im Wandel | 187 |
| – «Allfinanz»-Aktivitäten | 188 |
| – Produktinnovationen mit der Elektronik und für die Jugend | 190 |
| – Marketing – Schlüssel zum Retail Banking | 194 |

# Teil 2
# Strukturveränderungen in veränderten Marktstrukturen – Bankstrukturen und Marktstrukturen im Wandel

**Kapitel 1**
**Finanzmärkte und Marktpräsenz des Schweizerischen Bankvereins** — **203**

| | |
|---|---|
| **Abschnitt 1: Marktführer im schweizerischen Bankenmarkt** | **203** |
| – Schweizer Bankenmarkt im Umbau | 204 |
| – Schweizerischer Bankverein im Ausbau | 208 |
| **Abschnitt 2: «Global Player» im internationalen Bankenmarkt** | **218** |
| – Internationaler Bankenmarkt in Revolution | 218 |
| – Internationale Schwerpunkte des Schweizerischen Bankvereins | 220 |
|    Der Bankverein in London | 223 |
|    Der Bankverein in Luxemburg | 226 |
|    Der Bankverein in Frankfurt | 229 |
|    Der Bankverein in Paris | 233 |
|    Der Bankverein in New York | 235 |
|    Der Bankverein in Tokio | 241 |
|    Der Bankverein in Südostasien | 245 |
|    Der Bankverein in Lateinamerika | 248 |

**Kapitel 2**
**Führung und Organisation der Bank** — **253**

| | |
|---|---|
| **Abschnitt 1: Organisationsstrukturen in der Entwicklung** | **255** |
| – Von der «Oberbehörde» zur Geschäftsleitung | 255 |
| – Von der Geschäftsbank zum Finanzkonzern | 257 |
| **Abschnitt 2: Logistik als stete Herausforderung** | **267** |
| – Der Vormarsch von Informatik und Kommunikation | 267 |
|    Die Wunderwelt: Real Time Banking | 268 |
|    Das Zauberwort: Office Automation | 271 |
|    Der Schlüsselbegriff: Kommunikationssystem | 272 |
| – Die Organisation von Informatik und Kommunikation | 274 |
| – Reorganisationsprojekte in der Logistik/Schweiz | 278 |
|    Reorganisation der Filialen: proFIL | 278 |
|    Regionalisierung der Logistik | 280 |
|    Konzentration des Securities Management | 281 |

Straffung des Vertriebsnetzes — 283
  
– Elementarschäden in der Logistik — 284

**Abschnitt 3: Controlling und Risikomanagement als stete Aufgabe** — 287

– Der lange Weg zum Controlling — 287
– Der steinige Weg des Risikomanagements — 294
– Der neue Weg zur «Compliance» — 300
– Die Kosten erwarteter und unerwarteter Risiken — 300

**Kapitel 3**
**Banking is People** — 305

**Abschnitt 1: Entwicklung des Mitarbeiterbestandes** — 305

– Die Zeit der Expansion — 305
– Die Zeit der Konsolidierung — 307

**Abschnitt 2: Entwicklung der Mitarbeiterstrukturen** — 309

– Ausschöpfung von Qualifikationsressourcen — 309
– Einschätzung von Qualifikationsmerkmalen — 311

**Abschnitt 3: Personalpolitik in veränderter Umwelt** — 312

– Ausbildung als Herzstück — 312
  Aufbau der Ausbildung — 313
  Aus- und Weiterbildung der Mitarbeiter — 314
  Aus- und Weiterbildung des Kaders — 316
  Ausbau der baulichen Infrastruktur — 318
– Arbeitsbedingungen als Rahmen — 319
  Gehälter und Bonifikationen — 320
  Soziale Sicherheit — 322

**Kapitel 4**
**Der Bankverein und seine Umwelt** — 327

**Abschnitt 1: Von der Werbung zur integrierten Marketingkommunikation** — 328

– Die Werbung im Inland — 328
– Die Werbung im Ausland — 332

**Abschnitt 2: Vom Mäzenatentum zum Sponsoring** — 336

– Vergabungen — 336
– Sponsoring — 338

**Abschnitt 3: Von Public Relations zu Public Affairs** — 341

– Public Relations — 342
  Investor Relations — 344
  Ökologie — 344
– Public Affairs — 346

**Abschnitt 4: Nachrichtenlose Vermögen aus der Zeit des Zweiten Weltkrieges** — 352

**Rückblick und Ausblick** — 355

**Tabellen** — 363
**Zeittafel** — 379
**Register** — 389
**Legenden zu den Bildtafeln** — 399
**Bildnachweis** — 399

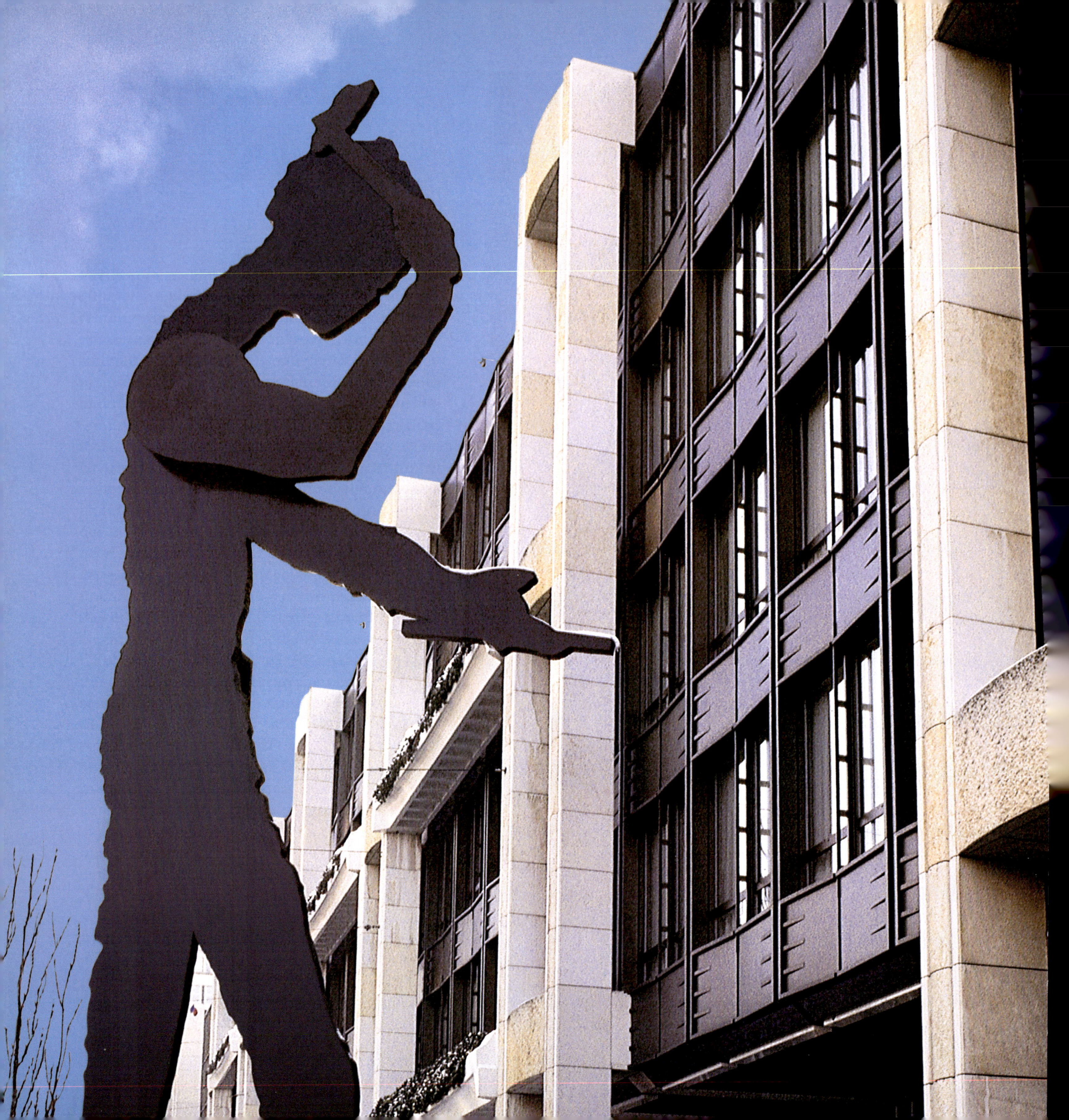

## Vorwort

Das Bankgeschäft ist, mehr noch als andere Geschäfte, ein Geschäft mit der Zukunft. Ob es sich um Kredite handelt oder um Kautionen, um Hypotheken oder Hedgegeschäfte, um Kapitalanlagen oder Konsortialdarlehen, um Devisen oder Derivate, um Obligationen oder Optionen, Termin- oder Treuhandgeschäfte – stets geht es hier und in zahllosen anderen Bankaktivitäten um die Zukunft und speziell darum, ob diese, wenn sie dann zur Gegenwart geworden ist, den bei Geschäftsbeginn gehegten Erwartungen entspricht. Diese Zukunftsorientierung des Banking nimmt neuerdings – wenn das denn überhaupt noch möglich ist – noch weiter zu: Handelsaktivitäten nehmen ebenso wie Risikoabsicherungsinstrumente in der Geschäftstätigkeit einer wachsenden Anzahl von Banken einen immer wichtigeren Platz ein; und ihr Wert hängt letztlich von nichts anderem ab als von den Erträgen und Risiken, die sie in Zukunft erwarten lassen und dann tatsächlich bringen. Stellt man überdies noch in Rechnung, dass die Banken heute im Hinblick auf die sprunghaft wachsende Knowhow-, Kapital- und insbesondere Informatikintensität ihrer Tätigkeit nicht mehr, wie noch vor wenigen Jahrzehnten, zu raschen Kurswechseln in Geschäftsstrukturen und -standorten, Geschäftsarten und -abläufen in der Lage sind, dass sie vielmehr mit ihren heutigen Entscheiden etwa über Ausbildungsschwerpunkte, Kapitalallokation und Informatikkonzepte ihre Zukunft auf längere Sicht programmieren, fortschreiben, dann wird vollends deutlich: mehr als alles andere ist Banking eine zukunftsorientierte Tätigkeit, abhängig in Legitimation und Sanktion von der Zukunft.

Wozu dann aber aus Anlass der 125. Wiederkehr des Gründungstages einer Grossbank wie des Schweizerischen Bankvereins ein Rückblick auf vergangene Zeiten, und sei es auch nur auf die letzten zweieinhalb Jahrzehnte? Die Antwort auf diese, auch innerhalb des Bankvereins in Vorbereitung auf das Jubiläum gestellte Frage folgt paradoxerweise gerade aus der Zukunftsorientiertheit des Banking: denn die Bank heute, ihre Stärken und ihre Schwächen, ihre Ressourcen und ihre Reserven, ihre Risiken und ihre Rückstellungen, ihre Kernkompetenzen und ihre Kundenbeziehungen – alles das ist nichts anderes als das Produkt aller in der Vergangenheit getroffenen (oder nicht getroffenen) Entscheidungen und Massnahmen, gestrige Entscheidungen und Massnahmen heisst das, die heute und auch morgen noch bestimmen, wer und was der Schweizerische Bankverein ist. Dabei ist «gestrig» gewiss nicht wörtlich zu verstehen – zahlreich sind auch unter den Schweizer Grossbanken die Beispiele für den Einfluss von oftmals viele Jahre, gar Jahrzehnte zurückliegenden gewichtigen Transaktionen oder Weichenstellungen, von denen die Marktstellung der Institute auch in Gegenwart und Zukunft noch beeinflusst, wenn nicht gar geprägt wird. Anders ausgedrückt: welche Chancen eine Bank in der Zukunft hat, hängt nicht zuletzt daran, welche Risiken sie in der Vergangenheit gemeistert und welche Ressourcen sie geschaffen hat.

Wäre es nur aus diesem Grunde, so würde er allein die sorgfältige Durchleuchtung der Entwicklungsgeschichte des Bankvereins in den besonders ereignisreichen letzten 25 Jahren aus Anlass seines 125jährigen Bestehens wohl schon rechtfertigen.

Weiteres kommt jedoch hinzu: Da ist einmal die Fülle der Anregungen und Erkenntnisse, die aus der Genealogie eines Bankhauses, seiner personellen, organisatorischen und geschäftlichen Schritte gezogen werden können – nicht zu überschätzen zwar, wenn man (wie der Autor) zur Skepsis darüber neigt, wieviel man aus der Geschichte lernen kann, aber doch auch nicht zu unterschätzen, wenn man allein der Alternativen und ihrer jeweiligen Konsequenzen eingedenk ist, die der Bankverein im Laufe der Jahre in bezug auf Geschäftsarten, Organisationsstrukturen, Standorte, Übernahmen anderer Banken, Partnerschaften und nicht zuletzt auch Kunden- und Konkurrenzbeziehungen gehabt und genutzt (oder nicht genutzt) hat; da sind weiter die auch und gerade für angehende, jüngere Bankiers – die Banker der Zukunft – durchaus nützlichen Einsichten, welche die inzwischen nachweisbaren Folgen bestimmter Verhaltensweisen in der Vergangenheit heute nahelegen; und da ist schliesslich der Einblick in all das, was es zur Entwicklung und Sicherung von Shareholder und Stakeholder Value einerseits, von Unternehmensstruktur und Unternehmensidentität der Bank andererseits braucht (und was dem schadet), den die Analyse der bisherigen Entwicklungen der Bank verspricht.

Hat man sich einmal Rechenschaft über diese Zusammenhänge gegeben und entschliesst sich deshalb – wie im Falle des Bankvereins im Hinblick auf das nahende 125. Jubiläum geschehen – zu einer systematischen Aufarbeitung der – neueren – Entwicklungsgeschichte der Bank, so ist man alsbald mit einem diesem Vorhaben entgegenstehenden Hindernis konfrontiert, das diese Aufarbeitung schwierig, zugleich aber nun auch dringlich macht: der zunehmend raschere Verfall der Informationen und des Wissens über (scheinbar) abgeschlossene, vergangene Vorgänge. Eine in permanentem Wandel begriffene Unternehmung ist kein Archiv, auch eine für ihre Geschäftsaktivitäten auf sorgfältige Dokumentation angewiesene Bank nicht: Personen wechseln, Abteilungen werden geschaffen und wieder abgeschafft, Bürogebäude werden bezogen und wieder geräumt, Standorte werden etabliert und aufgegeben, Geschäftssparten werden entwickelt, umorganisiert, neu strukturiert – und bei all diesen Vorgängen haben die Beteiligten Wichtigeres zu tun, als die Spuren der Vergangenheit zu sichern. Dieser Umstand, ganz konkret, erwies sich als eines der schwierigeren Probleme bei der Ausarbeitung dieser Bankverein-Geschichte; er war es aber auch, der die Bemühung um seine Lösung (wie unvollkommen diese auch immer herausgekommen sein mag) zu einem Zeitpunkt, da mindestens an das Erinnerungsvermögen vieler der in den letzten 25 Jahren handelnden Frauen und Männer des Bankvereins noch appelliert werden konnte, dringend nahelegte. Die ersten hundert Jahre der Bank waren, zum guten Glück, bereits sorgfältig dokumentiert: das magistrale Werk «Schweizerischer Bankverein 1872–1972» von *Hans Bauer*, das im Jubiläumsjahr 1972 herausgegeben wurde, hält die Geschichte der Bank in dieser Zeitspanne fest.[1]

---

[1] *Hans Bauer*, «Schweizerischer Bankverein 1872–1972», herausgegeben durch den Schweizerischen Bankverein anlässlich seines hundertjährigen Bestehens, Basel 1972. Im folgenden wird auf Ereignisse in den ersten hundert Jahren jeweils dann hingewiesen, wenn in ihnen der Beginn bedeutsamer Entwicklungen in neuerer Zeit erblickt werden kann.

Abzuweichen jedoch war von der von *Hans Bauer* verfolgten Betrachtungsweise der Entwicklung der Bank bei der Darstellung ihrer neueren Geschichte: Seit ihrem hundertsten Jubiläum hat die Bank eine sich sowohl in bezug auf die Geschäftsarten, wie auf die Märkte, wie auch auf die personellen, finanziellen, organisatorischen und technischen Ressourcen immer weiter verzweigende Entwicklung genommen, so sehr, dass eine rein an der Chronologie orientierte Darstellung den unterschiedlichen Entwicklungsvoraussetzungen und -bedingungen einzelner grosser Teile der Bank nicht mehr gerecht geworden wäre, zumal die Permanenz des Wandels zwar an sich nichts Neues war, seine Kadenz aber geradezu unheimlich zugenommen hat. Wir verfolgen deshalb die Geschichte der Bank in der Zeit von 1972 bis 1997 vornehmlich mit Blick auf die verschiedenen Geschäftsarten und Geschäftssparten und auf deren volks- und betriebswirtschaftlichen Abhängigkeiten und treibenden Kräfte (Teil 1); da die Bank aber selbstverständlich mehr ist als die Summe ihrer Teile, sind die übergelagerten Bankstrukturen und Marktverhältnisse Gegenstand besonderer Darstellungen (Teil 2). Dadurch bedingte einzelne inhaltliche Überschneidungen mussten in Kauf genommen werden; aufgewogen werden sie, so ist zu hoffen, durch die bessere Erkenntnis der Kausal- und Entwicklungszusammenhänge, die eine so thematisch zentrierte Betrachtungsweise verspricht. Was allerdings, zu des Autors eigenem Bedauern, weitestgehend ausgespart bleiben musste, sind Reminiszenzen aus dem Bereich des «Menschlich-Allzu Menschlichen»: es hätte nicht nur den Charakter der vorliegenden, auf Verständnis der wirtschaftlichen Vorgänge gerichteten Arbeit beeinträchtigt, sondern auch deren Rahmen gesprengt.

Blickt man zurück auf die gesamte, nunmehr fast 125jährige Geschichte des Schweizerischen Bankvereins, so tritt – neben anderen – *ein* roter Faden besonders hervor: nämlich die ständig unter Beweis gestellte Bereitschaft und Fähigkeit der Bank, sich wechselnden Verhältnissen auf den Finanzmärkten möglichst rasch anzupassen, wenn nicht gar deren Veränderungen «proaktiv» zuvorzukommen. Im Ganzen hat der Bankverein diese permanente Herausforderung mit Erfolg bestanden – das nachhaltige Wachstum von Grösse und Bedeutung der Bank zeugen davon. Dennoch sind auch ihm Wege, die sich im nachhinein als Umwege herausstellten, dabei ebensowenig erspart geblieben wie Rückschläge und Problemfälle unterschiedlichsten Charakters. Das zu verschweigen hiesse, die facettenreiche Entwicklungsgeschichte einer mitten in den Turbulenzen der internationalen Finanzmärkte stehenden Institution unzulässig zu vereinfachen und damit zu verfälschen. Keine derartige Zurückhaltung ist dieser Arbeit auferlegt gewesen; die einzige, dem Autor von der Bank vorgegebene Zielsetzung hat vielmehr darin bestanden, die Entwicklung des Schweizerischen Bankvereins im ersten Quartal seines zweiten Jahrhunderts möglichst sachgerecht und selbstverständlich wahrheitsgetreu nachzuzeichnen. Für das hiermit auch ihm persönlich erwiesene Vertrauen schuldet der Autor den Herren *Walter G. Frehner*, bis kurz vor Fertigstellung grosser Teile dieser Arbeit Präsident des Bankverein-Verwaltungsrates, und seinem Nachfolger *Dr. Georges Blum*, zur Bearbeitungszeit Präsident der Bankverein-Konzernleitung, grossen Dank, einen Dank im übrigen, der auch der gesamten Konzernleitung gilt, die das Vorhaben mit Sympathie verfolgt hat. Dankbar festgehalten sei hier auch die Geduld und die Sorgfalt, mit der sich die beiden genannten Herren um das im Entstehen begriffene Werk gekümmert haben; für die Darstellung der komplexen, aus vielen Fäden unterschiedlichsten Materials gewobenen Bankverein-Geschichte, waren ihre Anregungen und Erläuterungen besonders wertvoll (während allfällige Fehler, so sie trotz allen Strebens nach Sachgerechtigkeit und Faktentreue doch irgendwo Eingang in diese Arbeit gefunden haben sollten, selbstverständlich allein zu des Autors Lasten gehen).

Dank und Anerkennung gilt im übrigen den vielen, hier namentlich nicht einzeln aufzuzählenden ehemaligen und gegenwärtigen Mitarbeitern und Mitarbeiterinnen auf allen Stufen und in allen Teilen der Bank, die ausnahmslos ebenso bereitwillig wie sachkundig Antworten auf die oftmals vertrackten Fragen des Autors nach zurückliegenden Ereignissen, Vorgängen und Zusammenhängen suchten und gaben. Eine spezielle Würdigung aber verdient die Mitarbeit von Chefprokurist *Dr. Peter Unold* an dieser Bankverein-Geschichte; ohne seine nimmermüde, zuverlässige und sachkundige Aufbereitung wahrer Materialberge wäre dieses Buch ebensowenig zustandegekommen wie ohne seine geduldige und sorgfältige Überprüfung zahlloser Namen, Fakten und Zahlen. Weiter sei anerkennend festgehalten, dass es wesentlich Direktor *Heinz Merzweiler*, dem langjährigen Werbechef des Bankvereins, zu danken ist, wenn (und dass) die Umsetzung des Manuskripts in ein Buch gelungen ist; hier waren nach Abschluss der Manuskriptarbeiten[1] noch mancherlei technische Hürden zu überwinden. Und schliesslich sei auch die Arbeit der Bankverein-Übersetzer nicht vergessen, die sich mit Sorgfalt und Geduld der nicht immer einfachen Übertragung der – oftmals notgedrungen komplexen – Darstellung der Bankverein-Geschichte in mehreren Sprachen angenommen haben. Hinter allen und allem aber stand Frau *Roselore Junod*; ohne ihren grossen, stets bereiten Einsatz wäre aus dem Autorenmanuskript nie eine druckreife Vorlage geworden, eine Tatsache, für die ihr der Autor ebenso dankbar ist wie für ihre stete, liebenswürdige Hilfsbereitschaft.

Abschliessend noch eine eher technische, doch nicht unwichtige Anmerkung: der Bankverein besteht auf allen Stufen aus Mitarbeiterinnen und Mitarbeitern, Frauen und Männern; wenn in diesem Buch auf die ständige Wiederholung beiden Geschlechtern entsprechender Bezeichnungen verzichtet wird, dann sicher nicht aus leichtfertiger Missachtung dieser Tatsache, sondern allein aus Stil- und Platzgründen. Um so lieber sei es hier festgehalten: dieses Buch ist den Mitarbeiterinnen und den Mitarbeitern des Schweizerischen Bankvereins gewidmet – den Männern und Frauen, denen es zu verdanken ist, dass der Bankverein zu dem geworden ist, was er heute darstellt, und von denen es abhängt, dass er morgen sein wird, was er sein will.

Basel, im Herbst 1996

Peter G. Rogge

---

[1] Redaktionsschluss war der 30. September 1996.

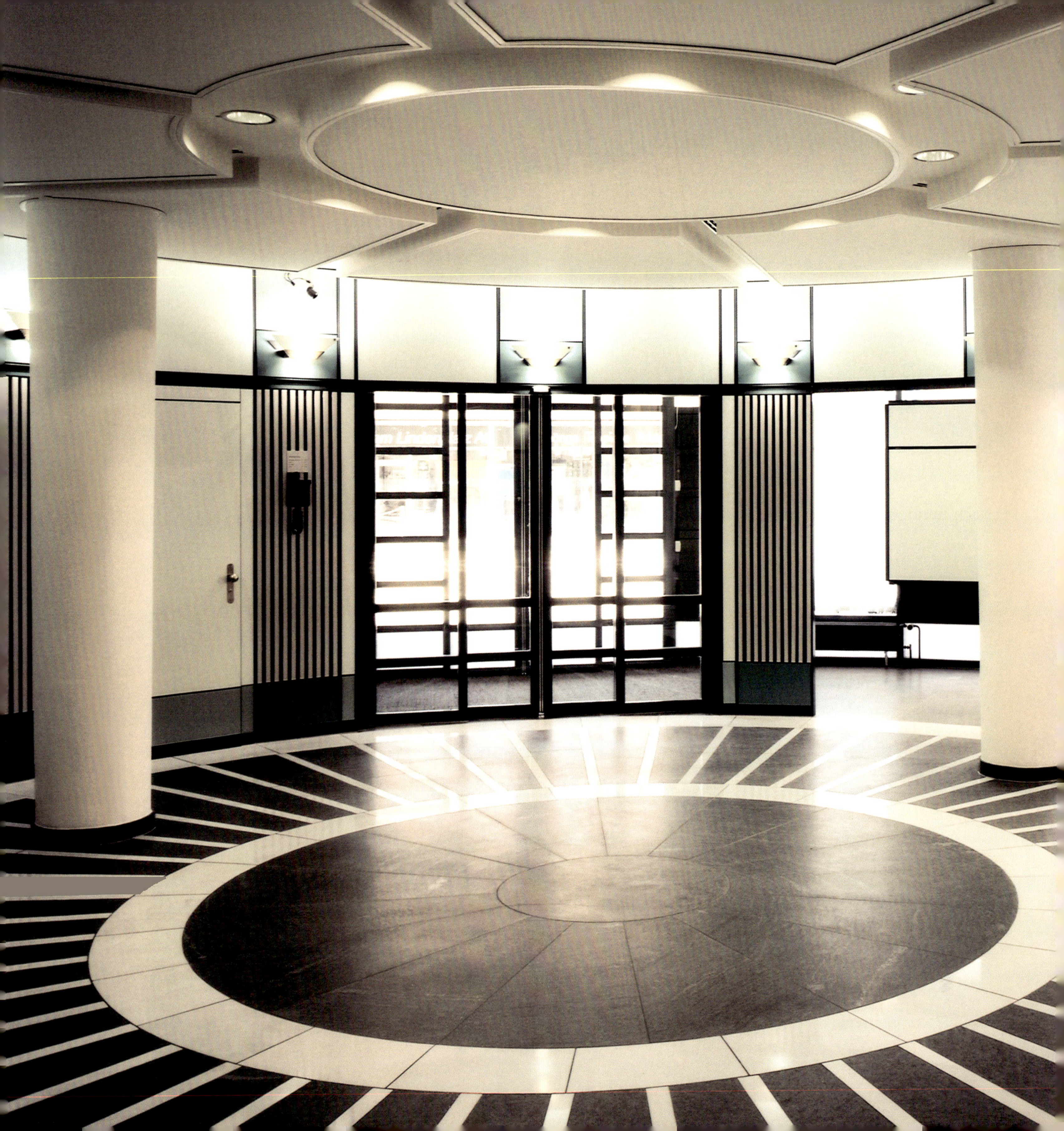

## Prolog:
## An der Schwelle zum zweiten Jahrhundert der Bank

Im Jahre seiner ebenso würdig wie frohgemut begangenen Zentenarfeier, 1972, sah sich der Schweizerische Bankverein – der seine Geschäftstätigkeit im Jahre 1872 am 12. Februar mit der konstituierenden Generalversammlung aufgenommen hatte – gut gerüstet, das zweite Jahrhundert seines Bestehens in Angriff zu nehmen. Nach hundert Jahren einer von Augenmass und Tatkraft aller Beteiligten zeugenden Entwicklung stand er unter den Schweizer Banken in vielfältiger Hinsicht an erster Stelle: Nicht nur wies er unverändert die grösste Bilanzsumme auf, sondern verfügte in der Schweiz über ein für damalige Verhältnisse dichtes Netz von Geschäftsstellen und war im Ausland mit sechs Geschäftsstellen und vierzehn Vertretungen auf allen fünf Kontinenten präsent; vor allem aber konnte er sich auf einen grossen Stab von gut ausgebildeten, international erfahrenen Mitarbeitern stützen[1], das entscheidende «Asset» vor allem in einer Zeit, in der gerade ausländischen Konkurrenzinstituten ein solches Aktivum im allgemeinen noch nicht zu Gebote stand. Nach Jahrzehnten einer den Anforderungen der Märkte folgenden, die Gunst der Zeit tatkräftig nutzenden und ihre Unbilden klug umschiffenden Diversifikation war die Geschäftstätigkeit des Schweizerischen Bankvereins zu Beginn seines zweiten Jahrhunderts bereits geographisch ebenso wie sachlich weit verzweigt. In Ergänzung zum Mutterhaus hatte sich der Bankverein überdies mit einem Kranz von Tochtergesellschaften und Beteiligungen umgeben, die eine Fülle von mit dem eigentlichen Bankgeschäft direkt und indirekt zusammenhängenden Dienstleistungen von der Finanzberatung über das Treuhandwesen bis hin zum Bau- und Betriebs-Engineering anboten. Ein eigentliches Konzerngebilde war im Entstehen begriffen, abgestützt auf einer soliden, starken Basis und vielfältig in seinen Teilen. Die Weichen für diesen «Konzern in the making» waren eindeutig gestellt in Richtung auf weitere Diversifikation und Expansion; zugleich aber trat der Bankverein (und mit ihm die ganze Bankenwelt) zu jener Zeit in eine Periode der Veränderungen ein, von denen sich im Jubiläumsjahr 1972 wohl kaum einer der Beteiligten eine mehr als nur vage Vorstellung machte. Das zweite Jahrhundert des Schweizerischen Bankvereins hatte begonnen.

---

[1] Ende 1971 hatte die Bank 8846 Mitarbeiter.

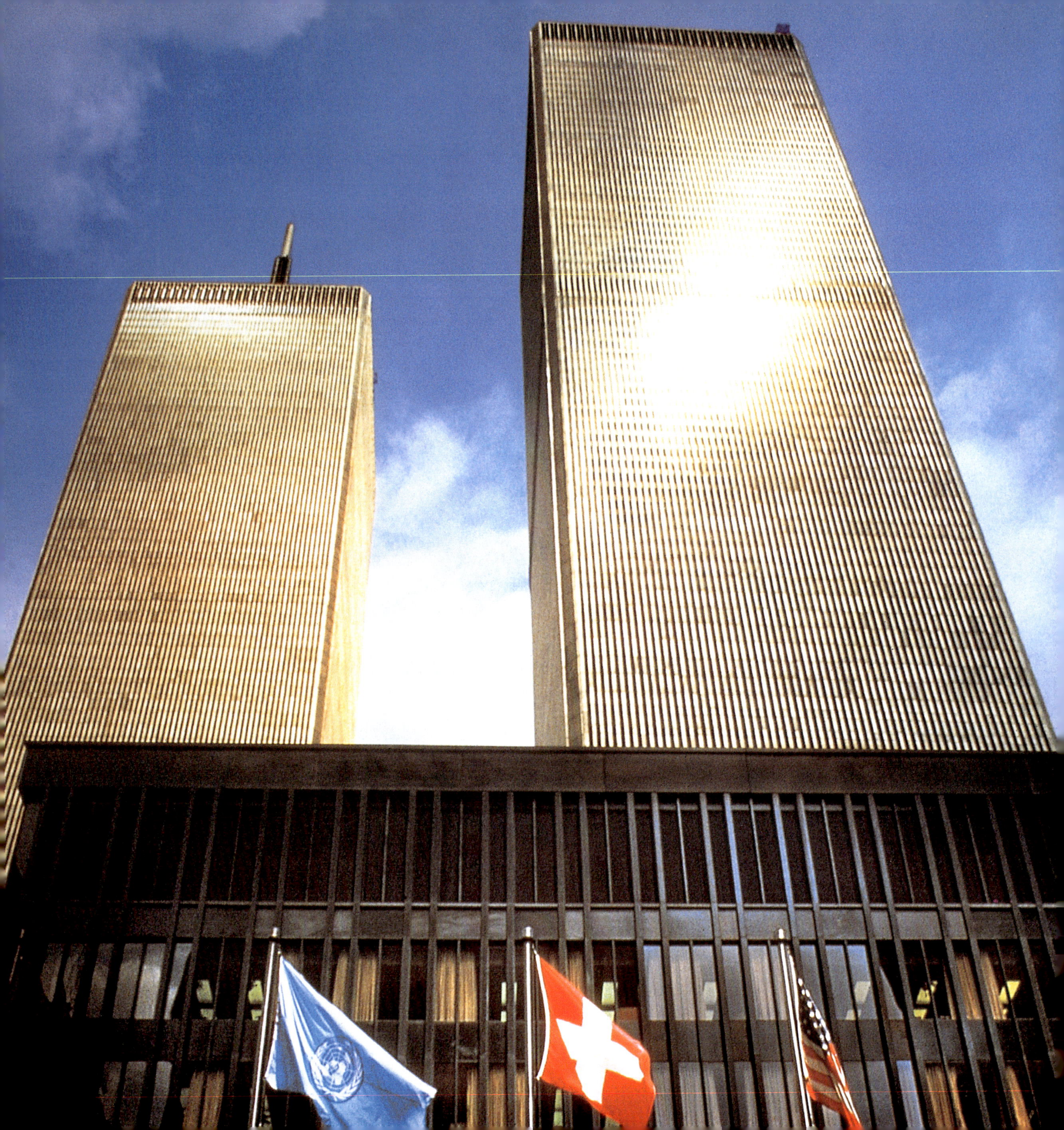

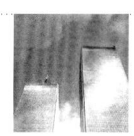

## Einführung
## Die Dynamik von Wandel und Wachstum

Als der Schweizerische Bankverein sich im Jahre 1972 anschickte, sein hundertstes Jubiläum zu begehen, konnte er nicht nur auf ein Jahrhundert einer im ganzen trotz Krisen und Kriegen stetigen Entwicklung zurückblicken, sondern er durfte sich auch mit Blick auf seine jüngere Vergangenheit einer geradezu jugendlich-stürmischen Lebenskraft freuen: hatte sich in den 87 Jahren zwischen Ende 1872 und Ende 1959, dem eigentlichen Abschluss der Wiederaufbauzeit Europas nach dem Zweiten Weltkrieg, das Wachstum seiner Bilanzsumme insgesamt auf 4,3 Mrd Fr. belaufen, so erreichte der Bilanzsummenzuwachs in der Zeit zwischen 1959 und 1971 stolze 31,8 Mrd Fr. (!), und mit einer Bilanzsumme von 36,1 Mrd Fr. trat die Bank in ihr Festjahr ein. Rückblickend erweist sich das Jahr 1960 (oder richtiger: die Zeit um 1960) als eine eigentliche Wendemarke in der Entwicklung der Bank – in ihrem wirtschaftlichen Umfeld waren die materiellen Schäden von Krieg und Nachkriegszeit beseitigt, Europa und andere industrialisierte oder am Beginn ihrer Industrialisierung stehende Weltregionen setzten zu einem neuen wirtschaftlichen Wachstum an, und an diesem Wachstum hatten in der Folge gut geführte Banken wie der Bankverein voll teil.

Ausschnitt aus dem am 23. November 1871 von den Vertretern der im Syndikat Basler Bank-Verein zusammenarbeitenden Bankiers und des Frankfurter Bankvereins unterzeichneten Protokolls über die Gründung des Basler Bankvereins als «Aktienbank».

Inserat in der «Schweizer Grenzpost» vom 15. April 1872.

War diese neue Dynamik der Banken umweltgetrieben, marktbedingt? Das war sie gewiss, aber nicht nur: mit der neuen Phase der Entwicklung ihrer Umwelt stellten sich auch neue Fragen, neue Probleme den Banken – und diejenigen unter ihnen, die dafür zur rechten Zeit die rechten Antworten zu geben wussten, konnten weiter mitwachsen, ob diese Antworten nun mit einem Wandel des Dienstleistungsangebots, des Niederlassungsnetzes, der Führung oder der Organisation zu tun hatten. In diesem Sinne stellt das Jubiläumsjahr 1972 **keine** Wendemarke in der Geschichte des Bankvereins dar: die Bank zeigte auch nach ihrem hundertsten Geburtstag weiterhin unver-

Einführung

mindert jene bereits bewiesene Fähigkeit zur Anpassung an veränderte Verhältnisse, die nun angesichts der immer rascheren Umweltveränderungen für eine erfolgreiche Entwicklung zunehmend ausschlaggebend wurde.

Ihren allgemeinsten Nenner findet diese vom Bankverein demonstrierte Wandlungsfähigkeit im Wachstum des Geschäftsvolumens, mindestens teilweise zum Ausdruck kommend in der Bilanzsumme. Ihr Wachstum setzte sich auch im Jubiläumsjahr der Bank und in der Zeit danach ungebrochen fort. Schon drei Jahre nach dem Jubiläumsjahr erreichte die Bankverein-Bilanzsumme fast die 50-Milliarden-Grenze, nach weiteren acht Jahren, 1983, wurde die noch fünfzehn Jahre zuvor als utopisch angesehene Marke von 100 Mrd Fr. überschritten, und 1995 schloss das Stammhaus seine Bilanz mit einer Summe von 242 Mrd Fr., der Konzern seine Bilanz gar mit einer Summe von 288 Mrd Fr. ab. Gewiss hat an diesem stolzen Bilanzsummenwachstum auch die abwärts gerichtete (und deshalb weniger stolze) Entwicklung des Geldwertes zwischen

Haus «zum Wilhelm Tell» an der Aeschenvorstadt 5 (rechte Bildseite), das erste Domizil des Basler Bankvereins von 1872–84.

Anfang der siebziger und Mitte der neunziger Jahre ihren Anteil gehabt; bedenkt man indessen, dass viele Bankgeschäfte, die in der jüngeren Vergangenheit besonders stark gewachsen sind (wie etwa das Derivategeschäft), sich mindestens bis 1994 noch gar nicht in der Bilanzsumme niederschlugen[1], so ist und bleibt das Bilanzsummenwachstum des Bankvereins gerade in der jüngeren Vergangenheit eindrücklich, auch wenn man sich stets bewusst sein sollte, dass das reine Bilanzsummenwachstum je länger desto weniger Zielgrösse und/oder Erfolgskriterium darstellt.

Dass es sich dabei im übrigen nicht nur um ein für die Bank und ihre Aktionäre weniger erfreuliches reines Mengenwachstum gehandelt hat, lässt die Entwicklung des Reingewinns im Bankverein-Konzern erkennen. Sie ist im ganzen der Entwicklung der Bilanzsumme recht ähnlich verlaufen: bezifferte sich der Reingewinn im Jubiläumsjahr 1972 noch auf 163 Mio Fr.[2], so erreichte er im Jahre 1995 im Konzern bereits 1053 Mio Fr. Dass diese Zahl erheblich über dem für die Schweizer Banken allgemein wenig erfreulichen Jahr 1994 (Reingewinn des Bankvereins 811 Mio Fr.), aber doch unter dem sehr guten Jahr 1993 (Reingewinn 1365 Mio Fr.) gelegen hat, ist die Folge einer mehr als in früheren Zeiten vom Handelsgeschäft bestimmten und damit marktabhängigeren Geschäftsaktivität des

---

[1] 1995 berücksichtigte der Bankverein die positiven und negativen Wiederbeschaffungswerte von Derivaten erstmals (brutto) in seiner Bilanz, gemäss einer ab Anfang 1996 gültigen Vorschrift.

[2] Im Jahre 1959 hatte er 30,7 Mio Fr. betragen.

Bankvereins gewesen. In dieser Hinsicht war mindestens seit den achtziger Jahren eine Veränderung in der im ganzen weiterhin aufwärts gerichteten Entwicklung des Reingewinns festzustellen gewesen, kam es doch zwischen 1986 und 1995 dreimal zu – in zwei Fällen sogar sehr deutlichen – Einbrüchen (1987, 1990 und 1994); demgegenüber hatte der Bankverein in den Jahren 1972 bis 1985 nur ein einziges Mal (1978) eine Abnahme des ausgewiesenen Reingewinns konstatieren müssen. Wie die Bankenumwelt sich mit ihrem insgesamt seit den sechziger Jahren stärkeren Wachstum in der Bilanzsummenentwicklung des Bankvereins widergespiegelt hat, so hat sich auch die starke Volatilität der Bankenumwelt, die seit Anfang der siebziger Jahre das Geschehen auf den Finanzmärkten zunehmend prägt, in den Ertrags- und Risikopositionen der Bank niedergeschlagen.[1]

Wenn aus diesem Blickwinkel doch auch die Zeit um 1972 ebenfalls als eine Wendemarke in der Entwicklung des Bankvereins erkennbar wird, dann zunächst einmal wegen der fundamentalen Veränderungen in der Umwelt international tätiger Bankinstitute: zu jener Zeit setzte ein Zusammenbruch ehemals relativ stabiler Schlüsselziffern für das internationale Finanzsystem wie Wechselkurse, Ölpreise, auch Kaufkraftkennziffern und Bewertung von Aktiven ein, dem bis auf den heutigen Tag keine neue Stabilität gefolgt ist, so sehr man sich an allen Fronten seither darum auch bemüht; und auch das noch in den sechziger Jahren von vielen Zeitgenossen endlich gefunden geglaubte Rezept für anhaltende Prosperität hat sich inzwischen als Illusion erwiesen, nachdem mit den Schwankungen der finanziellen Schlüsselziffern auch die (überwunden geglaubten) Schwankungen der realen Wirtschaftsaktivitäten wieder zurückgekehrt sind. Doch nicht nur deshalb stellt das Jahr 1972 eine Wegmarke für den Bankverein in seiner Entwicklung dar: das Jahr ist das vor allem auch deshalb gewesen, weil sich zu jener Zeit auch innerhalb der Bank auf allen Ebenen ein neuer Entwicklungsschub zu entfalten begann. Das betraf einerseits die Produkte: so entstand damals beispielsweise aus den Schwankungen der Devisenkurse sowie der Zinssätze und der Aktienkurse seitens der Bankkunden ein Bedarf an Absicherungsinstrumenten, der bis auf den heutigen Tag zur Entwicklung immer neuer Finanzprodukte Anlass gibt. Andererseits wurde jetzt für die Banken kriegsentscheidend, was vorher allenfalls schlachtentscheidend gewesen war: ein umfassendes, wirksames Risikomanagement, dessen Aufbau beim Bankverein damals – wenn auch noch tastend – in die Wege geleitet wurde.[2] Gleichzeitig begannen die Fortschritte in der elektronischen Datenverarbeitung ab Anfang der siebziger Jahre in immer stärkerem Masse die Mittel und Möglichkeiten des Bankgeschäfts zu revolutionieren – so sehr, dass mindestens ein Mitziehen auf diesem Gebiet jedenfalls für grosse Banken gar

---

[1] Dieser Entwicklung trug die Geschäftsleitung der Bank in der jüngsten Vergangenheit dadurch Rechnung, dass der strategische Akzent mit der Eingliederung von Institutionen wie *S.G. Warburg* und *Brinson* vermehrt auf die Kundenfranchise gelegt wurde, die man damit erwarb, und mit der ein Ausbau des Kunden-Trading einschliesslich des Market-Making und ein entsprechender Abbau des Eigenhandels einherging. Strategischer Zweck dieser wichtigen Übung: Abbau unerwünschter Volatilität und Stabilisierung der Geschäfts- und Ertragsentwicklung.

[2] Vgl. hierzu insbesondere S. 287 ff.

existenzentscheidend wurde. Und alle diese Vorgänge hatten, wie konnte es anders sein, tiefgreifende Auswirkungen auf die regionale Struktur, die Aufbau- und Ablauforganisation und die Führung der Banken im allgemeinen und des Bankvereins im besonderen.

Welcher Art diese Auswirkungen waren, in welchen Veränderungen sie sich konkretisierten, ist im einzelnen Gegenstand der folgenden Kapitel und soll deshalb an dieser Stelle nicht weiter verfolgt werden. Hier sei aber, rückblickend auf die letzten zweieinhalb Jahrzehnte der Geschichte des Schweizerischen Bankvereins, summarisch festgehalten, was diese Entwicklungsphase der Bank insgesamt gekennzeichnet – man könnte auch sagen ausgezeichnet – hat. Es war, in einem Wort, das Zusammenspiel von Wachstum und Wandel.

War, so erhebt sich hier sogleich die Frage, das Wachstum des Bankvereins wirklich so bemerkenswert? In der Tat hat er, zumindest gemessen an dem wenn auch nur begrenzt aussagefähigen Mass der Bilanzsumme des Stammhauses, in diesen Jahren im Vergleich zur schweizerischen Konkurrenz an Boden eingebüsst, musste er doch den ersten Platz, den er bis 1979 im allgemeinen in bezug auf dieses Mass einnahm, in der Folgezeit an die *Schweizerische Bankgesellschaft* abtreten, und musste sich in bezug auf die Konzernrechnung mit einer Bilanzsumme von 288 Mrd Fr. (1995) gar nur noch mit dem dritten Platz nach der *CS Holding* (nachdem diese 1993 die *Schweizerische Volksbank* übernommen hatte) mit einer Bilanzsumme von 413 Mrd Fr. und der *Schweizerischen Bankgesellschaft* mit einem Bilanztotal von 387 Mrd Fr. begnügen. Indes, das Wachstum dieser Periode lag, wie erwähnt, nicht nur weit über den jemals in früheren Perioden vom Bankverein realisierten Zuwachsraten; es war auch ausreichend gross, dem Bankverein mit einem über fast 35 Jahre praktisch unveränderten Anteil am Bilanzsummentotal der seinerzeitigen vier Grossbanken – Bankgesellschaft, Bankverein, Kreditanstalt und Volksbank – von etwas über 30%[1] seinen Platz unter den dynamisch wachsenden Branchenführern des Finanzplatzes Schweiz zu sichern. Vor allem aber erwies sich das Wachstum des Geschäftsvolumens insgesamt als stark genug, den Bankverein – zusammen mit den in dieser Hinsicht ähnlich erfolgreichen beiden grossen Zürcher Konkurrenten – beständig im Kreise der drei Dutzend grössten Banken der Welt zu positionieren – kein eigenständiges Ziel des Bankverein-Managements zwar[2], aber dennoch Indiz für die Konkurrenzkraft eines für diese Position eigentlich mit Blick weder auf seine Heimatstadt Basel (mit ihren gegenüber Finanzzentren wie New York, London, Tokio, selbst Frankfurt und Zürich bescheidenen 200 000 Einwohnern) noch auf seinen Heimatmarkt Schweiz (mit seinen gegenüber Flächenstaaten wie den USA, Japan, Deutschland ebenfalls bescheidenen 7 Mio Einwohnern) prädestinierten Instituts.

---

[1] 1961 29%, 1972 32%, 1994 31%.
[2] Die Geschäftsleitung hatte sich vielmehr zum Ziel gesetzt, den Bankverein bis zum Jahre 2000 zu einer der zehn besten (nicht grössten!) Banken der Welt zu machen.

Einführung

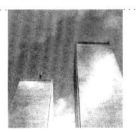

Voraussetzung und Folge dieses Wachstums ist der Wandel der Bank gewesen. Dieser Wandel hat sich Anfang der siebziger Jahre angebahnt, Mitte der achtziger Jahre akzentuiert und in der ersten Hälfte der neunziger Jahre noch einmal dramatisch beschleunigt. Anders, pointierter gesagt: Noch bis in die frühen achtziger Jahre hinein war der Bankverein zumindest für Aussenstehende mehr oder weniger jene Bank, die man seit jeher kannte, um dann aber speziell mit den Reorganisationsschüben von 1987, 1991 und (last but not least) 1994 gleichsam zu einem neuen Institut zu werden, das mit der traditionellen, traditionsverhafteten Bank von früher nicht mehr allzuviel gemeinsam hat.

Hinter diesem tiefgreifenden, in seinen Einzelheiten weiter unten geschilderten Umbau stand zunächst, in der Amtszeit der zwei Verwaltungsratspräsidenten *Prof. Dr. Max Staehelin* (Juli 1972 bis Juni 1978) und *Hans Strasser* (Juli 1978 bis Juni 1984), das Bestreben, die zunehmend differenzierten, spezialisierten Geschäftsfelder der Bank auch organisatorisch besser abzubilden – mit einer entsprechend breiteren Verteilung von Verantwortung und Führung, auch mit einer zunehmenden Zahl spezialisierter Abteilungen und Tochtergesellschaften und deren ebenfalls zunehmender Selbständigkeit. Mitte der achtziger Jahre war dann die Erkenntnis gewachsen, dass die erforderlichen flexiblen Anpassungen an die immer rascher wechselnden Marktgegebenheiten im In- und Ausland es immer weniger gestatteten, den föderalistischen Aufbau, der für den Bankverein in seiner ganzen bisherigen Geschichte so charakteristisch gewesen war, beizubehalten. Was es vielmehr brauchte, war eine straffe, funktionale Führung; und diese ihrerseits rief nach einer zentralistischeren Organisation des Konzerns, zu dem der Bankverein in der Zwischenzeit mit all seinen inzwischen erfolgten Neugründungen, Übernahmen und Beteiligungen fast unmerklich[1] herausgewachsen war. Einen ersten, die Führungsstrukturen der Bank und ihre Abläufe tief prägenden Schritt bildete die Einführung der Spartenorganisation im Jahre 1987. Dieser in die Amtszeit des

Die Generalversammlung 1990 fand im Zeichen des Umbruchs statt. Viel Gesprächsstoff zwischen Dr. Franz Galliker, Präsident des Verwaltungsrates (rechts), und Andreas Speiser, dem langjährigen Sekretär des Verwaltungsrates.

Tagung des Internationalen Beirates im Ausbildungszentrum Seepark, Thun (September 1989). Walter G. Frehner, Vorsitzender der Geschäftsleitung, mit dem schwedischen Industriellen und Beiratsmitglied Peter Wallenberg (rechts).

[1] Über viele Jahre hinweg ist es im Bankverein, trotz des um die Bank herum allmählich entstehenden Firmenkonglomerats, kaum jemandem in den Sinn gekommen, hier von einem «Konzern» zu sprechen; der Ausdruck kam bezeichnenderweise erst ab Mitte der achtziger Jahre in Gebrauch.

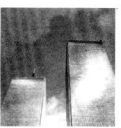

Verwaltungsratspräsidenten *Dr. Franz Galliker* (Juli 1984 bis Mai 1993) und des seit vielen Jahren ersten permanenten Vorsitzenden der Geschäftsleitung, *Walter G. Frehner* (Januar 1987 bis Mai 1993) fallenden Neuordnung, die eine wirkliche Zäsur in der Unternehmensentwicklung des Bankvereins darstellte, folgte 1991 eine kaum weniger bedeutsame weitere Veränderung: das internationale Grosskundengeschäft (im Bankjargon auch als Wholesale Banking bezeichnet) wurde in einer die Aktivitäten der Bank ausserhalb ihres schweizerischen Kernmarktes bündelnden organisatorischen Einheit, der Sparte *Finanz & International (IFG)*, zusammengefasst. Hiermit wurde auch organisatorisch der Tatsache Rechnung getragen, dass das internationale Geschäft des Bankvereins in den achtziger Jahren nicht nur ein immer grösseres Gewicht für die Bank, sondern auch einen immer eigenständigeren Charakter gegenüber dem angestammten Inlandgeschäft gewonnen hatte, und dass diese Entwicklungen sich sogar noch weiter zu akzentuieren versprachen.

1993/94 kam es dann unter der vorwärts drängenden Führung von *Dr. Georges Blum* als neuem Konzernleitungspräsidenten (von April 1993 bis Mai 1996) zu einem weiteren bedeutsamen Umbau in Aufbau und Führung der Bank: um die Anpassungsfähigkeit der Bank an die sich teilweise überstürzenden Entwicklungen auf den vielen verschiedenen Märkten für ihre Produkte weiter zu stärken, gleichzeitig aber auch eine straffe Führung und Kontrolle der Bank als Ganzes zu gewährleisten, wurde ein eigentlicher Konzernaufbau eingeführt – mit einer strategisch führenden, von einem *Corporate Center* unterstützten Konzernleitung und einer für das operative Geschäft verantwortlichen Erweiterten Konzernleitung einerseits, mit zwei ergebnisverantwortlichen Unternehmensbereichen (dem *Unternehmensbereich Schweiz* und dem *Unternehmensbereich SBC Warburg*, im Juli 1995 hervorgegangen aus dem Bereich *International & Finanz /IFD*), andererseits.[1] Nur zwei Jahre später, Ende Mai 1996, gab die Bank wenige Wochen nach Übernahme des Verwaltungsratspräsidiums durch *Dr. Georges Blum* und Berufung von *Marcel Ospel* zum neuen Präsidenten der Konzernleitung eine weitere wichtige Reorganisation bekannt, deren zentraler Punkt in der Gliederung der Bank in vier Unternehmensbereiche (UB Schweiz, SBC Private Banking, SBC Warburg und SBC Brinson) bestand. Die neue Organisationsstruktur wurde im weiteren Verlauf des Jahres 1996 personell und organisatorisch vorbereitet, um am 1. Januar 1997 in Kraft zu treten.

Die Bank hatte sich damit in einem Zeitraum von kaum acht Jahren in mehreren, kurz aufeinanderfolgenden Schritten strukturell gewandelt von einer noch von vielen herkömmlichen Modellen in Führung und Struktur geprägten Organisation zu einem straff und zugleich arbeitsteilig aufgebauten und geführten, aus den Veränderungen fortlaufend lernenden Finanzkonzern. Das schreibt und sagt sich leicht; aber wenn man sich bewusst macht – und dabei mögen die nachfolgenden Kapitel dieses Buches helfen –, was ein solcher Wandel an personellen und technischen,

---

[1] Für Einzelheiten siehe S. 262 ff.

Einführung

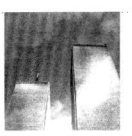

psychologischen und organisatorischen Veränderungen als Voraussetzung und/oder Konsequenz bedingt, damit er mehr ist als eine Fassadenrenovation, damit er also einen echten Umbau darstellt; wenn man sich das bewusst macht, dann wird schon an dieser Stelle deutlich, dass dem bemerkenswerten Wachstum der Bank in den zurückliegenden Jahren ein ebenso bemerkenswerter Wandel zur Seite gestanden hat; und das, so sei betont, nicht kurzfristig und vorübergehend, sondern permanent und unaufhörlich.

Dass diese Vorgänge sich auch in vielen personellen Wechseln auf allen Stufen der Bank niedergeschlagen haben, liegt auf der Hand. Ihnen im einzelnen nachzugehen ist hier nicht der Ort; aber immerhin sei hier doch angemerkt, dass der schnellere Rhythmus personeller Veränderungen auch vor der Person des Verwaltungsratspräsidenten der Bank nicht haltgemacht hat: die Amtszeiten des Präsidenten sind in den letzten 25 Jahren gegenüber den vorangegangenen 100 Jahren eindeutig kürzer geworden. Während *Dr. Rudolf Speich* noch während 17 Jahren – von 1944 bis 1961 – dem Verwaltungsrat vorgesessen hatte, waren es bei *Dr. Samuel Schweizer* auch noch $10^{1/2}$ Jahre. Sein Nachfolger, *Prof. Dr. Max Staehelin*, versah das Amt hingegen nur sechs Jahre (von 1972 bis 1978), ebenso *Hans Strasser*, der auf *Max Staehelin* folgte (bis 1984). Wieder etwas länger, nämlich während fast neun Jahren (bis April 1993), präsidierte *Dr. Franz Galliker* den Verwaltungsrat, während daran anschliessend *Walter G. Frehner* das höchste Amt des Bankvereins nur während wenig mehr als drei Jahren (von April 1993 bis Mai 1996) ausübte. Im Mittel brachte es im Zeitraum 1972 bis 1996 ein Verwaltungsratspräsident des Bankvereins auf etwa sechs Amtsjahre, verglichen mit den durchschnittlich $12^{1/2}$ Amtsjahren der Präsidenten in der Zeit von 1872 bis 1972 – Spiegelbild wohl ebenso unserer schnellebigen Zeit wie auch des Umstands, dass das immer hektischere Geschehen vor allem im internationalen Bankgeschäft viel rascher als früher nach einer Verjüngung auf allen Hierarchieebenen des Bankgeschäftes, auch auf der obersten, ruft.

Schliesslich wäre aber selbst im Rahmen einer einführenden Übersicht der Wandel des Bankvereins, der ihm seinen beständigen Rang als eine der bedeutenden Banken der Welt gesichert hat, gar zu unvollständig skizziert, wenn nicht wenigstens noch summarisch[1] der vielen, in der jüngeren Vergangenheit gar sich häufenden Übernahmen anderer Finanzinstitutionen Erwähnung getan würde – Verstärkung von Marktpositionen ebenso dienend wie intellektuellen «Bluttransfusionen» auf Gebieten, auf denen die Bank rascher vorankommen wollte als das ausschliesslich aus eigener Kraft möglich gewesen wäre. Angebahnt hatten sich diese Entwicklungen Ende der siebziger, Anfang der achtziger Jahre, als die Bank zunächst durch Übernahme ganzer Teams von Kapitalmarktspezialisten auf den Plätzen London und New York in den Aufbau ihres Investment Banking einstieg, hatte sich dann fortgesetzt mit Akquisitionen von in verwandten Bereichen tätigen, spezialisierten Finanzinstituten, und war mit der Übernahme der bedeutenden, auf dem Gebiete des Financial Engineering bei Derivaten führenden Firma

---

[1] Details dieser Vorgänge sind in den folgenden Kapiteln festgehalten.

*O'Connor* in Chicago an ein wichtiges Etappenziel[1] gelangt. Dabei blieb es indessen nicht stehen: weitere, den Bankverein ebenso fordernde wie prägende Ergänzungen des Finanzkonzerns folgten in Gestalt von Übernahmen so bedeutender Institutionen wie der Vermögensverwaltungsfirma *Brinson Partners* in Chicago und der zu den angesehensten Corporate Finance-Firmen der Welt zählenden *S.G. Warburg Group* in London. Und auch im eigentlichen Kernmarkt der Bank, der Schweiz, wurde ausgebaut und ergänzt mit der Übernahme einer ganzen Anzahl keineswegs unbedeutender Banken wie etwa der *BSI – Banca della Svizzera Italiana*, Lugano, und der *Solothurner Kantonalbank*.

Hätten alle diese (und die anderen, an dieser Stelle nicht erwähnten) Übernahmen zu nichts anderem geführt als zu einem rein akquisitionsbedingten Wachstum von Geschäftsvolumen und Bilanzsumme des Bankvereins, so wären sie allein deshalb für die Entwicklung der Bank schon bedeutsam genug gewesen. Indes, sie waren weit mehr als rein quantitative Aufstockungen der Geschäftszahlen der Bank: tatsächlich trugen sie erheblich zu dem qualitativen Wandel bei, den der Bankverein in den hinter uns liegenden zwei Jahrzehnten vollzogen hat. Exakt messbar mag es nicht sein, was der Beitrag von Tausenden neuer Mitarbeiter[2] mit einem vielfach ganz anderen geschäftlichen, sprachlichen und kulturellen Hintergrund zur Veränderung von Unternehmensidentität und Unternehmenskultur gewesen ist (und noch ist), die sich mindestens seit Mitte der achtziger Jahre abgespielt hat; aber dass diese Integration fremder Kulturen bleibende Spuren hinterlassen hat in der Art, wie die Bank denkt, entscheidet, handelt und auftritt, kann auch dem oberflächlichen Beobachter nicht entgehen – und dem sachkundigen Beobachter ist deutlich, dass es sich hierbei um in die Zukunft der Bank gerichtete Spuren handelt.

Wandel und Wachstum – in dieser Polarität ist die Entwicklung des Schweizerischen Bankvereins speziell in seiner jüngeren Vergangenheit zu begreifen. Schaut man jedoch genauer hin, so zeigt sich, dass diese Kräfte zwar aggregiert in der Entwicklung des Gesamtinstituts zum Ausdruck gekommen sind, dass sie sich aber konkret in der Entwicklung der verschiedenen Geschäftssparten, aus denen die Bank besteht, manifestiert haben: die Entwicklung des Bankverein-Konzerns in den letzten 25 Jahren ist nur zu verstehen, wenn man die Wege kennt, welche die einzelnen Geschäftssparten genommen haben. Ihnen sind die folgenden Kapitel dieses Buches gewidmet. Doch damit nicht genug: da Wachstum und Wandel der Geschäftstätigkeit entsprechende Veränderungen auch im Personal, in Führung, Organisation und Logistik zur Folge gehabt haben, andererseits viele geschäftliche Entwicklungen gar nicht möglich gewesen wären, wenn nicht zunächst die personellen, organisatorischen, technischen Voraussetzungen dafür geschaffen worden wären, werden wir uns die (teilweise ebenso tiefgreifenden) Entwicklungen dieser «unterstützenden Funktionen» beim Bankverein in den letzten 25 Jahren ebenfalls näher anschauen.

---

[1] Etappenziel deshalb, weil es sich hierbei nur um einen – allerdings höchst wichtigen – Baustein beim Aufbau einer auch und gerade im Handel mit Risikoinstrumenten führenden Bank handelte.

[2] Allein von *S.G. Warburg* 4400 Mitarbeiter.

**Teil 1**                   **Die Entwicklung des Geschäfts: Geschäftsarten und Geschäftssparten im Wettlauf**

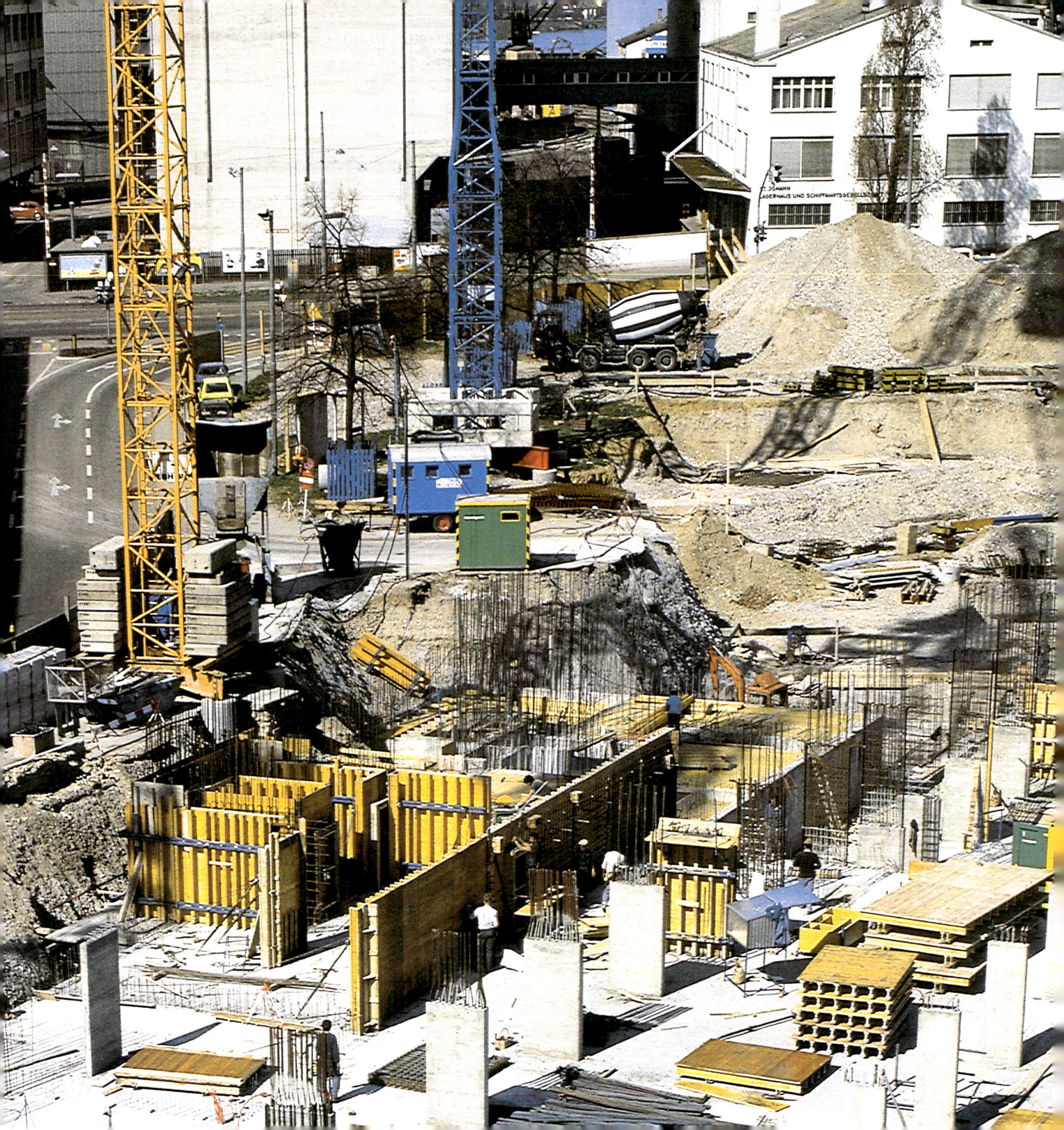
JOHANN
ADERHAUS UND

## Schweizerisches Kommerzgeschäft im konjunkturellen und strukturellen Wandel

Seit seinen Anfängen ist der Bankverein stets stark im Kommerzgeschäft engagiert gewesen, auch wenn dieses zunächst noch als ein Folgegeschäft zu seinen Wertpapieraktivitäten angesehen werden konnte. Wie in den ersten hundert Jahren der Bank ist dieser Geschäftszweig auch seit 1972 unter dem Einfluss von zeitweise stark wechselnden Rahmenbedingungen geblieben. Darüber hinaus hat die Bank in neuerer Zeit den Geschäftsbereich aber auch ihrerseits einem tiefgreifenden organisatorischen Wandel unterzogen: von der traditionellen Produktorientierung zu einer konsequent kundenorientierten Struktur, von der Mitte der neunziger Jahre mit über 1500 Mitarbeitern insgesamt rund 27 000 vorwiegend mittlere und grosse Firmen, Institutionen, öffentlich-rechtliche Körperschaften sowie Banken in der Schweiz betreut wurden. Unabhängig von diesen Veränderungen aber war und ist das Kommerzgeschäft stets eines geblieben: eine der prägenden Konstanten in der Tätigkeit des Schweizerischen Bankvereins, auch wenn der Betriebserlös mit 740 Mio Fr. (1995) unter dem Druck der anhaltend schwierigen wirtschaftlichen Rahmenbedingungen in der Schweiz in neuerer Zeit eher gedrückt gewesen ist.

### Abschnitt 1:
### Inlandkreditgeschäfte

Kaum erkennbar für einen damaligen Zeitgenossen, deutlich ausgeprägt aber aus der Perspektive des Jahrzehnte später Zurückblickenden ist das Jahr 1972 – das Jahr, in dem der Schweizerische Bankverein auf eine hundertjährige Existenz zurückblicken konnte – in mannigfacher Hinsicht ein Wendejahr der Weltwirtschaft gewesen. Zwar hatte es in der Nachkriegszeit durchaus schon Schwankungen der wirtschaftlichen und insbesondere auch industriellen Aktivität gegeben, die in den alten Industrieländern dem Fortschrittsglauben an die Überwindung des Konjunkturphänomens nicht unerhebliche Stösse versetzten (so vor allem um das Jahr 1967 herum); doch insgesamt war die Wirtschaftswelt (jedenfalls des Westens) bis dahin noch (scheinbar) in Ordnung, geeint im Vertrauen auf eine vielleicht nicht immerwährende, so doch fürs erste stetig zu mehrende allseitige Prosperität, an der seinen «gerechten» Anteil zu haben jedermann gleichermassen bemüht war. Indes, zu Beginn der siebziger Jahre waren erstmals wieder grundsätzlichere Zweifel über die weitere Entwicklung des Welthandels unter den gegebenen Bedingungen aufgetaucht und hatten die internationalen Wirtschaftsbeziehungen zunehmend belastet; das internationale Währungssystem, noch vor Kriegsende aufgrund der Einsichten aus der Weltwirtschaftskrise der dreissiger Jahre 1944 im amerikanischen Bretton Woods von Währungsfachleuten der führenden Industrieländer konzipiert und gleich nach Kriegsende von den wichtigsten Welthandelsstaaten eingeführt, hatte sich zwar über die eigentlichen Wiederaufbaujahre nach dem Zweiten Weltkrieg hinweg bewährt, geriet jetzt aber unter dem Einfluss allmählich stark divergierender nationaler Interessen und Politiken in grössere Schwierigkeiten. Einerseits beschränkte das System in einer zunehmend als schwer erträglich empfundenen Art die geldpolitische Autonomie der (allmählich wieder mit unterschiedlichen Problemen konfrontierten) Länder durch die mit der Währungskonvertibilität verbundene Freiheit des Kapitalverkehrs; andererseits geriet das starre Festhalten der Länder an ihren festgelegten Währungsprioritäten zunehmend in Konflikt mit den auseinanderlaufenden Inflationsraten, denen Auf- und Abwertungen entsprochen hätten. Vor allem aber belastete der allmählich deutlich hervortretende Gegensatz zwischen den Leitwährungspflichten, welche die USA übernommen hatten, und deren binnenwirtschaftlichen Erfordernissen das System in gravierender – und auch heute noch lehrreicher – Weise: während die amerikanische binnenwirtschaftliche Situation angesichts hoher Arbeitslosigkeit zu expansiven Massnahmen drängte, musste der Überschwemmung der Weltwirtschaft mit einem immer breiter werdenden, aus den Zahlungsbilanzdefiziten der USA resultierenden Strom von Dollars dringend mit restriktiven Massnahmen Einhalt geboten werden. So kam es, dass im August 1971 nicht nur die Goldumtauschpflicht für den US-Dollar von der amerikanischen Regierung «auf unbefristete Zeit» suspendiert wurde, sondern dass auch die Wechselkurse der Industrieländer für ein begrenztes Floating freigegeben und bald darauf, am 18. Dezember 1971, in einem allgemeinen «Realignment» (Smithsonian Agreement) neu festgesetzt wurden – für die USA mit einer Abwertung von 7,89% gegenüber der Goldparität und von 8,5% gegenüber einem Durchschnitt von Handelspartnern, für Länder wie die Schweiz oder die Bundesrepublik mit durchschnittlichen Aufwertungen von 13,88% bzw. 13,58% gegenüber dem Dollar, respektive 4,89% bzw. 4,61% gegenüber dem Gold (nachdem bereits am 9. Mai 1971 eine erste Frankenaufwertung um 7% stattgefunden hatte).

Auf diesem grundlegend veränderten währungspolitischen Boden hatte die Welt das Jahr 1972 betreten; und wenn man auch in der damaligen Europäischen Wirtschaftsgemeinschaft – erweitert per Anfang 1973 mit dem Beitritt Grossbritanniens, Dänemarks und Irlands auf neun Mitglieder – bald (nämlich im März 1972) eine Verengung der Bandbreiten für die Wechselkurse der Gemeinschaftswährungen sowie Interventionsregeln bei Wechselkursschwankungen einführte, so war mit dem Jahre 1972 doch eine neue, veränderte Zeit eingeläutet. Die Stabilität der Wechselkurse war ebenso wieder zum Problem geworden wie die Stabilität des Geldwertes in einer aufgrund des Dollarsegens allmählich mit Liquidität überschwemmten Welt; und in gleicher Weise wieder als Problem hervorgetreten war die Stabilität der Wirtschaftsentwicklung in den Ländern wie der Wirtschaftsbeziehungen zwischen ihnen. Eine neue Wirtschaftsepoche brach an, ohne dass die Zeitgenossen sich dessen recht bewusst waren; und auch kaum einer der Teilnehmer an den Jubiläumsfeierlichkeiten des Schweizerischen Bankvereins zu dessen hundertstem Geburtstag dürfte geahnt haben, dass die gestern noch genossene Stabilität effektiv «von gestern» war und fortan, bis auf den heutigen Tag, permanenten, tiefgreifenden Veränderungen Platz machen sollte – Veränderungen, von denen das Berufs- und Geschäftsleben jedes Einzelnen berührt wurde und wird, und von denen Unternehmen wie der Schweizerische Bankverein, die mit dem internationalen Handels- und Finanzsystem eng verbunden sind, in ihrer gesamten Tätigkeit begleitet und bestimmt werden. Das Jahr 1972 gab dem schweizerischen Bankwesen im allgemeinen, dem mit seinem inzwischen breiten Geschäftsspektrum vielfältig berührten Bankverein im besonderen einen Vorgeschmack der Dinge, die da kommen sollten.

### Kommerzkredite in wechselvollen Zeitläufen

Kaum hatte die wirtschaftspolitisch engagierte Öffentlichkeit nämlich gemeint, die Phase internationaler Währungsunruhen, fortgesetzter Aufwertungsspekulationen um den Franken und einer durch die Dollarschwemme ausgelösten allgemeinen Inflationsmentalität mit der Abwertung des Dollars im Rahmen der Generalbereinigung der Wechselkurse und der Rückkehr zu fixen Währungsparitäten als überwunden ansehen zu dürfen, da stellte sich heraus, dass es weiterer, drastischer, binnenwirtschaftlicher Massnahmen bedurfte, um die Schweiz, weiterhin Ziel internationaler Kapitalzuflüsse, vor einer monetären Überhitzung und nach Möglichkeit auch vor einer übermässigen Aufwertung des Frankens zu bewahren.[1] Einerseits bemühte sich die Nationalbank, dem weiteren Anstieg überschüssiger Liquidität im Bankenapparat durch Forcierung des Kapitalexports und durch Erhebung von Mindestreserven entgegenzutreten; andererseits wurde, fussend auf einem dringlichen Bundesbeschluss, eine historisch wie international gleich aussergewöhnliche negative Verzinsung ausländischer Kapitalanlagen angeordnet[2]; und schliesslich wurde zwecks Zügelung des Baumarktes im Dezember 1972 ein Baustop für bestimmte Projekte und zwecks Zügelung der Preisentwicklung eine (leider immer noch bestehende) amtliche Preisüberwachung eingeführt. Vor allem aber wurde eine Zuwachsbegrenzung für inländische Kredite dekretiert[3], wonach die Zuwachsrate bis 31. Juli 1973 auf maximal 6% des am 31. Juli 1972 festgestellten Standes fixiert wurde, eine Regelung, die in der Folge auch für die Periode vom 1. August 1973 bis 31. Juli 1974 in Kraft blieb. Als notwendig angesehen war sie vor allem auch deshalb, weil von der sukzessiven Anhebung des Zinsniveaus keine spürbar restriktive Wirkung ausging, da angesichts der hohen Inflationsrate[4] der Realzins deutlich negativ geworden war.

---

[1] Vgl. bezüglich Massnahmen insbesondere zur Stabilisierung des Franken-Wechselkurses auch S. 115 ff.
[2] Vorher hatten bereits einmal unter dem Regime fixer Wechselkurse von 1960 bis 1966 ein Verzinsungsverbot und eine Kommissionsbelastung neu zufliessender Gelder aus dem Ausland gegolten, womit man dem auch zu jener Zeit schon starken Geldzufluss aus dem Ausland zu wehren suchte; eine mit Preisstabilität konforme Geldmengenausweitung – das Ziel dieser Bemühungen – wurde damit allerdings nicht erreicht. Diese für Viele enttäuschende Erfahrung wiederholte sich auch in den siebziger Jahren: Als sich die Erkenntnis durchzusetzen begann, dass die Stärke des Frankens in Tat und Wahrheit nichts anderes war als ein Reflex der Schwäche des Dollars, und Abwehrmassnahmen gegen die Neigung der Dollarbesitzer, sich von ihren Dollars zu trennen, zumindest seitens der kleinen Schweiz kaum etwas auszurichten vermochten, wurden die Eingriffe ab 1979 schrittweise aufgehoben; das Verzinsungsverbot für ausländische Gelder wurde schliesslich im Herbst 1980 ausser Kraft gesetzt.
[3] Sie knüpfte an eine erstmals per 1. September 1969 abgeschlossene Rahmenvereinbarung zwischen Nationalbank und Geschäftsbanken an.
[4] Mit 6,7% Konsumentenpreisanstieg zählte die Schweiz 1972 zu den Industrieländern mit der höchsten Preissteigerung.

Dessenungeachtet setzte sich die Kreditexpansion in der Schweiz jedoch zunächst weiter fort, speziell, nachdem die Erdölförderländer gegen Ende 1973 unter dem Eindruck des nach 1948/49, 1956 und 1967 vierten Nahostkrieges zu einer Vervierfachung der Erdölpreise schritten, und dieser dramatische Stabilitätsbruch auch noch durch eine Hausse bei anderen Rohstoffpreisen akzentuiert wurde. So kam es denn schliesslich dazu, dass sich die Schweizerische Nationalbank genötigt sah, Mitte April 1974 die zulässige Kreditzuwachsrate rückwirkend ab Februar 1974 von 6% auf 7% heraufzusetzen.

Dieses hektische, wirtschaftshistorisch aussergewöhnliche Geschehen liess natürlich auch das inländische Kreditgeschäft des Bankvereins nicht unberührt. Nicht genug damit, dass die starke realwirtschaftliche Expansion der Jahre 1967 bis 1973 die Kreditnachfrage antrieb; vor allem wirkten sich die inflationären Preis- und Kostensteigerungen auf den Kreditbedarf der Wirtschaft aus – die ausgeprägte Erhöhung der Baukosten machte zahlreiche Nachfinanzierungen bestehender Baukredite notwendig, der massive Preisanstieg für Brennstoffe und andere Erdölprodukte liess die Nachfrage nach Lager- und Lieferantenkrediten anschwellen, und zugleich hatte die markante Verteuerung auch der meisten anderen Rohstoffe und Grundnahrungsmittel zur Folge, dass der Bedarf der Unternehmen an Betriebsmitteln und damit die Ausnutzung der offenen Kontokorrent-Limiten beim Bankverein wie auch bei anderen Geschäftsbanken emporschnellten. Vor allem aber wirkte sich in dieser Situation die von der Nationalbank recht konsequent verfolgte, an sich angebrachte Politik einer möglichst zurückhaltenden Vermehrung der inländischen Geldmenge insofern gar noch kontraproduktiv aus, als sie in praktisch allen Wirtschaftszweigen zu einer Verlängerung der Zahlungsfristen und damit zu einer zusätzlichen Verknappung der betrieblichen Liquiditäten führte – eine Konsequenz, die ihrerseits ein weiteres, kaum abweisbares Steigen des Kreditbedarfs der Wirtschaft zur Folge hatte.

So kam es, dass sich in den Jahren 1972 bis 1974 die inländischen Kreditbegehren beim Bankverein förmlich häuften, und er bei ihrer Befriedigung teilweise an die durch die restriktiven Vorschriften gezogenen Grenzen stiess, oder angesichts der dringend wünschbaren Aufrechterhaltung der Versorgungslage des Landes und der Zahlungsbereitschaft der Wirtschaft diese Grenzen in Gestalt der ihm und anderen Banken zugebilligten Kreditzuwachsquote vorübergehend auch überschritt – um sodann als Folge des von der Nationalbank erhobenen zinslosen Strafdepots eine zeitweise Verminderung seines Aktivzinsertrages in Kauf zu nehmen. Doch es blieb kaum etwas anderes übrig: zum einen zwangen die sich mehrenden Liquiditätsengpässe bei den Unternehmen die Bank gerade in ihrer Funktion als Hausbank vieler wirtschaftlich an sich gesunder Firmen zu einer grosszügigeren Kreditgewährung, die deren wirtschaftlichen Verhältnissen Rechnung trug, zum anderen veranlasste der trotz des zwischenzeitlichen Konjunkturabschwungs anhaltende Inflationsdruck (Anstieg der Konsumentenpreise noch einmal um knapp 10% in 1974) die Nationalbank zur Fortführung ihrer monetären Bremsbemühungen. So nahmen die schweizerischen

Banken es denn auch hin, als entschieden wurde, die gesetzliche Kreditbegrenzung auch in der Zeit vom 1. August 1974 bis zum 31. Juli 1975 weiterzuführen (mit einer zulässigen Zuwachsrate von 7% auf den genehmigten Ausgangsbestand vom 31. Juli 1972), obwohl auch wirtschaftlich durchaus begründete Kreditgesuche häufig abgelehnt werden mussten, und das Instrument der quantitativen Kreditbeschränkung an sich in einer marktwirtschaftlichen Ordnung zutiefst systemwidrig war.

Inzwischen aber hatte der konjunkturelle Wind gekehrt: In Reaktion auf die vorangegangenen inflatorischen Übersteigerungen und die Vervierfachung des Erdölpreises setzte in allen Industrieländern im Laufe des Jahres 1974 eine ausgeprägte wirtschaftliche Baisse ein. Da die Exporte wie üblich nur mit Verzögerung auf die nachlassende Auslandsnachfrage reagierten, nahm das Sozialprodukt der Schweiz zwar im Jahre 1974 noch etwas zu, sackte aber im darauffolgenden Jahre ebenfalls ab: mit einem eigentlichen Einbruch um über 7% erwies sich die Schweiz 1975 als das von der Rezession am schwersten gebeutelte Industrieland.

In dieser Phase nun war der Schweizerische Bankverein, ähnlich wie andere schweizerische Grossbanken, in seinem Firmenkundengeschäft erheblich gefordert. Zwar bestand anfänglich noch ein Bedarf an neuen Kreditlimiten, aber angesichts des sich rasch verschlechternden Immobilienmarktes und des ebenso rasch zurückgehenden Bestellungseinganges seitens der Industrie wurden Bau-, Investitions- und Betriebskredite nur noch in geringem Masse beansprucht. Von den Unternehmen hingegen immer mehr gesucht waren kurzfristige Mittel zur Überwindung von nunmehr durch schleppenden Zahlungseingang, Produktion auf Lager oder Kostensteigerungen infolge ungenügender Kapazitätsauslastung verursachten Liquiditätsengpässen. Für die Banken waren derartige Finanzierungen natürlich mit erheblichen Risiken verbunden, zumal die sich überlagernden konjunkturellen und strukturellen Faktoren im Einzelfalle häufig die Beurteilung sehr erschwerten, ob man es bei einem Kunden mit einem Liquiditäts- oder mit einem Bonitätsproblem zu tun hatte. Oftmals hatte die Eigenkapitalbildung mit der Geschäftsausweitung der früheren Boomjahre nicht Schritt gehalten; zudem hatten die hohen Inflationsraten der vorangegangenen Jahre mancherorts zu Substanzverlusten bei den Firmen geführt, wenn diese die durch Abschreibung auf Anschaffungs- statt auf Wiederbeschaffungswerte entstandenen Scheingewinne ausgeschüttet resp. versteuert hatten; und schliesslich waren im Export tätige Unternehmen aller Branchen nach der Freigabe der Wechselkurse am 23. Januar 1973 und der folgenden, die jahrzehntelange Unterbewertung des Schweizer Frankens korrigierenden Höherbewertung der eigenen Währung im Verlaufe der Rezession 1974/75 unter massiven Umsatz-, Ertrags- und Anpassungsdruck geraten, von dem auch ihr finanzielles Standing arg in Mitleidenschaft gezogen wurde.

Der Bankverein reagierte auf diese volks- wie bankwirtschaftlich gleich bedrohliche Situation nicht nur mit einer Kreditpolitik, die auch übergeordnete Gesichtspunkte (z.B. Verhütung branchen- oder regionenweiter Kettenreaktionen) berücksichtigte, sondern typischerweise auch mit einer entsprechenden Anpassung seines Dienstleistungsangebots für Firmenkunden: neben der bereits 1968 geschaffenen Abteilung Spezialfinanzierungen, ausgerichtet auf die Lösung von Finanzierungsproblemen vor allem von Klein- und Mittelunternehmen unter anderem durch Vermittlung von Unternehmenszusammenschlüssen und -übernahmen, wurde im Krisenjahr 1975 der Aufbau einer Abteilung für Restrukturierungen an die Hand genommen. Ihr wurde die Aufgabe übertragen, in Bedrängnis geratene Kreditkunden bei der Sicherung ihrer Existenz auch mit anderen als typisch finanztechnischen Mitteln zu helfen, jedenfalls in allen jenen Fällen, in denen das wirtschaftlich gerechtfertigt und auch aussichtsreich erschien (hier zog die Bank allerdings eine Linie, stellte sie doch in ihrem Geschäftsbericht 1975 aus gegebenem Anlass auch für die weitere Öffentlichkeit klar, dass es Aufgabe einer Bank nicht sein könne, «lebensunfähige Betriebe zu erhalten; notwendige Anpassungen müssen vorgenommen werden, auch wenn sie schmerzhaft sind»). Die Abteilung für Restrukturierungen war es denn auch, die im Falle von Kreditnehmern einiger besonders gefährdeter Branchen, wie vor allem der dem Bankverein seit altersher nahestehenden Uhrenindustrie sowie der Textil- und Bekleidungsindustrie, die Speerspitze der engagierten Restrukturierungsbemühungen des Bankvereins bildete. Speziell in der Uhrenindustrie wurde ein bleibender, bis in die heutige Zeit nachwirkender, in seiner volkswirtschaftlichen Bedeutung kaum zu überschätzender Erfolg erzielt: wie noch an anderer Stelle ausgeführt[1], gelang es dank des beherzten, mit anderen Banken abgestimmten und über Jahre durchgehaltenen Engagements des Bankvereins (der hierfür zeitweise unter der engagierten Leitung von *Walter Frehner*, dem späteren Geschäftsleitungsvorsitzenden und sodann Verwaltungsratspräsidenten der Bank, die Mehrzahl der Mitarbeiter der Abteilung für Restrukturierungen plus zahlreiche Spezialisten aus anderen Abteilungen einsetzte), aus der kleinbetrieblich zersplitterten, technologisch veralteten Uhrenindustrie in der Schweiz eine im Weltmarkt führende, kohärente Gruppe zu machen – etwas, was von vielen Zeitgenossen damals als aussichtslos angesehen worden war.

Insgesamt erholte sich die schweizerische Volkswirtschaft in den folgenden Jahren nur zögernd – langsamer als die übrigen Industrieländer – von der auch im historischen Vergleich singulären Krise von 1975, blieb sie doch mit mannigfaltigen, nicht über Nacht lösbaren Strukturproblemen konfrontiert. Beim Bankverein erhöhten sich zwar die ausstehenden Kredite im Inland in den Jahren 1976 und 1977 um fast 9% bzw. um über 12%, doch entfiel ein bedeutender Teil dieses Zuwachses auf Vorschüsse an in der Schweiz domizilierte internationale Finanz- und Handelsgesellschaften, welche die Mittel vorwiegend im Ausland verwendeten. Auch 1978 blieb die Nachfrage der mit einer erneuten Höherbewertung des Frankens und einer flauen Entwicklung ihrer Hauptexportmärkte konfrontierten Wirtschaft nach Investitionskrediten gering und war im übrigen hauptsäch-

---

[1] Siehe Kasten S. 43 f.

lich von Ersatz- und Rationalisierungsinvestitionen getragen. Vorbote kommender, uns bis heute beschäftigender Entwicklungen war die Tatsache, dass die aufgenommenen Mittel von manchen Firmen jetzt für den Aufbau eigener Produktionsstätten oder den Erwerb von Beteiligungen im Ausland eingesetzt wurden. Ein deutlicheres Wachstum der im Inland vergebenen Kredite registrierte die Bank in jener Zeit erst wieder 1979 mit einem Zuwachs von nicht weniger als 3,2 Mrd Fr., was mehr als 26% des Vorjahres entsprach; allerdings entfielen hiervon 1,1 Mrd Fr. auf die Eingliederung der entsprechenden Bilanzpositionen der in diesem Jahr übernommenen *Handwerkerbank Basel* und der *Bank für Hypothekarkredite*, Basel, in die Bankverein-Rechnung. Eigentliche Erweiterungsinvestitionen blieben jedoch auch weiterhin ein eher seltenes Motiv für die Kreditnachfrage der Firmenkunden.

Dennoch war unverkennbar, dass sich dem kommerziellen Geschäft mit der jetzt rascher voranschreitenden Umstrukturierung der schweizerischen Volkswirtschaft in Richtung auf die in wenigen Jahren völlig veränderten Standortgegebenheiten neue Perspektiven öffneten. Die Geschäftsleitung der Bank leitete deshalb im Jahre 1979 eine grundsätzliche, auch im darauffolgenden Jahr konsequent fortgesetzte Umlagerung vom weniger rentablen Interbankgeschäft zum zwar risikoträchtigeren, aber doch besser rentierenden Kreditgeschäft mit kommerziellen Kunden und öffentlich-rechtlichen Körperschaften ein und korrigierte damit den Ende 1978 gegebenen Überhang mittel- und langfristig einsetzbarer Passivgelder, der bei ersten Bankadressen im Ausland kurzfristig angelegt worden war. Die Erhöhung der ausstehenden Kredite im Inland im Jahre 1980 um 19% war deshalb nicht nur ein Reflex der wieder verbesserten Konjunkturlage in der Schweiz und vor allem der nun wieder regen Bautätigkeit, sondern auch ein Ergebnis der gezielt veränderten Geschäftsstrategie.

Schwankend allerdings sollte die geschäftliche Entwicklung bleiben, so wie es sich seit Anfang der siebziger Jahre herausgebildet hatte: die konjunkturelle Seitwärtsbewegung, in welche der Aufschwung in den westlichen Industrieländern nach der Krise Mitte der siebziger Jahre schon bald wieder zurückgeglitten war, mündete in den Jahren 1981 und 1982 unter dem Einfluss der 1979 und 1980 von den OPEC-Staaten durchgesetzten weiteren Erhöhung der Erdölpreise um über 130% sowie eines von den USA ausgehenden, in allseitigem Zinsanstieg resultierenden Restriktionskurses in einem erneuten Abschwung, auch wenn er dieses Mal in der Schweiz vergleichsweise kürzer und milder ausfiel (nämlich mit einem Rückgang des realen Inlandprodukts um 0,9%). Dementsprechend registrierte die Bank – im Gegensatz zu dem in diesem Zeitpunkt immer noch regen Hypothekargeschäft – bei ihren kommerziellen Krediten 1982 schon wieder eine leichte Schrumpfung, Reflex rückläufiger Umsätze, weit verbreiteter Investitionszurückhaltung, sowie eines forciert vorangetriebenen Lagerabbaus ihrer kommerziellen Kundschaft. Auch wenn ein erstmals eingeführtes systematischeres Marketing und eine gezielte Ausrichtung der Geschäftspolitik auf überdurchschnittlich wachsende Kundensegmente konsequent über Jahre hinweg betrieben eine allmähliche Stärkung der Marktposition bewirkten, so änderte das doch nichts an der Grundtatsache, dass die Entwicklung des Geschäftsvolumens in einem reifen, in der Aufteilung der Marktanteile weitgehend ausgereizten Markt zuallererst von den gesamtwirtschaftlichen Trends abhängig ist – eine Feststellung, die sich – zum Guten wie zum weniger Guten – auch in den darauffolgenden Jahren bis auf den heutigen Tag immer wieder bestätigen sollte.

Dieser Zusammenhang beruht nun allerdings nicht nur auf realökonomischen Entwicklungen, sondern schliesst die jeweils herrschende monetäre Konstellation mit ein. Zwar erreichte die Schweiz, zusammen mit den übrigen Industrieländern, ab Mitte bis Ende der achtziger Jahre wieder eine, unter anderem von der 1985 eingeleiteten neuen europäischen Integrationsetappe «EG 1992» angeregte wirtschaftliche Belebung mit Sozialproduktzuwächsen von 2,0% bis in der Spitze (1989) 3,9%; doch nahmen die ausstehenden Ausleihungen an kommerzielle Kunden beim Bankverein ähnlich wie bei anderen grossen Konkurrenzbanken zunächst nur langsam zu, hatten doch die verbesserte Ertragslage sowie die zahlreichen Kapitalerhöhungen vieler kommerzieller Kunden 1985 und 1986 einen dämpfenden Einfluss auf das Wachstum ihres Kreditbedarfs. Das änderte sich in signifikanter Weise ab 1987: hohe Investitionen in Industrie, Gewerbe und Dienstleistungen in der Schweiz trafen mit dem Umstand zusammen, dass der Markt für eigenkapitalbezogene Transaktionen mit dem Börsencrash vom Oktober 1987 und dem folgenden Kurssturz sehr schwierig geworden war; und überdies war die Nationalbank zwecks Abfederung der Schockwirkungen dieses Kurssturzes kurzfristig zu einer ausgeprägt expansiven Geldpolitik übergegangen, die sich zunächst – bis Mitte 1988 – in tieferen Zinssätzen und anschliessend – ab 1989 – fast lehrbuchartig in höheren Inflationsraten niederschlagen sollte. Das Ergebnis war, dass der Bankverein zwischen 1987 bis und mit 1989 ausgehend von einem Bestand von 53,8 Mrd Fr. (ohne Hypothekaranlagen) jährliche Zuwächse bei seinen kommerziellen Ausleihungen von 8,4 bis knapp 10 Mrd Fr. inkl. Ausleihungen an öffentlich-rechtliche Körperschaften verzeichnete.

Indes, auch dieses Vordringen in neue Grössenordnungen – 1990 stiessen die gesamten Ausleihungen an Kunden erstmals an die 100 Mrd Fr.-Grenze (ohne Hypothekaranlagen 73 Mrd Fr.), nachdem sie Anfang der achtziger Jahre, 1980, noch bei 36,0 Mrd Fr. (ohne Hypotheken bei 32,5 Mrd Fr.) gelegen hatten – wurde durch eine neue konjunkturelle Sturmfront abgebremst, die über die westlichen Industrieländer im allgemeinen, die Schweiz im besonderen hereinbrach, als praktisch alle Zentralbanken zu Beginn dieses Jahrzehnts zwecks Bekämpfung der seit 1989 überall stark beschleunigten Preissteigerungen erneut auf eine restriktive Geldpolitik mit entsprechenden Zinserhöhungen eingeschwenkt waren (die Schweizerische Nationalbank hatte mit der Straffung der Zügel bereits Mitte 1988 begonnen). Zum dritten Mal in den Jahren seit seinem 100. Jubiläum 1972 sah der Bankverein sein Kreditgeschäft mit kommerziellen Kunden konfrontiert mit einer Gesamtwirtschaft, die nicht weiter wuchs, sondern stagnierte (1991) oder gar schrumpfte (1992

Teil 1/Kapitel 1: Schweizerisches Kommerzgeschäft im konjunkturellen und strukturellen Wandel

um -0,3%, 1993 um -0,9%); und dementsprechend nahm er auch sein kommerzielles Kreditvolumen zurück – von den Ende 1991 noch ausstehenden knapp 80 Mrd Fr. auf etwas über 73 Mrd Fr. per Ende 1993 bei einem gleichzeitigen Rückgang der totalen Ausleihungen von 105,5 Mrd Fr. auf 101,9 Mrd Fr.

Der Bankverein wendet sich vermehrt an kleine und mittlere Unternehmen (1986/87).

Was hierin zum Ausdruck kam, war nun freilich nicht nur ein gleichsam mechanischer Reflex auf eine weitere zyklische Abwärtsbewegung der Gesamtwirtschaft. Vielmehr sah sich der Bankverein wie andere Banken auch mit drastisch steigenden Kreditrisiken konfrontiert. Anderthalb Jahrzehnte zuvor, 1974–78, hatte er schon einmal eine solche Phase durchlaufen, in der sich die tatsächlichen Verluste im Kreditgeschäft zwar noch in verhältnismässig bescheidenen Grenzen halten liessen, in der aber nicht nur vermehrt Kreditgesuche abgelehnt werden mussten, «weil sie» – wie der Geschäftsbericht 1976 es formulierte – «selbst verminderten Bonitätsansprüchen nicht mehr genügten», sondern in der auch aufgrund der zunehmenden Risiken deutlich höhere Rückstellungen und in letzter Konsequenz auch Forderungsabschreibungen notwendig wurden. 1992 waren dann schon recht erhebliche Grössenordnungen im Spiel: allein auf dieses eine Geschäftsjahr bezogen erhöhte der Bankverein seine Rückstellungen für inländische Kreditrisiken um nicht weniger als 1,1 Mrd Fr. auf 2,8 Mrd Fr., womit die Rückstellungen 3,8% der Ausleihungen an schweizerische Schuldner erreichten (6,7% im eigentlichen Kommerzgeschäft, 1,9% im Hypothekargeschäft). Angesichts derartiger Risiken fuhr die Bank in diesen Jahren im Kommerzgeschäft einen zurückhaltenden, nicht alle Marktmöglichkeiten ausnutzenden Kurs, eine Politik, die unter den auch nach 1993 noch anhaltend schwierigen Bedingungen im Kommerzgeschäft (speziell die schweizerische Industrie stand unter einem ausgeprägten Restrukturierungs- und in vielen Fällen auch Redimensionierungsdruck) bis in unsere Tage konsequent fortgesetzt wurde.

Mit dieser vorsichtigeren Geschäftspolitik im Kreditbereich trug der Bankverein indessen nicht nur vorübergehend den gegebenen Umständen Rechnung: was sich in diesen Jahren vollzog, war vielmehr eine grundsätzliche strategische Neuausrichtung der Bank weg von der alten Kommerzbank und hin zu einem entschlossenen, rentabilitätsorientierten Engagement im Kapitalmarktgeschäft und im Risk Management. Diese Vorbereitung einer neuen unternehmenspolitischen Plattform schlug sich für Dritte sichtbar in abgelehnten Kreditanträgen und zurückgehenden Kreditvolumina des Bankvereins nieder. Intern wurden gleichzeitig vermehrt Vorkehren getroffen, Risiken entweder ganz zu vermeiden oder allenfalls bestmöglich zu meistern. Beispielhaft hierfür war das Hypothekargeschäft der Bank.

### Hypothekarkredite:
### Wachstum der Märkte und der Risiken

Der Bankverein hatte das Grundpfandgeschäft über Jahrzehnte hinweg im wesentlichen ihm nahstehenden Spezialinstituten überlassen: zunächst der bereits 1910 von ihm zusammen mit zwei anderen Banken gegründeten *Bodenkreditbank in Basel*, später auch der von ihm 1931 ebenfalls mitgegründeten *Internationalen Bodenkreditbank*, Basel, die er 1960 nach Erwerb der Aktienmehrheit in eine auf Hypothekarkredite spezialisierte Tochterbank, die *Bank für Hypothekarkredite*, Basel, umwandelte. Ende der siebziger Jahre entschloss sich die Geschäftsleitung der Bank mit Blick auf das starke Wachstum des Marktpotentials dieses Geschäftszweigs und dessen engen Zusammenhang mit dem inzwischen nachdrücklich geförderten Geschäft mit individuellen Kunden jedoch dazu, das Hypothekargeschäft auf das Stammhaus selbst – das immerhin die von ihm gewährten hypothekarisch gedeckten Vorschüsse und Darlehen sowie die Hypothekaranlagen zwischen 1972 und 1978 seinerseits von 2,2 Mrd Fr. auf 5,6 Mrd Fr. ausgeweitet hatte – zu konzentrieren. Hierzu wurden im Jahre 1979 die Aktiven und Passiven der *Bank für Hypothekarkredite* und 1983 diejenigen der *Bodenkreditbank in Basel* in den Schweizerischen Bankverein integriert. Allein im Jahre 1979 weitete sich daraufhin diese Bilanzposition beim Bankverein um 2,14 Mrd Fr. auf 7,7 Mrd Fr. aus, ein Sprung, zu dem im übrigen auch die fast gleichzeitig mit der Absorption der *Bank für Hypothekarkredite* erfolgte Übernahme der auf diesem Geschäftsfeld stark engagierten (und zu stark exponierten) *Handwerkerbank Basel* beitrug. Nachdem 1991 die beiden Tochterbanken *Schweizerische Depositen- und Kreditbank (SDKB)* und *Bank in Burgdorf* ebenfalls in den Bankverein integriert worden waren und schliesslich 1993 die Gelegenheit zur Übernahme der in Schwierigkeiten geratenen *Hypothekar- und Handelsbank Winterthur* wahrgenommen wurde, belief sich der schweizerische Hypothekarbestand des Bankvereins Ende 1993 auf nicht weniger als 46,8 Mrd Fr. gegenüber den 9,5 Mrd Fr. Ende 1980 – ein erheblicher Anteil sowohl am gesamten ausstehenden Kreditvolumen des Bankvereins wie auch am schweizerischen Hypothekarmarkt und zugleich ein Indiz für den Erfolg einer über Jahre hinweg konsequent verfolgten, wenn auch gewiss nicht risikolosen Geschäftsstrategie.

Fragt man, worin der Erfolg einerseits, das Risiko andererseits begründet lagen, so stösst man auf die tieferen Ursachen der facettenreichen Entwicklung dieses Geschäftsfeldes des Bankvereins in diesen Jahren. Was zunächst den Erfolg angeht, so lag diesem – neben der zwar schwankenden, aber insgesamt doch starken Bautätigkeit in der Schweiz – eine intensive Bearbeitung des Marktes und vor allem ein schrittweiser Ausbau des Angebots an Hypothekararten zugrunde. 1982 war der alteingeführte konventionelle Hypothekarkredit (ausgestattet mit einem variablen, von den jeweiligen Marktverhältnissen bestimmten Zinssatz) mit der Festzinshypothek ergänzt worden, die mit einem auf drei bis fünf Jahre fixierten Zinssatz versehen ist; weiter wurde der Palette im gleichen Jahr noch die Annuitätenhypothek hinzugefügt, bei der die Zins- und Amortisationszahlungen innerhalb von Schwankungsgrenzen in Form von regelmässigen, gleichbleibenden Zahlungen geleistet werden. 1983 wurde zusätzlich die sogenannte «Schlüsselhypothek» lanciert, ein Darlehen mit einem flexiblen Zinssatz, bei dem Zinsschwankungen während einer Laufzeit von drei bis fünf Jahren nur zur Hälfte auf den Kunden übertragen werden; und schließlich führte man im Jahre 1988 als weitere Variante die Zinsstufenhypothek ein, die sich durch eine tiefere Anfangsbelastung im ersten und zweiten Jahr in Höhe von 0,5 bis 0,25% auszeichnet, welche im vierten und fünften Jahr durch einen Zuschlag von 0,25% teilweise kompensiert wird. Doch damit nicht genug: um den Kunden eine möglichst grosse Planungssicherheit in bezug auf die Zinsgestaltung zu geben, kreierte die Bank im Herbst 1992 Festzinshypotheken mit Laufzeiten von bis zu zehn Jahren (noch dazu in Kombination von einer oder mehrerer Tranchen mit festem Zinssatz mit einer Tranche mit variablem Zins) – eine als «Mix-Hypothek» bezeichnete Variante, die dem Schuldner die teilweise Glättung von Zinsschwankungen ermöglicht. Das Angebot aller dieser Spielarten hatte, wie gesagt, am Markterfolg des Bankvereins im Hypothekargeschäft einen wesentlichen Anteil; zugleich aber feite es ihn nicht vor den Risiken, sondern trug jedenfalls teilweise gar noch zu ihnen bei.

Werbebotschaften personifiziert am Beispiel Baukredite und Hypotheken (1979/80).

Das zeigte sich im Zusammenhang mit den Schwankungen des schweizerischen Zinsniveaus über die Jahre hinweg. In den Jahren zwischen 1982 und 1988 hatten sich die Zinssätze in der Schweiz massiv zurückgebildet, mit der Folge, dass Festzinshypotheken zunehmend gefragt waren; Ende 1989 erreichten sie einen Anteil von immerhin 24% des gesamten Hypothekarbestandes des Bankvereins, die Schlüsselhypotheken einen solchen von 8%. Diese Entwicklung wurde abrupt gebremst, nachdem die Nationalbank die geldpolitischen Zügel im Sommer 1988 zu straffen begonnen hatte und eine bis 1992 währende Anhebung des Zinsniveaus resultierte. Die Konsequenz war nicht nur, dass die Nachfrage nach Festzinshypotheken verebbte, so dass diese per Ende 1993 nur noch 19% des gesamten Hypothekarbestandes des Bankvereins ausmachten, während der Anteil der konventionellen Hypotheken auf 79% angestiegen war. Vor allem sah sich die Bank wie in der vorangegangenen Hochzinsphase 1980 bis 1982 schon einmal wiederum mit einer empfindlichen Schrumpfung ihrer Verdienstmarge in diesem zunehmend gewichtiger gewordenen Geschäftsfeld konfrontiert, akzentuiert noch dadurch, dass – wie festgestellt wurde – manche Kunden die billigen Hypothekengelder benutzten, um von den zeitweise über dem Hypothekarsatz liegenden Zinssätzen für Festgelder[1] zu profitieren. Gleichzeitig gingen die Spar- und Einlagegelder als wichtigste Refinanzierungsquelle für Hypothekarkredite zeitweise deutlich zurück, und auch der Bestand an Kassenobligationen wuchs kaum noch; auch wenn der Bankverein im Jahre 1990 den Zinssatz für Spargelder in zwei Schritten und jenen für Kassenobligationen in fünf Schritten heraufsetzte. Wieder einmal zeigte es sich, dass auch das vordergründig so stabile Hypothekargeschäft speziell auf der Ertragsseite empfindlichen Schwankungen ausgesetzt sein kann, zahlenmässig zu jener Zeit erkennbar an der Reduktion der Bruttomarge im Hypothekargeschäft von 1,1% im Durchschnitt des Jahres 1989 auf 0,79% Ende 1990. Doch nicht nur das: bei manchen Schuldnern führten die steigenden Zinssätze[2] zu einer angespannten Situation, der die Bank mit entsprechenden Rückstellungen Rechnung zu tragen hatte, ganz zu schweigen von jenen Anfang der neunziger Jahre auch den Bankverein beschäftigenden, weiter unten näher erwähnten Problemfällen im Immobilienbereich, die in kompletten Forderungsausfällen resultierten. Das Hypothekarkreditgeschäft hat deshalb seine grosse Bedeutung speziell für den Geschäftsbereich Schweiz des Bankvereins gewiss nicht verloren; aber Wachstumsgrenzen haben sich gezeigt, deren Überschreitung nicht mehr mit einem Wachsen der Erträge, sondern nur noch der Risiken einhergeht.[3]

---

[1] Deren Verzinsung war bei einer Laufzeit von drei Monaten innert eines einzigen Jahres von durchschnittlich 2,58% im Jahre 1988 auf 6,44% im Jahre 1989 angestiegen.
[2] Im Jahre 1990 wurden auf der Aktivseite auch die Sätze für erstrangige Althypotheken im Wohnungsbau gleichzeitig mit den Sparzinsen zweimal um je 0,5% auf vergleichsweise hohe 7% angehoben – eine Erhöhung, die der Bankverein in seinem Geschäftsbericht 1990 noch als «massvoll» bezeichnete.
[3] Vgl. hierzu auch S. 44 ff.

## Alternative zu Krediten: Leasing

Im Falle von Kunden mit angespannter Liquidität stellt die Finanzierung des Kaufs von Investitionsgütern mit mittel- bis langfristigen Krediten ein erhöhtes Risiko für Kreditnehmer wie -geber gleichermassen dar, eine Einsicht, deren man sich speziell im Zusammenhang mit dem Wiederauftreten ausgeprägter Konjunkturschwankungen in den siebziger Jahren wieder bewusst wurde. Hier konnte – und kann – der Bankverein auf eine Alternative zurückgreifen, die ähnlich wie das an anderer Stelle erwähnte Factoring ursprünglich in den USA entwickelt worden ist: das Leasing, die Vermietung von Industrieanlagen und anderen Investitionsgütern. Ein Jahr nach seinem 1963 erfolgten Einstieg in das Factoring hatte der Bankverein zusammen mit der *Interlease SA*, Luxemburg, und der im Leasing von Automobilen tätigen *Aucreda AG*, Zürich, im Oktober 1964 unter massgeblicher Beteiligung die *Industrie-Leasing AG* mit Sitz in Zürich gegründet. Nur wenige Jahre später, 1970, musste dank der im Geschäftserfolg offenkundig werdenden Tatsache, dass die neue Finanzierungsform des Leasing einem verbreiteten Bedürfnis entsprach, das Kapital der jungen Firma von ursprünglich 2 Mio Fr. bereits auf 10 Mio Fr. angehoben werden; heute – nachdem das Unternehmen über die Jahre hinweg unangefochten jeweils den ersten Platz unter den schweizerischen Leasing-Gesellschaften belegen und per 1993 einen Marktanteil von fast 30% erreichen konnte – beläuft es sich auf 30 Mio Fr., und die Firma bildet den Kern einer Gruppe von spezialisierten Leasing-Angeboten, die im Laufe der Zeit den Kundenbedürfnissen entsprechend entwickelt worden sind: das Leasing von gewerblichen Liegenschaften aller Art vom Bürohaus über Lager- und Verkaufsgebäude bis zu Produktionsstätten und Sportanlagen im Rahmen der *IL Immobilien Leasing AG*, Zürich; das seit Anfang 1991 von der *Aucreda AG* (die 1980 von der *Industrie-Leasing* übernommen worden war) angebotene sogenannte Compact-Leasing – ein Leasing ganzer Fahrzeugflotten, bei dem die tatsächlichen Unterhaltskosten dem kalkulierten Preis gegenübergestellt und bei dessen Unterschreitung dem Kunden rückvergütet werden, während allfällige Mehrkosten zulasten der *Aucreda AG* gehen; und das Leasing von Firmenflugzeugen, für das 1992 bei der *Industrie-Leasing AG* unter der Bezeichnung Business Aviation Group ein spezialisiertes Team gebildet wurde. Die Leasing-Gruppe des Bankvereins hat sich stets, wie schon an diesen wenigen Fakten erkennbar wird, dadurch ausgezeichnet, dass sie innovativ und initiativ ist. Vor Risiken und Rückschlägen hat sie das nicht bewahrt, manchmal gerade im Gegenteil; aber sie ist in ihrem Marktsegment für diese Eigenschaften bekannt und geschätzt und ergänzt das Angebot des Stammhauses damit in einer für die investierenden Kommerzkunden wichtigen, Investitionskredit-typische Risiken vermeidenden Weise.

## Risiken im Inlandkreditgeschäft

Von den seit Beginn der siebziger Jahre wiederholt eingetretenen teilweise massiven Konjunktureinbrüchen ist das Kreditgeschäft der schweizerischen Banken jeweils recht unsanft in Mitleidenschaft gezogen worden; und die Kredittätigkeit des Bankvereins hat davon – kaum verwunderlich bei seiner Exposition gerade in teilweise besonders bedrängten Industriebranchen wie etwa der Uhrenindustrie – gewiss keine löbliche Ausnahme dargestellt.

Erstmals in grösserem Masse in Erscheinung traten die diesem Geschäftszweig innewohnenden spezifischen Risiken in der tiefen, auf den ersten Ölpreisschock folgenden Rezession Mitte der siebziger Jahre. Zwar hielten sich die tatsächlichen Verluste aus dem Kreditgeschäft zunächst noch in verhältnismässig bescheidenen Grenzen, doch gaben tatsächliche und potentielle Ausfälle Veranlassung, die Dotation der Position Abschreibungen und Rückstellungen von den bescheidenen 38,9 Mio Fr. des Jubiläumsjahres 1972 in der Folge kontinuierlich auf nicht weniger als 361,5 Mio Fr. zehn Jahre später, 1982, zu erhöhen. Diese Entwicklung stand in einem direkten Zusammenhang mit der Tatsache, dass die tiefe Rezession 1975/76 einen lange nachwirkenden Substanzverzehr gerade bei vielen teilweise alteingesessenen mittleren und grösseren Firmen bewirkt hatte, dem die Bank – da es sich bei diesen Firmen vielfach um alte Kreditkunden handelte – nolens volens Rechnung tragen musste; darüber hinaus forderten einzelne Grossrisiken die Bank aber auch in ihrem eigenen Interesse und in demjenigen ihrer Kreditkunden zu ausserordentlichen Engagements in Form von Forderungs- und Zinsverzichten und anderen Sanierungsbeiträgen (etwa durch Umwandlung von Krediten in Aktienkapital) heraus. Derartige Grossrisiken ergaben sich sowohl bei industriellen Kunden als auch im Immobilienbereich.

Im industriellen Bereich sah sich der Bankverein – «Uhrenbank» seit altersher – speziell in der Uhrenindustrie gefordert, die Ende der siebziger Jahre, technisch wie organisatorisch hinter der internationalen Konkurrenz zurückgefallen, in ernste Bedrängnis geraten war. So wurde die damals zweitgrösste Unternehmensgruppe der schweizerischen Uhrenindustrie, die *Société Suisse pour l'Industrie Horlogère (SSIH)* im Frühsommer 1981 zum Sanierungsfall, der sich für den Bankverein finanziell unter anderem darin niederschlug, dass die in diesem Jahr von ihm geleisteten Sanierungsbeiträge in der Summe grösser waren als in den fünf Jahren von 1976 bis 1980 zusammengenommen. Doch damit nicht genug: noch im gleichen Jahr wurde auch die geschäftlich-finanzielle Situation der grössten Uhrengruppe, der *Allgemeinen Schweizerischen Uhrenindustrie AG (ASUAG)*, Biel, prekär. Erneut musste der Bankverein handeln, um grösseren volks- wie bankwirtschaftlichen Schaden abzuwenden, mit dem Ergebnis, dass der Betrag der durch alte oder neue Stillhalteabkommen blockierten Kreditlimiten 1982 mit insgesamt 424 Mio Fr. auf einen Stand emporschnellte, der nicht weniger als fast zweieinhalbmal so hoch war wie im Jahr zuvor; und 1983 stiegen die vom Bankverein geleisteten Sanierungsbeiträge sprunghaft auf 210 Mio Fr. und lagen damit mehr als anderthalbmal so hoch wie in den sieben Jahren von 1975 bis 1982 zusammengenommen – vor allem eben wegen der zusammen mit der *Schweizerischen Bankgesellschaft* durchgezogenen Sanierung der inzwischen zur *Schweizerischen Gesellschaft für Mikroelektronik und Uhrenindustrie AG (SMH)* vereinigten *ASUAG/SSIH*. Dieser Fall war sowohl in bezug auf seine Bedeutung wie auch auf seine viele Spezialisten in der Bank zeitweise voll beanspruchende Problematik einmalig (siehe auch Kasten); aber auch bei Ausklammerung dieses aussergewöhnlichen Falles waren die vom Bankverein im Jahre 1983 geleisteten Beiträge zur Sanierung anderer Firmen, deren Lebensfähigkeit er grundsätzlich als gegeben ansah, immer noch mehr als doppelt so gross wie 1982. Immerhin bildeten sich dank besserer Konjunkturlage in der Folge die Sanierungsleistungen in der Schweiz im Jahre 1984 auf ein normaleres Mass zurück und erreichten 1985 den niedrigsten Stand seit vielen Jahren – eine freundlichere Phase, die bis 1990 andauerte, und während der sich die Debitorenverluste aus Konkursen und Sanierungen in der Schweiz in sehr engen Grenzen hielten.

### Die Sanierung der ASUAG/SSIH

Mitte der sechziger Jahre setzte in der schweizerischen Uhrenindustrie ein tiefgreifender Strukturwandel ein, der Mitte der siebziger und Anfang der achtziger Jahre mit einer weltweit schwierigen Wirtschaftslage zusammentraf. Als Folge davon sank die Uhrenproduktion auf den tiefsten Stand seit dem Zweiten Weltkrieg.

Von diesem Strukturwandel und Absatzrückgang besonders betroffen wurden die *Allgemeine Schweizerische Uhrenindustrie AG (ASUAG)* und die *Société Suisse pour l'Industrie Horlogère SA (SSIH)* als grösste Konzerne der schweizerischen Uhrenindustrie. Die *SSIH* musste erstmals im Juni 1981 saniert werden. Auch die *ASUAG* geriet ab 1981 in eine schwierige Situation. Die akute Krisenlage erforderte eine intensive Betreuung, um einerseits die Aufrechterhaltung des ordentlichen Geschäftsganges sicherzustellen und andererseits die erforderlichen Massnahmen zur Sicherung der überlebensfähigen Aktivitäten der beiden Gruppen einleiten zu können. Zu diesem Zweck wurde ein zwischen Verwaltungsrat und Geschäftsleitung stehender Steuerungsausschuss gebildet, der sich aus Verwaltungsräten und Bankenvertretern zusammensetzte. Dieser arbeitete zusammen mit der Beraterfirma *Hayek Engineering AG* ein umfassendes Restrukturierungskonzept aus, das im Jahre 1983 von den Generalversammlungen der Aktionäre genehmigt wurde und im wesentlichen folgende Punkte vorsah:

- eine nachhaltige Kapitalsanierung;
- den Zusammenschluss der *ASUAG* und der *SSIH*;
- die Einsetzung eines neuen Managements;
- eine Vereinfachung der juristischen Strukturen;
- die Konzentration auf erfolgversprechende Produkte und Märkte mit entsprechenden Investitionen und den Abbau überflüssiger Kapazitäten.

Die in den traditionellen Uhrenkantonen tätigen Gross-, Regional- und Kantonalbanken waren seit jeher kreditmässig mit den in ihren Regionen ansässigen Uhrenunternehmen verbunden. Bei der Restrukturierung und Sanierung der *ASUAG* und *SSIH* hatten bei der ersteren der Schweizerische Bankverein und bei der letzteren die Schweizerische Bankgesellschaft das grösste Engagement und damit die Federführung. Selbstverständlich war bei beiden Uhrenkonzernen eine ganze Reihe weiterer in- und ausländischer Institute kreditmässig engagiert.

Zunächst ging es darum, Zeit zu gewinnen für eine Analyse der Situation und insbesondere die gründliche Abklärung der Überlebensfähigkeit. Zunächst bei der *SSIH* und später auch bei der *ASUAG* konnte vorerst durch ein Stillhalteabkommen aller Banken sowie mit Überbrückungskrediten die nötige Liquidität für die

Aufrechterhaltung der operativen Tätigkeit sichergestellt werden. Daraufhin veranlassten die Kreditinstitute eine umfassende Analyse der beiden Gruppen durch die Beraterfirma *Hayek Engineering AG*. Bankenvertreter wirkten auch massgeblich im Steuerungsausschuss mit, der zur Unterstützung der operativ Verantwortlichen gebildet wurde. Er hat sich insbesondere intensiv mit dem Restrukturierungskonzept beschäftigt, nachdem die *Hayek*-Analysen die Überlebensfähigkeit der *ASUAG*- und *SSIH*-Aktivitäten eindeutig bejaht hatten.

Die Banken befürworteten den Zusammenschluss der *ASUAG* und der *SSIH*, als erkannt wurde, dass die zahlreichen Probleme der beiden Gruppen am besten gemeinsam zu lösen seien. Der neue Uhrenkonzern, der auf diese Weise entstand – der Zusammenschluss wurde im Dezember 1983 rechtlich vollzogen –, erhielt den Namen *Schweizerische Gesellschaft für Mikroelektronik und Uhrenindustrie AG (SMH)*. Die Banken stellten auch die finanziellen Mittel für den Turnaround, das heisst den Wiedereintritt des Unternehmens in die Gewinnzone, bereit. Die Finanzspritze bei der Sanierung 1983 belief sich insgesamt auf 86 Millionen Fr. – ein bis dahin in der Schweiz nicht erreichtes Ausmass einer Sanierungshilfe. Dadurch wurden die Banken auch Hauptaktionäre; sie trugen dazu bei, dass die operativen Tätigkeiten aufrechterhalten blieben. So fiel die Lancierung der überaus erfolgreichen Swatch-Uhr in diese Zeit. In das Amt des Vizepräsidenten des Verwaltungsrates der SMH wurde *Walter G. Frehner* berufen, zu jener Zeit in der Geschäftsleitung des Schweizerischen Bankvereins als Generaldirektor tätig. Vorgängig hatte er schon den Verwaltungsräten der *ASUAG* und der *SSIH* angehört.

Die Restrukturierung und Sanierung der *ASUAG* und *SSIH* ist ein Erfolg gewesen. Sie wäre nicht möglich gewesen, wenn nicht bei beiden Unternehmen in einer Zeit, in der weite Kreise an der Überlebensfähigkeit der Schweizer Uhr zweifelten, die Banken die Zügel in die Hand genommen hätten. Die *SMH* erreichte 1984 wieder die Gewinnzone, und erstmals wurde für das Geschäftsjahr 1986 eine Dividende ausgeschüttet. Zum Turnaround trugen neben den getroffenen Massnahmen natürlich auch die seit 1983 überwiegend günstige Entwicklung der Wirtschaftslage und des Dollarkurses bei.

Im Jahre 1985 verkauften die Banken die Mehrheit ihrer Beteiligung an der *SMH* an eine Gruppe privater Investoren. Damit wurde in den Beziehungen zwischen der *SMH* und den Banken wieder die traditionelle Rollenverteilung als Kreditnehmer und -geber hergestellt, und ein bemerkenswertes Kapitel der jüngeren schweizerischen Wirtschaftsgeschichte fand seinen Abschluss.

Im Jahre 1991 trat eine erneute Wende zum Schlechteren ein. Hohe Preissteigerungen im Gefolge der auf den Börsencrash vom Oktober 1987 von den Zentralbanken betriebenen Politik grosszügiger Geldversorgung und starke Zinssteigerungen nach der 1988/89 eingeleiteten Abkehr von dieser Politik brachten, zusammen mit den in der Folge eintretenden Preiseinbrüchen, vor allem den Bau- und Immobiliensektor in teilweise grosse Nöte. Mehr und mehr Privatleute, aber auch Bau- und Immobilienfirmen aller Grössenordnungen, die ihre Anlage- und Firmenpolitik auf die Erwartung weiterhin steigender (oder mindestens hoch bleibender) Immobilienpreise und weiterhin sinkender (oder mindestens tief bleibender) Zinssätze aufgebaut hatten, gerieten immer mehr in die Klemme steigender Zinsen und sinkender Anlagewerte. Insbesondere in der Westschweiz und im Tessin, daneben aber auch in grossen Städten wie Zürich, Basel und Bern, staute sich das Angebot von nur bei höheren Preisen noch rentablen Objekten auf einem Markt, der auch zu niedrigeren Preisen – die Liegenschaftspreise sanken in der Westschweiz und im Tessin zwischen 1990 und 1992 um bis zu 30%! – nicht mehr aufnahmefähig war.

Im Zuge dieser Entwicklung häuften sich in den frühen neunziger Jahren die Schieflagen im schweizerischen Immobiliensektor und allen damit zusammenhängenden Bereichen. Auch die Banken blieben von den Auswirkungen nicht verschont, im Gegenteil: sie hatten zum Entstehen der spekulativen Blase mit teilweise sehr grosszügigen Finanzierungen ihren Teil beigetragen und mussten das nun auch, nachdem die Blase geplatzt war, in Gestalt von Forderungsverzichten und Abschreibungen tun. Im Zuge dieser Entwicklung erhöhte sich überdies – recht unerwünscht – der Liegenschaftsbestand der Banken in der Schweiz zwischen 1974 und Ende 1994 um das Sechsfache auf die stolze Summe von 22,2 Mrd Fr; und Zeichen für die Hartnäckigkeit der Krise war auch der erneute Anstieg dieser Zahl um mehr als 300 Mio Fr. bei den Kantonalbanken und um 500 Mio Fr. bei den Grossbanken allein im ersten Halbjahr 1995.[1] Beim Bankverein hielten sich die Risiken im Hypothekargeschäft gemessen an dessen Gesamtvolumen zwar noch in einem begrenzten Rahmen, lagen in dieser Zeit doch rund 90% der hypothekarisch gedeckten Ausleihungen noch innerhalb von zwei Dritteln des geschätzten Verkehrswerts des Grundpfands; doch die Zinsrückstände nahmen auch in seinem Hypothekargeschäft ebenso besorgniserregend zu wie die Problemfälle in diesem von der Bank seit Anfang der siebziger Jahre so systematisch – und an sich auch erfolgreich – ausgebauten Geschäftszweig. Die Bank schritt deshalb im Jahre 1992 nicht nur zu einer umfassenden objekt- und schuldnerbezogenen Analyse aller Hypothekarengagements mit Zinsausständen von mehr als 60 Tagen; vor allem wurden – spät und in manchen Fällen eben leider doch zu spät – bei den Sitzen in der Schweiz Spezialeinheiten geschaffen, die den Immobilienmarkt in ihrer jeweiligen Region systematisch zu beobachten und das Vorgehen in kritischen Fällen zu koordinieren hatten. Doch den gewachsenen Risiken in einem Zweige des Inlandkreditgeschäfts, dessen Bedeutung für den Bankverein seinerseits stark, wenn auch plangemäss gewachsen war, war damit nur teilweise Rechnung getragen: hatte sich die Geschäftsleitung schon, wie an anderer Stelle bereits erwähnt, per Ende 1992 zu einer Erhöhung der Rückstellungen auf Ausleihungen an schweizerische Schuldner um 1,1 Mrd Fr. auf einen Stand von 3,8% dieser Ausleihungen genötigt gesehen, so musste diese Position per Ende 1993 um eine weitere Milliarde Franken auf 3,8 Mrd Fr., entsprechend 5,2% der schweizerischen Kredite, aufgestockt werden; und die definitiv ausgebuchten Debitorenverluste aus Konkursen und Sanierungen nahmen 1992 im

---

[1] Am Ende dieses Jahres besassen die drei Grossbanken über 2000 Immobilienobjekte im Werte von 2,4 Mrd Fr. (woran der Bankverein mit 470 Objekten im Werte von 437 Mio Fr. beteiligt war). Das gesamte inländische Hypothekarkreditvolumen der Grossbanken belief sich zu diesem Zeitpunkt auf 201 Mrd Fr.; die seit 1991 von den drei Grossbankkonzernen angesichts der krisenreichen Entwicklung auf diesem Markt neu gebildeten Wertberichtigungen und Rückstellungen summierten sich auf nicht weniger als 7,8 Mrd Fr., also 4% des ausstehenden Kreditvolumens.

Stammhaus um nicht weniger als 96% und 1993 nochmals um weitere 88% gegenüber dem jeweiligen Vorjahr zu – ein steigender Wertberichtigungsbedarf, der zunehmend zulasten der in diesem Geschäft noch erzielten Gewinne ging.

Macht man sich bewusst, dass hinter solchen Zahlen viele kritisch gewordene Einzelpositionen stehen – so musste die Bank etwa 1992 im Inland 102 Liegenschaften im Wert von 89 Mio Fr. aus Konkursen und Nachlassliquidationen übernehmen –, so wird auch deutlich, in wie starkem Masse Kundenberater, Kreditspezialisten, Juristen und andere Fachleute der Bank in dieser Zeit mit der Abwicklung von Problemfällen in Anspruch genommen wurden. Dabei trat erschwerend (weil Fachkräfte auf allen hierarchischen Ebenen der Bank beanspruchend) noch hinzu, dass die in diesen Jahren sich häufenden Problemfälle natürlich nicht nur das Standard-Hypothekargeschäft betrafen. Im Gegenteil: Abgesehen von den an anderer Stelle erwähnten, die personellen wie die finanziellen Kräfte der Bank stark beanspruchenden, teilweise sehr gewichtigen Problemfällen im Auslandkreditgeschäft wurde die Bank auch im Inland unter den für Kreditschuldner wie -gläubiger ungemütlich gewordenen Bedingungen Anfang der neunziger Jahre mit einzelnen Grossrisiken (die Tagespresse jener Zeit sprach auch von «Katastrophenfällen») konfrontiert. Einige dieser Fälle sind auch heute, Jahre nach ihrem Eintreten, noch nicht voll abgewickelt (so sehr sie in den Büchern der Bank durch Ausbuchungen und Rückstellungen bewältigt sind). Hierzu zählen etwa die aus dem Zusammenbruch der *Omni*-Gruppe des Financiers *Werner K. Rey* und der Bau- und Immobiliengruppe des Berner Liegenschaftsspezialisten *Victor Kleinert* entstandenen Komplexe – Komplexe deshalb, weil in diesen und anderen ähnlich gelagerten Fällen jener Jahre eine grosse Zahl von Gläubigern wie von Banken zu Schaden kamen. Das gilt speziell für den Fall *Rey*, eines mit zurückhaltendem Auftreten Viele täuschenden, mit bedenkenlosem Handeln noch mehr enttäuschenden Mannes, der gewagt – und wie es vielen Aussenstehenden schien, auch gekonnt – mit von vielen Banken und leider auch vom Bankverein alimentierten Finanzgeschäften in wenigen Jahren ein Firmenimperium höchst heterogenen Charakters (von traditionellen Industrieunternehmen der Metallindustrie wie etwa der *SELVE*, Thun, über Computerfirmen wie etwa der amerikanischen Meridian bis hin zu führenden Unternehmen für Warenkontrollen oder Zeitarbeit wie der *Inspectorate* oder der *ADIA*-Gruppe) zusammengekauft und teilweise auch ausgeschlachtet hatte. Als steigende Zinsen und sinkende Sicherheiten für *Rey* die Schlinge zuzogen und seine Omni-Gruppe unter Hinterlassung eines Schuldenbergs von 3 Mrd Fr. im Jahre 1991 zusammenbrach, wurde klar, dass er zuviel gewagt und eben doch zu wenig gekonnt hatte; mehr noch: dass er seine Bilanzen in einer die Grenzen des Strafrechts überschreitenden Weise auf Luft gebaut hatte – auf Positionen nämlich, die in der Summe nicht entfernt so werthaltig waren, wie jede einzelne von ihnen präsentiert worden war. Und deutlich wurde auch, dass auch der Bankverein sich in der Person des *Werner K. Rey* ebenso wie in der Natur seiner Geschäfte hatte täuschen lassen – ein Vorfall, der zu zahlreichen organisatorischen Verbesserungen der Kreditpolitik der Bank Anlass gab[1] und überdies auch personelle Konsequenzen nach sich zog.

Von den Voraussetzungen wenn auch nicht von den finanziellen Folgen für den Bankverein etwas anders lag der Fall der *Victor Kleinert* Unternehmensgruppe. *Kleinert*, ein bedeutender und von seinen Fachkollegen respektierter Immobilienunternehmer, hatte die Expansion seiner Gruppe auf dem ihm fachlich vertrauten Markt vorangetrieben, hatte auch keineswegs – wie *Rey* – ein Konglomerat heterogener Firmen zusammengekauft. Indes, auch ihm wurde die zunehmende Diskrepanz zwischen eingegangenen Verpflichtungen und tatsächlich geschaffener Substanz ebenso wie die abnehmende Übersicht über sein aus den Nähten platzendes Imperium im Jahre 1991 zum Verhängnis; und der Bankverein kam auch hier zum Handkuss, sprich zu finanziellem Schaden, weil er die überzogene Expansion (zu lange) massgeblich finanziert hatte.

Noch einmal: es war keineswegs die von Übertreibungen ebenso gekennzeichnete wie auch gezeichnete Immobilienbranche allein, die dem Bankverein in diesen Jahren Kopfzerbrechen und Verluste bereitete – Ausleihungen im industriellen Bereich trugen dazu (wie oben im Zusammenhang mit der Uhrenindustrie bereits erwähnt) ihren Teil bei und wurden dabei wider Willen der Beteiligten zu mindestens mittelfristigen Engagements. Typisch war der Fall der in der Papierproduktion tätigen *Biber*-Gruppe, Biberist. Hier wurde die Bank gefordert, nachdem die Produktion einer massgeblich vom Bankverein mitfinanzierten neuen Papiermaschine im Werte von 550 Mio Fr. im Herbst 1991 mit erheblichen technischen Schwierigkeiten anlief und noch dazu auf einen von internationalen Überkapazitäten und einem drastischen Preisverfall für Massenpapiere deroutierten Markt traf. Zu den tiefgreifenden, komplexen Massnahmen der Gläubigerbanken – *Kreditanstalt* und *Bankgesellschaft* sassen mit im Boot – zugunsten der verlustreichen, aber eigenkapitalarmen Gruppe gehörte eine Kapitalsanierung, bei der die von Banken und Versicherungen gewährten Darlehen in Eigenkapital umgewandelt wurden (450 Mio Fr.) und Obligationäre ihre Forderungen auf freiwilliger Basis in Aktien tauschen konnten; zudem erfolgte im Juni 1994 zusammen mit der Einführung einer Einheitsaktie ein Kapitalschnitt (100% bei Biber Papier und 80% bei der Holding) und eine anschliessende Wiederaufstockung des *Biber*-Aktienkapitals durch die Banken. Nach einem Verlust von noch einmal 108 Mio Fr. im Jahre 1993 konnte die Gruppe danach und nach weiteren, zahlreichen Korrekturen und Anpassungen im handelsrechtlichen Abschluss 1994 erstmals seit Jahren wieder ein ausgeglichenes Ergebnis ausweisen, auch wenn die fiskalisch vorerst noch steuerwirksamen Verlustvorträge mit 450 Mio Fr. zu Buche standen. In den Händen der Banken aber blieben zu diesem Zeitpunkt noch etwas über 50% der Aktien der *Biber*-Holding zurück; und der Bankverein seinerseits sah sich als unfreiwilliger Besitzer von 19,9% der *Biber*-Aktien – ein vorerst nicht sonderlich liquider Erinnerungsposten an ein problematisches, wenn auch auf Wertsicherung zielendes Rettungsmanöver.[2]

---

[1] Siehe S. 296 ff.
[2] Dieser Rettungsversuch scheiterte allerdings kurz vor Jahresende 1996, nachdem das Konzernergebnis der *Biber*-Gruppe auch 1994 und 1995 noch negativ ausgefallen war. Nach dem Verkauf der zwei *Biber*-Werke an zwei finnische Gruppen waren die Forderungen der Gläubiger von 225 Mio Fr. nur noch zu 40% gedeckt, so dass sich für die *Biber*-Holding die Notwendigkeit abzeichnete, Konkursantrag zu stellen.

Nach diesen und – gehäuften – ähnlichen Vorfällen eher regionalen Charakters verschärfte die Bankverein-Geschäftsleitung 1993 ganz entschieden die Massstäbe, nach denen die Kredite bewertet und neue Kredite eingegangen wurden.[1] Dabei wurden – Vorteil der auf verschiedenen, im einzelnen oft gegenläufigen Geschäftsfeldern tätigen Universalbank – die hieraus resultierenden bilanziellen Folgen durch den glücklichen Umstand gemildert, dass das Geschäftsjahr 1993 dank boomender Geschäftsbedingungen im Handel (der Handelsertrag war fast um das Doppelte, der Ertrag aus dem Wertschriftenhandel gar um das Dreifache gestiegen) ein eigentliches Rekordjahr für den Bankverein darstellte. Das ändert jedoch nichts daran, dass die Verluste eingetreten waren und messbare Einbussen an Finanzkraft und Selbstvertrauen der Bank gekostet hatten – auch, wenn es vielen Konkurrenzinstituten in dieser Zeit nicht besser und manchen noch schlechter ergangen ist. Die Lehren waren teuer; die Bank hat sie bedauerlicherweise zahlen müssen und glücklicherweise zahlen können.

Doch die Entwicklung blieb auch hierbei nicht stehen: Angesichts der Tatsache, dass das schwache Wirtschaftswachstum der Schweiz seit Anfang der neunziger Jahre mit gravierenden Strukturproblemen in verschiedenen Branchen und einem eigentlichen Zusammenbruch der Immobilienmärkte einherging, sahen sich mehr und mehr Kreditschuldner speziell in der Schweiz in den letzten Jahren ausserstande, ihren Verpflichtungen gegenüber den Banken nachzukommen. Die Folge war, dass beim Bankverein wie auch bei den übrigen Schweizer Banken die Kreditrückstellungen und Verluste auf Krediten zwischen 1991 und 1995 im Verhältnis zu den Kundenausleihungen von den 0,25% der Jahre 1980–90 auf fast 1% emporschnellten. Der Bankverein entschloss sich deshalb im Frühherbst 1996 zur Einführung eines neuen Systems zur Berechnung der Risikokosten für Kreditausfälle, das der Erkenntnis Rechnung trägt, dass Kreditausfälle ein mit einer gewissen Wahrscheinlichkeit eintreffendes und deshalb zu erwartendes und kalkulierbares Risiko darstellen, und dass die einem vergleichbaren Risikoportefeuille zugeordneten Kunden über die Preisfestsetzung für den Kredit gleichermassen zur Deckung der erwarteten Ausfallkosten herangezogen werden müssen, um dieses Geschäft auf eine profitable, mindestens aber alle Kosten deckende Grundlage zu stellen. Zugleich damit wurde in einer einmaligen, in der in- und ausländischen Bankenwelt stark beachteten Aktion erstmals eine *ACRA* (Actuarial Credit Risk Accounting) genannte Rückstellung als Puffer für unerwartete Kreditausfallkosten in der massiven Höhe von 2 Mrd Fr. zulasten der konsolidierten Erfolgsrechnung 1996 gebildet resp. angekündigt.[2] Doch damit nicht genug – die anhaltenden Schwierigkeiten im schweizerischen Immobilienmarkt veranlassten die Bank – wie sie ebenfalls im September 1996 ankündigte – darüberhinaus dazu, die eigenen Immobilienbestände im Interesse einer grösseren finanziellen Flexibilität in ihren Büchern deutlich tiefer zu bewerten: zulasten der konsolidierten Erfolgsrechnung 1996 wurden einmalige Abschreibungen auf das Immobilienportefeuille

---

[1] Vgl. hierzu S. 294 ff. und besonders S. 296 ff.
[2] Für nähere Details siehe S. 300 ff.

im Umfange von nicht weniger als 910 Mio Fr. vorgesehen.[1] Dass diese Massnahmen (zusammen mit einer bei gleicher Gelegenheit angekündigten Rückstellung von 400 Mio Fr. für Umsetzungsrisiken bei der Neuausrichtung des Firmenkundengeschäfts in der Schweiz addierten sie sich zu insgesamt 3,31 Mrd Fr.) nur aus einer Position der Stärke heraus möglich waren und zugleich für andere Banken Massstäbe setzten, denen zu folgen manchen Instituten schwerfallen dürfte, und dass sie im übrigen der Verstetigung und Vorhersehbarkeit der Erträge der Bank dienen werden, trifft ebenso zu wie leider auch die Feststellung, dass es die auch für das Bankgeschäft angebrochenen härteren Zeiten sind, denen hiermit Rechnung getragen wurde. Immerhin: der Bankverein zeigte sich für die Risiken im Inlandkreditgeschäft gewappnet, auch wenn er ihnen ebensowenig wie andere ausweichen konnte.

### Abschnitt 2:
## Exportfinanzierung

### Exportförderung und Exportrisiken

Dank seiner traditionell engen Geschäftsbeziehungen mit der exportorientierten Industrie der Schweiz hat der Bankverein von Beginn an bei deren Exportfinanzierung eine bedeutende Rolle gespielt. In dieser Tätigkeit sind auch ihm die Probleme nicht erspart geblieben, mit denen der schweizerische Export zu verschiedenen Zeiten zu ringen hatte. Dabei handelte es sich in der Zeit nach seinem hundertsten Jubiläum zunächst um die Auswirkungen der seit Anfang 1973 eingetretenen kräftigen Aufwertung des Schweizer Frankens und der 1974 einsetzenden weltweiten Rezession, von denen die Exportindustrie im allgemeinen, strukturell geschwächte Branchen wie die Uhren-, Schuh- und Textilindustrie im besonderen betroffen wurden.

Zwar hatten die grossen Handelsbanken mit einer freiwilligen Margenverengung und dank des 1974 bis 1976 erfolgten massiven Zinsrückganges bei Kassenobligationen, dem klassischen Refinanzierungsinstrument für Exportkredite mit mehrjähriger Laufzeit (allein 1976 Zinssenkung um volle 2 Prozentpunkte), die mittel- und langfristigen Exportkredite in diesen stürmischen Jahren wesentlich verbilligt; und doch waren weitere Schritte nötig, um der bedrängten Exportwirtschaft des Landes Sukurs zu geben. So wurde im April 1975 zunächst eine Vereinbarung zwischen der Schweizerischen Nationalbank und einer Reihe von Geschäftsbanken über die bevorzugte Gewährung kurzfristiger Exportkredite für die Uhren-, Schuh-, Textilindustrie und ähnlich bedrängte Branchen getroffen, die bis Ende April 1977 in Kraft stand; weiter wurden im Mai des gleichen Jahres seit Herbst 1974 geführte Verhandlungen zwischen der Nationalbank und den drei Grossbanken über die Einräumung von Refinanzierungsmöglichkeiten für längerfristige Ex-

---

[1] Der Betrag setzte sich zusammen aus Abschreibungen auf Liegenschaften aus Zwangsverwertungen aufgrund einer konsequenten Anwendung der Ertragswertmethode in Höhe von 261 Mio Fr., aus einer Korrektur aufgrund der Harmonisierung der Abschreibungspraxis zwischen Konzern und Stammhaus in Höhe von 323 Mio Fr., sowie aus Abschreibungen auf in der Hochkonjunktur erstellte Bankgebäude im Umfang von 326 Mio Fr.

portkredite mit einer – am 1. Juni 1975 in Kraft getretenen – Vereinbarung abgeschlossen, nach der das Noteninstitut den Banken von Fall zu Fall für grosse Exportkredite von über 30 Mio Fr. mit einer Mindestlaufzeit von drei Jahren unter Berücksichtigung der jeweiligen Geld- und Kapitalmarktlage eine Rediskontzusage für den vollen Kreditbetrag und die gesamte Kreditlaufzeit erteilte; und schliesslich wurden vom Bankverein und den anderen Grossbanken im August 1976, gestützt auf weitere Beratungen mit der Nationalbank, in verschiedenen Punkten verbesserte Finanzierungsbedingungen für Exportkredite eingeführt: einerseits wurde jetzt ein fester Zinssatz auch für Kredite mit einer Laufzeit von bis zu zehn Jahren (nicht wie bis anhin nur bis zu fünf Jahren) vorgesehen[1]; andererseits verzichteten die Banken unter anderem darauf, einen Minimalzinssatz festzulegen, der sich an der Verzinsung für Kassenobligationen zum Zeitpunkt der Offertstellung orientierte, was angesichts der im Jahre 1976 rasch sinkenden Sätze eine fühlbare Verbilligung der Exportkredite bedeutete. Dank dieser Verbesserungen und dem traditionell niedrigen Zinsniveau der Schweiz konnten damit Exportfinanzierungsbedingungen offeriert werden, die im internationalen Vergleich sehr günstig waren und die der schweizerischen Exportwirtschaft bei der Überbrückung der kritischen Phase Mitte der siebziger Jahre wesentlich halfen.

In der zweiten Hälfte der siebziger Jahre nahmen sodann die Exportkredite zwar anhaltend zu, aber es traten neue, die Exportwirtschaft ebenso wie die Banken belastende Probleme auf. Insbesondere Entwicklungsländer mit Zahlungsbilanzschwierigkeiten, die vor allem durch die fortgesetzten Ölpreiserhöhungen verursacht wurden, machten die Vergabe von Aufträgen bei grösseren Projekten zunehmend davon abhängig, dass neben dem klassischen Exportkredit (für den der Bund eine Exportrisikogarantie – ERG – gewährte) zusätzliche Mittel zur Finanzierung von An- und Zwischenzahlungen sowie, besonders problematisch, von lokalen Kosten bereitgestellt wurden. Die Entwicklung war nichts anderes als dramatisch: Hatten sich die Finanzkredite Mitte der siebziger Jahre durchschnittlich noch auf 5–6% des Lieferwertes belaufen, so machten sie bei den Offerten, die Ende des Jahrzehnts behandelt wurden, bereits mehr als 30% aus und erreichten in Einzelfällen gar ein Mehrfaches des Schweizer Lieferanteils. Hier halfen auch die für eine Reihe von Ländern aufgrund von Staatsverträgen ausgesetzten Rahmenkredite nicht weiter, bei denen der Bund die ERG bis zum Maximalsatz von 95% gewährte: die Banken hatten nicht nur das Zinsrisiko und unter Umständen einen Teil des Kapitalrisikos aus dem nicht ERG-gedeckten Restbetrag des Exportkredits zu tragen, sondern mussten zusätzlich noch das volle Zins- und Kapitalrisiko aus dem Finanzkredit übernehmen, eine Entwicklung, mit der vor allem 1979 nach einer internen Untersuchung des Bankvereins eine drastische Verschiebung der Risiken von den Exporteuren zu den Banken ausgelöst wurde.

---

[1] Dabei wurde der Zinssatz bei einer Exportkreditdauer von über acht bis höchstens zehn Jahren auf der Basis des Ausgabesatzes für achtjährige Kassenobligationen fixiert.

Ein weiterer Szenenwechsel trat ab Anfang der achtziger Jahre ein, nachdem die hohen Erdölpreise ihre volle Wirkung speziell auf die nicht erdölproduzierenden Entwicklungsländer entfaltet und hier 1982 den offenen Ausbruch der Schuldenkrise bewirkt hatten. Nachdem diese Staaten ihre Importe zu drosseln gezwungen waren, und überdies die ERG ihre Deckungszusagen für eine Reihe von Abnehmerstaaten mit Zahlungsbilanzschwierigkeiten ganz einstellte, begann sich die schweizerische Exportwirtschaft um eine Verlagerung ihrer Exporte von den genannten Märkten hin zu den Industrieländern zu bemühen. Um damit jedoch auftretende Absatzstockungen abfedern zu helfen, entschloss sich der Bankverein 1987 dazu, in ausgewählten Fällen für als relativ weniger gefährdet angesehene Entwicklungsländer Exportkredite auch ohne ERG bereitzustellen, zumal den Exporteuren damit die nicht unerheblichen ERG-Kosten erspart wurden. Im ganzen aber stagnierten bis weit in die neunziger Jahre hinein die klassischen Exportfinanzierungen auf dem Ende der achtziger Jahre erreichten Niveau, weil speziell die Kapitalgüterindustrie infolge fehlender ERG-Deckungsmöglichkeiten Mühe bekundete, wichtige Märkte in einem früher einmal erreichten Umfang zu beliefern, und weil andererseits auch der Welthandel bis 1994/95 unter dem Einfluss der Rezession der Jahre 1990–93 nur schwach expandierte. Der Geschäftszweig war und bleibt dessen ungeachtet für den Bankverein und seine Kunden im In- und Ausland wichtig, bleibt aber zugleich stets auch den Wechselfällen des internationalen Handels ausgesetzt.

### Forfaitierungen und Factoring: Unterstützung für Exporteure

Zwecks Komplettierung seines Dienstleistungsangebots für die exportierende Wirtschaft engagierte sich der Bankverein Mitte der sechziger Jahre auch in der Forfaitierung, eine für den Lieferanten zwar relativ teure, aber doch auch vorteilhafte Art der Aussenhandelsfinanzierung, erhält er seine Forderung doch sofort bezahlt und muss weder Risiken übernehmen noch sich mit Kreditüberwachung und Inkasso befassen.[1] Aber auch hier wie im Falle anderer nicht zum eigentlichen Kerngeschäft der Bank gehörenden Dienstleistungen auch vertraute der Bankverein die Marktbearbeitung zunächst über längere Zeit spezialisierten Tochtergesellschaften an, ehe er vom Stammhaus aus selbst einstieg. Bis Mitte der siebziger Jahre waren das im Falle des Forfaitierungsgeschäfts die *«Basler Handelsbank» Beteiligungs- und Finanzgesellschaft (BHB)*, Basel, sowie die *Internationale Finanzierungs Aktiengesellschaft (Interfinanz)*, Basel, zwei dem Bankverein angegliederte Finanzierungsgesellschaften, deren Volumen jedoch begrenzt war, weil sie die erworbenen Forderungen ihrerseits nicht weiterverkauften, sondern im eigenen Portefeuille behielten. Erst Ende 1977 wurde es dem Bankverein durch Erwerb von 75% des Kapitals der *W.H. Beglinger AG Finanzgesellschaft*, Zürich, zusammen mit deren Schwestergesellschaft, der *Zurich Equitable Securities Corporation Panama*, Panama, zwei auf den Handel mit Forfaitierungsforderungen spezialisierte und

---

[1] Sowohl das Delkredere-Risiko wie auch das politische und das Transfer- und Währungsrisiko bleiben beim Forfaiteur.

zu den führenden Häusern der Branche zählenden, eine operative Einheit bildenden Firmen, möglich, seine Dienstleistungen für die schweizerische und internationale Kundschaft für diese Art der Exportfinanzierung breiter anzubieten.

Fünf Jahre nach dieser Übernahme beschloss die Bank, die *W.H. Beglinger Finanzgesellschaft* mit der ihr gleichfalls nahestehenden *Indelec Finanz AG* mit Domizil in Zürich zu fusionieren, wobei die letztere den Status einer Tochtergesellschaft der dem Bankverein gehörenden *INDELEC Schweizerische Gesellschaft für elektrische Industrie*, Basel, erhielt; schliesslich wurde sie dann aber per 1. Juli 1985 vom Schweizerischen Bankverein direkt übernommen und in *SBV Finanz AG* umbenannt: das Forfaitierungsgeschäft fand damit wenn nicht de iure so doch de facto seinen – von ihm auch heute noch eingenommenen – Platz im Angebotsspektrum des Bankvereins.

In ähnlicher Weise in die Bankverein-Dienstleistungspalette für Exporteure eingefügt wie die Forfaitierung wurde auch das Factoring, eine Form der Absatzfinanzierung durch laufenden Ankauf und Verwaltung sowie gegebenenfalls auch Bevorschussung von Forderungen und – je nach Fall – Übernahme des Delkredererisikos. In den USA entwickelt – dort war bereits 1889 mit dem Factors Act die gesetzliche Grundlage für diese Finanzierungsart geschaffen – fasste das Factoring in Europa erst nach dem Zweiten Weltkrieg Fuss; und erst in den sechziger Jahren begann diese Finanzierungsart auch hier mit dem Aufbau internationaler Factoring-Organisationen im grenzüberschreitenden Handel eine wenn auch bescheidene Rolle

zu spielen. Dieses war auch der Zeitpunkt, zu dem der Bankverein in diese Dienstleistung einstieg, indem er 1963 zusammen mit anderen Gesellschaften die *Factors AG*, Zürich, gründete. Seit 1984 gehört sie dem Bankverein zu 100%. Die *Factors AG* ist auf ihrem Felde nicht unbedeutend: sie ist nicht nur einziges schweizerisches Mitglied der unter dem Namen *International Factors* operierenden internationalen Factoring-Gruppe, einer Vereinigung, innerhalb derer seit Mitte 1983 für die Bedienung der Exportkunden wichtige Daten wie Zahlungseingänge täglich übermittelt wurden, sondern ist im relevanten Schweizer Markt auch Marktführerin: seit Jahren hat sie den ersten Platz unter den inländischen Factoring-Gesellschaften belegt und beherrscht heute den Markt neben einigen wenigen kleineren Anbietern fast vollständig.

**Beratungsdienste für schweizerische Exporteure**

Frühzeitig schon bemühte sich der Bankverein darum, seinen Kommerzkunden auch mit anderen als dem Bankgeschäft zuzurechnenden Dienstleistungen bei der Erschliessung neuer Märkte, speziell in den Entwicklungsländern, eine von diesen zunehmend gewünschte zusätzliche Unterstützung zu bieten. Anlass hierzu war die seit Anfang der siebziger Jahre gemachte Erfahrung, dass in Schwellenländern die mit der Ausführung von Industrie-, Infrastruktur- und auch Agrarprojekten befassten staatlichen Stellen vielfach nicht in der Lage waren, die von ausländischen Ingenieurbüros entworfenen Pläne zu realisieren (um von der oftmals ebenso schwierig zu nehmenden

Hürde einer projektadäquaten Finanzierung ganz zu schweigen), und dass deshalb nur solche Anbieter eine echte Chance besassen, welche Finanzierung, technisches Know-how, Warenlieferungen und Bauleistungen kombiniert als Paketlösungen anzubieten vermochten. Aus diesem Grunde führten der Bankverein und die Inhaberfamilien der Bauingenieurgruppe *Emch + Berger AG*, Bern, 1971 ihre Ingenieurinteressen mit denjenigen des Bankvereins – in der *Suiselectra Ingenieur AG*, Basel, beheimatet[1] – in der zu diesem Zwecke geschaffenen Dachholding *Universal Ingenieur AG (UIAG)*, Basel, zusammen, einer Gruppierung, die im Maximum Ende der siebziger Jahre zeitweilig auf weit über 1500 planende und beratende Ingenieure speziell im Infrastruktur- und Industrieanlagenbau zurückgreifen konnte.[2] Ihr angegliedert wurde die Ende 1976 vom Bankverein und der *Universal Ingenieur AG* gemeinsam gegründete *Universal Engineering & Finance Corporation (UNEFICO)*, Genf, deren Ziel es war, einerseits den Entwicklungsländern beim Aufbau eigener Industrien und bei der Nutzung ihrer Rohstoffe zu helfen, andererseits aber auch der schweizerischen Exportwirtschaft im allgemeinen, der Bauwirtschaft im besonderen neue Absatzmärkte zu erschliessen; hierzu engagierte sich die *UNEFICO* als unabhängige Beratungs- und Projektmanagement-Gesellschaft bei der Ausarbeitung und der Realisierung einer Vielzahl von Projekten in Entwicklungsländern speziell in Lateinamerika und Afrika.

In einer der Koordination ihrer Bemühungen auf den Auslandsmärkten dienenden Gruppe, der 1971 auf Anregung des Bankvereins etablierten *Swiss Bank Corporation Consultants Group*, Basel, arbeiteten die genannten Ingenieurfirmen ihrerseits mit der *Schweizerischen Treuhandgesellschaft* und der *Prognos AG, Europäisches Zentrum für Angewandte Wirtschaftsforschung*, Basel, zusammen, die erstere seit 1906, die letztere seit 1971 zum Bankverein-Kreis gehörend; ebenfalls an dieser Zusammenarbeit beteiligt war die in der Eigenkapitalfinanzierung speziell kleiner und mittlerer Unternehmen engagierte Bankverein-Abteilung für Spezialfinanzierungen, die im Jahre 1975 als neue Dienstleistung ein besonders auf die Bedürfnisse dieser Unternehmen zugeschnittenes Finanzplanungssystem entwickelt hatte, mit welchem den Kunden in kürzester Zeit neben einer Vergangenheitsanalyse alternative Zukunftsvarianten mit projektierten Erfolgs- und Kapitalflussrechnungen sowie Planbilanzen zur Verfügung gestellt werden konnten – wichtig angesichts der erhöhten wirtschaftlichen Volatilität und der dadurch gegebenen Gefahr von Fehlinvestitionen.

Die Gruppe erlebte speziell in den wechselvollen achtziger Jahren stürmische Zeiten und sah sich vor allem bei den von den Ingenieurfirmen betriebenen grossen Bauprojekten im Ausland (Ende

---

[1] Sie war Teil der ebenfalls seit Jahrzehnten zur Bankverein-Gruppe gehörenden *Schweizerischen Elektrizitäts- und Verkehrsgesellschaft (Suiselectra)*, die Finanzierungsaufgaben zunächst im Eisenbahnwesen und später vornehmlich in der Elektrizitätswirtschaft wahrnahm.

[2] Die UIAG hat seit ihrer Etablierung eine facettenreiche, mit dem wechselvollen Geschehen am Schweizer Baumarkt eng verknüpfte Geschichte erlebt, auf die an diesem Ort nicht weiter eingegangen werden kann. Festgehalten sei hier lediglich, dass der Bankverein seine nach mehreren Änderungen der Beteiligungsverhältnisse bei 80% stehende Beteiligung an der UIAG im Jahre 1996 unter Erhöhung des Aktienkapitals der UIAG von 25 auf 30 Mio Fr. auf 100% aufgestockt hat.

der achtziger, Anfang der neunziger Jahre aber auch im Inland) mit mancherlei kritischen, den Konzern mit Abschreibungen in Millionenhöhe belastenden Situationen konfrontiert, auch wenn die Bank selbst mit ihrer Beteiligung keine Verpflichtung zur Finanzierung der von den Töchtern bearbeiteten Projekte übernommen hatte. Dass sie sich als Gruppe inzwischen auflöste, hatte jedoch nicht mit diesen Problemfällen, sondern vielmehr damit zu tun, dass der Bankverein sich Anfang der neunziger Jahre sowohl von der *Schweizerischen Treuhandgesellschaft* (die an die leitenden Mitarbeiter überging) wie von der *Prognos AG* (die schon früh in den achtziger Jahren auf die *Schweizerische Treuhandgesellschaft* übertragen worden war und deren Kapitalmehrheit heute bei der *Holtzbrinck*-Gruppe, Stuttgart/Düsseldorf, liegt) getrennt hatte.

## Abschnitt 3:
## Andere Dienstleistungen für schweizerische Firmenkunden

Die Entwicklung der Dienstleistungspalette einer kundenorientierten Grossbank ist naturgemäss in grossem Masse abhängig von den sich im Zeitablauf stark wandelnden Bedürfnissen der Kunden und Möglichkeiten der Technik. So ist in bestimmten Phasen manches nötig und möglich; in späteren Phasen mögen die Notwendigkeiten dahinfallen oder neue Möglichkeiten erwachsen. Folgerichtig entstehen in einer innovativ geführten Bank immer wieder neue Dienstleistungen; in einer konsequent geführten Bank werden sie aber auch wieder eingestellt, wenn die Kundenprobleme und deren Lösungen sich wandeln. Das gilt speziell für den das Kerngeschäft der Bank ergänzenden Bereich unterstützender Dienstleistungen.

### Cash und Informations-Management: Effizienz für die (und bei den) Kunden

Ein für ergänzende Bankdienstleistungen typisches Angebot ist die Unterstützung beim Cash Management, das für die Firmen seit den siebziger Jahren angesichts flexibler und stark schwankender Wechselkurse sowie zeitweise hoher Zinssätze zu einer immer anspruchsvolleren Aufgabe geworden war – dieses um so mehr, als ein effizientes Cash Management eine möglichst rasche Information über die wo auch immer auf den Konten einer Firma sich abspielenden Zahlungsvorgänge, eine direkte Abfragemöglichkeit für alle in- und ausländischen Bankkonten sowie einen möglichst einfachen Zahlungsverkehr voraussetzt. Der Bankverein begann im August 1983 deshalb damit, seinen kommerziellen Kunden unter der Bezeichnung *SwisCash* eine Dienstleistung anzubieten, mit welcher den Finanzverantwortlichen international tätiger Unternehmen ein rascher Überblick über ihre im In- und Ausland verfügbaren liquiden Mittel verschafft wurde. Das geschah, indem das System auf die kundeneigenen Terminals die Salden der verschiedenen Konten und die Bestände in den verschiedenen Währungen lieferte und zugleich angab, welche Zahlungen eingetroffen waren oder geleistet wurden – Voraussetzung dafür, dass ein Unternehmen auf spezifische Situationen sofort reagieren und durch systematische Finanzplanung respektive aktive Liquiditätssteue-

Teil 1/Kapitel 1: Schweizerisches Kommerzgeschäft im konjunkturellen und strukturellen Wandel

rung seine Rentabilität und Ertragskraft verbessern kann. Das System wurde fortlaufend verbessert und ergänzt: So wurde ab 1983 unter der Bezeichnung *SwisStar* den Kunden auch ein Informationssystem zur Verfügung gestellt, über das sie die Abrechnungen über ihre an den Börsen in New York getätigten Transaktionen ohne Zeitverzug und mit allen erforderlichen Details abrufen konnten; und ab September 1985 wurde im Rahmen von *SwisCash* den kommerziellen Kunden als neue Dienstleistung ein Software-Paket für den zu dieser Zeit sich allgemein verbreitenden Personal Computer unter dem Namen *SwisCash Corporate Treasury Service* angeboten, mittels dessen man nicht nur auf die im SwisCash verfügbaren Daten, sondern auch auf die Informationen in Cash-Management-Systemen anderer in- und ausländischer Institute zugreifen konnte. Hierzu wurde in der Schweiz eine Vereinbarung mit der *FIDES-Treuhandgesellschaft* über die Verwendung ihres *Account Reporting System (ARS)* getroffen, dem mehrere Schweizer Banken angeschlossen waren. Dem Kunden wurde damit die Möglichkeit geboten, zwecks besserer Übersicht über seine Kontenstände und Transaktionen konsolidierte Auswertungen zu erstellen, und anhand der gespeicherten Daten ein individuelles Finanz- und Liquiditätsmanagement aufzubauen.

Während sich diese Angebote eher auf die Cash Management-Probleme grösserer multinationaler Firmen richteten, verlor der Bankverein die Bedürfnisse der in der Schweiz zahlenmässig dominanten kleinen und mittleren Unternehmen auf diesem Gebiet nicht aus den Augen: ihnen bot er ab April 1986 unter dem Namen *SwisFinance PME* eine Software an, die ihnen eine schnelle und rationelle Abwicklung der administrativen Arbeiten im Bereich des Finanzwesens über Personal Computer ermöglichte, und richtete dafür bei allen Sitzen in der Schweiz Beratungs- und Verkaufsstellen für elektronische Bankdienstleistungen ein. Für die Übertragung der von der Bank angebotenen Software auf die Kunden-Computer sowie für Schulung und Service wurde zusammen mit der *Schweizerischen Treuhandgesellschaft* (die zu diesem Zeitpunkt noch Tochtergesellschaft der Bank war) eine spezielle Firma, die *PC-Consult PME AG*, Altishofen, gegründet, während die Weiterentwicklung des Programms einer anderen gemeinsamen Tochter, dem EDV-Consulting-Unternehmen *Simultan AG*, Altishofen, anvertraut wurde. Was die beiden zuletzt genannten Firmen angeht, sind sie, teilweise im Zusammenhang mit der an anderer Stelle erwähnten Verselbständigung der *STG*, inzwischen aus dem Beteiligungsportefeuille der Bank wieder ausgeschieden. Seit 1994 sind zunehmend EDV-Entwicklungsarbeiten und in der Folge auch EDV-Mitarbeiter der Bank von der auf Informatik-Entwicklung und -Beratung spezialisierten Tochtergesellschaft *Systor* (ihrerseits von der STG auf den Bankverein übergegangen) übernommen worden – Zeichen des raschen organisatorischen Wandels unserer Tage und des Trends zur Auslagerung von peripheren Tätigkeiten.[1]

In anderer Weise dem Trend der Zeit und den Bedürfnissen seiner Kunden folgte der Bankverein Ende der achtziger Jahre auch, als er – ab Januar

---

[1] Vgl. hierzu S. 276 f.

1989 – begann, den Kommerzkunden über das Informationszentrum (IZ) der Bank unterstützten Zugriff auf Informationen aus Datenbanken in aller Welt anzubieten. Im Auftrag und auf Rechnung (letzteres fand man bei Einführung fast gewagt) der Kunden sichtet die Abteilung problembezogen öffentlich zugängliche Informationen zu wirtschaftlichen, technischen, patentrechtlichen und ähnlichen Fragen und stellt Dokumentationen zusammen, die den Unternehmen als Entscheidungshilfe dienen. Dass für einen solchen Dienst ein Bedarf gerade seitens kleinerer Firmen besteht, bewies die ohne grössere Werbung lebhafte Nachfrage.

### Unterstützung der Firmenkunden bei der Personalvorsorge

Im Jahre 1982 fanden seit Anfang der siebziger Jahre laufende Bestrebungen zur Einführung einer obligatorischen beruflichen Altersvorsorge (die sogenannte Zweite Säule der materiellen Alterssicherung) und zur Förderung der freiwilligen privaten Vorsorge (die Dritte Säule) ihren krönenden Abschluss: Volk und Stände stimmten der Aufnahme eines entsprechenden neuen Artikels in die schweizerische Bundesverfassung zu. Hinzu kam das auf diesem Verfassungsartikel beruhende Bundesgesetz über die berufliche Alters-, Hinterlassenen- und Invalidenvorsorge (BVG), das nach längeren Diskussionen im Jahre 1985 in Kraft trat. Dieses sozialpolitisch äusserst bedeutsame Gesetzeswerk verursachte vielen betroffenen Firmen zunächst auch in administrativer Hinsicht Kopfzerbrechen: Vermögensverwaltungs- und -anlageprobleme waren damit aufgeworfen, für deren Lösung man nicht eingerichtet war. Wie andere Institute auch, so nahm sich der Bankverein auch dieser Finanzprobleme seiner Kunden an; aber er tat es unter der Ägide des zuständigen Geschäftsleitungsmitglieds *Dr. H.-C. Kessler*, eines erfahrenen Anlagefachmanns, in besonders umfassender und deshalb erfolgreicher Weise.

Bereits im März 1972 hatte der Bankverein zusammen mit vier anderen Banken und zwei Lebensversicherungsgesellschaften die *Anlagestiftung für schweizerische Personalvorsorge-Einrichtungen AST* gegründet, die eine Vereinfachung, Verbesserung und Verbilligung der Verwaltung des Wertschriftenvermögens der ihr angeschlossenen Pensionskassen bezweckte. Das danach bestehende Bedürfnis hatte man richtig eingeschätzt: bis Ende 1973 waren der *AST* bereits 463 Personalvorsorgeeinrichtungen beigetreten, die der Stiftung insgesamt 160 Mio Fr. zur gemeinsamen Anlage und Verwaltung – in fünf Anlagegruppen: Obligationen Schweiz bzw. Ausland, Aktien Schweiz bzw. Ausland sowie Immobilien Schweiz – anvertraut hatten; eine weitere Anlagegruppe, diejenige für Hypotheken, wurde 1974 hinzugefügt. Als die *AST* auf ihr zehnjähriges Bestehen zurückblicken konnte, Ende 1982, waren ihr bereits 1611 Pensionskassen angeschlossen, und das verwaltete Vermögen erreichte 1319 Mio Fr.; und im gleichen Jahr wurde eine siebte Anlagegruppe, jene für Schweizerfranken-Auslandobligationen, hinzugefügt. Vorsorge ihrerseits im Hinblick auf das 1985 Gesetzeskraft erlangende BVG-Obligatorium betrieb die Bank, indem sie im Jahre 1984 die Anlagegruppe *BVG* schuf, die in besonderem Masse auf

Teil 1/Kapitel 1: Schweizerisches Kommerzgeschäft im konjunkturellen und strukturellen Wandel

**Die Anlagestiftung des Bankvereins.**

Schweizerischer Bankverein

Wichtige Partner: Geschäftsführer von Pensionskassen (Broschüre aus dem Jahre 1996).

die Gruppe Geldmarkt Schweizerfranken etabliert, dank derer die Kassen von den damals hohen kurzfristigen Zinssätzen profitieren konnten. Ende 1995 bot die Anlagestiftung mit ihren insgesamt 24 Anlagegruppen den 1856 angeschlossenen Pensionskassen eine breite Auswahl an kollektiven Investitionsmöglichkeiten. Das verwaltete Vermögen betrug zum gleichen Zeitpunkt 4568 Mio Fr.

War mit der Konstruktion dieser Anlagegruppen eine umfassende Möglichkeit zur Diversifikation der Vermögensanlage, zu einer individuell festzulegenden Asset Allocation also, geschaffen, so blieben dennoch verschiedene Wünsche der Pensionskassen offen. Einer betraf die Verwaltung von sogenannten Freizügigkeitsleistungen gemäss Art. 331 OR, die bei Auflösung eines Arbeitsverhältnisses nicht auf eine neue Pensionskasse übertragen werden können. Für diesen Zweck errichtete die Bank im Jahre 1977 die *Freizügigkeitsstiftung*. Zehn Jahre nach ihrer Gründung verwaltete sie fast 8000 derartige Konten mit Vorsorgeguthaben in Höhe von 124 Mio Fr. Eine andere, 1984 im Hinblick auf das Inkrafttreten des BVG vom Bankverein errichtete Institution war die Stiftung *SAVE*. Sie bezweckt, den Mitgliedern eine saubere Trennung zwischen der die Mindestanforderungen abdeckenden BVG-Normkasse einerseits und der freiwilligen Zusatzvorsorge (oder die Äufnung einer Beitragsreserve zur Sicherstellung der Pflichtleistungen des Arbeitgebers in ertragsschwachen Jahren) andererseits zu ermöglichen, ohne dass diese eine eigene Zusatzstiftung gründen müssen. Überdies gründete die Bank im Juni 1990 in der deutschen Schweiz die *Sammelstif-*

die Bedürfnisse kleiner und mittlerer Unternehmen zugeschnitten wurde. Doch damit nicht genug – die Stiftung lancierte im Mai 1990 fünf weitere Sondervermögen: zum einen wurde das Anlagespektrum durch drei Aktiengruppen für Europa, Nordamerika und den pazifischen Raum international diversifiziert, zum zweiten wurde den Pensionskassen mit dem Sondervermögen Immobilien Ausland eine ganz neue Anlagemöglichkeit erschlossen, und schliesslich wurde *lung des Schweizerischen Bankvereins für die berufliche Vorsorge*, womit zusammen mit den beiden bestehenden Stiftungen *Préval* in der französischen Schweiz und *Previdenza Ticino* eine die gesamte Schweiz abdeckende Organisation geschaffen war, die für Firmen, welche keine eigene Pensionskasse führen wollen, Vorsorgepläne im obligatorischen und freiwilligen Bereich anbieten und auch Verwaltungsmandate für Vorsorgeeinrichtungen übernehmen. Dabei wurde auf das Angebot einer eigentlichen versicherungstechnischen Beratung mit Rücksicht auf die geschätzten Geschäftsbeziehungen mit Versicherungsunternehmen verzichtet – eine von der Gegenseite wohl nicht immer ebenso beobachtete Zurückhaltung.

Zur gesamten Palette der Einrichtungen im Vorsorgebereich zählt schliesslich die Stiftung *INVEST*, die vom Bankverein per 1. Januar 1985 geschaffen worden war. Sie steht allen AHV-pflichtigen Selbständig- und Unselbständigerwerbenden offen und erfüllt die gesetzlichen Anforderungen für eine steuerliche Begünstigung der Eigenvorsorge – der sogenannten Dritten Säule. Ende 1990 waren bei dieser Stiftung bereits Gelder im Gesamtbetrage von 683 Mio Fr. angelegt.

Insgesamt hat die Bank auf dem Spezialgebiet der Personalvorsorge von Firmen und Institutionen (kein Nebengebiet!) über die Jahre hinweg recht erfolgreich taktiert, und zwar erfolgreich nicht nur – aber das durchaus auch! – im Sinne der Bank: die angebotenen Dienstleistungen haben sich als ebenso nützlich auch aus dem Blickwinkel der angeschlossenen Kunden (denen damit Sorgen und Umtriebe abgenommen sind) und aus volkswirtschaftlicher Perspektive (fachgerechte Anlage von Altersrücklagen) erwiesen. Selbstverständlich mangelt es auch hier nicht an Konkurrenz, unter anderem naturgemäss der Versicherungsgesellschaften; aber das ändert nichts daran, dass ein weiteres Wachstum dieses Geschäftszweiges auch über 1997 hinaus programmiert erscheint.

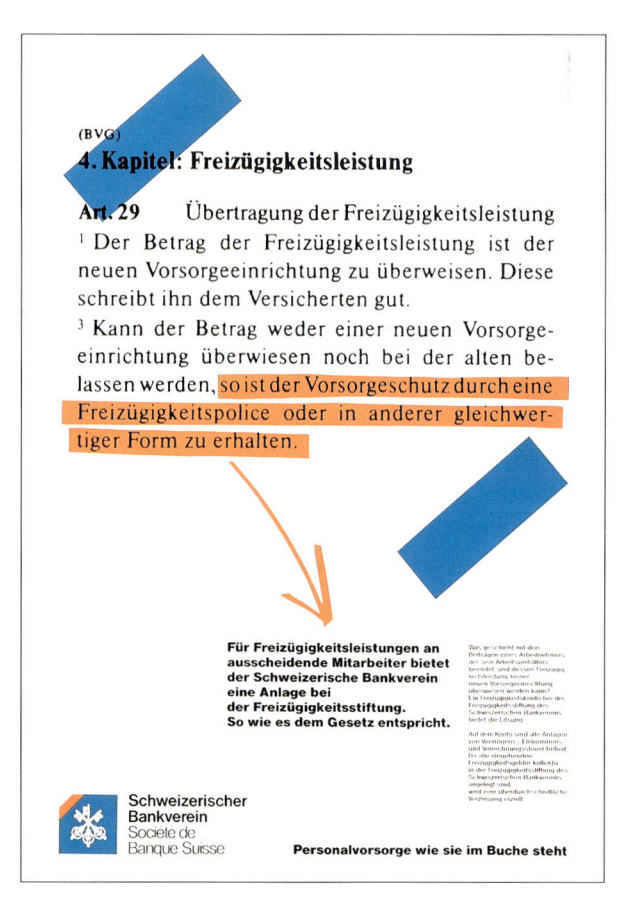

Mit dem Inkrafttreten des Gesetzes über die zweite Säule der Altersvorsorge entsteht eine neue Dienstleistung auf dem Gebiet der Freizügigkeit (1985).

## Abschnitt 4:
## Effizienzsteigerung im Firmenkundengeschäft

### Permanente Bemühungen um Effizienz ...

Bis weit in die achtziger Jahre hinein ist es vor allem die den Kundenbedürfnissen folgende Entwicklung immer neuer Produkte gewesen, mit welcher der Bankverein das Marktpotential der Firmenkunden speziell in der Schweiz bestmöglich auszuschöpfen bestrebt war. Hierin war er, wie vorangehend skizziert, erfolgreich; und auch finanziell blieben ihm schöne Erfolge in diesem Geschäft per saldo nicht versagt, vor allem nicht, so lange sowohl Margendruck wie Kreditausfälle (letztere nach Grösse und Zahl) moderat blieben. Das heisst nicht, dass Gesichtspunkten der Effizienz bei der Anbahnung, Pflege und Abwicklung des Firmenkundengeschäfts keine Aufmerksamkeit zuteilgeworden wäre: im Laufe der Zeit wurde die Standardisierung des sogenannten «Kreditprozesses» zwecks Rationalisierung und Professionalisierung immer weiter vorangetrieben. Ende der achtziger Jahre kulminierten diese Bestrebungen in einem entschlossen angepackten «Re-Engineering Kreditprozesse», mit dem man auch altehrwürdigen Tabus in der Kreditabwicklung zu Leibe rückte, weil sie inzwischen zu zeitraubend und kostspielig geworden waren. Das schloss auch die Gepflogenheiten und Kompetenzen bei der Prüfung der Vorlagen und der Genehmigung von Kreditgeschäften ein, die bis in die zweite Hälfte der achtziger Jahre noch von mehr oder minder umständlichen, mehrere Hierarchiestufen und zahlreiche Mitarbeiter an der Front und in der Zentrale involvierenden Abläufen gekennzeichnet waren (bis 1987 hatte noch die auf oberster Geschäftsleitungsstufe angesiedelte Kommission Kredite weitreichende Kreditkompetenzen wahrgenommen, was zwar durchaus der Sorgfalt, nicht aber der Flexibilität und Schnelligkeit zugute kam, mit der Kreditentscheide getroffen wurden). Und doch: so lange das Kreditgeschäft noch das traditionelle Geschäft war, mit dem der Bankverein (wie andere, ähnlich strukturierte Banken auch) seine Grösse und Ertragskraft erreicht hatte, hing seine Rentabilität weniger von den Kosten ab, die es zu senken galt, als vielmehr von den Erträgen, die man noch steigern konnte.

### ... und Rentabilität

Diese Situation änderte sich drastisch mit dem Aufkommen von mit konventionellen Krediten konkurrierenden Finanzierungsformen, vor allem aber mit dem Wandel des wirtschaftlichen Umfeldes in der Schweiz ab Ende der achtziger, Anfang der neunziger Jahre: zunehmend kam das Kreditgeschäft unter Margendruck, Zins- und Kreditausfälle hinterliessen belastend ihre Spuren in den Büchern, und nach dem Hypothekargeschäft, das von der desolaten Situation des Immobilienmarktes geprägt wurde, produzierte nun auch das Firmenkundengeschäft ein absolut ungenügendes Ergebnis, aller Kreativität bei Kunden- und Produktpflege ungeachtet. Hier so rasch wie möglich eine grundsätzliche Änderung herbeizuführen war eines der wichtigsten, kurzfristig in Angriff genommenen Ziele der Bankverein-Geschäftsleitung nach Amtsantritt des neuen Konzernleitungspräsidenten *Marcel Ospel* im Mai 1996.

Zu diesem Zwecke wurde dem UB Schweiz – der im ersten Halbjahr 1996 mit 14 Mio Fr. Gewinn nach Steuern nur einen knapp positiven, prinzipiell völlig unzureichenden Ergebnisbeitrag zu erwirtschaften vermocht hatte – bereits im September desselben Jahres ein Fitnessprogramm verordnet, das auf eine mittelfristige Steigerung des Reingewinns auf ca. 400 Mio Fr. pro Jahr und der Eigenkapitalrendite auf mindestens 10% abzielt. Die Instrumente, die hierzu eingesetzt werden sollen, bestehen einerseits aus einer fundamentalen Neuausrichtung des Firmenkundengeschäfts, andererseits aus einer weiteren Straffung der Strukturen der Bank in der Schweiz.

Neu ausgerichtet werden soll das Geschäft mit den rund 14 200 Firmenkunden insofern, als rund 5000 Kommerzkunden mit Bedürfnis nach individueller Beratung neben der traditionellen Produktenutzung einem neuen Segment «Firmenkunden» zugewiesen werden sollen, dessen Betreuung nur noch von 10 bis 12 dafür qualifizierten Standorten in der Schweiz erfolgen wird, während rund 9000 Kommerzkunden mit retailähnlichen Bedürfnissen vom bestehenden Segment «Privat- und Geschäftskunden» mittels einer Standardisierung von Produkten und Ablaufprozessen von den bisherigen Bankverein-Standorten aus kostengünstiger als bisher betreut werden sollen. Die 200 Grossfirmen schliesslich, die zur Zeit Kunden des Bankvereins in der Schweiz sind und deren Bedarf sich vor allem auf hochprofessionelle Produkte und Dienstleistungen aus dem Bereich des Investment Banking wie z.B. komplexe Firmenfinanzierungen richtet, sollen in Zukunft vom Unternehmensbereich SBC Warburg von nur noch drei Standorten (Basel, Zürich und Genf) aus bearbeitet werden.

Ausser über diese Fokussierung des Firmenkundengeschäfts wurde die Öffentlichkeit im September 1996 auch noch über die Straffung der Vertriebsstrukturen des Bankvereins orientiert, welche die Geschäftsleitung nach der starken Ausweitung des Filialnetzes während der vergangenen Jahre vorzunehmen beschlossen hatte. Kernpunkt ist die Schliessung von ca. 80 Standorten (von insgesamt ca. 325 Bankstellen) mit ungenügender Rentabilität bzw. mit bestehender Substitutionsmöglichkeit durch andere Filialen oder elektronische Vertriebskanäle. Gleichzeitig wurde eine neue Organisations- und Führungsstruktur für den Unternehmensbereich Schweiz angekündigt, mit welcher der Tatsache Rechnung getragen werden soll, dass mit der Übertragung eines Grossteils der bisherigen Firmenkunden auf das bestehende Segment «Privat- und Geschäftskunden» Funktionen im Firmenkundengeschäft nicht mehr in der bisherigen Form benötigt werden[1]: die bisherigen Sitzstrukturen, mit den 15 Sitzen eine der «heiligen Kühe» des Bankvereins, werden durch eine Organisation mit 17 Marktgebieten und drei sie zusammenfassende Regionen (Zürich/Ostschweiz/Tessin, Nord-/Zentralschweiz und Mittelland, sowie Westschweiz/Wallis) mit zunächst etwa 285 Geschäftsstellen abgelöst werden.

---

[1] Diese Neuorganisation stellte überdies auch eine logische Folge der Aufteilung des Bankverein-Konzerns in vier eigenverantwortliche Unternehmensbereiche dar: das Private Banking (bisher geführt als Geschäftsbereich Private Anleger und Vermögensverwaltung) wurde nun aus dem Unternehmensbereich Schweiz herausgelöst und in den Unternehmensbereich SBC Private Banking umgewandelt.

Der Ertrag aller dieser Massnahmen wird erst in einigen Jahren voll sichtbar werden, sind sie doch weder von heute auf morgen umgesetzt noch unmittelbar wirksam. Dass es – zusammen mit der weiter oben bereits erwähnten grundsätzlichen Änderung der Konditionen im Kreditgeschäft – aber derartiger Schritte bedurfte, um das Firmenkundengeschäft nicht nur effizient, sondern auch wieder rentabel zu machen, steht ausser Frage; und dass anderenfalls jedenfalls mittelfristig kaum ein Weg an einem kompletten Ausstieg aus diesem ältesten, traditionellen Geschäftszweig des Bankvereins vorbeigeführt hätte, dessen war sich eine weitere Öffentlichkeit kaum bewusst, die vor allem den aus diesen Massnahmen resultierenden Stellenabbau um rund 1700 Einheiten[1] in drei Jahren diskutierte.

---

[1] Hiervon entfallen nur ca. 100 Stellen auf die vorgesehenen Filialschliessungen; das weitaus grössere Gewicht hat die vorgesehene Beseitigung zahlreicher Doppelspurigkeiten in der Organisation der Sitze und der Logistik. Die Konzernleitung der Bank kündigte an, dass sie bestrebt sein werde, den Stellenabbau über Fluktuation, Pensionierungen, interne Versetzungen und vermehrte flexible Arbeitszeiten »grösstenteils« aufzufangen.

0706 MOSLEMS ACCUSE SERBS OF AIR ATTACKS IN BOSNIA YIZW
0705 PHILIPPINE SENATE PROBES RAMOS POLL FUND YIZU
07:51 STERLING AGAIN HITS BOTTOM OF ERM LIMIT
07:43 MIENO SAYS FOUNDATIONS FOR RECOVERY TAKING SHAPE 33584
07:42 MIENO DISMISSES RATE CUT SPECULATION 33583
07:30 MOF ACCEPTED 999.8 BIL YEN, BID OUT OF 2,155.0 BIL YEN BIDS 3025
07:30 THE AVERAGE BID PRICE IN 6-MO TB AT 98.249 YEN (3.552%) 3025
0747 FINANCIAL RAND STEADY, INVESTORS CAUTIOUS
.SSMI SWISS MARKET IND
.GDAX DEUTSCHE AKTIEN
.FTSE FT-SE 100 INDEX
.DJI DJ INDUSTRIAL
.CRB COMM RES BUR NDX
FUTURES
SEDZ2 EURODOLLAR DEZ2

# Kapitalmärkte und internationale Kreditgeschäfte

Ein Vermittler von Kapital – das ist der Bankverein seit seinen frühesten Anfängen bis auf den heutigen Tag mindestens ebensosehr gewesen wie ein Verkäufer von Krediten. Im Jahre der Aufnahme seiner Geschäftstätigkeit 1872 hatte die Plazierung von Anleihen bereits einen breiten Raum eingenommen: die Finanzoperationen, welche die Bank in ihrem ersten Rumpfgeschäftsjahr von 8,5 Monaten abwickelte, bestanden aus rund zwei Dutzend Konsortialgeschäften im Anleihensbereich, deren Initianten zum Teil befreundete in- und ausländische Banken, daneben aber auch der Bankverein selbst und Firmen seiner Gründergruppe in Basel waren; und rasch übernahm der Bankverein die Führung in verschiedenen Emissions-Syndikaten, wobei die Geschäfte sich schon vor der Jahrhundertwende bis in die Türkei sowie nach Nord- und Südamerika erstreckten. Ein Jahrhundert später hat der Kapitalmarkt für die Aufnahme von Fremd- und Eigenkapital zur Finanzierung mittel- und längerfristiger Investitionen und kürzerfristiger (und oft riskanter) Transaktionen eine grosse, die Kreditmärkte zunehmend überschattende Bedeutung gewonnen; und diese Entwicklung dürfte sich, getrieben durch die weiterhin zunehmenden Direktkontakte zwischen grossen Kapitalsammelstellen im Nichtbankensektor und Kapitalnachfragern *(Disintermediation)* und durch die expandierende Verbriefung und damit Handelbarkeit von Forderungen *(Securitization)*, weiter fortsetzen, so schwankend die Beanspruchung des Kapitalmarkts etwa in Reaktion auf Veränderungen der Zinssätze und der Kurse von Wertschriften auch von Jahr zu Jahr sein mag.

## Abschnitt 1: Emissionsgeschäft in der Schweiz

Eine der wichtigsten Entwicklungen im internationalen Bankwesen seit dem Zweiten Weltkrieg ist die Entstehung des Euromarkts in den sechziger Jahren gewesen – eines internationalen Finanzmarktes, über den Kredit-, Eigenkapital- und Anleihengeschäfte in Eurowährungen (wie etwa Euro-DM, Euro-Dollar, Euro-Franken usw.) in einer weitgehend regulierungsfreien Umgebung abgewickelt werden – mit im Zeitablauf zwar stark schwankenden, insgesamt aber nationale Kapitalmärkte weit in den Schatten stellenden Volumina.[1] Der Bankverein ist auf diesem Markt nicht nur von der Schweiz aus, sondern vor allem durch seinen Sitz London (respektive zeitweise durch seine Tochtergesellschaft SBCI) sowie durch seine 1975 gegründete Tochterbank in Luxemburg seit Anbeginn präsent und einer der grossen *Players*. Daneben aber hat das Emissionsgeschäft auf dem schweizerischen Kapitalmarkt seine bald nach dem Zweiten Weltkrieg aufgrund der günstigen Rahmenbedingungen der Schweiz erlangte Bedeutung weder für die Bank noch für ihre Kunden verloren, auch, wenn sich hier immer wieder einmal finanzpolitische Engpässe und/oder behördliche Eingriffe in das Marktgeschehen störend bemerkbar machten.

---

[1] Mitte 1996 hatte das Volumen des Euromarktes nach Schätzung der BIZ fast 9350 Mrd $ erreicht und strebte der Marke von 10 000 Mrd $ rasch entgegen.

### Inländische Obligationen-Emissionen: Stark schwankend, aber stark wachsend

Schon in den Jahren 1957 bis 1964 hatte in der Schweiz eine freiwillige Emissionskontrolle seitens der Banken bestanden, ursprünglich darauf zurückgehend, dass man einem damals drohenden raschen Zinsanstieg im Zuge einer Verknappung auf dem schweizerischen Geld- und Kapitalmarkt durch eine Kanalisierung der inländischen Anleihensemissionen wehren wollte. Sie wurde durch eine gesetzliche Emissionskontrolle ersetzt, nachdem der starke Konjunkturaufschwung der frühen sechziger Jahre sich in rasch steigenden Geldzuflüssen aus dem Ausland und ebenso rasch steigenden Preisen niederschlug, und der Bundesrat daraufhin im März 1964 zwecks Bekämpfung der Teuerung eine Reihe von Massnahmen auf dem Gebiete des Geld- und Kapitalmarkts und des Kreditwesens (Kreditbeschluss) traf; diese Instanz amtete bis 1967 und brachte eine Reduktion des Gesamtvolumens der Anleihengesuche bei den schweizerischen Banken um nicht weniger als 30% (von ca. 9,4 auf 6,5 Mrd Fr.) zustande. Nachdem auch dieses Organ in den Jahren 1967 bis 1972 durch eine von den Banken wiederum freiwillig eingesetzte Kontroll-Kommission (in der die Nationalbank zwar den Vorsitz, aber kein Stimmrecht hatte!) abgelöst worden war, sah sich der Bankverein beim Eintritt ins zweite Jahrhundert seiner Tätigkeit zusammen mit den anderen Emissionsbanken der Schweiz erneut einer gesetzlichen Beschränkung des schweizerischen Kapitalmarkts gegenüber, Korrelat der gleichzeitig in Kraft gesetzten (und an anderer Stelle erwähnten)[1] behördlichen Kreditbegrenzung: von 1973 bis 1975 amtete abermals eine gesetzliche Emissionskontrolle mit dem Ziel, die Inanspruchnahme des inländischen Kapitalmarkts aus zins- und teuerungspolitischen Gründen strikt im Zaume zu halten. In der zweiten Hälfte der siebziger Jahre konnten die Einschränkungen – die zwischen 1973 und 1975 immerhin eine Kürzung der angemeldeten Anleihen um bemerkenswerte 44% zur Folge hatten! – dann bei entspannteren Kapitalmarktverhältnissen wieder deutlich gelockert werden, bis 1979 von der Nationalbank wieder ein neuer, zeitlich befristeter Emissionsplafond festgelegt wurde.

Zieht man nun noch in Betracht, dass konjunktur- und zinsbedingt auch die Nachfrage nach Anleihenkapital in allen diesen Jahren und seither starken Schwankungen unterworfen gewesen ist, so verwundert es nicht, dass das inländische Emissionsgeschäft mit Obligationen eine stets lebhafte, aber ebenso stetig wechselvolle Geschäftsaktivität für den Bankverein auch in neuerer Zeit gewesen ist. So folgte auf die Phase der Überbeanspruchung des schweizerischen Kapitalmarktes bis und mit 1974, wie erwähnt, in der zweiten Hälfte der siebziger Jahre eine entspanntere Periode – mindestens aus der Sicht der Emittenten und Schuldner: Versicherungsgesellschaften, Pensionskassen und andere institutionelle Anleger sahen sich sehr begrenzten Anlagemöglichkeiten für ihre bedeutenden liquiden Mittel gegenüber, weil sich die Privatwirtschaft wegen der weiterhin unsicheren Geschäftsaussichten bei der Aufnahme neuer Anleihen zurückhielt und sich Kantone und

---

[1] Siehe S. 31 ff.

Teil 1/Kapitel 2: Kapitalmärkte und internationale Kreditgeschäfte

Gemeinden teilweise anderweitig finanzierten. Zeitweise herrschte gar ein eigentlicher Anlagenotstand, in dessen Folge denn auch die Zinssätze deutlich nachgaben; und kennzeichnend für die kapitalmarktpolitische Lage jener Zeit war, dass inländische Schuldner in einem einzigen Jahr – 1978 – nicht weniger als 229 Anleihen vorzeitig kündigten. Unmittelbar darauf trat aber schon wieder eine Wende ein: die Flut der Konversionen und Rückzahlungen überschritt 1979 ihren Höhepunkt, nachdem die Nationalbank – kurz vorher noch um Zügelung der übermässigen Aufwertung des Schweizer Frankens speziell gegenüber der D-Mark mit einer generösen Geldpolitik (Ausweitung von M 1 im Jahre 1979 um 17%) bemüht – einen allgemeinen Zins- und Renditeanstieg eingeleitet hatte. Auf Ende 1982 wurde dann die Verordnung über die Emissionskontrolle aufgehoben, die seit 1972 gegolten hatte; aber trotz des damit wiederhergestellten freien Zugangs zum Kapitalmarkt traten keine grösseren Engpässe auf, als im Jahre 1983 das Emissionsvolumen inländischer Emissionen mit 14,9 Mrd Fr. um 52% gegenüber dem Vorjahr hochschoss (eine ebenfalls wachsende Zahl von Privatplazierungen für inländische Adressen kam dabei gar noch hinzu).

So wichtig Veränderungen der Rahmenbedingungen der skizzierten Art für diesen Geschäftszweig der Banken waren und weiterhin sind, so wäre es doch falsch, demgegenüber die Bedeutung der Innovation von Anlageinstrumenten geringzuschätzen. Hierzu zählen etwa das vom Bund bei der Begebung seiner Anleihen erstmals 1980 angewandte Tenderverfahren (bei dem lediglich Laufzeit und Zinssatz festgelegt werden, während der Zeichner den Emissionspreis bestimmt); weiter die etwa zur gleichen Zeit eingeführten, für inländische Schuldner bisher unbekannten Anleihen mit variablem Zinssatz; und auch die nachrangigen Anleihen von Banken, die gemäss einer 1981

*Der Beruf des Händlers verlangt hohe Aufmerksamkeit und viel Disziplin.*

in Kraft getretenen Verordnung zum Bankengesetz bis zwei Jahre vor ihrer Kündbarkeit oder Fälligkeit in einem gewissen Umfang als Eigene Mittel angerechnet werden können (der Bankverein nutzte die zuletzt genannten beiden Neuerungen umgehend mit zwei zur Finanzierung seines längerfristigen Geschäfts aufgelegte Anleihen). Sodann stiessen Optionsanleihen im Zusammenhang mit der Aktienhausse der Jahre 1985 bis (Oktober) 1987 auf ein reges Interesse der Anleger, wobei der Bankverein im Dezember 1986 eine weitere Neuheit in Gestalt einer Anleihe für eigene Rechnung mit Optionsscheinen zum Erwerb von weiteren Bankverein-Obligationen lancierte. Nach dem Kurssturz vom Oktober 1987, als die mit Anrechten zum Bezug von Aktien oder Partizipationsscheinen ausgestatteten Optionsanleihen zum Teil beachtliche Kursverluste erlitten, kam das Emissionsgeschäft in diesem Bereich allerdings – wenn auch vorübergehend – zum Erliegen, um in der Folge, stimuliert von der guten Börsenlage von 1989 bis 1993, wieder einen kräftigen Aufschwung zu nehmen.

War der schweizerische Primärmarkt für Obligationen zwar immer wieder von derartigen Schwankungen geprägt, so wuchs er insgesamt über die Jahre hinweg doch stark an; ein Jahr nach dem Börsencrash, im Jahre 1988, stieg die Begebung von Obligationenanleihen und Notes erstmals auf über 50 Mrd Fr. Der Bankverein hatte hieran einen namhaften Anteil: er beteiligte sich in diesem Jahr an 156 öffentlich aufgelegten Obligationenemissionen (72 davon für schweizerische, 84 für ausländische Schuldner). Die Konkurrenz um Mandate war jedoch intensiv, speziell, als 1989 bis 1991 anhaltend hohe Zinssätze infolge der erneut restriktiven Nationalbankpolitik nach der auf den Börsencrash eingeleiteten Geldmengenexpansion die Schuldner bei der Beanspruchung des Kapitalmarktes ein weiteres Mal zur Zurückhaltung veranlassten. Was Mandate der öffentlichen Hand angeht, so verstärkte sich die Konkurrenz noch, als das langjährige Grossbankensyndikat im Zuge der Deregulierung der Schweizer Märkte auf den Januar 1990 aufgehoben wurde. Dank seiner Kundenbeziehungen sowie seiner Innovations- und Plazierungskraft hat der Bankverein jedoch seine Stellung in diesem anspruchsvollen, bedeutenden Markt nachhaltig behaupten können: als im Jahre 1993 das Emissionsvolumen von in- und ausländischen Anleihen in der Schweiz mit 77,9 Mrd Fr. ein neues Rekordvolumen erreichte und damit um nicht weniger als 56% über dem Vorjahreswert lag, hatte sich die Summe der vom Bankverein in der Schweiz aus Emissionen fest übernommenen Papiere einschliesslich des Anteils aus Tenderanleihen der öffentlichen Hand ebenfalls um 56% auf 12,16 Mrd Fr. ausgeweitet (1992: 7,81 Mrd Fr.), und die Bank hatte bei 123 Transaktionen die Federführung. Und bis in unsere Tage hinein hat sich an dieser starken Stellung im schwankenden, aber unverändert grossen inländischen Emissionsgeschäft mit Obligationen nichts geändert, zumal die Bank – wie weiter unten noch näher ausgeführt – dem weiterhin hohen Finanzbedarf der öffentlichen Hand und hier besonders der Kantone neuerdings vermehrt auch mit neuen, innovativen Finanzierungsformen als Alternative zur herkömmlichen Kapitalmarktfinanzierung entgegenkommt.

### Neue Finanzierungsinstrumente für volatile Märkte

In den letzten 25 Jahren – seit der Zeit also, in welcher der Bankverein auf ein hundertjähriges Bestehen zurückblicken konnte – haben sich die internationalen Kapitalmärkte stark verändert; und der schweizerische Kapitalmarkt ist davon nicht ausgenommen geblieben. Das Wiederauftreten ausgeprägter Konjunkturschwankungen; das starke Wachstum und die durch weltweite Kapitalmarktliberalisierung geförderte hohe Mobilität liquiden Anlagekapitals; die ausgeprägte Instabilität der aus dem Bretton Woods-System «entlassenen» Wechselkurse seit Anfang der siebziger Jahre; die kommunikationstechnisch ermöglichte, gesteigerte Sensibilität einzelner Märkte auf als relevant angesehene Vorgänge an anderem Ort – alles das hat eine drastisch erhöhte, im einzelnen kaum vorhersehbare Volatilität der Kapitalmärkte und der auf ihnen jeweils geltenden Kurse, Zinsen und Renditen zur Folge gehabt. Hieraus erwachsen Chancen und Risiken; und die ersteren im Interesse der Anleger zu nutzen und die letzteren in deren Interesse zu vermeiden war (und ist) Zweck vieler neuer Finanzierungsinstrumente, welche der Bankverein – zusätzlich zu den bereits oben erwähnten, anderen Zwecken dienenden Innovationen – über die Jahre hinweg am Markte einführte.

So bot der Bankverein erstmals 1988 – und zunächst als einzige Bank in der Schweiz – das von ihm entwickelte Finanzinstrument der Schweizerfranken-Geldmarktbuchforderungen für ausländische Schuldner an, das in internationalen Finanzkreisen grosse Beachtung fand und bei den Emittenten wie bei den Investoren auf reges Interesse stiess. Von den schon bekannten Geldmarktbuchforderungen des Bundes unterscheiden sie sich vor allem dadurch, dass sie nicht nur periodisch an Auktionen, sondern laufend emittiert werden (sog. Daueremissionsverfahren) und überdies verrechnungssteuerfrei sind. Charakteristikum dieser in der Regel auf einen Monat, drei oder sechs Monate befristeten Auslandbuchforderungen ist, dass sich die Emissionsbedingungen nach dem Euromarkt richten und täglich (!) angepasst werden. Zu den ersten vom Bankverein lancierten Programmen mit diesen Instrumenten gehörten solche für Adressen wie *Unilever*, die *Weltbank*, *Electrolux* und *Philips*. Die Resonanz war sowohl bei privaten wie bei institutionellen Anlegern gross, stellten die Auslandbuchforderungen doch die erste qualitativ hochrangige Alternative zu den von den Banken angebotenen Festgeldanlagen dar. Dementsprechend verdoppelte sich der Betrag der ausgegebenen Gelder im Rahmen der vom Bankverein arrangierten Programme sowohl 1989 wie 1990 und überschritt im letztgenannten Jahr die Milliardengrenze. Mit dem vom Bankverein für den Kanton Genf lancierten Programm gelangte im übrigen im Jahre 1990 erstmals auch ein inländischer Emittent mit Geldmarktbuchforderungen an den Markt, und zwar nicht, wie bei den Programmen des Bundes, im Tender-, sondern im Daueremissionsverfahren. Ein derartiges Programm für die Daueremission von Geldmarktbuchforderungen konnte der Bankverein im Jahre 1992 erstmals auch für Industrieunternehmen abschliessen; Ende des Jahres war hieraus insgesamt ein Betrag von über 500 Mio Fr. plaziert.

Einige Jahre früher, 1986, war es am schweizerischen Kapitalmarkt erstmals zu Direktemissionen von Optionsscheinen gekommen. Mit diesen Papieren erwirkt der Anleger das Recht, bei der Bank hinterlegte Aktien während einer bestimmten Frist zu einem im voraus festgesetzten Preis zu kaufen, wobei – im Unterschied zu den herkömmlicherweise mit Optionsanleihen verbundenen Scheinen – nicht die Aktiengesellschaft selbst, sondern eine Bank die Optionen emittiert; zur Sicherstellung des Optionsrechts hinterlegen die sogenannten Stillhalter die erforderliche Anzahl Aktien und erhalten als Prämie den Erlös der verkauften Optionsscheine. Die vom Bankverein 1986 durchgeführten Transaktionen für Namenaktien der *Zürich Versicherungs-Gesellschaft* und der *Berner Allgemeine Versicherungsgesellschaft* – typisch für den Bankverein und im Gegensatz zu anderen an diesem Markt auftretenden Anbietern (nur) im Einvernehmen mit den involvierten Gesellschaften (!) – stiessen insbesondere bei professionellen Anlegern auf eine im damaligen Geschäftsbericht als «rege» charakterisierte Nachfrage.

1989 hatte – wie an anderem Ort bereits erwähnt – in der Schweiz eine Zinshausse eingesetzt, die in ihrer Dauer und Hartnäckigkeit viele Marktteilnehmer überraschte. Dem dementsprechend wachsenden Bedürfnis nach Absicherungsmöglichkeiten für Zinsrisiken im Schweizer Franken, das der Bankverein daraufhin bei seinen Kunden feststellte, suchte er mit seinen erstmals im August 1989 begebenen Zinsoptionen zu entsprechen – einem Instrument, mit dem nicht nur Obligationen-Portefeuilles, sondern auch Kredite gegen ungünstige Zinsänderungen abgesichert werden können, und das im übrigen die Möglichkeit bietet, mit einem relativ kleinen Kapitaleinsatz auf einen erwarteten Zinstrend zu spekulieren. Wiederum waren es insbesondere professionelle Anleger, die sich spontan stark interessiert an diesem seinerzeit noch neuartigen, inzwischen, nach wenigen Jahren, bereits fast altvertrauten Instrument zeigten.

Für den Finanzplatz Schweiz zur Zeit ihrer Lancierung durch den Bankverein ebenfalls absolut neuartig waren die «Bull cum Bear»-Optionen auf dem Swiss Market Index (SMI), die erstmals 1989 über die *Société de Banque Suisse (Luxembourg) SA* emittiert wurden. Dem Investor wurde damit ein Instrument angeboten, mit dem er arbiträr eine Hausse-, Baisse- oder marktneutrale Strategie verfolgen kann; es war sicher nicht allein eine Reaktion auf ein pfiffiges Angebot, sondern auch ein Reflex unübersichtlich gewordener Marktverhältnisse, dass die zunächst aufgelegten 400 000 Bull cum Bear-Optionen stark überzeichnet wurden.

Speziell auf den Bedarf der durch die Hochzinsphase der frühen neunziger Jahre bis Herbst 1992 zusätzlich belasteten, zunehmend verschuldeten öffentlich-rechtlichen Körperschaften zugeschnitten waren verschiedene vom Bankverein entwickelte innovative Lösungen für das Problem dieser Institutionen, zu kostengünstigen Mitteln zu gelangen. Erwähnenswert sind in diesem Zusammenhang insbesondere die unter der Federführung des Bankvereins 1990 begebenen Optionsanleihen für die Stadt und den Kanton Bern sowie für den Kanton Basel-Stadt; bei zwei von diesen drei Transaktionen lautete der Optionsschein nicht auf den Anleihensschuldner, sondern auf den Schweizerischen Bankverein, eine Ausstattung, mit der den Papieren eine grössere Marktakzeptanz gesichert wurde. Auch in den folgenden Jahren blieb dieses Kundensegment im Rahmen des inländischen Obligationengeschäfts des Bankvereins sehr gewichtig – einerseits wegen des bei diesen Kunden bestehenden Problemdrucks, andererseits wegen der von der Bank dafür offerierten Lösungsmöglichkeiten: so profilierte sich der Bankverein etwa im Jahre 1993 insbesondere als Federführer sogenannter synthetischer Optionsanleihen für öffentliche Schuldner, die mit Optionsscheinen auf Aktien Dritter versehen waren; in diesem Jahr wurden nicht weniger als elf Emissionen der genannten Art von ihm erfolgreich lanciert. Kaum einem der Beteiligten in der Bank selbst oder gar bei den öffentlichen Körperschaften dürfte bei diesen Transaktionen bewusst (gewesen) sein, wie sehr sich der Bankverein bei seinen Kapitalmarktoperationen im Auftrage staatlicher Stellen auf «Traditionsgelände» – wenn auch mit neuzeitlichen, absolut nicht traditionellen Mitteln – bewegt: auf diesem Geschäftsfeld ist er buchstäblich seit den ersten Wochen seiner Tätigkeit aktiv gewesen – und dürfte es auch wohl weiterhin bleiben.

### Inländische Aktienemissionen: Investment Banking à la suisse

Als Universalbank hatte der Bankverein seit seinen frühen Tagen seinen kommerziellen Kunden nicht nur mit Krediten gedient, sondern stets auch, je nach deren Bedürfnissen und der jeweiligen Marktlage, mit der Beschaffung von Fremd- und Eigenkapital über die Kapitalmärkte zur Seite gestanden. In den ersten 25 Jahren seines zweiten Jahrhunderts war das Emissionsgeschäft mit Aktien auf Rechnung schweizerischer Gesellschaften insgesamt recht wechselvoll: vor allem verdarb der tiefe Konjunktureinbruch in der Schweiz Mitte der siebziger Jahre die Stimmung an den Börsen nachhaltig, was sich in einer entsprechenden Zurückhaltung von Emittenten und Anlegern und einer flauen Aktivität der mit diesem Geschäft befassten Emissionsabteilungen der Schweizer Geschäftsbanken niederschlug. Ein erster Stimmungswechsel ergab sich erst mit der konjunkturellen Erholung 1979/80. Zwar boomte das Geschäft auch jetzt noch nicht – dafür trat eine erneute Abflachung der Umsatzzuwächse und ein erneuter Anstieg der Zinssätze dann doch zu rasch ein –, doch gelangte die Publikumsöffnung mittelgrosser Aktiengesellschaften, das seither berühmt gewordene «Going Public», erstmals nach dem Zweiten Weltkrieg wieder zu einer gewissen Bedeutung in der Schweiz; diese Entwicklung war ein Reflex gewiss nicht nur der regen Akquisitionstätigkeit «hungriger» Investmentbanker (die man damals noch nicht so nannte), sondern vor allem auch der Eigenkapitalbedürfnisse vieler Familien-Aktiengesellschaften, denen nach der rezessionsbedingten Erosion Eigener Mittel der «Schnauf» für die Teilnahme an einem neuen Aufschwung knapp zu werden drohte. Erwähnenswert ist, dass in dieser Zeit neben Aktien auch noch Partizipationsscheine zur Verstärkung der Eigenmittelbasis junger Publikumsgesellschaften zur Anwendung kamen, eine allerdings nur so lange noch zu beobachtende Schweizer Spezialität, wie die Partizipationsscheine unter dem bis Mitte 1992 geltenden alten Aktienrecht für Unternehmen wie für Kapitalanleger noch attraktiv waren.

Deutlicheren Auftrieb erfuhren die inländischen Aktienemissionen erst Mitte der achtziger Jahre. Weltweit hatte ein kräftiger Aufschwung eingesetzt, getragen von tieferen Zinsen und getrieben von höheren Investitionen, und auch die im Aussenhandel eng verflochtene Schweiz blieb hiervon nicht ausgenommen, zumal die Überbewertung des Dollars in jener Zeit die europäische Wettbewerbsposition stärkte. Die ausgezeichnete Stimmung, die daraufhin an den Schweizer Börsen herrschte, nutzten viele Unternehmen zur Aufnahme eigener Mittel. So kam es, dass die öffentlichen Aktienemissionen schweizerischer Gesellschaften im Jahre 1986 ein historisches Rekordvolumen von 6,1 Mrd Fr. erreichten, verglichen mit 2,3 Mrd Fr. im Jahr zuvor. Gleichzeitig verstärkte sich der schon in den Jahren 1984 und 1985 aufgetretene Trend zu freien Aktienplazierungen ohne Bezugsrecht weiter; und ausserdem boten in diesen Jahren mehrere bekannte, bisher privat gehaltene Gesellschaften ihre Aktien erstmals dem Publikum an. Der Bankverein, gestützt auf seine fundierten Beziehungen zu weiten Teilen der schweizerischen Industrie, hatte hieran mit deutlich über 25% einen wesentlichen Anteil. Ihn konnte er dank intensiver Akquisitionsbemühungen in der Folge weiter ausbauen; so standen von den öffentlichen Aktien- und Partizipationsscheinemissionen des Jahres 1987 im Gesamtbetrag von 5,2 Mrd Fr. 19 Transaktionen mit einem Volumen von 1,4 Mrd Fr. unter seiner Federführung, eingerechnet jene fünf von insgesamt 16 Going Public-Transaktionen jenes Jahres, für die er verantwortlich zeichnete.

Die in diesen Zahlen zum Ausdruck kommende lebhafte Entwicklung dieses Geschäftszweigs in der Schweiz wurde durch den Schock, der vom Börsencrash vom 19. Oktober 1987 ausging, zwar gedämpft – 1988 lagen die gesamten Aktienemissionen in der Schweiz kaum höher als Anfang des Jahrzehnts –, doch keineswegs gestoppt: schon 1989 hatte sich die Börse dank des von der Nationalbank nach dem Börsencrash initiierten reichlicheren Geldangebots und verbesserter Ertragsaussichten wieder so weit erholt, dass die Kapitalerhöhungen eine wahre Renaissance erlebten und mit insgesamt 5,15 Mrd Fr. den Betrag des Vorjahres um mehr als das Doppelte übertrafen. Allerdings wurde allen Beteiligten die volatile Natur dieses Geschäfts rasch auch wieder in der umgekehrten Richtung vor Augen geführt, nachdem die Geldpolitik der Nationalbank im Einklang mit anderen Zentralbanken während des Jahres 1989 drastisch restriktiver geworden war und die Zinsen daraufhin wieder auf ein deutlich höheres Niveau zurückstiegen, auf dem sie auch in den beiden folgenden Jahren verharrten: öffentliche Aktienemissionen fanden in der Schweiz Anfang der neunziger Jahre nur in geringer Zahl statt, wenngleich die Eigenmittelbedürfnisse einzelner Unternehmen unter diesen Umständen durch Emission von sogenannten «Going-Public-Anleihen» befriedigt wurden, bei der die Unternehmen Anleihen mit der Möglichkeit zur späteren Wandlung in – dannzumal im Kurs gestiegene – Aktien emittierten (ein erstmals vom Bankverein mit *Rémy & Associés Finance SA* 1988 und später mit *Austrian Industries* 1990 begangener Weg).

Doch nicht die Veränderung allein konjunktureller, sondern auch gesetzlicher Rahmenbedingungen ist ein wichtiger Bestimmungsfaktor für den Geschäftsgang in diesem Zweig des Banking: Eine erneute Belebung erfuhren die Aktienemissionen in der Schweiz nach 1992 unter anderem im Zusammenhang mit dem Inkrafttreten des neuen Aktienrechts per 1. Juli 1992 (eine der vielen, unmässig kräfte- und zeitzehrenden Erneuerungen des institutionellen Rahmenwerks der schweizerischen Volkswirtschaft nota bene), mit dem es gestattet wurde, Aktien auf einen Mindestnennwert von 10 Franken zu splitten, und mit dem die Partizipationsscheine den Aktien gleichgestellt wurden. In der Folge wandelte nicht nur eine Reihe von Firmen ihre Partizipationsscheine um; verschiedentlich wurden Veränderungen in der Kapitalstruktur auch mit der Beschaffung zusätzlicher eigener Mittel verbunden. Der Bankverein vermochte sich bei einer grösseren Anzahl öffentlich durchgeführter Transaktionen das Mandat zu sichern und damit wiederum eine führende Stellung einzunehmen.

Insgesamt hat es sich angesichts der Bedeutung, aber eben auch Volatilität dieses Geschäftszweigs bis auf den heutigen Tag für den Bankverein ausgezahlt, dass er als Universalbank sozusagen auf allen Klavieren zu spielen weiss: ist der Einsatz von Fremdkapital für ein Unternehmen interessanter als derjenige von Eigenkapital, weil das Fremdkapital in einer Konjunkturphase extern weniger kostet als es intern zu rentieren verspricht, so ist er ebenso zur Beschaffung des Fremdkapitals – ob über Kredite, über Anleihen oder andere Instrumente – gerüstet, wie für die Zuführung von Eigenkapital durch den Gang an die Börse, wenn etwa hohe Börsenkurse und niedrige Eigenkapitalquoten das nahelegen. Für die Aktionäre der Bank letztendlich entscheidend ist das Gesamtresultat der Tätigkeit der Bank auf diesen und anderen Feldern, und dessen stetiges Wachstum. Für die Mitarbeiter der Bank sieht das natürlich etwas anders aus, je nachdem, in welcher Abteilung der Bank – richtiger: auf welchem Marktfeld – sie in einem bestimmten Zeitpunkt tätig sind; doch davon an anderer Stelle.

### Ausländisches Emissionsgeschäft: Der Turntable in Bewegung

Zu den wenigen Konstanten der seit Anfang der siebziger Jahre so wechselhaften Wirtschaftswelt, ja, zu den recht seltenen dauerhaften Charakteristika der Weltwirtschaft seit dem Zweiten Weltkrieg zählt bis heute die Drehscheibenfunktion der Schweiz für internationale Kapitalströme: dank vergleichsweise stabiler und vorhersehbarer geschäftlicher und politischer Strukturen und Prozesse, einer im ganzen konservativen geldpolitischen Linie und einer mindestens bis vor wenigen Jahren zurückhaltend-massvollen Finanzpolitik war und ist das (noch dazu durch geographische Lage im Zentrum des westeuropäischen Wirtschaftsraums, seine Liberalität in Sachen Kapitalverkehr und durch seine Mehrsprachigkeit begünstigte) Land einerseits dauerhafter Magnet für internationale Kapitalströme bei deren Suche nach Rendite, Sicherheit und Verschwiegenheit; zugleich ist es aber auch – da die somit resultierende Kapitalfülle noch durch die ebenso traditionelle hohe Spareignung der Schweizer weiter alimentiert und keineswegs durch einen dieser Fülle adäquaten Kapitalbedarf kompensiert wird – ein ebenso steter Quell für Kapitalexporte zu Destinationen mit hohem Investitionsbedarf. Doch so dauerhaft – mindestens für den wirtschaftsgeschichtlich doch vergleichsweise kurzen Zeitraum eines halben Jahrhunderts, auf den wir heute seit dem Zweiten Weltkrieg zurückblicken – dieses Pumpwerk des internationalen Kapitals auch angelegt sein mag, so dauerhaft infolgedessen auch die in diesem Werk als Motoren tätigen Schweizer Grossbanken an der Arbeit (an *dieser* Arbeit) sind, so sehr sind doch die im Spiele befindlichen Kapitalströme im Laufe der Zeit Wandlungen unterworfen gewesen – Wandlungen, die sowohl Herkunft und Zielort der Kapitalströme betrafen, wie auch deren Volumen und damit Staudruck. Sie standen seit der Zeit des hundertsten Jubiläums des Bankvereins samt und sonders im Zusammenhang mit Ereignissen, die weltwirtschaftlichen, wenn nicht weltgeschichtlichen Rang hatten.

So war in den Tagen des Zentenarjubiläums des Bankvereins das *Bretton Woods-System* zusammengebrochen und hatte damit, verkürzt ausgedrückt, den Weg freigegeben zu einer nicht mehr von den Staaten, sondern von den Märkten gemachten Währungsordnung mit von Schwankungen der Preise, der Zinsen und besonders der Wechselkurse angezogenen und diese ihrerseits aktivierenden Geldströmen – bald in Grössenordnungen, deren Kontrolle auch den mit vereinten Kräften agierenden Zentralbanken der Welt (wenn diese denn mit vereinten Kräften zu agieren sich zu entschliessen und zu organisieren vermögen) nicht mehr möglich war und ist. Für die Banken resultierten hieraus einerseits grosse – und an anderer Stelle dieses Buches erwähnte – Anforderungen und Möglichkeiten im Devisengeschäft; andererseits erwuchsen hieraus grosse Herausforderungen sowohl für die Fremdwährungsfinanzierung wie auch für die Vermögensverwaltung, gekoppelt mit drastisch gesteigerten Ansprüchen der Kunden hinsichtlich Kurs- und allgemeiner Risikoabsicherung.

Wenige Jahre nach diesem tiefgreifenden Einschnitt stellte die erste Ölkrise von 1973/74 die nächste tiefe Zäsur für Weltwirtschaft und Weltkapitalmärkte dar. In kurzer Frist stiessen Inflationsraten und Zinssätze weltweit in zweistellige Bereiche vor, als die Notenbanken den ersten, von der Ölpreissteigerung ausgehenden Schock mit einem reichlicheren Geldangebot abzufedern suchten. Doch nicht nur das: dauerhafter als Erscheinung und in Auswirkung war die jäh in Gang gesetzte Umlenkung gewaltiger Kapitalströme in Länder, deren Investitionsbedürfnisse und -möglichkeiten einem solchen Zustrom nicht entfernt entsprachen. Den sicheren Hort, den diese Empfänger des Geldsegens deshalb ihrerseits für den letzteren suchten, fanden sie in den grossen Banken der Welt, nicht zuletzt in jenen der Schweiz; und diese leiteten unter dem Druck eines zunehmenden Anlagestaus und unter dem Sog eines gleichzeitig wachsenden Kapitalbedarfs vieler Nichtölländer die angeschwollenen Kapitalströme zurück in andere, meist weniger entwickelte Teile der Welt (das berühmt-berüchtigte «Recycling» der sog. Petro-Dollars jener Jahre), noch dazu verbunden mit einer zwar unvermeidlichen, aber für alle Beteiligten doch riskanten Fristentransformation, auch wenn die Banken sich bemühten, sich möglichst auf sich selbst liquidierende Kreditgeschäfte im Zusammenhang mit Handelstransaktionen zu konzentrieren. Dieses Bemühen war um so notwendiger, als die OPEC-Länder durchwegs kurzfristige Bankeinlagen als Anlagemedium präferierten, andererseits aber auch etwa im Falle der Schweiz die Frankenaufwertung, zu der es infolge des massiven Kapitalzustroms in der zweiten Hälfte der siebziger Jahre gekommen war, hier den Kapitalexport in Form von Auslandanleihen bremste. Und die Bedürfnisse der Anleger und Nachfrager an den internationalen Kapitalmärkten blieben von diesen Vorgängen natürlich nicht unberührt: die von ihnen geltend gemachten Anforderungen an eine den Verwerfungen adäquate Absicherung von Zins-, Währungs-, Preis- und Refinanzierungsrisiken stellten für die Banken weitere, erhebliche Herausforderungen dar; sie wurden ihrerseits zum Ausgangspunkt des an anderer Stelle näher erwähnten, inzwischen explosionsartig wachsenden Bankgeschäfts mit «Risikoinstrumenten».

Kaum glaubte man diese Entwicklungen einigermassen im Griff zu haben, da brach – letztlich in einem sehr direkten Zusammenhang mit dem vorangegangenen Ölpreisschock und seinen späteren «Aftershocks» – im Herbst 1982, von Mexiko ausgehend, die Schuldenkrise aus, ein weltwirtschaftlich wie für viele beteiligte Länder gleichermassen dramatischer Einschnitt, ganz von den beteiligten Banken zu schweigen, die sich jählings grossen Rückstellungs- und Abschreibungsbedürfnissen gegenübersahen – in einem Ausmass, das viele Banken dazu zwang, sich über die ganzen achtziger Jahre hinweg geschäftlich wie vor allem finanziell mit der Schadensbegrenzung zu beschäftigen. Die Weltkapitalmärkte, und mit ihnen selbstverständlich der schweizerische, waren ein weiteres Mal herausgefordert; und während die Kreditfinanzierung gerade ausserhalb der Industrieländer, gemessen an den syndizierten Bankkrediten auf den internationalen Finanzmärkten, in der Mitte der achtziger Jahre an Bedeutung drastisch verlor, trat die auf der Basis handelbarer Papiere aufgebaute Anleihefinanzierung auf den internationalen Finanzmärkten einen stürmischen Siegeszug an, fungibel und zugleich für die Eigenkapitalbindung der Banken schonend wie diese Finanzierungsart war und ist.

Für den Bankverein (wie auch für andere kapitalstarke, weltweit operierende Institute) war die hieraus folgende strategische Konsequenz zwingend: es galt, den relativen Bedeutungsschwund der internationalen Kreditgeschäfte der Banken zu kompensieren, indem man sich vermehrt und nach Möglichkeit federführend in das Primärgeschäft an den internationalen Aktien- und Anleihenmärkten einschaltete und im übrigen in Währungs- und Zinsswaps als Vermittler auftrat und/oder selber Positionen nahm. Die Zeichen an der Wand für eine solche strategische Neuausrichtung waren nur allzu deutlich: der Gesamtbetrag aller Emissionen von internationalen Anleihen und Auslandanleihen, nach Abzug von Tilgungen und Rückkäufen im Jahre 1980 noch bei 28 Mrd $, war innerhalb von nur sechs Jahren auf 156 Mrd $ im Jahre 1986 emporgeschnellt! Ausserdem wurde immer offensichtlicher, dass der Margenentwicklung im konventionellen Kreditgeschäft mehr als enge Grenzen gesetzt waren und zudem einer Steigerung des Zinsenüberschusses durch Ausweitung der Bilanzsumme ernstzunehmende Eigenkapital- wie Risikogrenzen entgegenstanden.

So kam es, dass die Bankverein-Geschäftsleitung in der zweiten Hälfte der achtziger Jahre, die Zeichen der Zeit rechtzeitig erkennend und trotz aller damit eingehandelten Restrukturierungszwänge tatkräftig handelnd, eine grundlegende Neuausrichtung des Bankvereins in die Wege leitete, mangels derer – das lässt sich inzwischen zweifelsfrei feststellen – die Bank heute bestenfalls nur noch im nationalen Rahmen ein «Major Player» zu sein beanspruchen könnte. Diese Neuausrichtung betraf (wovon weiter unten noch ausführlicher die Rede ist) die Geschäftstätigkeit der Bank weltweit; aber der schweizerische Heimatmarkt spielte dabei dank dessen Kapitalkraft *und* dank der Plazierungskraft des Bankvereins eine nicht unwichtige Rolle.

Hier hatte – nachdem in den Jahren 1972 bis 1978 die Neubeanspruchung des schweizerischen Kapitalmarktes durch Auslandanleihen zins-, wechselkurs- und regulierungsbedingt von Jahr zu Jahr zwar stark geschwankt hatte, insgesamt aber doch gewachsen war – im Jahre 1979 das Volumen ausländischer Kapitalaufnahmen mit 4,8 Mrd Fr.

erstmals dasjenige von Transaktionen für inländische Rechnung in den Schatten gestellt, wobei die internationalen Organisationen wie schon gelegentlich vorher (die 1978 von der *Weltbank* aufgenommenen beiden Anleihen von je 250 Mio Fr. waren die grössten öffentlichen Transaktionen, die bis dahin in der Schweiz je durchgeführt worden waren) die wichtigste Schuldnergruppe bildeten. Hinzu kamen die mittelfristigen Privatplazierungen für ausländische Schuldner (Medium-Term Notes), die wegen ihrer Flexibilität in bezug auf Betrags- und Fristenkongruenz seit den späten siebziger Jahren bis in unsere Zeit an Bedeutung laufend gewonnen haben: die Emissionsrekorde konnte der Markt allerdings trotz Zinserhöhungen in einzelnen Jahren zeitweise nur mit Mühe verdauen, so dass der Bankverein sich mitunter gezwungen sah, nicht gezeichnete Titel vorübergehend in seine eigenen Bestände zu nehmen – so etwa im gerade erwähnten Jahr 1979, als die Notes-Emissionen im Schweizer Markt mit 10,3 Mrd Fr. erstmals die 10 Milliarden-Grenze überschritten (woran allein japanische Schuldner mit nicht weniger als 104 Emissionen im Gesamtbetrag von 4,3 Mrd Fr. beteiligt waren).

In den folgenden Jahren entwickelte sich dieser Markt, gefördert durch wiederholte Liberalisierungsschritte der Schweizerischen Nationalbank (wie etwa der Abschaffung des Kalenders für öffentliche Anleihen ausländischer Schuldner 1984, der Gleichstellung der Notes mit den öffentlichen Auslandanleihen 1986, oder der Abschaffung der Umsatzabgabe auf Auslandsemissionen 1993) und getrieben durch die wachsenden Bedürfnisse von Schuldnern und Anlegern, die sich auf dem schweizerischen Kapitalmarkt trafen, sprunghaft weiter, so sehr auch äussere Einflüsse wie etwa der Zusammenbruch der internationalen Aktienhausse im Oktober 1987 gelegentlich dazwischenfuhren, als das florierende Emissionsgeschäft mit eigenkapitalbezogenen Anleihen ausländischer Schuldner vorübergehend zum Erliegen kam. Doch nicht nur Deregulierungsschritte und Kundenbedürfnisse waren die treibenden Kräfte: Ebenso wichtig waren und sind die Finanzinnovationen, mit denen die beteiligten und miteinander angesichts der allmählichen Auflösung des langjährigen Emissions-Syndikats zunehmend konkurrierenden Banken dem Markte immer wieder neue Impulse gaben. Der Bankverein mischte sowohl bei den Innovationen wie bei der Konkurrenz an vorderster Front mit.

Wie sehr dieses Geschäft innovations- und konkurrenzgetrieben war (und natürlich immer noch ist) wird auch in der Rückschau deutlich, in der manche der den Zeitgenossen seinerzeit noch als bedeutsam erschienenen Vorgänge doch relativiert werden. So waren Währungs- und Zinsswaps – Transaktionen, bei denen zwei oder mehr Parteien unter Vermittlung und Garantie der beteiligten Banken zwecks Senkung ihrer Kapitalkosten ihre Schuldverpflichtungen vertraglich unter sich austauschen und so von einer Kombination der von einer Partei allein nicht zu erschliessenden günstigsten Marktbedingungen profitieren – in der ersten Hälfte der achtziger Jahre erstmals zu grosser Bedeutung herangewachsen, eine Innovation, bei der im Falle des Bankvereins das enge, an anderer Stelle ausführlicher erwähnte Zusammenspiel zwischen der Generaldirektion in Basel und der Kapitalmarkttochter *Swiss Bank Corporation International (SBCI)* in London die Stärke der Bank auf dem schweizerischen *und* internationalen Markt auszunutzen gestattete. Gleichzeitig mit dieser Innovation verschärfte sich charakteristischerweise auch der Konkurrenzkampf um das Geschäft mit ausländischen Emittenten: mit der durch die Swaptransaktionen bedingten grösseren Interdependenz der Kapitalmärkte stieg auch die Zahl der ausländischen Marktteilnehmer (1987 hatte unter dem Einfluss der rasch fortschreitenden Internationalisierung des Emissionsgeschäfts zum ersten Mal eine in der Schweiz domizilierte, ausländisch beherrschte Bank Gelegenheit erhalten, eine Frankenemission ihres Mutterhauses in das «geheiligte» Syndikat einzubringen und federführend mitzuwirken). Zu jener Zeit wagte es der Bankverein auch, die erste Schweizerfranken-Doppelwährungsanleihe – ein 1982 erstmals von der Nationalbank bewilligtes und zunächst vom Publikum zögernd aufgenommenes Instrument – gegen kanadische Dollar für die *Communauté Urbaine de Montréal* als federführendes Institut zu plazieren; und im gleichen Jahre 1986 lancierte er als weitere Neuheit auch die Doppelwährungsanleihe der amerikanischen *RJR Nabisco Inc.*, die für einen Teil der Laufzeit mit einem Schweizerfranken-Coupon und für den Rest mit einem Dollar-Coupon ausgestattet war. Neu und erfolgreich auf den Markt gebracht wurden damals des weiteren mit Goldoptionen ausgestattete Anleihen; im Gegensatz zu ihnen fanden die am Euromarkt schon bekannten, für die Schweizer aber neuen *Bull and Bear Notes* (bei denen der Rückzahlungsbetrag sich umgekehrt zu den Bewegungen des Aktienindexes entwickelt) dagegen bei den Investoren kein besonderes Echo, obwohl sie sich zur Absicherung von Aktienbeständen eigneten. Aber der vielen Aussenstehenden als so konservativ erscheinende Bankverein scheute vor *Trial and Error* gerade auf dem konkurrenzintensiven, innovationsgetriebenen Kapitalmarkt nicht mehr zurück, eine unternehmerische Haltung, für die weitere Beispiele stehen mögen wie die Federführung bei der ersten Nullcouponemission in Schweizerfranken für die *Commonwealth Bank of Australia*, die für Notes völlig neue Konstruktion wie der Tender für das *Königreich Schweden* mit einer extrem kurzen Laufzeit von 18 Monaten (beide 1985), ein erstmals 1992 im Schweizerfrankenmarkt plazierter *Reverse Floater* (der dem Investor bei sinkenden Zinsen eine steigende Rendite bringt), die synthetischen, mit Zinssatz- und Währungsswaps verknüpften Optionsanleihen vornehmlich europäischer Banken, bei denen von insgesamt zwölf Transaktionen im Gesamtbetrag von 1,757 Mrd Fr. im Jahre 1993 der Bankverein dank seines Know-hows federführend deren sechs mit einem Nominalwert von 957 Mio Fr. an den Markt bringen konnte, oder die ersten Emissionen von Schweizerfranken-Wandelnotes von Unternehmen aus Taiwan und der Volksrepublik China sowie die Federführung bei vier von fünf auf dem Schweizer Markt plazierten koreanischen SFr.-Wandelnotes-Anleihen (sämtlich 1993).

Wenn mit derartigen gezielten Innovationen Marktnischen aufgespürt und besetzt wurden, die den unternehmungslustigen Kapitalmarktverantwortlichen des Bankvereins sowohl vom Markterfolg wie von der Ertragsseite her (nicht in jedem einzelnen Falle, aber doch) im ganzen recht gaben, darf man die hier gefahrene Strategie beileibe nicht als eine

Die «Helveticus»-Wandelanleihe aus dem Jahre 1995 war nicht nur wegen der originellen grafischen Gestaltung des Emissionsprospektes bemerkenswert.

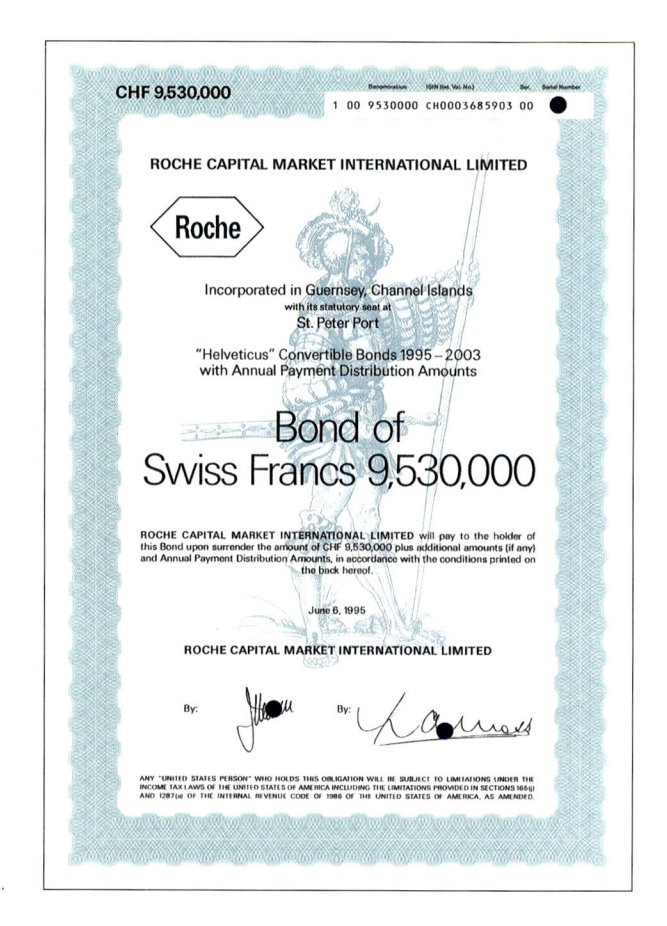

Nischenstrategie ansehen. Im Gegenteil: ausgestattet mit dem gesunden Selbstbewusstsein ihrer Plazierungs- wie Management-Kraft scheute die Bank auch vor ausgesprochenen Grossanleihen, die auch im leistungsfähigen Schweizer Kapitalmarkt «Jumbo»-Charakter hatten, nicht zurück: So waren die beiden als Referenzanleihen oder Benchmark Bonds angesehenen Emissionen für die *Weltbank* und die *Europäische Investitionsbank (EIB)* von je 600 Mio Fr. des Jahres 1990 die grössten Transaktionen, die bis zu dieser Zeit jemals auf dem schweizerischen Kapitalmarkt für ausländische Schuldner abgewickelt wurden, wobei in die *EIB*-Anleihe erst noch – eine weitere Neuheit für die Schweiz – eine Reopening-Klausel eingebaut war, die während zweier weiterer Jahre eine Aufstockung bis zu einem Gesamtbetrag von 1,5 Mrd Fr. gestattete; und im Juni 1993, als eine rege Nachfrage nach festverzinslichen Papieren bestand, lancierte der Bankverein gar die mit Beträgen von je 1 Mrd Fr. für Österreich und Dänemark bisher grössten schweizerischen Auslandemissionen überhaupt.

Zwei Jahre später, im Jahre 1995, wurden weitere «Mammut-Deals» Wirklichkeit: Zunächst wurde für die japanische *NEC* eine Grossemission von 500 Mio Fr. arrangiert; sodann lancierte die Bank für ihre alte Kapitalmarkt-Kundin, die Firma *Hoffmann-La Roche*, Basel (oder genauer für die in Guernsey domizilierte *Roche Capital Market International Ltd.*)[1] eine sog. «Helveticus»-Wandelanleihe mit einem Volumen von 1000,65 Mio Fr. – eine Wandelanleihe, die nicht mit einem festen Zinssatz versehen ist, sondern deren jährliche Ausschüttung jeweils dem doppelten Betrag der für das vorangegangene Geschäftsjahr auf den *Roche*-Genussscheinen entrichteten Bruttodividende entspricht, und die das bis zu diesem Zeitpunkt grösste jemals am schweizerischen Kapitalmarkt lancierte Geschäft dieser Art darstellte; kennzeichnend für das Selbstvertrauen des Bankvereins in bezug auf diese Transaktion war, dass er sich selbst mit der Festübernahme einer «Tranche» (wenn dieses das richtige Wort angesichts der in Rede stehenden Grössenordnung ist) von 900 Mio Fr. an dieser Operation beteiligte.

Einer der Motoren des «Turntable» des schweizerischen Kapitalmarktes: das ist der Bankverein in den bisherigen 125 Jahren seiner Geschichte von Anfang an gewesen, und das ist er auch heute. Doch er ist noch mehr als das gewesen (und ist es immer noch): eine für seine Kunden verlässliche, kraftvolle Quelle für die Beschaffung von Fremdkapital, wo immer und wann immer sich die günstigsten Gelegenheiten dafür bieten. Die Welt der internationalen Kapitalmärkte ist damit ein weiteres wichtiges Feld des Bankvereins, beackert mit immer neuen Methoden und Instrumenten in immer weiter gezogenen Kreisen und tiefer gepflügten Furchen. Auf diesen Äckern sind seit dem hundertsten Jubiläum der Bank nicht nur zahllose neue Kundenbeziehungen und Produkte gewachsen; in ihnen liegen auch die tiefsten Wurzeln für einen Wandel in ihrem Selbstverständnis und in ihrer Kultur, wie ihn die Bank in dieser Tiefe und Breite in den vorangegangenen hundert Jahren ihrer Existenz nie erlebt hat, und wie er die Bank in den letzten Jahren geprägt (und beansprucht) hat.

### Abschnitt 2:
### Internationales Kapitalmarktgeschäft

Die internationale Geschäftstätigkeit der Banken (jedenfalls der nicht von vornherein aus Gründen ihrer Statuten, ihrer Grösse oder ihrer geschäftspolitischen Ausrichtung auf lokale oder regionale Märkte beschränkten Institute) hat sich im Vier-

---

[1] Vgl. hierzu auch S. 84.

teljahrhundert von 1972 bis heute in einer Art und Weise entwickelt, wie es sich auch die international erfahrenen, Erscheinungen wie dem bereits erwähnten Euromarkt indes immer noch mit einer gewissen Reserve gegenüberstehenden Verantwortlichen des Bankvereins in dessen hundertstem Jubiläumsjahr 1972 wohl kaum vorzustellen vermocht haben. Bedeutende, irreversible Triebkräfte waren und sind am Werk: das im Trend starke, die Zuwachsraten von Industrieproduktion und Sozialprodukt einzelner Länder beständig überflügelnde Wachstum des Welthandels; die immer weiter zunehmende internationale Verflechtung (und Verlagerung) von Produktionsstätten, Bezugsquellen und Märkten; die geradezu sprunghaft wachsenden Finanzierungs- und Anlagebedürfnisse immer breiterer Unternehmer- und Anlegerkreise ausserhalb ihrer nationalen Märkte; die damit einhergehende, teilweise auch davon erzwungene Deregulierung und Liberalisierung der wichtigsten, gegen anschwellende Kapitalströme nicht mehr wirksam abzuschottenden Finanzmärkte; und ganz gewiss nicht zuletzt die rasante technische Entwicklung auf dem Gebiet der Datenübermittlung und Informationsverarbeitung, mit der prinzipiell jede (finanziell relevante) Information zu jeder Zeit an jedem Ort verfügbar und damit zum greif- und nutzbaren Input für alle Arten von Finanzgeschäften gemacht worden ist – ein weiter Weg in der Tat von jenen Brieftauben, mit deren Hilfe sich innovative Bankiers vor zweihundert Jahren noch frühzeitiger als ihre Konkurrenten vom Ausgang etwa von Schlachten jenseits der Grenzen zu informieren suchten ... Doch nicht nur das: seit Anfang der achtziger Jahre ist zu diesen Triebkräften noch die Verbriefung von Forderungen – die sogenannte *Securitization* – als weiterer machtvoller Antrieb hinzugekommen, nachdem der rapide technische Fortschritt die Voraussetzungen für kostengünstigere Verfahren bei der Emission von Wertpapieren geschaffen und damit den Weg für die intensivere Nutzung verbriefter Kreditformen und die Entwicklung einer grossen Zahl neuer Wertschriftentypen geebnet hatte. Die Bedeutung dieser – im übrigen durch die zunehmende Verfügbarkeit moderner, finanzmathematisch abgestützter Instrumente zur Risikoanalyse und -steuerung zusätzlich geförderten – Entwicklung für das internationale Bankwesen wie für dessen Kunden ist nicht zu überschätzen und kommt in Trends wie dem Anstieg des Nominalbetrages ausstehender Schuldverschreibungen in den OECD-Ländern und an den Euromärkten von umgerechnet weniger als 6 Mrd Fr. Ende 1980 auf mehr als 30 Mrd Fr. Ende 1993 sowie im Wachstum der Relation von Anleiheverschuldung und Sozialprodukt der OECD-Länder von durchschnittlich knapp unter 50% auf heute über 100% nur andeutungsweise zum Ausdruck: Banken, die hierbei nicht mitmischen, werden jedenfalls von ihren Grosskunden im Firmen- wie im Anlagegeschäft zunehmend umgangen oder zugunsten leistungsfähiger Konkurrenten zurückgestellt (hier ist die berühmte *Disintermediation* im Sinne einer Auslese unter den Banken am Werk); und Banken, die am Ball zu bleiben trachten, haben sich am internationalen Kapitalmarkt zu bewähren, ob es sich dabei nun um die Erstplazierung, die Syndizierung, den Sekundärhandel oder um die Entwicklung und den Einsatz von Produktinnovationen im Interesse der Kapitalgeber und -nehmer handelt. Für den Schweizerischen Bankverein, «Major Player» von altersher auf diesem Felde, gab (und gibt) es deshalb nur eines: sich den Herausforderungen stellen, was immer das der Bank auch an personellen, intellektuellen, finanziellen Einsätzen abverlangte – oder sonst die Segel auf dem internationalen Markt angesichts eines ebenso mächtig wie dauerhaft blasenden Windes zu streichen – eines Windes, der für die Bank seither zu einem «wind of change» geworden ist und sie an völlig neue Ufer geführt hat. Seine Spuren hat dieser Wind sowohl in den Geschäften wie in den – an späterer Stelle näher behandelten – Wandlungen der Organisationsstrukturen des Bankvereins hinterlassen.

### Eurobondgeschäft:
### Mitwirkung an einer Explosion

Bis 1960 waren im internationalen Kapitalmarkt praktisch nur die altbekannten, nach dem Zweiten Weltkrieg wieder zu neuer Blüte gelangten Auslandanleihen von Bedeutung gewesen, bei denen Emissionskonsortien, Währung und Kotierungsbörse gleicher Nationalität (und zugleich anderer Nationalität wie der Schuldner) sind; Emissionen von Euroanleihen, die von internationalen Übernahmekonsortien für die Plazierung in mehreren Ländern organisiert werden, waren äusserst selten. Das hatte sich ab 1964 geändert: mit der Einführung der – zwanzig Jahre später wieder abgeschafften – Zinsausgleichssteuer in den USA in diesem Jahre hatte sich die Emission von Obligationen in New York vor allem für europäische Adressen vergleichsweise verteuert. In der Folge wuchs der Eurobondmarkt unaufhaltsam zum grössten internationalen Kapitalmarkt der Welt heran; so war das Emissionsvolumen, das er bewältigte, im Jahre 1993 auf nicht weniger als knapp 400 Mrd $ angestiegen – ein Rekordvolumen seit den Tagen seiner Entstehung.

Die Anfänge waren jedoch speziell für die Schweizer Banken vergleichsweise bescheiden gewesen – noch 1976 war der Gesamtbetrag der von ihnen plazierten, neu emittierten Eurobonds zwar bereits doppelt so gross wie derjenige der klassischen, auf Schweizer Franken lautenden Auslandanleihen gewesen (Vorzeichen der Dinge, die da kommen sollten), doch handelte es sich in absoluten Zahlen dabei nur um einen Betrag von rund 4 Mrd $, sehr bescheiden also im Lichte späterer Zahlen. Einer verstärkten schweizerischen Beteiligung hinderlich waren bezeichnenderweise vor allem – abgesehen von den für die Schweizer Banken zunächst noch ungewohnten, im Euromarkt dominierenden angelsächsischen Emissionstechniken – «hausgemachte» Hindernisse: eine Couponsteuer auf in der Schweiz zahlbare Zinserträge sowie der sogenannte Eidgenössische Titelstempel (eine einmalige Emissionsabgabe auf Wertschriften).

Mit derartigen Nachteilen eines einzelnen Finanzplatzes im internationalen Wettbewerb hat der internationale Kapitalmarkt keine Geduld; und noch weniger Geduld kann sich leisten, wer als «Major Player» am internationalen Kapitalmarkt als Bank dabeizusein sich bemüht – sich bemühen muss, um nicht seiner internationalen Kundschaft verlustig zu gehen. Zwar war die Couponsteuer 1967, der Titelstempel (erst) Mitte 1974 abgeschafft worden; doch der Bankverein, die Zeichen der Zeit richtig deutend, zögerte nicht, die Voraussetzungen dafür zu schaffen, trotz der inländischen Benachteiligungen weiterhin ungehindert an internationalen Konsortien für Euro-Emissionen mitwirken zu können: 1968 hatte er bereits die *Swiss Bank Corporation (Overseas) Ltd.* in Nassau (Bahamas) als spezialisierte Tochter für das internationale Kapitalmarktgeschäft gegründet, und zog nun, nachdem er dank dieser Tochter zunächst als Underwriter und seit 1971 auch als Co-Manager internationaler Konsortien nach und nach an Bedeutung gewonnen hatte, im Jahre 1975 mit der Eröffnung einer Tochtergesellschaft in Luxemburg, der *Société de Banque Suisse (Luxembourg) SA*, eine zusätzliche, für die weitere Entwicklung dieses Geschäftszweiges wichtige Konsequenz. Doch auch dabei blieb es in der Folgezeit nicht, auch wenn der Bankverein zunächst mit seiner neuen Luxemburger Tochter als federführendes Institut bei öffentlich aufgelegten Eurobondanleihen und bei auf fremde Währungen lautenden Anleihen auftrat: 1977 beteiligte er sich über die erwähnte *Swiss Bank Corporation (Overseas) Ltd.* sowie über die inzwischen gegründete *SBC Finance (Asia)* in Hong Kong und eine neue Niederlassung in Manama, Bahrain, als Co-Manager bereits an 120 Anleihen, in US- und kanadischen Dollars, D-Mark, Pfund Sterling, sowie Kuwait- und Bahrain-Dinar. Die Transaktionen waren weiterhin Teil der (internationalen) Geschäftstätigkeit der Bank; aber das Geschäft selbst wickelte sich immer mehr ausserhalb der Schweiz (und damit ausserhalb des Zugriffs durch den Schweizer Fiskus) ab. Indes, ungeachtet der durch solche Entwicklungen nahegelegten Einsichten wurden fiskalische Stolpersteine für das (auch steuerlich interessante) internationale Kapitalmarktgeschäft der Banken durch die Schweizer Behörden weder jemals definitiv beseitigt noch definitiv gemieden, um Geschäftsverlagerungen seitens der Banken nicht noch anzuregen. Zu einem weiteren Impuls in dieser Richtung wurde die Erhöhung des Umsatzstempels um 50% am 1. April 1978: die Schweizer Banken waren im Sekundärmarkt nicht mehr konkurrenzfähig, da die Margen kleiner waren als die Stempelabgabe, die zu entrichten war, sobald ein Titel nicht am Tage des Erwerbs weiterveräussert wurde – und das Ergebnis war, dass der Sekundärmarkt in der Folge davon weitgehend aus der Schweiz heraus abwanderte.

Diese Entwicklungen stellten einen Teil der Triebkräfte dar, auf welche die Schwerpunktverlagerungen gründen, die aus dem Bankverein – und, so muss man hinzufügen, in ähnlicher Weise auch aus den anderen schweizerischen Grossbanken – in den achtziger und neunziger Jahren wirklich weltweit tätige Finanzinstitutionen gemacht haben. Der andere Teil waren, wen wundert es, die nachdrücklich zur Geltung kommenden Bedürfnisse einer internationalen Klientel. Als nämlich Ende der siebziger Jahre immer deutlicher wurde, dass bei der Plazierung von Eurobonds institutionelle Anleger und Banken neben den Privatkunden immer mehr an Gewicht zunahmen, diese Kundenkreise aber vielfach in London ihre Entscheidzentren oder Niederlassungen besassen, trat das dringende Bedürfnis nach einem schlagkräftigen Stützpunkt der Bank in der City hervor, zumal sich der Sekundärhandel im Euromarkt weitgehend auf die City – wo einige Jahre später mit dem

«Big Bang» der Börsenliberalisierung vom 27. Oktober 1986 ein starker Aufschwung des gesamten Wertschriftengeschäfts einsetzen sollte – zu konzentrieren begonnen hatte. Die Bankverein-Geschäftsleitung entschloss sich deshalb im Jahre 1979 zur Gründung einer auf das internationale Emissionsgeschäft und den Eurobondhandel spezialisierten Tochtergesellschaft in London neben dem im traditionellen Kommerz- und Privatkundengeschäft tätigen angestammten Sitz London der Bank. Diese Tochter nahm ihre Geschäftstätigkeit im Juli 1980 unter dem Namen *Swiss Bank Corporation International Ltd.* – bald besser unter dem Kürzel *SBCI* bekannt – auf und wurde im Verlaufe der achtziger Jahre zur kräftigen Wurzel eines seine Zweige auch international rasch ausbreitenden, manche weniger lebenskräftige Aktivitäten und Standorte gar überschattenden, hochschiessenden Baumes – eines Baumes (um im Bilde zu bleiben) im übrigen, der zwar gelegentlich durch die wechselhaften Winde des internationalen Kapitalmarktes heftig geschüttelt wurde, über die Jahre hinweg jedoch zu einer eigentlichen «Landmark» in diesem Geschäft wurde und für die Bank reiche Früchte abwarf (vgl. auch Kasten: «Ausbau der SBCI-Gruppe»). So anspruchsvoll diese Konstruktion in bezug auf Führung, Koordination und Kontrolle sein mochte, so spannungsreich ihre Beziehungen zu (und ihre Überschneidungen mit) vielen der im traditionellen Bankgeschäft verankerten anderen Einheiten der Bank gelegentlich waren; so diskussions- und vor allem revisionsträchtig viele ihrer personellen und organisatorischen Schritte sich im Laufe der Zeit auch immer wieder erwiesen, so stellt sich die geschäftliche Entwicklung der SBCI-Gruppe, oder allgemein, des internationalen Investment Banking-Arms des Bankvereins doch auch im gerafften Rückblick als eine eigentliche Erfolgsgeschichte dar.

### Ausbau der SBCI-Gruppe Mitte der achtziger Jahre

Die starke Expansion des Investment Banking, wozu man anfänglich ausschliesslich und später unter anderem auch das Emissionsgeschäft und den Wertschriftenhandel zählte, veranlasste den Bankverein Mitte der achtziger Jahre, sein Stützpunktnetz auszubauen.

In London, wo der sogenannte Big Bang vom 27. Oktober 1986 eine neue Epoche an der Börse einläutete und den Übergang zum Universalbankensystem einleitete, wurde der Personalbestand der 1980 gegründeten **Swiss Bank Corporation International Ltd.** (SBCI) mehr als verdoppelt; damit wurden auch auf der Personalseite die Voraussetzungen geschaffen, um in diesem wichtigen Finanzzentrum weiterhin erfolgreich operieren zu können.

In New York gehörten im Jahre 1986 drei Tochtergesellschaften des Bankvereins zur Investment Banking-Gruppe, nämlich die 1969 gegründete **Swiss Bank Corporation International Securities Inc.** (SBCISI), die von ihrer Gründung im Jahre 1969 bis Februar 1984 den Namen **Basle Securities Corporation** getragen hatte, ferner die **SBC Portfolio Management International Inc.** und die **SBCI Futures Inc.** Die auf das Emissions- und Börsengeschäft spezialisierte SBCISI strebte den Status eines Primary Dealer für US-Staatspapiere an, der dem Federal Reserve System jederzeit Geschäfte anbieten kann; als Vorstufe dazu erhielt sie im September 1986 den Status eines Monthly Reporting Dealer. In der Folge wurde dieses Geschäft in die Verantwortung der **Swiss Bank Corporation Government Securities Inc.**, New York, übertragen; sie wurde 1990 Primary Dealer und erhielt überdies 1991 die Genehmigung für den Handel in allen «Over the Counter-Optionen» auf amerikanische Schatzscheine.

In den Niederlanden boten sich dank der bevorstehenden Liberalisierung des Kapitalmarktes ebenfalls neue Geschäftsmöglichkeiten. Da der Bankverein in diesem Land bereits eine ansehnliche Kundschaft besass, beschloss er im Jahre 1986, in Amsterdam eine Investmentbank zu gründen, die **Swiss Bank Corporation International Holland NV**. Ihr wurde hauptsächlich das Emissionsgeschäft in Gulden sowie der Handel mit niederländischen Wertpapieren und Optionen übertragen.

In der Bundesrepublik Deutschland hatte gegen Ende 1985 die vom Bankverein gegründete **Schweizerischer Bankverein (Deutschland) AG**, Frankfurt am Main, ihre Tätigkeit aufgenommen. Damit waren die Voraussetzungen geschaffen worden, das Euroemissionsgeschäft in D-Mark vollumfänglich von der SBCI in London nach Frankfurt zu übertragen, was denn auch 1986 geschah. Die neue Tochterbank wurde damit nicht nur für die Federführung, sondern auch für das Co-Management, das Underwriting und die Plazierung von D-Mark-Emissionen zuständig.

In Japan erhielt der Bankverein im Jahre 1986 als erste Schweizer Bank eine Wertschriftenlizenz. Hierauf gestützt gründete er im April 1986 in Hong Kong die **SBCI Securities (Asia) Ltd.**, welche ihrerseits im Oktober 1986 eine Niederlassung in Tokio eröffnete. Der Geschäftskreis dieser Gesellschaft erstreckte sich auf das Emissions- und Wertschriftengeschäft. Ihr Börsengeschäft in Hong Kong wurde der im Dezember 1986 gegründeten **SBCI Hong Kong Ltd.** übertragen, die zwei Sitze an der dortigen Börse erwarb. Zur SBCI-Gruppe gehörte im Fernen Osten schliesslich auch die bereits 1973 gegründete **SBC Finance (Asia) Ltd.** in Hong Kong, die ab 1986 ausschliesslich als Beteiligungsgesellschaft diente.

In Australien fasste schliesslich die SBCI im Februar 1986 mit einer eigenen Vertretung in Melbourne Fuss.

Die Aktien der vorerwähnten Gesellschaften wurden zu 100% von der **SBCI Holding** in Basel gehalten, die ein Aktienkapital von 50 Millionen CHF aufwies. Nur bei zwei Gesellschaften war die Beteiligungsquote mit je 50% niedriger, nämlich bei der SBC Finance (Asia) Ltd. und bei der SBCI Securities (Asia) Ltd.

Im Jahre 1987 wurden drei der vorhin erwähnten Gesellschaften umbenannt, um ihre Zugehörigkeit zur SBCI-Gruppe auch im Firmennamen zum Ausdruck zu bringen. Die Swiss Bank Corporation International Ltd. in London, die Swiss Bank Corporation International Securities Inc. in New York und die Swiss Bank Corporation International Holland NV in Amsterdam firmierten von da an als **SBCI Swiss Bank Corporation Investment banking Ltd.**, **SBCI Swiss Bank Corporation Investment banking Inc.** bzw. als **SBCI Swiss Bank Corporation Investment banking NV**.

Am 1. Januar 1989 wurde die **SBCI** mit allen handelsorientierten Einheiten des Sitzes London und der 1987 vom Bankverein erworbenen Stockbroker-Firma Savory Milln unter der Bezeichnung **SBC London** zusammengeführt – Beginn eines mehrjährigen Integrationsprozesses von Emissionsgeschäft, Stockbroking, Handel und dem traditionellen internationalen Kommerzgeschäft des Bankvereins, ein Prozess, der in der jüngsten Vergangenheit mit der Schaffung von **SBC Warburg** sozusagen seinen krönenden Abschluss fand.

Sie begann sogleich im ersten vollen Geschäftsjahr, 1981, in dem die SBCI erstmals das gesamte internationale Emissionsgeschäft der Bankverein-Gruppe abwickelte (die Tochtergesellschaft in Luxemburg widmete sich von da an vornehmlich dem Wertschriftenhandel im D-Mark-Geschäft, und eine in London seit 1974 unter dem Namen *Swiss Bank Corporation (International) Ltd.* bestehende Finanzgesellschaft wurde anlässlich der Gründung der SBCI in *SBC Finance (UK) Ltd.* umbenannt und auf den lateinamerikanischen Raum ausgerichtet): in diesem ersten Jahr gelang es der SBCI, mit der Federführung bei fünf Emissionen und dem Co-Management von weiteren 145 (!) Anleihen auf Anhieb eine führende Marktposition im Bondsektor zu erobern, zu schweigen von einigen grösseren mittelfristigen Plazierungen mit variablem Zinssatz, einer Reihe von Emissionen von Floating Rate Certificates of Deposit, sowie von European Depository Receipts (Anteilscheine auf Aktien), bei deren Begebung die SBCI in acht Fällen, namentlich für japanische Adressen, als Co-Manager mitwirkte. Diese Stellung wurde dank der Innovations- und Wettbewerbsfähigkeit der SBCI-Gruppe *und* der Kapital- und Plazierungskraft der Bankverein-Gruppe in den folgenden Jahren rasch weiter ausgebaut:

- 1982 hatte die SBCI bei 55 Transaktionen auf dem Eurobondmarkt die Federführung (21 davon öffentlich, 34 privat plaziert) und war Co-Manager bei 231 öffentlichen Anleihen (von denen 172 auf US-Dollar lauteten); gleichzeitig errang sie in diesem Jahr auch im Sekundärhandel eine bedeutende Stellung, indem sie mit einer Vertretung in Hong Kong und in enger Zusammenarbeit mit der *Basle Securities Corporation* in New York für ihre Präsenz auf dem internationalen Markt rund um die Uhr sorgte und für 250 Eurodollaranleihen einen regelmässigen Markt unterhielt;

- dieser Markt wurde schon 1983 auf etwa 450 Eurodollaranleihen erweitert, und gleichzeitig wurde, um die Präsenz im Fernen Osten zu verstärken, eine Vertretung in Tokio eröffnet;

- 1984 legte der Bankverein als erste unter den Schweizer Grossbanken eine Nullcouponanleihe im Betrage von 400 Mio $ auf (da das auf diese Weise beschaffte Fremdkapital substantiell billiger war als eine festverzinsliche Eurobondanleihe) und war im übrigen stark an der Ausgabe von Floating Rate Notes (FRN) beteiligt, welche sich bei privaten Anlegern, Banken und anderen institutionellen Investoren aus Gründen der Diversifizierung und im Hinblick auf ihren Vorteil, in einem liquiden Sekundärmarkt jederzeit handelbar zu sein, zunehmender Beliebtheit erfreuten; in diesem Jahr gelang es der SBCI auch, bei zwei von der *Europäischen Gemeinschaft (EG)* und der *Europäischen Investitionsbank (EIB)* begebenen, auf Ecu lautenden Anleihen die Federführung zu erhalten, obwohl sie zu einer ausserhalb des EG-Raumes ansässigen Bankengruppe gehörte;

- als 1986 die Emissionen am Euromarkt unter dem Einfluss des sich damals rasch verstärkenden Trends einer Verlagerung von den klassischen Bankkrediten zu verschiedenen Formen der Finanzierung via handelbaren Schuldverschreibungen erstmals ein (damals als «historisch» empfundenes) Rekordvolumen von 187 Mrd $ erreichten – ein gegenüber dem Vorjahr um 38% gewachsenes Volumen übrigens –, war die SBCI auch an diesem Marktwachstum massgeblich beteiligt – bei 728 öffentlich aufgelegten Eurobondanleihen mit einem Gesamtbetrag von 94 Mrd $ war sie als Lead-, Co-Lead oder Co-Manager dabei und unterhielt gleichzeitig einen permanenten Markt für mittlerweile über 1500 Eurobonds;

- nach einer vorübergehenden, mit den Einflüssen des Kurssturzes vom Oktober 1987 (der sich vor allem auf die eigenkapitalbezogenen Eurotransaktionen dämpfend auswirkte) zusammenhängenden Abschwächung des Geschehens an den internationalen Finanzmärkten in den Jahre 1987 und 1988 erreichte das Emissionsvolumen am Eurobondmarkt 1989 mit 212 Mrd $ einen neuen Rekord; und der Investment Banking-Gruppe des Bankvereins, gestützt auf einen gezielten Ausbau ihrer Positionen in Marktsegmenten mit hoher Wertschöpfung sowie auf bewusste Zurückhaltung auf Gebieten mit unattraktiven Margen, gelang es, als Lead Manager für Ecu-Bonds, die sich auch in der Schweiz einer regen Nachfrage erfreuten, in den internationalen Ranglisten auf Platz drei vorzurücken und zugleich hohe Erträge zu erwirtschaften (bei Euroemissionen in anderen Währungen beteiligte man sich aus Preisgründen nur selektiv und dann als Underwriter, wo die Risiken kleiner waren als bei der Federführung, und sich noch etwas verdienen liess).

In den neunziger Jahren schliesslich, in denen die Emissionstätigkeit am Eurobondmarkt zunächst weiter von Rekordmarke zu Rekordmarke sprang – 1991 in Höhe von 249 Mrd $, 1992 von 276 Mrd $ und 1993 von 395 Mrd $ – konnte der Bankverein seine Stellung vor allem dank hoher Flexibilität in bezug auf Instrumente, Währungen und Konditionen seinerseits weiter ausbauen und konsolidieren:

- 1991 beteiligte er sich als Lead-, Co-Lead und Co-Manager an 490 Eurobondemissionen, darunter grosse, vor allem auf die Bedürfnisse institutioneller Anleger zugeschnittene Anleihen für das *Königreich Belgien*, *British Columbia*, erneut die *Europäische Investitionsbank (EIB)* und für «Blue Chips» wie *Exxon*, *DuPont* und die *Rabobank*, und brachte darüber hinaus auch Anleihen für erste südamerikanische Adressen wie *Pemex* und *Apasco* auf den Markt; und auf dem Gebiet eigenkapitalbezogener Emissionen besonders bemerkenswert war die vom Bankverein arrangierte Optionsanleihe über 1 Mrd $ für die *Roche Holdings Inc.* – die bis zu diesem Zeitpunkt grösste je von einem europäischen Konzern emittierte Anleihe dieser Art, die noch dazu im Hinblick auf die mit ihr verbundene *Bull Spread-Option* auf eine einzelne Aktie eine Neuheit darstellte;

- 1992 war die Bank in der einen oder anderen Manager-Position an 846 Eurobondemissionen beteiligt und nahm als Lead Manager speziell für amerikanische Schuldner einen prominenten Platz ein (erwähnenswert: eine Anleihe von 350 Mio $ für die *Toyota Motor Credit Corporation* in Los Angeles sowie eine Emission für die *Inter-American Development Bank*); weitere in diesem Jahr vom Bankverein erfolgreich geführte Transaktionen waren die erste Eurobondanleihe der *African Development Bank* von 300 Mio $ sowie eine Tranche von 300 Mio australischen Dollar aus einem Programm der *Europäischen Bank für Wiederaufbau und Entwicklung*;

- 1993, als der Eurobondmarkt von den günstigen Aussichten an der Inflationsfront und von den nachgebenden langfristigen Zinssätzen profitierte und die erwähnte Rekordmarke von knapp 400 Mrd $ erreichte, wirkte der Bankverein im Management von 907 Eurobondemissionen im Gesamtbetrag von 223 Mrd $ (wovon 308 Anleihen in US-Dollar, 119 in kanadischen Dollar, 101 in französischen Franken und 41 in Gulden) mit, und war in den zuletzt genannten Währungen auch jeweils einer der zehn wichtigsten Underwriter weltweit;

- und als im Jahre 1994 der internationale Kapitalmarkt unter dem Eindruck einer von den USA ausgehenden, für die überwiegende Mehrzahl der Marktteilnehmer völlig überraschenden Phase steil ansteigender Zinsen vor allem in den angelsächsischen Ländern eine Zone der Turbulenz durchquerte, vermochte der Bankverein seine Stellung innerhalb des Dollarsegments weiter zu festigen, bei den anderen Hauptwährungen die Spitzenplätze beizubehalten (beim Ecu belegte er gar den ersten, beim Schweizer Franken den zweiten Rang), und im übrigen als Lead Manager bei Emissionen in kanadischen Dollar, D-Mark, niederländischen Gulden, französischen Franken, schwedischen Kronen und australischen Dollar zu wirken, abgesehen davon, dass die Bank die Federführung bei zehn Lira-Anleihen innehatte, nachdem ihr in Italien die erforderliche Lizenz erteilt worden war.

Gerade in diesem zuletzt genannten, breitgefächerten Währungsspektrum des Bankverein-Angebots findet sich eine weitere Erklärung für die beachtliche Erfolgsgeschichte, die sich bei rückblickender Betrachtung der Geschäftsentwicklung des Bankvereins in diesem Segment im Zeitraffer darbietet: dieses breite Angebot an Währungen, kombiniert noch dazu, wie es seit Mitte der achtziger Jahre der Fall gewesen ist, mit attraktiven Swaps, bot (und bietet) den Bank-

kunden vielfältige Möglichkeiten, Fremdkapital zu günstigen, auf ihre jeweiligen Bedürfnisse zugeschnittenen Bedingungen aufzunehmen – und wie sehr die Bank damit auf Widerhall in den Märkten auch schon in den achtziger Jahren, als sie den Vorstoss auf dieses Territorium tatkräftig vorantrieb, gestossen ist, lassen nicht nur die den Bankverein immer wieder in den vordersten Rängen aufführenden League Tables jener Jahre erkennen; das starke Marktecho spiegelt sich auch in der Tatsache, dass die SBCI über das Jahrzehnt von 1980 bis Ende 1989 mit einem Total von knapp 4500 von ihr «gemanagten» Eurobondemissionen im Volumen von insgesamt rund 560 Mrd $ an zweiter Stelle unter den Banken der Welt figuriert hat. Die 1995 errungene Stellung der Bank im Eurobondmarkt beruhte somit auf einem über Jahre hinweg konsequent vorangetriebenen Vorstoss: nach einer um die Jahresmitte 1995 publizierten Umfrage der britischen Fachzeitschrift *«Euromoney»* unter den führenden Brokerhäusern hatte der Bankverein den ersten Rang gewichtet nach ausstehendem Volumen und den zweiten Rang gewichtet nach Umsatz errungen; im Frankensegment speziell war er jetzt ebenfalls die Nummer eins, und im Dollarsegment war er von Rang neun (1994) auf den zweiten Platz geklettert. Wesentlich beigetragen zu dieser bemerkenswerten Entwicklung zu einem der weltweit führenden Kapitalmarktinstitute hat aber neben dem erwähnten Währungsspektrum im Bankverein-Fächer noch etwas anderes: die für den Bankverein spätestens seit Ende der siebziger Jahre zu beobachtende, inzwischen schon zum Charakteristikum gewordene Innovationskraft (und -lust) in bezug auf neue Anlageformen und Finanzierungstechniken,
mit denen Investoren und Schuldnern immer wieder neue Möglichkeiten – und Anreize! – geboten wurden.

**Finanzinnovationen in der Offensive –
offensiv in Finanzinnovationen**

Euronotes

Die späten sechziger Jahre hatten für die internationalen Finanzmärkte eine tiefgreifende Veränderung wichtiger Rahmendaten gebracht: Inflations-, Zins- und Wechselkursrisiken ungewohnten Ausmasses waren aufgetreten; die internationale Verschuldungskrise begann sich mit dem gigantischen Prozess des «Recycling» der Einnahmen der Erdölländer und der damit verbundenen riskanten Fristentransformation anzubahnen; Deregulierung und Liberalisierung weichten die verfestigten Strukturen wichtiger Kapitalmärkte auf; und ein rascher Fortschritt auf dem Gebiet der Übertragung und Verarbeitung von Finanzinformationen führte zu einer Welle neuer Instrumente für Anleger wie Schuldner und zu deren Verknüpfung in immer vielseitigeren, zugleich aber auch komplexeren «Packages». Typisch für diese Vorgänge war die an anderer Stelle bereits näher skizzierte zunehmende Verwischung der Grenzen zwischen Kapital- und Kreditmärkten und die Gewichtsverlagerung von den herkömmlichen Krediten zur Begebung marktfähiger Wertpapiere. Diese Entwicklung beschleunigte sich noch mit dem Ausbruch der Verschuldungskrise der Entwicklungsländer Ende 1982, nach der die Investoren ihr Interesse vermehrt auf die Direktübernahme kommerzieller Risiken in den *Industrie*ländern zu richten begannen. Schicksalhaft für die grossen, international tätigen Banken war, dass sie damit ihrer angestammten Funktion als Kreditgeber mindestens teilweise beraubt und je länger desto mehr in die Rolle von Vermittlern und Versicherern gedrängt wurden. Ihre Rolle wandelte sich mindestens in den Augen ihrer Kunden (oder sollte sich wandeln): sie sollten (und sollen – denn diese Veränderung hat bleibende Spuren hinterlassen) nicht nur Zins- und Währungsrisiken übernehmen oder mindestens absichern, sondern für die Schuldner die Finanzierung in Zeiten schwindender Anlegergunst zusätzlich noch durch möglichst langfristige Bereitstellungskredite sicherstellen.

Dieses war der Hintergrund, vor dem seit den frühen achtziger Jahren unter dem Oberbegriff *Euronote-Fazilitäten* eine Reihe neuer Finanzierungsarten entwickelt wurden, die inzwischen unter Bezeichnungen wie Revolving Underwriting Facilities (RUF), Note Issuance Facilities (NIF), Euronote Standby Facilities und ähnlichen Termini technici in der Finanzwelt allgemeine Verbreitung gefunden haben. Im einzelnen unterschiedlich konstruiert, ist dabei für die Euronotes kennzeichnend, dass es sich um handelbare Papiere mit Laufzeiten von in der Regel ein bis sechs Monaten handelt, die von den Emissionsbanken revolvierend für eine Periode von normalerweise drei bis sieben Jahren auf dem Euromarkt plaziert werden; der «catch» ist, dass – wenn sich die Titel nicht oder nur teilweise beim Publikum unterbringen lassen – das Emissionskonsortium verpflichtet ist, diese selbst zu übernehmen oder dem Schuldner einen entsprechenden Buchkredit zur Verfügung zu stellen.

Auf diesem Markt war die Bankverein-Gruppe, gestützt auf ihr breites Potential an potenten institutionellen und privaten Anlagekunden, seit Mitte der achtziger Jahre einer der wichtigsten Verteiler – 1985 plazierte sie bereits Titel im Gesamtbetrag von mehr als 2,5 Mrd $. Sie arbeitete an der Front sowohl der Produkt- wie der Marktentwicklung: So hatte die SBCI 1986 einen wesentlichen Teil der Entwicklungsarbeiten für einen neuen Markt für *mittelfristige* Euronotes mit Fälligkeiten von über einem Jahr bis zwei Jahren geleistet, der damals neben den Markt für Eurocommercial Paper mit Laufzeiten von in der Regel drei bis zwölf Monaten trat, und war an einer der ersten derartigen Transaktionen für die *PepsiCo* beteiligt; 1987 hatte sie mit einem Anteil von 12 an insgesamt 25 derartigen Programmen auf dem internationalen Markt eine dominierende Stellung erreicht. Ende der achtziger Jahre hatte sich der Bankverein sodann in dem zu jener Zeit noch jungen Markt für mittelfristige Euronotes (MTN) als das führende europäische Haus etabliert; mit von ihm betreuten Schuldnern wie dem *Königreich Spanien*, der *Federal National Mortgage Association* (USA), der *General Electric Capital Corporation* sowie der *National Panasonic* (Japan) und weiteren bekannten Adressen agierte er Ende 1989 als Händler im Markt für 27 MTN-Programme, eine Zahl, die in den neunziger Jahren immer weiter in den Schatten gestellt wurde – 1992 waren es bereits 84 MTN-Programme (darunter «Deals» im Umfang von 1,5 Mrd Ecu für *British Gas* und von 1 Mrd $ für die *Commonwealth Bank of Australia*), 1994 gar 160 derartige Programme, bei denen der Bankverein als Händler auftrat. Grundlegend für diese starke Marktstellung war die Plazierungskraft der Bank – eine Voraussetzung, die auch für eine Teilnahme am Geschäft mit Eurocommercial Paper-Programmen (ECP) gegeben sein muss.

### Eurocommercial Paper-Programme

Dem Bedürfnis besonders von Grossschuldnern auf dem internationalen Kapitalmarkt nach einer zusammen mit den jeweiligen Marktverhältnissen und dem eigenen Finanzierungsbedarf jederzeit variablen Kapitalaufnahme wurde mit einem flexiblen Verfahren zur Ausgabe von Euronotes entsprochen, das 1985 erstmals in grösserem Umfange realisiert wurde, und an dessen Entstehung der Bankverein massgeblich mitgewirkt hatte: den Eurocommercial Paper-Programmen, bei denen die normalerweise auf Dollar lautenden Titel mit kurzfristigen Laufzeiten von bis zu einem Jahr laufend bei privaten und institutionellen Investoren bestmöglich plaziert werden. Als Schuldner in Frage kommen nur erstklassige öffentlich-rechtliche und kommerzielle Adressen; als Vermittler, wie erwähnt, nur Banken mit überdurchschnittlicher Plazierungskraft, weil es bei dieser Technik eines ständigen Marktes für die Papiere bedarf (auch, wenn die Banken im Gegensatz zur Bereitstellung von Euronote-Fazilitäten keine Verpflichtung zur Übernahme der Papiere auf eigene Rechnung eingehen).

Trotz der in diesem Sinne exklusiven Marktcharakteristik erreichten die Transaktionen auf diesem Markt ebenso wie die Beteiligungen des Bankvereins rasch ausserordentliche Dimensionen: schon ein Jahr nach der Entstehung des Marktes, 1986, vermochten die SBCI-Teams monatlich Eurocommercial Papers im Wert von 1,25 Mrd $ zu plazieren, und hatten damit auf Anhieb einen Anteil von nahezu 15% an diesem Markt errungen; 1987 und 1988 brachten die Verkaufsteams der SBCI in London, New York und Tokio monatlich gar Titel im Werte von 2,1 resp. 3,0 Mrd $ unter. Doch auch das war noch vergleichsweise bescheiden verglichen mit den Verkaufsergebnissen in den neunziger Jahren: 1991 und 1992 setzte allein das in London stationierte Händler-Team der SBCI monatlich Titel im Werte von durchschnittlich 10 bis 12 Mrd $ um, und der Bankverein war Ende 1992 mit 296 von ihm betreuten Programmen zu den weltweit bedeutendsten Instituten mit der grössten Erfahrung auf diesem Gebiet aufgerückt. Dabei war und ist dieses Geschäft durchaus anforderungsreich, eine Feststellung, zu der erstmals 1989 Anlass gegeben war, als – was vorher nicht vorgekommen war – einige ECP notleidend wurden. In der Folge variierten die in diesem Geschäft erzielbaren Margen sehr viel stärker je nach Qualität des Schuldners, eine Entwicklung, die der Bankverein im Hinblick auf den dadurch ausgelösten Bereinigungsprozess ausdrücklich begrüsste, auch wenn die Verdienstspanne trotz des Ausscheidens von Marktteilnehmern knapp blieb. Aber es gelang ihm, dank rationeller Abwicklung und hoher Volumina das Geschäft rentabel zu halten. Die Bank durfte infolgedessen 1994 mit über 350 unterzeichneten Programmen für Schuldner aus verschiedenen Ländern mit Stolz und Befriedigung ihre führende Stellung bei den Eurocommercial Papers konstatieren – Top Dealer, der sie mittlerweile vor so renommierten Konkurrenten wie *Citicorp*, *J.P. Morgan*, *Lehman Brothers* und *Chase Manhattan* geworden war.

## Liability Swaps

Ein Jahr vorher, 1993, hatte der Bankverein für seine Aktivitäten auf den Euromärkten bereits eine aussergewöhnliche Bestätigung erfahren: die *International Financing Review*, eine der angesehensten Fachzeitschriften der «Financial Community» der Welt, hatte ihn gleichzeitig ausgezeichnet als «CP House of the Year», «Equity Linked House of the Year», «Options House of the Year» und «Swaps House of the Year» (womit, wie die Zeitschrift feststellte, «SBC received the highest number of IFR awards ever presented to one bank»). Diese Auszeichnung reflektierte die beachtliche Rolle, welche die Bank auf dem Swap-Markt und hier insbesondere auf dem Markt für Währungs- und Zinssatzswaps erlangt hatte – einem Markt, der seit den frühen achtziger Jahren vor dem Hintergrund der damals wieder aufgetretenen hohen Zins- und Wechselkursrisiken zwecks verbesserter Absicherung der Kapitalmarktparteien entwickelt worden war. Bald schon war es für den Erfolg einer Bank im Kapitalmarktgeschäft wichtig, den Schuldnern Swapmöglichkeiten zu bieten – Arbitragemöglichkeiten heisst das, bei denen zwei Schuldner ihren jeweiligen Bekanntheitsgrad auf verschiedenen Märkten nutzen, indem sie die für sie jeweils günstigsten Mittel aufnehmen und anschliessend ihre Verbindlichkeiten mit einem Partner tauschen, der über anders gelagerte Interessen und Möglichkeiten verfügt; der Zweck der Übung – an der die Banken nicht nur als Vermittler mitwirken, sondern in der Regel auch dadurch, dass sie den einander oftmals unbekannten Kontrahenten auch die im Swapvertrag vereinbarten Zins- und Kapitalzahlungen garantieren – besteht darin, zwei oder mehr Parteien zu günstigeren Fremdkapitalkosten zu verhelfen oder ihnen bestimmte Finanzmärkte überhaupt erst zu öffnen. Der Bankverein hatte die Weiterentwicklung seiner Kapitalmarkt-Palette in dieser, den Bedürfnissen seiner Kunden entsprechenden Richtung zunächst mit seinem SBCI-Team von London aus betrieben, wenn auch anfänglich mit einiger Skepsis (die allmählich wich, nachdem die Geschäftsleitung sich in corpore an einem Privat-Seminar Mitte der achtziger Jahre mit den Hintergründen und Techniken der Swap-Operationen näher befasst hatte). Zu einer auch für die Bank wichtigen (weil Kapitalmarktkunden anziehenden und bindenden) Aktivität mit nicht unerheblichen Provisions- (und auch Risiko-)Potentialen aber wuchs das Swapgeschäft erst in den neunziger Jahren heran. Die Triebkräfte hierfür lagen einerseits, wie konnte es anders sein, im internationalen Kapitalmarkt, der – wie an anderer Stelle bereits erwähnt – speziell in den Jahren 1990 bis 1993 ausserordentlich stark expandierte; andererseits aber war die zunehmend dynamische Entwicklung des «Swap-Buches» des Bankvereins auch das Resultat seiner eigenen, forcierten Bemühungen um Produktinnovationen auf diesem Gebiet: 1990 hatte – wie später noch ausführlicher dargestellt – die Bank das für ihre Stellung im internationalen Kapitalmarkt- und Wertschriftengeschäft in der Folge ausserordentlich bedeutsame Joint Venture mit der in Chicago beheimateten Brokerfirma *O'Connor & Associates* geschlossen und hatte in dieser Kooperation sofort damit begonnen, neue innovative Produkte auf dem Gebiete der Optionen (dem ursprünglichen Spezialgebiet von *O'Connor*) und der Swaps einzuführen, um auch anspruchsvollen Kundenwünschen gerecht zu werden. Doch nicht nur das: die technologische «Sophistication» und der innovative Entwicklungsansatz von *O'Connor* auf dem Gebiet der Finanzderivate wurde genutzt, um ein personell und organisatorisch neu ausgerichtetes *Capital Markets and Treasury Team* auf die Beine zu stellen, das sich rasch als eine im Markt stark beachtete (und geachtete) Kraft entwickelte.

So gelang es dem Bankverein, von einer noch der Prominenz ermangelnden Position in den achtziger Jahren ausgehend (über den Zeitraum 1979 bis 1991 figurierte er nicht unter den zehn grössten Händlern von Währungsswaps im internationalen Vergleich) in der ersten Hälfte der neunziger Jahre in die absolute Spitzengruppe der auf diesem Gebiet tätigen Banken vorzustossen. 1991 hatte das Gesamtvolumen der von ihm betreuten Swap-Transaktionen mit einem Gegenwert von 102 Mrd $ erstmals die 100 Milliarden-Grenze überschritten; ein Jahr später belief sich der Gegenwert der Zinssatz- und Währungsswaps des Bankvereins dann bereits auf 148 Mrd $, und auch seither, in einer weniger gradlinig aufwärts gerichteten Entwicklungsphase der internationalen Kapital- und insbesondere Bondmärkte, ist der Swap der Schlüssel für den Gewinn vieler Bond-Mandate und der Bankverein einer der Schlüssel zum internationalen Bond-Markt geblieben. Und unter dem Strich brachten die Swaps dem Bankverein im Zeitablauf ansehnliche Erträge, obwohl auf diesem Markt stets ein intensiver Wettbewerb herrschte und die Bank hohe Ansprüche an die Qualität ihres Portefeuilles stellte.

**Internationale Aktienemissionen:
Globalisierung «in action»**

Zwanzig Jahre nach der Entstehung des Eurobondmarktes, in der ersten Hälfte der achtziger Jahre, setzte die Entwicklung eines internationalen Marktes für die Erstplazierung von Aktien ein – getrieben einerseits durch den Wunsch einer zunehmenden Anzahl von Firmen, neue Quellen für wachsende Eigenkapitalbedürfnisse ausserhalb der teilweise nicht genügend ergiebigen heimischen Aktienmärkte anzuzapfen, andererseits durch das Bestreben einer ebenfalls wachsenden Zahl institutioneller Anleger, ihre Asset Allocation stärker international zu diversifizieren. Zur gleichen Zeit war im Zusammenhang mit umfangreichen Privatisierungsprojekten für bislang staatseigene Gesellschaften in mehreren europäischen Ländern (mit Grossbritannien und Frankreich an der Spitze) und mit dem Verkauf von Mammut-Aktienpaketen aus einzelner Hand (wie etwa im Falle der deutschen *Flick*-Gruppe oder des vom Staat Libyen gehaltenen Anteils am Automobilhersteller *Fiat*) auch ein Bedürfnis nach der Möglichkeit einer europaweiten (um nicht zu sagen weltweiten) Plazierung von Aktien entstanden: so können die Titel zu Marktpreisen angeboten werden und nicht – wie bei den geläufigen Bezugsrechtsemissionen – mit mehr oder weniger hohen Abschlägen und einer damit verbundenen Verwässerung der alten Aktien.

Diesen Triebkräften war es zu verdanken, dass der internationale Aktienmarkt, um 1982 noch eine in jeder Hinsicht zu vernachlässigende Angelegenheit, nur fünf Jahre später, 1987, bereits zu einem Volumen von 18,2 Mrd $ (darunter 15,5 Mrd $ in

Teil 1/Kapitel 2: Kapitalmärkte und internationale Kreditgeschäfte

# The key to pro

Euro-Aktien aus Kapitalerhöhungen und Erstemissionen von Going Public-Unternehmen) herangewachsen war – immerhin gut ein Zehntel des damaligen Bruttoabsatzes am schon länger etablierten internationalen Anleihemarkt. Wesentlichen Anteil am Entstehen wie am Wachstum des Marktes hatte aber auch der Schweizerische Bankverein.

So hatte die SBCI im September 1983 eine der ersten Transaktionen im internationalen Equity-Bereich durchgeführt – die europäische Tranche einer Kapitalerhöhung der *Alcan Aluminium Ltd.* Im darauffolgenden Jahr war der Bankverein, gestützt auf den Erfolg im Falle *Alcan*, auf das Bewusstsein seiner Plazierungskraft und nicht zuletzt auch auf die bankinterne Überzeugungsarbeit des für dieses Geschäftssegment zuständigen Engländers *Andrew Large* (der in der Folge für einige Jahre Mitglied der Bankverein-Geschäftsleitung war), mutig genug, als Lead Manager für die Schweizer Tranche bei der Teilprivatisierung von *British Telecom* einzusteigen, eine Aufgabe, um die ebenso viele Banken konkurriert hatten wie vor ihr zurückschreckten. Der Erfolg bei der Plazierung dieser Aktien wurde im internationalen Kapitalmarkt – einem Dorf trotz seines Ländergrenzen negierenden Charakters – sehr bemerkt; dementsprechend wurde dem Bankverein im nächsten Jahr, 1985, bei der Privatisierung eines Aktienpaketes der *Britoil*, der damals noch staatlichen britischen Erdölgesellschaft, nicht nur die Federführung für die Schweizer Tranche anvertraut, sondern auch die Koordination der Plazierungen in der Bundesrepublik Deutschland, in den Niederlanden und in Österreich. Im gleichen Jahr

Investment Banking-Inserat aus den neunziger Jahren mit der damals neuen Key Bank-Strategie.

führte die SBCI noch zwei andere erwähnenswerte Euroaktienemissionen durch, nämlich für zwei Schweizer Banken, die (inzwischen im *SKA*-Konzern aufgegangene) *Bank Leu*, sowie die *Banca del Gottardo*, und bot überdies im Bankensegment für eigene Rechnung eine Tranche von 700 000 Inhaberaktien des Schweizerischen Bankvereins international erfolgreich zur Zeichnung an.

Blickt man auf die seither verflossenen Jahre zurück, so stellen sich diese, gestützt auf die Fakten, im ganzen als eine Periode des Erfolgs für das Bemühen des Bankvereins dar, auch in diesem Teil des Kapitalmarktes ein «Major Player» zu sein – zwecks bestmöglicher Betreuung seiner an günstigen Finanzierungsmöglichkeiten interessierten kommerziellen Kunden und seiner an günstigen Anlagemöglichkeiten interessierten institutionellen und privaten Kunden: das Jahr 1986 sah den Bankverein in einer Spitzenposition im Bereich der internationalen Aktienemissionen und -verkäufe aus dem Besitz von Grossaktionären, gestützt auf die von der SBCI auf diesem Markt mit der Entwicklung des von dann an häufig benutzten Plazierungsverfahrens über mehrere nationale Bankenkonsortien geleisteten Pionierarbeit; 1987 war die Bank an nicht weniger als 103 von den insgesamt 206 internationalen Aktienplazierungen des Jahres (gegen 34 derartige Plazierungen im Jahre 1985 und 144 im Jahre 1986) als Lead-, Co-Lead- und Co-Manager mit einem von ihr übernommenen Betrag von insgesamt 17 Mrd $ beteiligt; 1988, als die SBCI an der infolge des Börsencrash vom Oktober 1987 reduzierten Zahl von insgesamt 126 internationalen Aktienemissionen und -verkäufen mit 45 Transaktionen im Werte von insgesamt 10,6 Mrd $ mitwirkte, war der Bankverein bei der gelungenen Privatisierung eines anderen ehemaligen Staatsunternehmens in Grossbritannien, der *British Steel*, nicht nur federführendes Institut für die Schweizer Tranche, sondern gleichzeitig auch Berater der britischen Regierung und Koordinator der für Kontinentaleuropa reservierten Tranche, abgesehen davon, dass er in diesem Jahr erstmals auch bei der Emission eines ausländischen Aktienfonds – des *Thailand International Fund Limited* – das Lead Management innehatte; 1989 wirkte die Bankverein-Gruppe bei 65 der in diesem Jahr insgesamt durchgeführten 243 internationalen Aktienplazierungen im Betrag von 14,6 Mrd $ mit, war Lead Manager der Schweizer Tranche unter anderem bei den Privatisierungen des staatlichen niederländischen Chemieunternehmens *DSM* und der spanischen Ölgesellschaft *Repsol* sowie bei der ersten öffentlichen Aktienemission der *Enimont S.p.A.*, Mailand, und koordinierte überdies für *The Coastal Corporation* – einen in Houston ansässigen Gas- und Ölkonzern – den europäischen Teil einer internationalen Aktienplazierung, eine speziell in den USA sehr beachtete Aktivität; 1990/91 gab der Bankverein dem Markt mit neuartigen Aktienderivaten, die vor allem bei institutionellen Anlegern auf Interesse stiessen, zusätzliche Impulse – so wurden gedeckte Optionen (Covered Warrants) auf die kurz zuvor privatisierten britischen Wasserversorgungsunternehmen, auf die Titel der *Singapore Airlines* sowie auf diejenigen eines grossen Schweizer Unternehmens lanciert und zudem die Emission gedeckter Optionen für einen Korb mit den Aktien der drei Schweizer Grossbanken erfolgreich plaziert; und 1992 (als die Bankverein-

Teil 1/Kapitel 2: Kapitalmärkte und internationale Kreditgeschäfte

Gruppe an 103 der insgesamt 393 internationalen Aktienplazierungen im Betrage von 24,4 Mrd $ mitwirkte) war der Bankverein nicht nur bei der grössten Transaktion – dem Aktienverkauf der britischen Pharmagesellschaft *Wellcome Trust* im Betrage von 2,16 Mrd £ – Lead Manager der Schweizer Tranche, sondern fungierte auch beim bemerkenswerten erstmaligen Auftritt Chinas auf diesem Markt als weltweiter Koordinator für die internationalen Aktienemissionen von vier chinesischen Firmen.

Die speziell in diesen beiden zuletzt genannten Jahren zum Ausdruck kommende Offenheit des Bankvereins für neue Herausforderungen, ob diese nun in neuen Produkten oder neuen Partnern bestehen, ist zweifellos einer der Schlüssel des Erfolges der Gruppe gewesen. Auch in der jüngsten Vergangenheit hat sich das immer wieder erwiesen. So fanden beispielsweise die unter der Federführung des Bankvereins abgewickelten Euroanleihen mit «Knock-out»-Warrants auf dem Gebiet der 1990 realisierten eigenkapitalbezogenen Transaktionen im internationalen Kapitalmarkt besondere Beachtung (dieses Konzept garantiert dem Investor unter bestimmten Bedingungen einen Mindestwert, lässt ihn aber gleichzeitig bis zu einem Maximalbetrag am Kurspotential des Titels partizipieren, welcher der Option zugrundeliegt). Auch die Öffnung gegenüber asiatischen Schuldnern gehört in dieses Bild: Im Jahre 1991 hatte der Bankverein sich zwecks Verstärkung seiner Präsenz speziell im aufstrebenden südostasiatischen Raum mit 25% an der *P.T. Lippo Securities*, Jakarta, beteiligt, einer der führenden indonesischen Gesellschaften im Wertpapierhandel und im Investment Banking[1], und wirkte in der Folge im Jahre 1993 bei den internationalen Aktienplazierungen für zwei grössere indonesische Unternehmen als Federführer sowie für weitere indonesische, thailändische, malaysische und Hong Konger Gesellschaften mit. Bedeutende Perspektiven zeichnen sich auch bei der Mitwirkung der Bank an der industriellen Entwicklung Chinas ab (für die mit der Einrichtung von Vertretungen der Bank in Peking und Shanghai in den frühen neunziger Jahren weitere institutionelle Voraussetzungen geschaffen wurden), wurde der Bankverein doch bereits 1993 aufgrund seiner Erfahrungen im chinesischen Kapitalmarktgeschäft von der *Asiatischen Entwicklungsbank* mit der finanziellen Restrukturierung eines führenden Stahlproduzenten des Landes betraut und erhielt überdies den Auftrag der *Weltbank* und der *Stadt Shanghai*, als Mitglied eines Konsortiums bei der Reorganisation von fünf dortigen Staatsbetrieben mitzuwirken. Im gleichen Jahre 1993 lancierte der Bankverein auch seinerseits den *China Aeronautical Technology Fund Limited*, der Anlegern die Möglichkeit bot, Risikokapital im Umfang von bis zu 110 Mio $ in 19 noch nicht kotierte chinesische Staatsunternehmen zu investieren.

Eine von Erfolgen akzentuierte Geschichte – so präsentiert sich, ohne Zweifel, der Auftritt des Bankvereins auf dem Aktiensegment des internationalen Kapitalmarktes in den zurückliegenden fünfzehn Jahren. Waren ihm in diesem Geschäft immer nur Erfolge, nur eitel Sonnenschein, beschieden? Das natürlich nicht – bei manchen grossen Transaktionen war er im Gegensatz zu seinen grossen

---

[1] Siehe hierzu auch S. 247.

Konkurrenten wenngleich hier und da auch aus selbstgewählter, wohlerwogener Zurückhaltung jedenfalls zu Beginn nicht dabei, in anderen Fällen – wie etwa bei der Plazierung von Aktien des niederländischen Verlagshauses *Wolters-Kluwer* im Auftrage von *Elsevier*, wo der Bankverein ursprünglich das Mandat hatte – wurden ihm Transaktionen, an denen er interessiert war, von Konkurrenten (in diesem Falle *Goldman Sachs*) weggeschnappt, und in wieder anderen, wenngleich selteneren Fällen ging ein vom Bankverein geführter Deal schlichtweg ins Auge – wie in dem später noch eingehender erwähnten spektakulären, den Ruf der ganzen Bankverein-Gruppe im Nachbarland Deutschland zeitweise verdunkelnden Fall der Plazierung der Aktien der Einzelhandelskette *co op AG* im Jahre 1987, die sich schon ein Jahr später aufgrund länger zurückreichender deliktischer Bilanzmanipulationen ihrer Verantwortlichen als zahlungsunfähig erweisen sollte. Doch übers Ganze gesehen blieben derartige Vorfälle Episoden – teilweise wohl vermeidbar, teilweise sicherlich aber auch prinzipiell unvermeidbar für ein Institut, das in diesem anforderungsreichen Markt an vorderer Front mitwirkt – im Rahmen eines für die Bank interessanten, erfreulichen Engagements im wachsenden Aktiensegment des internationalen Kapitalmarkts.[1]

## Abschnitt 3:
## Internationales Kreditgeschäft

Gegenläufig zur Expansion der Kapitalmärkte in den siebziger und achtziger Jahren unseres Jahrhunderts waren die Tendenzen auf den internationalen Kreditmärkten. Der Grund hierfür lag keineswegs in einem Mangel an Schuldnern oder an Liquidität, im Gegenteil: Zeitweise – so in den auf die Zentenarfeier des Bankvereins 1972 folgenden zehn Jahren – hatte man es ebenso mit einer schier grenzenlosen Kreditnachfrage wie mit einem überaus liquiden, auch riskantere Anlagemöglichkeiten nicht scheuenden Geldangebot zu tun. Mit dem Einbruch der Schuldenkrise in einer Reihe primär lateinamerikanischer Länder Mitte 1982 sollte sich das jedoch drastisch ändern: jetzt drängte sich Zurückhaltung auf beiden Seiten auf, und zwar ganz besonders auf seiten derjenigen, die ihr gutes Geld nicht noch schlechtem Geld hinterherwerfen wollten (eine Einsicht, die in erstaunlich vielen Fällen erstaunlich spät dämmerte ...). Das Ergebnis war, dass sich in den achtziger Jahren der Wettbewerb der Banken um Kreditnehmer, die den jetzt allseits heraufgesetzten Bonitätsprüfungen zu genügen vermochten, ausgeprägt verschärfte; und Gleiches galt nicht nur für einzelne Adressen, sondern auch für ganze Länder, deren Verschuldungsstand sowohl ihre eigene Bonität wie indirekt auch diejenige ihrer Firmen in Frage stellte. Dementsprechend traten den erhöhten Risiken für die Banken auch noch reduzierte Margen zur Seite. Das aber war es, was dem an anderer Stelle schon erwähnten Trend zur Entwicklung neuer Finanzierungsinstrumente Auftrieb gab, vor allem in der von der Kapitalanbieterseite zunehmend bevorzugten verbrieften Form (Securitization) – und damit ging die Bedeu-

---

[1] 1995 bezifferte sich das Volumen der internationalen Aktienemissionen insgesamt auf 41 Mrd $ (nachdem es 1994 allerdings bereits 45 Mrd $ betragen hatte).

tung des internationalen Kredit- zugunsten des internationalen Bondmarktes zurück, sicher nicht auf Null[1], aber doch spürbar und wohl auch nicht umkehrbar. Erheblich an Bedeutung verlor damit aber auch das klassische internationale Kreditgeschäft aus der Schweiz heraus. So kam es, dass auch die internationale Kredittätigkeit der Schweizer Sitze des Bankvereins in den achtziger bis in die neunziger Jahre hinein wenig Höhepunkte aufzuweisen gehabt hat, wobei weitere dämpfende Einflüsse etwa davon ausgingen, dass während der achtziger Jahre ein 1980 eingeführter Zuschlag von 1,5% auf die Eigenmittelunterlegung für Auslandkredite galt, dass weiter das einst nicht unbedeutende Geschäft mit deutschen Kreditnehmern weitgehend auf die 1985 gegründete *Schweizerischer Bankverein (Deutschland) AG*, Frankfurt/M., überging (und dort zwar nicht unter-, aber doch drastisch zurückging), und dass schliesslich Anfang der achtziger Jahre noch bedeutende und lukrative Märkte für Auslandkredite wie die Republik Südafrika oder verschiedene lateinamerikanische Länder aus politischen und ökonomischen Gründen als Märkte für Auslandkredite praktisch ausfielen. Es liegt in der Konsequenz dieser Entwicklungen, dass das kommerzielle Auslandgeschäft des Bankvereins in den neunziger Jahren dadurch gekennzeichnet ist, dass klassische Kreditprodukte in der Regel nur noch angeboten werden, wenn der Firmenkunde auch andere Dienstleistungen, insbesondere im Investment Banking und im Treasury beansprucht. Man geht deshalb sicher nicht zu weit, wenn man feststellt, dass der klassische grenzüberschreitende Firmenkredit ohne Nebengeschäfte für den Bankverein heute überholt ist und das nicht bilanzwirksame Geschäft den Vorrang hat – eine Feststellung, die den im Kreditgeschäft grossgewordenen Verantwortlichen des Bankvereins von 1972 sicher noch utopisch getönt hätte.

### Eurokreditgeschäfte – im Zeichen des Petrodollar-Recycling ...

Ende der sechziger Jahre hatte sich ein rasch entwickelnder mittelfristiger Markt für syndizierte Eurokredite – mit denen bei Grosskrediten das Kreditrisiko verteilt und ein Klumpenrisiko für die einzelne Bank vermieden werden kann – herauszubilden begonnen. Der Bankverein wurde aufgrund seiner bedeutenden Stellung am Eurogeldmarkt und im Euroemissionsgeschäft ab Mitte der siebziger Jahre immer wieder zur Mitwirkung an internationalen Bankenkonsortien für Finanzkredite – meist auf Rollover-Basis und in Eurodollar – eingeladen. Ihm waren in den vorangehenden Jahren stetig und in grösserem Umfang Dollar zugeflossen, was ihm die Refinanzierung dieser konsortialen Rollover-Kredite erlaubte, ganz davon abgesehen, dass ihm damit die willkommene Gelegenheit erwuchs, bisher bei Banken im Euromarkt angelegte Mittel auf erste internationale Adressen zu verlegen und damit potentiell interessante, neue Beziehungen anzuknüpfen. Er nahm damit an den sich hier bietenden Geschäftsmöglichkeiten ebenso teil wie an den Risiken.

---

[1] Abgesehen davon, dass syndizierte Kredite ihre Wichtigkeit behielten, müssen auch viele neuentwickelte Finanzierungsinstrumente etwa in bezug auf ihre Wertschriftenform zwar dem Kapitalmarkt, in bezug auf ihre Laufzeit jedoch eher dem Kreditmarkt zugerechnet werden.

Diese Risiken begannen sich um 1980 abzuzeichnen, nachdem das Gesamtvolumen der mittel- und langfristigen syndizierten Kredite auf dem Euromarkt allein zwischen 1977 und 1979 von 34 Mrd $ auf über 70 Mrd $ emporgeschnellt war, und dieser Markt – im Gegensatz zu dem zu 80 bis 90% von OECD-Staaten und internationalen Organisationen frequentierten Eurobondmarkt – vor allem von nichtölproduzierenden Entwicklungsländern in Anspruch genommen wurde, die von den Ölpreissteigerungen der siebziger Jahre besonders hart betroffen und an ihre Verschuldungsgrenzen getrieben wurden; im Jahre 1979 entfiel nahezu die Hälfte der neuen Mittelaufnahmen auf diese Länder. Dennoch bestand nach allgemeiner Einschätzung Anfang 1980 noch keine unmittelbare Gefahr: noch glaubte man, auf Programme zur Stabilisierung der Wirtschaftslage und der Zahlungsbilanzen mancher Entwicklungsländer und deren noch nicht ausgenutzte Möglichkeiten zur Inanspruchnahme von Ziehungsrechten beim Internationalen Währungsfonds setzen zu können. Ungemütlich war die Situation aber schon geworden, waren doch des wachsenden Verschuldungsgrades mancher Länder ungeachtet die Margen in diesem Geschäft so stark geschrumpft[1], dass sie den Risiken in immer mehr Fällen nicht mehr entsprachen.

### ... und nach der internationalen Schuldenkrise

Voll zum Ausbruch kamen die sich somit kumulierenden Risiken, als gegen Ende 1979 eine Hochzinsphase des Dollars einsetzte, die weit über zwei Jahre anhalten sollte. Ein beachtlicher Teil der Kredite an Entwicklungsländer war mit variablen Zinssätzen ausgestattet; und so wuchs deren Zinsendienst rasch an, zumal die gestiegenen und zunächst noch weiter steigenden Ölpreise und die mit der Rezession in den Industriestaaten rückläufigen Rohstoffpreise deren Zahlungsbilanzen weiter aus dem Lot brachten und sie in steigendem Mass zur Aufnahme kurzfristiger Mittel zwang. 1982 war es dann soweit: nachdem die Verpflichtungen der Entwicklungsländer gegenüber ausländischen Gläubigern von insgesamt 90 Mrd $ Ende 1971 (kein gravierendes Thema also für die Direktionsetagen der Banken im Jubiläumsjahr des Bankvereins 1972!) Ende 1982 auf nicht weniger als 626 Mrd $ emporgeschnellt waren und von dieser Schuldenlast 40% auf nur vier Länder entfielen, mussten deren drei – Mexiko, Brasilien und Argentinien – im Jahre 1982 um Überbrückungshilfen und Umschuldungen nachsuchen; hinzu kamen Schuldenkonsolidierungen im Falle von Polen und Rumänien, die bereits 1981 in Schwierigkeiten geraten waren, sowie Restrukturierungszwänge im Falle einer Reihe weiterer, kleinerer Entwicklungsländer. Schon im darauffolgenden Jahr 1983 erweiterte sich der Kreis der in Bedrängnis geratenen Schuldner um nicht weniger als weitere 28 Länder, die ihre Auslandverbindlichkeiten restrukturieren mussten, wobei die hiervon betroffenen Beträge sich auf rund 75 Mrd $ summierten (davon 60 bis 65 Mrd $ Bankschulden). Zu viele Defizite waren mit zu vielen Krediten finanziert worden und hatten zu viele Schulden zur Folge gehabt; und in der Konsequenz mussten alle büssen – die Schuldner damit, dass sie den Gürtel bis an die Grenzen der politischen und

---

[1] Dies war eine Folge der hohen internationalen Liquidität der Jahre 1978/79.

sozialen Belastbarkeit enger schnallen mussten, die Gläubiger, indem sie auf ihren Krediten schmerzhafte Verluste erlitten.

Es ist hier nicht der Ort und auch nicht unser Thema, der für alle Beteiligten in der einen oder anderen Weise entbehrungs- und verzichtreichen Bewältigung der Welt-Schuldenkrise der achtziger Jahre weiter nachzugehen. Festzuhalten bleibt hier, dass die internationalen Kreditmärkte während des gesamten neunten Jahrzehnts unseres Jahrhunderts von den Bemühungen der beteiligten Länder, Banken und internationalen Institutionen um eine Bereinigung der seit den frühen siebziger Jahren angebahnten Problematik (die – was oft übersehen wird – ebenso auch eine Krise für die Gläubiger darstellte!) geprägt waren, und weiter, dass auch bis um die Mitte der neunziger Jahre nicht alle Kalamitäten hatten beseitigt werden können, wie sich etwa in der Notwendigkeit für einen weiteren internationalen Plan zur Konsolidierung und *langfristigen* Rückführung der Schulden einer grösseren Zahl von Entwicklungsländern im Jahre 1989 – dem auf den praktisch wirkungslosen «*Baker-Plan*» von 1985 folgenden, nach dem amerikanischen Finanzminister benannten «*Brady-Plan*» – ebenso dokumentiert wie in der erneuten Finanzkrise des abermals gar zu hoch und zu kurzfristig verschuldeten Mexiko um die Jahreswende 1994/95. Insgesamt aber kann man heute die weltweite Verschuldungskrise, die 1982 zum Ausbruch gekommen war, als vorerst überwunden ansehen[1], auch, wenn die Schuldenlast Mexikos und aller anderen Schwellen- und Entwicklungsländer zwischen dem Schicksalsjahr 1982 und 1994 von rund 700 Mrd $ auf über 1700 Mrd $ gewachsen und der Kreditzustrom in die erneut als kreditwürdig befundenen Länder der Dritten Welt zwischen 1990 und 1993 auf nicht weniger als 380 Mrd $ angeschwollen war: zu den Lektionen, welche die Schuldner gelernt hatten, zählte eine auf monetäre und fiskalische Stabilität gründende, marktwirtschaftlich orientierte Politik zur wirtschaftlichen Entwicklung, dank derer sich der Schuldenberg etwa Lateinamerikas in Relation zum Bruttoinlandprodukt im Jahre 1994 nur noch auf 35% – verglichen mit dem Durchschnitt von 50% in den Jahren 1983–89 – belief, und die Schuldendienstquote von 43% auf 31% zurückging; und zu den Lektionen, die von den Gläubigern absolviert worden waren, gehörte der konsequente Verzicht auf die Finanzierung von Zahlungsbilanzdefiziten (und damit schliesslich von zumeist durch überhöhten Konsum entstandenen Staatsschulden) und die stattdessen verfolgte Ausrichtung auf die Finanzierung produktiver Direktinvestitionen des Privatsektors, einmal abgesehen von der – auch während der Schuldenkrise nicht völlig eingeschlafenen – kurzfristigen und sich quasi selbst liquidierenden Finanzierung von Handelstransaktionen.[2] Und das war natürlich nicht alles: noch weitere Lektionen mussten speziell auch von den Banken gelernt werden, weitere Lehrgelder von ihnen gezahlt werden; der Schweizerische Bankverein war hiervon nicht ausgenommen.

---

[1] Für diese Einschätzung spricht auch die Tatsache, dass sich die Umsätze bei den syndizierten Krediten auf den internationalen Kapitalmärkten zwischen 1992 und 1995 fast verdreifacht haben: mit einem Volumen von 368,4 Mrd $ übertrafen sie 1995 gar das Volumen der Euroanleihen und wurden damit zum wichtigsten Finanzierungsvehikel auf den Kapitalmärkten mit deren Transaktionsvolumen von insgesamt 1258 Mrd $ (Anteil syndizierte Kredite: 29%, Anteil Euroanleihen: 28%).
[2] Insgesamt mussten sich die Marktparteien mit einer gewissen Destabilisierung der Weltfinanzmärkte abfinden, die der Übergang von der traditionellen Kreditfinanzierung durch die Banken zur Kapitalmarktfinanzierung durch institutionelle Bondkäufer zur Folge hatte.

### Vorsorgliche Massnahmen
### im internationalen Kreditgeschäft

Als Bank mit einem bedeutenden Auslandgeschäft war der Bankverein von Anbeginn an der Front der um Bereinigung des internationalen Schuldenproblems bemühten Institutionen dabei. So hatte er sogleich bei Ausbruch der Krise mit der Zahlungsunfähigkeit Mexikos im Herbst 1982 den Vizevorsitz im Gläubigerausschuss der Banken für Mexiko und hier die Vertretung der Interessen der schweizerischen, italienischen und österreichischen Banken übernommen; wenig später gehörte er zu den Gründungsmitgliedern des von den weltweit führenden Handelsbanken 1983 geschaffenen und seither getragenen *Institute of International Finance (IIF)* in Washington, dem die Aufgabe übertragen wurde, die Verschuldungs- und Wirtschaftslage in den Entwicklungsländern transparenter und damit besser vorhersehbar und steuerbar zu machen; und bei seinem Sitz New York richtete der Bankverein eine spezialisierte Abteilung für die besonders mit nordamerikanischen Banken abgestimmte Bewältigung von Schuldenproblemen lateinamerikanischer Länder mittels Debt-Equity Swaps (Umwandlung von Auslandsschulden in Direktinvestitionen) und Forderungsverkäufen auf einem eigens dafür organisierten «Markt» (mit nach Bonitätseinschätzungen abgestuften, mehr oder weniger empfindlichen Abschlägen) ein. Alle diese Bemühungen lagen in der Verantwortung des auch für Nord- und Lateinamerika in jener Zeit zuständigen Geschäftsleitungsmitglieds *Dr. Franz Lütolf*, dem auch die Initiative und die Koordination der intern vom Bankverein zu ergreifenden Massnahmen übertragen war; *Dr. Lütolf* war seit seiner früheren Tätigkeit bei der Weltbank und der nachfolgenden Leitung des Bankverein-Sitzes New York in den frühen siebziger Jahren mit den Problemen der Entwicklungsländer vertraut.

An der Spitze der internen Massnahmen des Bankvereins zur Meisterung der im internationalen Kreditgeschäft aufgetretenen Probleme standen – wie sollte es anders sein – nicht nur Zinsverbilligungen (die angesichts der ohnehin schon arg geschrumpften Margen nun «ins gute Tuch» gingen), sondern in der massiven Heraufsetzung der Rückstellungen für Kredite in Problemländern, die über die achtziger Jahre hinweg erfolgte, sowie in teilweisen oder völligen Forderungsverzichten und definitiven Abschreibungen in Höhe von mehreren hundert Millionen Franken in einzelnen Jahren. Er war damit nicht allein; in jenen Jahren kam es zu einem gelegentlich fast makaber anmutenden, in Geschäftsberichten, Presseverlautbarungen und auf Generalversammlungen ausgetragenen Wettkampf der international tätigen Banken um die höchsten Rückstellungen auf Problemkrediten in den Entwicklungsländern, ein Wettkampf, bei dem der Bankverein dank seiner Ertragskraft im übrigen Geschäft und einer frühzeitig eingeleiteten Verlagerung der Gewichte im Auslandgeschäft regelmässig im oberen Drittel figurierte (so konnte denn auch der damalige Verwaltungsratspräsident *Dr. Franz Galliker* im Jahre 1985, drei Jahre nach Ausbruch der internationalen Schuldenkrise, an der Bankverein-Generalversammlung mit den Worten «unser Engagement in den sogenannten Problemländern ist im Vergleich zur internationalen Konkurrenz und auch

Teil 1/Kapitel 2: Kapitalmärkte und internationale Kreditgeschäfte

im Verhältnis zu unseren eigenen Mitteln deutlich niedriger, und das bei einer gleichzeitig ausgewogenen geographischen Struktur» eine beruhigende Erklärung abgeben und hinzufügen: «... wir können deshalb ohne Verzögerung jenen Märkten unsere volle Aufmerksamkeit widmen, die uns heute am aussichtsreichsten erscheinen» – womit er die bonitätsmässig besser dastehenden grösseren Industrieländer meinte).

Handelte es sich bei den in diesem Geschäft bedauerlicherweise notwendig gewordenen Rückstellungen und Abschreibungen letztlich indessen um nichts anderes als nolens volens ergriffene Massnahmen, *nachdem* das Kind bereits in den Brunnen gefallen war, so kam in diesen Worten das schon frühzeitig einsetzende Bemühen des Bankvereins um systematische, vorausschauende Steuerung seiner Auslandengagements mit Blick auf deren Ertrags- und Risikopotentiale (kurz, um ein echtes – damals noch nicht so genanntes – Risikomanagement) zum Ausdruck. Als erstes Schweizer Institut hatte er seine Auslandengagements bereits in den siebziger Jahren nicht nur nach dem Schuldner-, sondern auch nach dem Risikodomizil erfasst, eine Unterscheidung, die Anfang der achtziger Jahre auch von der *Eidgenössischen Bankenkommission* übernommen wurde. In der Folge wurde die Länderrisiko-Überwachung systematisch ausgebaut; ein von der Volkswirtschaftlichen Abteilung der Bank unter der Leitung von *Dr. Aloys Schwietert* entwickeltes, über die Jahre immer weiter verfeinertes *Country Risk Monitoring*, das international Beachtung (und Nachahmung) fand, diente als Basis einer fortlaufenden Länderklassifizierung in rund zehn nach Bonität gestaffelten Klassen, denen Limiten für das jeweilige Gesamtengagement der Bank zugeordnet wurden. Gestützt hierauf wurde in den achtziger Jahren eine eigentliche Optimierung des Auslandkreditgeschäfts der Bank durchgesetzt, die der wachsenden Zahl der mit akuten Zahlungsbilanzschwierigkeiten kämpfenden Länder der Dritten Welt und im Ostblock ebenso Rechnung trug wie der sich wiederholt zuspitzenden Verschuldungssituation in den grossen lateinamerikanischen Schwellenländern – nicht immer zur Freude der vom Abbau von Positionen und auch von grösserer Zurückhaltung betroffenen Schuldnerländer und ebensowenig oft auch der in diesem Segment ihres Kreditgeschäfts tätigen Stellen und Mitarbeiter der Bank.

Indes, auch hierbei blieb die Geschäftsleitung der Bank, gewarnt durch die bereits aufgetretenen Problemfälle und aufgeschreckt durch weitere Spannungen im Zusammenhang mit der ernsten weltweiten Rezession Anfang der neunziger Jahre, nicht stehen und traf ab 1992 eine Reihe zusätzlicher Vorkehrungen, um einer Qualitätsminderung des Kreditportefeuilles zu wehren. Ein wichtiges Instrument zur Früherkennung und Beurteilung von Risiken wurde mit Standard Ratings für sämtliche in- und ausländischen Schuldner eingeführt; vor allem aber wurde jetzt die Akquisition von Geschäften auch organisatorisch strikte von den Analysen- und Kontrollfunktionen separiert, indem für die Regionen Europa, Nordamerika und Ferner Osten unabhängige Kreditprüfungsstellen geschaffen wurden. Operativ wurden ferner der veränderten Risikolage entsprechende Akzente gesetzt, indem die Bank Engagements in besonders gefährdeten Wirtschaftszweigen gezielt abzubauen begann, neue Grosskredite vermehrt syndizierte und im übrigen anstrebte, die Laufzeiten generell zu verkürzen.

Alle diese Massnahmen – und, so muss man objektiverweise hinzufügen, auch die ab 1993 einsetzende Erholung der Weltkonjunktur – liessen zur Erleichterung der Verantwortlichen den Bedarf an neuen Rückstellungen (wenn leider vorerst auch nur vorübergehend) markant zurückgehen. Überdies konnten jetzt in früheren Jahren gebildete Rückstellungen teilweise aufgelöst und für Neubildungen verwendet werden; 1994 führte das bei den Wertberichtigungen und Rückstellungen konzernweit zu einer massiven Entlastung der von Problemfällen wahrlich nicht verschonten und mit Rückstufungen ihres «Triple A»-Rating auf die *zweit*höchste Stufe durch eine der internationalen Rating-Agenturen für diese Fälle büssenden Bank. Allerdings wuchs bereits 1995 der Bedarf an neuen Rückstellungen aufgrund der schwachen Konjunktur und der anhaltenden Baisse der Immobilienpreise speziell in der Schweiz erneut an. Ausserdem sahen sich die Verantwortlichen genötigt, die Rückstellungen für einzelne grössere Problemfälle aus früheren Jahren[1] nochmals aufzustocken.

### Nicht verschont von Problemfällen

Im internationalen (wie auch im schweizerischen) Kreditgeschäft konnte der Bankverein in den ersten 25 Jahren seines zweiten Jahrhunderts nicht nur Erfolge verbuchen. Tatsache ist vielmehr, dass die Bank auch hier eine Reihe von ihren Finanzen wie ihrer Reputation zeitweise recht abträglichen Pannen nicht zu vermeiden wusste; und zu den Konsequenzen zählten hier wie dort auch «Personenopfer» unter den für diese Problemfälle die oberste Verantwortung tragenden (wenn auch mit anderen teilenden) Mitgliedern der Führungsgremien. Viele dieser zunächst als besondere Erfolge angesehenen, im Ergebnis aber unglückseligen Engagements hatten bei allen ihren vielfältigen Besonderheiten gemeinsame Wurzeln: die Faszination von und das Vertrauen auf «Big names», international bekannte (und gefeierte) Unternehmerfiguren; die unzutreffende oder ungenügende Würdigung der effektiven Fähigkeiten und vor allem der Charaktereigenschaften dieser «Tycoons»; die mangelhafte analytische Durchdringung komplizierter und rasch ändernder Organisations- und Finanzstrukturen der Schuldner; und last but not least der Ehrgeiz, im Wettbewerb um die grossen Geschäfte mitzuhalten, auch wenn damit erhebliche Risiken verbunden waren (die man aber, wie gesagt, in manchen Fällen zu spät erkannte). Zwei spektakuläre Fälle stachen in dieser Hinsicht besonders hervor und seien hier deshalb auch, stellvertretend für andere, etwas näher erwähnt.

Der eine Fall, an anderem Ort schon kurz gestreift, betraf die deutsche Detailhandelskette *co op AG*, Frankfurt/M., deren Aktien der Bankverein zusammen mit der *Dresdner Bank* und einem grösseren Bankenkonsortium im Oktober 1987 via seiner

---

[1] Unter anderem für die *Comipar* (vgl. S. 234) und für die *UIAG* (vgl. S. 53), zwei unternehmerische Engagements der Bank aus früheren Jahren, die sich zu Sorgenkindern «zurückentwickelt» hatten.

zwei Jahre zuvor gegründeten, nach grösseren Erfolgen strebenden deutschen Tochtergesellschaft an der Börse eingeführt hatte. Ausgehend von Pressemeldungen entstanden im Jahr darauf erstmals ernste Zweifel an der Zuverlässigkeit der Angaben der Gesellschaft über ihre Struktur, Eigentumsverhältnisse und Verschuldung – Zweifel, die sich nach einer Sonderprüfung durch eine eilends eingeschaltete renommierte Wirtschaftsprüfungsgesellschaft bestätigten. Im Sinne einer ersten Hilfe sorgten daraufhin die wichtigsten Kreditgeber (zu denen auch der Bankverein gehörte) zunächst durch den Umtausch von Krediten in (von ihnen übernommene) Aktien sowie mit weiteren Darlehen und Liquiditätszuschüssen für eine Beruhigung der Lage; in der Folge übernahm der Bankverein zusammen mit der *DG Deutsche Genossenschaftsbank* die Federführung eines Bankenpools, der die erforderlichen Überbrückungskredite zur Verfügung stellte und im Februar 1989 – inzwischen aus nicht weniger als 140 Gläubigerbanken bestehend – das in der Zwischenzeit ausgearbeitete Sanierungskonzept nach für alle Beteiligten aufreibenden Verhandlungen annahm. Durch den Verzicht auf 75% seiner Forderungen und die Herabsetzung des Aktienkapitals der *co op AG* im Rahmen einer zweiten Sanierungsrunde entstanden dem Bankverein aus diesem Engagement Verluste von insgesamt 282 Mio Fr., die 1989 ausgebucht wurden; im gleichen Jahr ging die ungewünschte Beteiligung des Bankvereins am zum Skandalunternehmen verkommenen einstigen Paradepferd der deutschen Genossenschaftsbewegung auf andere Institute über. Die mit nachfühlbarer Erleichterung formulierte Feststellung im Geschäftsbericht 1989 der Schweizerischer Bankverein (Deutschland) AG, dass es trotz einer fast aussichtslosen Sachlage möglich gewesen sei, das Unternehmen zu retten, dürfe «... unter den Beteiligten als grosse Leistung betrachtet werden. Die Banken haben dazu mit Abstand den grössten Beitrag geleistet», war deshalb sicher nicht unangemessen; und doch zerfiel die *co op*-Gruppe in der Folge dieses Debakels in einzeln verwertete, unterschiedliche Wege gehende Teile, und ihre ehemals Verantwortlichen hatten sich wegen der ihnen zur Last gelegten Delikte wie Betrug, Veruntreuung und Bilanzfälschung vor der Justiz zu verantworten. Und auch für die Banken war der Fall damit – abgesehen von den erst langsam heilenden Wunden kräftiger Einbussen an Reputation und Finanzen – noch nicht abgeschlossen.

Was den Bankverein betrifft, so wurde er in der Konsequenz des *co op*-Zusammenbruchs auch noch davon betroffen (und in Mitleidenschaft gezogen), dass auch ein in Abstimmung mit der *co op AG* eingegangenes Engagement der zur Bankverein-Gruppe gehörenden «*Basler Handelsbank» Beteiligungs- und Finanzgesellschaft (BHB)*, Basel, bei der *SB Lebensmittelhandel Beteiligungsgesellschaft mbH*, Bremen, und den zu letzterer gehörenden deutschen Handelsgesellschaften *KAFU-Wasmund* und *Gottlieb* ebenfalls notleidend wurde und im Frühjahr 1989 saniert werden musste. Die *BHB* war nicht in der Lage, die auf sie entfallenden Lasten alleine zu tragen; sie wurden aus übergeordneten Konzerninteressen deshalb vom Bankverein übernommen, dem damit allein im Jahre 1989 weitere Verluste aus Leistungsverzichten in Höhe von 83 Mio Fr. entstanden, von den

Rückstellungen für die danach noch übrig gebliebenen Forderungen abgesehen. Dass die Bank sich zu allem Überfluss auch noch dazu kartellrechtlicher Vorwürfe (Unterstützung beim Aufbau kartellrechtlich bedenklicher Machtpositionen im Detailhandelsmarkt) erwehren musste (und konnte), machte die Sache nicht besser und für die mit diesem Fall direkt Befassten gewiss nicht einfacher.

Der zweite Fall, der hier erwähnt werden soll, war der Zusammenbruch der *Maxwell*-Gruppe in London (im Spätjahr 1991) – ähnlich nicht nur in bezug auf die Proportionen, sondern auch in bezug auf die personelle und kriminelle Konstellation. *Robert Maxwell*, eine in vieler Hinsicht schillernde Unternehmerfigur in der internationalen Medienszene, war im November 1991 unter letztlich nie ganz geklärten Umständen aus dem Leben geschieden. Kurz darauf gerieten seine vielfältig verschachtelten Unternehmen in finanzielle Schwierigkeiten, indem immer deutlicher wurde, dass ihre Gesamtverpflichtungen die Aktiven weit überstiegen. Die Schulden wurden auf 1,5 Mrd £ geschätzt, seinerzeit etwa 4 Mrd Fr.; nur etwa die Hälfte davon war nach Schätzungen der beteiligten Banken durch Vermögenswerte gedeckt. Die daraufhin sofort von den Behörden eingeleiteten Ermittlungen ergaben, dass *Maxwell* einen Teil des von der *Maxwell Communication Corporation plc (MCC)* sowie von der *Mirror Group Newspapers (MGN)*, den zwei börsenkotierten Firmen der *Maxwell*-Gruppe, und ihren Pensionskassen abgezweigten Kapitals im Sommer 1991 zum Kauf von *MCC*-Aktien verwendet hatte, um damit deren Kurs zu stützen und eine Nachschusspflicht für durch *MCC*-Papiere gesicherte Bankkredite an seine Privatfirmen zu vermeiden. Allein rund 440 Mio £, rund 1 Mrd Fr., wurden als Fehlbetrag der Pensionskassen ermittelt.

Von den hiermit nur angedeuteten fragwürdigen Vorgängen in der kurz zuvor noch so bewunderten *Maxwell Group* war auch der Bankverein betroffen: Einerseits bei einem von ihm gewährten Kredit, anderseits bei einer von ihm gemanagten Anleihe der *Maxwell*-Gruppe. Der Kredit im Umfang von 55 Mio £ (= 155 Mio Fr.) hatte Mitte November 1991 den Bankverein London veranlasst, «to blow the whistle on Maxwell», als nämlich festgestellt wurde, dass die von seiten Maxwell zu hinterlegende Sicherheit, das aus japanischen Aktien bestehende Portfolio der mit dem Kredit zu übernehmenden Finanzgesellschaft *First Tokyo Index Trust plc*, ohne Wissen des Bankvereins weiterveräussert worden war; die Sache ging an das Betrugsdezernat der Londoner Polizei und führte zu einem entsprechenden Rückstellungsbedarf in der Bankverein-Bilanz für 1991. In ähnlicher Weise zum Handeln gezwungen sah sich der Bankverein auch im Falle der unter seiner Federführung emittierten und im Jahre 1994 fälligen 5,5% Wandelanleihe der *Maxwell Finance Jersey Ltd.* im Betrage von 125 Mio Fr., deren Obligationen in *MCC*-Aktien getauscht werden konnten: Angesichts des von der *MCC* in den USA gestellten Antrags auf ein Vergleichs- und Sanierungsverfahren gemäss Kapitel 11 der Konkursordnung kündigte er die Anleihe kurz vor Weihnachten 1991 per 17. Februar 1992 zur Rückzahlung samt aufgelaufener Zinsen (vom Anleihensbetrag waren damals noch 15,9 Mio Fr. ausstehend, nachdem der überwiegende Teil entweder bereits von *MCC* zurückgekauft oder von den Anlegern in Aktien umgewandelt worden war). Im Frühjahr 1995 wurde bekannt, dass die Verwalter der Gesellschaften der *Maxwell*-Gruppe 450 Mio £ an die Gläubiger auszahlen würden – eine der höchsten Konkursdividenden, die je von einer gescheiterten Gesellschaft im Vereinigten Königreich ausgeschüttet wurde. Doch es blieben auch hier erhebliche Schäden zu verdauen – nicht zuletzt für das Image und das Selbstbewusstsein des Bankvereins, auch wenn dieser sich selbst in letzter Konsequenz nichts anderes vorzuwerfen hatte, als gegen kriminelle Machenschaften seiner Kunden auch nicht gefeit zu sein.

### Abschnitt 4:
### Derivative Finanzinstrumente

Hatten die siebziger Jahre mit dem zu ihrem Beginn erfolgten Zusammenbruch des Systems fixer Wechselkurse und den seither wieder zur Norm gewordenen ausgeprägten Schwankungen der Wechselkurse und der Zinsen zum Wiederaufleben von Risiken für alle Teilnehmer an den Finanzmärkten geführt, so brachten die achtziger Jahre zusätzlich hierzu für Banken und Investoren auch noch die bereits erwähnte Konfrontation mit dem Risiko souveräner Staaten. Ein strikt risikoorientiertes Asset Management wurde damit mehr und mehr nicht nur zu einer Erfolgsvoraussetzung im Sinne einer Conditio sine qua non, sondern zu einer eigentlichen Überlebensfrage – ob es sich bei diesen Assets nun um ausstehende Kredite, Wertschriften- oder Devisenbestände, oder zukünftige Forderungen und Verpflichtungen handelte. Gleichzeitig bewahrheitete sich auch in dieser für die Beteiligten potentiell (oder auch aktuell – siehe den durch Währungsspekulationen ausgelösten Zusammenbruch der Kölner Herstatt-Bank Mitte der siebziger Jahre) heiklen Situation eine alte Erfahrung an den Finanzmärkten – diejenige nämlich, dass sich mit jedem neu auftretenden Bedürfnis, wenn es denn gewichtig genug ist, auch die ihm entsprechenden Lösungsmöglichkeiten entwickeln.

Derartige Lösungsmöglichkeiten für die mit der neuen Volatilität von Finanzwerten aufgeworfenen Risiken (und Chancen) für die Marktteilnehmer wurden in den siebziger Jahren in einem sich rasch verbreiternden Strom verfügbar – einem Strom, der aus zwei Quellen gespeist wurde: der Finanzwissenschaft einerseits, der Informationswissenschaft andererseits. Was die erstere angeht, so überschlug sich die Entwicklung der Finanztheorie förmlich, indem ältere theoretische Ansätze wie etwa ein auf Arbitrage-Operationen basierendes Unternehmensfinanzierungsmodell der amerikanischen Professoren *Merton Miller* und *Franco Modigliani* aus den sechziger Jahren in die praktische Anwendung übertragen wurden und neuere Ansätze wie das Preisfestsetzungsmodell für Optionen von *Black-Scholes* aus dem Jahre 1973 die praktische Entwicklung neuer Finanzprodukte zu befruchten begannen. Gleichzeitig verzeichnete man in der Informatik in jenen Jahren Fortschritte, die nicht weniger sprunghaft waren und mit welchen die technischen Voraussetzungen für eine Anwendung der finanztheoretischen Modelle für mehr als eine analytische

Durchleuchtung des Preisbildungsprozesses auf den Finanzmärkten geschaffen wurden – nämlich für ihre praktische Steuerung und Berücksichtigung beim Management von Finanzwerten: mit der in den siebziger Jahren einsetzenden, kurz zuvor noch für unvorstellbar gehaltenen und bis auf den heutigen Tag nicht abgeschlossenen Leistungssteigerung, Verbilligung und weltweiten Vernetzung moderner Informationstechnologien wurde eine globale Real-Time-Informationsverarbeitung und -distribution möglich – Verwirklichung eines alten Traums im Banking, und, so ist im Blick auf die Risikokonstellationen für das internationale Bankgeschäft am Ende des 20. Jahrhunderts hinzuzufügen, keinen Augenblick zu früh. Denn was damit ermöglicht wurde, war nicht mehr und nicht weniger als ein professionelles Risikomanagement, mit dem die Risiken in ihre Bestandteile zerlegt, beurteilt, neu zusammengefasst, liquidiert und/oder limitiert werden können.

**Früher Einsatz von Absicherungsinstrumenten**

Für ein derartiges gezieltes Risikomanagement begannen professionelle Portfolio Manager und Treasurer seit Mitte der siebziger Jahre Futures (Terminkontrakte über den künftigen Kauf bzw. Verkauf bestimmter Finanzinstrumente) und Optionen (nicht mit einer Verpflichtung verbundene Rechte auf Finanzangebote zur Ausübung zu einem späteren Zeitpunkt) einzusetzen; bei den Basiswerten, auf die sich die Futures und Optionen beziehen (deshalb auch als derivative Produkte bezeichnet – siehe auch den Kasten) handelte es sich dabei vor allem um Devisen, Aktien und Zinsinstrumente. Ergänzt wurden sie durch die Swaps (Austausch von Kauf- und Verkaufsverpflichtungen), die im Zusammenhang mit der internationalen Schuldenkrise der achtziger Jahre zu vermehrtem Gebrauch nicht nur durch staatliche und private Finanzinstitute, sondern auch seitens grosser, mit künftigen Zahlungsströmen auf der Soll- und Haben-Seite konfrontierten Nichtbanken gekommen waren – Techniken, deren sich gerade international tätige Banken wie der Bankverein bei der Bewältigung der Schuldenprobleme ganzer Länder in Form von Asset Swaps, Debt-Debt- und Debt-Equity Swaps zu bedienen Anlass und Übung bekommen hatten. Dieses war denn auch der Hintergrund, vor dem sich der Bankverein frühzeitig in die neu entstehenden Derivativ-Märkte einzuschalten begonnen hatte – einerseits, um seinen Kunden die mit den Fortschritten in Technologie und Wissen verfügbar werdenden Risikoabsicherungsinstrumente zur Verfügung zu stellen, andererseits, um mit ihnen auch seine eigenen Bilanzpositionen risikoorientiert zu überwachen und zu steuern. Er hatte sich damit, anfänglich durchaus noch zögernd, auf einen Weg begeben, der ihn auf dem in der Folge förmlich explodierenden Derivativ-Markt in einem Zeitraum von kaum fünfzehn Jahren in die absolute Spitzengruppe der auf diesem Gebiet tätigen Grossbanken der Welt führen sollte. Neben seiner die erheblichen Informatik-Investitionen ermöglichenden Ertrags- und Kapitalstärke (man schätzt, dass heute auf diesem Gebiet tätige Banken bis zu 25% ihrer gesamten operativen Ausgaben für Investitionen in ihre IT-Systeme aufwenden) und einem ebenso nachdrücklich aufgebauten, wenn auch wesentlich zugekauften Know-how verdankte die Bank ihren Aufstieg auf dem Markt für derivative Finanzprodukte vor allem einer in diesen Jahren immer wieder unter Beweis gestellten Fähigkeit, die Bedürfnisse nach neuen Finanzinstrumenten und deren Potentiale frühzeitig zu erkennen, und aus diesen Erkenntnissen ohne (allzulanges) Zögern die erforderlichen organisatorischen und personellen Konsequenzen im eigenen Hause zu ziehen.

### Derivative Finanzinstrumente

Bei derivativen Transaktionen handelt es sich um Finanzkontrakte, deren Wert vom Preis eines oder mehrerer zugrunde liegender Vermögenswerte (Aktien, Rohstoffe) oder Referenzsätze (Zinsen, Währungen) abgeleitet wird. Derivative Produkte werden sowohl börslich als auch ausserbörslich (Over the Counter – OTC) gehandelt. Ihre Risiken (Markt-, Kredit- und Abwicklungsrisiken) sind grundsätzlich mit Risiken traditioneller Finanzprodukte vergleichbar. Auch komplexeste derivative Transaktionen können auf zwei Grundbausteine zurückgeführt werden, nämlich auf Termingeschäfte und Optionen. Zu den gebräuchlichsten Derivaten zählen die verschiedenen Spielarten von Futures, Optionen und Swaps.

### Futures

Futures sind feste vertragliche Vereinbarungen, eine standardisierte Menge eines bestimmten Basiswertes zu einem im voraus festgelegten Preis und zu einem festen Zeitpunkt zu liefern, bzw. zu übernehmen. Als Basiswerte kommen zum Beispiel Geldmarktpapiere, Obligationen, Aktien, Währungen und Rohwaren in Frage. Mit Futures werden Preisschwankungen dieser Produkte aufgefangen. Im Gegensatz zu Termingeschäften werden Futures durch Margen gesichert und an Börsen gehandelt. Wichtige Handelsplätze sind die Chicago Board of Trade (CBOT), die London International Financial Futures Exchange (LIFFE) und – für die Schweiz – die Swiss Options and Financial Futures Exchange (SOFFEX).

### Optionen

Bei den Optionen unterscheidet man grundsätzlich zwischen Calls und Puts. Eine Call-(Put)-Option gibt dem Käufer das Recht, ohne allerdings eine Verpflichtung zu begründen, einen bestimmten Basiswert zu einem im voraus festgelegten Ausübungspreis zu kaufen (zu verkaufen). Dieses Recht gilt bei sogenannten «amerikanischen Optionen» während ihrer ganzen Laufzeit, bei «europäischen» dagegen nur am Verfalltag. Bei der Ausübung der Option muss der Optionsverkäufer den entsprechenden Titel zum vereinbarten Kurs liefern oder kaufen. Als Basiswerte dienen unter anderem Aktien, Obligationen, Zinssätze, Währungen und Rohstoffe. Mit Optionen auf sogenannten Baskets, beispielsweise Chemie- oder Banken-Baskets, steht dem Anleger ein kostengünstiges Mittel zur branchenspezifischen Risikostreuung seines Portefeuilles zur Verfügung. Bestimmungsgrössen des Optionspreises sind der Marktwert des Basisinstruments und dessen Volatilität, der Ausübungspreis und die Restlaufzeit der Option sowie der risikofreie Zinssatz. Neben dem Hauptzweck der Risikoabsicherung dienen Optionen auch der Erzielung von Gewinnen aus individuell erwarteten Marktentwicklungen.

Solange die Option «out of the money» ist – das heisst der Preis des Basiswerts ist tiefer als der Ausübungspreis der Option –, entspricht der Verlust des Investors der bezahlten Optionsprämie. Ändert sich an dieser Konstellation bis zum Verfalltag der Option nichts, so wird diese nicht ausgeübt; der Anleger kann nämlich den Basiswert über den Markt billiger erwerben als über die Option.

Klettert der Preis des Basiswerts dagegen über den Ausübungspreis, so kommt die Option «in the money». Der Investor wird bei dieser Konstellation die Option ausüben, da der über die Option erworbene Basiswert sich am Markt mit Gewinn verkaufen lässt. Je stärker der Preis des Basisinstruments steigt, um so höher fällt der Gewinn für den Investor aus.

**Swaps**

Ein Swap dient dem Austausch einer Reihe von Zahlungsströmen zwischen zwei Parteien. Dabei werden finanzmarktbedingte, relative Vorteile der einzelnen Parteien wie Bonität, Marktzutritt oder tiefere Zinssätze ausgenützt. Verbreitet sind namentlich Zinssatz- und Währungsswaps. Als Vermittler der verschiedenen Parteien dient oft ein Finanzinstitut. Beim Zinssatzswap wird eine zinsfixe in eine zinsvariable Forderung umgetauscht. Bei einem Währungsswap (Kurssicherungsinstrument) werden Devisen auf Kassa verkauft (gekauft) und gleichzeitig auf Termin zurückgekauft (verkauft). Eine weitere Swapart, der Aktienindexswap, ermöglicht den Umtausch einer bestimmten Aktienindexrendite gegen einen variablen Zinssatz oder eine andere Aktienindexrendite.

So hatte der Bankverein, als gegen Ende der sechziger Jahre Zinsterminkontrakte auf den Märkten eingeführt zu werden begannen, in richtiger Einschätzung der Wichtigkeit dieser Instrumente und damit auch der sich für sie bildenden Spezialmärkte bereits im Jahre 1982 eine Clearing-Mitgliedschaft an der *London International Financial Futures Exchange (LIFFE)* erworben und zwei Jahre darauf in New York die *SBCI Futures Inc.* im Hinblick auf eine Ausweitung des eigenen Geschäftsvolumens und der Einführung des Kundenhandels etabliert. Dass er damit einen relativ raschen Schritt getan hatte, erwies sich durchaus – speziell bei der *SBCI Futures* verzögerte sich die Einführung des Kundengeschäfts zunächst wegen der anfänglich grossen Zurückhaltung der Kunden und der relativ komplexen amerikanischen Gesetzgebung; aber dass dieser Schritt in die richtige Richtung getan worden war, zeigte sich auch, als der Bankverein im Jahre 1988 als erste Schweizer Grossbank (und als eine unter wenigen Grossbanken überhaupt) den Kunden Financial Futures-Transaktionen im internationalen Rahmen anzubieten vermochte und mit diesem Angebot ganz neue Nachfrage-Segmente erschloss. Bis zu diesem Zeitpunkt hatte der Bankverein die Priorität auf die Förderung des Geschäftsvolumens der OTC- (Over the Counter gehandelten) Zins- und Terminkontrakte gelegt, Märkte, auf denen er in der Folge auch weiterhin aktiv blieb. In der Zwischenzeit war im Jahre 1986 die *SBCI Securities (Asia) Ltd.* mit Sitz in Hong Kong und einer Niederlassung in Tokio (zu der im Oktober 1991 eine weitere Filiale in Osaka trat) mit dem Zweck des Erwerbs der Vollmitgliedschaft an den dortigen Börsen gegründet worden[1]; sie gab der Bank die Möglichkeit, den Handel mit Optionen und Futures auf dem japanischen Aktienindex *Nikkei 225* stark auszuweiten (die Gesellschaft wurde 1994 umbenannt in *SBC Japan Ltd.*, Hong Kong).

Speziell bezogen auf Europa hatte sich bei den Bankverein-Verantwortlichen in der zweiten Hälfte der achtziger Jahre die Überzeugung gebildet, dass hier vor allem in der Anwendung von Zins-

---

[1] Vgl. hierzu S. 243 f.

satz- und Aktienindex-Terminkontrakten noch ein beträchtliches Aufholpotential steckte (die ersten börsengehandelten Futures-Kontrakte waren die Currency Futures am *International Monetary Market (IMM)* in Chicago gewesen, zu dessen Konkurrenzierung zunächst insofern kein Anlass bestand, weil in Europa ein gut funktionierender Terminhandel für Währungen im Interbankmarkt bereits existierte). Die börsengehandelten Finanztermin- und -optionskontrakte betrachteten sie zudem als eine ideale Ergänzung zu den bereits «Over the Counter» angebotenen Zinstermingeschäften (Future Rate Agreements) und Devisenoptionen.

So war es konsequent, dass der Bankverein sich massgeblich an den Vorbereitungsarbeiten und der Etablierung der *SOFFEX* beteiligte, die – am 19. Mai 1988 eröffnet – die erste Optionsbörse mit einem vollelektronischen Handels- und Verarbeitungssystem überhaupt war und damit nicht nur für die Schweiz, sondern weltweit neue Massstäbe setzte; eine der treibenden Kräfte, *Ernst Mollet*, einer der Direktoren des Sitzes Basel, war denn auch der initiative erste Präsident der in Zürich domizilierten SOFFEX; und der Bankverein, der in Zürich (und daneben auch in Basel und Genf) über hochqualifizierte, auch in den USA ausgebildete Händlerteams verfügte, agierte von Anbeginn an als ein führender Market Maker an dieser rasch zu ihrer vermuteten Bedeutung aufgestiegenen Spezialbörse.

**O'Connor: Schrittweise vollzogene «Brain-Transplantation»**

Indes, bald schon wurde offenbar, dass frühzeitige Einschätzungen neuer Marktentwicklungen und Investitionskraft in die zur Teilnahme an diesen Entwicklungen erforderlichen Technologie zwar für einen dauerhaften Erfolg notwendig, keineswegs aber hinreichend waren: zusätzlich brauchte (und braucht) es ein in moderner Finanztheorie gründendes, an Finanzmathematik geschultes und im praktischen Handel erprobtes Know-how, das in der Schweiz wie auch im übrigen Europa nur höchst unzureichend verfügbar war (und so muss man leider hinzufügen, auch bis zum heutigen Tage ist). Zu den weltweit führenden Instituten für alle Arten von Optionen und Financial Futures zu gehören – die ebenso klare wie ambitiöse Zielsetzung der Bankverein-Geschäftsleitung jener Jahre – war unter diesen Voraussetzungen deshalb nicht möglich. Aus dieser Einsicht heraus beschlossen Geschäftsleitung und Verwaltungsrat auf Initiative des ab Anfang 1990 für diesen Bereich zuständigen Generaldirektors *Marcel Ospel* im Dezember 1989, mit der Firma *O'Connor & Associates* in Chicago, einem 1977 gegründeten, in Fachkreisen als führend im Handel und im Risikomanagement von modernen Finanzinstrumenten geltenden High-Tech-Unternehmen mit rund 600 Mitarbeitern, eine strategische Partnerschaft einzugehen, mit deren Hilfe der Bankverein seinen Kunden nicht nur standardisierte, sondern auch massgeschneiderte Optionen und Futures anzubieten anstrebte. Dieser Schritt – am 19. Dezember 1990 hatte der Federal Reserve Board seine Einwilligung gegeben und noch vor Ende desselben Jahres war die gemeinsame Gesellschaft *SBC-O'C Services L.P.* (Limited Partnership) gegründet – war zukunftsweisend. Von der «Financial Community» und ihren Medien teilweise argwöhnisch, grösserenteils aber wegen der «kulturellen» Verschiedenheiten zwischen einer traditionellen Universalbank und einem in Geschäfts- und sonstigem Gebaren geradezu revolutionären «Think Tank» skeptisch beäugt zeigte es sich jedoch schnell, dass hiermit ein ebenso richtiger wie wichtiger Schritt getan worden war: schon in seinem Geschäftsbericht für das folgende Jahr konnte der Bankverein feststellen, dass sich die junge strategische Allianz bereits bewährt und dem Bankverein im Bereich der Devisenoptionen sowie der europäischen und japanischen Aktienderivate zu einer führenden Stellung verholfen hatte (wobei die ebenfalls 1990 gegründete *SBC Derivatives Inc.*, Chicago, eine unterstützende Rolle spielte, indem sie die für den Derivatehandel in den USA erforderlichen Mitgliedschaften bei Börsen und Clearingorganisationen auf den Plätzen Chicago und Philadelphia hielt).

So rasch sich also die Richtigkeit der mit dem Zusammenarbeitsabkommen mit den Leuten von *O'Connor* getanen Schritte abzeichnete, so rasch wurde auch deutlich, dass es dabei nicht bleiben konnte, wenn die Übertragung des in Chicago entwickelten und weiter wachsenden Know-hows auf die Bankverein-Organisation in allen ihren Geschäftszweigen (weil Derivat-Techniken keineswegs auf ein bestimmtes Kunden- oder Produktesortiment beschränkt sind) und an all ihren Geschäftssitzen (weil man es hier mit einem weltweit interdependenten Handel zu tun hat) *dauerhaft* gelingen sollte. Deshalb entschloss sich die Bankverein-Geschäftsleitung im Jahre 1991 im Einvernehmen mit den Partnern von *O'Connor*, die *O'Connor & Associates* in absehbarer Zeit ganz zu übernehmen und deren Aktivitäten mit dem Devisen-, Geld- und Kapitalmarktgeschäft des Bankvereins organisatorisch zu verschmelzen – eine Weichenstellung, die man auch vor dem Hintergrund der wenig früher in London eingeleiteten, an anderer Stelle bereits erwähnten Zusammenführung des Kommerz- mit dem Investment Banking sehen muss. Anfang 1992 gab der Bankverein seine Absicht bekannt, die mit ihm assoziierte Wertschriftenfirma *O'Connor Partners* zu integrieren und mit seinem Geld-, Kapitalmarkt- und Devisengeschäft zu einer globalen Kapitalmarkt- und Treasury-Organisation (CM&T) zu verbinden. Die erste Etappe wurde noch im selben Jahr abgeschlossen. Auf den 1. Oktober 1992 gliederte der Bankverein die *SBC-O'C Services L.P.* ein. Auf den gleichen Zeitpunkt wurde die globale Organisation für Kapitalmarkt- und Treasury-Geschäfte operativ; die 22 Partner von *O'Connor* wurden vom Bankverein im Direktorenrang übernommen.

Noch war auch damit die angestrebte Integration des Know-how-Trägers *O'Connor* jedoch nicht vollständig vollzogen; einbezogen waren zunächst nur Währungs-, Zins- und nicht-amerikanische Aktienderivate, während das wichtige Geschäft mit US-Aktienoptionen zunächst bei den vorerst weiterbestehenden *O'Connor & Associates* verblieb, weil der Bankverein, um auf diesem Gebiet in den USA tätig zu werden, der Bewilligung des

Federal Reserve zur Errichtung einer sogenannten «*Section 20 Subsidiary*» bedurfte – eine Gesellschaft, mit der eine Bank nach derzeit geltender amerikanischer Bankengesetzgebung im Wertschriftenbereich agieren kann. Diese – in verschiedener Hinsicht kritische – Bewilligung wurde im Dezember 1994 erteilt; der Bankverein erlangte damit die Möglichkeit, durch Fusion von drei Konzerngesellschaften und durch Integration von *O'Connor & Associates*, der als einzige beim Kauf von *O'Connor Partners* nicht übernommenen Einheit, unter der Firma *SBC Capital Markets Inc.* mit Hauptsitz in New York, einer Niederlassung in Chicago und Büros in Philadelphia und Boston, die Basis für das Investment Banking-Geschäft in den USA entscheidend zu verbreitern und die Verankerung der Bank im amerikanischen Markt zu verstärken.[1]

Hinter diesen hier notgedrungen in aller Kürze festgehaltenen und teilweise hektisch ablaufenden Vorgängen und Daten stand mehr als nur die Angliederung einer weiteren, auf einem Spezialgebiet des Finanzsektors tätigen Tochtergesellschaft an die Bank, wie es sie in den vorangegangenen 120 Jahren immer wieder gegeben hatte: es ging dabei um nicht mehr und nicht weniger als, bildlich gesprochen, um die Einleitung eines tiefgreifenden Umbaus des herkömmlichen Bankverein-Gebäudes (in das dann auch, wie nach Umbauten und Renovationen üblich, viele neue Bewohner und mit ihnen ebenso viele neue Sitten und Gebräuche Einzug hielten). Dieses aus mehreren Gründen: Zum einen handelte es sich bei den zusammen mit den Leuten von *O'Connor* (weiter) entwickelten und angebotenen Finanzdienstleistungen keineswegs um *Ergänzungen* der bisherigen Dienstleistungspalette der Bank, sondern recht eigentlich um deren, viele Produkte (von den Kapitalmarktgeschäften über die Kredite bis zum Asset Management und zum Handel) betreffende *Veränderung* gemäss den neuen Bedürfnissen der Kundschaft und den neuen technischen Möglichkeiten des Finanzwesens; zum anderen war dem Bankverein damit nicht etwa nur ein Reis im fernen Chicago aufgepfropft, von dem die übrigen Zweige oder der Stamm selbst kaum berührt waren, sondern alle seine Geschäftseinheiten bekamen die neue Art des Banking (sprich: den neuen Umgang mit Risiken) sehr rasch zu spüren, mitwirkend, beitragend, oder teilhabend; dementsprechend handelte es sich bei der *O'Connor*-Übernahme auch nicht um den raschen Einkauf thematisch begrenzten Know-hows, das man fürderhin getrost den Spezialisten überlassen konnte, sondern um die *Erschliessung einer neuen Knowledge-Ressource*, der gegenüber sich die übrigen Mitarbeiter der Bank, von den Devisenhändlern und den Kreditsachbearbeitern bis hin zu den Mitgliedern der Geschäftsleitung, nicht *ver*schliessen konnten, wollten sie sich nicht von einer gewichtigen Neuerung im Bankwesen allgemein ausschliessen; und schliesslich gewannen aus allen diesen Gründen mit dem *O'Connor*-Deal rasch neue Mitarbeiter im Bankverein an Gewicht und Einfluss, die in bezug auf Alter, Ausbildung, Nationalität und Lebensstil wesentlich vom Durchschnitt der Bankverein-Mitarbeiter bisherigen Zuschnitts abwichen, von Karriere- und Berufszielen, Loyalitätsbindungen und Remunerationsvorstellungen

---

[1] Vgl. hierzu auch S. 138 f.

einmal ganz abgesehen. Stellt man nun noch in Rechnung, dass gleichzeitig auch die Ende der achtziger Jahre eingeleitete Verschmelzung von Kommerz-, Kapitalmarktgeschäft und Corporate Finance[1] weitere ähnliche «Kulturschocks» in weiten Teilen der Bank ausgelöst hatte, die in der ersten Hälfte der neunziger Jahre keineswegs verebbt waren, so wird verständlich, dass nicht übertrieben ist, wenn man das, was sich in dieser Zeit im Bankverein vollzog, als eine *revolutionäre Neuausrichtung des ganzen Instituts* bezeichnet!

Ist diese revolutionäre Neuausrichtung gelungen? Viele Zweifler ausserhalb und auch innerhalb der Bank hat es in all den Jahren gegeben, viele Übertreibungen – von der gar zu eilfertigen, inzwischen längst wieder korrigierten Verherrlichung des «Transaction-oriented Banking» im Gegensatz zum «Relationship Banking» bis hin zu allzu grosszügiger Anerkennung allzu kurzfristiger Geschäftserfolge allzu rasch handelnder (und gehender) neuer Mitarbeiter – wurden nicht vermieden, viele Blütenträume realisierten sich zwar und welkten dann doch ebenso schnell dahin, wie sich etwa im Falle der 1993 atemberaubend guten, 1994 aber infolge einer unerwarteten weltweiten Zinssteigerung und Börsenbaisse ebenso unerwartet schlechten Ergebnisse im Derivat-Bereich erwies – und so hat es denn an Kritik an der Bankverein-Strategie auf diesem Gebiet nie gemangelt, zumal die Risiken in diesem Geschäft sowohl für die einzelne Bank wie für das System im ganzen zwar grundsätzlich steuerbar, zumindest für den Aussenstehenden aber schwer überblickbar sind. Und doch kann es keinen Zweifel geben, dass die Nachteile, die der Bankverein mit einer selbstgewählten Abstinenz auf diesem Gebiet

in Kauf genommen hätte, alle noch so gerechtfertigten Bedenken und nicht vermeidbaren Probleme bei dieser Neuausrichtung bei weitem überwogen hätten: die Bank hätte sich und ihren Kunden damit die Teilnahme an einer den Bedürfnissen heutiger Finanzmärkte entsprechenden Entwicklung versagt und wäre damit qualitativ und auch quantitativ auf einem Niveau stehen geblieben, von dem aus der Weg nur noch in eine Richtung geführt hätte, die vom bisher in den vorangegangenen 120 Jahren beschrittenen Weg weggeführt hätte: in Richtung nämlich auf ein sich weltweiter Tätigkeit im Geschäft mit grossen kommerziellen, institutionellen und privaten Kunden enthaltendes, allenfalls noch regional bedeutsames Institut. In diese Richtung aber war niemand zu gehen bereit – weder die Aktionäre, noch der Verwaltungsrat, noch die Geschäftsleitung, noch in ihrer ganz überwiegenden Mehrheit die Mitarbeiter. Und so sehen wir den Bankverein heute zwar auf grundsätzlich erneuerten Pfaden aber doch weiterhin in Verfolgung unternehmerischer Zielsetzungen, an denen mit ihren Mitteln auch frühere Generationen bereits gearbeitet hatten. Und der Erfolg dabei ist ihm bislang keineswegs versagt geblieben.

### Stellungsausbau im Derivativgeschäft

In kürzester Zeit konnte der Bankverein sich dank der technologischen Inputs aus dem *O'Connor*-Team einerseits, dank seiner eigenen Stärken in bezug auf Kundenbasis, Kapitalkraft und «normales» Handelsvolumen andererseits zu einem der weltweit

---

[1] Vgl. hierzu auch «Ausbau der SBCI-Gruppe», S. 81 f.

führenden Häuser für Wertschriftenderivate emporarbeiten, dem immer wieder Spitzenränge in bezug auf die quantitative wie die qualitative Marktstellung zuerkannt wurden. Schon 1991 hatte die *International Financing Review* den Bankverein zum «Warrant House» des Jahres erkoren – eines Jahres nota bene, in dem die Bank insbesondere in der Schweiz eine Reihe innovativer Finanzinstrumente anzubieten begann.[1] Im Jahr darauf stellten sich die von der Bank inzwischen übernommenen Produktkenntnisse und die daraus resultierenden Möglichkeiten zur Entwicklung massgeschneiderter Absicherungsstrategien für ihre Kunden bereits als ein wichtiger Verkaufs-Trumpf für die Bank heraus, aufgrund dessen – da Risk Management-Produkte immer mehr zu einem festen Bestandteil von Kapitalmarkttransaktionen und Kreditgeschäften wurden – sie auch Mandate auf anderen Gebieten erhielt; sie rückte damit im Bereich des Risikomanagements weltweit zu den fünf führenden Häusern auf.

Gleichzeitig lancierte sie in diesem Jahr neben massgeschneiderten Problemlösungen für Grosskunden auch eine Reihe weiterer standardisierter Finanzinnovationen für kleine Anleger, wie etwa den *«Golden Dragon GROI»*, mit dem den Investoren eine risikogünstige Möglichkeit zur Partizipation an der weltwirtschaftlichen Dynamik Südostasiens geboten wurde, oder den PEP (Protected Equity Participation), mit dem der Anleger zwar am Kursgewinn ausgewählter Titel beteiligt ist, sein Verlustrisiko aber erheblich einzuschränken vermag. Ein Jahr später – der Bankverein hatte inzwischen seine führende Stellung im rasch expandierenden Markt für derivative Zinsprodukte weiter ausgebaut und bot Zinssatz-Warrants und Bond-Optionen in einer Vielzahl von Strukturen und Währungen an[2] – ernannte ihn die *International Financing Review* zum Haus des Jahres für Schweizerfranken-Produkte, Eurocommercial Papers, Swaps, Optionen und eigenkapitalbezogene Transaktionen, eine von zahlreichen Anerkennungen von Innovationskraft, Professionalität und Marktstellung, welche die Bank inzwischen auszeichneten. Quantitativ wird diese Marktstellung unter anderem daran erkennbar, dass der Bankverein nach einer 1994 veröffentlichten unabhängigen Studie[3] über das Volumen des globalen OTC-Marktes bei den Zinsswaps unter den zehn grössten, bei den Devisenswaps, Forward Rate Agreements, Zins- und Devisenoptionen 1993 weltweit zu den fünf grössten OTC-Anbietern zählte. Und schliesslich war er auch im Handel mit Optionsscheinen, der sich seit Mitte der achtziger Jahre explosionsartig ausgeweitet hatte, zu den weltweit führenden Häusern aufgestiegen, ein Erfolg, der nicht zuletzt auf das Geschäft in Deutschland zurückzuführen war, wo die *Schweizerischer Bankverein (Deutschland) AG* in Frank-

---

[1] So etwa die im Januar 1991 aufgelegten GROI (Guaranteed Return on Investment) Units auf den schweizerischen Aktienindex (SMI), den deutschen (DAX), den japanischen (Nikkei) und den britischen (FTSE), als die erste derartige Kombination von Geldmarkt- und Aktienoptionen, die dem Kunden eine Kapitalrückzahlungsgarantie bieten und ihm die Wahl zwischen verschiedenen Risikoprofilen lassen, oder die CMM (Convertible Money Market) Units, ebenfalls ein mit limitiertem Risiko ausgestattetes Aktienengagement.

[2] Ganz abgesehen davon hatte er sich an allen grossen Aktienoptionsbörsen Europas wie selbstverständlich auch an der schweizerischen SOFFEX und im Telefonhandel (Over the Counter – OTC) unter die führenden Market Makers eingereiht.

[3] *Lisa M. Reigle*, The World's Major Derivatives Dealers, Swaps Monitor Publications Inc., New York, 1994 Edition.

furt/M. im Laufe der ersten Hälfte der neunziger Jahre zum grössten Anbieter von Optionsscheinen avanciert war. Dass bei diesem Grössenwachstum Qualitätsaspekte keineswegs aus dem Blick gerieten, ja, dass sie (wie in anderen Geschäftszweigen auch) mit dem Grössenwachstum sehr direkt korreliert waren, fand – für den Kenner des Bankgeschäfts nicht überraschend – seinen Ausdruck in der in jüngster Vergangenheit vom Bankverein erreichten Spitzenposition in der Bewertung der weltweit tätigen Derivathäuser durch die Kunden: unter den führenden zwanzig Banken der Welt figurierte er in der das Jahr 1995 betreffenden Umfrage des «*Institutional Investor*»[1] an vierter Stelle – vor vielen anderen «Schwergewichten» der internationalen Bankenwelt.

Gefragt als Gegenpartei auf Grund der Qualität seiner Bilanz, zu hohen Transaktionsvolumen deshalb ohne grosse Probleme fähig, im Vorteil dank niedriger Refinanzierungskosten ist der Bankverein nach diesem – hier nur summarisch skizzierten – Sturmlauf heute weltweit *die* Top-Adresse bei Währungs- und Edelmetalloptionen, und zählt in den Bereichen Spot/forward-Devisenhandel sowie Aktien- und Zinsderivate zu den drei grössten Anbietern überhaupt (im Handel mit Eurobonds, Non-Dollar-Repos sowie europäischen Aktien ist er zur Gruppe der fünf grössten Häuser vorgestossen). Doch dieser Erfolg – wie alle vor allem in hohen Marktumsätzen und -anteilen im Banking sich niederschlagenden Erfolge – hatte und hat auch eine Kehrseite: das Wachstum des damit einhergehenden Risikos.

## Risiko-Management für Risikomanagement-Produkte

Rechnet man die Bruttovolumen der Käufe und Verkäufe (Eigen- und Kundengeschäfte) im Bereiche der Derivate zusammen, so kam der Bankverein Mitte der neunziger Jahre auf ebenso eindrückliche wie auch (vor allem wenn «face-value» genommen) beunruhigende Zahlen ausserhalb seiner Bilanz: etwa – um nur wenige Beispiele aufzuzählen – 630 Mrd Fr. bei den Zins-Swaps, 384 Mrd Fr. bei den Forward-Devisengeschäften, 479 Mrd Fr. bei den Zins-Futures, 334 Mrd Fr. bei den Devisenoptionen (ohne Rechte und Verpflichtungen aus kombinierten Options-Produkten), oder 330 Mrd Fr. bei den kotierten Zins-Optionen (Dezember 1995). Das Marktrisiko ist allerdings wesentlich geringer: es ergibt sich aus dem Marktwert der offenen Transaktionen, bei denen die Bank eine Forderung gegenüber einer Gegenpartei hat (Bruttowiederbeschaffungswert); und dieser belief sich zum gleichen Zeitpunkt auf insgesamt 39 Mrd Fr., die ihrerseits auch noch je nach Bonität der jeweiligen Gegenpartei in Kreditrisiken unterschiedlichen Ranges zerfallen (so waren knapp 19 Mrd Fr. als Kreditrisiko bei Gegenparteien mit einem erstklassigen Rating anzusehen). Doch wie dem auch sei: auch diese Beträge sind schliesslich noch gewichtig (und volatil) genug, um eine wohlorganisierte, effektive Überwachung als Conditio sine qua non dieses Geschäfts dringend nahezulegen – Gegenstand zahlreicher

---

[1] Die Befragten bezogen sich bei ihrem Urteil auf «quality of advice, pricing and market making across a range of interest rate, foreign exchange and equity derivative products».

Bemühungen aller internationalen und nationalen Aufsichtsbehörden und der Banken selbst bis auf den heutigen Tag (der Bankverein war als eines der führenden Institute auf diesem Gebiet unter anderem an der Erarbeitung des Berichts der *Group of Thirty*, der Vertreter von Aufsichtsbehörden und Grossbanken sowie Wissenschafter angehören, über Finanzderivate und transparenzfördernde und risikobegrenzende Massnahmen beteiligt, der im Sommer 1993 veröffentlicht wurde).

Doch selbstverständlich hat die Bank nicht nur bei der Ausarbeitung von Standards für Kontrollmechanismen mitgewirkt; sie hat selbst, gedrängt durch ihre geschäftlichen Erfolge auf diesem Gebiet und die deshalb von ihr zu übernehmenden Risiken, frühzeitig derartige Standards bei sich eingeführt – und damit teilweise auch erst Standards für die «Industrie» gesetzt.[1] Ein wichtiger Schritt auf diesem Wege wurde im April 1993 getan: zu diesem Zeitpunkt konzentrierte der Bankverein die Überwachung der Risiken aus dem gesamten Capital Markets & Treasury-Geschäft in einem eigenen Ressort, dem CM&T Risk Control, das vom Handel prinzipiell getrennt ist. Dieses Risk Control überwacht das gesamte Marktrisiko des Konzerns und ist dafür verantwortlich, dass die einzelnen Handelsbereiche die ihnen zugestandenen Risikolimiten nicht überschreiten (die Marktrisikolimiten werden durch Konzernleitung und Geschäftsleitung festgelegt); überdies hat es die Aufgabe, das Management über neue Risiken zu informieren, die in der Limitenstruktur noch nicht berücksichtigt waren, und erforderlichenfalls neue Kontrollen vorzuschlagen. In die Zuständigkeit des Risk Control fällt im übrigen auch die Überwachung der mit dem Handel verbundenen (bereits erwähnten) Kreditrisiken, während die Überwachung der übrigen Risiken – wie Rechts- und Abwicklungsrisiken – auf Konzernebene erfolgt. Das Risk Control ist damit dem Risk Management (der Risikobewirtschaftung) übergeordnet, für das der Leiter des jeweiligen Handelsbereichs (Währungen, Zinsen und Aktien) in dem Sinne verantwortlich ist, dass er sicherzustellen hat, dass die eingegangenen Engagements mit den Zielen des Handelsbereichs übereinstimmen und unerwünschte Risiken entweder glattgestellt oder adäquat abgesichert werden.

Angesichts der Bedeutung, die dieser Geschäftszweig für den Bankverein in der ersten Hälfte der neunziger Jahre erlangt hatte, wurde die Risikoüberwachung des Unternehmensbereichs International & Finanz (IFD) direkt dem Vorsitzenden dieses Bereichs, *Marcel Ospel*, unterstellt, der als Generaldirektor zugleich Mitglied der Konzernleitung war. Wahrgenommen wird die Funktion von einem globalen Team spezialisierter Mitarbeiter in Europa, Nordamerika und Asien, das Ende 1994 auf einen Bestand von 40 Personen kam.

Ist dem Bankverein bei seinem Bemühen um eine Beherrschung der Risiken in diesem Geschäftszweig Erfolg beschieden gewesen? Diese Frage stellt sich um so nachdrücklicher, als in neuerer Zeit das im Geschäft mit Derivaten auch für Banken beschlossene Risikopotential in einer Reihe von teilweise dramatischen Fällen – wie der nur

---

[1] Vgl. zum Folgenden auch S. 295 ff.

durch Übernahme durch die niederländische Bank- und Versicherungsgruppe *Internationale Nederlanden Group (ING)* in letzter Minute verhinderte, durch riesige Verluste ihrer Niederlassung in Singapur im Futures-Geschäft mit Devisen provozierte Zusammenbruch der alteingesessenen, angesehenen *Barings-Bank* in London im Jahre 1995 – vor Augen geführt worden ist. Das Risikopotential völlig auszuschliessen ist für eine Grossbank wie der Bankverein sicher nicht möglich, muss der letztere doch (wie *Walter G. Frehner* als Präsident des Verwaltungsrates an seiner Generalversammlungsadresse im April 1994 ausführte) «jederzeit in der Lage sein, seinen Kunden Devisen, Wertpapiere und Edelmetalle direkt oder über die dazugehörigen derivativen Instrumente zu verkaufen, oder von ihnen zu erwerben»; und weil er dazu angemessene Bestände an Devisen, Obligationen, Aktien und Edelmetallen halten und aktiv bewirtschaften muss, bei starken Preisschwankungen auf den Märkten aber Risiken für die Wertstellung dieser Bestände unvermeidbar sind, führt an der nüchternen Schlussfolgerung von *Walter Frehner* am gleichen Anlass, «... da wir nicht alles absichern können, weil das zu teuer käme, müssen wir bestimmte Risiken bewusst eingehen und selbst tragen» kein Weg vorbei. Der Bankverein hat deshalb auch mit allen seinen ausgefeilten Vorkehren zu Risikoüberwachung und Risikobewirtschaftung nicht das Auftreten jeglicher Verluste im Handel verhindern können. Gelungen ist es aber bis heute zumindest, dass man die Risiken kannte und sich Risiken und Verluste innerhalb vorgegebener, für die Bank tragbarer Grenzen gehalten haben – keine geringfügige Leistung angesichts Wachstum, Umfang und Natur des Geschäfts. Dass man dessenungeachtet aber grundsätzlich den in diesem Geschäftszweig besonders ausgeprägten Schwankungen des Gesamtmarktes ausgesetzt blieb, und diese Volatilität um so stärker auf das Gesamtergebnis des Instituts durchschlägt, je gewichtiger der Handelssektor im Rahmen aller betriebenen Geschäftszweige ist, zeigte sich im Geschäftsjahr 1994, als verbreitete Unsicherheit über die Entwicklung von Zinsen und Wechselkursen und die damit verbundene Volatilität der Finanzmärkte von einem Jahr auf das andere den Handelserfolg des Bankvereins gegenüber 1993 um 66% auf 990 Mio Fr. und seinen Betriebsertrag netto um 27% auf 6662 Mio Fr. schrumpfen liess – die Kehrseite des Erfolgs, der auch und gerade der erfolgreiche Bankverein nicht entrann.

**Abschnitt 5:**
## Devisenhandel und Geldmarktgeschäfte

Seit Anbeginn ist der Schweizerische Bankverein als eine international tätige Bank mit Hauptsitz in einem kleinen, mit der Weltwirtschaft eng verflochtenen Land im Devisenhandel aktiv gewesen. Er war dabei, wie andere Marktparteien auch, den vielfältigen politischen und administrativen Eingriffen in das Funktionieren der Devisenmärkte ausgesetzt. Hatten bis zu seinem hundertsten Jubiläum im Jahre 1972 nach den frühen Jahrzehnten stabiler Goldwährungen vor allem lange Perioden einer straffen Regulierung der Devisenmärkte durch staatliche Instanzen das Devisengeschäft gekennzeichnet, so zerfällt die seither verflossene Zeit in zwei Abschnitte: der eine, von den frühen siebziger bis zu den frühen achtziger Jahren, geprägt vom Bemühen internationaler und nationaler Behörden sowie der Zentralbanken, die Folgen des Zusammenbruchs des Systems fester Wechselkurse, genauer gesagt, das Floating der Devisenkurse und dessen Auswirkungen auf die Kapitalströme, in den Griff zu bekommen, der andere seit Beginn der achtziger Jahre unter der Ägide einer weitgehenden, von den Märkten erzwungenen Deregulierung (bzw. einer abnehmenden Fähigkeit und infolgedessen auch Bereitschaft der Zentralbanken, durch direkte administrative oder indirekte geldpolitische Eingriffe Schwankungen und Niveau der Wechselkurse zu steuern). Im einzelnen verlief die Entwicklung in diesen beiden Perioden oftmals in einer für die Beteiligten dramatischen Weise; auch rückblickend, im Zeitraffer verfolgt, wird das noch deutlich.

### Im Banne staatlicher Eingriffe ...

So hatte mit dem Niedergang des 1944 in Bretton Woods beschlossenen Systems der fixen Wechselkurse seit Frühjahr 1971 bei zunächst noch fortbestehenden Bemühungen um eine möglichst baldige Rückkehr zu festen Paritäten und der vorerst ebenfalls noch unveränderten Interventionspflicht der Zentralbanken ein gewaltiger Zustrom ausländischer Gelder in die Schweiz eingesetzt, der 1971/72 den Bundesrat im Einvernehmen mit der Nationalbank zum Ergreifen drastischer, auf die Banken direkt durchschlagender Massnahmen veranlasste: Zunächst wurde der Zuwachs von Geldern «von im Ausland domizilierten Personen» mit ausserordentlichen Mindestguthaben von 100% und einem Verzinsungsverbot belegt, und die führenden Devisenhandelsbanken hatten eine mengenmässige Beschränkung der Entgegennahme von Dollar pro Tag und pro Kunden einzuführen; sodann wurden wenige Wochen, nachdem der Bankverein sein «Hundertstes» gefeiert hatte, Anlageverbote für ausländische Gelder in inländischen Wertschriften, Hypotheken und Grundstücken erlassen, für Nichtbanken eine Bewilligungspflicht für Aufnahme von Krediten im Ausland stipuliert, das Verzinsungsverbot durch Erhebung einer Kommission von 2% auf den neuerdings eingetretenen Zuwachs ausländischer Guthaben bei den Banken (Negativzins) verschärft, und den letzteren überdies die Verpflichtung auferlegt, ihre Fremdwährungsverbindlichkeiten täglich durch entsprechende Fremdwährungsforderungen zu decken, ganz abgesehen davon, dass die Mindestguthaben auf dem Zuwachs der in- und ausländischen Verbindlichkeiten der Banken mit dem Ziel weiter heraufgesetzt wurden, rund 1 Mrd Fr. zu sterilisieren. Zwar schien es in der Folge, nachdem die Schweizerische Nationalbank ihre Interventionen am Devisenmarkt im Januar 1973 eingestellt, sprich, den Kurs des Franken freigegeben hatte, und ihr weitere Starkwährungsländer in Europa und Japan darin im März folgten, als ob es gelungen sei, die aufgestörten Märkte rasch zu beruhigen. Indes, diese Beruhigung erwies sich als kurzlebig: als ab November 1974 Devisenzuflüsse aus dem Ausland den Frankenkurs wiederum stark ansteigen liessen, wurde einmal mehr Zuflucht zu einem in den darauffolgenden Jahren immer weiter verschärften Abwehrdispositiv genommen – mit Verzinsungsverboten, gar Negativzinsen, Begrenzung der Terminverkäufe von Franken an Ausländer, Deckungspflicht der Fremdwährungsverbindlichkeiten der Banken für eine jede von neun Währungen durch Fremdwährungsforderungen, Konversionspflicht für alle bewilligungspflichtigen Kapitalexportgeschäfte und was dergleichen, hier nicht detailliert aufzuzählende Restriktionen mehr waren. Man suchte damit die Marktkräfte zu zähmen; doch die Ausbeute der auch verwaltungstechnisch aufwendigen Interventionen – ein grosser Teil des zusätzlichen Verwaltungsaufwands fiel übrigens bei den Banken an – war alles in allem mager.

Einerseits gelang es nämlich nicht, die Währungsunruhen und die hohen Kursausschläge zu mässigen (ein Fehlschlag, den der Bankverein sogar in einem kausalen Zusammenhang mit den Interventionen sah, was in seiner vorsichtigen Anmerkung im Geschäftsbericht 1975 zum Ausdruck kam, dass man sich im Gegenteil fragen müsse, «ob die Marktverengung insbesondere durch die revidierte Verordnung über den Ausgleich der Fremdwährungspositionen nicht schon ein Ausmass erreicht hat, das Kursschwankungen eher fördert anstatt dämpft»); das Bollwerk der Abwehrmassnahmen (nicht nur gegenüber dem bereits damals im Überangebot liegenden Dollar) erwies sich als weitgehend nutzlos. Andererseits wurden sogar noch weitere Schäden angerichtet: so traf beispielsweise das zeitweise geltende völlige Verbot von Terminverkäufen von Franken an Ausländer mit einer Laufzeit von unter einem Monat nicht nur solche Marktparteien, die das Verzinsungsverbot und die Kommissionsbelastung um-

gehen wollten, sondern auch die ausländischen Importeure schweizerischer Waren, die ihre Frankenverpflichtungen lediglich in den letzten Wochen abzusichern suchten; und ein im Februar 1978 erlassenes (glücklicherweise schon elf Monate später wieder aufgehobenes) Anlageverbot für ausländische Wertschriftenkäufer, das in wechselkurspolitischer Hinsicht wirkungslos blieb, setzte der schweizerischen Börsenhausse ein abruptes Ende und brachte den Banken einen beträchtlichen Ausfall an Courtagen und Börsenkommissionen. Dass es vor allem aber auch der Devisenhandel war, der unter dem Interventionismus jener Jahre litt, vermag nicht zu überraschen – das Devisenhandelsvolumen, das nach Bankzusammenbrüchen im Ausland wie etwa jenem, mit fehlgeschlagenen Devisenspekulationen zusammenhängenden der Kölner *Herstatt-Bank* 1974 bereits kräftig geschrumpft war, ging in den folgenden Jahren weiter empfindlich zurück (Ende 1976 entsprach es nur noch einem Viertel des Umfangs vom Sommer 1974) – eine Folge, die man vielleicht noch hätte in Kauf nehmen können, wenn die Interventionen wenigstens ihre Ziele erreicht hätten.

Aus heutiger Sicht erscheint deshalb, alles in allem genommen, nur *ein* Urteil über das Devisenregime jener Jahre gerechtfertigt: es hat sich dabei um ein gegen Devisenzuflüsse aus dem Ausland gerichtetes Abwehrdispositiv gehandelt, das mit seinen vielfältigen und teilweise sehr einschneidenden direkten Eingriffen wenig überzeugende Resultate erbracht hat, obwohl (oder weil?) es im Verlaufe der siebziger Jahre fast bis zu einer eigentlichen Devisenzwangswirtschaft ausgebaut worden war.

Indes, nicht diese Einsicht ist es gewesen, der es zu verdanken war, dass schliesslich, 1979/80, in der Schweiz alle den Kapital- und Zahlungsverkehr einschränkenden, den Devisenhandel behindernden Massnahmen im Verlaufe von wenig mehr als einem Jahr nacheinander ausser Kraft gesetzt wurden: erst, als die amerikanische Regierung sich dazu durchgerungen hatte, die für die äussere Stabilität ihrer Währung notwendigen binnenwirtschaftlichen Opfer zu bringen und die mit der Rolle eines Hartwährungslandes verbundene währungspolitische Verantwortung in konzertierter Zusammenarbeit mit den Notenbanken anderer wichtiger Welthandelsländer wahrzunehmen, begann sich die Lage auf den Devisenmärkten nachhaltig zu verändern, und der Dollar – der bereits Ende Oktober 1978 einen später dann mehrfach wiedergesehenen Tiefstkurs von 1.45 Fr. erlebt hatte – erholte sich bis Ende August 1981 sukzessive auf 2.21 Fr., den höchsten Stand seit 1977. Jetzt aber galt die Sorge der Schweiz nicht mehr spekulativen Kapitalzuflüssen und hektischen Frankenkurs*steigerungen*, sondern den inflationären Gefahren eines zeitweise stark rückläufigen Frankenkurses. Doch auch dieser Erscheinung war Dauer nicht beschieden; und so stellt sich der Übergang in die achtziger Jahre aus währungspolitischer Sicht als Eintritt in einen neuen Abschnitt einer zwar weiterhin stark schwankenden, aber von direkten staatlichen Eingriffen zunehmend befreiten Marktentwicklung dar. Dieses war die Zeit, in welcher der Devisenhandel sich zu neuer Blüte entwickelte; zugleich war es auch die Zeit, in der er mit neuen Instrumenten kurz- und mittelfristige Währungsrisiken für die Marktparteien beherrschbar machte. Der Bankverein agierte hierbei, wie schon im Zusammenhang mit der Entwicklung der Derivativ-Geschäfte gezeigt, an vorderer Front.

### ... und im Sog der Kräfte des Marktes

Der Bankverein hatte – nachdem die Anforderungen an den Devisenhandel schon seit Jahren wegen der starken Kursschwankungen und der Nervosität der Märkte erheblich gewachsen waren – im Jahre 1982 ein mit hohen finanziellen und intellektuellen Investitionen entwickeltes, modernste Erkenntnisse nutzendes Datenverarbeitungssystem im Devisenhandel in seinem Neubau in Zürich an der Bärengasse in Betrieb genommen und damit sowohl die Leistungsfähigkeit seiner Devisenabteilung wie auch die Qualität der von ihr angebotenen Dienstleistungen wesentlich gesteigert (ein seither über alle Jahre hinweg unter den Bankverein-Devisenchefs von *Hubert Baschnagel* über *Ulrich Leber* bis hin zu *Andrew Siciliano* mit hohen Investitionen fortgeführtes Bemühen der Bank, auch und gerade im Devisenhandel in bezug auf Ausstattung und Vernetzung der Händler-Arbeitsplätze in allen auf diesem Markt tätigen Bankverein-Einheiten informationstechnisch am «cutting edge» des Fortschritts zu sein). Jetzt wurde – wie so oft im Banking – etwas *möglich*, was vom Markt her gesehen zunehmend *nötig* geworden war: die Absicherung der kommerziellen und institutionellen Kunden gegen die sich fortsetzenden, keiner erkennbaren Trendentwicklung folgenden Wechselkursschwankungen. Zu diesem Zwecke nahm der Bankverein Mitte 1984 den Handel mit Devisenoptionen (siehe hierzu den Kasten) für Rechnung seiner Kunden auf, eine sogleich bei den Kunden deshalb auf reges – und in der Folge anhaltendes – Interesse stossende Dienstleistung, weil ihnen hiermit bei klar kalkulierbarem Risiko während einer bestimmten Zeit auch die Möglichkeit zur Mitnahme von Gewinnchancen geboten wird. Die Bank hatte sich damit einmal mehr auf einem eigentlichen Wachstumsfeld in Stellung gebracht.

### Devisenoptionen

Im Gegensatz zum Terminkontrakt lässt die Option dem Käufer die Wahl, ob er sie einlösen oder verfallen lassen will. Für dieses Recht bezahlt er dem Verkäufer eine Prämie. Die Option eignet sich nicht nur für die Absicherung von Export- und Importzahlungen, sondern bietet auch die Möglichkeit, die Währungsrisiken in der Zeit zwischen Offertunterbreitung und Vertragsabschluss abzudecken. Auch für private Kunden und institutionelle Investoren, die Anlagen in fremden Währungen besitzen, können Devisenoptionen von Interesse sein.

Bei der Aufnahme des Devisenoptionhandels im Jahre 1984 beschränkte sich das Angebot des Schweizerischen Bankvereins auf Dollar/Franken-, Dollar/D-Mark- und D-Mark/Franken-Optionen. Zwei Jahre später dehnte er jedoch sein Angebot an Optionen auf alle Hauptwährungen aus.

Die 1987 geschaffene Optionsvariante SCOUT (Shared Currency Option under Tender) erlaubt mehreren Firmen, die sich beispielsweise um einen Grossauftrag bewerben, sich gemeinsam abzusichern und dadurch die Prämienkosten zu reduzieren.

Ein weiteres, ebenfalls auf das Jahr 1987 zurückgehendes Instrument SwisGuard (Guaranteed Rate at Delivery) stellt einen Auftrag zum Währungsmanagement dar. Bei Vertragsabschluss wird zwischen dem Kunden und dem Schweizerischen Bankverein ein Maximal- bzw. ein Minimalkurs festgelegt, je nachdem ob eine Fremdwährungsverbindlichkeit oder -forderung abzusichern ist. Während der Kontraktlaufzeit versucht die Bank, durch ein gezieltes Währungsmanagement einen günstigeren Durchschnittskurs zu erwirtschaften. Wenn dies gelingt, wird zu diesem Kurs abgerechnet. Die Vorteile von Termin- und Optionsgeschäften können so durch einen kombinierten Einsatz genutzt werden.

Dieses Wachstum – abzulesen an den seither über alle Jahre hinweg stark angestiegenen Umsätzen und Erträgen im Devisenhandel – war vor allem drei Einflüssen zu verdanken: zuvorderst dem anhaltend unsteten, permanent Nervosität unter den Marktteilnehmern schürenden Verlauf der Kursbewegungen praktisch aller wichtigen Währungen – nicht nur des chronisch zur Instabilität und auch zur Schwäche neigenden US-Dollars, sondern durchaus auch der europäischen Währungen, die unter Führung des britischen Pfundes und der italienischen Lira ab Spätsommer 1992 unter dem Druck auseinanderstrebender monetärer Entwicklungen aus relativ engen Interventionsmargen auszubrechen begannen, die im Rahmen des in den siebziger Jahren etablierten Europäischen Währungssystems (EWS) eine Zeitlang eingehalten worden waren; sodann der immer weiter voranschreitenden Ablösung des Devisenhandels von realen Güter- und Dienstleistungsströmen (nach übereinstimmenden Schätzungen verschiedener internationaler Währungsinstitutionen sind heute 95% des täglich weltweit umgesetzten Devisenhandelsvolumens in Höhe von ca. 1000 Mrd $ ohne einen derartigen, das Handelsvolumen limitierenden realen Bezug); und schliesslich der konsequent ausgebauten Präsenz des Bankvereins an allen wichtigen Devisenhandelsplätzen, in allen wichtigen Handelswährungen, und in allen neuen, der Risikoabsicherung wie auch der Gewinnerzielung im Devisenhandel dienenden Instrumenten. 1986 war im übrigen, um dieses Wachstum mit Blick auf die ihm innewohnenden Risiken jederzeit zentral kontrollieren und steuern zu können, das bereits zwei Jahre vorher eingeführte System zur globalen Überwachung der Geldmarktaktivitäten auf den Devisenhandel ausgedehnt worden, womit die Geschäftsleitung die Möglichkeit erhielt, auch in diesem Bereich jederzeit die Engagements des Bankvereins den Risikolimiten, die man sich gesetzt hatte, anhand des weltweit über alle schweizerischen und internationalen Niederlassungen und Tochtergesellschaften konsolidierten Standes anzupassen.

Es war die schon erwähnte strategische Allianz mit *O'Connor*, die mit ihren Impulsen für die weitere Entwicklung derivativer Produkte auch im Währungsbereich – Währungsoptionen können beispielsweise «massgeschneidert» auf die speziellen Bedürfnisse bestimmter Kunden zugeschnitten werden und nähern sich damit Versicherungskontrakten im Devisensektor, und mit verbrieften Devisenoptionen (Warrants) können viele Anlegerbedürfnisse befriedigt werden – dem Bankverein vor diesem Hintergrund zusätzliche Impulse gab. In einem Markt, der nach Schätzung der *Bank für Internationalen Zahlungsausgleich* (BIZ) 1989 ein tägliches Umsatzvolumen von nicht weniger als 22 Mrd $ erreicht hatte, und der um so mehr expandierte, je grösser die mit den wieder verstärkt auftretenden Wechselkursschwankungen verbundenen Risiken und Gewinnchancen für die Marktparteien wurden, positionierte sich der Bankverein nicht nur mit allen seinen im Devisenhandel tätigen Stützpunkten als aktiver Market Maker im Optionsgeschäft mit den wichtigsten Währungen, sondern, alles in allem genommen, als eine der weltweit absolut führenden Banken im Devisenoptionsgeschäft, anerkannt auch durch die in der ersten Hälfte der neunziger Jahre alljährlich erneuerte Qualifikation als «Option House of the Year» in der weltweiten Umfrage der *International Financing Review*. Nicht unwichtig für diesen Erfolg: die dahinterstehende Strategie – einerseits in bezug auf die Kunden, andererseits in bezug auf die eigenen Mitarbeiter. Bei den Kunden stieg die Bank in der ersten Hälfte der neunziger Jahre konsequent aus dem mittleren Geschäft aus und konzentrierte sich auf international tätige Adressen mit länder- und kontinentüberspannenden Aktivitäten; und bei den Mitarbeitern sorgte die Bank mit umfangreichen Schulungsprogrammen für theoretisches und praktisches Verständnis *aller* Kapitalmarktprodukte des Bankvereins, so dass der Stab in die Lage versetzt wurde, zwischen Bonds, Forex, Swaps und Optionen zu rotieren und Anregungen und Kenntnisse wechselseitig fruchtbar zu machen. Die Ergebnisse konnten sich sehen lassen: international ist der Bankverein in jenen Jahren zu einem der weltweit grössten Devisenhändler überhaupt geworden; und in ihren eigenen Büchern verzeichnete die Bank in der ersten Hälfte der neunziger Jahre sowohl im traditionellen Kassa- und

Termingeschäft wie auch im Optionenhandel auf den Devisenmärkten Rekordumsätze, die ihre fühlbaren Beiträge zur Ertragsstärke der Bank leisteten.

Daneben wurde aber auch der Geldmarktbereich gepflegt, wobei die Bank sich seit Beginn der neunziger Jahre in erster Linie auf den Handel mit Zinsinstrumenten konzentrierte, der mit weniger Eigenmittel unterlegt werden muss als das traditionelle Interbankgeschäft. Angesichts starker Schwankungen auch der Zinssätze waren die Absicherungsbedürfnisse der Wirtschaft in allen Ländern gross. Ihnen kam man mit Absicherungsprodukten wie *Future Rate Agreements (FRA)* – eine vertragliche Vereinbarung über einen zukünftigen Zinssatz – und *Exchange Rate Agreements (ERA)* – mit denen Zinsdifferenzen bzw. Swapsätze zwischen verschiedenen Währungen auf Termin gehandelt werden – entgegen. Festgehalten zu werden verdient in diesem Zusammenhang auch die Tatsache, dass der Bankverein die erste schweizerische Grossbank gewesen ist, die den

Teil 1/Kapitel 2: Kapitalmärkte und internationale Kreditgeschäfte

Handel mit *Financial Futures* für Kunden aufgenommen hatte (Juni 1988). Das Angebot, das man von diesem Zeitpunkt an den Kunden zur Verfügung stellte, umfasst sämtliche Zins-, Währungs-, Index- und Edelmetallkontrakte, die an den wichtigsten internationalen Börsen – dem *International Monetary Market (IMM)* in Chicago, der *Chicago Board of Trade (CBOT)*, der *London International Financial Futures Exchange (LIFFE)* und der *Singapore International Monetary Exchange (SIMEX)* – gehandelt werden.

Der Trading Floor im Swiss Bank House in London. Aufnahme aus dem Jahre 1993.

### Abschnitt 6:
### Edelmetallhandel und Handelsfinanzierungen

#### Alte Prominenz im Edelmetallhandel ...

Auch im Edelmetallhandel, einem anderen traditionellen Geschäftszweig des Bankvereins (erstmals war er am 10. September 1918, am dritten Fixing in der Geschichte des Londoner Goldmarkts, als Käufer in den Büchern der handelsführenden Brokerfirma erschienen) hat die Bank in neuerer Zeit der Volatilität des Marktes und der Preise mit der Einführung derivativer Produkte Rechnung getragen. Sie agierte auf diesem Markt indessen nicht nur als (höchst leistungsfähiger) Konkurrent anderer Anbieter: immer wieder war sie auch dabei, wenn es galt, durch eine Zusammenarbeit mit den anderen schweizerischen Grossbanken die Stellung des Platzes Zürich im internationalen Edelmetall- und besonders im Goldmarkt zu festigen.

Ein Zeitpunkt hierfür war gekommen, als wenige Jahre vor dem hundertsten Jubiläum der Bank im Jahre 1968 eine – in der Folge bis November 1973 gültige – Spaltung des internationalen Goldmarkts in einen «offiziellen» Teilmarkt mit einem auf 35 $ pro Feinunze fixierten Preis für Transaktionen unter den Zentralbanken des internationalen Goldpools und in einen freien Markt für private Kunden vorgenommen worden war, in deren Konsequenz der Londoner Goldmarkt im Frühjahr 1968 vorübergehend geschlossen war. Die im Goldhandel engagierten drei Schweizer Grossbanken, Bankverein, Bankgesellschaft und Kreditanstalt, beschlossen daraufhin, die damit entstandene

Chance für den Platz Zürich, selbst die Führung des internationalen Goldhandels zu ergreifen, durch Bildung eines gemeinsamen Pools zu nutzen und den Handel weiterzuführen. Tatsächlich erlangte der Zürcher Goldmarkt daraufhin eine starke Stellung.

Was den Bankverein selbst angeht, so war er in den durch den Kampf um die Demonetisierung des Goldes ebenso wie durch anfänglichen Preiszerfall (Verkauf eines Teils des Währungsgoldes des *Internationalen Währungsfonds IWF* auf Grund einer 1976 beschlossenen, 1978 ratifizierten Statutenrevision) und spätere Preishausse (ausgelöst durch Ölpreiserhöhungen und Regierungsumsturz im Iran im Jahre 1979) geprägten siebziger Jahren dank seiner guten Beziehungen zu den Abnehmern im Mittleren und Fernen Osten, in den USA und in Europa einer der grössten internationalen Käufer von Gold sowohl aus Neuproduktion wie auch aus monetären Quellen. Der Handel war inzwischen dank des zu internationaler Bedeutung gelangten Goldterminhandels an den grossen amerikanischen Rohstoffbörsen nicht nur komplexer und unübersichtlicher geworden, sondern er fand nun auch mit wechselnden Schwerpunkten rund um die Uhr statt. Dass neben seinem Sitz Zürich auch seine Niederlassungen in New York, Singapur und Bahrain sowie die ihm nahestehende *Métaux Précieux (Far East) Ltd.* in Hong Kong im Goldhandel tätig waren, sicherte dem Bankverein eine praktisch ständige Marktpräsenz. Eine weltweit führende Stellung erlangte er im übrigen in dieser Zeit auch im Verkauf von *Krugerrand*-Goldmünzen, auf die sich das private Anlegerinteresse in der zweiten Hälfte der siebziger Jahre zunehmend konzentriert hatte.

Die hervorragende Rolle Zürichs als zentraler Umschlagplatz im internationalen Goldhandel wurde Ende der siebziger Jahre jedoch wieder in Frage gestellt: Einerseits hatten, wie gerade erwähnt, die amerikanischen Terminbörsen einen rasch wachsenden Einfluss auf das Preisgeschehen gewonnen und das Wachstum im physischen Markt, der sich hauptsächlich in Zürich abspielte, gebremst; andererseits hatten auch andere Finanzplätze wie etwa London, Luxemburg und Frankfurt im Geschäft mit Edelmetallen Marktanteile erobert, was dazu führte, dass die grossen Produzenten Südafrika und Sowjetunion ihre Absatzbereiche diversifizierten und damit ihre Tätigkeit in Zürich reduzierten.[1] Abermals fand sich der Bankverein mit den beiden anderen Schweizer Grossbanken zu einer gemeinsamen Aktion zusammen, um der drohenden Schwächung Zürichs als Goldhandelsplatz vorzubeugen und eine Dominanz ausländischer Interessen im Edelmetall-Brokergeschäft zu verhindern, indem die drei Banken im April 1982 das Gemeinschaftsunternehmen *Premex AG*, Zürich, gründeten, das im Oktober desselben Jahres seine Tätigkeit als Broker im Edelmetallgeschäft aufnahm. An seinem Aktienkapital von 1,5 Mio Fr. beteiligten sich die drei Goldpoolbanken Bankverein, Bankgesellschaft und Kreditanstalt zu je einem Drittel; für den Vorsitz im Verwaltungsrat wurde ein Wechsel in zweijährigem Turnus eingeführt. Wenig später, im Dezember 1985, rief der Bankverein ebenfalls

---

[1] Hiezu trug noch bei, dass – einmal mehr ein selbstgestelltes Bein in helvetischen Finanzmärkten – der Handel mit Gold und Goldmünzen per 1. Januar 1980 der Warenumsatzsteuer unterstellt worden war, ein per 1. Oktober 1986 revidiertes Eigengoal der Eidgenössischen Finanzverwaltung.

zusammen mit den beiden anderen Grossbanken in Zürich ein offizielles Silberfixing ins Leben, nachdem Kundenkontakte und langjährige Beobachtungen gezeigt hatten, dass dem Silbermarkt ein international anerkannter Referenzpreis fehlte. Hintergrund dieses Schrittes war wiederum die Überzeugung der beteiligten Banken, dass die Bedeutung des Zürcher Edelmetallhandels dadurch weiter erhöht werden konnte, dass mit einem täglich publizierten Referenzpreis sowohl Transparenz wie Liquidität des Silbermarktes erheblich verbessert wurden. An der grundsätzlichen Volatilität der Edelmetallmärkte änderte das natürlich nichts.

Um den spezifischen Kundenbedürfnissen im Hinblick auf diese Volatilität noch vermehrt Rechnung zu tragen, nahm der Bankverein im Januar 1986 als eines der ersten Institute in Europa Goldoptionen in seine Angebotspalette auf; nachdem die Umsätze mit diesem Instrument rasch ein die Erwartungen übertreffendes Volumen erreichten, wurde die Dienstleistungspalette in diesem Bereich Mitte 1987 mit Silberoptionen ergänzt, die in der Folgezeit ebenso rasch an Volumen gewannen. Auch in den Jahren seither haben immer wieder weitere Ergänzungen der Bankverein-Produkte für diesen Markt stattgefunden, neuerdings vor allem wieder auf dem Gebiet der Goldderivate.

Alle diese gemeinsam mit und in Konkurrenz zu anderen Instituten entfalteten Aktivitäten des Bankvereins als eines der traditionell grossen Edelmetallhändler der Welt haben freilich nicht zu verhindern vermocht, dass die Edelmetalle als Anlageinstrument in den letzten Jahren stark an Bedeutung verloren. Indiz hierfür war unter anderem, dass weder der Golfkrieg 1990/91 noch der gescheiterte Putschversuch in der damaligen Sowjetunion (August 1991) nennenswerte Auswirkungen auf die Notierungen auf diesen Märkten gehabt haben; auch verlagerte sich das Anlegerinteresse in der ersten Hälfte der neunziger Jahre zunehmend von den Edelmetallen fort auf andere, von den Anlegern entweder als sicherer oder lukrativer angesehene Anlagevehikel. Diese Entwicklung zwang in den letzten Jahren nicht nur verschiedene traditionelle Edelmetallhändler dazu, ihre Aktivitäten einzuschränken und ihre Stellung als Market Maker aufzugeben; sie veranlasste den Bankverein – den die konkurrenzgedrückten Margen in diesem Geschäftszweig immer weniger befriedigten – auch selbst zu einer Bündelung seiner Kräfte, indem er sein Edelmetallgeschäft im Jahre 1993 auf die drei Zeitzonenzentren Zürich, New York und Hong Kong konzentrierte, um auf diese Weise Rentabilität, Risikosteuerung und Kundenbetreuung zu verbessern. Von einem völligen Rückzug des Bankvereins aus diesem Spezialmarkt dürfte aber auch angesichts seiner Verankerung in der Edelmetallverarbeitung (siehe hierzu Kasten) noch lange keine Rede sein.

**Die Metalor-Gruppe – das Standbein des Bankvereins in der Edelmetallverarbeitung**

Zur bedeutenden Rolle, die der Bankverein seit jeher im physischen Goldhandel spielte, trägt auch **Métaux Précieux SA Metalor**, Neuenburg, bei. Sie ist die Muttergesellschaft einer leistungsfähigen Gruppe von Unternehmen im In- und Ausland, die sich mit der Verarbeitung von Gold und anderen Edelmetallen befasst. Die Anfänge des Unternehmens gehen auf die 1852 in Le Locle im Neuenburger Jura gegründete Uhrenschalenfabrik und Goldschmelze **Martin, de Pury & Cie** zurück. Zwölf Jahre später wurde diese Gesellschaft von der Banque du Locle übernommen, die ihrerseits im Jahre 1918 in den Besitz des **Schweizerischen Bankvereins** überging. Bis Mitte der dreissiger Jahre wurde die kleine Firma als Département des métaux précieux der Bankverein-Niederlassung Le Locle weitergeführt. Die Umwandlung in eine Tochtergesellschaft – der Métaux Précieux SA mit Sitz in Le Locle – leitete 1936 eine neue, starke Wachstumsphase ein. Im Jahre 1947 wurde in Neuenburg eine neue Produktionsstätte in Betrieb genommen, und auch der Gesellschaftssitz wurde dorthin verlegt. Schon 1960 wurden erste Geschäfte im Ausland getätigt, aber erst seit Mitte der siebziger Jahre verstärkte sich die Stellung der Metalor auf internationaler Ebene.

Die wichtigsten Verarbeitungsbetriebe der Metalor befinden sich heute in der Schweiz, und zwar in Neuenburg, La Chaux-de-Fonds, Genf und Marin NE sowie in Frankreich und in den USA; kleinere Ateliers unterhält die Gruppe ausserdem in Hong Kong und in Spanien. Von ihren rund 1330 Angestellten arbeiten etwa 700 in der Schweiz. Der Auslandabsatz macht über 40% ihrer Gesamtverkäufe aus.

### … und vorübergehende Prominenz im Rohstoffhandel

Neueren Datums und zugleich auch weniger konsolidierten Charakters ist dagegen das Engagement des Bankvereins im internationalen Rohstoffhandel, genauer gesagt, auf dem Gebiet des internationalen Commodity Trade Financing. Mitte der achtziger Jahre hatte sich für den Bankverein durch Übernahme einer Gruppe von auf diesem Markt ausgewiesenen Fachleuten die willkommene, von der Geschäftsleitung gern genutzte Gelegenheit geboten, seine Position bei den internationalen Handelsfinanzierungen und dem damit im Zusammenhang stehenden Dokumentargeschäft zu verstärken. Der zu diesem Zweck zunächst mit Sitz in Genf aufgebauten Spezialabteilung *Commodity Trade Finance (CTF)* wurde die Aufgabe übertragen, Grosskunden zu betreuen, die den Handel mit Rohstoffen und anderen marktgängigen Waren betreiben, und überdies die entsprechenden Aktivitäten der Bankverein-Sitze in der Schweiz und international zu koordinieren.

Trotz (oder vielleicht wegen?) ausgeprägter Instabilität der Rohstoffmärkte und allmählichem Verfalls des Ölpreises entwickelten sich die Geschäfte der Bank in diesem Bereich in der zweiten Hälfte der achtziger Jahre im ganzen gesehen erfreulich; die CTF und die mit ihr auf diesem Sektor zusammenarbeitenden übrigen Bankverein-Units vermochten sowohl die Dokumentarkredite als auch die kurzfristigen Ausleihungen an Kunden im Rohstoffhandel beträchtlich zu steigern. Massgeblich hieran beteiligt war in jener Zeit wie auch in der ersten Hälfte der neunziger Jahre der Handel mit Erdöl, wo die Expansion des Volumens wie die Volatilität der Preise zu einer regen Aktivität führte; auch gelang es, den – wenn auch noch bescheidenen – Marktanteil des Bankvereins in diesem Geschäft zu erhöhen. Wechselhaft je nach Marktlage und Region entwickelte sich dagegen das Geschäft im Bereich der petrochemischen Produkte, der Metalle und der landwirtschaftlichen Rohstoffe.

Und doch war es gerade das den Rohstoffmärkten innewohnende hohe Schwankungs- und damit Risikopotential (eine Erscheinung, von der 1993/94 etwa die gross ins Ölgeschäft eingestiegene *Metallgesellschaft*, Frankfurt/M., und die hinter ihr stehende *Deutsche Bank* empfindlich getroffen wurden), das die Geschäftsleitung der Bank 1993/94 dazu veranlasste, dem recht munter galoppierenden Zugpferd eines neuen Bankverein-Geschäftszweiges Zügel anzulegen. Zu diesem Zwecke wurde einerseits das Portefeuille im Rahmen einer verschärften Überwachung der Kreditrisiken im internationalen Rohstoffhandel auf sehr kurzfristige Transaktionen mit erstklassigen Gegenparteien reduziert und konzentriert; andererseits wurde 1993 das Commodity Trade Finance-Geschäft an den Standorten New York und Singapur (denen Anfang der neunziger Jahre noch eine erhebliche Steigerung des Finanzierungsvolumens des Bankvereins auf dem amerikanischen und asiatischen Markt gelungen war) ganz aufgegeben und in der Folge ausschliesslich auf den Standort Genf zurückgeführt. Rückschläge in diesem Geschäft waren auch dem Bankverein nicht erspart geblieben; doch wer sie scheut, verzichtet auch auf mögliche Erfolge – und das ist des Bankvereins Art mindestens seit jener Zeit nicht mehr gewesen, als er hundert wurde …

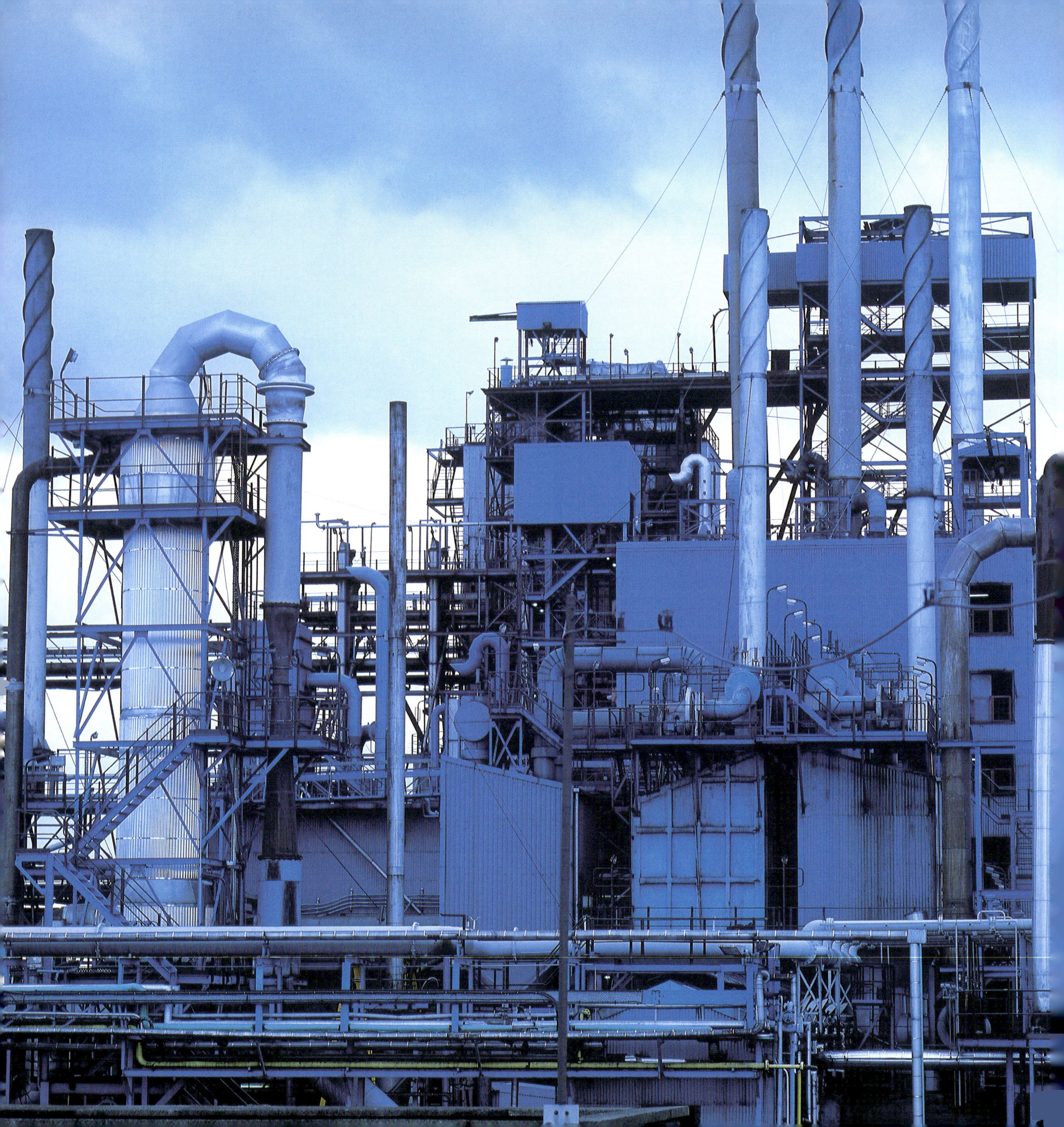

## Global Corporate Finance: Vielfältiges Financial Engineering

Corporate Finance – einer der vielen aus dem angloamerikanischen Bankwesen stammenden Begriffe, die in der zweiten Hälfte der achtziger, der ersten Hälfte der neunziger Jahre auch ausserhalb des englischen Sprachraums allgemein Eingang gefunden haben – ist Teil des vor allem im Kapitalmarktgeschäft verankerten Investment Banking und umfasst im engeren Sinne die Beratung von Firmen (und Institutionen) in Finanzierungsfragen, im weiteren Sinne auch die Beratung und Vermittlung bei Firmenübernahmen und -zusammenschlüssen (Mergers & Acquisitions/ M&A), die Vermittlung und temporäre Übernahme von Beteiligungen (Equity Banking), sowie im weitesten Sinne auch Forderungsfinanzierungen, Projekt- und Übernahmefinanzierungen, Programme zur Restrukturierung von Bankschulden und dergleichen mehr (Merchant Banking). Führt man sich diese Vielfalt unter einem zum Schlagwort gewordenen Sammelbegriff vor Augen, dann drängt sich mit Blick auf den Bankverein die Feststellung auf, dass seine Aktivitäten auf dem Gebiet des Corporate Finance keineswegs so neu sind, wie viele der für ein breiteres Publikum immer noch unbekannten, verwirrenden Fachausdrücke es vermuten lassen könnten. Und noch etwas: bewusst wird auch, dass im Begriff «Corporate Finance» eine Fülle von Dienstleistungen zusammengefasst ist, die eine weltweit im Kredit- und Kapitalmarktgeschäft tätige Bank wie der Bankverein ihren grossen kommerziellen Kunden ebenfalls zu bieten in der Lage sein muss, handelt es sich dabei doch in vielen Fällen um zu ganzen Paketen verschnürte Finanzdienstleistungen; und zur «Lieferung» einzelner Teile dieser Pakete, wenn diese denn gewünscht werden, *nicht* in Betracht gezogen wird seitens der Kunden derjenige, der nicht die Paketlösungen auch zu bieten vermag. Zugleich wird aber noch etwas anderes deutlich: dass wir es beim Geschäftszweig «Corporate Finance» mit einem Gebilde zu tun haben, das eher in bezug auf seine Kunden – mittelgrosse und vor allem grosse Firmen mit Struktur- und Wachstumsproblemen – als in bezug auf seine Produkte fokussiert ist. Tatsache ist vielmehr, dass alle Corporate Finance-Produkte zwar miteinander verbunden und gleichzeitig doch hochspezialisiert und verschieden sind; und das erklärt auch, warum ihr Einsatz ebenso schwierig zu koordinieren wie zu organisieren ist, und doch zur Erfolgssicherung (für den Kunden *und* die Bank) der Koordination und Kontrolle bedarf. Der Bankverein hat speziell in den seit seinem hundertsten Jubiläum verflossenen letzten 25 Jahren auf diesem Gebiet eine Entwicklung durchgemacht, die auch ihm, «alter Hase» auf diesem Felde, mancherlei Lehrgeld abverlangt hat, stets aber auf eine global verfügbare, alle Spezialitäten umfassende Dienstleistung für seine Global Corporate Finance-Kunden aus einer Hand abzielte.

### Abschnitt 1:
### Frühe Wurzeln

Strategische Allianzen, Unternehmenszusammenschlüsse und Unternehmensaufkäufe sind keine Erscheinung erst unserer heutigen, von Umgruppierungen und Restrukturierungen vor allem in der Industrie geprägten Zeit. Im Gegenteil: schon in der zweiten Hälfte der sechziger Jahre war es unter dem Druck einer ersten Erschlaffung des Wirtschaftswachstums der Nachkriegszeit in Europa und speziell auch in der Schweiz bereits zu einer auch damals schon die Öffentlichkeit beschäftigenden und oftmals auch beunruhigenden Welle von Umgruppierungen im Kreise etablierter Firmen gekommen. Von dieser Welle blieb auch der Kundenkreis des Bankvereins – primär ausgerichtet, wie er damals noch war, auf das schweizerische Kommerzgeschäft – nicht unberührt. Um den Kunden in dieser Situation mit sachkundigem Rat und erforderlichenfalls auch zupackender Tat zur Verfügung zu stehen, hatte die Bank deshalb im Jahre 1969 am Sitz der Geschäftsleitung eine zentrale «Eingreiftruppe» von Betriebswirtschaftern, Finanzierungsspezialisten und Juristen in der organisatorischen Form der Abteilung Spezialfinanzierungen geschaffen, die als Berater und Vermittler bei Zusammenschlüssen mittelgrosser Firmen in der Schweiz und in den angrenzenden Ländern tätig wurde und dabei eng mit den Schweizer Sitzen der Bank (um deren Kreditkunden es sich normalerweise handelte) zusammenarbeitete; neu für die Bank war, dass in dieser Abteilung – bei deren Aufbau vor allem die beiden zu jener Zeit mit schweizerischen Kommerzfragen befassten Generaldirektoren *Hans Strasser*, dem nachmaligen Verwaltungsratspräsidenten der Bank von 1978 bis 1984, und *Dr. Hugo Grob* wichtige «Göttidienste» leisteten – erstmals auch Mitarbeitern ohne traditionelle Bankausbildung die Verantwortung für Kundenkontakte übertragen war. Erforderlichenfalls zurückgreifen auf Know-how in weiteren, nicht zum Kerngeschäft der Bank gehörenden Gebieten wie Unternehmensberatung, Marktforschung und Ingenieurberatung konnte die Abteilung auf die an anderem Ort bereits erwähnte, 1971 auf Anregung des damaligen Direktors und späteren Generaldirektors *Max Kühne* geschaffene *Swiss Bank Corporation Consultants Group*, einer bis Anfang der neunziger Jahre bestehenden Arbeitsgemeinschaft der damals zum Bankverein gehörenden *Schweizerischen Treuhandgesellschaft*, der *Prognos AG* und der *Universal Ingenieur AG*. Diese Rückgriffsmöglichkeit lag durchaus auf der Linie des Bankvereins, der sich immerhin schon vor dem Ersten Weltkrieg im Treuhand- und Ingenieurwesen via Tochtergesellschaften engagiert hatte; sie war dennoch um zehn, fünfzehn Jahre einer Zeit voraus, in der sich auch andere Banken mit sogenannten «Nichtbank-Diensten» zu umgeben begannen.

Neben der Beratung der Kunden in vielfältigen Struktur- und Finanzfragen engagierte sich die Abteilung auch in der Vermittlung von Beteiligungen oder von geeigneten Partnern für strategische Allianzen. Doch nicht nur das: in wenn auch begrenztem Masse war sie in der Lage, über die ihr angegliederte, 1973 gegründete und später, 1991, in den Bankverein integrierte *Spezialfinanzierungen AG*, Basel, auch Risikokapital zur Verfügung zu stellen, indem diese Tochtergesellschaft Aktien der Kunden als zeitlich begrenzte Eigenanlage erwarb oder nachrangige Wandeldarlehen mit eigenkapitalähnlichem Charakter gewährte. Dass man hiermit einem gewissen Bedarf gerecht wurde, ist daran zu erkennen, dass die *Spezialfinanzierungen AG* in den ersten zehn Jahren ihres Bestehens von 1973 bis 1983 immerhin rund 40

Risikofinanzierungen im Betrage von nahezu 100 Mio Fr. durchgeführt hat, auch wenn die Bank sich in ihrem Geschäftsbericht 1983 zu der allzu weitgehende Erwartungen dämpfenden Bemerkung veranlasst sah, dass sie «Gelder mit Eigenmittelcharakter ... schon mit Rücksicht auf den uns bankengesetzlich vorgeschriebenen hohen Kapitalunterlegungssatz nur in beschränktem Ausmass zur Verfügung stellen» könne.

Als einen eigentlichen Vorläufer der umfassenden Corporate Finance-Aktivitäten der Bank in den neunziger Jahren muss man aber wohl den im Herbst 1984 bei der Generaldirektion in Basel gebildeten, Direktor *Markus A. Künzli* unterstellten Bereich *Spezialfinanzierungen und Unternehmensberatung* (S+U) ansehen (ihm war 1981 die Bildung dreier anderer, mehrere Abteilungen der Generaldirektion umfassender Bereiche vorausgegangen, nämlich der Bereiche Personal und Ausbildung unter dem späteren Generaldirektor *Dr. Kurt Steuber*, Informatik und Logistik unter der Leitung des späteren Generaldirektors *Erich Gautschi* sowie Planung, Marketing und Volkswirtschaft unter *Dr. Peter G. Rogge*). Im Bereich S+U bemühte man sich, das gesamte damals in verschiedenen organisatorischen Einheiten der Bankverein-Gruppe verfügbare Corporate Finance-Know-how zu bündeln; zu diesem Zwecke wurden dem Bereich nicht nur die beiden Stabsabteilungen Spezialfinanzierungen und Restrukturierungen als Beratungseinheit eingegliedert; zugeordnet wurden ihm auch die gerade erwähnte *Spezialfinanzierungen AG*, sowie die *INDELEC Schweizerische Gesellschaft für elektrische Industrie* und die *Schweizerische Elektrizitäts- und Verkehrsgesellschaft (Suiselectra)*, zwei namentlich mit der Verwaltung bankfremder Beteiligungen des Bankvereins befasste Tochtergesellschaften, als Finanzierungsinstrumente. Hauptaufgaben dieses ab 1988 in die damalige *Sparte Kommerz* integrierten, ab 1. Januar 1990 mit wesentlichen Teilen in der Vorläuferin des heutigen *Unternehmensbereichs SBC Warburg*, der *Sparte Finanz* (im Dept. *F. Köhli*) aufgegangenen Bereichs waren die Übernahme von Beteiligungen und Risikofinanzierungen, Wagnisfinanzierungen (Venture Capital), Unternehmensvermittlungen (Mergers & Acquisitions), sowie Struktur-, Finanz- und Ingenieurberatungen auf Ebene der Firmenleitungen. Er konnte für diese Aufgaben 1984 auf eine «Grundausstattung» von rund 50 Spezialisten zurückgreifen, die Mitglieder der mit ihm zusammenarbeitenden Firmen der *SBC Consultants Group* nicht gerechnet; finanziell standen ihm eigene Mittel von rund 200 Mio Fr. zur Verfügung.

In der kurzen, aber durch die Vielfalt der Geschäftsvorfälle wie auch der beteiligten Charaktere hektischen Zeit der Existenz dieser organisatorischen Einheit wurde vom *Bereich S+U* eine Vielzahl kleinerer und grösserer Beratungsmandate wahrgenommen, die meisten davon ausgelöst auf Anregung der Schweizer Sitze der Bank (und hiervon wiederum die Mehrzahl durch auf die eine oder andere Art gefährdete Kredite). Darüberhinaus bewilligte der Bereich zwischen Herbst 1984 und Ende 1987 insgesamt 59 Finanzierungsgesuche mit einem Totalbetrag von 166 Mio Fr. und engagierte sich bei der ausserordentlichen Privatplazierung von Aktien junger Unternehmen; erstmals in der Schweiz wurde damit auf diesem Wege

Wagniskapital (Venture Capital) in einem sehr frühen Entwicklungsstadium des zu finanzierenden Unternehmens beschafft. Getreu einer traditionellen Bankverein-Überzeugung, dass nämlich Banken sich an branchenfremden Unternehmen nur in Ausnahmefällen langfristig beteiligen sollten, unterstützte der Bankverein gleichzeitig das Entstehen eines aktiven ausserbörslichen Handels in Wagniskapital. Der ausserbörsliche Handel mit nicht kotierten Schweizer Aktien wurde in jenen Jahren federführend am Sitz Bern ausgebaut; hier gelang rasch eine Entwicklung dieses für die Schweiz jungen Marktes, verdreifachte sich doch allein im Jahre 1988 die Zahl der bisher vom Bankverein gehandelten Werte. Alles in allem ist der Versuch der breiteren Lancierung von Venture Capital indes enttäuschend verlaufen – man kümmerte sich im Zeitablauf zwar um viele kleine Projekte, erzielte aber nur wenige echte Erfolge.[1]

Die Konstruktion des *Bereichs S+U* hat sicherlich ihre Schwächen gehabt (wie auch an den ständigen Umgruppierungen und Neueingliederungen und an der kurzen Lebensdauer der Organisationseinheit erkennbar) – vor allem gehörten die Spezialisten an die Kundenfront, eine Erkenntnis, die im Schweizer Markt Ende der achtziger Jahre zur Installation eigener für Beratungen und Risikofinanzierungen ausgebildeter Mitarbeiter bei den grossen Bankverein-Sitzen führte.[2] Immerhin ist der rote Faden der Geschichte bis in unsere Tage hinein im seit langem vom in diesem Geschäft erfahrenen Direktor *Dr. Ulrich Fünfschilling* geleiteten *Ressort Spezialfinanzierungen* direkt sichtbar, das sich vornehmlich mit schweizerischen Restrukturierungsfällen befasst. Welche

Gegenüberliegende Seite: Die personifizierte Bank: Anzeige aus den Jahren 1986/87.

Proportionen diese auf die kleine Schweiz beschränkte Tätigkeit immerhin erreicht hat, wird etwa im Blick auf das Jahr 1993 deutlich, als die bearbeiteten Fälle Gesellschaften mit einem Kapital von insgesamt 350 Mio Fr. und rund 4000 Beschäftigten betrafen; ausserdem betreute das Ressort zu jener Zeit direkte und indirekte Beteiligungen des Bankvereins mit einem Buchwert von nahezu 1 Mrd Fr., die dauernden Charakter haben und als im Gesamtinteresse der Bank liegend angesehen werden.

### Abschnitt 2:
## Ausbau der Corporate Finance-Organisation

Im Laufe der achtziger Jahre nahmen international wie auch in der Schweiz Übernahmen und Fusionen von Unternehmen sprunghaft zu. Triebfedern waren keineswegs in erster Linie die speziell in den USA entwickelten, oftmals mit der Verschuldung der zu übernehmenden Firmen in Form riskanter Anleihen (der berühmt-berüchtigten Junk Bonds) bezahlten Leveraged Buyouts im Stile des legendären «Raids» eines amerikanischen Takeover-Spezialisten auf die Firma *RJR Nabisco* Ende der achtziger Jahre; vielmehr war es vor allem der

---

[1] Nicht ganz überraschend, wenn man weiss, dass auch in jüngerer Vergangenheit, 1994, in der Schweiz nach einer Erhebung der OECD nicht mehr als insgesamt 77 Venture Capital-Projekte mit einer Investitionssumme von 94 Mio Fr. realisiert worden sind (OECD Financial Market Trends, No. 53, Febr. 1996).
[2] Bezüglich des internationalen Corporate Finance-Marktes (in Struktur, Charakter und Grössenordnung der Geschäftsvorfälle mit dem Schweizer Markt kaum vergleichbar) wurde – wie nachfolgend näher ausgeführt – zu dieser Zeit der Aufbau einer weltweiten Corporate Finance-Kapazität des Bankvereins eingeleitet.

Teil 1/Kapitel 3: Global Corporate Finance: Vielfältiges Financial Engineering

rasche technische Fortschritt und das Entstehen eines einheitlichen Binnenmarktes in Europa, welche den Kauf eines Unternehmens und dessen spezifischen Know-hows in vielen Fällen als die schnellere, billigere und deshalb bessere Strategie wachstumsorientierter Unternehmen erscheinen liessen als die Entwicklung eigener Produkte und Vertriebswege. An dieser Konstellation hat sich im Prinzip bis heute ebensowenig geändert wie an der Tatsache, dass es sich hierbei gerade ausserhalb grosser Flächenstaaten wie den USA in sehr vielen Fällen um grenzüberschreitende Vorgänge handelt.

Diese Entwicklung ging natürlich auch am Bankverein nicht vorbei. «Viele Unternehmen ziehen» – so bemerkte er im Geschäftsbericht 1987 – «insbesondere im Ausland, die Übernahme einer Firma der Erweiterung im eigenen Hause vor»; und er fügte an «seit längerem übersteigt daher die Zahl der Kaufwilligen die Zahl der Übernahmeobjekte». Indes, wirklich gerüstet für eine Teilnahme an diesem Geschäft im ganz grossen Stil war er genau genommen noch nicht, auch wenn seine Mitarbeiter in jenem Jahr über 100 Mandate für den Kauf oder Verkauf von Gesellschaften bearbeiteten (wobei 20 Übernahmen zum Abschluss gebracht werden konnten). Was dem Bankverein fehlte, war dreierlei: erstens eine wirkliche Präsenz in einer Reihe von Schwerpunktländern ausserhalb der Schweiz (eine Präsenz, heisst das, im Sinne guter, von ortsansässigen, spezialisierten Mitarbeitern gepflegter Beziehungen zu den Firmenkunden); zweitens die kontrollierende und koordinierende Führung dieses Netzwerks; drittens eine echte Verankerung in den Corporate

Finance-Metropolen der Welt, London und New York. Es sind vornehmlich diese drei für die Rolle der Bank im internationalen Corporate Finance-Geschäft entscheidenden Punkte, an denen in den letzten zehn Jahren erfolgreich gearbeitet worden ist.

### Knüpfung eines Standortnetzes

Was das internationale Netzwerk angeht, so verfügte der Bankverein Ende 1988 für diesen Geschäftszweig über fünf als Profitzentren geführte Stützpunkte – der skizzierte Komplex bei der Generaldirektion in Basel, sodann beim Sitz London, bei der kurz zuvor erworbenen (wenn auch schon 1992 wieder abgestossenen) Merchantbank *Banque Stern* in Paris, bei der *Schweizerischer Bankverein (Deutschland) AG* in Frankfurt/M. und bei der *SBCI Swiss Bank Corporation Investment banking Inc.* in New York. Auf der Einsicht fussend, dass international das Corporate Finance-Geschäft einen Schwerpunkt in London (und nicht in Frankfurt und leider auch nicht in Basel) hat, wurde das Londoner Team – tätig in Grossbritannien und auf dem europäischen Kontinent – bereits 1988 erheblich verstärkt. Weitere Ausbauschritte folgten rasch: 1989 wurde ein Stützpunkt in Italien mit dem (1991 auf 100% aufgestockten) Erwerb einer Mehrheitsbeteiligung an der *M&A Società di Mergers & Acquisitions s.r.l.* in Mailand errichtet; im gleichen Jahr nahm auch in den Niederlanden eine Corporate Finance Unit bei der dortigen (inzwischen im Jahre 1995 an die ABN-AMRO Bank verkauften) SBV-Tochter *Swiss Bank Corporation Investment banking NV* in Amsterdam ihre Tätigkeit auf; und in Spanien wurden im Sommer 1989 zunächst die *SBS España SA* für das Arrangement von Übernahmen und Verkäufen von mittleren und kleineren Firmen und im November des gleichen Jahres die Beteiligungsgesellschaft *Inversiones Ibersuizas SA*, Madrid, gegründet (an letzterer beteiligten sich neben dem Bankverein als grösstem Aktionär eine Reihe spanischer Unternehmen aus dem Industrie- und Finanzbereich). Im darauffolgenden Jahr 1990 trug man der 1989 eingeleiteten politischen und wirtschaftlichen Öffnung der osteuropäischen Staaten zunächst einmal damit Rechnung, dass der Bankverein eine Beteiligung von 23% an der *Polish Investment Company plc (PIC)* und von 38% an der *East European Development Ltd. (EED)*, zwei in Grossbritannien domizilierten, aber mit Stützpunkten in Polen, Ungarn und der damaligen Tschechoslowakei ausgestatteten Gesellschaften, erwarb. Ein Jahr später, 1991, wurde die Corporate Finance-Präsenz auch bis zu den Antipoden ausgedehnt, indem der Bankverein in Australien von der *Midland Bank plc* 60% der Aktien der *Dominguez Barry Samuel Montagu Ltd.*, Sydney, übernahm; hierbei handelte es sich um eine der erfolgreichsten Investmentbanken Australiens, spezialisiert unter anderem auf Corporate Finance-Dienstleistungen. Zunächst als Tochtergesellschaft unter dem Namen *SBC Dominguez Barry Corporation Ltd.* weitergeführt firmierte diese Gesellschaft seit Anfang 1994 als *SBC Australia*, bevor sie in der jüngeren Vergangenheit in die SBC Warburg-Organisation eingegliedert wurde.[1] 1992 unternahm der Bankverein einen weiteren

---
[1] Vgl. hierzu S. 139 f.

Anlauf zur Verstärkung seiner Corporate Finance-Präsenz auf der iberischen Halbinsel: nachdem er 1989 eine im gleichen Jahr erworbene Minderheitsbeteiligung an der Merchant Bank *Espirito Santo – Sociedade de Investimentos SA (ESSI)*, Lissabon, wegen unterschiedlicher geschäftspolitischer Ansichten wieder zurückgegeben hatte, beteiligte er sich mit 11% am Stammkapital der *Finantia – Sociedade de Investimentos SA*, Lissabon, einer Investment und Merchant Bank, die ihm und seinen Kunden einen direkten Zugang zum portugiesischen Unternehmens-Markt öffnen sollte; und im selben Jahr 1992 stieg der Bankverein mit dem Erwerb einer 60%-Beteiligung bei der in Polen tätigen, 1991 gegründeten Finanzberatungsgesellschaft *Business Management and Finance International Ltd. (BMF)*, Krakau/London, ein, eine mit westlichem Beratungs- und Finanzierungs-Know-how ebenso wie mit den spezifischen wirtschaftlichen und rechtlichen Gegebenheiten Polens vertraute Sozietät.[1]

Alle diese Schritte – und ihnen folgten seither noch weitere ähnlichen Charakters, und manche wurden in der Zwischenzeit auch wieder rückwärts gewandt getan, weil die geschäftspolitische Philosophie des Bankvereins und diejenige seiner Partner sich manchmal doch als konfliktträchtig erwiesen oder weil, wie in Polen, mit der Integration von Einheiten, die von *S.G. Warburg* übernommen wurden, in den Bankverein Doppelspurigkeiten entstanden waren – waren Schritte auf einem für eine echte Teilnahme am internationalen Corporate Finance-Geschäft notwendigen Weg, so beschwerlich und lang dieser auch sein mochte. Und doch reichten sie nicht aus, um die

Bank auch auf diesem Gebiet ihrem Ziel näherzubringen, in der ersten Weltliga mitzuspielen. Zunächst einmal brauchte es dazu eine straffe, weltweite Führung der weitverstreuten, teilweise auch recht heterogenen Einheiten.

### Aufbau einer Führung

Diesem Zweck dienten verschiedene Änderungen ihrer Führungs- und Organisationsstrukturen in diesem Bereich, die von der Bank ab 1991 in die Wege geleitet wurden. In diesem Jahre 1991 erfolgte zunächst einmal insofern eine auch für die Gesamtbank wichtige organisatorische Weichenstellung, als das *gesamte* Wholesale Banking *ausserhalb* der Schweiz jetzt der von Generaldirektor *Dr. Georges Streichenberg*, dem nachmaligen Ersten Vizepräsidenten der Konzernleitung, geleiteten *Sparte Finanz und International (IFG)*[2] als Teil der Generaldirektion in Zürich unterstellt wurde. Bezüglich der Corporate Finance-Aktivitäten, die darin eingeschlossen waren, wurde eine weltweite Zusammenfassung der schweizerischen und internationalen Organisationseinheiten unter einer zentralen Führung beschlossen; die Verantwortung für diese sich von Basel bis nach

---

[1] Diese Beteiligung hat die Bank im Frühjahr 1996 an das BMF Management zurückverkauft, nachdem sie im Rahmen der Übernahme der Investment Banking-Einheiten der *S.G. Warburg* auch deren – heute unter dem Namen *SBC Warburg Sp.zo.o.* operierende – polnische Tochtergesellschaft erworben hatte. Der Grund für diesen Schritt war, dass es nicht opportun erschien, in Polen mit zwei Bankverein-Tochtergesellschaften aufzutreten; eine Fortführung der Zusammenarbeit mit *BMF* war geplant.
[2] Ab Anfang 1994 als Unternehmensbereich International & Finanz (IFD) bezeichnet und geführt.

Sydney erstreckende Gruppe wurde auf den 1. Januar 1991 dem Holländer *Johannes A. de Gier* übertragen, der auf diesen Zeitpunkt zu einem stellvertretenden Generaldirektor ernannt worden war und der vorher kurz den Vorsitz des Executive Committee des Sitzes London innegehabt hatte (*de Gier* wurde in der Folge per 1. Januar 1993 Generaldirektor bei der Geschäftsleitung in Zürich, Anfang 1995 zweiter Vizepräsident der Konzernleitung mit Standort in Singapur und ab Mai 1996 schliesslich Executive Chairman von SBC Warburg).

Mit dieser Weichenstellung trug die Bank der Tatsache Rechnung, dass der Anteil der grenzüberschreitenden Transaktionen in diesem Geschäftszweig ständig wuchs, so dass eine enge, effizient organisierte Zusammenarbeit der hiermit befassten Konzerneinheiten erfolgsentscheidend geworden war – und dieses um so mehr, als der Bankverein nicht nur innereuropäisch eine stärkere Stellung als Finanzberater und Unternehmensvermittler anstrebte, sondern sich auch um einen angemessenen Marktanteil an den Transaktionen zwischen Europa, den USA, Südostasien und Japan bemühte. Als strategisches Korrelat zur geographischen Ausdehnung wurde eine Konzentration auf ausgewählte Branchen mit hohem Umstrukturierungs- und Übernahmepotential eingeleitet, bei denen die Bank mit der Anstellung spezialisierter Mitarbeiter auch in den Aufbau eigentlicher Branchenkenntnisse investierte; in diesem Sinne ins Visier genommen wurden zunächst die Bereiche Finanz, Medien, Freizeit, Getränke, Papier, Verpackung und Nahrungsmittel.

So anspruchsvoll (wenngleich auch notwendig) diese organisatorische Zusammenfassung schon war – es galt, höchst heterogene Teams bei höchst verschiedenartigen Geschäften an höchst unterschiedlich gearteten Plätzen auf einen (und nicht den kleinsten!) gemeinsamen Nenner zu bringen und zu halten –, so reichte auch das noch nicht aus: einerseits waren die seit Ende der achtziger Jahre vor allem bei den Niederlassungen in den USA, in Grossbritannien und in Asien eingesetzten sogenannten Investment Bankers – im Idealfall sowohl in Kapitalmarkttransaktionen wie in Corporate Finance- und auch Kreditfinanzierungen geschulte Mitarbeiter – in die Aktivitäten dieses Geschäftszweigs einzubinden, haben sie doch die Aufgabe und die Möglichkeit, auf der Grundlage der Finanzberatung der Kunden, des Finanzierungspotentials und der Risikomanagement-Erfahrung des Bankvereins gewichtige Geschäftsbeziehungen anzubahnen und zu pflegen und Transaktionen mit hoher Wertschöpfung zu akquirieren; andererseits segelten artverwandte Dienstleistungen wie Merchant Banking und Equity Banking noch immer unter einer separaten organisatorischen Flagge. Dementsprechend wurden die Investment Bankers ebenfalls der funktionalen Verantwortung des Geschäftsbereichs von *de Gier* in Zürich unterstellt, so verstreut in der Welt sie auch tätig waren (und sind); und im Oktober 1992 beschloss die Geschäftsleitung schliesslich, auch die Ressorts Merchant Banking und Equity Banking mit regionalen Zentren in New York, London und Zürich in das Departement Corporate Finance zu integrieren. Damit – endlich – waren alle Bereiche der internationalen Unternehmensfinanzierung und des Marketing in diesem Geschäftszweig funktional zusammengefasst; ergänzt wurde dieser weitgefächerte Mitarbeiterstab in der Folge noch durch die sogenannten Institutional Bankers, einer ab 1993 in Analogie zum Team der Investment Bankers aufgebauten Organisation von Verkaufsgeneralisten mit weltweiter Verantwortung für eine intensive Bearbeitung der institutionellen Kernkunden der Bank.

**Verankerung im angloamerikanischen Markt**

Die organisatorischen Voraussetzungen für die straffe weltweite Führung dieses Geschäfts waren somit grundsätzlich geschaffen, so anspruchsvoll die Führungsaufgabe angesichts des seinerseits höchst anspruchsvollen, geographisch weitgestreckten Geschäfts auch ist und bleibt. Und doch fehlte der Bank immer noch der direkte Schlüssel zum wirklichen Erfolg auf diesem Gebiet: eine echte, starke Präsenz in den Corporate Finance-Metropolen London und New York, aufgebaut auf einschlägige langjährige Geschäftsbeziehungen und ebensolche Track Records – anhaltende Erfolgsnachweise also. Bezogen in einem ersten Schritt auf London ergab sich die Gelegenheit zur Überwindung dieser Schwäche im Jahre 1995 mit dem alle bisherigen derartigen Schritte des Bankvereins an Grösse und Bedeutung in den Schatten stellenden Erwerb der Investmentbank *S.G. Warburg Group plc.*

*Warburg* – wie die Bank allgemein kurz genannt wurde –, gegründet 1934 durch den nach London emigrierten deutschjüdischen Bankier *Siegmund Warburg* und aufgestiegen in den achtziger Jahren durch eine Serie von Zusammenschlüssen mit grossen Brokerhäusern zur grössten Investmentbank in London mit ungefähr der Hälfte der hundert grössten britischen Firmen als Klienten, war Ende 1994/Anfang 1995 immer mehr in eine ungemütliche, für Investmentbanken zu jener Zeit charakteristische Zwangslage geraten: mit dem Zwang, an allen wichtigen Finanzzentren präsent zu sein, gehen nicht nur hohe, in letzter Konsequenz nur von sehr grossen Banken zu erfüllende Anforderungen an Kapitalkraft (eine globale Präsenz in diesem Geschäft ist ohne die Investition von Hunderten von Millionen Dollar nicht zu haben) und Kostenmanagement (explodierende Personal- und Informatikkosten bei unbeeinflussbar wechselhaftem Geschäftsgang) einher; vor allem bedarf es auch der Existenz (resp. des Ausbaus) äusserst leistungsfähiger, zuverlässiger Risikomanagementsysteme, um der mit globaler Strategie und Handelstätigkeit auf eigene Rechnung wachsenden Gefahr vorzubeugen, auf dem falschen Fuss erwischt zu werden, genauer gesagt, falsch positioniert zu sein und hohe Kapitalverluste zu erleiden. Dass *S.G. Warburg* sich diesen Anforderungen nicht gewachsen zeigte, nachdem die weltweiten Zinssteigerungen 1994 wie bei anderen Banken zu einem drastischen Rückgang der Erträge aus dem Wertschriftenhandel geführt hatten, und zwar ohne Ausgleich etwa in dem für andere inzwischen wichtigen Derivativgeschäft (weil *Warburg* hier zu spät Kapazitäten aufgebaut hatte), demonstrierte zwar, dass *Warburg* sich die meisten Kosten eines «Global Player» ohne Kompensationsmöglichkeiten mit entsprechenden Erträgen aufgeladen hatte, und zudem eine viel zu kleine Eigenkapitalbasis für die wachsenden

Risiken und die grossen Emissionen besass; es bedeutete aber *nicht*, dass *Warburg* ganz ohne Stärken war. Im Gegenteil: unter den internationalen Investmentbanken rangierte die Bank in allen Umfragen unter institutionellen Investoren beständig als die Nummer Eins in institutionellem Research und Consulting, als Nummer Drei im Geschäft mit Übernahmen und Fusionen, und als Nummer Fünf bei Finanzierungen und Aktienplazierungen (Corporate Finance), ganz abgesehen von ihren eingespielten Geschäftsbeziehungen zu vielen internationalen Grosskunden in diesem Geschäft (1994 hatte *Warburg* bei nicht weniger als 34 bedeutenden Take-overs als Beraterin Regie geführt). Ebenso bemerkenswert der längerfristige Erfolgsnachweis: Zwischen 1984 und 1994 hatte *Warburg* mit einer Gesamtsumme der von der Bank geführten M&A-Transaktionen von 90,0 Mrd $ den dritten Platz unter allen internationalen Banken eingenommen, bei Transaktionen im Werte von über 1 Mrd $ mit einer Summe von 75,9 Mrd $ gar den ersten Platz; und auf dem für den Bankverein wichtigen deutschen M&A-Markt stand *Warburg* in der Periode 1990–94 mit dem Volumen der von ihm arrangierten Deals bei weitem an der Spitze aller in- und ausländischen Banken.

Diese Stärken waren es, die *S.G. Warburg* für den Bankverein attraktiv machten. Die mit dem Kauf von *Warburg* mögliche Kombination dieser Stärken mit denjenigen des Bankvereins – die mit Kapitalkraft und globalem Risikomanagement unterlegte Produktpalette im Handel mit Aktien und Aktienderivaten, Devisenprodukten und Zinsinstrumenten und seine inzwischen erworbene

Grosszügige Dimensionen im 1994 in Opfikon bei Zürich in Betrieb genommenen Swiss Bank Center (siehe auch gegenüberliegende Seite).

weltweit führende Stellung im Handel mit diesen Produkten und am Euromarkt – machte strategisch Sinn: der Zusammenschluss versprach auf allen wichtigen Märkten mindestens Europas eine der Spitzenpositionen für die Beteiligten. So kam es Anfang Mai 1995 zu einer Barofferte des Bankvereins in Höhe von 860 Mio £ oder zu jener Zeit rund 1,5 Mrd Fr. (finanziert vom Bankverein aus überschüssigem Eigenkapital sowie mittels nachrangiger Anleihen) für die Übernahme sämtlicher Investmentbanking-Aktivitäten der *S.G. Warburg Group* und der Namensrechte, die wenig später von den *Warburg*-Aktionären angenommen wurde. Der Grundstein war damit gelegt für eine der führenden europäischen Investmentbanken – der das Investment Banking der *S.G. Warburg* und dasjenige des Bankvereins verschmelzenden *SBC Warburg, a Division of Swiss Bank Corporation*. Tatsächlich zeigte sich der Synergieeffekt aus der Verschmelzung der Kapazitäten von *Warburg* und Bankverein noch im gleichen Jahr 1995; *SBC Warburg* war diejenige international tätige Bank, welche die meisten grenzüberschreitenden Übernahmen in Europa (nämlich 40 Transaktionen) betreute, und rückte in bezug auf das Volumen dieser Transaktionen (nämlich 9,3 Mrd £) vom vorjährigen dritten auf den zweiten Platz der Rangliste der Banken vor. Der erste Platz gar wurde ihr in einer Umfrage der Zeitschrift «Euroweek» unter führenden Nachfragern am Euromarkt zuerkannt: auf die Frage, welche Bank die Befragten am meisten hinsichtlich ihrer «Capital-raising abilities» im Jahre 1995 beeindruckt hatte, wurde *SBC Warburg* häufiger als alle anderen Institute genannt. «Euromoney» schliesslich erkannte in seinem «Poll of Polls» 1995 *SBC Warburg* den zweithöchsten

Rang unter den besten Investmentbanken der Welt zu (1994 und 1993 hatten der Bankverein und *S.G. Warburg* getrennt jeweils Plätze zwischen dem 7. und 11. Rang).

Waren mit diesem für den Bankverein zweifellos ausserordentlich bedeutsamen Erwerb (der im übrigen auch in Zusammenhang mit dem andernorts näher skizzierten, 1994 getätigten Kauf von *Brinson Partners*, Chicago, einem der führenden Häuser im Vermögensverwaltungsgeschäft mit institutionellen Kunden in den USA mit verwalteten Vermögenswerten von 36 Mrd $, gesehen werden muss) alle Wünsche der Bank auf diesem Gebiet befriedigt worden? Zunächst noch nicht – dem dritten Schlüssel zum Erfolg als «Global Player» in Investment Banking und Corporate Finance in Gestalt der *Warburg*-Übernahme in London fehlte jedenfalls vorerst noch ein wichtiger Teil: die starke Präsenz im amerikanischen Investment Banking. Gewiss waren hier durch den Sitz New York wie auch durch *O'Connor* bereits wichtige Vorarbeiten geleistet; und ebenso gewiss waren mit der Zusammenfassung der früheren Aktivitäten von *SBCI Swiss Bank Corporation Investment banking Inc.*, von *SBC Derivatives Inc.*, von *SBC Government Securities Inc.* sowie von *O'Connor & Associates* in der nach Zustimmung des *Federal Reserve Board* zur Gründung einer sogenannten Section-20-Tochtergesellschaft[1] auf den 3. Januar 1995 neu etablierten Tochter *SBC Capital Markets Inc. (SBC CMI)*, New York, die Voraussetzungen für eine «meaningful presence» des Bankvereins am amerikanischen Markt weiter verbessert, auch wenn diese neue Tochter ihrerseits nicht direkt im Corporate Finance-Geschäft, sondern mit etwa 650 Mitarbeitern schwergewichtig im Bereich des Treasury, des Commercial- und Private Banking tätig war. Und doch blieb hier noch Handlungsbedarf – nämlich «als längerfristige Absicht (die Errichtung) einer erfolgversprechenden Plattform in Nordamerika, welche sich auf das Investment Banking konzentriert», wie es der zu jenem Zeitpunkt gerade designierte Leiter des Unternehmensbereichs *SBC Warburg*[2], *Marcel Ospel*, in einem Beitrag zur Bankverein-Zeitschrift «*Der Monat*» im Juni 1995 freimütig ausdrückte. Dementsprechend hatte der Bankverein denn auch sogleich nach Übernahme von *S.G. Warburg* im Frühsommer 1995 beim *Federal Reserve Board* den Antrag auf Bewilligung der Integration der US-Operationen der *S.G. Warburg* respektive der 300 Mitarbeiter der *SBC Warburg* USA gestellt.

Kaum ein Jahr später, Mitte Mai 1996, war es dann tatsächlich soweit: der *Federal Reserve Board* gab seine Zustimmung zur Zusammenlegung der beiden bisher getrennt operierenden Investment Banking-Einheiten des Bankvereins in den USA; und der Bankverein schritt danach mit einer neuerdings für ihn charakteristisch gewordenen Geschwindigkeit zur Tat und integrierte per 2. Juni 1996 die amerikanische Organisation der *S.G.*

---

[1] Nach der Section-20-Bestimmung ist es Banken, die sich zur Annahme und Ausleihe fremder Gelder anbieten (Kommerzbanken), erlaubt, das Kapitalmarktgeschäft in grösserem Stil über eine Tochtergesellschaft zu betreiben. Diese Ausnahmebewilligung setzt allerdings voraus, dass zur Zeit höchstens 10% der Gewinne einer Section-20-Gesellschaft aus dem Handel mit Aktien, Derivaten und ähnlichen Produkten stammen (mindestens 90% müssen auf das Geschäft mit Wertpapieren der öffentlichen Hand zurückgehen).

[2] In ihm wurden per 1. Juli 1995 sämtliche Aktivitäten der übernommenen *Warburg*-Organisation und der früheren IFD zusammengefasst.

*Warburg Group & Co. Inc.* in die bestehende Section 20-Tochter *SBC Capital Markets Inc.*, die ihrerseits in *SBC Warburg Inc.* umbenannt wurde. Späteren Bankverein-Historikern überlassen bleiben muss der Bericht über die Entfaltung der Bankverein-Präsenz auf dem nordamerikanischen Corporate Finance-Markt in der Folge dieser Neustrukturierung der amerikanischen Einheiten der Bank im Frühsommer 1996.[1] Eines aber lässt sich heute schon feststellen: die jetzt erfolgte, als strategisches Ziel von Anbeginn anvisierte Zusammenführung der amerikanischen Investment Banking-Organisation des Bankvereins in der *SBC Warburg Inc.* stellt eine Kombination der Stärken des Bankvereins im Währungs- und Zinsengeschäft sowie bei Aktienoptionen und im innovativen Risikomanagement mit den Stärken von *S.G. Warburg* im Geschäft mit amerikanischen Aktien und deren hervorragenden Kundenbeziehungen im Corporate Finance-Geschäft dar. Und ganz deutlich wird, dass die geschäftspolitische Bedeutung dieser Neuordnung kaum überschätzt werden kann, nimmt der Bankverein hiermit doch in den USA nunmehr nicht nur eine Spitzenposition bei grenzüberschreitenden Transaktionen ein, sondern öffnet nordamerikanischen Firmen und institutionellen Kunden mit *SBC Warburg Inc.* als führende europäische Investmentbank gleichzeitig breiten Zugang zu den Märkten in Europa sowie in Asien und im pazifischen Raum. Und vice versa: die in den USA neu geschaffene Einheit[2] stellt einen integrierten Teil von *SBC Warburg* dar, des im Investment Banking tätigen Unternehmensbereichs des Bankvereins.

Mit der Etablierung von *SBC Warburg Inc.* war der Schlussstein bei der Übernahme der Investment Banking-Aktivitäten der *S.G. Warburg Group plc* durch den Bankverein gesetzt. So krönend dieser abschliessende Schritt auch war, so wenig übersehen werden sollte indessen auch die ausserordentliche Leistung, die im Sommer 1995 von allen an der Integration der Investment Banking-Aktivitäten von *S.G. Warburg* in den Bankverein Beteiligten erbracht wurde: angekündigt am 10. Mai 1995 konnte die Akquisition in praktisch allen Ländern (ausserhalb der USA) in einer fast unglaublich kurzen Zeitspanne realisiert werden. Konkret:

- Die Zusammenlegung der Betriebssysteme in London, die erste grosse Herausforderung, wurde so rasch durchgesetzt, dass *SBC Warburg* bereits am 3. Juli 1995 – am Tage nach dem Inkrafttreten der Akquisition – in den Märkten unter dem neuen Markennamen und in London mit einem integrierten EDV-System auftreten konnte;
- das Risikokontrollsystem des Bankvereins wurde auf den gleichen Tag für alle ehemaligen *S.G. Warburg*-Handelsabteilungen wirksam;
- das Devisen- und Zinsengeschäft, bei dem die Bankverein-Ressourcen dominierten, wurde sofort verschmolzen;
- beim Aktiengeschäft war die Reorganisation Ende August 1995 mit der Schaffung einer neuen, äusserst schlagkräftigen Einheit im wesentlichen abgeschlossen;
- im Bereich Corporate Finance wurden Organisation und Abläufe grundlegend dahingehend geändert, dass sich dieser Bereich seither

---

[1] Zumal vorerst, im Sommer 1996, die Revision des *Glass-Steagall Act*, der eine Trennung der Investmentbanken und der Kreditbanken vorschreibt, vom amerikanischen Kongress abermals vertagt worden ist. Mindestens eine baldige Lockerung dieses Gesetzes scheint sich aber doch anzubahnen.

[2] Zum Zeitpunkt ihrer Etablierung verfügte *SBC Warburg Inc.* über rund 1000 Mitarbeiter mit einem Hauptsitz in New York und Vertretungen in Chicago, Philadelphia, San Francisco und Boston. Weitere 1000 Mitarbeiter waren zum gleichen Zeitpunkt in den Bereichen Trade Finance, Foreign Exchange, Latin America etc. für den Sitz New York tätig, welcher einen integrierten Bestandteil von SBC Warburg darstellt.

aus ergebnisverantwortlichen Einheiten, die weltweit für bestimmte Industriezweige zuständig sind, sowie aus Gruppen mit Länderverantwortung zusammensetzt;

und was die Unternehmensstruktur weltweit betrifft, so wurden die Tochtergesellschaften, die ausschliesslich im Investment Banking tätig sind, so umbenannt, dass der Markenname «SBC Warburg» in ihrer Firmenbezeichnung enthalten ist, während für die übrigen Geschäftszweige der oberste Grundsatz darin bestand, die Aktivitäten von *S.G. Warburg* in die Niederlassungen des Bankvereins zu integrieren, um die Vorteile weiterhin zu nutzen, die sich aus der Kapitalisierung und dem Kredit-Rating der Bank ergaben.[1]

Bedenkt man, dass diese Massnahmen mehrere Dutzend Gesellschaften und Niederlassungen des Bankvereins und *S.G. Warburg* in aller Welt betrafen, dass in diesen Einheiten Tausende von Mitarbeitern betroffen waren, und dass die Massnahmen schliesslich nicht in einer Sandkastenübung, sondern mitten im laufenden Geschäft und unter den Augen einer sprungbereiten Konkurrenz getroffen werden mussten, so kann man als Indiz für die Effektivität dieses ganzen Prozesses die hervorragende Bewertung von *SBC Warburg* durch die Kunden in internationalen Bankenvergleichen nach Ablauf dieses ereignisreichen Jahres 1995 nur mit Respekt vermerken. Ebenso respekterheischend ist aber auch das bereits im ersten (Rumpf-)Geschäftsjahr der SBC Warburg eingefahrene Ergebnis: Bei Betriebserlösen von 3,827 Mrd Fr. und Betriebskosten inkl. Abschreibungen, Rückstellungen und Steuern von 3,164 Mrd Fr. betrug das Nettoergebnis des neu geschaffenen Unternehmensbereiches 663 Mio Fr. (womit die Eigenkapitalrendite des der SBC Warburg zurechenbaren Kapitals ansehnliche 14,1% erreichte).

### Abschnitt 3:
### Corporate Finance-Geschäfte

So sehr das Investment Banking und in engerem Sinne speziell das Corporate Finance-Geschäft beim Bankverein in den späten achtziger und frühen neunziger Jahren durch die von Kunden und Konkurrenten ausgehenden Zwänge «to get organized» geprägt gewesen ist, so wenig dürfen auch im Rückblick die zum Teil doch recht bedeutenden Geschäftserfolge übersehen werden, die der Bankverein dank seiner guten Verbindungen und seiner guten Mitarbeiter in diesen Jahren *malgré tout* in diesem Geschäft verzeichnen konnte. Das gilt auch für eher exotische Seitenarme des Corporate Finance wie etwa die Projektfinanzierungen, für welche die Bank wegen deren Kreditnähe eine gewisse Affinität besitzt.

---

[1] Eine Aufzählung aller in diesem Zusammenhang vorgenommenen Umfirmierungen verbietet sich hier aus Platzgründen; nähere Details der noch im gleichen Jahr eingeführten Neuerungen enthält der Bankverein-Geschäftsbericht 1995.

Teil 1/Kapitel 3: Global Corporate Finance: Vielfältiges Financial Engineering

## Finanzierung von Projekten

In den Industrie- wie in den Entwicklungsländern hatte sich in den achtziger Jahren bei Infrastrukturinvestitionen und im Grossanlagenbau ein steigender Trend zu Paketlösungen entwickelt, die neben Engineering und Bau auch die Finanzierung und den Betrieb umfassen (sog. BOT-Lösungen: Build, operate, transfer). Im Hinblick hierauf wurde im Bankverein im Jahre 1987 ein zentrales, weltweit eng mit den Sitzen zusammenarbeitendes Spezialistenteam eingerichtet. Darüber hinaus wurde beim Sitz New York ebenfalls eine Spezialeinheit geschaffen, weil das Schwergewicht der Bankverein-Aktivitäten auf diesem Sektor zunächst bei Mandaten für die Finanzierung von Kraftwerk- und Minenprojekten in den USA lag. Schliesslich wurde in Sydney noch ein weiterer Stützpunkt für die Bearbeitung des australischen Kontinents und des asiatischen Raums etabliert. So ausgerüstet stiess die Bank in den Folgejahren vor allem in das (fachlich auch dem internationalen Kreditgeschäft zuzurechnende) Geschäft mit strukturierten und syndizierten Finanzierungen von Kraftwerken vor.

*Die Perronhalle im neuen Bahnhof Luzern, an dessen Projektierung die Emch + Berger AG sowie die Suiselectra Ingenieurunternehmung AG massgebend beteiligt waren.*

*Durch die Beteiligung an der Universal Ingenieur AG (UIAG) ist der Bankverein mit einer Reihe von Ingenieurgesellschaften verbunden.*

So hatte der Bankverein 1988 in den USA die Finanzierung des bis dahin grössten je projektierten Kombikraftwerks mitarrangiert und sich an den Krediten beteiligt; 1989 hatte er die Federführung bei der Finanzierung eines privaten Kombikraftwerks in Hawaii inne, dessen Bau auch mit bedeutenden schweizerischen Maschinenlieferungen verbunden war. Im folgenden Jahr syndizierte die Bank in Grossbritannien mit Erfolg die Finanzierung des ersten Kombikraftwerks mit einer Kapazität von 224 Megawatt und Investitionen von 135 Mio £ und bearbeitete überdies ein Mandat zur Strukturierung der Kapitalbeschaffung für ein englisches Gasturbinenkraftwerk; gleichzeitig wickelte die Bank in den USA federführend die rund 55 Mio $ betragende Finanzierung für das Camas-Kraftwerk im Staate Washington ab, bei dem aus Abfällen der Holzindustrie Dampf und Elektrizität erzeugt wird. Ebenfalls in den USA konnte der Bankverein 1991 die Finanzierung von

Teil 1/Kapitel 3: Global Corporate Finance: Vielfältiges Financial Engineering 142

zwei umweltfreundlichen Kohlekraftwerken und einem Gasturbinenkraftwerk strukturieren und syndizieren.

Die so erarbeitete Expertise bei der Finanzierung von Kraftwerken hatte übrigens frühe Wurzeln: schon im Jahre 1910 hatte der Bankverein in Österreich die *Steiermärkische Elektrizitäts-Aktiengesellschaft (STEG)* gemeinsam mit der *Schweizerischen Eisenbahnbank*, Basel – der späteren *Schweizerischen Elektrizitäts und Verkehrsgesellschaft (Suiselectra)* –, und der *Schweizerischen Gesellschaft für Anlagewerte*, Basel, gegründet und finanziert (eine Gesellschaft, von der er sich im Juni 1992 im Rahmen neuerer Bestrebungen zum Abbau von bankfremden Mehrheitsbeteiligungen durch Verkauf seiner Beteiligung von 97,7% trennte); und der Elektrizitätswirtschaft war er auch in späteren Jahren, teilweise auch in Zusammenarbeit mit den Ingenieuren der *Suiselectra*, immer verbunden geblieben.

Gestützt auf derartige ältere und neuere Erfahrungen gelang es dem Bankverein denn auch im Jahre 1992 erstmals, Aufträge in Spanien und in Finnland zu akquirieren. Besonders bemerkenswert war das Beratungsmandat für die Finanzierung eines spanischen Gasturbinenkraftwerks, das auch von der Europäischen Gemeinschaft im Hinblick darauf unterstützt wurde, dass es einen umweltfreundlichen Einsatz von Kohle vorsah. In Grossbritannien strukturierten und syndizierten die Bankverein-Teams in diesem Jahr die Finanzierungen von zwei bedeutenden Kombikraftwerken für *Derwent* und *Barking Power* (bei letzterem mit einer geplanten Kapazität von 1000

Gegenüberliegende Seite: Die Einweihung des wiederaufgebauten Bahnhofs Luzern erfolgte im Februar 1991 – genau 20 Jahre nach dem verheerenden Grossbrand.

Megawatt war die Bank einer der beiden Lead Manager und plazierte einen namhaften Teil des Kredits bei anderen internationalen Banken). Zur Lead Arranger-Gruppe gehörte die Bank überdies bei der Finanzierung des *Collie Power*-Projekts auf dem australischen Kontinent, das 1992 lanciert wurde.

Die Projektfinanzierungen des Bankvereins beschränkten sich indessen nicht nur auf Kraftwerke: Andere Projekte der vergangenen Jahre betrafen so unterschiedliche Objekte wie die Erschliessung einer Eisenerzmine in Australien und – als Co-Arranger und Co-Lead Underwriter – die Finanzierung des Euro-Disneyland-Vergnügungsparks bei Paris (beide 1988), die Erweiterung einer grossen Papierfabrik in Kanada als Co-Lead Manager (1989), die Finanzierung einer 600 km langen Gas-Pipeline in den USA als Co-Arranger (1991), Mandate in den Bereichen Strassenbau und Petrochemie in den USA (1992), sowie die Finanzierung von Anlagen zum Abbau von Rohstoffvorkommen.

### «Mergers & Acquisitions»

Gleichzeitig mit dem Aufbau seiner Marktstellung bei Projektfinanzierungen gelangen dem Bankverein bei der Vermittlung von Unternehmensübernahmen und Fusionen – einem eigentlichen Kerngeschäft des Corporate Finance – in den letzten Jahren schöne Erfolge, auch wenn die insgesamt von der Bank bearbeitete Zahl der Mandate für einen Spitzenplatz bei weitem noch nicht ausreichte.

In die neunziger Jahre eingetreten war die Bank auf diesem Gebiet mit rund 100 M&A-Mitarbeitern an Stützpunkten in der Schweiz, der Bundesrepublik Deutschland, in Frankreich, Grossbritannien, Italien, Spanien, den Niederlanden und den USA. Sie wickelten im Jahre 1991 rund 30 Transaktionen erfolgreich ab, deren Gesamtbetrag in Höhe von nicht weniger als 3,5 Mrd Fr. erkennen lässt, dass es sich dabei nicht mehr allein um die Transaktionen zwischen mittelgrossen schweizerischen Unternehmen gehandelt hat, welche früher einmal vorgeherrscht hatten. Im Gegenteil: Beraten wurde beispielsweise die holländische *Elsevier NV* beim Kauf der britischen *Pergamon Press*, die schweizerische *Ascom Holding* beim Erwerb der amerikanischen *Timeplex*, die schwedische *AB Kinnevik* beim Verkauf ihrer Tochter *Kloster Speedsteel* an die französische *Eramet SLN* sowie die *Caisse du Crédit Agricole d'Ile-de-France* bei der Übernahme der *Banque de Gestion Privée*. Diese starke Entwicklung setzte sich im konjunkturell günstigen Jahr 1992 mit 40 Transaktionen im Wert von rund 20 Mrd Fr. noch verstärkt fort. Erwähnenswert unter den Mandaten dieses Jahres: vor allem dasjenige für die Finanzberatung der *Elsevier NV* bei deren Fusion mit der britischen *Reed International*, mit der eine der seinerzeit grössten Verlags- und Mediengruppen der Welt geschaffen wurde, wie auch dasjenige der italienischen *ENI*-Gruppe im Zusammenhang mit der Privatisierung der staatlichen Erdölgesellschaft *AGIP S.p.A.*; ausserdem beriet der Bankverein die niederländische *Jamont Holdings NV* beim Verkauf ihrer französischen Tochtergesellschaft *Kaysersberg Packaging SA* an die britische *David S. Smith (Holdings) plc*, und die ebenfalls britische *Eagle Star Holdings* beim Verkauf ihrer australischen Tochter *Australian Eagle Insurance Co. Ltd.* an die *QBE Insurance Ltd.* in Australien.

Schwankend zwar in bezug auf Zahl und Umfang der von der Bank arrangierten M&A-Transaktionen, stabil aber in bezug auf den hohen Grad der Komplexität und der Wertschöpfung dieser Transaktionen entwickelte sich die M&A-Aktivität der Bank auch in den konjunkturell weniger freundlichen Jahren ab 1993/94. Als wichtig hierfür und deshalb richtig erwies sich zweierlei: nämlich einmal die konsequente Spezialisierung des Bankvereins auf bestimmte Industriezweige, speziell solchen, die sich in einer Restrukturierungsphase befinden und deshalb grossen Bedarf an komplexen, kreativen und oft auch zeitaufwendigen Beratungen bei der Konstruktion oftmals grenzüberschreitender Joint Ventures, Allianzen und Zusammenschlüssen haben; und andererseits der koordinierte Einsatz der M&A-Spezialisten mit den Investment Bankers, denen die intensive Kundenbetreuung mit dem Angebot massgeschneiderter Finanzierungsberatungen und Risikomanagement-Produkte oblag. Zweifellos ist es diese durch Vertiefung der Marktbearbeitung und Verbreiterung des Beratungs- und Finanzdienstleistungsangebots gekennzeichnete strategische Ausrichtung, welcher der Bankverein die (auch Mitte der neunziger Jahre noch vor der Übernahme von *S.G. Warburg* gelungene) weitere Verstärkung seiner Marktstellung als Berater in den Branchen Getränke, Papier, Verpackung, Medien und Telekommunikation, Nahrungsmittel und Verpflegung sowie Baumaterialien zu verdanken gehabt hat.

Dass er in diesen Jahren – mit Ausnahme der Schweiz – einen wohlüberlegten Rückzug aus dem Feld mittelgrosser und kleiner Firmen angetreten hat, hat ihm speziell in den USA, in Grossbritannien und in der Bundesrepublik Deutschland zwar mancherlei Verluste an Kundenbeziehungen, Sympathien und auch Verständnis seitens der hiervon betroffenen Mitarbeiter eingetragen, war aber wohl der Preis, der von einer trotz allem noch ungenügend in diesen Märkten verankerten Institution dafür zu entrichten war, dass die gerade bei diesem Geschäft stets drohende Verzettelung vermieden wurde.

### «Equity Banking»

Von dieser Zurückhaltung geprägt gewesen ist auch bis auf den heutigen Tag das Equity Banking des Bankvereins – die Vermittlung bzw. die (temporäre) Zurverfügungstellung von Eigenkapital. Für dieses Geschäft brachte die Bank neben ihren vielfältigen kommerziellen Kundenbeziehungen, ihren Informationen und ihren Finanzierungskenntnissen und -möglichkeiten die teilweise Jahrzehnte zurückreichenden Erfahrungen ihrer Finanzierungs-Tochtergesellschaften *INDELEC Schweizerische Gesellschaft für elektrische Industrie*, Basel, und *Schweizerische Elektrizitäts- und Verkehrsgesellschaft*, Basel, mit, die Anfang 1989 in die damals neu geschaffene Abteilung Beteiligungen integriert wurden; angemerkt sei, dass mit der Integration der letztgenannten Tochtergesellschaft ein Institut von der Bühne abtrat, an dessen Gründung unter dem Namen *Schweizerische Eisenbahnbank* der Schweizerische Bankverein (genauer: der *Basler Bankverein*) im Jahr 1890 beteiligt gewesen war, und das er 1971 ganz übernommen hatte, weitere Erinnerung daran, dass heutige Phänomene oft tiefere Wurzeln haben als dem Zeitgenossen ohne weiteres ersichtlich.

Parallel zum erwähnten Ausbau der Beratungs- und Vermittlungsaktivitäten kümmerte die Bank sich auch seit Ende der achtziger Jahre wesentlich aktiver um das Equity Banking (die längerfristige Verwaltung mehr oder weniger zufällig im Beteiligungs-Portefeuille der Bank liegender Beteiligungen früherer Jahre hatte kaum diese Bezeichnung verdient). Als Zielgruppe identifiziert wurden Unternehmen mit überdurchschnittlichen Wachstumschancen und entsprechendem Potential für Kapitalgewinne, die generell oder zur Finanzierung einer einzelnen Ausbauetappe nicht (oder noch nicht) über die Börse zu gehen wünschten. Die Aktivitäten der Bank auf diesem Gebiet waren und sind naturgemäss sowohl gelegenheitsbedingt als auch konjunkturabhängig (gewesen).

So nutzte die Bank einerseits günstige Börsenlagen jeweils, um früher übernomme Positionen mit Gewinn zu veräussern; andererseits übte sie in Phasen schwacher Konjunktur Zurückhaltung beim Eingehen neuer Engagements. Wichtige Vorgänge in den Jahren seit 1989 waren die schrittweise Reduktion der seit 1906 gehaltenen Beteiligung an der *Schweizerischen Treuhandgesellschaft (STG)* auf zunächst 25% und schliesslich auf Null zugunsten der neu gegründeten Partnerstiftung der *STG* zwischen 1990 und 1992[1]; die Erhöhung des Volumens an neuen Beteiligungen und eigenkapitalähnlichen Finanzierungen der Equity Banking-Gruppe auf 221 Mio Fr. im Jahre 1991, denen Desinvestitionen in diesem Jahr von 138 Mio Fr. gegenüberstanden (darunter die Veräusserung von zunächst 51% – in den Folgejahren 100% – der nach dem Zweiten Weltkrieg übernommenen Basler Handelsbank, die jetzt *«Basler Handelsbank» Beteiligungs- und Finanzgesellschaft (BHB)* firmiert hatte und die, wie erwähnt, an den Spätfolgen des missglückten *co op*-Engagements der Bankverein-Gruppe litt, an den kleinen westschweizerischen Mischkonzern *Harwanne SA*); die schon erwähnten Verkäufe der *Steiermärkischen Elektrizitäts-Aktiengesellschaft STEG* an die teilprivatisierte *Österreichische Elektrizitätswirtschafts-Aktiengesellschaft* und der noch beim Bankverein verbliebenen Engagements im deutschen Detailhandel, der *Gottlieb Handelsgesellschaft mbH* in Freiburg/Br. an die *Edeka*, der *KAFU-Wasmund* an die *Rewe*, im Jahre 1992; und die Reduktion des Portefeuilles des Ressorts Equity Banking auf 62 Beteiligungen mit einem Buchwert von insgesamt rund 200 Mio Fr. durch den mit Kapitalgewinn durchgezogenen Verkauf einiger in früheren Jahren eingegangener Beteiligungen 1993. Das Geschäftsgebaren der Bank auf diesem Sektor war, wie gesagt, in gutem Sinne opportunistisch; nicht opportunistisch aber war der stete hohe Anspruch der Bank an die Bonität der Kunden, die Qualität ihrer Produkte und an die Beteiligungskonditionen; und so hat die Zahl der Neuakquisitionen in allen zurückliegenden Jahren stets nur einen geringen Prozentsatz der eingegangenen Anfragen ausgemacht.

Diese zwar am Geschäft grundsätzlich interessierte und doch aus guten Gründen distanzierte Haltung ist es denn auch gewesen, welche den Bankverein gegen Mitte der neunziger Jahre veranlasste, das Equity Banking rechtlich und wirtschaftlich zu verselbständigen (auch wenn es funktional in den Geschäftsbereich International und Finanz eingebunden blieb). Er erhöhte zu diesem Zwecke seine Beteiligung an der *Société Financière Italo-Suisse SA*, Genf, über ein öffentliches Angebot auf 98,5% Ende 1994; die im Jahre darauf in *SBC Equity Partners AG* umbenannte Gesellschaft übernahm die Funktion einer Holding- und Managementgesellschaft für das Equity Banking des Bankvereins in Westeuropa und speziell in der Schweiz. Von grösseren Schritten auf diesem Gebiet ausserhalb des angestammten Territoriums aber sah die Bank vorerst weiter ab und beschränkte sich dementsprechend auf dem grossen amerikanischen Markt – *for the time being* – auf eine 1994 erworbene, auf höchstens 24,9% begrenzte Beteiligung an der Venture Capital-Firma *Fenways Partners Capital Fund L.P.*, in bezug auf die Ausdehnung des Equity Banking-Geschäfts in andere Märkte wie Südamerika und den asiatisch-pazifischen Raum sogar vorerst auf prüfende Beobachtung. Dass sie damit mehr Schäden vermieden als Gelegenheiten verpasst hat ist die Hoffnung; beweisen lässt es sich nicht ...

---

[1] Die Bank hat sich von ihrer «Treuhand», lange Jahre eine Perle in ihrem Beteiligungsportefeuille, im Rahmen eines Management-Buyouts durch deren leitende Mitarbeiter (und nachmaligen Partnern) zwar mit Bedauern, aber doch in nüchterner Erkenntnis der Tatsache getrennt, dass die gedeihliche Weiterentwicklung dieser Gesellschaft gerade im internationalen Geschäft die in den angelsächsischen Ländern und der Europäischen Union geforderte völlige Unabhängigkeit von aussenstehenden Kapitaleignern voraussetzte.

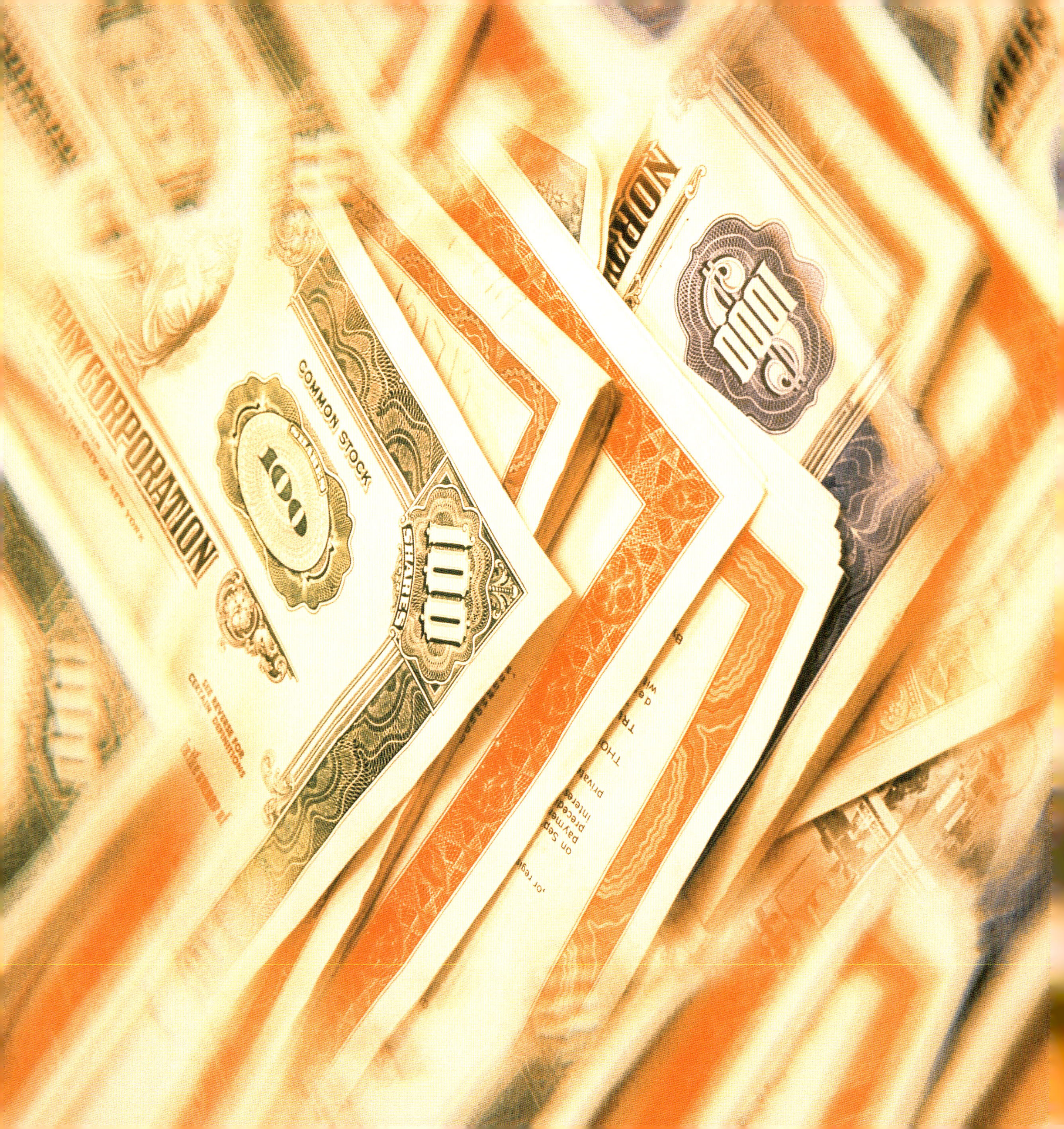
CORPORATION
COMMON STOCK
100
SHARES
100

## Vermögensverwaltung für institutionelle und private Kunden

Wohl kein anderes Gebiet des Bankgeschäfts hat seit jener Zeit, in welcher der Bankverein sein hundertstes Jubiläum beging, eine ähnlich explosive Entwicklung erlebt wie dasjenige der Anlageberatung und Vermögensverwaltung. Vorab in den Industrieländern, ganz besonders aber in Europa, stiegen mit der raschen Verbesserung des materiellen Lebensstandards immer breiterer Bevölkerungsschichten die insgesamt und pro Kopf verfügbaren Ersparnisse und Rücklagen mit einer Geschwindigkeit und auf Niveaus an, die in der Wirtschaftsgeschichte ohne Beispiel sind: so verzeichnete etwa ein durch den Zweiten Weltkrieg zunächst verwüstetes und verarmtes Land wie die Bundesrepublik Deutschland einen Anstieg der privaten Geldvermögen von kümmerlichen 20 Mrd DM nach der Währungsreform 1948 auf rund 250 Mrd DM zwanzig Jahre später und auf nicht weniger als rund 3700 Mrd DM nach weiteren 25 Jahren, 1993; und andere Länder, zu denen nicht zuletzt die Schweiz zählt, wiesen ähnliche Zuwächse und vergleichbare Bestände auf. Gleichzeitig erlebte der von Institutionen wie betrieblichen Pensionskassen und Lebensversicherungen verwaltete Vermögensbestand eine eigentliche Explosion, stimuliert einerseits durch das Wachstum der individuell verfügbaren, nicht durch Konsumbedürfnisse in Anspruch genommenen Mittel, andererseits durch die Ausbreitung betrieblicher Pensionseinrichtungen in vielen Ländern. Die Schweiz war auch hier an vorderer Front: im Jahre 1982 hatten die eidgenössischen Räte das Bundesgesetz über die berufliche Alters-, Hinterlassenen- und Invalidenvorsorge (BVG) verabschiedet, ein epochemachendes Sozialwerk, das 1985 in Kraft trat und rund 2,5 Mio Arbeitnehmern einen obligatorischen Pensionsanspruch gewährte. Weltweit haben sich Mitte der neunziger Jahre bei Pensionskassen Finanzaktiven von schätzungsweise 7000 Mrd $ angesammelt, von denen etwa 3900 Mrd $ auf die USA entfallen.

Schon diese wenigen Hinweise verdeutlichen, welch ein Geschäftspotential im Bereiche der Vermögensverwaltung in den vergangenen Jahrzehnten für Banken entstanden ist – für Banken, heisst das, welche über die richtigen Voraussetzungen zur Bearbeitung dieses Potentials verfügten. Diese Voraussetzungen waren (und sind) zunächst einmal standortbezogen: Politische und speziell währungspolitische Stabilität und strikte Respektierung der Privatsphäre seitens staatlicher Instanzen (Bankgeheimnis) stehen für Anleger weltweit bei der Wahl eines Landes für die Vermögensverwaltung zuoberst – und weil die Schweiz in diesen Punkten besser als viele andere Länder dastand (und hoffentlich weiterhin mindestens ebensogut wie andere vergleichbare Länder bleiben wird), hat sie sich in bezug auf die von ihren Banken insgesamt verwalteten Vermögen (für 1994 von unabhängigen Experten auf 2340 Mrd Fr. geschätzt) seit langem als kleine «Weltmacht» etabliert. Hinzu kommt, dass hier die Anleger weitere, für sie wichtige Voraussetzungen im bankenbezogenen Bereich ebenso sichergestellt finden: das breite Fachwissen in bezug auf eine explosiv wachsende Vielfalt von Anlagealternativen, die Verfügbarkeit von Anlagemedien für unterschiedlichste Anlegerprofile und -präferenzen, sowie eine den

Bedürfnissen einer internationalen Klientel entsprechende weltumspannende Erreichbarkeit (accessibility) – kurz, die richtigen Menschen, Produkte und Organisationsformen. Der Bankverein hat speziell in den letzten fünfundzwanzig Jahren grosse Anstrengungen unternommen, um den Anforderungen der Anleger in diesen entscheidenden Punkten gerecht zu werden. Er war dafür gut gerüstet: für die Globalisierung der Wertschriftenmärkte dank seiner Präsenz auf allen fünf Kontinenten, für die Proliferation der Finanzinstrumente dank seiner «cutting edge»-Philosophie bei der Produktinnovation (siehe seine prominente Stellung bei Entwicklung und Vermarktung derivativer Produkte), für die seit den frühen siebziger Jahren eingetretene, anlagepolitisch höchst brisante Wechselkursvolatilität mit seiner weltweiten Präsenz auf den Devisenmärkten, sowie für die ungeheure Verbreitung und Beschleunigung anlagerelevanter Informationen dank seiner unablässigen Bemühungen um den Ausbau eines bankeigenen globalen Real-Time-Kommunikationsnetzes. Er zielte dabei ebenso auf institutionelle Anleger wie auf vermögende Privatkunden ab – und in beiden Kundensegmenten gelang es der Bank, seit der Zeit ihrer Zentenarfeier in dreistellige Milliardenzahlen gehende Anlagevolumina unter Verwaltung zu nehmen.

## Abschnitt 1:
## Institutionelle Anleger

Seit den frühen siebziger Jahren sind in der Schweiz die Pensionskassen neben den Versicherungen zu gewichtigen Kapitalsammelstellen herangewachsen. Dieses Wachstum ist jedenfalls teilweise zulasten der Banken erfolgt: seit Mitte der siebziger Jahre ist das bei Pensionskassen angelegte Vermögen jährlich um fast 10% angestiegen; 1994 hatte es die 300 Mrd-Grenze überschritten und bezifferte sich damit auf mehr als 70% der gesamten Spareinlagen bei den Schweizer Banken – und die Entwicklung ist seither ungebrochen weitergelaufen, so dass der Gleichstand beider Kapitalaggregate mittlerweile in Sichtweite gekommen ist.

Diese Scherenentwicklung hat sich zwangsläufig dämpfend auf die Refinanzierung des konventionellen Zinsdifferenzgeschäfts ausgewirkt, speziell natürlich im Hypothekarkreditgeschäft, dessen Umfang und Konditionen vom Spargeldzufluss stark beeinflusst werden; andererseits hat sie aber einer anderen Banksparte, eben der Vermögensverwaltung für institutionelle Anleger, starken Auftrieb gegeben – und für Universalbanken wie den Bankverein war damit die willkommene Möglichkeit zur Kompensation gegeben, die er durch den – an anderer Stelle (Kap. 1, Abschn. 3) bereits beschriebenen – entschlossenen Ausbau seiner verschiedenen, den Pensionskassen zur Verfügung stehenden Personalvorsorge-Einrichtungen in den siebziger und achtziger Jahren nutzte. Ihm wuchs damit nicht nur ein für den Ertrag aus dem Vermögensverwaltungs- und Anlagegeschäft und aus Courtagen wichtiges Potential zu (insgesamt haben diese Erträge Anfang dieses Jahrzehnts die 2 Mrd-Fr.-Grenze pro Jahr überschritten und sind damit dem Erfolg aus dem traditionellen Zinsengeschäft mittlerweile nahegerückt); geschäftspolitisch ebenso bedeutsam war, dass er damit auch seine für die Kapitalmarktsparte so entscheidend wichtige

Plazierungskraft stärkte – weitere Erinnerung an die Verbundvorteile einer Universalbank, und zwar im Prinzip unabhängig davon, ob diese ihre Geschäfte in gesellschaftsrechtlicher Hinsicht zentriert im Stammhaus oder konsolidiert im Konzernverbund führt.

**Aufbau einer Portfolio Management-Gruppe**

Eine derartige konzernähnliche, mit spezialisierten regionalen Tochtergesellschaften arbeitende Struktur wurde beim Bankverein im Verlaufe der achtziger Jahre unter der Ägide der im Laufe der Zeit für das Anlagegeschäft verantwortlichen Geschäftsleitungsmitglieder *Dr. Hans-Conrad Kessler* und *Ernst Balsiger* zum Zweck der professionellen Verwaltung institutioneller Vermögen in verschiedenen Schwerpunktländern aufgebaut – in Schwerpunktländern auch deshalb, weil die hohen Anforderungen der anspruchsvollen institutionellen Anleger an eine nachhaltig hervorragende Performance nur mit erstklassigen Fachleuten und modernsten technischen Einrichtungen und Kommunikationsmitteln zu erfüllen waren, was aber eine schwerpunktmässige Konzentration der Kräfte nahelegte. Überdies betonte die rechtliche Selbständigkeit der im Zuge dieser Politik geschaffenen Einheiten ihre anlagestrategische Verantwortung und half zugleich, qualifizierte, unternehmerisch denkende und handelnde Portfolio-Manager für die Bankverein-Organisation zu gewinnen.

Eine erste Portfolio Management-Gesellschaft wurde in New York etabliert, und zwar im Jahre 1982, mehrere Jahre vor dem Beginn des Aufbaus einer ganzen Gruppe derartiger Firmen. Mit der Gründung der *SBC Portfolio Management International Inc.* durch die seit 1969 unter dem Namen *Basle Securities Corp.* in New York City ansässige Brokerfirma des Bankvereins (sie ihrerseits wurde 1984 in *Swiss Bank Corporation International Securities Inc./SBCI Securities* und weitere drei Jahre später in *SBCI Swiss Bank Corporation Investment banking Inc.* umfirmiert) suchte der New Yorker Sitz des Bankvereins einer Entwicklung Rechnung zu tragen, die zu jener Zeit eingesetzt hatte und die in der Zwischenzeit zu einer machtvollen, an allen Börsenplätzen der Welt spürbaren Kraft geworden ist: der bis heute immer noch zunehmenden, von den Gepflogenheiten früherer Jahrzehnte abweichenden Praxis amerikanischer Pensionskassen, ihre Anlagen mindestens zu einem Teil in nichtamerikanischen Papieren zu tätigen – womit sie natürlich für die ausländischen Vermögensberater und -verwalter zu einer interessanten Kundengruppe heranreiften. Mit der im Juni 1982 von der amerikanischen *Securities and Exchange Commission (SEC)* offiziell zugelassenen Gesellschaft war der Bankverein die erste diesen Kundenkreis pflegende schweizerische Grossbank in den USA. Ausgerichtet auf eine in erster Linie aus amerikanischen Vorsorgeeinrichtungen, daneben aber auch aus multinationalen Unternehmen, Banken, Versicherungen und grossen Privatkunden weltweit bestehenden Zielkundschaft mit internationaler Streuung ihrer Anlagen erkämpfte sich die *SBC Portfolio Management International Inc.* im Laufe der achtziger Jahre ihren Platz im harten amerikanischen Markt, benachteiligt zunächst durch den ursprünglich noch fehlenden «Track Record», den

Erfolgsnachweis über einen längeren Zeitraum. Festgehalten zu werden verdient immerhin, dass sie bis 1990 unter den Bankverein-Tochtergesellschaften, die vornehmlich Vermögen institutioneller Anleger verwalteten, allein einen Gewinn zu erarbeiten vermochte. Massgeblich für diesen Erfolg waren immer neue Initiativen in Produktentwicklung wie in Akquisition: So hatte die Gesellschaft im Jahre 1988 beispielsweise einen Markstein mit der Gründung des *Swiss Bank Corporation Commingled Investment Trust* gesetzt, der hauptsächlich nichtamerikanische Titel enthielt und kleineren amerikanischen Pensionskassen mit einem Vermögen von bis zu 100 Mio $ angeboten wurde – ein neues Marktsegment für die New Yorker Tochter; und im Jahre 1989 gelang ein wichtiger und für nichtamerikanische Banken durchaus bemerkenswerter Durchbruch bei der Akquisition von öffentlichen Geldern.

Vorher war die Geschäftsleitung der Bank bereits im Jahre 1987 an den Aufbau weiterer Portfolio Management-Gesellschaften gegangen, für die sich ein möglichst einheitliches, übersichtliches Führungs- und Organisationskonzept aufdrängte (auch wenn dann noch weitere fünf Jahre verstreichen sollten, bis – worauf noch einzugehen sein wird – eine eigentliche zentrale Führung dieser Gruppe realisiert wurde). Den Anfang beim weiteren Ausbau des Portfolio Management-Netzes des Bankvereins in der zweiten Hälfte der achtziger Jahre machte London, wo die *SBC Portfolio Management International Ltd.* im Juli 1987 ihre Tätigkeit aufnahm. Trotz ihres schwierigen Starts – im Oktober ihres Gründungsjahres hatte der mittlerweile historische Börsencrash die Finanzmärkte der Welt erschüttert – gelang der Londoner Vermögensverwaltungstochter des Bankvereins, gestützt auf den alteingeführten und angesehenen Namen des Bankvereins in der Londoner City, die verhältnismässig rasche Akquisition eines nicht unbeachtlichen Kundenstammes: bereits in ihrem zweiten vollen Geschäftsjahr, 1989, stieg die Summe der von ihr verwalteten Vermögenswerte auf über 1 Mrd $ an – ein relativer Durchbruch, an dem auch die bedauerliche Tatsache nichts änderte, dass das Geschäft ebenso wie die Börsenkurse bereits im darauffolgenden Jahr 1990 durch die Auswirkungen der im August 1990 ausgebrochenen Golfkrise und durch die hohen kurzfristigen Zinssätze beeinträchtigt wurde. Zwei weitere Jahre später begannen die positiven Anstösse der im gleichen Jahr eingeleiteten Strategie der Vernetzung der verschiedenen Portfolio Management-Einheiten des Bankvereins in London erstmals zu Buche zu schlagen: der grösste Teil des Zuwachses der in Verwaltung befindlichen Vermögen war auf die Akquisition anderer internationaler Portfolio Management-Einheiten zurückzuführen.

Andere Neugründungen erwiesen sich als weniger erfolgreich und dauerhaft: so war etwa der Anfang 1988 durch die Londoner Portfolio Management-Gesellschaft in Dublin gegründeten hundertprozentigen Tochter *SBC Investment Services Ltd.* nur ein kurzatmiger Erfolg beschieden; und auch in der Bundesrepublik Deutschland gelang es trotz des Einsatzes der Beteiligten nicht, die anvisierten Ziele – ausreichende Rentabilität und signifikante Marktpräsenz – zu erreichen. Die Gründe waren unterschiedlich: in Irland hatte die

Tochtergesellschaft gestützt auf das Reglement des 1987 von der Regierung geschaffenen *International Financial Services Center (IFSC)*, das ausländischen Finanzgesellschaften Steuerprivilegien für Dienstleistungen für nicht in Irland domizilierte Kunden gewährt, zunächst mit einigem Erfolg ausgewählten Institutionen sogenannte *Unit Trusts* – eine Art Anlagefonds – angeboten, eine Entwicklung, die um so hoffnungsvoller stimmte, als die Gesellschaft im Jahre 1990 ein staatliches Zertifikat erhielt, das ihr Steuervorteile für Gesellschafts- und Publikumsfonds garantierte; als das irische Anlagegeschäft indes im Jahr darauf wegen der anhaltend hohen Geldmarktzinsen an Dynamik verlor und die Steuerbehörden speziell der Bundesrepublik Deutschland die gebotenen Steuervergünstigungen für deutsche Firmen in Frage zu stellen begannen, war die ursprüngliche Dynamik verpufft. In Frankfurt andererseits hatte die *Schweizerischer Bankverein (Deutschland) AG* mit der nach Erteilung der Betriebserlaubnis durch die deutschen Behörden im Oktober 1987 noch im gleichen Jahr gegründeten *Schweizerischer Bankverein Kapitalanlagegesellschaft mbH* zwar insofern einen Durchbruch erzielt, als sie damit als erste Schweizer Bank in der Bundesrepublik Deutschland Vermögen von Pensionskassen und Versicherungsgesellschaften in Global- und Sonderfonds anlegen konnte; aber der Erfolg wollte sich auf dem hartumkämpften deutschen Markt entgegen den ursprünglich hochgesteckten Erwartungen der Befürworter des Projekts nicht recht einstellen, Folge wohl auch der traditionellen Neigung deutscher Kunden zur Inanspruchnahme schweizerischer Vermögensverwaltungsdienste in der Schweiz selbst. So unterschiedlich die Gründe waren, die Konsequenz war in diesen Fällen die gleiche: Mit einer erst neuerdings für den Bankverein charakteristisch gewordenen Nüchternheit, Organisationseinheiten nur aufrechtzuerhalten, solange und sofern ihre Notwendigkeit (Nützlichkeit genügt immer weniger) erwiesen ist, wurde in beiden Fällen die Einstellung der Tätigkeit beschlossen. Immerhin wurden die Kunden nicht sich selbst (oder anderen) überlassen: so wurden beispielsweise die von der Schweizerischer Bankverein Kapitalanlagegesellschaft mbH und von der Tochterbank in Frankfurt selbst akquirierten Vermögensverwaltungsmandate von den Portfolio Management-Stützpunkten des Bankvereins in der Schweiz und im übrigen Ausland weiter betreut, nachdem die Frankfurter Kapitalanlagegesellschaft im Jahre 1991 an die *Südwestdeutsche Landesbank* verkauft worden war. Hier schaltete sich vor allem die Anfang August 1988 gegründete *SBV Portfolio Management AG* in Zürich ein, die ihre Dienste sowohl schweizerischen als auch ausländischen institutionellen Anlegern anbietet (den letzteren allerdings jedenfalls bis 1993 nur mit begrenztem Erfolg, weil die bis Ende März 1993 erhobene Stempelsteuer die Konkurrenzfähigkeit im von der Schweiz aus betriebenen Auslandgeschäft arg beeinträchtigte).

Schliesslich wurde auch Ostasien in das Netz der Portfolio Management-Stützpunkte des Bankvereins einbezogen. Der mit der Gründung der *SBC Portfolio Management International K.K.* in Tokio vollzogene Schritt auf den japanischen Markt war ein Wagnis: Japan ist für Ausländer wegen seiner institutionellen und psychologischen Eigenarten

Teil I/Kapitel 4: Vermögensverwaltung für institutionelle und private Kunden

*Im Händlerraum der Abteilung Institutionelle Anleger an der Gartenstrasse in Basel Anfang der neunziger Jahre.*

einer der schwierigsten Plätze für die Vermögensverwaltung überhaupt – und während die Gesellschaft deshalb zunächst vor allem Marketing für das inzwischen weltweit etablierte Portfolio Management-Netz der Bank betrieb, dauerte es bis zum Jahre 1991, bis sie erste Mandate von nichtjapanischen Anlegern erhielt, die im japanischen Markt investieren, und bis zum Jahre 1993, bis sie japanische Mandate für andere Portfolio Management-Einheiten der Gruppe zu akquirieren vermochte.

Auf dem australischen Kontinent andererseits konnte der Bankverein über die *SBC Dominguez Barry Fund Management Ltd.* – eine Tochter der im Jahre 1991 etablierten *SBC Dominguez Barry Corporation Limited*, welche Anfang 1994 in *SBC Australia Limited* umbenannt wurde – im Vermögensverwaltungs- und Anlagegeschäft Fuss fassen. Daneben war bereits seit 1985 mit dem *Swiss International Trust*, von der Schweiz aus geleitet und rechtlich Teil der *SBC Funds Management Ltd.*,

Sydney, australischen Kunden die Möglichkeit geboten worden, sich in ausländischen Aktien zu engagieren. 1992 nahm die *SBC Dominguez Barry Fund Management Ltd.* den Verkauf internationaler Produkte auf dem australischen Kontinent auf und erzielte damit auf Anhieb ein über den Erwartungen liegendes Volumen.

### Auf dem Weg zum «Global Player» im Institutionellen Asset Management

Mit allen diesen Schritten waren wichtige Stützpunkte für einen weltweiten Auftritt des Bankvereins im Geschäft mit institutionellen Anlegern geschaffen – und doch fehlte es ihm zur Festigung seiner Marktstellung vorerst noch an zweierlei: erstens an der wirksamen Vernetzung dieser Stützpunkte, zweitens an einem international überzeugenden «Track Record», einem demonstrierbaren Erfolgsnachweis. An beiden Punkten setzten die Verantwortlichen im Verlaufe der ersten Hälfte der neunziger Jahre an.

Was die Führung des Netzes angeht, so war in der Schweiz Anfang 1991 bereits eine Bündelung der Kräfte im institutionellen Portfolio Management durch dessen Konzentration auf die Sitze Basel, Zürich und Genf eingeleitet worden, eine Massnahme, die von manchen anderen Schweizer Sitzen verständlicherweise zwar nicht gerade freudig begrüsst worden war, die aber noch im gleichen Jahr bereits zu einer spürbaren Verbesserung der Wirtschaftlichkeit der Sparte geführt hatte. Im folgenden Jahr 1992 gingen die Verantwortlichen einen wichtigen Schritt weiter: auf die Initiative des für die Sparte Anlagen zuständigen Generaldirektors *Ernst Balsiger* beschloss die Geschäftsleitung, die bis dahin quasi-autonomen Portfolio Management-Stützpunkte für institutionelle Kunden zu einem globalen, von der Schweiz aus zentral geführten Netz zusammenzufassen, das durch ein weltweites Research sowie durch eine koordinierte Produktentwicklung ergänzt wurde. Diese Neuordnung wirkte sich umgehend positiv aus: die Zahl der institutionellen Anlagekunden stieg ebenso deutlich an wie das Volumen der von ihnen deponierten Vermögenswerte – Ende 1992 konnte der Bankverein über eine die 40 000-Grenze deutlich überschreitende Kundenzahl auf diesem Gebiet (genau: 42 201) und über ein Wachstum der Vermögenswerte um knapp 8% berichten; und das letztere stieg im Jahr darauf gar auf fast 28% und erreichte auch 1994 – trotz weltweit gedrückter Börsenkurse – noch 18%. Rasch erwies es sich überdies, dass die Bankverein-Gruppe aus dem koordinierten Zusammenwirken von den auf diesem Gebiet tätigen bankinternen Einheiten oder spezialisierten Töchtern in Basel, Zürich, Genf, Frankfurt, London, Paris, New York, Sydney sowie Singapur und Hong Kong deutliche Synergien gewann, die sich nicht nur in einem starken Wachstum des gesamten Anlagevolumens niederschlugen, sondern auch in einer Steigerung von Effizienz und Qualität des angebotenen Asset Management.

Und dennoch: ein führender «Player» auf diesem Markt war die Bank aller unternommenen Anstrengungen ungeachtet immer noch nicht. «Wenn man da nichts aufzuzeigen hat, erhält man auch keine Depots», umschrieb *Dr. Georges Blum*, der

Präsident der Konzernleitung, freimütig die Situation des Bankvereins zu jener Zeit in einem Interview mit einer Schweizer Tageszeitung (*Basler Zeitung* vom 13. Mai 1995). Dem aber suchte die Geschäftsleitung mit der Akquisition einer namhaften, über bedeutende Anlagevolumina *und* Erfolgsnachweise verfügenden Firma im professionellen institutionellen Asset Management Abhilfe zu schaffen – ein Bemühen, das im Spätsommer 1994 zum Erfolg führte: der Bankverein konnte den beabsichtigten Kauf der *Brinson Partners Inc.*, Chicago, bekanntgeben, eines mit verwalteten Vermögen von 43 Mrd $ (September 1995) zu den führenden Institutional Asset Managers der USA gehörenden Hauses, dessen Akquisition in der Folge per 1. Mai 1995 offiziell vollzogen wurde. Zu den von Brinson im Auftrage von privaten und staatlichen Pensionskassen, Stiftungen, Unternehmen und anderen institutionellen Kunden verwalteten Vermögen und den dabei aufgebauten «Track Records» gewann der Bankverein damit noch etwas anderes hinzu: den direkten Zugang zu einem Markt, in dem allein die Pensionskassen zu jenem Zeitpunkt, wie bereits erwähnt, über Finanzaktiven von insgesamt rund 3900 Mrd $ verfügten, und auf dem das Wachstum der in Pensionskassen und anderen institutionellen Sammelbecken für Spargelder jährlich zur Zeit rund 10% beträgt. Demgemäss zeichneten sich für den Bankverein beachtliche Mehrerträge ab, wenn es ihm mit Hilfe seiner neuen Tochterfirma gelänge, auch nur kleine Anteile an diesem riesigen Wachstumsmarkt hinzuzugewinnen. Noch ist es zu früh, ein Urteil über derartige «Geländegewinne» des Bankvereins zu fällen – die Marketingfeldzüge müssen erst einmal realisiert, die ersten Schlachten müssen geschlagen (und gewonnen) worden sein; aber mit der Zusammenfassung von *Brinson Partners* und der auf das institutionelle Vermögensverwaltungsgeschäft spezialisierten Bankverein-Tochtergesellschaften in London, Paris, New York, Sydney und Tokio zu einem neuen Geschäftsbereich *Global Institutional Asset Management*[1] und der Führung dieses Geschäftes ausserhalb der USA zusammen mit und unter der Firma *Brinson Partners* hat die Bank zweifellos einen – mutig angepackten – Quantensprung in ihrem Produkteangebot wie in ihrem Vertriebsnetz erreicht. Stellt man zudem in Rechnung, dass mit diesem entschlossenen Vorstoss in Richtung auf die institutionellen Kapitalanleger überdies den übrigen Geschäftssparten des Bankverein-Unternehmensbereichs SBC Warburg wichtige Impulse gegeben werden, so macht diese strategische Übernahme – sicher eine der bedeutenden Akquisitionen zumindest der letzten 25 Jahre – ungeachtet aller in der Frühzeit dieses «Ventures» vorerst noch offenen Fragen einen überzeugenden Sinn. Bemerkenswert ist dieser Schritt allemal: wie wenige Jahre zuvor bereits bei der Übernahme von *O'Connor* in Chicago beschritt der Bankverein hier erneut den ehrgeizigen Weg, Produktkenntnisse und Marktpotentiale speziell

---

[1] *Brinson Partners Inc.* bildeten zunächst als Geschäftsbereich Global Institutional Asset Management einen Teil des Unternehmensbereichs SBC Warburg. Umbenannt in SBC Brinson, wurde diese Einheit im Rahmen der vom Bankverein-Verwaltungsrat im Mai 1996 beschlossenen Reorganisation als einer der nun das Bankverein-Geschäft tragenden vier Unternehmensbereiche für das globale institutionelle Vermögensverwaltungsgeschäft zuständig. Die Leitung wurde *Gary Brinson* als Generaldirektor übertragen; er nimmt zugleich die neu geschaffene Funktion des Chief Investment Officer wahr. Für weitere Einzelheiten siehe S. 264 ff.

im anglo-amerikanischen Raum hinzuzukaufen, zu deren Eigenentwicklung sowohl die Mitarbeiter wie die Zeit gefehlt hatten; und die andere grosse Akquisition des Jahres 1995, diejenige von *S.G. Warburg*, London, ist ebenfalls in dieses Muster einzureihen – ein Muster nota bene, aus dem allmählich in der Tat ein ganz neuer Bankverein hervorzutreten beginnt.

### Ausbau der Informatik in der institutionellen Vermögensverwaltung

Mit den Investitionen in Stützpunkten, Mitarbeitern, Track Records war es natürlich nicht getan: schnelle, umfassende Informationen über die verwalteten Depots wie über Börsenkurse, Zinsentwicklungen und das Währungsgeschehen wurden im Verlaufe der achtziger Jahre zunehmend zur Voraussetzung für eine effiziente Bewirtschaftung grosser Vermögen. Demgemäss baute der Bankverein in dieser Zeit sowohl die technische Ausrüstung seiner eigenen Portfolio Manager als auch die EDV-gestützten Dienstleistungen für seine Kunden kontinuierlich aus. Einige «Highlights» verdienen festgehalten zu werden.

So wurde ab Januar 1986 zwecks Unterstützung von institutionellen Anlegern und grossen Privatkunden bei deren Vermögensverwaltung mit der Einführung des *Portfolio Management Service (PMS)* erstmals eine computergestützte Informations- und Entscheidungshilfe für eine effiziente Depotführung angeboten, wobei auch Vermögensteile in die Berechnungen einbezogen werden konnten, die nicht beim Bankverein deponiert waren. Ergänzt wurden diese Informationen ab 1988 mit zusätzlichen Auswertungen über die anfallenden liquiden Mittel. Ab 1989 wurde Kunden, die dem Bankverein ein Verwaltungsmandat übertragen haben, auch ein regelmässiger Performancenachweis zur Verfügung gestellt.

Parallel hierzu hatte die Bank im Herbst 1986 damit begonnen, ihren Grosskunden unter dem Namen *SwisPortfolio* ein für Personal Computer konzipiertes Softwarepaket für die individuelle Wertschriftenverwaltung anzubieten; abgesehen von Risiko-, Liquiditäts- und Renditeanalysen war hiermit die Möglichkeit geboten, das konsolidierte Vermögen inklusive Beständen bei anderen Banken, Immobilien und sonstigen Werten zu erfassen. Mit der ab Sommer 1989 zur Verfügung gestellten Option konsolidierter Auswertungen für mehrere Depots wurde speziell auch den schweizerischen Pensionskassen die Rechenschaftsablage und die Einhaltung der Anlagerichtlinien gemäss dem seit Anfang 1985 in Kraft stehenden Bundesgesetz für die berufliche Vorsorge (BVG) erleichtert. Schliesslich wurde den *SwisPortfolio*-Kunden ab Herbst 1989 auch das Börseninformationssystem *SwisNews* angeboten, das aktuelle internationale Börsendaten lieferte.

Ausserhalb der Schweiz wurde in einer für das Bankverein-Informatikwesen jener Zeit charakteristischen Art an anderen Bankverein-Sitzen ebenfalls – und ohne straffe Koordination – an EDV-Lösungen für die Probleme institutioneller Anlagekunden gearbeitet. Speziell der Sitz New York war hierin aktiv. Er hatte bereits im Jahre 1983 unter dem Namen *SwisStar* ein internationales Wertschrifteninformationssystem lanciert, das institutionelle Anleger und Korrespondentenbanken bei deren Handelstätigkeit unterstützte und von Kontrollaufgaben entlastete. 1986 war diese Applikation erweitert worden, indem nicht nur Dividendenabrechnungen, Kapitalerhöhungen, Aktiensplits und Titelrückzahlungen automatisch angezeigt, sondern auch Belastungen und Gutschriften nach täglichen Fälligkeiten gegeneinander verrechnet wurden.

Das System *SwisStar* war die Basis, auf welcher die Bank in der Folge unter der Bezeichnung *SwisSec* ein globales EDV-Kommunikationssystem für professionelle Teilnehmer am internationalen Wertschriftenhandel entwickelte, das ab 1989 den dafür in Frage kommenden Kunden angeboten und in das *SwisStar* integriert wurde. Mittels einer hochentwickelten Software wurden damit Banken, Broker, institutionelle Anleger, aber auch die eigenen bankinternen Stellen erstmals in die Lage versetzt, mit dem eigenen Personal Computer weltweit über die Bankverein-eigenen Kommunikationseinrichtungen Eingaben und Abfragen mehrsprachig zu tätigen. Ende 1989 waren zunächst alle depotführenden Geschäftsstellen des Bankvereins in der Schweiz, in London, New York und in Toronto angeschlossen, andere Einheiten folgten wenig später.

Die Bemühungen der Bank, kommunikations- und verarbeitungstechnisch auch und gerade im Asset Management stets an der Front der Entwicklung zu sein, setzten – und setzen – sich in den neunziger Jahren nahtlos fort, jetzt jedoch zunehmend koordiniert. Vielfach handelt es sich dabei um neue Möglichkeiten und Erkenntnisse nutzende Weiterentwicklungen alter Systeme, die ihrerseits einem ständigen Innovationsprozess unterworfen blieben. So wurde im Jahre 1992 unter dem Namen *Electronic File Transfer for Asset Management Systems (EFTAMS)* institutionellen wie privaten Anlegern eine neue Dienstleistung offeriert, die ihnen den Abruf ihrer Vermögensdaten aus diversen Konten, Depots und Transaktionen und deren individuelle Weiterverarbeitung auf eigenen Vermögensverwaltungssystemen gestattet, wobei zunächst nur in der Schweiz abgerechnete Geschäfte erfasst wurden. Ein Jahr später, 1993, wurde mit der Einführung einer als *Portfolio Management Decision Support (PMDS)* bezeichneten Applikation der Entscheidungsprozess der Portfolio Management-Einheiten des Bankvereins wesentlich erleichtert: sie wurden damit in die Lage versetzt, die moderne Portfoliotheorie erstmals auf jedes beliebige Portefeuille anzuwenden und ohne grossen Aufwand noch besser auf individuelle Kundenwünsche einzugehen. Schliesslich entsprach die Bank dem zunehmenden Trend der Kunden zur Nutzung elektronischer Hilfsmittel bei der Vermögensverwaltung durch einen Ausbau ihrer im Jahre 1990 eingeführten Dienstleistung *SwisCom Asset Management*: ab 1994 wurde für die Kunden durch elektronische Datenübermittlung aller Konto- und Börsengeschäfte die Möglichkeit zur automatischen Weiterverarbeitung geschaffen. Die Übermittlung von Vermögensanalysen stiess ebenso wie die jetzt gebotene Möglichkeit, Depotbewegungen im Online-Verfahren direkt via Personal Computer zu bestellen respektive zu verarbeiten, im Anlegerpublikum sogleich auf reges Interesse.

Gegenüberliegende Seite: Der Bankverein übernahm 1974 in Monte Carlo die Banque de Placements et de Crédit, die 1993 in Société de Banque Suisse (Monaco) umbenannt wurde.

Rückblickend wird auch an diesen Bemühungen der Bank um eine zeitgemässe Informatik-Nutzung für das Asset Management wieder etwas deutlich, dessen sich der Betrachter der geschichtlichen Entwicklung einer Bank immer bewusst sein sollte: unter den vielen Entwicklungsschritten, die im Laufe der Zeit technisch, organisatorisch, auch juristisch getan werden, haben nur sehr wenige *bleibenden* Charakter, aber der in der jeweiligen Gegenwart erreichte Stand wäre ohne alle diese Schritte weder erreicht noch auch nur verständlich. In diesem Sinne haben auch und gerade in dem so schnellebigen Betrieb von Informatik und Kommunikation einstmals realisierte Konzepte und Lösungen ihre auch heute noch nachwirkende Bedeutung, auch wenn sie selbst längst überholt und ersetzt sind. Gefährlich wäre nur eines: zu lange am Hergebrachten festhalten – und diesen Fehler hat der Bankverein bisher auf diesem Gebiet alles in allem doch zu vermeiden gewusst.

### Abschnitt 2:
## Private Anleger

### Privatbanken: Verlängerter Arm des Bankvereins zu den Privatkunden

Zu Zeiten des hundertsten Jubiläums des Bankvereins begann sich im Geschäft mit vermögenden Privatkunden eine vermehrte Tendenz mancher nicht unwichtiger Kunden zur Zusammenarbeit mit solchen Banken abzuzeichnen, die ihre Kundenbeziehungen in einem im Vergleich zu den Grossbanken persönlicheren, quasi privaten Stil zu pflegen vermochten – und kleinere Privatbanken sahen damit ihre Marktstellung deutlich verbessert. Um seinen Kunden ebenfalls die Abwicklung ihrer Geschäfte in diesem Stil bieten zu können, begann der Bankverein deshalb in den frühen siebziger Jahren damit, den Kreis seiner Tochterbanken nach und nach durch den Erwerb alteingesessener Privatbanken zu erweitern.

Den Anfang dieser über 25 Jahre hinweg konsequent verfolgten und – wie noch darzustellen sein wird – erst neuerdings mit einer organisatorischen Zusammenfassung der im Laufe der Jahre akquirierten Institute gekrönten Politik machte der Bankverein im Juni 1974 mit dem Erwerb der ihm offerierten Mehrheitsbeteiligung am altangesehenen Basler Privatbankhaus *Ehinger & Cie*. Dieses Institut hatte hundert Jahre zuvor zu den Gründerfirmen des Bankvereins gezählt; eingebunden in die Bankverein-Geschäftsstrategie aber operativ weitgehend eigenverantwortlich wurde das Haus zunächst (unter Hinzufügung des Zusatzes «AG») unter altem Namen weitergeführt und firmiert seit 1984 als *Bank Ehinger & Cie AG*.

Ebenfalls 1974 wurde mit dem Erwerb einer Mehrheit von 63% des Aktienkapitals der *Banque de Placements et de Crédit* in Monte Carlo (Monaco) ein Schritt ins Ausland getan; und ein Jahrzehnt später, im Januar 1985, konnte der Bankverein die restlichen Aktien dieser ebenfalls stark im Vermögensverwaltungsgeschäft, daneben aber auch in anderen Sparten tätigen Bank erwerben. Sie wird inzwischen (seit April 1993), um die Zugehörigkeit zur Bankverein-Gruppe besser zum Ausdruck zu bringen, unter dem Namen *Société de Banque Suisse (Monaco)* weitergeführt.

In der Schweiz wurden 1976 zwei weitere Gelegenheiten zur Verstärkung des Privatbankennetzes genutzt: in Bern trat der Bankverein auf ein Angebot zur Übernahme der alteingesessenen Privatbank *Armand von Ernst & Cie* ein, die anschliessend in eine Aktiengesellschaft umgewandelt wurde und seither so firmiert; und in Zürich wurde mit den Aktionären der Privatbank *Adler & Co. AG* eine Vereinbarung getroffen, eine erste Beteiligung von 75% zu einem späteren Zeitpunkt auf 100% aufzustocken – was Ende 1984 denn auch geschah. Recht bedeutend für die «Privatbanken-Präsenz» des Bankvereins war schliesslich der Eintritt in den traditionell starken, angesehenen Kreis der Genfer Privatbanken im Jahre 1978 mit dem Erwerb einer Mehrheit am Bankhaus *Ferrier Lullin & Cie SA*. Dieses Institut (inzwischen in hundertprozentigem Besitz des Bankvereins) tat seinerseits im Jahre 1988 einen Schritt ins Ausland, indem es zusammen mit einer Gruppe belgischer Broker in Luxemburg die *Banque Ferrier Lullin (Luxembourg) SA*, die sich ebenfalls dem Vermögensverwaltungsgeschäft widmet, als Mehrheitsaktionär gründete; und mittlerweile ist diese Bank zudem auch noch mit einer Finanz- und Beteiligungsgesellschaft in Übersee präsent, der *Ferrier Lullin International Inc.*, Panama.

Erwähnenswert in diesem Zusammenhang ist schliesslich eine Neugründung des Jahres 1990 in Kanada: in Toronto wurde die *SBC Portfolio Management (Canada) Inc.* als hundertprozentige Tochtergesellschaft der *Swiss Bank Corporation (Canada)* etabliert, eine den Privatbanken mindestens in der Geschäftsart verwandte Spezialeinheit, die sich ausschliesslich auf die vermögende

Privatkundschaft konzentriert und neben weltweit orientierten auch rein kanadische Portefeuilles verwaltet.

Insgesamt war die somit entstandene Privatbankengruppe des Bankvereins zwar recht heterogen, zugleich aber auch sehr profitabel und attraktiv. Dennoch: viele aus engerer Koordination etwa in der Verarbeitung, im Backoffice, auch im Research resultierende Möglichkeiten zu weiterer Verbesserung von Rentabilität, Qualität und Marktstellung waren noch ungenutzt geblieben, als der Bankverein im Mai 1990 mit dem Erwerb einer Beteiligung von 48,7% an der Vermögensverwaltungsfirma *Unigestion SA* in Genf einen Weg zu beschreiten begann, an dessen Ende, zunächst auch von den Beteiligten wohl kaum gezielt anvisiert, die Errichtung einer in Unternehmenszielen und -prozessen fokussierten Private Banking-Gruppe stehen sollte.

Die *Unigestion*, anerkannt als Spezialist im Management von Obligationen-Portefeuilles und modernen Finanzprodukten sowie als Verwalter von Vermögen für institutionelle und private Kunden, hielt ihrerseits über eine Tochtergesellschaft einen Stimmrechtsanteil von 49,9% an der *BSI – Banca della Svizzera Italiana* in Lugano, einem – im Jahre 1873 unter Mitwirkung des Bankvereins gegründeten – alteingesessenen Institut mit Schwerpunkt in der Vermögensverwaltung sowie einem Kommerz-, Wertschriften- und Emissionsgeschäft; mit einer konsolidierten Bilanzsumme von 11,1 Mrd Fr. und rund 1850 Beschäftigten stand die *BSI* zu jener Zeit an sechster Stelle unter den kotierten Schweizer Banken. Die Partnerschaft mit dem Bankverein wurde für alle Beteiligten als vorteilhaft angesehen: die *Unigestion* konnte dank dieser Allianz ihre Expansion fortsetzen, waren ihre Eigenmittel im Juli 1990 doch durch eine Kapitalerhöhung, die vom Bankverein und den Altaktionären gemeinsam übernommen wurde, auf rund 450 Mio Fr. aufgestockt; die *BSI* erhielt mit dem Bankverein einen Partner, der es ihr erlaubte, ihre Aktivitäten weltweit auf eine breitere Basis zu stellen und kosteneffizienter zu operieren; und der Bankverein selbst konnte durch die Zusammenarbeit mit den beiden Gesellschaften seine Marktstellung in der Vermögensverwaltung speziell im Tessin, in der Westschweiz und in Italien ausbauen. Nachteil war allenfalls, dass die Strukturen wie auch die Führung des so entstandenen Gebildes nicht eben einfach waren.

Zu der deshalb von den Bankverein-Managern betriebenen Bereinigung kam es bereits ab Mai 1991: in gegenseitigem Einvernehmen gab der Bankverein zu jenem Zeitpunkt sein Paket von 150 000 Namenaktien *Unigestion* an die *Unigestion*-Gruppe zurück und erhielt dafür deren Beteiligung an der *BSI* von 36,5% des Kapitals und 49,8% der Stimmen. Ergebnis war, dass er (nach weiteren Zukäufen von *BSI*-Aktien im Markt) Ende des Jahres 1991 die Stimmenmehrheit an der *BSI* und damit deren Führung errungen hatte. Damit aber war nicht nur der Weg frei zu einer voll auf die Unternehmenspolitik des Bankvereins ausgerichteten Zusammenarbeit mit der *BSI*; vor allem zeigte sich jetzt die Möglichkeit zu einer Zusammenfassung der gesamten Private Banking-Gruppe des Bankvereins unter einem einheitlichen Dach.

Diese Möglichkeit wurde im Laufe des Jahres 1991 in einer Vielzahl von Verhandlungen und Sitzungen – wegen der grossen Zahl der Beteiligten und deren nicht immer konvergenten Interessen – in einem mutigen Konzept, das weitgehend aus der Feder des Geschäftsleitungsvorsitzenden *Walter Frehner* stammte, konkretisiert. Seine Kernpunkte waren, verkürzt gesagt, einerseits die drastische Reduktion der Kommerzbankaktivitäten der *BSI – Banca della Svizzera Italiana* ausserhalb des Tessins und die Konzentration auf die Vermögensverwaltung, andererseits die Zusammenführung des damit neu strukturierten Instituts mit den vier vom Bankverein im Verlaufe der vorangegangenen Jahre erworbenen florierenden Privatbanken in einer zentral geführten Private Banking-Gruppe, in der die einzelnen Institute allerdings ihre Identität und ihre spezifische regionale Ausrichtung behalten sollten. Das Konzept wurde im März 1992 von der Bankverein-Geschäftsleitung gutgeheissen und vom Verwaltungsrat nach heftiger Diskussion akzeptiert; und nachdem mit der Zustimmung einer ausserordentlichen Generalversammlung der *BSI* am 10. April 1992 die letzte Hürde genommen war, konnte die Realisierung des anspruchsvollen Vorhabens zügig an die Hand genommen werden.

In rasch aufeinanderfolgenden Schritten wurden zunächst bereits per Ende Juni 1992 die wenig profitablen Geschäftsstellen der *BSI* in der deutschen und französischen Schweiz entweder geschlossen oder drastisch redimensioniert; auf den gleichen Zeitpunkt übernahm die *BSI* vom Schweizerischen Bankverein die vier Vermögensverwaltungsbanken *Adler & Co. AG*, Zürich, *Bank Ehinger & Cie AG*, Basel, *Armand von Ernst & Cie AG*, Bern, und *Ferrier Lullin & Cie SA*, Genf; und schliesslich wurde – nachdem eine weitere ausserordentliche Generalversammlung der *BSI* vom 14. Oktober 1992 grünes Licht gegeben hatte – im folgenden Jahr die bisherige *BSI* am 1. April 1993 rückwirkend auf den 1. Januar 1993 in eine Holdinggesellschaft mit Sitz in Lugano umgewandelt und in *SBSI Holding AG* mit klarer Stimmen- und Kapitalmehrheit beim Bankverein umbenannt (das operative Geschäft der *BSI* ging auf den gleichen Zeitpunkt auf eine neu gegründete Gesellschaft gleichen Namens über).[1] Die Struktur einer Private Banking-Gruppe des Bankvereins war damit geschaffen – doch nicht nur das: sie war auch sogleich mit Leben, sprich mit Kunden und Mitarbeitern gefüllt, mit der Folge, dass sich die der Gruppe in der Schweiz insgesamt anvertrauten Vermögenswerte schon im ersten Jahr ihres Bestehens (1993) um 9,2% erhöhten.

---

[1] Die BSI, zunächst noch als eigenständige Universalbank weitergeführt, wurde per Mitte 1996 auf das Geschäft mit vermögenden Privatkunden konzentriert; das Mengen- und Firmenkundengeschäft der BSI ging damit endgültig an den Bankverein über – eine sinnvolle Straffung überlappender Aktivitäten innerhalb des Bankverein-Konzerns, die sich auch in einer Reduktion der bis zu diesem Zeitpunkt vom Bankverein und der BSI im Tessin betriebenen 35 Niederlassungen auf 25 Geschäftsstellen der Bankverein-Gruppe im südlichen Kanton (mit der BSI weiterhin an ihren Hauptstandorten Lugano, Locarno, Chiasso und Bellinzona) niederschlug. Ausserhalb des Tessins blieb die BSI nach dieser Straffung in Zürich, Genf und St. Moritz vertreten, eine Reverenz an die traditionell an diesen Orten von ihr gepflegten Kundenkreise. Von den Massnahmen waren im Tessin 200 BSI-Mitarbeiter betroffen, von denen der weitaus grösste Teil beim Bankverein in den bisherigen Funktionen tätig blieb oder ins Bankverein-eigene SBZ wechselte (vgl. hierzu auch S. 277 f.).

Schliesslich sind beim Bankverein dann aber auch «in-house» die organisatorischen Konsequenzen aus der Neuordnung der Front gezogen worden: die konzernweite Steuerung der Geschäfte nicht nur der so geschaffenen SBSI-Gruppe, sondern auch der rund 70 mit der Betreuung vermögender Privatkunden befassten Geschäftsstellen des Bankvereins im Inland und weiterer auf diesem Gebiet tätiger 22 Vertretungen und 13 operativer Einheiten in den wichtigsten Finanzzentren der Welt wurde zu diesem Zeitpunkt dem Geschäftsbereich Private Anleger & Vermögensverwaltung unter der Leitung der Generaldirektoren *Ernst Balsiger* und *Georges Gagnebin* anvertraut. Obwohl dieser Geschäftsbereich ein Teil des mit Wirkung vom 1. Januar 1994 geschaffenen Unternehmensbereichs Schweiz war, war er nicht nur für die Betreuung der vermögenden Privatkunden des Konzerns, sondern zugleich auch weltweit verantwortlich für die Entwicklung, das Produktmanagement und das Marketing der hochdifferenzierten und -qualifizierten Anlageprodukte. Demgemäss übernahm er auch die oberste Führungsverantwortung für die bereits im Jahre 1987 in den USA etablierten Spezialgruppen für das individuelle Anlagegeschäft in New York, Los Angeles, San Francisco und Miami, die anfänglich von New York aus koordiniert, aber kaum auf eine zentrale Geschäftspolitik ausgerichtet waren. Die damit auch in diesem Geschäft durchgesetzte weltweite funktionale Führung erscheint vor dem Hintergrund der heutigen vernetzten Finanzmärkte zwingend; aber zur Geschichte des Bankvereins gehört auch, dass die damit verbundene Einschränkung regionaler Kompetenzen zunächst nicht überall verstanden und begrüsst wurde. Doch das ist heute eben Geschichte – und zwar Geschichte unter seither grundlegend veränderten Bedingungen; und die Bankverein-Führung hat in diesen wie auch in anderen Geschäftsfeldern nicht lange gezögert, diesen veränderten Bedingungen Rechnung zu tragen. Ganz entsprechend wurde in konsequenter Fortführung dieser organisatorischen Linie der genannte Geschäftsbereich im Juni 1996 unter der Bezeichnung SBC Private Banking als einer der vier jetzt für das Geschäft der Bank verantwortlichen Unternehmensbereiche weltweit zuständig für die Geschäftsbeziehungen zu privaten Anlegern.

### Privatkundengeschäft im Aufwind

Dass die Verantwortlichen und ihre Mitarbeiter in dieser wegen grundlegender Neuorganisation bewegten Phase indessen nicht nur mit internen Organisationsfragen beschäftigt waren, sondern darüber hinaus die Kunden nicht vergassen, wird bei einem Blick auf die Entwicklung der eigentlichen Geschäfte deutlich.

Diese wurden, ausgeprägt seit Beginn der achtziger Jahre beim Bankverein wie auch bei seinen Konkurrenten auf diesem Gebiet, nicht nur durch den Anstieg der Zahl der Vermögensbesitzer und des Volumens ihrer Vermögen weltweit sowie durch die sich allmählich stärker durchsetzende internationale Durchmischung der Portfolios vorangetrieben; förderlich wirkte sich daneben aus, dass der Bankverein seine Dienstleistungspalette wie seine Präsenz an besonders interessanten Standorten für dieses Geschäft ständig ausweitete. Was die Dienstleistungspalette angeht, so kamen die an anderer Stelle bereits skizzierten Entwicklungen neuer Produkte für die institutionelle Vermögensverwaltung in angepasster Form auch den Privatkunden zugute; weiter erwies sich der 1986 eingeführte *Portfolio Management Service* als ein die Privaten Anleger – als die man beim Bankverein zu jener Zeit Privatkunden mit einem Vermögen von über 300 000 Fr. bezeichnete – besonders ansprechendes Produkt (weil es individuellen Wünschen Rechnung zu tragen und die Kunden dennoch administrativ zu entlasten erlaubt); und schliesslich befruchtete der (in den siebziger Jahren noch recht langsame) Ausbau des Anlagefondsgeschäfts seit den frühen achtziger Jahren das Geschäft mit vermögenden Privatkunden nachhaltig. Andererseits war aber auch die Präsenz des Bankvereins an Brennpunkten des internationalen Privatkundengeschäfts von grosser Bedeutung: den Bankverein-Niederlassungen in den USA gelang es, gestützt auf die Erfahrungen der Bank mit der Verwaltung weltweit orientierter Portefeuilles, auf das Ansehen der Bank sowie auf jüngere, in Akquisition und Beratung modern geschulte Mitarbeiter, sich seit Beginn der achtziger Jahre im Geschäft mit vermögenden Anlegern aus Nord- und auch Lateinamerika eine wenn auch begrenzte, so doch ausbaufähige Stellung zu erarbeiten; Ähnliches galt in Hong Kong und Singapur, wo die Bank den Bereich Private Anleger ab 1988 personell verstärkte, und sogar in London – an allen drei Plätzen nahmen die Vermögensanlagen speziell seit Beginn dieses Jahrzehnts in einzelnen Jahren um zweistellige Prozentsätze zu (je nach Börsengang sogar sehr ausgeprägt – so etwa 1991, als die verwalteten Vermögen von Privatkunden in lokaler Währung in London um

Teil I/Kapitel 4: Vermögensverwaltung für institutionelle und private Kunden

25%, in Hong Kong um 49% und in Singapur gar um 57% anstiegen). In dieses Bild hinein gehört schliesslich auch – positiv – die erfolgreiche Aktivität der Bankverein-Tochtergesellschaften in Monte Carlo und in Luxemburg in der Vermögensverwaltung für eine internationale Klientel, sowie – negativ – die Ende der achtziger Jahre mit grossen Erwartungen aufgenommenen und wenige Jahre später mit ebenso grosser Ernüchterung drastisch redimensionierten Bemühungen einer zu gross dimensionierten Niederlassung der *Schweizerischer Bankverein (Deutschland) AG* in München um deutsche Privatkunden.[1] Alles in allem resultierte diese – zusätzlich durch systematische internationale Akquisitionsreisen von Mitarbeitern der Vermögensverwaltung der Schweizer Sitze Basel, Zürich und Genf unterstützte – weltweite Präsenz des Bankvereins [2] im Anlagegeschäft darin, dass die bei den ausländischen Stützpunkten des Bankvereins deponierten Vermögen privater Anleger seit Beginn der neunziger Jahre jedes Jahr um über 10% wuchsen, ein auch wegen der Rentabilität dieses Geschäfts für alle Beteiligten äusserst erfreuliches Resultat.

Zu dieser Entwicklung trugen die Schweizer Sitze sowie die Privatbankentöchter des Bankvereins (die letzteren mit ihren eigenen Auslandniederlassungen) ihren Anteil bei – auch wenn die vermögensstarken Privaten Anleger an den in der ersten Hälfte der neunziger Jahre vom Stammhaus betreuten rund 550 000 Kunden mit einem Wertschriftendepot weniger stark beteiligt waren als im Ausland. Festgehalten zu werden verdient, dass Mitte der neunziger Jahre konzernweit rund 1,5 Mio Privatkunden betreut wurden, und dass der

Anzeigen aus einer exklusiven Serie der späten achtziger Jahre für exklusive internationale Zeitschriften.

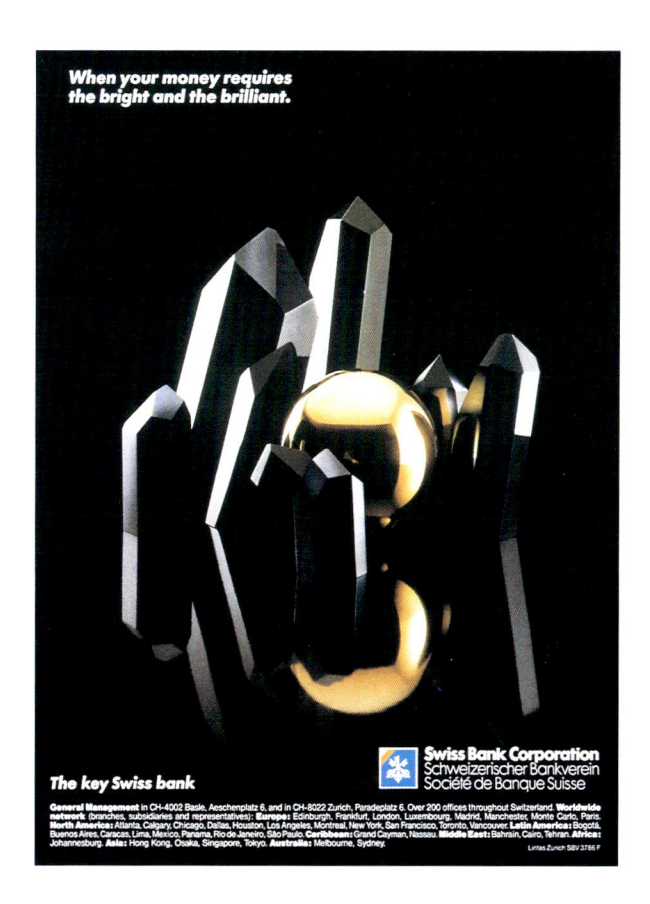

Anteil der Privaten Anleger am Total der verwalteten Vermögenswerte rund 50% und derjenige der Privatkunden lediglich rund 10% betrug. Vor allem erwies sich auch der Aufbau der Private Banking-Gruppe unter dem Dach der *SBSI Holding*

---

[1] Vgl. hierzu auch S. 153.
[2] Neben den 82 Geschäftsstellen der Bankverein-Gruppe, die in der Schweiz Privatbankendienstleistungen anbieten, sind heute international 25 operative Einheiten und 28 Vertretungen in 29 Ländern auf diesem für die Bank so wichtig gewordenen Gebiet tätig.

als richtiger Schritt, verbesserte sich doch dadurch die Stellung des Bankvereins im Geschäft mit vermögenden Privatkunden in der Schweiz erheblich und rasch – und hoffnungerweckend, so möchte man im Hinblick auf die Tatsache hinzufügen, dass es sich hierbei um neuere, noch keine eigentliche Trendsicherheit gewährende Entwicklungen handelt, und auch darauf, dass auch das Ergebnis unter dem Strich etwa im Jahre 1994 trotz schwieriger Börsenlage noch erhöht werden konnte.

Und was schliesslich dieses Ergebnis selbst angeht, so verdient hier doch festgehalten zu werden, dass der Bankverein gemäss Management-Rechnung im Geschäftsbereich Private Anleger & Vermögensverwaltung (dem heute profitabelsten[1] und stabilsten aller Geschäftsbereiche) 1995 unter Einsatz von 4021 Mitarbeitern einen Betriebserlös von 2,304 Mrd Fr. zu erwirtschaften vermochte, ein eindrücklicher und die Ertragskraft dieses Geschäfts unterstreichender Wert. Und auch bei ihm – das sei hinzugefügt – dürfte die Entwicklung nicht stehenbleiben, baut die Bank doch ihr internationales Private Banking laufend weiter aus, wie man etwa an der im April 1996 bekanntgegebenen Übereinkunft mit der *Standard Chartered Bank* zur Übernahme ihres gesamten internationalen Private Banking-Geschäfts oder an dem zur gleichen Zeit bekanntgewordenen Erwerb eines Kundenportefeuilles im Umfang von 1 Mrd $ von der *Chase Manhattan* erkennen kann.

**Anlagefonds im Vormarsch**

Unter den für Geld- und Kapitalanlagen von den Banken in Europa angebotenen Instrumenten haben die Anlagefonds mit ihren verschiedenen Spielarten – Immobilienfonds, Aktien- bzw. Obligationenfonds, Geldmarktfonds, auch Länder- bzw. Branchenfonds – in den vergangenen Jahrzehnten eine geradezu klassische exponentielle Wachstumsentwicklung durchgemacht: Nach frühen Anfängen – in Kontinentaleuropa waren in der in diesem Geschäft zunächst führenden Schweiz die ersten Fonds um 1930 geschaffen worden – waren sie bis in die siebziger Jahre hinein kaum mehr als eine quantité négligeable bei Anlage und Verwaltung von Publikumsgeldern geblieben. Selbst der im Verlaufe der siebziger Jahre allmählich immer mehr hervortretende Anlagebedarf wachsender Bevölkerungskreise brachte in dieser Hinsicht noch keine echte Wende: die insgesamt mässige Entwicklung der internationalen Wertschriftenmärkte in diesem Jahrzehnt drückte auf Performance und Anlageinteresse. Die Wende zu einer ausgesprochen dynamischen Entwicklung trat in der ersten Hälfte der achtziger Jahre ein, getrieben von weltweit steigenden Börsenkursen und Immobilienpreisen, vom rasch wachsenden Anlagebedarf eines ebenso rasch wachsenden Publikums (speziell in bisher von den meisten Banken bestenfalls mit dem Angebot von simplen Sparkonten bedienten Kreisen), und getrieben schliesslich auch durch die sich vervielfachenden, für breite Anlegerkreise verwirrenden Anlagemöglichkeiten.

---

[1] Das ist den mit 7 bis 9% niedrigsten Kapitalkosten unter den Geschäftsbereichen der Bank zu verdanken.

Seither ist das Anlagefondsgeschäft in einem sich laufend beschleunigenden Wachstum sowohl was die Zahl der dem Publikum angebotenen Fonds als auch was das von den Fonds betreute Anlagevolumen angeht begriffen – und der Bankverein hat hieran Anteil, massgeblichen Anteil gar bezogen auf den Schweizer Markt.[1]

Die Anfänge in diesem Geschäft waren auch beim Bankverein unspektakulär, zögernd-tastend gewesen: zwar war er in den dreissiger Jahren bereits an der Etablierung des ersten schweizerischen Immobilienfonds (der *Swissimmobil Serie D* im Jahre 1938) beteiligt gewesen und hatte damit zunächst auf ein Instrument gesetzt, das damals zeitgemäss war, machten doch sogar noch 1975 die von ihm geführten Immobilienfonds immer noch 56% des Wertes aller Bankverein-Anlagefonds aus (1994 allerdings nur noch 6%); und doch waren bis kurz nach seiner Hundertjahrfeier, bis zum Jahre 1975, nicht mehr als sieben Wertschriftenfonds hinzugekommen, deren Nettovermögen zusammen gerade vergleichsweise bescheidene 1,5 Mrd Fr. erreichte (während sich das Nettovermögen der zum Teil zusammen mit der *Schweizerischen Kreditanstalt* verwalteten Immobilienfonds zu jenem Zeitpunkt immerhin auf knapp 1,9 Mrd Fr. belief). Zwanzig Jahre später waren nach einem kaum je unterbrochenen Wachstum dann Dimensionen erreicht, die auf einem völlig anderen Trendpfad lagen: in mehr als 90 teilweise hochspezialisierten, ausgeklügelten Anlagefonds verwaltet der Bankverein mittlerweile ein Vermögen von rund 60 Mrd Fr. und ist damit zur Nummer Eins – mit einem Marktanteil von über 30% – im schweizerischen Fondsmarkt geworden.

Fragt man, was hinter dieser ausserordentlichen Entwicklung steckt, so trifft man wieder auf jene Mischung von Faktoren, von denen der Erfolg der Bank auch in anderen Geschäftszweigen bestimmt wird: Erstens eine aus sich selbst heraus dynamische Entwicklung des anvisierten Marktsegments, hier gegeben durch das langjährige Wachstum von Anlegerzahl, Anlagevolumen und Anlagemöglichkeiten in einer wachsenden Weltwirtschaft; zweitens die physische Präsenz der Bank in diesem Markt an den richtigen Standorten mit den richtigen Mitarbeitern, hier gesichert durch rechtzeitig geschaffene Bankverein-Stützpunkte an wichtigen Kundenplätzen; drittens das Angebot interesseweckender, bedürfnisdeckender und vermögensmehrender Produkte, hier realisiert mit einem sich immer weiter verbreiternden Strom von Investmentfonds für die unterschiedlichsten Kundengruppen und -profile.

In diesen Strom, der auch für einige Jahre nach dem Jubiläum der Bank von 1972 noch vergleichsweise träge dahingeflossen war, war Anfang der achtziger Jahre Bewegung gekommen, die sich ab der zweiten Hälfte des Jahrzehnts noch beträchtlich beschleunigte. Das begann gegen Ende 1981 damit, dass die Bank drei neue Fremdwährungs-Obligationenfonds – die sogenannten *Dollar Bond Selection*, *D-Mark Bond Selection* und *Florin Bond-Selection* – lancierte, denen ein gutes Jahr später

---

[1] Per Ende September 1995 waren in Europa insgesamt 10 901 Anlagefonds für das Publikum domiziliert; sie verwalteten umgerechnet rund 1400 Mrd $ (verglichen mit 950 Mrd $ im September 1992). Von Schweizer Fonds wurden zu diesem Stichdatum 152 Mrd $ verwaltet; dabei entfielen 50 Mrd $ auf Fonds in der Schweiz und 102 Mrd $ auf Luxemburger Fonds, die von Schweizer Banken geführt werden.

ein Fonds für Schweizerfranken-Auslandobligationen und -Notes – der *Swiss Foreign Bond Selection* – folgte.[1] 1985/86 folgten drei weitere auf Einzelwährungen lautende Obligationenfonds, der *Yen Bond Selection*, der *Sterling Bond Selection* und der *Ecu Bond Selection*, so dass den Anlegern nun die Möglichkeit geboten war, sich rationell und kostengünstig in quellensteuerfreien Obligationen in den wichtigsten internationalen Währungen zu engagieren. Kurz darauf, im April 1987, lancierte die Bank vor dem Hintergrund einer verstärkten Europa-(EG-) Euphorie des breiten Anlegerpublikums mit dem *AngloValor*, dem *FranceValor*, dem *GermaniaValor* und dem *ItalValor* vier auf die wichtigsten EG-Länder ausgerichtete Länderaktienfonds; derartige, auf eine positive Marktkonstellation abzielende Lancierungen gelangen im Laufe der Zeit immer wieder, so beispielsweise im darauffolgenden Jahr 1988 mit dem in Ostasien (ausserhalb Japan) investierenden Aktienfonds *AsiaPortfolio* und mit dem auf Aktien von Gesellschaften im Goldgeschäft ausgerichteten *GoldPortfolio* des gleichen Jahres.

Waren alle diese Fonds schweizerischen Rechts, so nutzte der Bankverein – ähnlich wie zahlreiche Konkurrenzbanken – die in Luxemburg im Vergleich zur Schweiz günstigeren rechtlichen und steuerlichen Rahmenbedingungen für Fonds ab Mitte der achtziger Jahre vermehrt zur Gründung von Fonds luxemburgischen Rechts, die über das ganze Bankverein-Netz vertrieben wurden und werden, eine für das Publikum attraktive, für den schweizerischen Fiskus *und* Arbeitsmarkt aber zu bedauernde Entwicklung (sie erinnert einmal mehr an die Wichtigkeit konkurrenzfähiger Rahmenbedingungen zur Erhaltung der Standortqualität!). Dabei wurde einerseits mit dem 1987 von der *Société de Banque Suisse (Luxembourg) SA* gegründeten *SBC US Dollar Money Market Fund* sowie dem ebenfalls in Luxemburg domizilierten und 1990 lancierten *SBC Ecu Money Market Fund*, *SBC Yen Money Market Fund*, sowie dem *SBC Sterling Money Market Fund* die Palette der Anlagefonds im Bereich kurzfristiger Anlagen erweitert, um kleineren Anlegern vermehrt Zugang zu lukrativen internationalen Geldmärkten zu verschaffen (Fonds für weitere wichtige Währungen folgten kurz darauf); andererseits wurde 1991/92 mit den in Obligationen bestimmter Währungen investierenden *SBC Bond Portfolios* eine mit einem guten Dutzend Fonds luxemburgischen Rechts recht vollständige Palette von einkommens- und renditeorientierten Anlagemöglichkeiten in allen wichtigen Anlagewährungen geschaffen. Mit diesen und anderen Fonds gewann der Standort Luxemburg im Fondsgeschäft des Bankvereins kontinuierlich an Bedeutung – Ende 1990 waren vom Gesamtvermögen der Wertschriften- und Geldmarktfonds des Bankvereins noch etwa 30% auf hier aufgelegte Fonds entfallen, 1994 waren es bereits 72%.

Die Kreativität der Beteiligten beim Bankverein war indessen mit der Konstruktion dieser in Immobilien, Aktien, Obligationen oder Geldmarktpapieren bestimmter Währungen investierender Fonds noch nicht erschöpft. Im Gegenteil:

---

[1] Der letztere war insofern bemerkenswert, als er dem Anleger erstmals ermöglichte, sich auch mit kleineren Beträgen an Notes und Wandelnotes zu beteiligen, die sonst nur in einer Stückelung von 50 000 Fr. zu haben waren.

im Verlaufe der Jahre wurden, um Kundenbedürfnissen vorauszueilen und Konkurrenzangeboten zuvorzukommen, eine ganze Reihe von innovativen, phantasievoll konstruierten Fonds in den Markt eingeführt, die durchwegs eine gute Aufnahme fanden. So hatte der Bankverein beispielsweise im Dezember 1988 mit dem «SBC 100» *Index Fund Switzerland* den ersten Schweizer Indexfonds für Aktienwerte präsentiert, ein Anlageinstrument, das auf dem von der Bank berechneten Index für die 100 Schweizer Beteiligungspapiere mit der grössten Börsenkapitalisierung basiert und Interessenten an einer breit diversifizierten Basisanlage in Schweizer Aktien anspricht, und wenig später, Frühjahr 1989, initiierte er unter dem Namen *ConvertBondSelection* einen Multicurrency-Anlagefonds für internationale Wandel- und Optionsanleihen. Sodann begab sich die Bank ab September 1991 mit der erstmaligen Plazierung von Anteilen am *SBC Global Portfolio*, einem in Luxemburg domizilierten Fonds, auf das rasch an Bedeutung gewinnende Gebiet sogenannter Anlagestrategiefonds; während deren Struktur das Resultat komplexer, auf der modernen Portfoliotheorie basierender Optimierungsmethoden ist, ist es dem Investor überlassen, sich für eine einkommens-, ertrags-, gleichgewichts- oder wachstumsorientierte Anlagevariante in einer der vier Referenzwährungen Schweizer Franken, D-Mark, Dollar und Ecu (entweder mit Ausschüttungs- oder Wiederanlageoption) zu entscheiden, so dass ihm insgesamt 16 Möglichkeiten geboten werden. In ähnlicher Weise innovativ war auch die Konstruktion des *SBC Dynamic Floor Fund* des Jahres 1994, eine Art «Portfolio Insurance», deren Ziel es ist, langfristig einen die Anlage in Franken-Obligationen übertreffenden Gesamtertrag zu erwirtschaften, gleichzeitig aber eine Wertuntergrenze (Floor) zur Kapitalerhaltung nicht zu unterschreiten. Schliesslich wurde gerade in den letzten Jahren immer wieder der Versuch unternommen, aktuellen Marktchancen und Interessenlagen durch gezielte Lancierungen neuer Fonds zu entsprechen, so zum Beispiel mit dem in jungen Wachstumsmärkten investierenden *SBC Emerging Market Fund*, mit dem in kleinen und mittleren Schweizer Unternehmen investierenden *SBC Small & Mid Caps Switzerland* (beide 1993), sowie mit dem *SBC Natural Resources Fund*, mit dem der Bankverein im Jahre 1993 als erster Schweizer Anbieter einen Fonds auf dem Markt präsentierte, dessen Kapital breit diversifiziert in Aktien von Rohstoffproduzenten (Metalle, Energie und Forstwirtschaft) auf der ganzen Erde investiert ist.

Überblickt man diese wahrhaft eindrückliche (und keineswegs vollständige) Liste von Anlagemöglichkeiten in Bankverein-Fonds, so überrascht es nicht, dass der Bankverein, wie erwähnt, seine Marktstellung in diesem Geschäft im Verlaufe der achtziger und neunziger Jahre erheblich auszubauen vermocht hat – bezogen auf die Schweizer Grossbanken von einem Viertel des insgesamt von ihnen verwalteten Fondsvermögens (1986) auf 37% in 1994 (inkl. BSI). Bemerkenswerter ist schon, dass er auch in bezug auf die Performance seiner verschiedenen Fonds regelmässig Spitzenplätze in den Erhebungen unabhängiger Marktbeobachter erzielte – im Jahre 1995 wurden nicht weniger als 28 seiner Fonds als Anlagefonds mit der besten Performance in ihrer jeweiligen Kategorie ausgezeichnet.[1] Hier zahlt sich eine seit Mitte der achtziger Jahre unter Führung des für Anlagefonds zuständigen Konzernleitungsmitgliedes *Ernst Balsiger* und des seit 1985 für Produktentwicklung und Marketing in diesem Bereich zuständigen Direktors *Wolf Treubig* konsequent betriebene Entwicklungspolitik aus. Erleichtert wurde sie neuerdings durch die Zusammenfassung der verschiedenen, vom Bankverein bisher direkt gehaltenen (und im Laufe der vorangegangenen Jahre immer wieder einmal umgruppierten) Beteiligungen an schweizerischen Fondsleitungs- und Immobilienverwaltungsgesellschaften im Rahmen der im Dezember 1994 gegründeten *Key Funds Holding* in Basel, in die auch die hundertprozentigen Beteiligungen an den in Luxemburg domizilierten und per Februar 1995 unter dem Dach der neugegründeten *Key Funds Holding (Luxembourg) SA* vereinigten Fondsleitungsgesellschaften eingebracht wurden. Anstoss gegeben hierzu hatte zwar das Anfang 1995 in Kraft getretene neue Bundesgesetz über Anlagefonds, das eine Trennung zwischen Depotbanken und Fondsleitungsgesellschaften verlangt; aber damit war zugleich auch für mehr Transparenz in den «*Lines of command*» (und wohl auch für eine gewisse Steueroptimierung) gesorgt. Und was die Transparenz angeht, so hat sie zusammen mit der Konditionenfreundlichkeit, der guten Performance und der breiten, echte Anlagebedürfnisse abdeckenden Auswahl der Fonds zweifellos die Basis des Erfolgs gebildet, auf den der Bankverein in diesem Geschäft heute zurückblicken kann.

### Gepflegte Spezialität:
### Corporate- und Trust-Geschäft

Im Gegensatz zu den Anlagefonds, die – ursprünglich auch für vermögende Privatkunden konzipiert – inzwischen ein von Individualkunden unterschiedlichster Vermögenskategorien genutztes Vehikel für Vermögensanlage und -verwaltung darstellen, richten sich Trust-Dienstleistungen ausschliesslich an die Anleger sehr grosser Vermögen. Derartige Dienstleistungen bestehen im Kern in der zugunsten der Kunden (den sog. Beneficiaries) erfolgenden Gründung und Verwaltung privater Anlagegesellschaften (der sog. Trusts) nach angelsächsischem Recht durch Treuhänder (Trustees) auf Finanzplätzen ohne Kapital-, Vermögens- und Gesellschaftssteuern; abgesehen von den Möglichkeiten zu diskreter, flexibler Disposition über die Vermögenswerte des Kunden zu dessen Lebzeiten und zur reibungslosen Vermögensübertragung nach seinem Tode ohne Zeitverlust oder kostspielige Gerichtsverfahren bieten sie alle Optionen einer Koppelung mit einer professionellen Vermögensverwaltung sowie mit allen anderen einschlägigen Bankdiensten. Der Bankverein ist auf diesem Gebiet seit langem aktiv gewesen, gehen die Anfänge doch auf die Zeit zwischen den beiden Weltkriegen zurück; zu einer gewissen Bedeutung im Rahmen der Dienstleistungen für Private Anleger aber gelangte das Trust-Geschäft beim Bankverein wie auch bei anderen Konkurrenzbanken erst im Verlaufe der siebziger Jahre und seither.

---

[1] Die Auszeichnungen erfolgten durch die auf dieses Gebiet spezialisierten Rating-Firmen *Lipper Analytical Services*, New York, *Micropal*, London, und *Bopp ISB AG*, Zürich.

Teil I/Kapitel 4: Vermögensverwaltung für institutionelle und private Kunden

In dieser Zeit etablierte die Bank in dieser zeitlichen Reihenfolge Tochterbanken in Nassau, Bahamas – die *Swiss Bank Corporation Trust (Bahamas) Ltd.* –, auf den Cayman Islands – die *Swiss Bank & Trust Corporation Ltd.*, Grand Cayman –, sowie auf den Channel Islands – die *Swiss Bank Corporation (Jersey) Ltd.*, St. Helier. Diesen Töchtern wurde die Aufgabe übertragen, das Trustgeschäft im oben skizzierten Sinn zusammen mit allen dazugehörigen Dienstleistungen im Bereiche von Kundengesellschaften zu pflegen; dabei wendet sich die Tochterbank auf Grand Cayman in erster Linie an Unternehmen und institutionelle Kunden, während die beiden anderen Töchter sich auf das Trustgeschäft und die Vermögensverwaltung für internationale private Anleger spezialisiert haben und dazu neben massgeschneiderten individuellen Lösungen seit Anfang der neunziger Jahre mit Erfolg auch preisgünstige Standardlösungen offerieren.

Der Bankverein ist seit 1972 auf den Cayman Islands niedergelassen.

Der Erfolg der Bankverein-Tätigkeit auf diesem Spezialgebiet – ablesbar am Umfang der insbesondere in den letzten Jahren jeweils abgeschlossenen Neugeschäfte und an der «erfreulichen» (um sich der Bankverein-Diktion in diesem Zusammenhang zu bedienen) Gewinnentwicklung der Tochterbanken – beruht wiederum, wie auch bei anderen zur Zufriedenheit betriebenen Geschäftszweigen, vor allem auf dem Angebot adäquater Lösungen für die Probleme der Kunden mit vertrauenswürdigen, fach- und sprachkundigen Mitarbeitern (hier sind neben der «Front» auch verschiedene Stäbe der Zentrale sehr gefordert), sowie auf der Präsenz an für diesen Geschäftszweig zentralen Standorten. Doch nicht nur das: Präsenz gerade in diesem Geschäft heisst auch, dort präsent zu sein, wo die Kunden sind. Diese fundamentale Marketingeinsicht auch auf das Trustgeschäft anzuwenden hatte die Bank (übermässig) lange gezögert. Inzwischen aber, genauer seit 1993, hat die Bank mit dem Aufbau von Service Desks in Basel, Zürich, Genf, New York, Hong Kong und Singapur, anschliessend auch in Lausanne und Lugano die Verbreiterung der Verkaufsbasis auch für diese Spezialität energischer an die Hand genommen. Die Reaktion ist nicht ausgeblieben: schon für das Jahr 1994 konnte der Bankverein den Gewinn einer beachtlichen Zahl neuer Kunden vermelden. Betrachtet man den fortgesetzten weltweiten Anstieg der Zahl vermögender, anspruchsvoller Anleger, so erscheint es kaum zweifelhaft, dass sich diese Entwicklung auch über das 125. Jahr des Bestehens des Bankvereins hinaus fortsetzen dürfte. Diese Erwartung gründet sich im übrigen auch darauf, dass die Bank bislang immer wieder ihre Bereitschaft und Fähigkeit unter Beweis gestellt hat, veränderten Bedürfnissen der privaten Anlagekundschaft mit darauf abgestimmten Anpassungen in Organisation und Produktangebot zu entsprechen. Jüngstes Beispiel hierfür ist die unter dem Begriff «Financial Planning» im Jahre 1995 erfolgte Erweiterung der Dienstleistungspalette für private Anleger mit dem Angebot von Beratung und Planung in den Bereichen Steuern, Vorsorge und Erbschaften; die Kunden kommen damit nun in den Genuss einer individuell und langfristig ausgerichteten, umfassenden Vermögensplanung, der Bankverein seinerseits verfügt damit über eine bislang typischerweise nur von Privatbanken und Treuhandgesellschaften angebotene Dienstleistung.

Société de Banque Suisse
Schweizerischer Bankverein
Società di Banca Svizzera
BANCOMAT
INTERNATIONAL

## Retail Banking –
## Kleinkunden in grosser Zahl

Ein 125. Jubiläum eines Unternehmens verführt die Beteiligten leicht zur Suche nach Wurzeln und Traditionen auch an dafür weniger geeigneten Orten. Beim Bankverein braucht man bei dem von ihm als Universalbank ebenfalls gepflegten Geschäft mit der grossen Zahl kleiner Kunden – das einst als Massen-, dann als Mengengeschäft, heute im Zeichen der Beliebtheit von Anglizismen als Retail Banking bezeichnete Geschäft mit individuellen und kommerziellen Kunden mit begrenzten Anlage- und Kreditbedürfnissen – nicht tief zu graben: noch bis in die sechziger Jahre hinein wurde diesem Geschäftszweig in der Basler Zentrale keine besondere Beachtung geschenkt. Tatsächlich hielten noch zu jener Zeit Berührungsängste auf der einen Seite, Schwellenängste auf der anderen speziell die Grossbanken und das breite Publikum von intensiveren Kontakten miteinander ab: Berührungsängste seitens der Banken, welche die mit diesem Geschäft verbundenen «grossen Umtriebe» (so in Geschäftsleitungsprotokollen des Bankvereins jener Zeit apostrophiert) fürchteten, Schwellenängste seitens des Publikums, das mit seinen bescheidenen Ansprüchen kaum die damals noch wenig publikumsfreundlichen Schalterhallen zu betreten wagte. Doch nicht nur psychologische Barrieren waren es, die einer intensiveren Beschäftigung dieser Wirtschaftsparteien miteinander entgegenstanden – noch vor 30, 35 Jahren waren die disponiblen Mittel im breiten Publikum recht begrenzt, und die noch weitgehend bar ausbezahlten Löhne flossen grösstenteils direkt in den Konsum; und auch der Zahlungsverkehr war im Umfang vergleichsweise bescheiden und wurde überdies im allgemeinen über die Post abgewickelt. Ein gutes Jahrzehnt vor dem hundertsten Jubiläum des Bankvereins hatte dann eine sich bald rasch beschleunigende Veränderung dieser Konstellation eingesetzt, die auch den Bankverein alles andere als unberührt gelassen hat. Zwei Kräfte waren es, die ihr vor allem zugrundelagen: die Wohlstandssteigerung breiter Bevölkerungskreise auf der einen Seite, die Änderung der Zahlungsgewohnheiten auf der anderen.

Was die Verbreitung des Wohlstands in der Schweiz im halben Jahrhundert seit dem Zweiten Weltkrieg betrifft, so ist hier nicht der Ort, diesen Vorgang detaillierter darzustellen, zumal er die Zeitgenossen geprägt hat und ihnen mit allen seinen Manifestationen jedenfalls heute noch eindrücklich in Erinnerung ist. Immerhin sei die Dynamik dieses historischen Prozesses für die jüngeren und die späteren Leser hier doch mit wenigen Zahlen charakterisiert und festgehalten:

So ist im Zeitraum von 1948 bis 1995 das Bruttosozialprodukt der Schweiz von 19,2 Mrd Fr. auf 373,9 Mrd Fr., also um das Neunzehnfache angestiegen. Gleichzeitig ist allerdings auch die Schweiz von der – mal schleichenden, mal galoppierenden – Geldentwertung nicht verschont geblieben, haben sich doch die Konsumentenpreise über diesen Zeitraum um 3,1% im Jahresdurchschnitt erhöht. Aber auch das in Rechnung gestellt, verbleibt immer noch ein realer Anstieg des schweizerischen Bruttosozialprodukts in dieser Zeit von nicht weniger als 2,8% p.a. – ein Wirtschaftswachstum, das sich bei einem gleichzeitigen

Anstieg der schweizerischen Wohnbevölkerung um 0,9% im Durchschnitt dieser Jahre in einer Wohlstandssteigerung je Einwohner (BSP pro Kopf) um 1,9% p.a. niedergeschlagen hat. Anders ausgedrückt: in der zweiten Hälfte des 20. Jahrhunderts, genauer, in den 47 Jahren von 1948 bis 1995, hat sich das Bruttosozialprodukt der Schweiz je Einwohner mehr als verzweieinhalbfacht, und die Schweiz – noch in den dreissiger Jahren kein reiches Land – steht heute mit einem Volkseinkommen von 44 700 Fr. pro Kopf und Jahr an der Spitze aller europäischen Staaten. Im Gleichschritt mit dem Sozialprodukt sind in dieser Zeit die realen Arbeitnehmereinkommen gewachsen – nämlich um 2,7% im Jahresdurchschnitt, verglichen mit den 2,8% des realen Sozialprodukts.

Für die Banken von direkter geschäftspolitischer Bedeutung war es nun, dass mit dieser Verbreitung materiellen Wohlstands breiten Bevölkerungskreisen ermöglicht wurde, in zunehmendem Masse Ersparnisse zu bilden: die Spareinlagen wuchsen zwischen 1950 und 1994 von bescheidenen 8,2 Mrd Fr. auf 190,7 Mrd Fr., ein Anstieg, der mit 7,4% im Jahresdurchschnitt denjenigen des Bruttosozialprodukts mit 6,6% noch deutlicher überflügelt hat als die Zunahme der Arbeitnehmereinkommen (nominal + 6,9%). Das aber hiess, dass auch die kleinen Privatkunden sogar für die bislang weitgehend auf das Grosskundengeschäft konzentrierten Grossbanken allmählich mehr und mehr interessant wurden: einerseits gewannen sie für die Beschaffung von Passivgeldern an Gewicht, andererseits wuchsen sie ihrerseits zu wichtigen Trägern des Nachfragewachstums nach Hypothekarkrediten heran, wurden also allmählich zu einem für das Zinsdifferenzgeschäft immer bedeutsameren Kundensegment.

*Näher zum Kunden: Filiale Kloten im Jahre 1992.*

Dieses Kundensegment links liegen zu lassen empfahl sich nun im Laufe der sechziger Jahre auch deshalb immer weniger, als sich in diesen Jahren mit der – zunächst zögernden, dann rasanten – Einführung der bargeldlosen Lohn- und Gehaltszahlung in der Schweiz eine grundlegende und selbst heute noch nicht abgeschlossene Änderung der Zahlungsgewohnheiten zu vollziehen begann. Der Bankverein stand diesem Vorgang zunächst reserviert gegenüber. Bezeichnend für diese Haltung ist ein Vermerk in einem Geschäftsleitungsprotokoll des Jahres 1960, in dem es, ausgehend

Teil I/Kapitel 5: Retail Banking – Kleinkunden in grosser Zahl

von der Anfrage einer Basler Firma nach der Bereitschaft der Bank, «gegebenenfalls» die bargeldlose Lohnzahlung an das Personal dieser Firma zu übernehmen, hiess: «Wenn auch ein gewisses Interesse der Banken an einer solchen Regelung nicht zu verkennen ist, fallen doch die grossen Umtriebe, die enorme Beanspruchung der Kasse und die Buchungsspesen ins Gewicht. Die Generaldirektion ist sich einig, dass eine Übernahme dieser Aufgabe nur gegen eine entsprechende Spesenentschädigung in Erwägung gezogen werden könnte». Immerhin mussten nach diesem Protokolleintrag keine zehn Jahre vergehen, bis die Bank ihre Aktionäre und die breitere Öffentlichkeit davon unterrichtete, dass sie «dem Anliegen von Handel und Industrie, Lohn- und Gehaltszahlungen bargeldlos abzuwickeln ... durch Einführung des Gehaltskontos» Rechnung zu tragen sich entschlossen hatte (Geschäftsbericht 1969). Die geschäftspolitischen Überlegungen, die diesem Sinneswandel zu Gevatter gestanden haben, lassen sich auf drei Argumente zurückführen: zum einen öffnete sich mit der Schaffung von Gehaltskonten eine Chance, den auf diesem Wege gewonnenen neuen Kunden auch weitere Bankdienstleistungen zu verkaufen, zum zweiten winkte die Möglichkeit, mit dem sogenannten Bodensatz – den nach Vornahme von Gutschriften und Belastungen auf diesen Konten durchschnittlich verbleibenden Beträgen – zu arbeiten, und drittens schliesslich

Filiale Schaffhausen Buchthalen (1991).

war man beim Bankverein denn doch nicht bereit, den mit der bargeldlosen Gehaltszahlung entstandenen neuen Kundenkreis allein der PTT mit ihrer ohnehin schon starken Stellung im inländischen Zahlungsverkehr geschweige denn den auf diesem Gebiet aktiveren Konkurrenzinstituten zu überlassen. Diese Argumente haben für die geschäftspolitische Ratio des Retail Banking – ein vom Bankverein in einem Geschäftsbericht erstmalig im Jahre 1986 verwendeter Begriff – bis heute Gültigkeit behalten, so sehr sich Produkt und Abläufe des Geschäfts mit den vielen kleinen Kunden im Verlaufe der Zeit geändert haben.

### Abschnitt 1:
## Von den Anfängen bis zur Systematisierung

#### Vom Sparheft zu den Kundenkonten

Noch in den sechziger Jahren hatte man beim Bankverein für die Annahme von Spar- und Einlagegeldern des breiten Publikums nur zwei Varianten geboten – das Einlageheft und das Depositenheft (daneben wurden an den Bankverein-Schaltern damals auch Sparhefte der Tochtergesellschaft *Bank für Hypothekarkredite* abgegeben); immerhin konnten sie auch in Kontoform geführt werden. Nachdem 1969, wie gerade erwähnt, das Gehaltskonto geschaffen worden war, wurden die Depositenkonten und -hefte nicht mehr weitergeführt. Statt dessen wurden mit dem Hauptziel, den Spargeldzufluss zum Bankverein zu fördern, per Mitte 1970 drei verschiedene Sparhefte eingeführt – ein Sparheft und

Teil 1/Kapitel 5: Retail Banking – Kleinkunden in grosser Zahl 179

-konto, ein Anlagesparheft und -konto sowie ein Jugendsparheft. Dieses Sortiment wurde von der zweiten Hälfte der siebziger Jahre an zügig weiter ausgebaut – Zeugnis, im Rückblick, eines der vorangegangenen Generation von Bankverein-Managern noch fremden Bemühens um «kleine» Kundengelder.

So wurde (um hier nur einige Fixpunkte einer facettenreichen Entwicklung festzuhalten) das Heft- und Kontensortiment in der zweiten Hälfte der siebziger Jahre zunächst mit einem Alterssparheft und einem Konto für Personalvorsorge ergänzt, zwei auf neu heranwachsende Bedürfnisse ausgerichtete Produkte, die im Kern wenn auch in inzwischen mehrfach modifizierter Form auch heute noch bestehen. Ihnen folgten Prämiensparhefte (ab Mai 1980, im Februar 1982 in Anlagesparhefte umgewandelt), Sonderkonten für Krankenkassen (eingeführt im September 1980), das Jugend-Privatkonto (September 1981) bzw. das unten näher erwähnte *MAGIC*-Jugendkonto (ab 1989); für das hier anvisierte Kundensegment wurden 1986 überdies ein zinsbevorzugtes Ausbildungskonto (Januar 1986) und der Sparplan (März 1986)[1] geschaffen. Mitte der achtziger Jahre wurden im Zusammenhang mit der 1985 gesetzlich eingeführten betrieblichen Personalvorsorge sodann neue Konten für die zweite und dritte Säule der Altersvorsorge lanciert – das Konto bei der Freizügigkeitsstiftung, das Konto bei der Stiftung *INVEST* (Stiftung für die individuelle steuerbegünstigte Vermögensbildung), sowie das Konto bei der Stiftung *SAVE* (Stiftung für die freiwillige berufliche Vorsorge).

Gegenüberliegende Seite: Der Sparer im Zentrum der Werbung im Jahre 1978.

Das vom Bankverein Anfang der neunziger Jahre entwickelte Plüschtier namens «Topsy» eroberte über alle Erwartungen die Herzen von Kindern und Erwachsenen.

Mit derartigen «Saugnäpfen» für Spar- und Anlagegelder gelang es dem Bankverein, über die Jahre hinweg einen sich stets verbreiternden Zustrom von Mitteln aus diesem hartumkämpften Markt (zeitweise stimmten führende Schweizer Bankiers darin überein, dass die Konkurrenzkämpfe der Zukunft «auf der Passivseite» geschlagen und entschieden würden) auf seine Konten zu lenken – mit einer Bestandesentwicklung von den etwas über 4,2 Mrd Fr. im Jubiläumsjahr 1972 bis zu den

[1] Der Sparplan wurde ab April 1987 auch mit Versicherungsschutz ausgestattet.

34 Mrd Fr. des Jahres 1995. Ebenso eindrücklich ist die Zunahme der Anzahl der Kundenkonten (einschl. der in Heftform geführten Kundenguthaben) gewesen: von den weniger als 1 Mio Konten zum Zeitpunkt des «Hundertjährigen» auf die per Ende 1994 gezählten 3,6 Mio Kundenkonten, in einem Markt nota bene, der keineswegs von einem überschäumenden Wachstum der Zahl der *möglichen* Kunden geprägt gewesen ist.

Dennoch hiess das natürlich nicht, dass alle einmal lancierten Instrumente für diesen Markt von

Kundenhalle des Bankverein-Gebäudes La Chaux-de-Fonds im Jahre 1992.

Dauer gewesen wären. Kennzeichnend für eine neue Umstände wie neue Einsichten nutzende (für den Bankverein lange Zeit unübliche, für seine Kundschaft zeitweise ungemütliche) Beweglichkeit in diesem Geschäft waren gerade die häufigen Veränderungen im Produktesortiment. So wurde beispielsweise vorübergehend ab 1984 ein Bonus-Bausparkonto angeboten, das mit seiner gegenüber einem normalen Sparheft um 0,5% höheren Verzinsung sowie einem zusätzlichen Finanzierungsbonus von 1% p.a. auf die gesamte Spardauer im Falle der Finanzierung des Eigenheims durch den Bankverein den Erwerb von Wohneigentum fördern sollte; nachdem sich die Marktkonstellation geändert hatte, wurde dieses Konto ab 1989 nicht mehr weitergeführt. Auch im «normalen» Sparsortiment hinterliessen Marktveränderungen ihre Spuren: nachdem gegen Ende der achtziger Jahre das zunehmende Zinsbewusstsein der Kunden zu einer von der Geschäftsleitung als nicht nur vorübergehend betrachteten Abflachung des Zustroms von Spargeldern geführt hatte, wurden das bisherige Spar- und Anlagekonto durch ein neues Sparkonto ersetzt: mit ihm wurde Kontoinhabern, die im Laufe eines Kalenderjahres kein Geld abhoben oder diese Mittel für das Vorsorgekonto *INVEST*, einen Sparplan, den Kauf von Kassenobligationen oder die Amortisation von Bankverein-Hypotheken verwenden, ein Zinsbonus von 0,5% geboten. Auch wurde die im Laufe der Jahre mit den mannigfachen Neuerungen verlorengegangene Transparenz im Sparsortiment wieder verbessert, indem das Sortiment Anfang 1994 drastisch gestrafft wurde. Zu diesem Zeitpunkt wurden die Einlagekonten in Privatkonten umgewandelt, die dem Kunden eine breitere Palette von Dienstleistungen bieten. Überdies wurde für Kunden über 60 Jahren unter dem Namen *Konto 60+* ein neues Dienstleistungspaket lanciert, das die früheren Alterssparhefte und -konten ersetzte. Alle diese Bemühungen dienten dem gleichen Ziel: nämlich den Veränderungen in den Spar- und Zahlungsgepflogenheiten eines breiten Publikums möglichst zeitnah, wenn nicht gar diesen vorauseilend, mit einem entsprechenden Dienstleistungsangebot gerecht zu werden.

Skistars wie beispielsweise Erika Hess steigern die Aufmerksamkeit (1988).

### Vom Bargeld zu den Karten

Veränderungen in den für das Mengengeschäft konstitutiven Rahmenbedingungen waren es auch, die den Anstoss zur Entwicklung eines ersten Kartensystems für den Bargeldbezug gaben: Mit der Einführung der bargeldlosen Lohn- und Gehaltszahlung Anfang der sechziger Jahre hatte sich auch die Schaffung erleichterter Möglichkeiten zum Bargeldbezug für die Inhaber von Bankkonten aufgedrängt, um so mehr, als die Banken seit dem Übergang zur Fünftagewoche in der Schweiz Mitte 1964 ihre Schalter am Samstag geschlossen hielten. So kam es – ähnlich wie in anderen Ländern – in der Schweiz ab 1968 zum Aufbau des *Bancomat*-Systems, eines im Laufe der Jahre von den Schweizer Banken im Zusammenwirken ständig erweiterten Netzes von Geldbezugsautomaten. Dieses Netz ergänzte der Bankverein für seine eigenen Kunden ab 1982 mit den sogenannten *Cassamaten*, die innerhalb der Bankgebäude (für Inhaber von Kundenkarten aber auch *ausserhalb* der Schalteröffnungszeiten) zugänglich sind, und die dem Benutzer weitere Funktionen wie etwa den Bezug von Fremdwährungen oder die Abfrage vorangehender Buchungen bieten. Doch nicht nur den Kunden war mit den Geldausgabegeräten gedient: ihre Installation diente auch der Rationalisierung des personal- und damit kostenintensiven Mengengeschäfts.

Künstlerische Ausstattung des Kundentresorraums beim Bankverein am Paradeplatz in Zürich (1995).

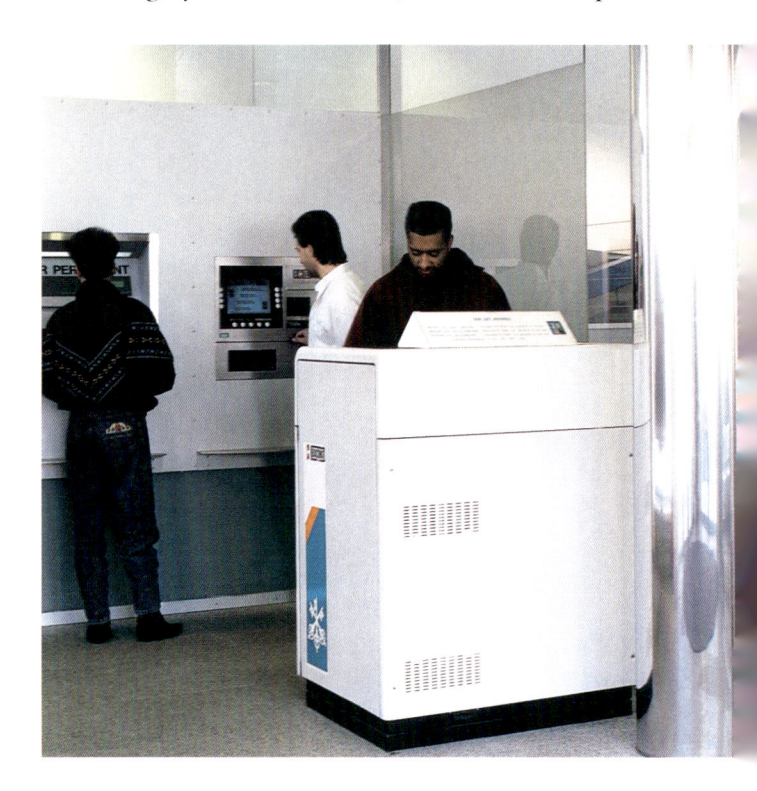

Diese doppelte Zwecksetzung war – und ist – es denn auch, die den Bankverein zusammen mit den anderen Schweizer Banken veranlasste, ab Ende der sechziger Jahre den Weg zur «*Cashless Society*» zu beschreiten – einen Weg, der auch heute noch keineswegs an seinem Ziel angelangt ist. Ein erster Schritt auf diesem Wege war 1969 getan worden, als die Schweizer Banken zwecks Förderung des Checkverkehrs die *Swiss Cheque-Karte* kreierten, die als Garantiekarte zusammen mit bankindividuellen Checks zu verwenden war. Zur gleichen Zeit hatten sich Vertreter des europäischen Bankgewerbes über die Einführung eines einheitlichen Einlösungssystems für Checks, die durch eine spezielle Karte (die *ec-Karte*) garantiert waren, geeinigt – das *Eurocheque-System;* im Interesse des reibungslosen Zusammenwirkens vormals isolierter Zahlungssysteme schlossen sich die Schweizer Banken diesem System ab 1976 an.

So sehr die Checks auch ein den bargeldlosen Zahlungsverkehr förderndes, flexibles Zahlungsmittel darstellten, so sehr waren – und sind – sie indessen mit gewissen Nachteilen behaftet: für den Benutzer eine gewisse Umständlichkeit in der Handhabung, für die Banken die Kosten aus der beleggebundenen Verarbeitung. So kam es, dass der *Eurocheque* allmählich hinter den in Verwendung und Verarbeitung praktischeren Kreditkarten zurückfiel, die ab Ende der siebziger Jahre auch in der Schweiz ihren Siegeszug antraten. Der Bankverein hatte schon in den sechziger Jahren eine Kreditkarte vertrieben, nämlich jene der *American Express Company;* doch ursprünglich primär als Zahlungsmittel für den Reiseverkehr konzipiert (und deshalb vielfach auch zusammen mit anderen Kartenprodukten als *Travel and entertainment cards* bezeichnet) hatten diese Karten zunächst Mühe, von breiteren Bevölkerungskreisen in der Schweiz akzeptiert zu werden. Dieses Umfeld sollte sich Ende der siebziger Jahre ändern: mit der Verbreitung der *Eurocard* in ganz Europa nahm die Akzeptanz von Kreditkarten bei Konsumenten und bei Detaillisten rasch zu. Was die Schweizer Banken betrifft, so hatten diese die 1976 durch die schwedische *Wallenberg*-Gruppe in Genf gegründete Kreditkartengesellschaft *Eurocard (Switzerland) SA* Ende 1978 übernommen und gleichzeitig mit der Beteiligung an der internationalen *Eurocard-Holding* das Recht zur Ausgabe der *Eurocard* erworben. In der Folge begann der Bankverein wie auch andere Schweizer Banken mit dem Verkauf dieser Karten an die Kundschaft, und im darauffolgenden Jahrzehnt kam es dann, gestützt auf das attraktive Preis-Leistungs-Verhältnis dieser Karte, zu deren gleichsam flächendeckender Verbreitung. Dass es auch dabei nicht blieb, sondern ab Anfang der neunziger Jahre eine ausgesprochene Vielfalt von Karten im Schweizer Markt angeboten wurde, war nicht nur Folge der aggressiven Kundenwerbung der verschiedensten Kreditkartenorganisationen: mit der Aufhebung verschiedener, die Angebotspolitik der Banken regulierender Konventionen kam eine Liberali-

Automaten- und Informationszone der Niederlassung La Chaux-de-Fonds im Jahre 1992.

Teil 1/Kapitel 5: Retail Banking – Kleinkunden in grosser Zahl

184

sierung des Bankgeschäfts speziell mit Mengenkunden zustande, die den beteiligten Banken vor allem eine individuellere Preis- und Produktgestaltung gestattete.

Vor diesem Hintergrund lancierte der Bankverein im Juni 1991 eine eigene *VISA*-Karte, nachdem er im Jahr zuvor als erste Schweizer Grossbank eine *VISA*-Lizenz erworben hatte. Dieser Schritt wurde dadurch erleichtert, dass der Bankverein schon vorher bei seiner Tochtergesellschaft, der *Bank Finalba AG*, Zürich, über ein eigenes *VISA*-Center verfügt hatte. Zunächst waren dann die *VISA*-Karten beider Banken weiterhin nebeneinander erhältlich; zwecks Verbesserung des Serviceangebots wurde der Marktauftritt im Jahre 1994 jedoch unter dem Namen *«Bankverein-VISA»* zusammengefasst.

Dieses Angebot, unterstützt durch den Einsatz eines vielfältigen Marketing-Instrumentariums, erwies sich als recht erfolgreich, hatten beide Institute zusammen mit 376 000 ausgegebenen *VISA*-Karten doch Ende 1993 bereits einen Anteil am schweizerischen Kreditkartengeschäft von über

Die VISA-Karte prominent präsentiert in Kundenhallen …

Teil I/Kapitel 5: Retail Banking – Kleinkunden in grosser Zahl

**Power Card.**

Mit der Bankverein VISA Karte haben Sie ein Stück Freiheit in der Tasche. Jederzeit und weltweit. Shoppen bei 12 Millionen Partnerunternehmen. Cash tanken an 250'000 Geldautomaten. Und im ersten Jahr bekommen Sie die Power Card erst noch zum halben Preis. Was will man mehr? Eine coole Sache eben. Am besten, Sie bestellen die Nummer 1 der Welt noch heute.

0800 881 881. Ein Anruf – Ihre VISA Karte kommt.

Schweizerischer Bankverein

... und in Anzeigen.

20% erreicht und vermochten sowohl Kartenbestand wie Marktanteil in der Folge weiter zu steigern. Beigetragen zu dieser Entwicklung hat sicherlich auch die Lancierung weiterer Kartentypen, mit denen der Bankverein sein *VISA*-Kartenangebot den Bedürfnissen und den Modelaunen des Publikums entsprechend erweiterte: so wurden im Mai 1994 der *VISA Rail Pass* (eine mit dem SBB-Generalabonnement kombinierte Karte) und die *VISA Special Edition*-Linie gestartet, die letztere ausgezeichnet durch Kartendesigns prominenter Schweizer Künstler wie *Bernhard Luginbühl* und *Michel Jordi*.[1]

Schliesslich war aber auch die *ec*-Karte nicht ausser Gebrauch gekommen. Im Gegenteil: Abgesehen davon, dass sie auch heute immer noch als *Eurocheque*-Garantiekarte funktioniert, hatte sie einerseits seit Mitte 1985 die *Bancomat*-Karten ersetzt, die bis zu diesem Zeitpunkt dem Verkehr mit diesen Geldausgabegeräten gedient hatten; andererseits aber erfreut sie sich seit einigen Jahren einer rasch wachsenden Beliebtheit als Direktabbuchungen ab Konto gestattende Debit-Karte, als welche sie im Rahmen von *ec-Direct* sowohl im Detailhandel wie auch an Tankstellen immer häufiger eingesetzt wird (Ende 1992 waren in der Schweiz bereits über 7000 Kassen mit Terminals für *ec-Direct* ausgerüstet). Dass seitens der Banken die Lösung zahlreicher technischer und organisatorischer Probleme die notwendige Voraussetzung für diese Innovation im Zahlungsverkehr (wie auch für andere derartige Innovationen) darstellte, liegt auf der Hand; sie wurde aber vom Bankverein und den übrigen beteiligten Banken im Interesse der Kostenreduktion im wachsenden Mengengeschäft – wenn auch ihrerseits mit erheblichem intellektuellen und finanziellen Aufwand – realisiert. Gleichzeitig suchte man gerade beim Bankverein die bedrohlich anschwellende Kostenflut im Retail Banking aber auch auf andere Weise einzudämmen: durch eine forcierte Standardisierung der teilweise zu üppig ins Kraut geschossenen Produkte.

[1] Ein drittes, ursprünglich nicht für diesen Zweck geschaffenes Motiv stammte vom 1991 verstorbenen *Jean Tinguely*.

## Produktestandardisierung im Vormarsch

Produktestandardisierung bedeutet, richtig gehandhabt, immer auch eine Produktevereinfachung. Dass eine derartige Vereinfachung nicht nur im Interesse der produzierenden Bank, sondern auch des «konsumierenden» Kunden liegen kann, dafür war (und ist) der *«easy»-Zahlungsauftrag* ein Beispiel, den der Bankverein 1988 lancierte. Die für die Kunden mit diesem Produkt gebotenen administrativen Annehmlichkeiten resultierten anfänglich in einem solchen Echo, dass sich die Bank zeitweise von Zahlungsaufträgen buchstäblich überschwemmt und zu umfangreichen Investitionen in der Informatik genötigt sah (von letzteren ist an anderer Stelle ausführlicher berichtet). Dass dabei die Qualität der Dienstleistung nicht auf der Strecke bleiben durfte, verstand sich mit Blick auf den Zahlungsverkehr als ein zentrales, alle Geschäftssparten berührendes Verbindungselement zwischen der Bank und ihren Kunden von selbst. Der Bankverein, bemüht um die Qualität seiner Dienstleistungen auch zu Zeiten schon, in denen «Total Quality Management» noch nicht in aller Manager Munde war, liess deshalb im Rahmen einer 1993 beschlossenen neutralen Qualitätszertifizierung seiner dafür in Frage kommenden Dienstleistungen als erstes den Zahlungsverkehr auf die *ISO-Norm 9001* prüfen. Mit der im April 1994 erfolgten Zertifizierung seines Zahlungsverkehrs gemäss den von der *International Organization for Standardization* festgelegten Normen wurde erstmals in der Schweiz eine Finanzdienstleistung nach internationalen Standards genormt.

Die Standardisierungsbestrebungen des Bankvereins im Bereich des Retail Banking richteten sich indessen nicht nur auf einzelne Produkte. 1993, noch vor der Etablierung des Geschäftsbereichs Retail Banking im Rahmen der Anfang 1994 in Kraft gesetzten neuen Konzernorganisation, hatte man damit begonnen, die Basisdienstleistungen für Privatkunden sowie für kleine Unternehmen und Institutionen in verschiedenen Angebotspaketen für die Bedürfnisse der einzelnen Kundengruppen zu bündeln. Für die privaten Retailkunden wurde das Paket *«Easy»* entwickelt, das rund 90% der Kundenbedürfnisse abdeckt. Zu den in diesem Paket enthaltenen Basisprodukten gehören neben dem schon erwähnten Zahlungsverkehr das Sparsortiment, die Vermögensberatung, das Kreditkarten- und Privatkreditgeschäft sowie Produkte aus dem Vorsorge- und Versicherungsbereich. Zwei Ziele waren es vor allem, welche die Bank damit verfolgte: den so wichtig gewordenen kleinen Kunden auch weiterhin einen möglichst individuellen Service zu bieten, und dennoch die dabei wegen der grossen Zahl vergleichsweise kleiner Geschäfte entstehenden Kosten im Griff zu behalten. Beispielhaft dafür sind etwa die Programmlinien *Investment Easy* und *Kredit Easy*. Mit dem Konzept von *Investment Easy*, einem 1993 entwickelten Programm für die Entgegennahme von Wertschriftenaufträgen und die Wiederanlage von Mitteln im Rahmen einer standardisierten Vermögensberatung, zielte man darauf ab, auch Kunden mit kleineren Vermögen Anlagekombinationen, die ihren individuellen Bedürfnissen gerecht werden, anzubieten, ohne dabei in unangemessene Kostensteigerungen zu laufen; die Dienstleistung wurde von den Kunden

*Gegenüberliegende Seite: Neu: Dienstleistung Kredit Easy im Jahre 1995.*

## Weil Bauen schon kompliziert genug ist, gibt's jetzt Kredit Easy.

Kredit Easy macht Schluss mit umständlichen Formularen für Baukredite und Hypotheken, vereinfacht die Abwicklung und reduziert bürokratische Umtriebe auf das absolute Minimum. Ob Sie Ihr eigenes Haus bauen, eine Wohnung kaufen oder Ihr Geschäft vergrössern möchten – Kredit Easy ist der rasche und direkte Weg zu Ihrer individuellen Finanzierungslösung. Das gilt im übrigen nicht nur für Ihre Bauvorhaben, sondern auch für Geschäftskredite. Wir freuen uns, Ihnen mit Rat und Geld zur Seite zu stehen. Gerne senden wir Ihnen weitere Informationen zu Kredit Easy. Rufen Sie uns einfach unter der Gratisnummer **155 77 07** an.

**Schweizerischer Bankverein**

sehr positiv aufgenommen. Was andererseits den sogenannten *Kredit Easy* betrifft, so wurde im Jahre 1993 das Retail-Kreditgeschäft in die drei Linien Hypothekar-, Geschäfts- und Privatkredit gegliedert und ein Angebot massgeschneiderter Produkte aus diesen Linien entwickelt. Alles das war natürlich leichter gesagt als getan: Voraussetzung war hier wie in anderen Fällen, dass die betrieblichen Abläufe grundlegend überarbeitet wurden. Im Rahmen dieses «Process Re-Engineering» wurden nicht nur die Entscheidungswege drastisch verkürzt (um den Kreditentscheid rascher fällen und ihn dem Kunden mitteilen zu können) und effizientere EDV-Applikationen eingesetzt, sondern es wurde ab Mitte 1995 auch die Verarbeitung der Kreditgeschäfte aller schweizerischen Niederlassungen auf die regionalen Kreditzentren Basel, Bern, Lausanne und Zürich konzentriert – auch dieses wieder ein konkretes Beispiel dafür, wie aus dem vor nicht allzulanger Zeit noch eher einem Verein von Banken gleichenden Bankverein in jüngerer Zeit eine zentral geführte, straff organisierte Bank gemacht worden ist.

### Abschnitt 2:
### Von der Diversifikation bis zum Marketing

#### Kleinkredite im Wandel

Unabhängig von den im Rahmen dieser Programme angebotenen Krediten werden von der Bankverein-Gruppe seit längerem auch Konsumkredite angeboten. Der Einstieg des Bankvereins in diese Sparte geht auf die sechziger Jahre zurück. Nach längerem Zögern – dem von den Befürwortern des Geschäfts betonten Argument der Mündigkeit des Konsumenten in der Marktwirtschaft stand der Einwand entgegen, dass ein von der Öffentlichkeit als zu aggressiv empfundenes Verkaufen dieser Dienstleistung dem Ansehen der Bank abträglich sein könne – hatte sich die Bankverein-Geschäftsleitung in der zweiten Hälfte der sechziger Jahre für ein Engagement in diesem wachstums- und renditeträchtigen Geschäftszweig entschieden, allerdings nicht seitens des Bankvereins selbst, sondern mit einer selbständig im Markt auftretenden Tochtergesellschaft. Nachdem sich im Jahre 1968 mit der *Bank Frei, Treig & Co. AG*, Zürich, die Gelegenheit zum Erwerb eines in diesem Geschäft tätigen Instituts ergeben hatte, und diese durch deren Übernahme der *Warag Bank*, Zürich, im Herbst 1970 weiter ausgebaut worden war, begann die Bankverein-Gruppe ab Anfang der siebziger Jahre zu einem zunehmend wichtigeren Anbieter auf diesem Markt heranzuwachsen. Träger dieses Geschäfts war zunächst die *Bank Frei, Treig*, die ab 1972 als *Bank Finalba AG* firmierte. Ein eigentlicher Quantensprung in bezug auf Kreditvolumen und Marktanteil in dieser Sparte aber gelang dem Bankverein mit der Übernahme des gesamten Aktienkapitals der *Bank Prokredit AG*, Zürich, des ältesten und grössten Konsumkreditinstituts der Schweiz, im Jahre 1978. In der Folge entwickelte sich dieser Geschäftszweig unter der umsichtigen, langjährigen Ägide des Generaldirektors *Rupert Blattmann* zeitweise geradezu stürmisch (wenngleich der Zweig ebenfalls zeitweise geradezu stürmisch in der Öffentlichkeit umstritten war, weil einzelne Problem- und Sozialfälle immer wieder zu Erregung – und zu Verallgemeinerung – Anlass gaben). Die *Bank Prokredit*, weiterhin selbständig, aber als Bankverein-Gruppenmitglied im Markt auftretend, ist bis in unsere Tage hinein mit einem Marktanteil von über 30% die grösste Konsumkreditanbieterin in der Schweiz geblieben, stellt aber zugleich auch eine typische Sparbank dar, der Mitte der neunziger Jahre rund 150 000 Privatkunden ihre Ersparnisse anvertraut hatten. Insgesamt entfallen auf die Bankverein-Gruppe heute fast 45% des schweizerischen Konsumkreditgeschäfts; die Gruppe ist damit mit Abstand Marktführerin.

Ausserhalb des Stammhauses ist dieses Geschäft für den Bankverein bis zum heutigen Tag geblieben; aber eine Zusammenfassung der Kräfte ist im Rahmen der allmählichen Straffung historisch gewachsener Konzernstrukturen inzwischen doch herbeigeführt worden, indem im Mai 1994 das Konsumkreditgeschäft wie auch das Konsumgüterleasing von der *Bank Finalba* voll auf die *Bank Prokredit* übertragen wurde. Von den 16 Filialen der *Bank Finalba* wurden zu jener Zeit deren zehn mit bereits bestehenden Niederlassungen der *Bank Prokredit* zusammengelegt, während die übrigen sechs neu unter dem Namen *Bank Prokredit* – die damit über insgesamt 26 Filialen verfügte – weitergeführt wurden. Die *Bank Finalba* konzentriert sich seither auf das bereits erwähnte *VISA*-Kreditkartengeschäft.

### «Allfinanz»-Aktivitäten

Mit den grossen Versicherungsgesellschaften der Schweiz verband (und verbindet) den Bankverein eine über viele Jahrzehnte hinweg gepflegte gute Geschäftsbeziehung, und bei einer von ihnen, der *Basler Versicherungs-Gesellschaft* ist er seit langem gar als Aktionär und im Verwaltungsrat vertreten. Die sich deshalb aufdrängende Rücksichtnahme veranlasste ihn denn auch, in der Frage eines vor allem in den achtziger Jahren in Bankenkreisen viel diskutierten Vordringens in eigentliche (und hier eigene!) Versicherungsmärkte zwecks Darbietung eines «Allfinanz»-Angebots Zurückhaltung zu üben. Doch einmal abgesehen davon, dass mindestens mit dem blossen Auge des Chronisten keine substantiellen Gegenleistungen erkennbar sind, die er für diese Zurückhaltung empfing, summierten sich doch im Laufe der Jahre die Anlässe für die Bankverein-Geschäftsleitung, immer wieder auf die Frage der selbstauferlegten Abstinenz auf diesem Felde zurückzukommen: Einmal die immer härter werdende Konkurrenz der Banken und Versicherungen um die Rücklagen des Publikums für die Altersvorsorge, die den Spargeldzufluss zu den Banken ebenso bremste wie die Vermögensanlage bei ihnen; zweitens die auch vermehrt auftretende Konkurrenz seitens der Versicherungen im Aktivgeschäft (Hypotheken!) und im Kapitalmarkt; drittens das deutliche Schwinden der Scheu bei anderen Banken, im Versicherungsmarkt selbst tätig zu werden; und viertens schliesslich das Streben der Bank nach Intensivierung ihres aktiven Marketings vor allem von Anlageprodukten für die Retail-Kundschaft wie auch die Neigung dieser Kundschaft, in Bankfilialen im *One-Stop-Shopping*-Verfahren auch andere Finanzdienstleistungen als reine Bankprodukte nachzufragen.

Nachdem entsprechende – zaghafte – Versuche zu einer Zusammenarbeit mit der *Basler Versicherungs-Gesellschaft* mehr oder weniger im Sande verlaufen waren, entschloss sich die Geschäftsleitung Ende 1991, gestützt auf sorgfältige Vorarbeiten und Vorverhandlungen durch Direktor *Dr. W.-D. Schlechthaupt*, einem erfahrenen Retail Banking-Fachmann, eine bedeutsame Vereinbarung mit der *Zürich Versicherungs-Gruppe* abzuschliessen, die aktiv nach einem potenten Partner gesucht hatte. Ihr von beiden Partnern verfolgtes Ziel war, durch gemeinsame Nutzung sowohl der beiderseitigen Vertriebsnetze als auch Fachkompetenzen den Kunden beider Gesellschaften ein erweitertes Angebot interessanter Finanzdienstleistungen zu bieten – Versicherungsprodukte den Bankkunden, Bankprodukte den Versicherungskunden. Zu diesem Zwecke wurde unter dem Namen *ZBV Beratungs- und Verkaufs-AG* mit Sitz in Zürich eine gemeinsame Vertriebsgesellschaft etabliert, deren Aufgaben inzwischen allerdings vom Bankverein resp. der Zürich Versicherung direkt wahrgenommen werden; ausserdem bildeten der Bankverein und die *VITA*, eine Tochtergesellschaft der *Zürich-Gruppe*, gegenseitig 550 Mitarbeiterinnen und Mitarbeiter für den Verkauf der neu hinzukommenden Produkte aus. Im Markt lief die Zusammenarbeit am 1. Oktober 1992 an – mit der Vermittlung von *VITA*-Lebensversicherungen durch den Bankverein an dessen Kunden, von sechs ausgewählten Bankverein-Anlagefonds durch *VITA*-Mitarbeiter an deren Kunden; die Zusammenarbeit, zunächst auf die Deutschschweiz beschränkt, wurde im Frühjahr 1993 auf die französische Schweiz und darüber hinaus ab Januar 1994 auch auf die Banktochter *BSI* ausgedehnt. 1995 wurde sie weiter vertieft, indem zunächst ein Pilotversuch auch mit Sach-, Haftpflicht- und Personenversicherungen gemacht wurde. Im Jahr darauf wurde auch diese Dienstleistung flächendeckend eingeführt: seither werden alle diese Versicherungsprodukte in ausgewählten Kundenhallen des Bankvereins angeboten; damit ist eine integrierte Kundenberatung sowohl im Anlage- als auch im Kreditbereich gewährleistet, während im Gegenzug alle Kundenberater der *«Zürich»* ein breites Sortiment an Bankprodukten des Bankvereins anbieten.

Wenn es auch bereits im ersten Jahr dieser Zusammenarbeit, 1993, gelang, durch Vermittlung der Bank über 1700 Lebensversicherungen mit einem Prämienvolumen von 111 Mio Fr. abzuschliessen, Zahlen, die bis Mitte 1995 auf 7000 Policen und 450 Mio Fr. Prämienvolumen angewachsen waren, so ist das doch kaum mehr als ein Indiz dafür, dass hier noch ungenutzte Potentiale lagen (und wohl noch liegen). Deren wirkliche Dimension und vor allem Dynamik ist, speziell auch mit Blick auf die Vermittlungschancen für die Bankprodukte, damit aber noch nicht erwiesen und bleibt vorerst noch Gegenstand zum Teil widersprüchlicher Vermutungen der Befürworter und Kritiker dieses Diversifikationsansatzes – auch wenn die beiden Schweizer Grossbankkonkurrenten sich ebenfalls beim Ausbau dieses Marktes mit eigenen, vom Bankverein abweichenden Lösungsansätzen und anderen Partnern engagieren.[1]

[1] Nämlich die *Schweizerische Bankgesellschaft* mit der *Schweizerischen Lebensversicherungs- und Rentenanstalt*, die *Schweizerische Kreditanstalt* mit den *«Winterthur» Versicherungen*.

Gegenüberliegende Seite: Die Ausbreitung des Electronic Banking schlägt sich auch in der Werbung nieder. Inserat aus dem Jahre 1991.

### Produktinnovationen mit der Elektronik und für die Jugend

Ebenfalls mehr in die Zukunft weisend als bereits die Gegenwart prägend (von der Vergangenheit nicht zu reden) sind die Produkte des sogenannten «Electronic Banking», auch wenn diese neue Entwicklungslinie von Bankdienstleistungen beim Bankverein bereits mit den Geldbezugsmöglichkeiten des *Bancomat* und ab 1982 für Bankverein-Kunden auch mit dem *Cassamat* eingeläutet worden war. Rückblickend als echten Einstieg der Bank in elektronische Produkte ansehen kann man die Lancierung des *Bankverein VideoService 7777* im Jahre 1985, zunächst im Rahmen des Videotex-Betriebsversuches der PTT. Diese Dienstleistung, ursprünglich für die Kunden nur zur elektronisch übermittelten Information über Finanzmarktdaten und Kontenstände nutzbar, wurde im Laufe der Jahre ständig erweitert – zunächst, 1987, um die Abwicklung des Zahlungsverkehrs, 1989 sodann um die Möglichkeit, Wertschriftenaufträge auf diesem Kommunikationsweg zu erteilen, 1990 um die Variante der Auftragsabwicklung an der *SOFFEX*-Optionsbörse, und 1991 um das mit den aktuellen Börsenkursen der 17 wichtigsten Börsenplätze der Welt ergänzte Angebot elektronisch übermittelter Valorenübersichten sowie Vermögensanalysen nach Anlagegruppen, Ländern und Währungen. Dass diese Dienstleistung nicht nur der Rationalisierung des kostspieligen Schalterverkehrs in der Bank, sondern auch einem mit den Einsatzmöglichkeiten wachsenden Kundenbedürfnis entsprach, zeigte sich in steigenden Benützerzahlen: von den 500 Teilnehmern mit rund 6000 Konten und Depots Ende 1985 ist die

Zahl nach einem eher harzigen, der langsamen Ausbreitung dieses Mediums zuzuschreibenden Anlauf mittlerweile auf 25 000 Teilnehmer mit rund 219 000 Konten und 41 000 Depots angewachsen; und abhängig vor allem vom weiteren Vordringen des Gebrauchs derartiger Netzwerke (das gegenwärtige Videotex-System, nach seiner Privatisierung Anfang 1995 *Swiss Online* genannt, dürfte in seiner heutigen Form nur noch eine begrenzte technische Zukunft haben) durch die Schweizer Bevölkerung sollte das noch lange nicht das Ende sein – das Home-Banking unter interaktiver Nutzung der Personal Computer steht, wenn nicht alles täuscht, zur Zeit an der Schwelle zu rascherer Entwicklung.

Vergleichsweise am Anfang steht dagegen zur Zeit noch das sogenannte *KeyPhone*. Unter diesem Namen lancierte der Bankverein im Jahre 1994 eine Dienstleistung auf dem Gebiete des zu dieser Zeit technisch möglich werdenden «Phonebanking», die sich in erster Linie an private Kunden richtet, und diesen die Möglichkeit der telefonischen Abwicklung von Bankgeschäften rund um die Uhr bietet. Mit Unterstützung eines gezielten Marketing wurde auf Anhieb eine gute Resonanz bewirkt, welche die Verantwortlichen auf die (kostensenkende) Ausbreitung dieses Kontaktwegs Bank – Kunde hoffen liess.

Mehr in das Gebiet des vor allem auf jüngere Bevölkerungsschichten ausgerichteten Marketing (wenn auch die Elektronik nutzend) hineingehörten zwischen 1988 und 1994 von den Verantwortlichen für das Retail Banking lancierte Instrumente wie die *TicketCorner* (1988) und der

## Der Bankverein VideoService 7777: Die Bank, die auf jeden Schreibtisch passt.

### Bequem, umfassend, vielfältig

VideoService7777 heisst die attraktive Dienstleistung des Schweizerischen Bankvereins im Medium Videotex. Von Ihrem Schreibtisch oder von zu Hause aus haben Sie auf Tastendruck Zugang zu einem breiten Spektrum von Bankverein-Dienstleistungen und -Informationen. Schon für 9 Franken im Monat sind Sie mit einem Videotex-Komforttelefon der PTT dabei! Auch den Personal-Computer können Sie als leistungsfähiges Videotex-Gerät benutzen. Erkundigen Sie sich doch unverbindlich bei uns.

**Schweizerischer Bankverein**

*Eine Idee mehr*

*MAGIC Club* (1989). Mit dem *TicketCorner* wurde – damals eine europäische Neuheit – in 40 ausgewählten Schweizer Filialen ein voll computerunterstütztes Vorverkaufsnetz für Konzert- und Sportanlässe eingerichtet, wobei der eigentliche Sinn darin lag, der Schwellenangst von Jugendlichen vor Bankhallen beizukommen; inzwischen unter anderem um die Möglichkeit der automatischen Kontobelastung für Bankverein-Kunden erweitert hat das System mittlerweile seine angestrebte Bedeutung für die Bank wie für die (nicht mehr durchwegs) jugendlichen Benutzer erlangt.

Der *MAGIC Club* andererseits stellte zusammen mit dem 1994 geschaffenen *KeyClub* ein neuartiges Konzept zur Förderung der allseits im Banking zurückgehenden Kundenbindung dar. Er wurde entwickelt für jugendliche (im Alter von 15 bis 20 Jahren) Inhaber des 1989 eingeführten *MAGIC* Jugendkontos (ein spesenfreies Konto mit Vorzugszins zur Abwicklung von Zahlungen), denen

TicketCorner an der Corraterie in Genf (1993).

über die Gratismitgliedschaft zum *MAGIC Club* exklusive Veranstaltungen angeboten und Vergünstigungen gewährt werden; für den Erfolg dieses Betreuungskonzepts mag stehen, dass die *MAGIC Club News*, mit denen über das jeweilige Programm informiert und ein Jugendliche interessierender Lesestoff geboten wird, inzwischen eine Auflage von 120 000 Exemplaren erreicht haben. Was den *KeyClub* angeht, so wurde mit ihm nach mancherlei Vorüberlegungen ein an ähnliche Benutzerprogramme von Fluggesellschaften erinnerndes Bonussystem eingeführt, mit dem der Bankverein es – übrigens als erste europäische Bank – unternahm, die an der Benützung der verschiedenen Bankdienstleistungen gemessene Kundentreue systematisch zu belohnen – unter anderem mit Zinsvergünstigungen, Tageskarten der SBB oder Flugreisen. Rund fünfzehn Monate nach seiner Lancierung konnte dieser Club Ende 1995 bereits sein 200 000. Mitglied registrieren (und damit die innerhalb der Bank doch verbreitete Skepsis gegen ein ungewohntes Marketingvehikel mindestens teilweise widerlegen).

Schliesslich verdient mit Blick auf die Bemühungen des Bankvereins um die Jugend noch ein Produkt Erwähnung, das der Bank in kurzer Frist kommerziell sicher nichts bringt, ihr aber in längerer Frist bei der Erhaltung einer interessanten Retail-Kundschaft hilft – die *Bankverein-Ausbildungsförderung*. Unter diesem Namen wurde im Jahre 1986 ein Dienstleistungspaket lanciert, das auf die Bedürfnisse von Studenten und Schülern zugeschnitten ist und ihnen vor allem die Finanzierung ihrer Ausbildung erleichtern soll. Seine Kernstücke bestehen in einem Ausbildungskonto und einem

Teil 1/Kapitel 5: Retail Banking – Kleinkunden in grosser Zahl 193

## Exklusiv im Key✣Club: Punkte sammeln und fliegen.

Nach Rom, Berlin, Brüssel oder Amsterdam zum Beispiel: Für nur 250 Punkte können Sie sich vom berühmten Service der Singapore Airlines verwöhnen lassen. Etwas können wir unsern KeyClub-Mitgliedern allerdings nicht ersparen – die Qual der Wahl, unter allen europäischen Städteflugdestinationen der Crossair und der Swissair die richtige auszuwählen. Aber wer sich nicht entscheiden mag, kann sich immer noch für 125 Punkte pro Person ein erholsames Wochenende in einem der Swiss Alpine Classics Hotels gönnen. Übrigens inklusive einer kleinen Überraschung aufs Zimmer. Wer nun ebenfalls KeyClub-Mitglied werden und von vielen weiteren Vergünstigungen wie z. B. einer Gratis VISA Karte oder höheren Zinsen profitieren will, braucht uns nur noch anzurufen:

**Tel. 0 800 810 500.**

✣ Schweizerischer Bankverein

Ausbildungskredit, beide mit Vorzugskonditionen. Die Entwicklung dieses im Markt gut aufgenommenen Angebots war insofern bemerkenswert, als

KeyClub, 1994 gegründet. Inserat aus dem Jahre 1995.

der Bankverein dazu erstmals die Anregungen einer eigens zusammengestellten «Closed User-Group» systematisch mit heranzog – bezeichnend nicht nur für das in allen Bereichen der Bank vorhandene Bemühen um zielgruppengerechte Angebotsgestaltung, sondern auch für das grosse Gewicht des Marketing speziell im Bereich des Retail Banking.

**Marketing – Schlüssel zum Retail Banking**

Noch bis zu Zeiten des hundertsten Jubiläums war man es im Bankverein (ähnlich wie auch in anderen kommerziell ausgerichteten Grossbanken) gewohnt, dass die Kunden zu einem kamen, wenn sie finanziellen Rat und Beistand brauchten. Diese Haltung änderte sich mit dem Aufkommen des Mengengeschäfts in der ersten Hälfte der siebziger Jahre: die systematische Erkennung, Weckung und Deckung der Bedürfnisse einer zahlenmässig grossen, in bezug auf die durchschnittlichen Geschäfte kleinen Kundschaft – eben das Marketing – erwies sich jetzt immer mehr als Schlüssel zum Erfolg.

In der Entwicklung des Bankvereins in den zurückliegenden 25 Jahren seit dem grossen Jubiläum spiegelt sich diese Erkenntnis in einer Fülle technischer, organisatorischer, auch personeller Vorgänge wider. Zunächst einmal galt es, die Kundennähe auch in räumlicher Hinsicht zu suchen (jedenfalls in einer Zeit, wo elektronische Medien zur Überbrückung von Distanzen noch nicht zur Verfügung standen). Demgemäss wurde das Geschäftsstellennetz in der Schweiz kräftig ausgeweitet: war die Bank Ende 1960 noch mit nicht mehr als 29 Niederlassungen (zur Hauptsache in Basel, Zürich und Genf) im Inlandmarkt präsent gewesen, so stieg deren Zahl von 110 Ende 1970 auf 192 Ende 1980, und erreichte ihren vorläufigen Höchststand im Jahre 1991 mit nicht weniger als 282 Filialen – fast eine Verzehnfachung also in nur dreissig Jahren, in denen kaum eine Geschäftsleitungssitzung stattfand, bei der nicht ein sogenanntes «Expansionsprojekt» traktandiert war. Noch bevor dieser Höchststand erreicht war, begannen allerdings die Steigerung der Kosten und die Verbreitung elektronischer

Teil 1/Kapitel 5: Retail Banking – Kleinkunden in grosser Zahl

*Arbeitsplatz des Beraters in der Kundenhalle in Schaffhausen Buchthalen (1991).*

Verbindungen zum Kunden auf Straffung dieses Netzes zu drängen, ganz abgesehen davon, dass es mit der Proliferation von zum Teil komplexen Bankdienstleistungen ohnehin schlicht unmöglich wurde, alle Filialen für alle Kunden und mit allen Produkten, als kleine Universalbanken also, zu führen. Bis Ende 1993 ging deshalb die Gesamtzahl der Niederlassungen in der Schweiz erstmalig wieder zurück – wegen weiterer gleichzeitiger Neueröffnungen allerdings nur auf 278. Mit der an anderem Ort näher erwähnten Übernahme von Regionalbanken mit grösserem Zweigstellennetz, die nicht zuletzt zwecks Verbesserung der regionalen Marktdurchdringung erfolgte, kehrte dieser Trend allerdings schon bald wieder: Ende 1994 zählte das Stammhaus schon wieder 314 inländische Geschäftsstellen (und auch bei dieser Zahl ist die Entwicklung, wenn man die Bankverein-Gruppe betrachtet, inzwischen nicht stehengeblieben).

Zur Ausweitung des Filialnetzes hinzu kam dessen Ausstattung in personeller und technischer Hinsicht. Was die erstere angeht, so gab es auch beim Bankverein in den sechziger und speziell siebziger Jahren Zeiten, in denen die Personalknappheit dazu zwang, forciert Mitarbeiter aus anderen Branchen anzustellen und diese möglichst rasch für ihre neue Aufgabe zu schulen, ein aufwendiges und natürlich nicht in jedem Einzelfalle erfolgreiches Unterfangen.[1] In technischer Hinsicht andererseits bedurfte es für die Filialnetzexpansion neben den geeigneten und für den Bankverein herzurichtenden Liegenschaften – ein hier nicht näher auszuführendes Kapitel für sich, über dem ganz oben der Name *Dr. Guido Senn* steht, des lange Jahre für das Immobilienwesen zuständigen Direktors – vor allem natürlich deren zweckentsprechender, das heisst vor allem *vernetzter* Einrichtung. Hier zahlte es sich aus, dass der Bankverein bereits frühzeitig in die elektronische Verknüpfung seines Netzes von Schaltern und Backoffices mit

---
[1] Vgl. hierzu auch Kap. 3.

Teil I/Kapitel 5: Retail Banking – Kleinkunden in grosser Zahl

dem kurz nach dem hundertsten Jubiläum begonnenen Aufbau des sogenannten *Real Time Banking/RTB* eingestiegen war[1] – ein weitsichtiger Schritt, der vor allem dem damaligen (von Oktober 1972 bis Ende 1980) Zentraldirektor und nachmaligen (von 1981 bis Juni 1994) Generaldirektor *Max Kühne* zu verdanken war; *Kühne* hatte sich im übrigen um das Retail Banking schon in den siebziger Jahren – als dieser Begriff noch gar nicht existierte – gekümmert, und zwar im Zusammenhang mit der Einführung der Gehaltskonten und mit der Zusammenarbeit mit der *American Express Co.* bei Kreditkarten und Reisechecks, und war auch eine treibende Kraft hinter der Einführung eines auf der Dreiteilung in eine Schalterzone, eine Beratungszone und eine Selbstbedienungszone basierenden neuen Kundenhallenkonzepts in den achtziger Jahren gewesen.[2]

Für den Erfolg im Retailgeschäft war diese Infrastruktur zwar notwendig, nicht aber hinreichend. Wessen es zusätzlich bedurfte, waren neben vielen, an anderer Stelle näher erwähnten Aktivitäten im Bereiche von Werbung und PR vor allem zweckentsprechende organisatorische Konzepte. Wenn viele der hierzu im Laufe der Zeit im Bankverein getanen Schritte aus heutiger Sicht auch selbstverständlich, wenn nicht überholt erscheinen mögen, so verdienen sie doch, hier deshalb kurz festgehalten zu werden, weil sie für den Bankverein jeweils auf Neuland führten. So wurde ab 1974 erstmals eine Segmentierung der Kunden in diesem Geschäftszweig in die Wege geleitet, eine Massnahme, die den Beginn eines eigentlichen Marketing in dem damals erstmalig so bezeichneten Mengengeschäft beim Bankverein kennzeich-

Auch an Fremdenorten zuhause: Geschäftsstelle Interlaken (1989).

[1] Vgl. hierzu S. 268 ff.
[2] Hier ist anzumerken, dass die erste derartige Kundenhalle im alten, nach einem verheerenden Grossbrand im Dezember 1978 neu aufgebauten Hauptgebäude der Bank in Basel 1983 in Betrieb genommen worden war.

nete. Bald darauf wurde Mitte der siebziger Jahre unter Direktor *Dr. John Ilg* bei der Generaldirektion die Abteilung Planung und Marketing geschaffen. Diese Abteilung wurde Anfang 1981 mit anderen für Marketinginstrumente wie Werbung, Publikationen und PR zuständigen Abteilungen im sogenannten Bereich Planung, Marketing, Werbung und Volkswirtschaft unter *Dr. P.G. Rogge* zusammengefasst. Wenig später wurden zwecks besserer Durchsetzung der Marketingpläne an der «Front» bei den Sitzen Marketingkoordinatoren ernannt, die sich speziell im Retailgeschäft engagierten; auf Führungsebene wurde ab 1985 unter der Ägide zunächst von *Walter Frehner*, sodann von *Dr. Georges Blum*, beide damals als Generaldirektoren zeitweise oberste Verantwortliche für den genannten Bereich, für einige Jahre eine aus Sitzdirektoren bestehende Marketingkommission beratend, anregend und auch kritisierend, tätig. Diese Organisation des Marketing ging schliesslich ab 1987 in der Retail Banking-Organisation auf, deren Aufbau mit der erstmaligen Berufung eines für diesen Geschäftszweig zuständigen Geschäftsleitungsmitgliedes in der Person von *Ernst Balsiger*, bis dahin Direktor beim Sitz Bern, in die Wege geleitet wurde.

In der Zeit seither hat sich die ursprüngliche Regionalorganisation des Bankvereins in einer Reihe von andernorts beschriebenen Schritten (der vorerst letzte im September 1996 angekündigt) über die zeitweise dominierende Produktorientierung gewandelt zu einer eigentlichen, ab Anfang 1994 auch organisatorisch abgebildeten Kundenorientierung. Es steht ausser Zweifel, dass es gerade das von Kommerz- und Investment-Bankern oftmals unterschätzte Retail Banking gewesen ist, das zu dieser für das gesamte Marketing der Bank wichtigen Entwicklung entscheidende Anstösse gegeben hat. 1994 wurde das Retail Banking als Geschäftsbereich im Rahmen des Unternehmensbereichs Schweiz etabliert und unter dem hierfür neu ernannten Generaldirektor *Franz Menotti* (vorheriger Direktor des Sitzes Biel) unter eine zentrale Führung gestellt – endlich; und damit, dass die *Lines of command* über Retail-Verantwortliche bei den Sitzen bis hinein in die im Rahmen des später erwähnten Projekts *proFIL* restrukturierten Filialen damit klar definiert wurden, war die Voraussetzung dafür geschaffen, dass das Geschäft mit Individualkunden zu einem echten Ertragspfeiler der Bank heranwachsen konnte, einem Ertragspfeiler, der auf einem effektiven Marketing ebenso ruht wie auf einer effizienten Logistik. Neuerdings ist nun die Verschmelzung des Individualkundengeschäfts mit jenem Teil des Firmenkundengeschäfts vorgesehen, der retailähnliche Bedürfnisse hat.[1] Für das Marketing zurückgreifen wird der neu als «Privat- und Geschäftskunden» bezeichnete Geschäftsbereich, wie andernorts beschrieben, auf eine neue, die bisherigen Sitzstrukturen ersetzende Regionalorganisation, bestehend aus 3 Regionen, 17 Marktgebieten und zunächst 285 Geschäftsstellen, eine eigentliche Vertriebsorganisation also; unterstützt durch zentral geführte Einheiten in den Bereichen Produktion und Informationstechnologie sowie zentrale Supporteinheiten für Marketing, Kommunikation und Rechtsberatung wird sich diese Vertriebsorga-

---

[1] Vgl. hierzu auch S. 60 f.

nisation ganz auf das konzentrieren können, worauf es in diesem Geschäftszweig so sehr ankommt: auf Beratung und Verkauf. Das Retail Banking, vor 35 Jahren beim Bankverein mit zunächst tastenden Schritten gestartet, vor zwei Jahren bereits mit einer Verzinsung der bei ihm eingesetzten Eigenmittel glänzend, die leicht *über* dem «Return on Equity» der Gesamtbank lag, ist damit heute zusammen mit dem Banking für Geschäftskunden und dem daneben geführten Geschäftsbereich Firmenkunden zu einem wichtigen Teil des Unternehmensbereichs Schweiz des Bankvereins herangewachsen.

Seit 1964 in der Basler Vorortgemeinde Riehen.

Teil 2

**Strukturveränderungen in veränderten Marktstrukturen – Bankstrukturen und Marktstrukturen im Wandel**

BANKVEREIN

SOCIETA DI BANCA SVIZZERA

## Finanzmärkte und Marktpräsenz des Schweizerischen Bankvereins

1972, als der Bankverein 100 Jahre alt wurde, war er immer noch das, was er mindestens seit dem Ersten Weltkrieg gewesen war: eine schweizerische Bank mit (nicht unbedeutendem) internationalem Geschäft; heute, 25 Jahre später, ist er de facto zu einer internationalen Bank mit (bedeutendem) Heimatmarkt und juristischem Stammsitz in der Schweiz geworden. Zwischen diesen beiden Daten liegt ein Vierteljahrhundert, das für die Weltwirtschaft im allgemeinen, die schweizerische Wirtschaft im besonderen geprägt worden ist durch einen auch heute noch nicht abgeschlossenen, machtvollen Vorgang – durch die Globalisierung, die auch denjenigen nicht unberührt lässt, der davon absieht, sich *aktiv* daran zu beteiligen. Für den Bankverein ist eine solche Abstinenz schon deshalb undenkbar gewesen, weil er damit nicht nur unabsehbare Chancen auf den Wachstumsmärkten der Welt vertan, sondern vor allem auch unabsehbare Risiken in den Beziehungen zu seinen sich internationalisierenden Schweizer Kunden auf sich genommen hätte; für ihn ist der internationale Markt deshalb in den letzten 35 Jahren von einem akzessorischen Marktfeld mit einzelnen, weitgehend unverbundenen Geschäftsaktivitäten und -vorgängen zu einem weltumspannenden «Kernmarkt» im Geschäft mit grossen kommerziellen, institutionellen und privaten Kunden und einer Vielfalt von vielfach zusammenhängenden, verflochtenen Bankdienstleistungen geworden. Nur in einem allerdings wichtigen Punkte weicht sein Auftritt im schweizerischen Stammarkt inzwischen noch von seinem internationalen Auftritt ab: hier ist die Bank bis auf den heutigen Tag immer noch das, was sie in ihrem 1986 erstmals formulierten (inzwischen leicht modifizierten) Leitbild so ausdrückte – «eine führende Universalbank mit einem umfassenden Dienstleistungsangebot für alle Kundensegmente», sprich, eine flächendeckende Allround-Bank speziell auch für die international von ihr nicht umworbenen kleineren Privat- und Kommerzkunden, von den anderen beiden auch hier gepflegten Kerngeschäften des Asset Management und des Investment Banking in allen seinen Varianten einmal ganz abgesehen. Und – so sei mit Blick auf die Gegenwart und die überschaubare Zukunft hinzugefügt – ein Rückzug aus diesem Markt erschiene für den Bankverein auch heute, 1996/97, allenfalls organisatorisch (etwa durch eine gesellschaftsrechtliche Verselbständigung des Unternehmensbereichs Schweiz), kaum aber unternehmerisch denkbar. Doch versagen wir uns die Spekulation über Entwicklungen, die da vielleicht noch kommen könnten – die Entwicklungen über die letzten 25 Jahre stellen sich im Rückblick schon spektakulär genug dar.

### Abschnitt 1:
### Marktführer im schweizerischen Bankenmarkt

Marktführer in der Entwicklung des schweizerischen Bankenmarktes sind in den letzten 25 Jahren ganz eindeutig die Grossbanken gewesen, die ihrerseits in diesem Zeitraum von der ehemals fünf Institute umfassenden Gruppe durch Eingliederungen zweier Banken in den Konzern der *Schweizerischen Kreditanstalt* zu einem Kreis von drei Bankhäusern – der *Schweizerischen Bankgesellschaft*, der *Schweizerischen Kreditanstalt* und eben dem Bankverein – geschrumpft ist (wenn das angesichts des gleichzeitigen Grössenwachstums dieser drei Banken das richtige Wort ist).[1] Sie haben sich in einer Bankenlandschaft behauptet, die geprägt gewesen ist von einer erheblichen Gewichtsverschiebung innerhalb der Gesamtheit der Schweizer Banken, von einer beschleunigten Bankenkonzentration und von einem zeitweise atemberaubenden Anstieg der Bankstellenzahl; und der Bankverein hat an allen drei Trends aktiv Anteil genommen.

### Schweizer Bankenmarkt im Umbau

In den letzten 25 Jahren hat die schweizerische «Finanzindustrie» eine ausserordentliche, Anfang der siebziger Jahre auch von Sachkennern nicht vorausgesehene Wachstumsentwicklung erlebt: In den siebziger Jahren zunächst noch mit einer jahresdurchschnittlichen Zuwachsrate von 9,9%, in den achtziger Jahren gar mit einer Rate von 12,1% stieg die Bilanzsumme der Banken und bankähnlichen Finanzgesellschaften in der Schweiz zwischen 1971 und 1990 von 246 Mrd Fr. auf 1082 Mrd Fr. an. Seither hat sich das Wachstum dieser Massgrösse – nicht aber dasjenige des Geschäftsvolumens! – zwar infolge der überdurchschnittlichen Zunahme des indifferenten, in den Bilanzsummen nicht zum Ausdruck kommenden Geschäfts (Handelsgeschäft, Vermögensverwaltung, Treuhandgeschäfte etc.) sowie auch infolge der zeitweise massiven Frankenaufwertung deutlich abgeschwächt, ist aber keineswegs zum Stillstand gekommen: seit 1991 hat sich das Bilanzsummentotal der Schweizer Banken (ohne Finanzgesellschaften) bis zum Jahre 1994 noch einmal um jahresdurchschnittlich 3,5% auf 1204 Mrd Fr. ausgeweitet und hat 1995 – allerdings auch infolge Einfügung bestimmter, bisher bilanzunwirksamer Geschäftsarten – 1323 Mrd Fr. erreicht.

An diesem dynamischen Vorgang sind die Grossbanken überdurchschnittlich beteiligt gewesen. Vor rund 40 Jahren, 1955, lagen sie als Gruppe mit einem Bilanzsummenanteil von 27% noch hinter der Gruppe der Kantonalbanken mit deren 36% deutlich zurück. Dieses Verhältnis hat sich zwischen 1960 und 1965 umgekehrt und seither immer mehr zulasten der Kantonalbanken entwickelt: heute entfällt auf die Grossbankengruppe eine Quote von über 50% (1994: 51%), während die Kantonalbanken noch gerade mit rund 20% (1994: 21%) am Bilanzsummentotal der Schweizer Banken beteiligt sind. In ähnlicher Weise von den Gewichtsverschiebungen unter den Schweizer Banken betroffen waren auch die Regionalbanken und Sparkassen, deren Bilanzsummenanteil 1955 mit 26% noch fast demjenigen der Grossbankengruppe entsprach: 1994 machte er mit 6% nur noch etwa ein Neuntel des Grossbankenanteils aus. Ziemlich unverändert über diesen Zeitraum hinweg ist, alles in allem genommen, das Gewicht der statistisch sogenannten «Übrigen Banken» – Handelsbanken, Bör-

---

[1] Grossbanken sind zwar, geht man von der Bilanzsumme aus, auch die *Zürcher Kantonalbank* und die *Schweizerische Nationalbank*; sie pflegen der Gruppe der Grossbanken indes als staatliche Institute mit Sonderauftrag und regional bzw. sachlich spezialisierter Tätigkeit nicht zugerechnet zu werden.

senbanken, Kleinkreditbanken sowie ausländisch beherrschte Banken und andere Institute – geblieben: 1955 bei 13%, heute bei 15% (1994); und auch bei den restlichen Bankengruppen – den Raiffeisenbanken, den Filialen ausländischer Banken und den Finanzgesellschaften – hat sich im ganzen nur eine der Gesamtheit der Schweizer Banken proportionale Entwicklung ergeben. Summa summarum haben sich also die Grossbanken in den letzten vierzig Jahren eindeutig als die dominierende Bankengruppe auf dem Schweizer Markt zu positionieren vermocht, eine Entwicklung, die ebenso eindeutig zulasten der Kantonal- und Regionalbanken und der Sparkassen abgelaufen ist, auch wenn diese Institute ihre Bilanzsummen gleichfalls noch – aber eben ausgeprägt unterproportional – ausweiten konnten.

Kann man die hierin zum Ausdruck kommende Entwicklung als eine fortschreitende Bankenkonzentration – Spiegelbild ähnlicher Tendenzen in anderen Wirtschaftszweigen – in der Schweiz interpretieren? Nicht ohne weiteres – Bilanzsummen stellen, wie angedeutet, einen relativ groben Massstab für Entwicklungen und Vergleiche im Bankwesen dar. Hinzu kommt überdies, dass das Wachstum des «Marktanteils» der Grossbanken jedenfalls zum Teil dem Ausbau ihrer Auslandgeschäfte (an dem der Bankverein erheblich beteiligt war) zuzuschreiben ist: 1977 entfielen vom Bilanzsummentotal aller Schweizer Banken und Finanzgesellschaften in Höhe von 370 Mrd Fr. rund 126 Mrd Fr. auf Auslandaktiven, von denen 86 Mrd Fr. von den Grossbanken gehalten wurden; 1994 war bei einem inzwischen auf 1225 Mrd Fr. angestiegenen Bilanzsummentotal die Summe der von Schweizer Banken gehaltenen Auslandaktiven bereits auf 447 Mrd Fr. und der daran von den Grossbanken gehaltene Anteil auf annähernd 300 Mrd Fr. angewachsen. Indes, damit hat es sein Bewenden nicht gehabt – die Gewichtszunahme der Grossbanken ist keineswegs nur ihrem Wachstum im Ausland zu verdanken gewesen, sondern vor allem auch ihrem relativen Vordringen auf dem Schweizer Inlandmarkt.

Diese stärkere Verankerung im Inland bei gleichzeitig fortschreitender Internationalisierung war kennzeichnend für die Entwicklung des Bankvereins seit seinem Jahrhundertjubiläum; gleichzeitig ist sie für die Gruppe der schweizerischen Grossbanken in ihrer Gesamtheit charakteristisch gewesen. Sie geht zurück auf den an anderer Stelle dieses Buches beschriebenen Vorstoss des Bankvereins und seiner Grossbankenkonkurrenz in das vormals praktisch ignorierte Mengengeschäft. Besonders deutlich niedergeschlagen hat sich diese strategische Neuausrichtung der siebziger und achtziger Jahre naturgemäss bei den inländischen Hypothekaranlagen auf der Aktivseite und bei den Spareinlagen von Inländern auf der Passivseite der Bilanzen.

Was die Hypothekarkredite betrifft, so hatten die Grossbanken hieran, als der Zweite Weltkrieg vorüber war, einen mehr zufälligen Marktanteil von nicht mehr als 5% (Ende 1945) gehalten; fünfzig Jahre später, 1994, hatten sie diesen Anteil in einer systematischen Marketingoffensive speziell seit Beginn der sechziger Jahre auf 35% hochgetrieben (woran der Bankverein seinerseits einen über die achtziger Jahre nachdrücklich gesteigerten Anteil hatte), während sich die Quote der Kantonalbanken von 54% auf 37% und diejenige der Regionalbanken und Sparkassen von 37% auf 13% vermindert hatte. Ähnlich die Entwicklung bei den Spargeldern: Unmittelbar nach dem Zweiten Weltkrieg verzeichneten die Grossbanken zusammen nicht mehr als 8% der schweizerischen Spargeldanlagen in ihren Büchern, eine Quote, die sie mit forciertem Ausbau ihres Mengengeschäfts ab Anfang der siebziger Jahre kontinuierlich bis auf den inzwischen erreichten Stand von 37% ausbauen konnten; und gleichzeitig sank der Anteil der Kantonalbanken am gesamten schweizerischen Spargeldaufkommen von den stolzen 56% des Jahres 1945 auf 34% und derjenige der Regionalbanken und Sparkassen gar von 40% auf nur noch 12% (1994).

Für das hiermit skizzierte Vordringen der Grossbanken im schweizerischen Mengengeschäft war der Ausbau ihres Filialnetzes eine wesentliche Voraussetzung. Auch in ihm kommt der Strukturwandel zum Ausdruck, der das schweizerische Bankwesen seit dem Zweiten Weltkrieg, vor allem aber in den letzten zwanzig Jahren durchgeschüttelt hat. Doch nicht nur das: auch dass damit ein ausgeprägter Konzentrationsprozess einhergegangen ist, wird an wenigen, das Bankstellennetz in der Schweiz betreffenden Zahlen deutlich. Sie zeigen nämlich, dass der Höhepunkt der Zahl der Niederlassungen der in der schweizerischen Bankenstatistik figurierenden Institute nach einer teilweise rasanten Vermehrung in den vorangegangenen Jahren bereits im Jahre 1977 mit einem Total von 4798 Bankstellen erreicht worden ist, und dass seither durch Filialschliessungen im Zuge von Rationalisierungen, Übernahmen und Fusionen ein Rückgang auf 3821 Niederlassungen (1994) eingetreten ist. Zugleich aber hat der Grossbankenanteil am schweizerischen Filialnetz eine gegenläufige Entwicklung durchgemacht: lag er 1977 noch bei 15%, so hatte er 1994 bereits 24% erreicht, während die Kantonalbanken einen Rückgang ihres Anteils von 26% auf 20%, die Regionalbanken und Sparkassen gar von 23% auf 12% feststellen mussten. Sieht man einmal von den primär auf Kleinkunden in ländlichen Regionen ausgerichteten Raiffeisenbanken ab, deren Anteil am Filialnetz der Banken in der Schweiz zwischen 1977 und 1994 noch von 25% auf 28% angestiegen ist, so erscheinen die Grossbanken als diejenige Bankengruppe, die im genannten Zeitraum ihre Präsenz im gesamten Niederlassungsnetz der Schweizer Banken erheblich zu verstär-

Am Bellevueplatz in Zürich seit 1907.

ken vermocht haben – Voraussetzung und Ausdruck zugleich ihrer geschäftspolitisch gewollten vermehrten Ausschöpfung des schweizerischen Mengengeschäfts und darüber hinaus ebenfalls auch der Bankenkonzentration in der Schweiz seit dem Ende der achtziger Jahre. Dieser Konzentrationsprozess ist im übrigen nicht nur in bezug auf das Filialnetz feststellbar: insgesamt ist die Anzahl der Banken und Finanzgesellschaften in der Schweiz von einem 1989 erreichten Höchststand von 631 Instituten kontinuierlich auf 494 Institute im Jahre 1994 geschrumpft; und an dieser Abnahme um immerhin 137 Institute im Verlaufe von nur fünf Jahren sind die auf enge Wirtschaftsräume und ebenso begrenzte Dienstleistungssortimente angewiesenen Regionalbanken und Sparkassen allein mit 75 Häusern beteiligt gewesen.

*In St. Moritz seit 1963 für Einheimische und Gäste gleichermassen zu Diensten.*

### Schweizerischer Bankverein im Ausbau

Gewichtsverschiebungen unter den Schweizer Banken, Expansion und Reduktion des schweizerischen Bankstellennetzes, Konzentration im schweizerischen Bankwesen – an allen diesen die Bankenlandschaft der Eidgenossenschaft im letzten Tertial des 20. Jahrhunderts bewegenden und prägenden Vorgängen ist der Bankverein massgeblich beteiligt gewesen.

Seine Bilanzsumme hatte 1965 erstmals die damals noch fast magisch erscheinende Grenze von 10 Mrd Fr. überschritten und war sodann bis zum Vorabend seines Jubiläumsjahres per Ende 1971 weiter auf knapp 36 Mrd Fr. emporgeschnellt. Angesichts dieser geradezu explosiven Entwicklung fühlte sich der damalige Verwaltungsratspräsident *Dr. Samuel Schweizer* in seiner am 26. Mai 1972, dem offiziellen Festtag zum hundertjährigen Bestehen der Bank, gehaltenen Ansprache zu der warnenden Feststellung veranlasst, dass die Bilanzsummen-Explosion nicht ständig in dem seit über zehn Jahren beobachteten Ausmass weitergehen könne. Diese für die Euphorie der frühen siebziger Jahre im allgemeinen, des Bankverein-Jubiläumsjahres im besonderen bemerkenswert nüchterne Aussage sollte sich trotz der Fortsetzung des Bilanzsummenwachstums nach einer kurzen Wachstumspause im Jahre 1973 in den darauffolgenden Jahren – 1983 wurde bereits die Grenze von 100 Mrd Fr. überschritten – im Prinzip als gerechtfertigt erweisen: die Bilanzsumme des Bankvereins war damit tatsächlich weit unter den von *Dr. Schweizer* in seinem Referat als unrealistisch bezeichneten 200 Mrd Fr. geblieben, die aufgrund einer Extrapolation des 1962 bis 1971 verzeichneten Wachstums berechnet worden waren. Weitere zwölf Jahre, nachdem die Bankverein-Bilanzsumme die 100 Mrd Fr.-Marke überschritten hatte, war es dann jedoch so weit: nachdem die Bilanzsumme bis 1988 noch einmal um 50% auf 150 Mrd Fr. ausgeweitet worden war, erreichte sie Ende 1995 bezogen auf das Stammhaus, einen Stand von 242 Mrd Fr.[1] Wenn dieser Sprung auch (ausser auf revidierte Rechnungsvorschriften) vor allem auf die Integration von *S.G. Warburg* zurückzuführen war, so war er nichtsdestoweniger doch nur ein weiterer Schritt auf dem Expansionspfad der Bank.

Bemerkenswert aus heutiger Sicht ist nun nicht nur dieses ausserordentliche Wachstum einer in einem kleinen Heimatmarkt wurzelnden Grossbank an sich gewesen; bemerkenswert war dieses Wachstum auch im Vergleich mit der Konkurrenz der übrigen Grossbanken: während die Bilanzsumme des Bankvereins sich in den Jahren 1973 bis 1980 im Jahresdurchschnitt um 11,5% erhöhte, lag die Zuwachsrate für die Gesamtheit der schweizerischen Grossbanken nur bei 7,4%, und zwischen 1981 und 1989 erreichten die Zuwachsraten beim Bankverein gar 13,3% gegenüber den 8,2% der Grossbankengruppe. Erst neuerdings, seit Ende der achtziger Jahre, ist das Bilanzsummenwachstum allgemein zurückgegangen – und zwar beim Bankverein noch ausgeprägter als bei den Grossbanken in ihrer Gesamtheit: zwischen 1990 und 1994 hat die Bilanzsummenexpansion des Bankvereins im Jahresmittel noch 3,7% gegenüber den 4,1% der Gesamtheit der Grossbanken erreicht.

---

[1] Die – inzwischen aussagekräftigere – Bilanzsumme des Konzerns, 1993 noch knapp über der 200 Mrd-Grenze, schloss 1995 mit 288 Mrd Fr. ab.

Diese neuerdings eingetretene signifikante Verlangsamung einer insgesamt dynamischen Entwicklung seit dem hundertsten Jubiläum hat – neben der banalen Tatsache, dass auch im Banking die Bäume nicht in den Himmel wachsen (wo immer dieser sein mag) – ihre Gründe in verschiedenen Veränderungen in der geschäftspolitischen Ausrichtung speziell des Bankvereins in diesen Jahren gehabt. «Vom reinen Bilanzwachstum als Ziel haben wir schon vor Jahren Abschied genommen», stellte denn auch der damalige Verwaltungsratspräsident *Dr. Franz Galliker* in seiner Generalversammlungsrede vom 4. April 1989 fest; und er ergänzte, dass «stattdessen der langfristigen Ertragskraft erste Priorität» eingeräumt werde. Was hier dahinterstand war ein Mehrfaches: erstens hatte es sich auch und gerade im schweizerischen Inlandgeschäft in der zweiten Hälfte der achtziger Jahre vermehrt zu erweisen begonnen, dass im Vergleich zum Bilanzsummenwachstum dasjenige der Risiken überproportional, dasjenige der Erträge indes unterproportional verlaufen kann (und tatsächlich zeitweise auch verlief); und damit verlor die Bilanzsummenexpansion nicht nur automatisch an Bedeutung, sondern wurde mit Blick auf das begrenzte, teure Eigenkapital – Grund zwei – gar zu einer im Zaume zu haltenden Grösse. Überdies – und das ein dritter Grund für die im Verlaufe der zurückliegenden zehn Jahre beobachtete Vorsicht des Bankverein-Managements in bezug auf die Expansion der Bilanzsumme – gebot die zeitweise explosive Kostenentwicklung doch eine gewisse Zurückhaltung bei der Ausdehnung des kostenintensiven (und bilanzwirksamen) Mengengeschäfts. Weiter, viertens, forcierte die Bank speziell aus Ertragsgründen in neuerer Zeit vermehrt gegenüber früheren Jahren Handels-, Kommissions- und Dienstleistungsgeschäfte, die sich in der Bilanzsumme nicht niederschlagen. Schliesslich aber war das Bilanzsummenwachstum stets auch an den verfügbaren Eigenen Mitteln auszurichten – oder dann die Eigenen Mittel der gestiegenen Bilanzsumme anzupassen, was natürlich nicht ohne Kostenfolgen möglich war. Dementsprechend ist rückblickend der Ausbau des Bankvereins seit dessen hundertstem Jubiläum auch an der Entwicklung seines Gesellschaftskapitals in diesem Vierteljahrhundert abzulesen. Doch nicht nur das: auch die Kapitalstruktur spiegelt mit ihren Veränderungen den Wandel der Zeiten in dieser Periode wider.

In das hundertste Jahr ihrer Existenz war die Bank mit einem Gesellschaftskapital von 550 Mio Fr. getreten, nachdem dieses über den langen Zeitraum von 1929 bis 1955 unverändert 160 Mio Fr. betragen hatte; es bestand ausschliesslich aus Inhaberaktien. Hierin kam es 1974 zu einer wichtigen Veränderung, indem die Generalversammlung der Aktionäre am 19. März 1974 die Schaffung von Partizipationsscheinen genehmigte[1], die für die Bank deshalb attraktiv waren, weil sie einen Ersatz für das im damaligen Aktienrecht fehlende Instrument des genehmigten Kapitals darstellten und Unternehmensakquisitionen erleichterten; für die Anleger andererseits waren die Partizipationsscheine interessant, weil sie wegen der

---

[1] Ferner stimmte die Generalversammlung der Aufteilung der bisherigen Inhaberaktien mit einem Nennwert von 500 Fr. in je 5 Inhaberaktien mit einem Nominalwert von 100 Fr. zu, um die Papiere leichter handelbar zu machen.

hier fehlenden Mitwirkungsrechte (insbesondere Stimmrecht!) preisgünstiger waren als Aktien. Das Partizipationsscheinkapital erreichte in der Folge im Laufe der Zeit beachtliche Dimensionen, erhöhte es sich doch von 23 Mio Fr. Ende 1974 auf 968 Mio Fr. Ende 1992.

Nur ein Jahr, nachdem diese Schritte in die Wege geleitet worden waren, kam es zu einer weiteren wichtigen Veränderung in der Kapitalbasis der Bank. 1974/75 hatte die erste Runde drastischer Erhöhungen der Erdölpreise den Förderländern einen erheblichen Zufluss an Mitteln beschert, die jetzt nach Anlage suchten; und der Bankverein stand mit der Sorge nicht allein, dass ein mehr oder minder bedeutender Teil seines Aktienkapitals gleichsam über Nacht in die Hände finanzstarker Anleger aus den Ölländern übergehen könnte, ein Vorgang, den man als nicht im Einklang mit der gewünschten Bewahrung des schweizerischen Charakters der Bank stehend ansah. Im Hinblick hierauf stimmte die Generalversammlung der Aktionäre am 3. April 1975 der Ausgabe von vinkulierten Namenaktien zu, deren Besitzer nur dann als Aktionäre und damit als stimmberechtigt in das Aktienregister eingetragen wurden, wenn der schweizerische Charakter dadurch nicht gefährdet wurde. Mit der Schaffung der Namenaktien erfolgte überdies mit einem Schlage eine Verdoppelung des Gesellschaftskapitals des Bankvereins von 573 Mio Fr. Ende 1974 auf 1146 Mio Fr. Ende 1975. Aber auch dabei konnte man ange-

Bis 1974 betrug der Nennwert der Bankverein-Inhaberaktien 500 Fr.; dann folgte ein Splitting im Verhältnis 1:5.

Von 1974 an deckte der Schweizerische Bankverein seinen Bedarf an eigenen Mitteln auch durch die Ausgabe von Partizipationsscheinen. Diese wurden jedoch im Jahre 1993 im Verhältnis 1:1 in Inhaberaktien umgetauscht.

sichts der starken Geschäftsausweitung in jenen Jahren nicht lange stehenbleiben: schon 1980 wurde die Grenze von 2 Mrd Fr. und nur fünf Jahre später bereits jene von 3 Mrd Fr. überschritten.

Doch das Gesellschaftskapital war damit nicht nur in seinem Volumen, sondern auch in der Komplexität seiner Struktur gestiegen. Vor dem Hintergrund der zunehmenden Werbung um «Shareholder» kam es in dieser Hinsicht in der ersten Hälfte der neunziger Jahre zu einer gegenläufigen Bewegung. Den ersten Schritt bildete der von der Aktionärsversammlung vom 14. April 1993 gutgeheissene Beschluss zur Abschaffung der Partizipationsscheine und deren Umtausch in Inhaberaktien im Verhältnis 1:1.[1] Gleichzeitig hiermit wurden die Namenaktien im Verhältnis 1:2 gesplittet, um ihr Stimmen-Übergewicht sicherzustellen, das aufgrund gesetzlicher Bestimmungen für den Nachweis der schweizerischen Beherrschung des Unternehmens erforderlich war. Diese Verminderung der ausstehenden Titelkategorien trug den Präferenzen der in- und ausländischen Anleger Rechnung; überdies wurde der Handel in Bankverein-Aktien durch die Umstrukturierung liquider, was den Interessen der Bank entgegenkam. Auf dieser neuen Basis setzte sich das Gesellschaftskapital des Bankvereins Ende 1993 in Höhe von total 3772 Mio Fr. aus 23,5 Mio Inhaberaktien im Betrag von nom. 2352 Mio Fr. sowie aus 28,4 Mio Namenaktien mit einem Nominalwert von 1420 Mio Fr. zusammen.

Neuerdings hat die Bank nun noch einen weiteren konsequenten Schritt auf diesem Wege getan, indem sie (gestützt auf einen Beschluss ihrer

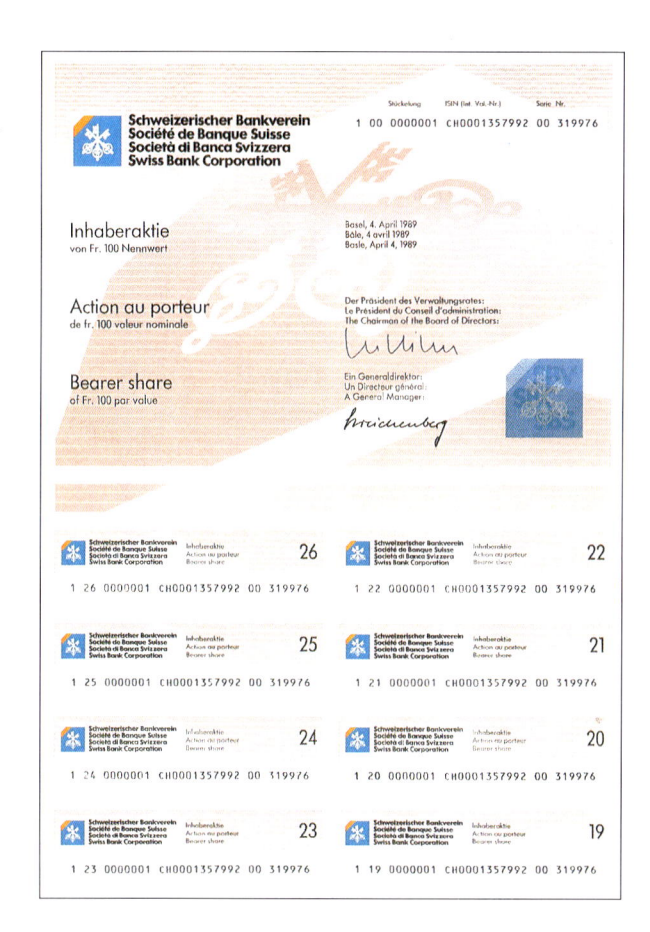

Im Frühjahr 1996 wurden mit der Einführung der Einheitsnamenaktie die Inhaberpapiere abgeschafft.

Aktionäre an der Generalversammlung vom 7. Mai 1996) eine einheitliche Namenaktie, die sogenannte «Einheitsnamenaktie», mit einem Nennwert von 50 Fr. einführte, indem die bestehenden Inhaberaktien im Nominalwert von 100 Fr. im Verhältnis 1:2 gesplittet wurden. Die neuerdings auch in

---

[1] Dieser Entscheid muss im Zusammenhang damit gesehen werden, dass unter dem inzwischen revidierten Aktienrecht der Anreiz entfallen war, das Instrument der Partizipationsscheine beizubehalten.

anderen Teilen der Schweizer Wirtschaft zu beobachtenden Bemühungen um zeitgemässe, transparente Kapitalstrukturen zwecks Erhöhung der Marktgängigkeit der Titel zum Nutzen von Anlegern und Gesellschaften waren damit beim Bankverein an einem heute vernünftig und möglich erscheinenden Ziel angelangt – mit einem Ende Juni 1996 in 78,6 Mio Namenaktien von je 50 Fr. Nennwert eingeteilten Gesellschaftskapital in Höhe von 3932 Mio Fr. (und – last but not least – totalen Eigenen Mitteln von 14 439 Mio Fr.). Gegen die Gefahren unerwünschter Beteiligungsnahmen setzte man nun nicht mehr auf Vinkulierungen und andere juristische Formen von Stimmrechtsbeschränkungen; vielmehr stützte (und stützt) man sich jetzt auf einen möglichst hohen Börsenwert der Gesellschaft.

Zurück zur Bilanzsumme und deren Entwicklung relativ zu jener anderer Schweizer Banken in den zurückliegenden Jahren. So sehr die Bedeutung der Bilanzsumme als Massstab für Wachstum und Grösse mithin auch relativiert werden muss (und im Bankverein im Verlaufe der Zeit auch relativiert worden ist), so sehr hat man es in der Bank doch empfunden, als man 1980 den bis dahin über lange Jahre – wenn auch nicht unangefochten – gehaltenen Platz als «grösste Schweizer Bank» zugunsten der kapital- und ertragsstärkeren *Schweizerischen Bankgesellschaft* räumen musste. Immerhin blieb zunächst der nicht unwesentliche Trost, sich auch weiterhin als die «internationalste Schweizer Bank» bezeichnen zu können, wenn man dafür Messgrössen wie Zahl der Niederlassungen und der Mitarbeiter oder das Volumen der Aktiven im Ausland zugrundelegte. Stärker aber war das Selbstbewusstsein des Bankvereins dann jedoch schon getroffen, als er sich als Gruppe (also nicht als Stammhaus) im Jahre 1993 damit abfinden musste, dass er bezogen auf die konsolidierten Konzernbilanzsummen unter den schweizerischen Grossbanken nunmehr auf den dritten Rang verwiesen war, Folge der Übernahme der *Schweizerischen Volksbank* durch die *CS Holding* im gleichen Jahr.[1]

Die Filiale Pazzallo/TI nahm 1991 ihre Tätigkeit auf. Gegenüberliegende Seite: Gebäude des Sitzes Sitten (1990).

---

[1] Kurz zuvor hatte die Bank sich bereits mit einer Rückstufung ihres Ratings von AAA auf Aa1 seitens der Agentur *Moody's* im Mai 1992 als Folge spektakulärer Kredit-Problemfälle wie *co op* in Deutschland, *Macy* in den USA, *Maxwell* und *Olympia & York* in Grossbritannien sowie *Rey* in der Schweiz abfinden müssen (vgl. S. 100).

Teil 2/Kapitel 1: Finanzmärkte und Marktpräsenz des Schweizerischen Bankvereins 213

Indes, viel wichtiger als auch dieses Mass sind für die Positionierung und die Zukunft einer Bank natürlich andere Dinge – ihre Innovationskraft, ihre Finanzierungs- und Plazierungskraft, ihre Ertragskraft, ihr Kunden- und Mitarbeiterpotential, vor allem aber auch ihre Präsenz in den für sie wichtigen Märkten. Und was die letztere betrifft, so hatten die Konkurrenten zwar gewiss nicht geschlafen – so hatte speziell die *Schweizerische Kreditanstalt* im Ausland mit dem Joint Venture der *CS First Boston*, im Inland mit den Eingliederungen der *Bank Leu*, der *Schweizerischen Volksbank*, der *Neuen Aargauer Bank* und der *Gewerbebank Baden* ihre Marktpräsenz in den letzten Jahren als Gruppe massiv (wenn auch kostspielig) verstärkt. Doch auch der Bankverein war keineswegs untätig geblieben. Ganz im Gegenteil: Nach dem Einstieg bei *O'Connor & Associates* und deren spätere Integration Anfang der neunziger Jahre (ein unternehmensstrategisch wichtiger Schritt, der für die Bilanzsumme charakteristischerweise ohne grössere Bedeutung war) wurden im Ausland Mitte der neunziger Jahre in forscher Sequenz Neuakquisitionen wie *S.G. Warburg* und *Brinson Partners* getätigt und in ebenso forschem Tempo konsolidiert und logistisch eingegliedert, sowie strategische Allianzen wie diejenige mit der amerikanischen Informatikfirma *Perot Systems Corporation (PSC)*, Dallas, geschmiedet; und im Inland wurden zu dieser Zeit mit den Übernahmen weiterer anlehnungsbedürftig gewordener, durch ihre Marktverankerung aber für den Bankverein interessanter Institute einmal mehr kräftige Pflöcke als Basis einer noch vermehrten Marktausschöpfung eingeschlagen – ebenso entschlossene wie konsequente Fortsetzung eines seit den Zeiten des Jubiläums 1972 verfolgten Weges.

Auf diesem Wege hatte der Bankverein bereits zwischen Ende 1970 und Ende 1980 allein netto 81 neue Geschäftsstellen in der Schweiz etabliert, teilweise durch Übernahme und Absorption anderer Banken wie der *Volksbank Beromünster* (1972), der *Volksbank Wolhusen-Malters* (1973), der *Spar- und Leihkasse Sarnen* (1974), der *Handwerkerbank Basel* (1979) sowie der *Banca Prealpina SA*, Lugano (1980). In den achtziger Jahren wurde zwar mit der Etablierung neuer Geschäftsstellen – wenn auch in vermindertem Tempo – fortgefahren, doch beschränkten sich derartige Etablierungen durch Absorption von Drittbanken auf die beiden kleineren Fälle der *Bank Haerry AG*, Reinach/AG (1983), sowie der *Banque d'Epargne et de Prêts de la Broye*, Estavayer-le-Lac (1986). Ganz anders dann die auf vermehrte Ausschöpfung des schweizerischen Inlandsmarktes gerichteten, sehr offensiven Aktivitäten der Bank in der Zeit seit 1989.

Diese Periode hatte im Grunde mit dem bereits 1987 erfolgten Einstieg des Bankvereins bei der *Walliser Ersparniskasse*, Sitten (vielfach besser unter ihrem französischen Namen *Caisse d'Epargne du Valais (CEV)* bekannt), begonnen. Nachdem dieses Institut bis zur Sicherstellung einer der

Die Bankverein-Niederlassung an der Corraterie 5–7 in Genf wurde Anfang der neunziger Jahre einer gründlichen Erneuerung unterzogen. Aufnahme aus dem Jahre 1993.

vollen Absorption zustimmenden Mehrheit in Aktionariat und Öffentlichkeit zunächst noch zwei Jahre lang als Tochterbank weitergeführt worden war, wurde es 1989 mit dem Mutterhaus fusioniert. Von der grossen Zahl teilweise sehr kleiner Filialen wurden zunächst 33 unter dem Bankverein-Logo weitergeführt; von ihnen wurden in der Folge bis Ende 1994 aber zwecks Rationalisierung 23 Geschäftsstellen geschlossen.

Dieser Vorgang sollte sich als charakteristisch für die Strategie erweisen, mit welcher der Bankverein seine physische Marktpräsenz auf dem Inland-Finanzmarkt jedenfalls in der ersten Hälfte der neunziger Jahre zu verstärken suchte – oder richtiger, für die Strategien: einerseits nämlich eine flächendeckende Präsenz vornehmlich durch Übernahme und allenfalls Integration von zumindest regional bedeutenden Banken mitsamt deren Geschäftsstellennetz (und weniger durch Einrichtung eigener neuer Filialen) sicherzustellen; andererseits aber das bestehende Niederlassungsnetz gleichzeitig auch zu straffen, indem Geschäftsstellen geschlossen wurden, die einander zu nahe oder zu wenig rentabel waren. Auch mit diesem Vorgehen trug der Bankverein wesentlich zu der zur Zeit noch keineswegs abgeschlossenen Umstrukturierung des Bankenplatzes Schweiz bei: Expansion und Konzentration gingen und gehen gleichsam Hand in Hand.

Das zeigte sich ab 1991, dem Jahr, in dem mit der mehrfach erwähnten *Schweizerischen Depositen- und Kreditbank*[1] und der *Bank in Burgdorf* zwei bereits im Besitze des Bankvereins befindliche

Kundenhalle der Geschäftsstelle Zürich Altstetten (1992).

---

[1] Inklusive der von der SDKB im Jahre 1988 übernommenen *Spar- und Leihkasse Schaffhausen*, die im Herbst 1996 vollständig in das Bankverein-Filialnetz integriert wurde.

Institute (das erstere seit 1965, das letztere nach Aufstockung der 1969 erworbenen Minderheitsbeteiligung von 16,9% im Jahre 1990) vom Mutterhaus absorbiert wurden (nachdem 1990 bereits die sich bietende Gelegenheit zur Übernahme der *Sparkasse Küssnacht*, Küssnacht am Rigi, genutzt worden war). Nachdem 1992 und 1993 das schweizerische Niederlassungsnetz des Bankvereins zunächst um zwei ehemalige Filialen der BSI und um drei Filialen der im April 1993 übernommenen *Hypothekar- und Handelsbank Winterthur* erweitert worden war, führte die Übernahme und Absorption der ihrerseits aus dem Zusammenschluss von acht Regionalbanken entstandenen *Seeland Bank*, Biel, im Jahre 1994 zu einer Flut neuer Bankverein-Niederlassungen, wurden doch von den 42 Filialen dieses Instituts (Bilanzsumme bei der Integration: knapp 5 Mrd Fr.) 38 per 1. April 1994 in den Sitzrayon Bern integriert; auch die Eingliederung der hilfesuchenden *Bank Langenthal*, der *Neuen Emme Bank*, Burgdorf (beide im Jahre 1995), sowie des *Crédit Agricole et Industriel de la Broye*, Estavayer-le-Lac, auf Anfang 1996 hatte die Etablierung einer Reihe weiterer neuer Bankverein-Filialen zur Folge.

Ein für die schweizerische Bankenlandschaft in ihrer Gesamtheit wirklich bedeutsamer Fall der Expansion einer Grossbank und der gleichzeitigen Konzentration des Bankwesens aber war die Privatisierung der *Solothurner Kantonalbank* durch den Bankverein per 1. Januar 1995. Nie zuvor in der schweizerischen Bankengeschichte war eine Kantonalbank privatisiert und von einem anderen – privaten! – Institut übernommen worden, und nie zuvor hatte damit eine Kantonalbank definitiv das Feld geräumt. Eine – zu – gewagte Kreditexpansion speziell in dem zu dieser Zeit so risikoreich gewordenen Hypothekargeschäft und eine die eigenen Kräfte weit überschätzende Übernahme einer problembelasteten Regionalbank (der *Bank in Kriegstetten*) hatte die *Solothurner Kantonalbank* an den Rand des Zusammenbruchs getrieben, vor dem der Kanton Solothurn sie im Hinblick auf die Dimension der Risiken (zum Zeitpunkt des Übergangs der Aktiven und Passiven der SKB auf das neue Bankverein-Tochterinstitut *Solothurner Bank SoBa* am 1. Januar 1995 wurden notleidende Kreditaktivitäten in Höhe von 1,3 Mrd Fr. festgestellt und in eine zu deren Bewirtschaftung gegründete *SoBa*-Tochtergesellschaft, der *Drei Linden AG*, ausgegliedert) nicht zu bewahren vermochte. Die Geschäftsleitung des Bankvereins, die ungewöhnliche, wenn auch risikoreiche Chance zur Verstärkung der bislang als ungenügend erachteten Marktpräsenz im Kanton Solothurn erkennend, entschloss sich unter der Federführung des für dieses Geschäft zuständigen Generaldirektors *Georg Schnell* kurzfristig zu einem Übernahmeangebot an die in Bedrängnis geratenen Solothurner Behörden – ein Angebot, das den Kanton gegen die fusionsweise Überführung seines alten Staatsinstituts in die neue Bankverein-Tochtergesellschaft von unabsehbaren Verpflichtungen befreite und dem er den Vorzug gegenüber einer Gegenofferte des Verbandes Schweizerischer Kantonalbanken gab.[1] Nach Zustimmung einer erdrückenden Mehrheit der Solo-

---

[1] Die kantonale Mitwirkung an der nunmehr dem Bankverein obliegenden definitiven Bereinigung der Altlasten wurde auf vom Kanton geleistete Rückstellungen von insgesamt 600 Mio Fr. begrenzt.

thurner Stimmbürger am 4. Dezember 1994 kam der Handel definitiv zustande; und der Bankverein hatte nicht nur ein Geschäftsvolumen mit einer Bilanzsumme in der Grössenordnung von 5,9 Mrd Fr. hinzugewonnen, sondern gleichzeitig erneut eine erhebliche Ausweitung seines (Konzern-) Niederlassungsnetzes in der Schweiz erreicht.

Filiale Mutschellen/AG (Eröffnungsjahr 1990).

Erwünscht, wie diese verstärkte Präsenz am Ort der Kunden indes auch war (in Solothurn war sie gar ein Hauptmotiv für die spektakuläre Transaktion), so gaben die Bankverein-Verantwortlichen aber parallel zu diesen akquisitionsgetriebenen Wachstumsschüben im schweizerischen Filialnetz des Bankvereins ab Anfang der neunziger Jahre im Interesse der Kosteneffizienz auch vermehrt Gegensteuer – einerseits, indem speziell 1993/94 mit dem an anderem Ort näher erwähnten Projekt *proFIL* eine weitreichende Fokussierung des Filialnetzes auf verschiedene Kundengruppen und Geschäftssparten herbeigeführt wurde, andererseits, indem man erstmals in grösserem Massstab Ernst damit machte, überflüssige und unrentable Filialen zu schliessen. Hätte man das nicht getan, wäre die Ausweitung des Niederlassungsnetzes in der Schweiz seit Ende der achtziger Jahre noch stärker ausgefallen. Auch so war sie eindrücklich genug: Ende 1990 wurden beim Stammhaus 278 Niederlassungen in der Schweiz gezählt, 86 mehr als zehn Jahre zuvor; und bis Ende 1995 war diese Zahl bezogen auf das Stammhaus weiter auf 320 und bezogen auf den Bankverein-Konzern gar auf 401 Niederlassungen gestiegen. Im Inland waren damit die physischen und mit *proFIL* zugleich auch organisatorischen Voraussetzungen (und Grenzen?) für eine namhafte Erhöhung des Bankverein-Marktanteils im schweizerischen Bankenmarkt der späten neunziger Jahre geschaffen – einem Markt, hinter dessen scheinbar so stabilen (Bank-)Fassaden sich heute ein tiefgreifender und noch keineswegs abgeschlossener Umbau vollzieht.

## Abschnitt 2:
## «Global Player» im internationalen Bankenmarkt

Anfang der siebziger Jahre, als der Bankverein hundert Jahre alt wurde, war das Bankgeschäft im grossen und ganzen noch weitgehend eine nationale Angelegenheit. Zwar hatten die Aussenhandelsfinanzierungen ebenso wie die daraus resultierenden Zahlungsströme und die Devisentransaktionen durchaus grenzüberschreitenden Charakter, und auch die Euromärkte hatten bereits begonnen, sich zu einem bedeutenden, ausserhalb nationaler Regelungen stehenden Kapitalmarkt zu entwickeln, auf dem sich Kapitalanbieter und -nachfrager aus den verschiedensten Ländern trafen; und weltweit gab es sicherlich auch schon einige Finanzinstitute, die – und der Bankverein zählte bereits dazu – einzelne Stützpunkte ausserhalb ihrer Heimatmärkte besassen und einen gewissen internationalen Bekanntheitsgrad jedenfalls in einschlägigen Kreisen erreicht hatten. Dennoch waren zu jener Zeit selbst die grössten Banken der Welt ganz überwiegend nichts anderes als «Major Players» in ihren jeweiligen Heimatmärkten – in Heimatmärkten, die von ausländischer Bankenkonkurrenz noch weitestgehend unberührt waren; und ausserhalb ihrer Heimatmärkte beschränkten sie sich, soweit sie dort überhaupt tätig waren, im grossen und ganzen auf ausgewählte Bankdienstleistungen für ihre angestammten nationalen Bankkunden, die sich «dort draussen» wirtschaftlich engagiert hatten. Die Vorstellung von einem «internationalen Bankenmarkt» wäre den an den Jubiläumsfeierlichkeiten des Bankvereins im Jahre 1972 teilnehmenden Bankiers an sich nicht fremd gewesen; nur hätten sie darunter wenig mehr verstanden als das – nationale Grenzen respektierende – Korrespondenzbanken-Netzwerk und den – ausserhalb nationaler Grenzen stehenden – Euromarkt. Die Vorstellung von «Global Players» jedoch war zu jener Zeit noch nicht einmal in den Strategieentwürfen der grössten Banken der Welt zu finden: es gab sie nicht, noch nicht einmal in der Terminologie.

### Internationaler Bankenmarkt in Revolution

Heute, gut 25 Jahre später, hat sich zusammen mit so vielem anderen auf der Welt auch diese Szene radikal und mit Sicherheit irreversibel verändert: Zwischen 1970 und 1995 sind die Bankenmärkte der Welt zusammengewachsen zu einem Weltbankenmarkt; und wenn es auch durchaus noch lokale, regionale, auch nationale Marktsegmente gibt, so sind doch selbst sie nirgends mehr eine abgeschlossene, überregionalen und internationalen Einflüssen entzogene Veranstaltung. Weit davon entfernt, sich nur innerhalb der noch bestehenden Grenzen abzuspielen und ebenso weit davon entfernt, diese Grenzen lediglich mit dem Export und Import von Bankdienstleistungen vom Stammland aus zu überspringen, kennt der Weltbankenmarkt inzwischen keine Grenzen mehr, ist grenzenlos geworden, von nationalen Behörden nur noch in mühsamer Kooperation (und auch dann) nur begrenzt kontrollier- und lenkbar. Und die Banken selbst sind in dieser Zeit von gentlemanlike geführten Instituten, die darauf achteten, einander nicht ins Gehege zu kommen[1], zu aggressiven Anbietern von Finanzdienstleistungen auch ausserhalb dessen geworden, was sie einst als ihren Heimatmarkt reklamiert und was die anderen Banken als solchen respektiert hatten. Ob sie dabei freilich stets ganz aus freien Stücken gehandelt haben, mag dahingestellt sein: wollten gerade die Grössten von ihnen den Verlust eigener Kundenverbindungen durch das Vordringen ausländischer Konkurrenten verhindern, vermindern oder mindestens doch kompensieren, so blieb ihnen selbst auch nur die Flucht nach vorn, sprich, die nachdrückliche Expansion über angestammte Grenzen hinaus.

Diese Revolution des internationalen Bankwesens, angetrieben durch Kräfte wie die rapide Ausdehnung der Auslandaktivitäten von Nichtbanken, die voranschreitende Angleichung der Banksysteme in Richtung auf Allround-Bankkonzerne, die zunehmende Handelbarkeit von Forderungen und speziell Krediten («Securitization»), die abnehmende Abgrenzung zwischen Kredit- und Kapitalmärkten (mit der Folge der «Disintermediation», der Reduzierung der Banken auf eine Art Händler- oder Makleraktivität), das damit gegebene Vordringen des «Deal-oriented Banking» zulasten des «Relationship-oriented Banking», die seit der Freigabe der Wechselkurse in den frühen siebziger Jahren weltweit gewachsenen (und weiter wachsenden) Gewinn- und Verlustpotentiale aus wie auch immer gearteten Währungsengagements mitsamt den daraus erwachsenen Bedürfnissen nach Teilhabe und Absicherung («Risk Management»), das daraus resultierende Zusammenwachsen von Geld-, Wertschriften- und Devisenhandel in sachlicher, räumlicher, funktionaler Hinsicht («globale Bücher»), die Entstehung von internationalen Finanz-Freiräumen wie der Einheitliche Finanzraum der EU, nicht zuletzt die technische Vernetzung im internationalen Bankgeschäft durch die elektronische Datenkommunikation und -verarbeitung – diese Revolution des internationalen Bankwesens in den letzten 25 Jahren des 20. Jahrhunderts hat auch alle daran beteiligten Institute revolutioniert: ihre Strategien und Strukturen haben sich ebenso gewandelt wie ihre Leistungsprogramme, von ihren Führungssystemen und ihren Abläufen ganz zu schweigen. Besonders niedergeschlagen haben sich diese Vorgänge naturgemäss in den Auslandsnetzen der «Major Players»: wenn die computergestützte Telekommunikation auch heute (und morgen noch mehr) die physische Präsenz an *allen* geschäftlich wichtigen Orten als weniger wichtig erscheinen lässt, so gilt letzten Endes doch auch und gerade im Banking immer noch der Grundsatz «all business is local», sprich, das Geschäft erfordert gerade in der Abschlussphase auch heute noch oft eine physische Präsenz am Orte des Geschehens, und ganz besonders an solchen Orten, wo die Geschäfte sich ballen. Das internationale Niederlassungsnetz des Schweizerischen Bankvereins ist in seiner Entwicklung in den letzten fünfundzwanzig Jahren von diesem Tatbestand ebenso geprägt worden wie von der skizzierten Revolution des internationalen Bank-

---

[1] Diese Gepflogenheit schlug sich beispielsweise zwischen der Schweiz und Deutschland bis in die zweite Hälfte der siebziger Jahre in einer völligen Abstinenz von einer irgendwie gearteten physischen Marktpräsenz der beiderseitigen Banken beim Nachbarn nieder.

wesens, von welcher der Bankverein ursprünglich als «Major Player» mitbetroffen war und an der er inzwischen als «Global Player», als weltweit mit bestimmten Finanzdienstleistungen führend präsenter Anbieter, mitbeteiligt ist.

## Internationale Schwerpunkte des Schweizerischen Bankvereins

Der Zeitpunkt eines Beginns der internationalen Tätigkeit des Bankvereins ist unstrittig: es ist das Jahr 1872, das Jahr seiner Gründung, in dem er sogleich in internationale Konsortialgeschäfte im Anleihensbereich einstieg. So konstant diese internationale Komponente seiner Geschäftstätigkeit in der Folge dann auch über alle Wechselfälle der Zeitläufte geblieben ist, so ist die Präsenz des Bankvereins mit Niederlassungen ausserhalb der Schweiz über die ersten 75 Jahre seiner Existenz doch bescheiden gewesen: zwar war er 1898 die erste schweizerische Grossbank gewesen, die in der damals einzigen wirklichen Finanzmetropole der Welt, London, eine Geschäftsstelle errichtet hatte, und 1939 war er wiederum als erste Schweizer Grossbank und eine der wenigen Auslandbanken in New York ansässig geworden; doch insgesamt hatten Weltkriege und wirtschaftliche Depressionen eine eigentliche Filialexpansion im Ausland über Jahrzehnte hinweg bis in die fünfziger Jahre hinein keineswegs nahegelegt, sondern eher verhindert.

Nachdem die Bank deshalb im Jahre 1950 im Ausland nur über drei Geschäftsstellen (zwei in London und eine in New York) und eine Vertretung

*Gegenüberliegende Seite: In Sydney, Australien (Bild rechts), besass der Bankverein schon seit 1969 eine Vertretung, die 1991 im Zuge der Schaffung von Tochtergesellschaften wieder geschlossen wurde, während die in Mexico (links unten) und in Johannesburg, Republik Südafrika (links oben), in den Jahren 1963 bzw. 1969 errichteten Repräsentanzen auch heute noch bestehen.*

(in Paris) verfügt hatte, trat sie 1972 in das zweite Jahrhundert ihrer Tätigkeit mit einem inzwischen auf sieben Geschäftsstellen massvoll ausgeweiteten Auslandsnetz ein – zwei in London, drei in New York und je eine in San Francisco und Tokio. Hinzu kamen nunmehr jedoch neben einer 1970 speziell für das Kreditgeschäft in Kanada gegründeten Tochtergesellschaft in Montreal[1] bereits 14 Vertretungen, verteilt ausserhalb der sozialistischen Länder rings um den Globus – zwei in Europa (Paris und Madrid), eine in Nordamerika (Los Angeles), sechs in Lateinamerika (Rio de Janeiro, Buenos Aires, São Paulo, Lima, Mexico D.F. und Caracas), zwei in Ost- und Südostasien (Hong Kong und Singapur), eine in Australien (Sydney), eine im Mittleren Osten (Beirut) und eine in Afrika (Johannesburg); vervollständigt wurde dieses Netz schliesslich noch durch zwei Beraterbüros in Lateinamerika (Bogotá und Guayaquil). 27 Jahre nach dem Ende des Zweiten Weltkriegs verfügte der Bankverein damit über ein vergleichsweise ansehnliches, weltumspannendes Netz von Geschäftsstellen im Ausland, umfassender und besser positioniert als dasjenige aller seiner kontinentaleuropäischen Konkurrenten. Dennoch stand der eigentliche Quantensprung erst bevor: kann man das Gründungsjahr 1872 auch als den Zeitpunkt des Beginns der internationalen Tätigkeit des Bankvereins bezeichnen, so lässt sich das Jubiläumsjahr 1972 unschwer als zeitlicher Ausgangspunkt für die Internationalisierung des Bankvereins erkennen.

---

[1] Ihr war eine bereits im Jahre 1951 etablierte erste Tochtergesellschaft des Bankvereins in Kanada in Montreal vorausgegangen: die *Swiss Corporation for Canadian Investments Ltd.*

Teil 2/Kapitel 1: Finanzmärkte und Marktpräsenz des Schweizerischen Bankvereins 221

Diese Internationalisierung bestand einerseits darin, dass in den siebziger Jahren in anderen Ländern vermehrt eigenständige Geschäftsbeziehungen mit nichtschweizerischen Kunden auf- und ausgebaut wurden, die Bank sich also etwa in den USA als «Swiss Bank for US clients» zu profilieren begann (so fokussiert auf verhältnismässig wenige Klienten diese Ausrichtung auch immer gewesen und geblieben sein mag); andererseits begann sich die Bank speziell in den achtziger Jahren nun auch mehr und mehr in Transaktionen zu engagieren, die sich zwischen Kunden in verschiedenen Ländern abwickelten, ohne dabei je die Schweiz zu berühren.

Die Basis für diese Tätigkeit wurde gelegt, indem das Netz der Auslandstützpunkte der Bank Schritt für Schritt geographisch ergänzt, sachlich vertieft und schliesslich organisatorisch verknüpft wurde. Aus den zunächst noch weitgehend unverbunden miteinander operierenden Auslandgeschäftsstellen der Bank entstand in den frühen siebziger Jahren die sogenannte «Auslandorganisation», die Ende der achtziger Jahre schon straffer zusammengefasst und nunmehr als «International Organization» bezeichnet wurde; sie ihrerseits wurde im Zuge der andernorts ausführlicher erwähnten organisatorischen Neuausrichtung der Bank im Jahre 1991 zu einem operativen Arm der Sparte Finanz und International (IFG), der Vorläuferin des 1993 gebildeten Unternehmensbereichs International & Finanz (International & Finance Division), der sich seinerseits Mitte 1995 zum Unternehmensbereich SBC Warburg wandelte.

Seit 1976 in Manama (Bahrain) – Symbol für die grossen Erwartungen, die man nach der Ölpreishausse von 1973/74 in die wirtschaftliche Entwicklung des Mittleren Ostens setzte.

Teil 2/Kapitel 1: Finanzmärkte und Marktpräsenz des Schweizerischen Bankvereins

Sichtbar seinen Niederschlag gefunden hat dieser Prozess nicht allein in der Entwicklung der Kunden-, Mitarbeiter- und Finanzzahlen im nichtschweizerischen Geschäft des Bankvereins in den letzten 25 Jahren; seinen Ausdruck findet er auch in dem nochmals gegenüber 1972 in eindrücklicher Weise ausgebauten internationalen Bankverein-Netz. Dieses umfasste Ende 1995 insgesamt 335 voll konsolidierte Konzerngesellschaften, die sich mit Schwerpunkten in Westeuropa, Nordamerika, der Karibik, in Ost- und Südostasien sowie Australien fast über die ganze Erde verteilten; hinzu kommen die eigenen internationalen Niederlassungen und Vertretungen des Stammhauses. Der Bankverein ist damit heute eine der rund um den Globus und rund um die Uhr handlungsfähigen internationalen Banken geworden, eine der Banken «that never sleep»; und diese Organisation funktioniert heute als hochvernetztes, komplexes System, so sehr einzelne grosse Bankverein-Niederlassungen immer noch ihr eigenes Profil und ihre eigene Geschichte haben.[1]

### Der Bankverein in London

1898 als erste Auslandsniederlassung des Bankvereins etabliert, war die *Swiss Bank Corporation London Branch* bis in die siebziger Jahre unseres Jahrhunderts hinein über Jahrzehnte hinweg geblieben, als was sie sich – abgesehen von den eigentlichen Kriegsjahren – schon frühzeitig profiliert hatte: eine traditionsbewusste Niederlassung der Bank mit einer in bezug auf die Geschäftsart konventionellen, in bezug auf den Geschäftsverlauf gleichmässigen und in bezug auf den

An der Gresham Street 99 in London in der zweiten Hälfte der zwanziger Jahre. Hier, in der Nähe der Bank of England, war die Swiss Bank Corporation zwischen 1925 und 1988 niedergelassen.

[1] Diese Geschichte kann hier aus Platzgründen nicht im Detail nachgezeichnet werden; im folgenden müssen wir uns darauf beschränken, die wichtigsten Entwicklungslinien einiger grosser Auslandniederlassungen des Bankvereins festzuhalten. Grundsätzlich anzumerken ist hier im übrigen, dass alle Organisationsstrukturen des Bankvereins an den nachfolgend skizzierten Plätzen von der Integration der *S.G. Warburg*-Gruppe im Sommer 1995 sehr direkt berührt worden sind – in ihren Aufgaben, in ihren Unterstellungsverhältnissen und auch in ihrem Namen. Vgl. hierzu S. 139 f.

Geschäftsertrag (massvoll) lohnenden Tätigkeit und zugleich unter der konservativen Führung so «englischer» Schweizer Banker wie *Theodor von Speyr* (1964–1975) und *Dr. Richard Amstad* (1976–1986), «a respected citizen of the City of London». Grosse Veränderungen bahnten sich für diese Bankverein-Unit erst mit dem Aufschwung der Euromärkte in der zweiten Hälfte der siebziger Jahre an; sie waren der Beginn einer Entwicklung, mit der bei der «Swiss Bank» in London im Laufe der Jahre buchstäblich kein Stein mehr auf dem anderen geblieben ist – im übertragenen wie auch im wörtlichen Sinn, ist doch auch die *Gresham Street 99*, von grünen Schreibtischlampen erleuchtetes Domizil des Bankvereins in London seit 1925, im Jahre 1988 zugunsten des neuerrichteten *Swiss Bank House* am Themse-Ufer geräumt worden (und zur Zeit könnte sich mit der Integration der *Warburg*-Bank ein weiterer Domizilwechsel anbahnen).

Ausgangspunkt dieser Entwicklung war die Erkenntnis, dass einer konkurrenzfähigen Beteiligung der Bank an der Entfaltung der Euromärkte mit der bestehenden Branch sowohl von den behördlichen Vorschriften – damals auch in Grossbritannien noch die Trennung der Aktivitäten als Investment Bank von denjenigen einer Handelsbank stipulierend – wie vom vorhandenen Mitarbeiterstab – primär ausgerichtet auf konventionelle Kredit-, Devisen- und Anlagegeschäfte – her enge Grenzen gesetzt waren. Diese Erkenntnis führte zu dem 1979 gefassten Beschluss der Geschäftsleitung, unter dem Namen *Swiss Bank Corporation International (SBCI)* in London eine Investment Bank neben der fortbestehenden London Branch zu gründen. Unter der Führung von *Andrew Large* und *Johannes A. de Gier*, zwei erfahrenen Investment Bankern mit City-erprobten Vorstellungen über das Funktionieren einer globalen Investment Bank, nahm die SBCI am 1. Juli 1980 ihre Tätigkeit im internationalen Emissions- und Eurokreditgeschäft und im Eurobondhandel auf und entwickelte sich in den darauffolgenden Jahren im Gleichschritt mit dem stetigen Wachstum der Euromärkte, allerdings ohne ein ebenso stetiges Wachstum der Gewinne.

In der zweiten Hälfte der achtziger Jahre wurde die entstandene «*uneasy relationship*» zwischen der SBCI und der SBC London Branch (man konkurrierte mehr um Kunden, als dass man bei ihrer Pflege kooperierte) ihrerseits Gegenstand eines zumindest für Traditionalisten, die es beim Bankverein nicht nur in London gab, «*painful reassessment*» der Organisationsstrukturen der Bank in London. Ausgangspunkt war der mit dem *Financial Services Act* von 1986 ausgelöste «*Big Bang*» auf dem Finanzplatz London: allgemein bedeuteten die hierin enthaltenen Bestimmungen das Ende der althergebrachten Strukturen der Arbeitsteilung in der City; speziell für die SBCI und die SBC London Branch war relevant, dass sie es nun möglich machten, die Tätigkeiten von Investment Banks und Commercial Banks auszuweiten und/oder zusammenzulegen. An der hierdurch angestossenen, die City durchschüttelnden Neuverteilung der Karten im Spiel, etwa durch Übernahme und Integration bislang selbständiger, angesehener Brokerhäuser seitens in das Investment Banking vorstossender ausländischer Banken, beteiligte sich auch die SBCI: wenn auch wegen anderer Management-Prioritäten gegenüber Konkurrenten verspätet (das Problem der weltweiten Koordination des Bankverein-Investment Bankings beschäftigte die Führungskräfte ebenso wie die Planung eines auch technisch komplexen Neubaus) identifizierte die SBCI gegen Ende 1986 mit dem relativ kleinen Brokerhaus *Savory Milln* doch einen geeignet erscheinenden Übernahmekandidaten. Zunächst unter dem Namen *SBCI Savory Milln* der Investment Banking-Gruppe des Bankvereins angegliedert verstärkte das Broker Team die inzwischen (Ende 1986) auf über 360 Köpfe angewachsene Mannschaft der SBCI auf dem Gebiete des internationalen Aktienhandels und -research. Doch nicht nur das: es verstärkte auch die Gefahr einer Zersplitterung der Kräfte des Bankvereins auf dem Platze London – der Sitz mit seinem traditionellen Kommerzgeschäft an der *Gresham Street*, die ständig expandierende SBCI mit ihrer eigenen Unternehmenskultur an der *Wood Street* und eben die neuakquirierte *SBCI Savory Milln* auf der anderen Seite der Themse in *London Bridge City*.

Aus dieser Situation heraus lancierte die Bankverein-Geschäftsleitung auf Drängen der Generaldirektoren *Dr. Georges Streichenberg* und *Fritz Köhli*, der erstere längere Zeit für «London» zuständig gewesen, der letztere es neuerdings geworden, zusammen mit dem zu jener Zeit für die SBCI verantwortlichen, vorübergehend der Geschäftsleitung angehörenden *Andrew Large* Ende 1987 das sogenannte «London Project»: die Ausarbeitung eines Konzepts für die Zusammenlegung der Aktivitäten des Bankvereins in der City. Allerdings waren es nicht Koordinationsprobleme allein, die den Anstoss zu diesem ebenso ehrgeizigen wie folgenreichen Projekt gegeben hatten: ernüchternde Vorgänge wie der Börsencrash vom Oktober 1987 mit seinen (temporären) Folgen im Handel, das Misslingen eines sich als zu kostspielig erweisenden, von der SBCI unter der Leitung von *Arthur Andersen & Co.* ausgearbeiteten EDV-bezogenen «Global Systems Project», die Erkenntnis, dass der grosse Neubau des Sitzes London am Themse-Ufer nach dessen Fertigstellung Ende 1988 bei Nutzung durch den Sitz allein halbleer bleiben würde, und nicht zuletzt die rasch fortschreitenden Ertragsrückgänge des Sitzes London selbst – alles das drängte die Verantwortlichen zu entschlossenem Handeln.

Diese Umstände waren Anlass dafür, dass das Projekt-Team (ihm gehörten ausser *Dr. G. Streichenberg* und *Fritz Köhli* noch drei weitere Geschäftsleitungsmitglieder – *Dr. Hans-Conrad Kessler*, *Erich Gautschi* und *Richard Schäfer* – sowie neben anderen von der SBCI *J.A. de Gier*, vom Sitz London *W. Michael Gabitass* und von der Basler Generaldirektion Direktor *Adolf Butz* an) seine Arbeit mit so hoher Priorität vorantrieb, dass dem «Steering Board» keine acht Monate nach dem ersten Zusammentreten des Project Teams, am 22. September 1988, bereits der Schlussbericht präsentiert werden konnte. Diese Leistung war bemerkenswert: die geplante Zusammenlegung bedeutete die Fusion (und damit Auflösung) dreier sehr verschiedener Unternehmenskulturen, der geplante Umzug betraf fünf verschiedene Standorte in der Stadt, drei dieser Standorte hatten ihre Händlerräume, und an allen fünf Standorten arbeiteten unterschiedliche Computersysteme – und alles das galt es zu vereinheitlichen, basierend auf einer

Unzahl betrieblicher und logistischer Überlegungen und Vorentscheide.[1] Und ebenso unverzüglich wurde gehandelt, nachdem der definitive Entscheid der Bankverein-Geschäftsleitung gefallen war und die Zustimmung der *Bank of England* und der *Schweizerischen Nationalbank* zur Fusion der drei Einheiten vorlag: am 1. Januar 1989 wurde die Verschmelzung wirksam, der Bankverein in London mit seinen bisherigen vier Einheiten (neben dem Sitz, der *SBCI* und *Savory Milln* noch die *SBC Portfolio Management International Ltd.*) zusammengeführt unter dem Dach der *Swiss Bank Corporation, London (a branch of SBC)* – und unter dem neuen Dach, so sei hinzugefügt, des *Swiss Bank House* an der Themse.

So einmalig das sogenannte «London Project» zu jener Zeit den Beteiligten (und vielen Unbeteiligten) allerdings auch erschienen sein mag – personell, organisatorisch, logistisch, auch unternehmenskulturell war es der wohl bis dahin komplexeste, ehrgeizigste Umbau des Bankvereins ausserhalb der Schweiz –, so ist es das allerdings nur über eine ganz kurze Zeitspanne von wenigen Jahren geblieben: Bereits 1995 wurde mit der an anderer Stelle dieses Buches näher erwähnten Übernahme der Investmentbank *S.G. Warburg* und deren Verschmelzung mit dem *Unternehmensbereich International & Finanz* unter der Firma *SBC Warburg* gerade für den Bankverein in London ein weiterer tiefgreifender Umbau ausgelöst, der in vielem einem Neubau gleichkam – physisch in bezug auf die zusammenzulegenden Computersysteme, Immobilien usw., organisatorisch in bezug auf die nun gemeinsamen Strukturen und Abläufe, akquisitorisch in bezug auf die Sicherung und Weiterentwicklung einer verbreiterten Kundenbasis, und personell in bezug auf die Zusammenführung von Tausenden von Mitarbeitern aus ganz verschiedenen Unternehmenskulturen allein auf dem Platze London (insgesamt waren weltweit, genauer: in vierzig Ländern, 10 500 Mitarbeiter von *Warburg* und im Investment Banking des Bankvereins von diesem «Deal» berührt). London ist damit auch in jüngster Zeit für den Bankverein das geblieben, zu was es spätestens seit Beginn der achtziger Jahre geworden ist: zu einer der wichtigsten Baustellen, an denen permanent an der Zukunft der Bank – und zwar der Bank in ihrer Gesamtheit – gearbeitet wird.

Gegenüberliegende Seite: Der Sitz London bezog Anfang 1989 sein neues Domizil an der High Timber Street am Ufer der Themse.

### Der Bankverein in Luxemburg

Luxemburg war die zweite Stadt nach London, in der sich der Bankverein ausserhalb der Schweiz in Europa niederliess (wenn man von der 1928 in Paris eröffneten Vertretung absieht), und zwar durch Gründung einer Tochterbank, der *Société de Banque Suisse (Luxembourg) SA*, Anfang 1975. Eines der Motive für diese Gründung war zu jener Zeit die vorsorgliche Errichtung einer «Fallback»-Position für den Fall einer Behinderung der Geschäftätigkeit der Bank am Platz London unter der im März des vorangegangenen Jahres eingesetzten Labour-Regierung. Dementsprechend breit wurde ihr Tätigkeitsgebiet umschrieben:

---

[1] Im Verlaufe der Projektbearbeitung rückten denn auch die der Rechtfertigung der Integration dienenden geschäftspolitischen Argumente eher in den Hintergrund, während das Argument der im Backoffice erzielbaren Kosteneinsparungen und Effizienzsteigerungen an Bedeutung gewann.

Teil 2/Kapitel 1: Finanzmärkte und Marktpräsenz des Schweizerischen Bankvereins

internationales Kreditgeschäft, Geld- und Devisenhandel, Anlage- und Wertschriftengeschäft für international orientierte Kunden, Mitwirkung an internationalen Emissionen, sowie börslicher und ausserbörslicher Wertschriftenhandel. Die Tochterbank – ihren ersten Verwaltungsrat präsidierte *Guill Konsbruck*, ehemaliger Generaldirektor der *ARBED Aciéries Réunies de Burbach-Eich-Dudelange SA*, zusammen mit *Louis Mottet*, ehemaligem Bankverein-Generaldirektor, als Vizepräsident – wurde zunächst mit einem Aktienkapital von 250 Mio luxemburgischen Franken ausgestattet; dieses wurde im Zuge der Geschäftsausweitung Ende 1985 auf 1750 Mio lux. Fr. und Ende 1994 auf 2800 Mio lux. Fr. erhöht und befand sich stets voll im Besitz des Mutterhauses.

*SBS Luxembourg* hat im Laufe der Jahre erfolgreich am Aufschwung des Finanzplatzes Luxemburg teilgehabt, ein Aufschwung, der unter anderem im Anstieg der Zahl der Auslandsbanken in Luxemburg von weniger als 50 zur Zeit der Bankverein-Etablierung auf diesem Platz auf mittlerweile 225 Institute und in der Erhöhung des Volumens dieses Finanzplatzes von den bescheidenen 15 Mrd DM jener Tage auf mehr als 860 Mrd DM seinen Ausdruck gefunden hat. Die Schwerpunkte der Geschäftstätigkeit haben sich dabei allerdings sukzessive verlagert.

Bis Ende der siebziger Jahre wickelte der Bankverein über seine Luxemburger Tochter einen grossen Teil des Euroemissionsgeschäftes ab, für das vorher die *Swiss Bank Corporation (Overseas) Ltd.* in Nassau (Bahamas) zuständig gewesen war; daneben fungierte er als Drehscheibe für die Anlage von Treuhandgeldern im Interbankverkehr und an schweizerische und deutsche Kommerzkunden unter den Limiten der Sitze Zürich und Basel, sowie als Anlagebank für Privatkunden (in letzterer Funktion zunächst fast bis auf Retail-Grösse). Nachdem die Luxemburger Bankverein-Tochter mit diesen Aktivitäten in den siebziger Jahren einen raschen Aufschwung genommen hatte (das Recycling der OPEC-Gelder stellte für den Bankverein wie für andere Eurobanken eine grosse Herausforderung dar und führte damals zu einem Wachstumsschub), kam es Anfang der achtziger Jahre zu einem deutlichen Akzentwechsel. Ausgelöst wurde er einerseits durch die 1980 erfolgte Etablierung der *SBCI* in London, der das internationale Emissions- und Eurokreditgeschäft sowie der Eurobondhandel übertragen wurde, andererseits aber auch durch den Ausbruch der internationalen Schuldenkrise

Seit Anfang 1975 ist die Société de Banque Suisse (Luxembourg) SA am aufstrebenden Finanzplatz Luxemburg tätig.

1982, von der die Euromärkte erheblich tangiert wurden. Neue Perspektiven ergaben sich indessen aus der Tatsache, dass sich Luxemburg zu jener Zeit dank einer klugen Bankengesetzgebung mehr und mehr als ein interessanter Platz für das Asset Management in Europa zu profilieren begann.

So kam es zur auch heute noch wirksamen Verlagerung der geschäftlichen Schwerpunkte des Bankvereins in Luxemburg auf das Private Banking mit einer internationalen Kundschaft, die es schätzt, mit einer Schweizer Bank, die dem Luxemburger Bankgeheimnis unterstellt ist, zusammenarbeiten zu können. Doch nicht nur das: als die starke Expansion des Anlegervolumens in Europa die Bankverein-Geschäftsleitung zur Forcierung des Anlagefondsgeschäftes veranlasste, und Luxemburg sich auch hierfür dank vorteilhafter Gesetzesbestimmungen als Fondsdomizil empfahl, gelang es dem Luxemburger Team des Bankvereins – das über die Jahre hinweg von initiativen Managern wie seinem ersten Direktor *Dr. Klaus Haegi*, dem späteren stellv. Generaldirektor *Kurt Martin* oder dem auslanderfahrenen *Peter R. Stüssi* sowie – seit einigen Jahren – von *Dieter Wetzel* geleitet wurde – in kurzer Zeit, sich das hierfür notwendige Know-how zu erarbeiten. Der *US Dollar Money Market Fund*, den *SBS Luxemburg* im November 1987 auf den Markt brachte, wurde damit zum ersten in einer ganzen – an anderer Stelle dieses Buches näher erwähnten – Reihe von Anlagefonds, die seither mit Domizil Luxemburg vom Bankverein lanciert worden sind, und die sich zusammen mit dem inzwischen stark ausgebauten Geschäft mit grösseren Privatkunden zum Haupttätigkeitsgebiet der Luxemburger Tochterbank entwickelt haben. Die *Société de Banque Suisse (Luxembourg) SA* hat damit eine wichtige Rolle im Konzert der weltweiten Bankverein-Niederlassungen inne. Dass es deshalb jedoch nicht gelegentlich einmal wieder zu einem weiteren Rollenwechsel kommen könnte, heisst das natürlich nicht; doch Wandlungsfähigkeit ist das stete Charakteristikum des Bankvereins auch – und gerade – in Luxemburg gewesen.

### Der Bankverein in Frankfurt

Seit seiner Gründung (an der neben Basler sowie Berliner und Wiener auch Frankfurter Bankkreise beteiligt gewesen waren) unterhielt der Bankverein stets substantielle Geschäftsbeziehungen mit Kunden in Deutschland, dem grössten Industrieland Europas. Er bediente sie von der Schweiz aus; sie kamen zu ihm und nicht umgekehrt. Das änderte sich erst mit der zunehmenden Konkurrenz im Bankenmarkt und mit dem gleichzeitig erfolgenden Aufstieg der D-Mark zu einer internationalen Handels- und Reservewährung und des Bankenplatzes Frankfurt zu einem Finanzzentrum von internationalem Rang. Nach längeren Vorstudien entschloss sich die Bankverein-Geschäftsleitung im Hinblick auf diese Entwicklungen im Frühjahr 1985 zur Etablierung einer physischen Präsenz des Bankvereins im nördlichen Nachbarland, in Frankfurt/M. Mit hochgesteckten Zielen und voll Selbstbewusstsein («So wurde noch nie eine Bank eröffnet» lautete denn auch das Motto bewegter

Eröffnungsanlässe in Frankfurt) nahm Anfang Dezember 1985 die *Schweizerischer Bankverein (Deutschland) AG* ihre Tätigkeit auf. Ihre Ambitionen kamen nicht nur in dem beachtlich hohen Aktienkapital von 100 Mio DM zum Ausdruck, mit dem sie startete (und das nur ein Jahr später bereits auf 200 Mio DM heraufgesetzt wurde); auch die anfängliche Besetzung des Aufsichtsrats der Bank mit nicht weniger als vier (damaligen) Generaldirektoren – *Dr. Francis Christe* als Vorsitzender, *Rupert Blattmann* als stellv. Vorsitzender, *Dr. H.-C. Kessler* und *Dr. Werner Schick* – unterstrich die Bedeutung, die dem neuen operativen Standort beigemessen wurde. Zugleich ergänzten sich in der Direktion der neuen Tochterbank erfahrene deutsche Bankiers und ein Stab langjähriger, bewährter Mitarbeiter der Schweizer Sitze und der Auslandorganisation des Bankvereins unter Führung des ersten Vorstandsvorsitzenden des Instituts, *Kurt Martin*, der vorgängig die Luxemburger Tochterbank geleitet und dabei gute Kontakte zur deutschen Kundschaft aufgebaut hatte.

Blickt man heute auf jene Frankfurter Anfangsjahre zurück, so ist unverkennbar, dass in der Folge nicht alle Blütenträume jener Zeit wahr geworden sind. Das betraf einmal die Dienstleistungspalette, aufgefächert anfänglich auf alle auch vom Mutterhaus gepflegten Geschäftszweige: für eine Spezialbank zu gross erwies sich das Institut als Universalbank in einem so grossen Markt wie dem deutschen als zu klein, musste insbesondere vom Vorstoss ins flächen- und personalintensive Kommerzgeschäft mit mittelgrossen Kunden bald ablassen, und auch das beziehungsintensive Asset Management für institutionelle Anleger liess sich, wie an anderem Ort bereits erwähnt, von Frankfurt aus nicht wie erwartet entwickeln. Anderes kam hinzu: das Corporate Finance-Geschäft des Bankvereins auch in Deutschland wurde mehr und mehr von London aus gemacht, die Muskeln in Frankfurt erwiesen sich dafür doch als zu schwach, und der bald einmal ausser in Frankfurt auch in München (eröffnet im November 1987) und in Stuttgart (eröffnet im Januar 1989) vom Bankverein angebotenen Vermögensverwaltung für Private Kunden war dank der traditionellen Präferenz dieser Kunden für «Banking **in** Switzerland» ebenfalls deutlich geringerer Widerhall beschert, als die Optimisten unter den Bankverein-

Domizil der Schweizerischer Bankverein (Deutschland) AG an der Ulmenstrasse in Frankfurt/M.

Planern angenommen hatten. Schliesslich waren auch die dadurch immer wieder notwendigen Umgruppierungen und deren personelle Konsequenzen der Entwicklung des Instituts ebensowenig förderlich wie die co op-Affäre, von der an anderer Stelle bereits die Rede war.[1]

Und dennoch: getragen vom angesehenen Bankverein-Namen, getrieben vom Ehrgeiz seiner Mitarbeiter, gestützt von der Qualität seiner Produkte gelang es der *Schweizerischer Bankverein (Deutschland) AG* bald einmal, signifikante Marktpositionen zu erobern. Schon 1987 gehörte das Institut dem Bundesanleihen-Konsortium sowie verschiedenen anderen Inlandkonsortien an und trat nicht nur in zahlreichen Fällen als Co-Manager auf, sondern hatte auch bei drei Emissionen die Federführung; 1989 rückte die Bank mit einer Ausweitung ihrer Bilanzsumme um 34% auf 5,2 Mrd DM in die Reihe der grössten Auslandbanken in Deutschland vor; 1990 führte sie erstmals Emissionen für mehrere deutsche Bundesländer im Gesamtbetrag von 380 Mio DM, begab daneben 14 eigene Optionsschein-Emissionen und begann im Spätherbst des Jahres, als Market Maker an der Deutschen Terminbörse zu fungieren; 1991 erhielt sie ein Mandat für die Konsortialführung einer Anleihe der Staatsbank Berlin im Betrag von 4 Mrd DM (die bis zu diesem Zeitpunkt grösste jemals vom Bankverein geführte Emission) und fungierte bei vier weiteren DM-Anleihen sowie bei 37 Emissionen von Währungsoptionsscheinen mit Laufzeiten bis zu drei Jahren als Konsortialführerin; 1993 wurde der Bankverein in Frankfurt mit 344 öffentlich begebenen Optionsscheinen zum grössten Anbieter dieses Anlagemediums in Deutschland, und Ende 1994 waren insgesamt 491 Optionsscheine der Bankverein-Tochter plaziert, Resultat nicht nur der «umfassenden Ressourcen der SBV-Gruppe bei derivativen Produkten, lokalen Strukturierungs- und Plazierungskapazitäten», sondern sicherlich auch «der permanenten Marktpflege und fairen Kursgestaltung auch in Phasen starker Kursschwankungen», wie die Bank ihren Durchbruch in diesem speziellen Marktsegment in ihrem Geschäftsbericht 1993 erklärte. Diese «Milestones» lassen indessen nicht allein die trotz aller Widrigkeiten über die Jahre hinweg gelungene Implantierung des «Frankfurter Bankvereins» im deutschen Markt erkennen; sie machen auch die allmähliche Akzentverlagerung deutlich, die auch die deutsche «Unit» des Bankvereins seit ihrer Etablierung vollzogen hat.

Diese Akzentverlagerung ging auf eine Strategienüberprüfung des Jahres 1990 zurück, zu welcher der zunehmende Wettbewerbsdruck gerade unter der zunehmenden Zahl von Auslandbanken auf dem weitgehend verteilten deutschen Markt Anlass gegeben hatte. Zur danach ausgelösten Anpassung an die veränderte Marktsituation gehörte es einerseits, dass die Bereiche Unternehmensfinanzierungen, Kapitalmarkt- und Handelsaktivitäten, Portfolio Management für ausgewählte Kundengruppen sowie insbesondere die Entwicklung, der Handel und die Plazierung derivativer Finanzinstrumente forciert wurden, während andererseits die Betreuung des kommerziellen Kre-

---

[1] Siehe hierzu insbesondere S. 100 ff

ditgeschäfts der Frankfurter SBV-Tochter wegen der gestiegenen Anforderungen an Effizienz und Risikomanagement weitgehend auf den Sitz Zürich übertragen, das Corporate Finance-Geschäft auf von Deutschland aus grenzüberschreitende Transaktionen konzentriert, sowie der Eigenhandel mit Devisen erheblich zurückgenommen wurden. Schliesslich wurde 1993 die Tätigkeit der Filiale München auf das Kerngeschäft des Private Banking reduziert und die Niederlassung in Stuttgart in eine Vertretung des Sitzes Schaffhausen umgewandelt.

Ist gerade in diesen zuletzt genannten Schritten wieder eine Tendenz zur Verstärkung der Direktverantwortung von Organisationseinheiten des Bankvereins in der Schweiz für das Geschäft der Bank in Deutschland zu erblicken? Fast möchte man es meinen, wenn man daneben noch in Rechnung stellt, dass der Sitz Basel im Jahre 1991 zunächst eine Repräsentanz in Freiburg/Br. eröffnet hatte, und dass die mittlerweile am 1. September 1995 (vergleichsweise spät) eröffnete Vertretung des Bankvereins in der deutschen Hauptstadt Berlin organisatorisch ebenfalls Basel rapportiert.[1] Doch sollte man derartige organisatorische Zwecklösungen in ihrer Bedeutung wohl nicht überschätzen: Die *Schweizerischer Bankverein (Deutschland) AG* ist nach gut zehn Jahren ihres Bestehens nach einer für die Beteiligten oft aufregenden Entwicklung zu einem inzwischen nicht mehr wegzudenkenden Knotenpunkt im mittlerweile eng verknüpften, neu-

---

[1] Neuerdings (März 1996) ist nun auch eine Vertretung der Bank in Hamburg etabliert worden, nicht unwichtig angesichts der wirtschaftlichen Bedeutung dieses Raums.

erdings im Unternehmensbereich SBC Warburg zusammengefassten Auslandsnetz des Bankvereins geworden.

### Der Bankverein in Paris

Seit Jahrzehnten in Frankreich mit einer Vertretung in Paris anwesend, prüfte der Bankverein Mitte der achtziger Jahre zwecks Verstärkung seiner Präsenz im Nachbarland verschiedene Möglichkeiten in der Erwartung, dass Paris als eines der Zentren des Europäischen Binnenmarktes an Bedeutung gewinnen würde. Im Herbst 1987 entschloss er sich, von einem Aufbau «auf der grünen Wiese» à la Frankfurt abzusehen und stattdessen eine Mehrheitsbeteiligung an der von der Familie von *Edouard Stern* kontrollierten *Banque Stern* zu nehmen, einer der zu jenem Zeitpunkt sehr erfolgreichen «*Banques d'affaires*», welche zudem in der Person von *Jean Peyrelevade* ein angesehenes Mitglied der französischen Finanzwelt an der Spitze hatte. Die neue, per 1. Januar 1988 übernommene Tochterbank – 51% des Aktienkapitals beim Bankverein, 20% für ein *Going Public* reserviert, 29% noch bei E. Stern mit Vorkaufsrecht bei dessen Ausscheiden durch den Bankverein – widmete sich mit 75 Mitarbeitern und einer Bilanzsumme von 4,3 Mrd französischen Franken dem Kapitalmarktgeschäft, der Vermögensverwaltung und der Unternehmensvermittlung. Aus weitergehenden Plänen wurde in der Folge zur grossen Ernüchterung der beim Bankverein Beteiligten jedoch ebensowenig wie aus der ganzen Association mit *Stern:* Mit *Edouard Stern* persönlich stimmte die «Chemie» nicht, *J. Peyrelevade* seinerseits wurde

*In Frankfurt/M. wurde 1871 das Protokoll über die Gründung des Basler Bankvereins unterzeichnet, und in der gleichen Stadt ist der Bankverein seit 1985 mit einer Tochtergesellschaft präsent.*

kurz nach Eintritt des Bankvereins an die Spitze des staatlichen Versicherungskonzerns *UAP* berufen und verliess die Bank, und der Bankverein selbst hatte mit dem Institut auch keine glückliche Hand, nachdem er im Frühjahr 1989 nach der endgültigen Trennung von *E. Stern* 100% der Bank übernommen hatte.

So kam es 1991/92 zu einer abermaligen Neustrukturierung der Bankverein-Aktivitäten auf dem Platz Paris. Im Januar 1991 stieg der Bankverein durch Übernahme von 20% des Kapitals bei der *Compagnie Industrielle à Paris (Comipar)* ein, einer Beteiligungsgesellschaft, an der ausserdem bekannte französische Industrie- und Versicherungsunternehmen sowie institutionelle Anleger Anteile hielten; und im Mai 1992 trennte er sich von der *Banque Stern*, indem er diese an die *Comipar* verkaufte (die mit diesem Engagement allerdings auch kein Glück hatte, indem drei Jahre später die inzwischen – nach Fusion mit der *Banque Pallas France* – zur *Banque Pallas Stern* mutierte Bank wegen missglückter Immobilienengagements der *Banque Pallas France* in ein Nachlassverfahren geriet). Kurz darauf traf dann die Bewilligung der Behörden zur Gründung einer eigenen Tochterbank ein; der Bankverein gründete sie als 100%-Tochter unter dem Namen *Société de Banque Suisse (France) SA*, Paris, und sie wurde noch vor Ende 1992 operativ. Ähnlich organisiert wie die Niederlassung in London und die Konzerngesellschaft in Frankfurt ist das Pariser Tochterinstitut im Kapital- und Geldmarkt, im Handel mit Aktien, Obligationen und Devisen einschliesslich Derivaten sowie im Bereich Corporate Finance tätig und stellt damit inzwischen ein weiteres

Im Jahre 1928 eröffnete der Bankverein in Paris eine Vertretung, die Ende 1992 im Zuge des Ausbaus der Tochtergesellschaften geschlossen wurde.

wichtiges Glied im Auslandsnetz des Bankvereins dar. Überdies wurde im gleichen Jahr 1992 in Paris noch die *SBS Gestion (France) SA* ebenfalls als hundertprozentige Bankverein-Tochter gegründet. Ihr Geschäftsfeld ist die Vermögensverwaltung; sie bietet dem globalen Netz von Portfolio-Management-Einheiten des Bankvereins als Spezialität französische Wertschriften und Derivate an und vermarktet gleichzeitig deren Produkte in Frankreich. Abgerundet wurde die Gruppe des Bankvereins in Paris 1992 schliesslich durch die Aufstockung der Anfang 1988 erworbenen Beteiligung am Maklerhaus *Ducatel-Duval, Agent de change*, einer mittelgrossen Wertschriftenfirma, von den ursprünglichen

30% auf jetzt 100%; kurz darauf wurde *Ducatel-Duval* äusserlich in die Bankverein-Gruppe integriert, indem sie ab 1. Januar 1993 als *SBS Valeurs (France) SA* firmierte, «innerlich», indem ihre Tätigkeit auf den Wertschriftenhandel und die Titelverwahrung konzentriert wurde.

Die damit etablierten drei französischen Tochtergesellschaften des Bankvereins – *Société de Banque Suisse (France) SA, SBS Gestion (France) SA* und *SBS Valeurs (France) SA* – waren zwar rechtlich selbständig, wurden aber von Beginn an organisatorisch eng in den Bankverein eingebunden. Seit Ende 1992 sind sie auch am gleichen Ort in Paris, im *Centre d'affaires Trocadéro*, untergebracht; die seit 1928 in Paris bestehende Bankverein-Vertretung wurde mit dieser Neustrukturierung der Bankverein-Organisation in Frankreich überflüssig und per 31. Dezember 1992 aufgehoben. Doch auch bei dieser Struktur ist es nicht lang geblieben: wie an anderen Standorten auch, so gab die Akquisition des Investment Bankings der *S.G. Warburg* durch den Bankverein im Jahre 1995 Anlass zu einer weiteren Restrukturierung der verschiedenen, im Namen des Bankvereins an internationalen Finanzplätzen wie Paris tätigen Einheiten. Noch im gleichen Jahr wurden erste Schritte zu einer Eliminierung der entstandenen Doppelspurigkeiten und zur Straffung der SBC Warburg-Organisation in Paris – *SBS (France) SA* wurde in *SBC Warburg (France) SA* umbenannt – in die Wege geleitet. Nach vielen Jahren eines eher unfokussierten, zur Verzettelung neigenden Engagements im französischen Nachbarland verfügt der Bankverein nach all diesen Umwegen damit heute – endlich – über eine schlagkräftige Organisation auf dem Finanzplatz Paris, noch dazu weder als «Stand-alone»-Aktivität noch belastet durch Abstimmungszwänge mit anderen Partnern, sondern als sinnvoll in das internationale Bankverein-Netz eingebauter, auf die Kerngeschäfte ausserhalb der Schweiz und hier speziell auf Frankreich ausgerichteter Stützpunkt.

### Der Bankverein in New York

Bereits 1871 war den in Frankfurt/M. unterzeichneten Protokollen über die Gründung des «Basler Bankvereins» eine Zusatzvereinbarung über die beabsichtigte Gründung eines Bankinstituts in New York in Form einer Kommanditgesellschaft beigefügt worden, doch hatte es dann bis 1939 dauern sollen, bis der Bankverein in der amerikanischen Finanzmetropole zunächst eine «Agency» etablierte; weitere 24 Jahre später, 1963, wurde diese «Agency» in eine «Branch» umgewandelt und diese anschliessend mit Agenturen in San Francisco (1965 – die erste europäische Bankenetablierung in Kalifornien) und in Los Angeles (1968) ergänzt. Die Marketingbemühungen jener Zeit richteten sich vor allem auf US-Firmenkunden mit Schwergewicht auf schweizerisch beherrschten Gesellschaften sowie auf Aussenhandelsfinanzierungen; überdies wurde mit der 1969 gegründeten *Basle Securities Corporation*, einem Brokerhaus, ein Ausbau der Dienstleistungen der Bank im amerikanischen Wertschriftenhandel in die Wege geleitet. Im Rückblick muten diese und andere hier aus Platzgründen unerwähnt bleibende Schritte jener Zeit wie Vorbereitungen für den eigentlichen Aufbau einer wirklich signifikanten

Präsenz des Bankvereins in den Vereinigten Staaten an. Dieser Aufbau vollzog sich unter der Ägide so ausland- und speziell USA-erfahrener Manager wie *Dr. Edgar F. Paltzer*, einem schon während des Zweiten Weltkriegs beim SBC New York tätig gewesenen, international wie in der Schweiz gleich geschätzten Bankier, und *Dr. Franz Lütolf*, der vorher bei der Weltbank gearbeitet hatte, ab Ende der sechziger Jahre in drei grossen Etappen: in den siebziger Jahren Akzent auf Verbreiterung der physischen Marktpräsenz, in den achtziger Jahren Schwerpunkt beim Ausbau des Dienstleistungsspektrums und in den neunziger Jahren Akzent schliesslich auf die strategische und organisatorische Positionierung des Bankvereins New York im Rahmen des Unternehmensbereichs International und Finanz.

Zur Zeit seiner Hunderjahrfeier begann der Bankverein sich ausgehend von seiner angestammten Basis in der *Nassau Street 15* in New York City auch andernorts zu etablieren: zunächst mit einer Filiale für das Private Banking im soeben eröffneten World Trade Center in New York, wenig später (1973) in Chicago, anschliessend als erstes Schweizer Institut in Houston, Texas (1976), sowie in Dallas, Texas (1977), und in Atlanta, Georgia, drei der zu jener Zeit am schnellsten wachsenden Agglomerationen in den USA. Zehn Jahre später, 1987, wurde diesem Netz noch Miami, Florida (1987), hinzugefügt, eine wegen der zunehmenden Tätigkeit der Bank auf dem Gebiet kommerzieller und privater Bankgeschäfte mit lateinamerikanischen Kunden erwünschte Präsenz. Gleichzeitig wurde, wenn auch in dem noch vergleichsweise massvollen Tempo jener

Das erste Domizil der Swiss Bank Corporation im Equitable Building an der Nassau Street in New York (Herbst 1939).

Jahre, die Produktpalette weiterentwickelt: die Tätigkeit auf dem Gebiet des Devisenhandels und der Geldmarktgeschäfte wurde im Anschluss an die Auswirkungen des Ölembargos vom Herbst 1973 – steiler Anstieg der Erdölpreise, Verlagerung der weltweiten Finanzströme – nachdrücklich ausgebaut, gleichzeitig wurden neue Kapital- und Geldmarktinstrumente in den Markt eingeführt (der Bankverein war eine der ersten Auslandsbanken, die in den USA *Certificates of Deposit* ausgaben).

Nachdem sich im Zusammenhang mit dieser Entwicklung der Mitarbeiterstab der New York Branch seit dem Jubiläumsjahr 1972 bis 1979 von knapp 300 auf über 750 Personen mehr als verdoppelt hatte, und die Bank von einer kleinen Auslandbank mehr und mehr zu einem nicht unbedeutenden «amerikanischen» Finanzinstitut zu werden begann, zog die gesamte SBC New York im Jahre 1979 in das World Trade Center um. Auch dieses Gebäude trug zu dem inzwischen eingeleiteten Wandel im Selbstverständnis und Auftreten der Bank bei: mehr und mehr wurde sie jetzt, 40 Jahre nach ihrer Etablierung, zu einem modernen, technologisch fortschrittlichen Finanzinstitut und auch als solches wahrgenommen.

Dieser Wandel der «*Swiss Bank*» (wie der Bankverein informell jetzt vermehrt genannt wurde) in New York vollzog sich hinter den modernen Fassaden des World Trade Center in den achtziger Jahren in immer rascherer Kadenz. Basierend auf einer zu Beginn dieses Jahrzehnts ausgearbeiteten Analyse seiner Wettbewerbsposition, seiner Zielgruppen und seiner Stärken in den USA entwickelte der Bankverein zu dieser Zeit einen aggressiven Plan zur Realisierung deutlich höher gesteckter Geschäftsziele im amerikanischen Markt. Zwar stellte die im Herbst 1982 ausgebrochene Schuldenkrise der Entwicklungsländer auch in bezug auf die Umsetzung dieses Planes einen deutlichen Einschnitt dar, schrumpften in ihrem Gefolge doch manche sehr bedeutend gewordene Geschäftsbeziehungen mit lateinamerikanischen Adressen auf einen Bruchteil ihres vormaligen Standes zurück; und doch hatte auch die Krise im Zusammenhang mit den Schuldenrestrukturierungen und Refinanzierungen neue Geschäftsmöglichkeiten für die New York Branch zur Folge, die in diesen Transaktionen zu einer der federführenden Banken auf dem Platz New York heranwuchs (und einige SBC-Mitarbeiter zu auch international angesehenen Spezialisten auf diesem Gebiet). Vor allem aber wurde in den achtziger Jahren erfolgreich in neue Geschäftsfelder investiert – personell, logistisch, organisatorisch.

So wurde in der ersten Hälfte der achtziger Jahre vor allem das Asset Management ausgebaut, für das sich mit voranschreitender Internationalisierung der Portefeuilles und gleichzeitig wachsenden Risiken ein rasch steigender Bedarf entwickelte. 1982 wurde die *SBC Portfolio Management International Inc.* gegründet und bei der *Securities and Exchange Commission (SEC)* registriert, ausgerichtet auf Pensionskassen, multinationale Unternehmen, Banken und Versicherungsgesellschaften, denen der Bankverein als erste Schweizer Bank seine internationalen Anlageerfahrungen und Researchdienste zur Verfügung stellen konnte. Parallel dazu wurde die 1984 in *SBC International*

*Securities Inc.* umbenannte *Basle Securities* mit dem erweiterten Mandat versehen, Dienstleistungen auf dem Anlagesektor sowohl europäischen, an amerikanischen Wertschriften interessierten Kunden wie auch amerikanischen institutionellen Anlegern anzubieten, welche Anlagen in ausländischen Wertpapieren suchten (sie wurde 1989 im Zuge der Internationalisierung der Kundschaft und der Verbreiterung ihrer Geschäftstätigkeit abermals umbenannt, und zwar in *SBCI Swiss Bank Corporation Investment banking Inc.*, New York). 1986 wurde in bezug auf die wachsende Handelsorientierung logistisch nachgezogen, indem der Bankverein beim Sitz New York einen Händlerraum für 50 Händler in Betrieb nahm, der mit den seinerzeit modernsten Telekommunikations- und Informationssystemen ausgestattet war. Die Basis war damit gelegt für die folgende nachdrückliche Expansion in wachstumsträchtige Dienstleistungen wie Commodities Trade Finance und Private Banking inklusive Portfolio Management, den weltweiten Handel mit Futures und Optionen (1988 durch die 1984 gegründete *SBCI Futures Inc.* aufgenommen), sowie den Handel mit US-Regierungsobligationen (1989 durch die hierfür etablierte *SBC Government Securities Inc.* begonnen); und als äusseres Indiz für den professionellen Erfolg der New Yorker SBC-Gruppe sei hier nur erwähnt, dass der Bankverein bereits 1990 vom *Federal Reserve Board* als einer von weltweit nur 44 Primary Dealers von US-Regierungsobligationen zertifiziert wurde.

1989 konnte der inzwischen von *Willi Wittwer* als Chief Executive geleitete Bankverein USA das fünfzigste Jahr seiner Präsenz in New York City fei-

Im Jahre 1990 verliess der Bankverein das World Trade Center sowie das Swiss Center in New York und zog in ein von ihm selber errichtetes Hochhaus (Swiss Bank Tower) ein.

ern. Die Feiern standen im Zeichen des Aufbruchs zu neuen Dimensionen und Inhalten. Äusserlich wurde das durch wesentliche Immobilienvorhaben unterstrichen: am *Broadway 222* wurde ein geräumiges, im Jahr zuvor erworbenes Gebäude für die Zentralisierung der Investment Banking-Aktivitäten bezogen, gleichzeitig wurde mit dem ehrgeizigen Projekt eines «Zentralgebäudes» für SBC New York in Midtown in Gestalt des Baus des 36 Stockwerke umfassenden *Swiss Bank Tower* bei der *St. Patrick's Cathedral* begonnen. Im Inneren der Bank war der Aufbruch zu neuen Ufern nicht weniger spektakulär: mit der soeben geschmiedeten Allianz mit *O'Connor & Associates* wurde ein Wandel sowohl der Geschäftstätigkeit als auch des Mitarbeiterstabes und der Unternehmenskultur eingeleitet, wie er sich beim traditionsstolzen Sitz New York in den 50 Jahren seiner Existenz noch nie vollzogen hatte.

Dieser Wandel kulminierte in einer strategischen Neuausrichtung, die in ihrem fundamentalen Charakter die Bedeutung der kurz zuvor analog zur Gesamtbank vollzogenen Neugliederung des Sitzes New York in die vier Sparten Kommerz, Finanz, Anlagen und Logistik übertraf: von einer *Corporate Wholesale Bank* für die USA zu einer weltweit integrierten *Investment Bank*. Realisiert wurde diese strategische Neuausrichtung – sie selbst folgte aus einer im Jahre 1990 von der Bankverein-Geschäftsleitung unter dem Titel *«Vision 2000»* erarbeiteten Gesamtbankstrategie mit dem Ziel, im Jahre 2000 zu den zehn besten (nicht grössten!) Instituten weltweit zu gehören – mit einer Vielzahl von Massnahmen, welche die Bankverein-Organisation in New York City (und in ganz Nordamerika) ebenso wie deren Mitarbeiter seit Beginn der neunziger Jahre bis zur Gegenwart durchschüttelten und durchschütteln; nur einige «Highlights» können hier erwähnt werden.

Anfang 1992 hatte der Bankverein der aufhorchenden *Financial Community* seine Absicht bekanntgegeben, die *O'Connor Partnership* vollständig in seine Geld-, Kapital- und Devisenmarktaktivitäten einzugliedern, und zwar durch die Schaffung einer neuen, weltweit integrierten Gruppe – der Einheit *Capital Markets & Treasury (CM&T)*. Rund 400 *O'Connor*-Mitarbeiter wurden damit zu Bankverein-Mitarbeitern, während 230 *O'Connor*-Leute, die auf dem Gebiet von Beteiligungspapieren tätig waren, zunächst noch bei *O'Connor* verblieben, weil eine direkte Betätigung der Bank auf diesem Gebiet vorerst noch durch den *Glass-Steagall Act* untersagt war; gleichzeitig wurden die 23 Partner von *O'Connor* im Rahmen der Bankverein-Organisation zu Managing Directors ernannt. Die Vermischung der Handelstätigkeit der *O'Connor*, gekennzeichnet durch eine fallbezogene, kurzfristige Entscheidbildung, mit der konservativeren, «*Relationship*»-orientierten-Unternehmenskultur des Bankvereins stellte für den letzteren eine grosse Herausforderung dar: die auf fortgeschrittene Computer-Technologie abgestützte Firma war mitsamt ihrer weitreichenden Erfahrung im Handel mit Zinsprodukten, Aktien- und Devisenoptionen zu absorbieren, und zugleich galt es, den angestrebten Aufstieg des Bankvereins im Investment Banking ebenso zu meistern wie die starke Expansion des US-Wertschriftengeschäfts. Dieser Vorgang war der erste und zugleich kritischste Schritt zur Neuausrichtung des Nordamerikageschäfts der Bank in Übereinstimmung mit der weltweiten Unternehmensstrategie, wie sie vorgängig von der *International & Finance Division* entworfen worden war; er wurde nicht einfacher dadurch, dass jetzt eine – unausweichliche – Fokussierung des Marketing der Bank in Nordamerika zu einer Konzentration der Kräfte zwang.[1]

Der nächste Schritt bestand darin, die meisten der Kapitalmarktaktivitäten und -produkte des Bankvereins in den USA in einer einzigen juristischen Einheit zusammenzufassen. Nachdem die hierzu notwendige Genehmigung des *Federal Reserve Board* zur Gründung einer «*Section 20 Subsidiary*»[2] nach einem langwierigen «Screening» gegen Ende 1994 vorlag, nahm im Januar 1995 die neu gegründete *SBC Capital Markets Inc.* ihre Tätigkeit auf. Zu diesem Zeitpunkt wurde die *O'Connor Partnership* auch vollständig in die Bank integriert. Vorher war das Nordamerikageschäft bereits nach denselben Grundsätzen restrukturiert worden wie das Geschäft der Bank in anderen Erdteilen: die regionalen Verantwortlichkeiten traten ab 1993 hinter den funktionalen «Reporting Lines» zurück, was unangenehm und unvermeidbar zugleich war – unangenehm, weil damit manches kleine «Königreich» in der Organisation viel von seinem Glanz, sprich Autonomie, verlor[3], unvermeidbar, weil nur so eine grenzüberschreitende, koordiniert vernetzte Geschäftsabwicklung (A und O speziell im Investment Banking) sichergestellt werden konnte. Zugleich wurden damit bisher getrennte Einheiten wie *Corporate Banking* und *Merchant Banking* zur *North American Merchant Banking Group* zusammengelegt und Doppelspurigkeiten speziell in der Logistik und bei den Stabsstellen beseitigt; massgeblich verstärkt wurden dagegen die beiden Kernbereiche Capital Markets & Treasury (CM&T) und Corporate Finance.

Wer indessen gemeint hatte, damit sei es der Neuerungen beim Bankverein in New York und in Nordamerika nun allmählich genug, wurde schon bald eines Besseren belehrt: 1994/95 wurden mit der andernorts bereits erwähnten Übernahme zunächst von *Brinson Partners Inc.*, Chicago, und sodann der Investment Banking-Einheiten der *S.G. Warburg Group plc*, London, zwei weit in die Zukunft weisende Marksteine gesetzt – und zwar auch und gerade in die Zukunft der «*Swiss Bank*» in New York weisende Marksteine, wird New York doch in den kommenden Jahren zu einem der wichtigsten Bankverein-Stützpunkte für das mit diesen Akquisitionen massgeblich gestärkte *Global Institutional Asset Management* einerseits, das *Global Investment Banking* der *SBC Warburg* der Bank andererseits ausgebaut werden.[4]

---

[1] Sie bestand einerseits in einem «Phasing-out» unsignifikanter Kundenbeziehungen, von Kunden wie von Mitarbeitern nicht immer verstanden; andererseits wurde auch die eigene Organisation in der Fläche und in den Funktionen gestrafft, indem kleine lokale Einheiten wie Houston und Dallas geschlossen und grössere Einheiten wie San Francisco und Los Angeles in ihrem Dienstleistungsspektrum redimensioniert wurden.
[2] Gemäss Section 20 des Glass-Steagall Act dürfen sich Banken zur Zeit nur mit einer spezialisierten Tochtergesellschaft im Wertschriftengeschäft betätigen, und auch das nur in begrenztem Rahmen (vgl. Fussnote 1 auf S. 138).
[3] Das betraf beispielsweise auch eine bislang so eigenständige Organisation wie die *Swiss Bank Corporation (Canada)*, die zwar in ihrer rechtlichen Selbständigkeit unangetastet blieb, funktional aber bis auf einige Spezialbereiche fortan als Teil der nordamerikanischen Organisation des Bankvereins an New York rapportierte.
[4] Zugleich damit wurde der Sitz New York zu einem integrierenden Bestandteil von SBC Warburg (vgl. hierzu auch S. 138).

Teil 2/Kapitel 1: Finanzmärkte und Marktpräsenz des Schweizerischen Bankvereins 241

In Toronto wurde 1969 eine Zweigniederlassung der Swiss Corporation for Canadian Investments Ltd., Montreal, eröffnet. Seit 1981 befindet sich dort der Hauptsitz der Swiss Bank Corporation (Canada).

Und was diesen Ausbau angeht, so betrifft dieser auch wieder die physischen Lokalitäten des Bankvereins im Grossraum New York: Zur Zeit der Niederschrift ist in Stamford, Connecticut, ein grosser Bankverein-Neubau im Entstehen, in den im Jubiläumsjahr 1997 die wichtigsten Tätigkeitsbereiche speziell im Investment Banking (zu dessen Unterstützung unter anderem in dem Gebäude ein riesiger Händlerraum mit 600 Händlerplätzen mit modernster Technologie eingerichtet wird) verlegt werden sollen. Dannzumal werden nur die Private Banking- und Lateinamerika-Abteilungen von SBC New York im *Swiss Bank Tower* in Manhattan verbleiben, in einem Gebäude, das – so wollen wir uns noch einmal erinnern – nur wenige Jahre vorher, 1991, fertiggestellt und bezogen worden war. Auch hierin kommt wieder das zum Ausdruck, wovon die Auslandniederlassung des Bankvereins in New York mindestens seit jener Zeit, zu welcher der Bankverein hundert Jahre alt wurde, geprägt ist: von einer Dynamik im Wandel ohne historische Präzedenz in der weltweiten Organisation der Bank.

### Der Bankverein in Tokio

Seit 1965 zunächst durch ein Beraterbüro, sodann (ab 1966) mit einer eigenen Vertretung in Tokio, dem bedeutendsten Handels- und Finanzzentrum des Fernen Ostens, präsent eröffnete der Bankverein im September 1971 als erste Schweizer Bank und als zweite europäische Bank eine eigene Niederlassung in der japanischen Hauptstadt. Ihre Tätigkeit konzentrierte sich auf das Kommerzgeschäft mit führenden japanischen Firmen und

Tochtergesellschaften schweizerischer Konzerne, auf den Devisenhandel (hauptsächlich Interbank), sowie auf Akkreditivgeschäfte mit Schwerpunkt Südamerika, wo der Bankverein in Tokio in Zusammenarbeit mit dem Sitz New York eine auf der mangelnden Vertrautheit japanischer Banken mit lateinamerikanischen Kreditrisiken beruhende Marktlücke auszunützen wusste und zeitweise einen beachtlichen Anteil am japanisch-südamerikanischen Akkreditivgeschäft auf sich vereinigte. Schliesslich gelang es den Bankverein-Leuten in Tokio auch bereits in den siebziger Jahren, eine führende Position als Emissionshaus für Schweizerfranken-Anleihen japanischer Gesellschaften zu erringen; typischerweise beruhte dieser schöne, die Bank auch im Hinblick auf den Ertrag erfreuende Erfolg auch hier wieder vor allem auf innovativen Produktideen, die entwickelt und den Kunden offeriert wurden – in diesem Falle besonders im Bereich von Wandel- und Optionsanleihen. Dank aller dieser Initiativen gelang es der Bankverein-Niederlassung in Tokio, über die Jahre hinweg am Wachstum des Waren- und Dienstleistungsverkehrs speziell zwischen der Schweiz und Japan voll teilzuhaben; und dennoch blieb sie wegen der beschränkten Zugänglichkeit des japanischen Marktes für ausländische Institute im Vergleich etwa mit den Bankverein-Niederlassungen in London und New York relativ klein, erkennbar etwa daran, dass sie doch noch Anfang der neunziger Jahre nur etwa neunzig Mitarbeiter beschäftigte. Allerdings blieb die Niederlassung nicht lange der einzige Bankverein-Stützpunkt in Nippon: der Vorstoss in andere Marktregionen ausserhalb Tokios und vor allem in andere Finanzdienstleistungen ausserhalb der Aktivitäten

Seit 1971 mit einer Geschäftsstelle in Tokio.

Gegenüberliegende Seite: In Hong Kong wurde 1964 eine Vertretung eröffnet, die 1979 durch eine Branch ergänzt wurde. Schon vorher, 1973, hatte aber eine Tochtergesellschaft ihre Tätigkeit aufgenommen. Im Bild das Gebäude One Exchange Square.

der Niederlassung führte zur Etablierung weiterer Einheiten der Bank im fernöstlichen Inselreich – einerseits, Juli 1985, mit einer Vertretung in Osaka (das Gebiet des Kansai mit den Städten Osaka, Kobe und Kyoto ist das zweitwichtigste Wirtschaftszentrum Japans) und andererseits mit verschiedenen «Units» auf dem Gebiet der Kapitalmarktgeschäfte und des Asset Management.

Massgeblich für die Etablierung dieser besonderen, juristisch selbständigen Organisationseinheiten war der berühmte, dem amerikanischen Trennbankensystem folgende Artikel 65 der japanischen *Securities and Exchange Law*, nach dem kommerzielle Banken und Wertschriftenhäuser in Japan getrennt geführt werden müssen. So ergab es sich, dass die Bank in Japan über die Jahre hinweg eine verhältnismässig komplexe Struktur für ihre Geschäfte schuf – eine für die Bankverein-Präsenz in Japan typische Vielfalt unter der Einheit der Drei Schlüssel.

Der Anfang wurde im Oktober 1980 gemacht mit der Wiedereröffnung einer Vertretung in Tokio (die seit 1966 bestehende Vertretung war 1971 im Zusammenhang mit der Etablierung der Niederlassung geschlossen worden) zwecks Marketing für Schweizerfranken-Kapitalmarkttransaktionen sowie zwecks Förderung des Wertschriften- und Edelmetallgeschäfts zwischen Japan und der Schweiz. Nachdem der Bankverein fünf Jahre später sodann als erste Schweizer Bank in Japan eine Wertschriftenlizenz erhalten hatte, gründete die zur SBCI-Gruppe gehörende, schon seit 1973 bestehende *SBC Finance (Asia) Ltd.*, Hong Kong, im Frühjahr 1986 die *SBCI Securities (Asia) Ltd.* mit Sitz ebenfalls in Hong Kong; und diese auf das

Wertschriften- und Emissionsgeschäft in Japan und Hong Kong ausgerichtete Gesellschaft eröffnete ihrerseits im Oktober 1986 eine Niederlassung in Tokio. Hierbei war eine weitere Konzession an das japanische Gesetz notwendig, welches nämlich zu jener Zeit vorschrieb, dass die Aktien von Instituten, die sich dem Wertschriftengeschäft widmen, höchstens zu 50% im Besitz einer ausländischen Bank sein dürften: eine Beteiligung von 50% am Kapital der *SBC Finance (Asia) Ltd.* wurde an die *Ciba-Geigy AG* abgegeben, mit welcher der Bankverein seit altersher freundschaftliche Beziehungen pflegt. Für die *Ciba-Geigy AG* konnte die Niederlassung Tokio der *SBCI Securities (Asia) Ltd.* denn auch 1988 eine Dollaranleihe auf dem japanischen Markt einführen, nachdem sie Ende 1987 zum Erwerb der Mitgliedschaft an der Tokioter Börse zugelassen worden war und als erstes ausländisches Institut das *Co-Lead Management* für eine Transaktion auf dem japanischen Kapitalmarkt erhalten hatte. Die Niederlassung erwies sich als erfolgreich: mit einem Mitarbeiterstab, der nach nur vier Jahren von den ursprünglichen 70 Angestellten bereits auf 150 Personen angewachsen war, erarbeitete sie sich rasch einen beachtlichen Platz unter den ersten zehn Banken in Japan auch als Underwriter für Wandelanleihen und avancierte zudem im Handel mit japanischen Aktien zu einem der aktivsten ausländischen Wertpapierhäuser.

Auch die *SBCI Securities (Asia) Ltd.* stiess in den japanischen Markt über Tokio hinaus vor: im Oktober 1991 eröffnete sie eine Niederlassung in Osaka zwecks Vollmitgliedschaft an der dortigen Börse. Damit konnte der Bankverein (der seinerseits seine seit 1985 in Osaka bestehende Vertretung im Hinblick auf die Präsenz der *SBCI Securities (Asia)* in Osaka 1993 wieder stillegte) den Handel mit Optionen und Futures auf den *Nikkei 225* stark ausweiten.

Schliesslich wurde im Zuge des andernorts in diesem Buche näher erwähnten Aufbaus von Portfolio Management-Gesellschaften rings um die Welt vom Bankverein Ende 1987 auch in Tokio eine solche Einheit, die *SBC Portfolio Management International K.K.* etabliert; sie erhielt im darauffolgenden Jahr die Lizenz für die Anlageberatung. Förderlich für sie wie auch für die *SBCI Securities (Asia)*[1] erwies sich die 1990 mit O'Connor, Chicago, eingeleitete Zusammenarbeit, dank der das Dienstleistungsangebot auf innovative, qualitativ anspruchsvolle Produkte ausgeweitet werden konnte, auf welche die Japaner besonders ansprachen. Dass allerdings auch die Bankverein-Einheiten in Japan nicht von der Redimensionierung des japanischen Wertschriftengeschäfts seit Beginn der neunziger Jahre und von der nachfolgenden, tiefgreifenden Vermögensdeflation nach dem Ende der japanischen «Bubble Economy» unberührt geblieben sind und sogar rote Zahlen nicht vermeiden konnten, muss als unter den gegebenen Marktverhältnissen unausweichlich bezeichnet werden; am hervorragenden Image, das die Bank sich seit Mitte der sechziger Jahre unter Führung solcher auslanderfahrener Manager wie *Alberto Togni* (seit Anfang 1981 in der Geschäftsleitung des Bankvereins), *Max Heer* und *Eric Tschirren* in Japan erwerben konnte, hat das nichts

---

[1] Sie wurde 1994 in *SBC Japan Ltd.* umfirmiert.

Teil 2/Kapitel 1: Finanzmärkte und Marktpräsenz des Schweizerischen Bankvereins

geändert.[1] Koordiniert durch das 1987 geschaffene *Japan Area Office* agieren die Niederlassung des Bankvereins, seine Vertretung und seine Tochtergesellschaften in Tokio inzwischen von einem gemeinsamen Standort im günstig gelegenen Neubauprojekt Toranomon aus, zu dessen Bezug sich die Bank zwecks verbesserter Führung und Erschliessung von Synergiereserven Anfang 1990 entschlossen hatte.

### Der Bankverein in Südostasien

Der südostasiatische Raum – vielfältig, bevölkerungsreich, geographisch weitgespannt – erfreut sich schon seit langem im Zusammenhang mit seiner raschen Industrialisierung eines im Weltmassstab weit überdurchschnittlichen Wirtschaftswachstums, das sich auch in der heute übersehbaren Zukunft unvermindert fortsetzen dürfte. Dementsprechend frühzeitig hat sich der Bankverein auch in diesem Raum zu etablieren begonnen, der Vielfalt des Raumes allerdings dadurch gerecht werdend (bzw. Tribut zollend), dass er seine Geschäfte nicht von einem einzelnen Schwerpunkt aus dirigierte, sondern hierzu im Laufe der Jahre ein eigentliches, mit Knoten unterschiedlichen Charakters geknüpftes Netzwerk errichtete, an dem auch die Units in Japan und in Australien beteiligt sind und das im Laufe der Zeit nicht nur erweitert, sondern immer wieder verändert wurde. Den Anfang hatte man einige Jahre vor dem hundertsten Jubiläum der Bank im März 1964 mit der Eröffnung einer Vertretung in *Hong Kong* gemacht, der – wie erwähnt – im Oktober 1973 die *SBC Finance (Asia) Ltd.* hinzugefügt wurde; die Vertretung wurde

In der Geschichte der britischen Kronkolonie Hong Kong, die seit dem Zweiten Weltkrieg einen eindrücklichen Wirtschaftsaufschwung verzeichnete, beginnt im Juli 1997 mit der Eingliederung in die Volksrepublik China eine neue Aera.

Anfang 1979 in eine Niederlassung (Branch) umgewandelt, nachdem 1978 die Zulassungsbestimmungen für ausländische Banken in Hong Kong gelockert worden waren. Diese Branch betreibt alle Geschäfte einer internationalen Handelsbank und ergänzt die auf Kapitalmarkttransaktionen und auf das Asset Management ausgerichteten Tätigkeiten der inzwischen gegründeten spezialisierten Tochtergesellschaften der Bank in Hong Kong (*SBC Asia Ltd., SBC Investments Asia Ltd., SBC Hong Kong Ltd., SBC Derivatives Ltd.*).

In *Singapur* andererseits gehörte der Bankverein zu einer Gruppe von rund einem halben Dutzend ausländischer Banken, die Anfang der siebziger

---

[1] Das kommt unter anderem auch in der hervorragenden Stellung des Bankvereins als federführendes Institut für Franken-Emissionen japanischer Schuldner zum Ausdruck: Mit einem gesamten Emissionsbetrag von 1,557 Mrd Fr. sicherte sich der (inzwischen durch *Warburg* verstärkte) Bankverein 1995 unter allen Banken den Spitzenrang.

Jahre neben den schon seit Jahren mit Niederlassungen etablierten, «traditionellen» asiatischen und internationalen Banken wie *Hong Kong & Shanghai Bank, Citibank, Chase, ABN, BNP* etc. Vertretungen im rasch aufstrebenden Stadtstaat eröffneten – der Bankverein im Jahre 1970. Seine damaligen Geschäftsziele waren die Akquisition von Privatkunden für die Schweizer Sitze im südostasiatischen Raum, der Ausbau des Bankkorrespondentennetzes mit Schwerpunkt Handelsfinanzierungen sowie die Intensivierung der Goldhandelsaktivitäten (wo der Bankverein zeitweise die Dominanz in nationalen Märkten wie in Thailand und Laos besass). Als die Behörden in Singapur Ende der sechziger Jahre erkannt hatten, dass der Stadtstaat nicht nur als regionales Handels-, sondern auch als Finanzzentrum eine führende Rolle spielen könne und daraufhin in Analogie zum Eurodollarmarkt den Asiadollarmarkt lancierten, ergänzte der Bankverein die Vertretung im Frühjahr 1975 durch eine Branch, nachdem er sich – allerdings später als andere – erfolgreich um eine Offshore-Lizenz beworben hatte. Die Branch hat sich in den folgenden Jahren sodann eine solide Position im Devisengeschäft und speziell im Asian Currency Market aufbauen können – eine solide Position nicht nur gegenüber der inzwischen sehr grossen Zahl von Konkurrenten auf diesem Markt, sondern auch im Rahmen der Arbeitsteilung zwischen den Bankverein-Einheiten speziell in jener Weltregion; daneben pflegte sie auch das Kreditgeschäft mit ausserhalb von Singapur domizilierten Kunden. Gezielt auf den Wertschriftenbereich erwarb die Bank Ende 1992 eine Beteiligung von 49% an der Brokerfirma *Paul Morgan & Associates (Securities) Pte. Ltd.* (51% des Kapitals verblieben beim Management dieser Firma); in das so entstandene Joint Venture – das über einen Sitz an der Börse von Singapur verfügt – brachte der Bankverein die Stockbroking Unit seiner Niederlassung ein.

Im übrigen *Südostasien* schliesslich visierte der Bankverein Ende der achtziger Jahre einige noch eher in Entwicklung begriffene Finanzzentren wie Indonesien, Malaysia und Thailand im Hinblick speziell auf das aufstrebende Wertschriftengeschäft an. Allerdings bestanden in den meisten dieser Länder Restriktionen sowohl für ausländische Marktteilnehmer an sich wie auch für deren Beteiligung an ortsansässigen Wertschriftenhäusern, indem bestenfalls Minderheitsbeteiligungen zugelassen waren. Demgemäss beschritt der Bankverein unter der Führung des zu jener Zeit unter ande-

*In den siebziger Jahren wuchs das Interesse an Ost- und Südostasien. Im Jahre 1970 eröffnete der Bankverein am aufstrebenden Finanzplatz Singapur eine Vertretung und im Frühjahr 1975 zusätzlich eine Branch.*

rem für diese Aktivitäten zuständigen Konzernleitungsvizepräsidenten *Dr. Georges Streichenberg* den – wenn auch oftmals im Hinblick auf eine Unité de doctrine unter den Beteiligten mühseligen – Weg von Joint Ventures.

Die so geschaffenen Strukturen stellten allerdings kaum mehr dar als – allerdings wichtige – Etappenziele für den Aufbau einer dauerhaften Präsenz der Bank in diesem Raum; Joint Ventures, bei denen die Rechte und Pflichten der Partner in komplexen Verträgen geregelt sind, haben dazu im allgemeinen doch zu schwerwiegende Nachteile gegenüber eigenen Niederlassungen. Einige dieser Etablierungen seien hier jedoch festgehalten; sie stehen beispielhaft für die den vielen regionalen Besonderheiten dieses Raumes Rechnung tragenden Marktentwicklungsstrategien der Bank in jenen Jahren.

Ein erstes derartiges Gemeinschaftsunternehmen wurde im April 1991 mit der *Lippo-Gruppe* in Indonesien gestartet, an deren im Wertschriftengeschäft tätigen Tochtergesellschaft *P.T. Lippo Securities* in Jakarta, einer bedeutenden und erfolgreichen Brokerfirma, sich die Bank mit 25% beteiligte. In Malaysia wurde mit dem Kauf von ca. 20% des Kapitals des lokalen Stockbrokers *PB Securities Sdn. Bhd.* ein ähnliches Joint Venture zusammen mit einer bedeutenden malaysischen Public Bank als Mehrheitsaktionär und Hauptpartner etabliert; die Gesellschaft widmet sich hauptsächlich dem Wertschriftenhandel und hat einen Sitz an der Börse von Kuala Lumpur. Mehrere Anläufe zur Lancierung eines Joint Venture brauchte es in Thailand, wo eine nach ersten erfolglosen Ver-

Die Vertretung in Bangkok nahm im Jahre 1991 ihre Tätigkeit auf.

handlungen im Jahre 1992 geschlossene Allianz nach kurzer Zeit wieder aufgelöst wurde («wegen unterschiedlicher Auffassungen über die gemeinsame langfristige Strategie», wie es der Bankverein-Geschäftsbericht 1992 ausdrückte). Ende 1993 wurde hier ein Vorläufer eines Joint Venture in Gestalt einer Zusammenarbeit mit dem bedeutenden thailändischen Wertschriftenhaus *Premier Finance and Securities Company Limited*, Bangkok, ins Leben gerufen; bemerkenswert an dieser Konstruktion war unter anderem, dass es der *SBCI Finance Asia Ltd.* zunächst übertragen wurde, die

*Der Bankverein liess sich ab 1953 in verschiedenen Grossstädten Lateinamerikas wie hier in São Paulo nieder.*

Wertschriftenlizenz der *Premier*-Gruppe zu managen, so lange die gesetzlichen Bestimmungen die Ausgliederung des Wertschriftengeschäfts aus der *Premier*-Gruppe in eine separate Tochtergesellschaft noch nicht erlauben.

Berücksichtigt man bei Betrachtung des so entstandenen – richtiger: des so im Entstehen und noch weiter in Veränderung begriffenen – Netzwerks des Bankvereins in Südostasien schliesslich noch die in den späten achtziger, frühen neunziger Jahren etablierten Representative Offices in Beijing und Shanghai für die Volksrepublik China, in Seoul für Südkorea, in Taipeh für Taiwan[1] und zusätzlich zum geplanten Joint Venture mit der *Premier*-Gruppe in Bangkok für Thailand, Laos, Kambodscha und Vietnam, dann zeigt sich in einer Art Momentaufnahme, was bis heute zwecks Fundierung einer signifikanten Marktpräsenz des Bankvereins in Südostasien vorgekehrt worden ist; die signifikante Marktpräsenz selbst allerdings kann vorerst noch nicht Gegenstand rückblickender Chronik sein, sondern muss der weiteren Entwicklung der Bank von ihren so geschaffenen Ausgangspositionen aus vorbehalten bleiben.

## Der Bankverein in Lateinamerika

Abgesehen von den an anderer Stelle dieses Buches erwähnten Offshore-Zentren in Nassau, Bahamas, und Grand Cayman, Cayman Islands, wo der Bankverein mit hundertprozentigen Tochtergesellschaften vor allem das private und institutionelle Anlagegeschäft (Portfolio Management und Trust Banking) pflegt, ist die Bank zur Zeit in Amerika südlich des Rio Grande in Panama mit einer 1972 etablierten eigenen Tochtergesellschaft, der *Swiss Bank Corporation (Overseas) SA*, in Mexiko mit einem – bedeutendes Geschäftsvolumen generierenden – «Rep Office», sowie im lateinamerikanischen Subkontinent mit insgesamt zehn Vertretungen in acht Ländern präsent.[2] Diese Präsenz geht grossenteils auf Etablierungen zurück, welche von der Geschäftsleitung der Bank in den fünfziger und sechziger Jahren initiiert worden waren, als allgemein hochgesteckte Erwartungen in bezug auf die

---

[1] In China, Taiwan und Südkorea wurden die 1995 übernommenen *S.G. Warburg*-Filialen oder -Tochtergesellschaften im Hinblick auf rechtliche Erfordernisse fortgeführt.
[2] Die *S.G. Warburg*-Vertretung in São Paulo wurde 1995 mit der Vertretung des Bankvereins zusammengelegt.

Teil 2/Kapitel 1: Finanzmärkte und Marktpräsenz des Schweizerischen Bankvereins

249

wirtschaftliche Entwicklung des gesamten Subkontinents gehegt wurden: die Vertretung in Rio de Janeiro wurde bereits 1953 eröffnet (und lange von einem quasi archetypischen Auslandsvertreter des Bankvereins, *Lucien Moser*, geführt und

Swiss Bank Corporation (Overseas) Ltd. in Nassau/Bahamas (B.W.I.). Aufnahme aus dem Jahre 1996.

geprägt), gefolgt von weiteren Vertretungen in Buenos Aires (1958), São Paulo (1959), Lima (1960), Santafé de Bogotá (1968) und Caracas (1970); und ebenfalls in den sechziger Jahren gegründet war die erwähnte Vertretung in Mexico

D.F. (1963). Seit diesen für die Beteiligten frohgemuten Gründerjahren ist viel Reif auf frühe Blütenträume gefallen – von Land zu Land zwar unterschiedlich, in den Grundzügen jedoch ähnlich wurde ganz Lateinamerika in der Folgezeit mit sozialen und politischen Spannungen, mit zum Teil astronomischen Anstiegen von Inflationsraten und Schulden, schliesslich mit Schulden- und Wirtschaftskrisen konfrontiert, die mehr in Mitleidenschaft zogen als das – davon allerdings ebenfalls arg gebeutelte – Bankgeschäft in diesen Ländern. Dementsprechend lang ist auch die Pause gewesen, welche der Bankverein bei der Vervollständigung seines Netzes lateinamerikanischer Repräsentanzen einlegte: erst fast zwanzig Jahre nach der Etablierung in Caracas wurde 1989 eine Repräsentanz in Montevideo (mit einem Ableger im Badeort Punta del Este) eingerichtet, gefolgt schliesslich von einer Vertretung in Santiago de Chile (1992).

Doch nicht nur auf die Kadenz dieser Vorstösse des Bankvereins nach Lateinamerika hat sich die wechselvolle, zeitweise dramatische wirtschaftlich-soziale Entwicklung des Subkontinents ausgewirkt[1] – ebensosehr geprägt hat sie über die Jahre hinweg natürlich den Geschäftsgang der lateinamerikanischen Bankverein-Adressen, oder, richtiger gesagt, den Gang speziell der von den Vertretungen an die operativen Bankverein-Sitze in New York, in der Schweiz oder in anderen Ländern vermittelten Geschäfte. Besonders gezeigt hat sich das im Falle Mexikos.

Die Bankverein-Präsenz in Mexiko hatte im Verlaufe der siebziger Jahre (und ähnlich auch diejenige in Venezuela) einen recht hohen Stellenwert erlangt, als der Bedarf der staatlichen Erdölgesellschaften an Vor- und Zwischenfinanzierungen und internationalen Kapitalmarkttransaktionen mit dem zeitweise rasanten Anstieg der Ölpreise in Quantensprüngen wuchs. Hier positionierte der Bankverein sich als ein «Major Player»; und seine Vertretungen (geleitet durch in ihrem Beziehungsnetz gut eingeführte Vertreter wie etwa den langjährigen Bankverein-Repräsentanten in Mexiko, *Rudi S. Merten* und *Karl Frei*) hatten an dieser geschäftlich bedeutsamen Entwicklung einen nicht zu vernachlässigenden Anteil.

Diese für alle Beteiligten erfreuliche Entwicklung endete, als im Herbst 1982, von Mexiko ausgehend, die lateinamerikanische Schuldenkrise ausbrach. Wie zuvor beim «Recycling» der Einnahmen der Erdölländer in den weltwirtschaftlichen Finanzkreislauf wirkte der Bankverein jetzt auch bei der Restrukturierung der Auslandsschulden dieser Länder an massgebender Stelle mit und war auch in den Gläubigerausschüssen für Brasilien, Mexiko, Nicaragua, Panama und Venezuela direkt vertreten. Das Zentrum dieser Aktivitäten wanderte indessen vom lateinamerikanischen Subkontinent nach New York: wie in Kap. 2, Abschn. 3 näher ausgeführt, wurde der Sitz New York des Bankvereins in den achtziger Jahren speziell mit seiner 1986 aufgebauten Abteilung *LDC Asset Management and Trading* nicht nur zu einem der Koordinatoren der weltweiten Banking Commu-

---

[1] Diese kann hier mangels Platz ebensowenig im Detail nachgezeichnet werden wie die hiervon geprägte, ereignisreiche Entwicklung der einzelnen Bankverein-Units in diesem Raum.

Teil 2/Kapitel 1: Finanzmärkte und Marktpräsenz des Schweizerischen Bankvereins

In Panama befand sich von 1968–71 eine Zweigniederlassung der Swiss Bank Corporation (Overseas) Ltd., Nassau (Bahamas). An ihre Stelle trat 1972 die neu gegründete Swiss Bank Corporation (Overseas) SA, Panama (im Bild: Torre Swiss Bank).

nity in deren Bemühen zur Überwindung der Krise, sondern schliesslich auch zu einem der Institute, welche der internationalen Bankengemeinschaft ihre Dienste als Market Maker für lateinamerikanische Schuldtitel zur Verfügung stellten.[1] Er konnte sich dabei nicht zuletzt auf die intimen Kenntnisse der Verhältnisse in den Schuldnerländern selbst stützen, die er dank seiner teilweise schon jahrzehntealten Präsenz in Lateinamerika besass.

Heute, im 125. Jahr des Bankvereins, wird diese Präsenz in ihrer Bedeutung für die Bank zwar nüchtern (teilweise ernüchtert) eingeschätzt, ganz sicher aber von niemandem mehr in Frage gestellt. Die Bank kennt und schätzt ihre lateinamerikanische Kundschaft und fährt fort, sie via dem feingesponnenen Netz ihrer Vertretungen in dieser Weltregion zu pflegen; und nicht gewagt erscheint die Vermutung, dass mindestens einer der Knoten dieses Netzes bis zum 150. Jahr des Bankvereins zu einem eigentlichen internationalen Schwerpunkt der Bank herangewachsen sein wird.

[1] In der ersten Hälfte der neunziger Jahre avancierte der Bankverein mit der genannten, inzwischen in *Emerging Markets Trading and Finance Group* umbenannten Organisationseinheit zu einem wichtigen «Player» im Handel mit lateinamerikanischen Schulden. Auf den internationalen Kapitalmärkten verwaltete er zwischen 1990 und 1994 neu emittierte Schuldverschreibungen von mehr als 3 Mrd $ für Schuldner in Argentinien, Brasilien, Kolumbien und Mexiko und führte überdies auch namhafte Privatplazierungen für Emittenten aus der Privatwirtschaft Lateinamerikas durch.

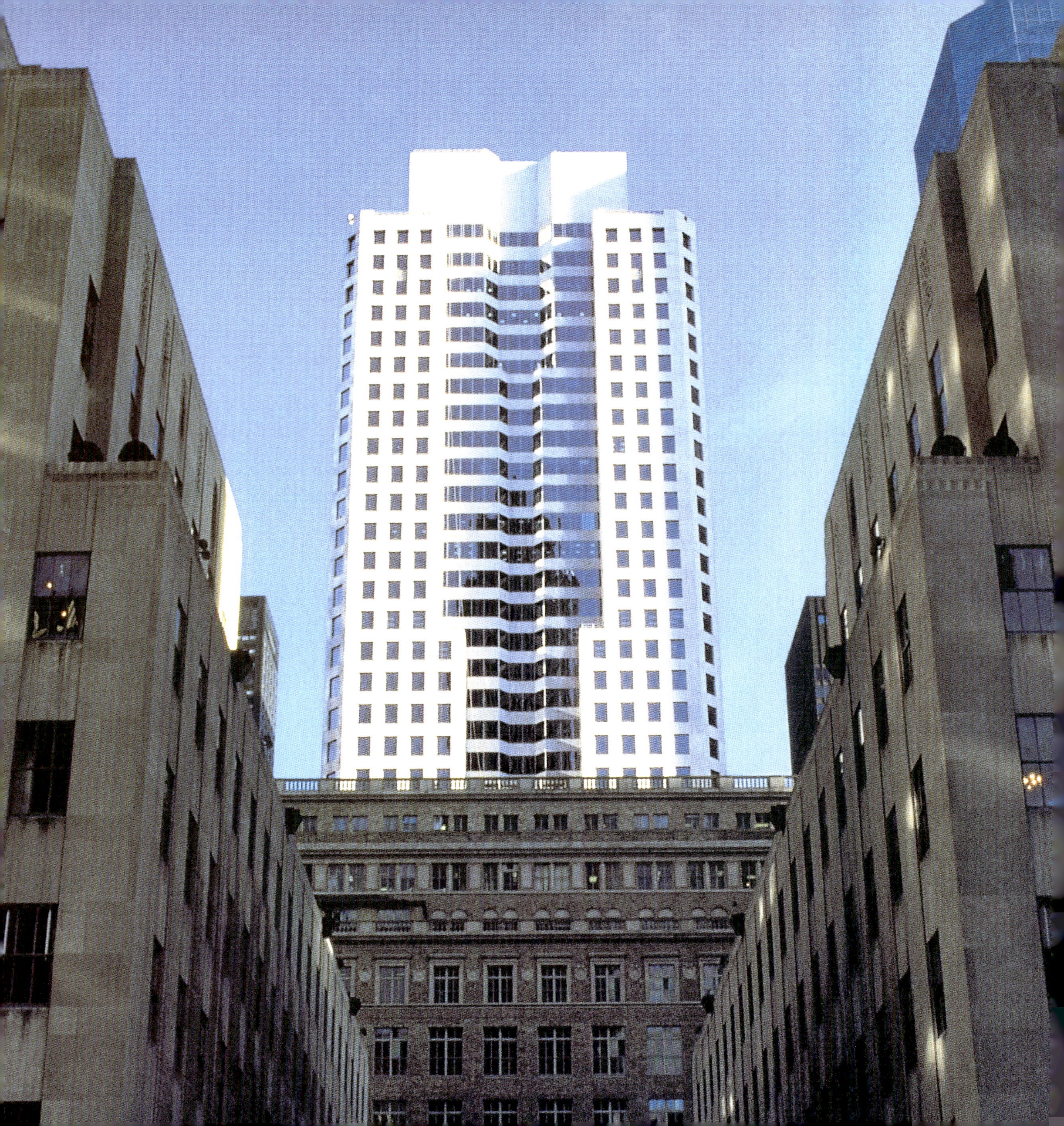

## Führung und Organisation der Bank

Es ist reizvoll, einen Vergleich zwischen dem 100jährigen Bankverein in seiner Gestalt im Jubiläumsjahr 1972 und dem 125jährigen Bankverein heute zu ziehen: fast will es einem scheinen, es handle sich um zwei verschiedene Finanzinstitute. Diese Unterschiedlichkeit ist gewiss nicht allein eine Folge des Wachstums und der Internationalisierung der Bank über dieses Vierteljahrhundert; vor allem resultiert sie aus einem grundlegenden Wandel im Selbstverständnis und in den Strategien der Bank, in ihren Führungsstrukturen und ihren Ablauforganisationen, sowie im Verhältnis der Bank zum Management von Finanzrisiken als dem eigentlichen Geschäftskern eines jeden Finanzinstituts. Anfang der siebziger Jahre war der Schweizerische Bankverein seinem Wesen nach noch eigentlich das, was sein Name, wörtlich genommen, besagt: ein Verein von Schweizer Banken, richtiger, ein Firmenverbund von in der Schweiz regional tätigen Bankeinheiten, den Sitzen, denen von der sogenannten «Oberbehörde» in Basel ein verhältnismässig weiter Spielraum bei der Umsetzung der gemeinsamen geschäftspolitischen Ziele eingeräumt war; heute begegnen wir ihm als einem straff geführten Finanzkonzern, in dem die Realisierung der geschäftspolitischen Ziele Sache einzelner, den ganzen Konzern überdeckender Unternehmens- und Geschäftsbereiche mit funktionaler Verantwortung von der (flachen) Spitze bis zur (nahen) Front ist; zudem verstand sich die Bank vor 25 Jahren als schweizerische Geschäfts- oder Handelsbank mit einzelnen Auslandsvertretungen – heute sieht sich der Bankverein als weltweit tätige Wholesale- und Privatkundenbank mit einer Universalbanktätigkeit in der Schweiz.

Der Basler Anwalt und Ständerat Dr. Karl Stehlin war der erste Präsident des Basler Bankvereins. Er übte sein Amt von 1872 bis zu seinem Tode im Jahre 1881 aus.

Diesem Wandel im Selbstverständnis der Bank in den letzten 25 Jahren (dessen Dramatik ganz klar hervortritt, wenn man sich bewusst macht, wie unwandelbar der Unternehmens-Charakter für die Manager-Generationen zwischen 1872 und 1972 festgestanden hatte) entspricht der Wandel in den Strategien, den Strukturen und den Abläufen der Bank. Zur Zeit des hundertsten Jubiläums konzentrierte die Führung der Bank sich bei dem, was man heute «Corporate Development» nennt (ein damals unbekannter Begriff), auf die vorsichtige Arrondierung des angestammten Geschäfts in geographischer und sachlicher Hinsicht sowie auf die fallweise Nutzung sich bietender Marktmöglichkeiten; heute zielen ausformulierte Strategien auf die Weiterentwicklung alter und den Aufbau neuer Geschäftstätigkeiten und auf die Entwicklung und Pflege von Kernkompetenzen für ganz neue Märkte, wobei auch der en bloc-Zukauf ganzer Kernkompetenzen in Gestalt der sie beherrschenden Teams (oder Firmen) eingeschlossen ist. Anfang der siebziger Jahre agierte eine kleine, kompakte Geschäftsleitung an der Spitze einer tiefgestaffelten, hierarchischen Personalstruktur; jetzt, 25 Jahre später, wirkt eine grosse, arbeitsteilig aufgebaute Konzernleitung mit einer breiten, flachen Führungshierarchie zusammen. Um 1972 vollzogen sich die Geschäftsabläufe der Bank in der Regel innerhalb der einzelnen «Departemente», technisch auf den langjährigen Erfahrungen der Bank in ihren angestammten Tätigkeitszweigen beruhend; heute hat man es im Bankverein in der Regel mit vernetzten, verschiedene Geschäftsbereiche verknüpfenden Abläufen zu tun, vielfach – weil auf Neuland vorstossend – völlig neu entwickelt. Anfang der siebziger Jahre waren die Geschäftsabläufe ebenso wie die einzelnen Geschäftsvorfälle selbst weitgehend Sache der einzelnen operierenden Einheiten der Bank, und die Lösungen waren dementsprechend Bankverein-weit selten identisch; in unserer Zeit sind im gesamten Bankverein identische «*Standards and Procedures*» realisiert (und wo das noch nicht der Fall ist, so werden sie wenigstens angestrebt). Vor allem aber: Anfang der siebziger Jahre war der Schweizerische Bankverein eine eher konservative, zurückhaltende Bank, die das Risiko zu vermeiden suchte, um damit nicht Geld zu verlieren; heute ist er eine innovative, offensiv agierende Bank, die das Risiko professionell nutzt, um damit Geld zu verdienen – wohlgemerkt gezielt gesteuert und permanent überwacht durch ausgefeilte, auf permanenter Datentransparenz und –analyse aufbauenden Risk Management-Systemen, die ihrerseits vor 25 Jahren weder theoretisch bekannt noch praktisch realisierbar waren.

Der Bankverein gestern und heute: zwei verschiedene Finanzinstitute, auch wenn Traditionen und Kontinuitäten weiterhin da gepflegt werden, wo sie einen notwendigen Wandel nicht behindern, und auch wenn Grundauffassungen über seriöses, professionelles Banking dabei nie zur Diskussion gestanden haben und stehen. Seit den Zeiten des hundertsten Jubiläums ihres Instituts haben die Bankvereinler bis zum Erreichen des heutigen Standes (richtiger vielleicht, des zur Zeit gegebenen Aggregatzustandes) einen weiten Weg zurückgelegt, der für alle Beteiligten manchmal windungsreich, oft mühselig und stets anspruchsvoll gewesen ist; und am deutlichsten sichtbar geworden sind seine Etappen in den Wandlungen der Organisationsstrukturen und der Logistik sowie im Controlling.

Teil 2/Kapitel 2: Führung und Organisation der Bank

## Abschnitt 1:
## Organisationsstrukturen in der Entwicklung

### Von der «Oberbehörde» zur Geschäftsleitung

Sich wandelnde Kundenbedürfnisse, sich verändernde Märkte, sich entwickelnde Datenübertragungs- und -verarbeitungstechniken, sich verschärfende regulatorische Anforderungen bei gleichzeitigem Abbau von semi-kartellistischen Praktiken – alles das und vieles mehr erzwang fortlaufende Anpassungen der Organisationsstrukturen an die jeweils neuen Verhältnisse – Anpassungen heisst das, die niemals zum Stillstand gelangten (auch wenn die Beteiligten im Bankverein und auch Aussenstehende sich in manchen Phasen, ermattet durch die Permanenz von «Reorganisationen», die Frage stellten, ob das nicht einmal «zur Ruhe kommen» müsse). Dennoch werden im Rückblick auf die letzten 25 Jahre organisatorischen Wandels beim Bankverein einige kritische Wendepunkte erkennbar, an welchen die in stetem Fluss befindliche Entwicklung in eine neue Richtung gelenkt wurde.

Eine erste derartige Zäsur bildete das Jubiläumsjahr 1972 selber. Jahrzehntelang hatte die Bank unter einer aus fünf, maximal sechs Mitgliedern bestehenden Generaldirektion operiert – im Jubiläumsjahr die Herren *Dr. E.F. Paltzer, H. Strasser, Dr. H. Grob* (alle Basel), *Dr. F. Schmitz* (Zürich), *L. Mottet* (Basel) und *H. Huguenin* (Zürich). Jetzt machte es das Wachstum der Bank erforderlich, die oberste Führung zu verstärken, zumal im Laufe der sechziger Jahre im Zuge der Schaffung neuer Dienstleistungen und des Aus-

Die Geschäftsleitung im Jahre 1971: In der Mitte der Präsident des Verwaltungsrates, Dr. S. Schweizer, flankiert (von links nach rechts) von den Generaldirektoren L. Mottet, Dr. F. Schmitz, P. Feurer, Dr. E. Paltzer, H. Strasser und Dr. H. Grob.

baus der Administration zahlreiche neue Abteilungen gebildet und der Generaldirektion angegliedert worden waren. Hierzu beschloss der Verwaltungsrat die Berufung von sieben sogenannten Zentraldirektoren, die zwar – typisch für das damalige behutsame Vorgehen in solchen Fragen – nicht der Geschäftsleitung angehörten, aber die Generaldirektoren entlasten sollten.[1] Als erste *Zentraldirektoren* wurden per 1. Oktober 1972 die Herren *Dr. Heinrich Stockmann* (vorher Erster Rechtskonsulent), *Heinz Jent, Max Kühne* und *René Prodolliet* (vorher Direktoren bei der Generaldirektion), *Dr. Franz Galliker* (vorher Direktor beim Sitz Basel), sowie *Walter Frey* und *Dr. Hans Rudolf Voegeli* (vorher Direktoren beim Sitz Zürich) ernannt. Die Zahl der Geschäftsleitungsmitglieder blieb jedoch auf die sechs Generaldirektoren beschränkt.

---

[1] Hierzu wurden den Zentraldirektoren unter der Oberaufsicht der Generaldirektoren verschiedene, das Gesamtinstitut betreffende Funktionen übertragen.

Dies änderte sich bereits 1975, als man zwecks Verbesserung der Arbeitsteilung und der Transparenz auf der obersten Führungsebene zu einer weiteren Reorganisation dieser Ebene schritt. Einerseits wurde die Funktion der Zentraldirektoren aufgewertet, indem diese – mit Zuständigkeit für verschiedene Ressorts wie etwa das Rechnungswesen oder die in den Anfängen steckende Informatik[1] – auch formell in die Geschäftsleitung aufgenommen wurden, andererseits wurde der Kreis der nach wie vor sechs «Generäle» organisatorisch als ein neues Gremium installiert, der *Geschäftsleitungsausschuss (GA)*, dem alle wesentlichen geschäftspolitischen Entscheide vorbehalten waren. Vor allem aber wurden als weitere neue Führungsgremien die vier aus General- und Zentraldirektoren zusammengesetzten (Geschäftsleitungs-)*Kommissionen Kredit, Finanz, Ausland* und *Administration* geschaffen, die über runde zehn Jahre hinweg Bestand und Gewicht in der Entscheidungsbildung der Bank haben sollten.[2]

Anfang der achtziger Jahre wurde sodann die wachsende Bedeutung der damals sogenannten «Unterstützenden Funktionen» für das Funktionieren der «Fronteinheiten» immer offensichtlicher, ein Bedeutungswandel, dem mit der Zusammenfassung zahlreicher Stabsabteilungen bei der Geschäftsleitung in «*Bereiche*» Rechnung getragen wurde: Anfang 1981 wurden die Bereiche *EDV und Organisation, Personal und Ausbildung*, sowie *Planung, Marketing, Werbung und Volkswirtschaft* eingeführt und den damaligen Direktoren *Erich Gautschi, Dr. Kurt Steuber* und *Dr. Peter G. Rogge* als Bereichsleiter unterstellt. Anschliessend fand die vor allem der Koordination dienende Organisationseinheit der Bereiche auch für zwei frontorientierte Gruppen von Abteilungen der Generaldirektion Verwendung, nämlich (von Anfang 1982 bis April 1984) im Bereich *Emissions- und Syndikatsgeschäft* sowie (von Anfang 1984 bis Ende 1988) im Bereich *Risikofinanzierungen und Unternehmensberatung* unter den damaligen Direktoren *Dr. Werner Schick* und *Markus A. Künzli*. Auch diese Organisationsform hatte allerdings, wie so viele organisatorische Lösungen, nur vorübergehend Bestand: nachdem die übrigen Bereiche in den Jahren zuvor bereits entweder zu von Generaldirektoren geführten Departementen oder zu Ressorts der Geschäftssparten geworden waren, wurden 1993 auch die letzten beiden Bereiche, die in die Verantwortung des Konzernleitungsvorsitzenden fallenden Bereiche *Volks- und Betriebswirtschaft (Dr. Rogge)* und *Marketing und Kommunikation (Franz Keiser)*, Teil der zwei Jahre zuvor in der Führung der Bank eingeführten Gliederung der Sparten in Ressorts.

Mitte der achtziger Jahre gab es einige wichtige personelle Veränderungen in der Unternehmensspitze: Anfang Mai 1984 schied *Dr. Franz Galliker* als Generaldirektor und Mitglied der Geschäftsleitung aus, nachdem er an der Generalversammlung der Aktionäre in der Nachfolge von *Hans Strasser* zum neuen Präsidenten des Verwaltungsrates gewählt

---

[1] Jeder Generaldirektor stand demgegenüber einem «Departement» vor, eine Bezeichnung, in der die Anlehnung an die Organisationsstruktur der Landesregierung augenfällig wird.
[2] Ihre auf die Überlegungen der Departemente und der Ressorts abgestützten Entscheide waren nicht endgültig, sondern bedurften der Zustimmung des GA, ein Entscheidfindungsprozess, dessen Sorgfalt mit einer gewissen Schwerfälligkeit erkauft wurde.

worden war; an seiner Stelle übernahmen die beiden bisherigen Zentraldirektoren *Rupert Blattmann* und (der spätere Konzernleitungspräsident) *Dr. Georges Blum* die Funktion von Generaldirektoren, womit erstmals seit Juli 1969 die Zahl der Generaldirektoren von sechs auf sieben erhöht war. Zusammen mit den neu ernannten (*Fritz Köhli*, früher Direktor beim Sitz Biel, und *Dr. W. Schick*) und den übrigen Zentraldirektoren umfasste die Geschäftsleitung des Bankvereins damit ab 1. Mai 1984 13 Mitglieder.

### Von der Geschäftsbank zum Finanzkonzern

Hatten alle diese Veränderungen in den Führungsstrukturen des Bankvereins in den frühen achtziger Jahren, so wichtig sie für die damalige Zeit und auch als Weichenstellung für die Zukunft waren, doch die aus dem Jahre 1975 stammende Führungsstruktur der Bank im Kern unberührt gelassen, so kam es auf den 1. Januar 1987 zu einer tiefgreifenden Neuausrichtung – und zwar tiefgreifend auch deshalb, weil jetzt auch die gesamte Organisation der Bank und nicht nur diejenige ihrer Führungsgremien und deren Stäbe einbezogen war. Hintergrund für die Reorganisation war die Tatsache, dass die in der Zwischenzeit vorangeschrittene Deregulierung der Finanzmärkte und die rasante Entwicklung der Kommunikationstechnik zu einer nachhaltigen Veränderung der Konkurrenzverhältnisse und zu vielfältigen Innovationen geführt hatten, mit der Folge, dass für den Bankverein nicht nur die Zahl und Komplexität der oft unter Zeitdruck nötigen Entscheide, sondern auch die Marktrisiken beträchtlich gestiegen waren. Nach sorgfältigen, alle Führungskräfte und auch aussenstehende Berater (in den Personen von *Professor Dr. Ernst Kilgus*, Zürich, und *Kurt Bolliger*, Bern) beteiligenden Vorabklärungen wurde per 1. Januar 1987 eine neue Führungsstruktur in Kraft gesetzt, die man rückblickend (auch wenn sie ihrerseits heute schon nicht mehr besteht) als den ersten grossen Schritt zu einer eigentlichen Erneuerung des Bankvereins bezeichnen kann. Ihr generelles Ziel war die Verkürzung der Entscheidungswege; das Mittel hierzu war eine klare Verteilung der Führungsaufgaben einerseits, der Verantwortung für verschiedene Arten der Geschäftstätigkeit der Bank andererseits.

Was das erstere angeht, so wurde die Geschäftsleitung (unter Abschaffung des 1972 eingeführten Ranges von Zentraldirektoren) auf vierzehn Mitglieder, elf Generaldirektoren und drei stellv. Generaldirektoren, erweitert und in der Person von *Walter Frehner* erstmals wieder seit 1961 ein *permanenter* Vorsitzender ernannt. Als oberstes Organ waren ihr die Verantwortung für die Gesamtführung der Bank sowie alle wichtigen strategischen, planerischen und personellen Entscheide übertragen; jedes ihrer Mitglieder übernahm die Leitung von einem von insgesamt vierzehn neu geschaffenen Departementen. Damit nicht genug: die Verantwortung für die Tätigkeit in verschiedenen Geschäftsfeldern wurde an vier *Sparten* delegiert, in welchen die vierzehn Departemente zusammengefasst wurden – die *Sparten Kommerz*, *Finanz*, *Anlagen* und *Logistik*.[1] Die Koordination innerhalb

---

[1] Der Logik dieser Neuorganisation entsprechend wurden die gut zehn Jahre vorher geschaffenen (Geschäftsleitungs-)Kommissionen Kredite, Finanz, Ausland und Administration auf Anfang 1987 aufgelöst.

Teil 2/Kapitel 2: Führung und Organisation der Bank

dieser Sparten wurde jeweils einem der Departements-Chefs als Primus inter pares (*Dr. G. Blum* für die Sparte Kommerz, *Dr. G. Streichenberg* für die Sparte Finanz, *Dr. H.-C. Kessler* für die Sparte Anlagen und *Max Kühne* für die Sparte Logistik) anvertraut, die Koordination der Sparten ihrerseits war Sache des aus dem GL-Vorsitzenden[1] und den Spartenleitern gebildeten Ausschusses der Geschäftsleitung.

Karl Türler präsidierte von 1957–61 die Geschäftsleitung (damals noch als Generaldirektion bezeichnet). Nachher gehörte er noch bis 1972 dem Verwaltungsrat an.

Die so geschaffene Führungsstruktur spielte sich in der Folge rasch ein. Ihre wichtigsten Elemente – der permanente Vorsitzende sowie die vier Sparten – wurde denn auch in das im Jahre 1987 ausgearbeitete neue Reglement für die Führung und Organisation der Sitze übernommen; dieses wurde in der Schweiz auf Anfang 1988 in Kraft gesetzt. Damit wurden drei gerade auf der Ebene der Sitze wichtige Ziele verfolgt: eine stärkere Marktorientierung, kürzere Entscheidungswege sowie bessere Führungsinformationen. Hiermit hatten die Sitzverantwortlichkeiten keine Mühe; eher Kopfzerbrechen bereitete ihnen schon die mit dieser neuen Organisationsstruktur eingeleitete Gewichtsverschiebung von der regionalen hin zur zentralen, funktionalen Führungsverantwortung. Sie stellte eine entschlossene Abkehr vom bisherigen Selbstverständnis des Bankvereins als ein Institut mit föderalistisch geprägten Strukturen dar; und auch in diesem Sinne wird im Rückblick der tiefgreifende Charakter der organisatorischen Erneuerung der Bank der Jahre 1987/88 deutlich – eine Erneuerung, die sich ganz und gar nicht nur auf die Führung an der Spitze beschränkte.

Die sich rasch erweisende Zweckmässigkeit dieser Organisationsstrukturen für die damaligen Verhältnisse änderte freilich nichts daran, dass es auf den immer stärker deregulierten und konkurrenzierten Finanzmärkten der späten achtziger Jahre

---

[1] Dem Vorsitzenden oblag die Koordination der Gesamtführung; ferner waren ihm die Personalpolitik und das Management Development anvertraut sowie die beiden Bereiche Volks- und Betriebswirtschaft sowie Marketing und Kommunikation zugeordnet.

Teil 2/Kapitel 2: Führung und Organisation der Bank

zunehmend wichtiger wurde, die Marktspielregeln selber zu definieren und Marktpositionen vorauseilend zu entwickeln und zu besetzen – und dass es dazu einer noch marktnäheren Führung unter Einbezug aller technischen Unterstützungsfunktionen (insbesondere in der Informatik) und einer noch weiter erhöhten Reaktionsgeschwindigkeit der Bank bedurfte. So kam es dazu, dass *W.G. Frehner* dem Verwaltungsrat des Bankvereins bereits im Jahre 1990, knapp dreieinhalb Jahre nach den letzten grossen organisatorischen Eingriffen in die gewachsenen Strukturen, einen neuen Reorganisationsplan zum Beschluss vorlegte. Sein Ziel war es, die Abstimmung der Führungsstrukturen der Bank auf die sich rasch verändernden Marktverhältnisse weiter zu verbessern; seine Mittel hierzu waren zum einen die organisatorische Trennung des internationalen Geschäfts von den Aktivitäten der Bank in der Schweiz, zum zweiten die direkte Unterstellung der (zunehmend kritisch *und* kostspielig gewordenen) Informatikentwicklung unter die Sparten, und drittens schliesslich die Zusammenlegung des Sitzes Basel mit den Abteilungen der Generaldirektion. Das Kernstück aber war die konsequente *weltweite* Verwirklichung der funktionalen Führungs- und Ergebnisverantwortung auf allen Stufen bis auf Konzernleitungsebene.

Hierzu wurde die Sparte Finanz umfassend erweitert, indem das gesamte Wholseale Banking im Ausland in die Obhut der in Zürich angesiedelten Sparte – die konsequenterweise fortan ab 1. Januar 1991 als Sparte *Finanz & International* firmierte[1] – gegeben wurde. Insgesamt wurde die Zuständigkeit der Sparte so abgegrenzt, dass ihr neben

Die Spitzen des Verwaltungsrates und die vollzählig anwesende Geschäftsleitung unter dem Vorsitz von Präsident Dr. Franz Galliker an der Generalversammlung vom 10. April 1990.

dem Kapitalmarkt- und Tresoreriegeschäft sowie dem – rasch an Bedeutung gewinnenden – Investment Banking neu auch das Correspondent Banking sowie das aus der Schweiz heraus betriebene grenzüberschreitende Kommerzgeschäft übertragen wurde; zudem wurde sie mit der Betreuung aller im Ausland tätigen Einheiten der Bankverein-Gruppe betraut, womit sie zur zentralen Anlaufstelle für die gesamte Internationale Organisation wurde. Die Detailarbeiten für diese bedeutende Umgruppierung – die zwar nicht de iure, so aber doch de facto im Grunde genommen nichts anderes war als die Etablierung einer *mit Ausnahme der Schweiz* weltweit tätigen *Swiss*

---

[1] Häufigere Verwendung fand die englische Bezeichnung *International & Finance Group* (IFG).

*Bank Corporation International* – wurden so forciert vorangetrieben, dass die neue grosse Operationseinheit wenige Monate, nachdem die Beschlüsse gefasst waren, bereits Anfang 1991 operativ werden konnte. Das war indessen keinen Moment zu früh: es galt, die seit Dezember 1990 assoziierte US-Wertschriftenfirma *O'Connor Partners* zu integrieren und sie zusammen mit dem internationalen Geld-, Kapitalmarkt- und Devisengeschäft des Bankvereins zu einer globalen Kapitalmarkt- und Treasury-Organisation (nach ihrem englischen Namen meist kurz als *CM&T* bezeichnet) zu verschmelzen, und zugleich auch durch eine zentral koordinierte Beratungstätigkeit eine signifikante Präsenz im zwar lukrativen, aber höchst anspruchsvollen grenzüberschreitenden Corporate Finance-Geschäft zu erringen. Überdies drängte auch die förmliche Explosion des

Das in drei – bis in die fünfziger Jahre sich erstreckenden – Bauetappen errichtete Gebäude Aeschenvorstadt 1 prägt seit 1909 das Stadtbild im Zentrum von Basel.

Geschäftsvolumens mit von der *O'Connor*-Allianz kreierten derivativen Produkten im Bereiche von Futures und Optionen zur Installation eines zentralen Risikomanagements neben dem bereits bestehenden und bewährten System für die Engagementüberwachung – eines Risikomanagements heisst das, das innerhalb zentral vorgegebener Limiten für Markt- und Gegenparteirisiken steuert und operiert.

Während diese Neuausrichtung der Bank absolut wegweisenden Charakter hatte und in diesem Sinne aus der heutigen Perspektive auch in Kenntnis inzwischen erfolgter Retouchen als eigentlicher Durchbruch zu neuen Möglichkeiten gewertet werden kann, sollten sich die beiden anderen in ihrem Rahmen gemachten Schritte als weniger erfolgreich erweisen: Einerseits brachte (wie im nachfolgenden Abschnitt noch näher erwähnt) die Überführung grosser Teile der geschäftsspartenbezogenen Informatik-Research und -Entwicklung in die Obhut dieser Sparten zwar eine verbesserte Geschäftsausrichtung, verschärfte indessen noch bestehende Koordinationsprobleme; andererseits erwies sich die unter der Bezeichnung *«Move/Basel»* angestrebte Verschmelzung der bis anhin nebeneinander auf dem Platz Basel bestehenden Organisationseinheiten von Sitz und Generaldirektion, von der man eine Verkürzung der Entscheidungswege und eine Beseitigung von Doppelspurigkeiten erhofft hatte, nach deren Vollzug per Ende März 1991 als eine rechte Enttäuschung: begrenzte Einsparungen waren mit herben Einbussen im unternehmerischen Schwung des vordem so stolzen Sitzes Basel erkauft worden, ein Effekt, angesichts dessen diese Massnahme Anfang 1994 wieder rückgängig gemacht und dem alten/neuen Sitz Basel erneut die operative (nicht funktionale!) Verantwortung für die Geschäfte der Bank in der Nordwestschweiz übertragen wurde.[1]

In die neunziger Jahre war der Bankverein mit den 1990 ausgelösten organisatorischen Veränderungen mit einer zukunftsorientiert ausgerichteten Bankstruktur eingetreten. Und dennoch: die jetzt immer rascher voranschreitende Ausbreitung der Geschäftstätigkeit der Bank in nicht nur geographisch, sondern vor allem auch sachlich stark divergente Märkte mit höchst unterschiedlichen personellen, organisatorischen und logistischen Anforderungen an die «Player» drängte schon rasch auf eine konsequente Weiterentwicklung der gerade etablierten Strukturen in Richtung auf eine effizi-

---

[1] Lebhaft begrüsst wurde dieser Schritt nicht nur von vielen Angehörigen des Sitzes Basel, sondern auch von aussenstehenden Beobachtern in der Stadt Basel selbst. Hier bestand (und besteht) seit 1963 die immer wieder aufflackernde Sorge, die Grossbank könne ihre Präsenz in der Rheinstadt zugunsten Zürichs drastisch vermindern. 1963 hatte die Bank schon einmal die Frage der Verlegung der gesamten Generaldirektion nach Zürich geprüft und zur Erleichterung der Basler verworfen. Als im November 1986 die Abteilung Kapitalmarktgeschäfte des Bankvereins nach Zürich verlegt wurde, kamen diese Besorgnisse in Basel erneut auf, auch wenn die Sparten Kommerz, Anlagen und Logistik in Basel verblieben; und die Etablierung der Sparte Finanz & International im Jahre 1991 (intern bezeichnenderweise als *«Move/Zürich»* firmierend) und drei Jahre später des Unternehmensbereichs International & Finanz mit der damit verbundenen Konzentration des Auslandgeschäfts in Zürich, genauer, in dem Ende 1994 eröffneten grossen Neubau des *Swiss Bank Center* in Opfikon/ZH, gaben den Befürchtungen immer wieder neue Nahrung. Trotz der immer einmal wieder erneuerten Bekenntnisse der Bankverein-Geschäftsleitung zu Basel wird der Anlass zu derartigen Basler Besorgnissen um die zahlenmässige Präsenz der Grossbank an ihrem «Heimatort» Basel auch zukünftig nicht entfallen: der wirtschaftliche und finanzielle Schwerpunkt des Landes hat sich nun einmal nach Zürich verschoben.

ente *Konzern*organisation. Mit den Vorbereitungsarbeiten hierzu wurde im Frühjahr 1993 – inzwischen hatte, im April des Jahres, *Walter G. Frehner* als Nachfolger von *Dr. Franz Galliker* das Präsidium des Bankverein-Verwaltungsrates übernommen und *Dr. Georges Blum* den Vorsitz in der Konzernleitung – begonnen; so rasch wurden sie vorangetrieben, dass die Neuorganisation (die neue Neuorganisation, wie man angesichts der raschen Kadenz wichtiger Reorganisationsmassnahmen auch sagen könnte) bereits auf den 1. Januar 1994 in Kraft gesetzt werden konnte. Als Grundpfeiler dieser Struktur wurden drei grosse Führungsbereiche eingeführt: eine eigentliche Konzernspitze mit einem sogenannten *Corporate Center*, ein *Unternehmensbereich Schweiz* und ein *Unternehmensbereich International & Finanz* (als «Nachfolger» der 1991 etablierten *Sparte Finanz und International*). Dem *Corporate Center*, welches das Präsidium der Konzernleitung planend, koordinierend und kontrollierend unterstützt, wurde die wichtige Klammerfunktion zwischen den beiden Unternehmensbereichen übertragen, auf der Erkenntnis fussend, dass deren höheres Mass an Autonomie im Konzerninteresse auch eines höheren Masses an Koordination bedarf; einerseits mussten die Aktivitäten der beiden Unternehmensbereiche in die Gesamtstrategie des Konzerns eingebettet bleiben, andererseits galt es, die Ressourcen Mitarbeiter, Kapital und Management aus Gesamtbanksicht optimal und risikobewusst einzusetzen. Hierzu oblag es dem *Chief Financial Officer* (seit Anfang 1994 der auf dieses Datum neu berufene Generaldirektor *Dr. Peter A. Wuffli*) zusammen mit seinen Stäben die Instrumente für eine ergebnisorientierte Führung des Konzerns bereitzustellen, während es dem *Chief Credit Officer* (seit 1994 Generaldirektor *Alberto Togni*) aufgetragen war, die Grundsätze der Kreditpolitik zu entwickeln, die Kredit- und Gegenparteirisiken zu überwachen und – last but not least – das Kreditportefeuille unter Risikogesichtspunkten zu optimieren.

Für den *Unternehmensbereich Schweiz* (von Januar 1994 bis Mai 1996 von Generaldirektor *Dr. Roland Rasi*, seit dessen Ausscheiden von Generaldirektor *Franz Menotti* geführt) wurden in gründlichen Analysen drei Hauptkundengruppen mit jeweils mehreren Segmenten identifiziert: die mittleren und grösseren Firmen und Institutionen, die privaten Anleger im In- und Ausland (inkl. der Anlagefonds) sowie die Retailkunden. Demgemäss wurden die bisherigen produktebezogenen Sparten durch drei kundenorientierte Geschäftsbereiche ersetzt, die ihren Kundenkreis ganzheitlich betreuen und Ergebnisverantwortung

*Dr. Georges Blum war von April 1993 bis Mai 1996 Präsident der Geschäfts- bzw. Konzernleitung; seither bekleidet er das Amt eines Präsidenten des Verwaltungsrates.*

tragen: Private Anleger und Vermögensverwaltung (unter den Generaldirektoren *Ernst Balsiger* und *Georges Gagnebin*), Retail (Generaldirektor *Franz Menotti*) sowie Firmen und Institutionen (bis Mai 1996 unter Leitung von *Dr. Roland Rasi*, und vorher, von 1994 bis Ende 1995, unter den Generaldirektoren *Bruno Hug* und *Georg Schnell*, denen ab Anfang 1996 die Betreuung der Regionen Westschweiz vom Standort Genf resp. Nordwest- und Zentralschweiz vom Standort Basel übertragen wurde).[1] Ergänzt wurden sie durch den Bereich Logistik (geführt von Generaldirektor *Hanspeter Brüderli*), der die technischen und personellen Ressourcen für die Gruppe Schweiz bereitzustellen hatte und überdies für eine kosteneffiziente Abwicklung des Zahlungsverkehrs und der Wertschriftenadministration verantwortlich wurde.

Was schliesslich den *Unternehmensbereich International & Finanz* (zumeist mit dem englischen Kürzel IFD bezeichnet) betrifft, so wurde dieser Anfang 1994 aus den beiden Geschäftsbereichen Global Capital Markets und Treasury (CM&T) und Global Corporate Finance gebildet und der gemeinsamen Führung der auch direkt für je einen dieser Geschäftsbereiche zuständigen Generaldirektoren *Marcel Ospel* und *Johannes A. de Gier* unterstellt; ergänzend kam auch hier ein Bereich Logistik hinzu, dem bis zu seinem altersbedingten Ausscheiden Ende 1994 der langjährige Informatik-Chef des Bankvereins *Erich Gautschi* vorstand.[2] Zudem wurde zwecks Verbesserung der Wettbewerbsfähigkeit des Bankvereins in einzelnen regionalen Märkten für die drei Regionen Europa/Mittlerer Osten/Afrika, sowie Amerika und Fernost *Management Committees* eingesetzt,

Marcel Ospel trat 1990 in die Geschäftsleitung ein; seit Mai 1996 leitet er als Präsident die Konzernleitung.

die aus je einem Vertreter der drei IFD-(Geschäfts-)Bereichen bestanden, von denen jeweils einer die Aufgabe eines regionalen Chief Executive Officer zu übernehmen hatte.

Mit dieser umfassenden Neustrukturierung der Führungsspitze des Bankvereins wurde im Kern zweierlei angestrebt: nämlich erstens eine transparente Organisation mit klarer Zuteilung von Aufgaben und Verantwortlichkeiten, und zweitens

---

[1] Zum gleichen Termin wurde die Verantwortung für die Region Ostschweiz und Tessin dem auf dieses Datum neu ernannten Generaldirektor *Thomas K. Escher* übertragen.
[2] Die Komplexität seiner Aufgaben – weltweite Standardisierung und Vernetzung der Informations- und Führungssysteme – kam darin zum Ausdruck, dass vier funktionale Verantwortungsbereiche (für Informationstechnologie, Controlling und Führungssysteme, Operations- und Serviceprodukte, sowie Personalwesen) innerhalb des Bereichs gebildet wurden; gleichzeitig wurde eine Konzentration der Informatikentwicklung auf die Schweiz, London und Chicago in die Wege geleitet – ein weiter Schritt für den einstmals so föderalistischen Bankverein!

eine marktnahe, ergebnisorientierte Führung eines globalen Finanzkonzerns mit breit abgestützten Einkommensströmen und seinen unternehmerisch denkenden und dezentral handelnden Unternehmens- und Geschäftsbereichen. Demgemäss bildeten auch die (zu Unternehmensbereichen zusammengefassten) Geschäftsbereiche den Kern der neuen Organisation; sie deckten klar definierte Märkte ab und waren für die Umsetzung der Konzernstrategien und ihre Ergebnisse in ihrem jeweiligen Geschäftsfeld verantwortlich. Die hiermit gegebene Kompetenzdelegation an die der Erweiterten Konzernleitung angehörenden Führungsverantwortlichen[1] für die Geschäftsbereiche wurde in ihrer Wahrnehmung unterstützt und überwacht durch die eigentliche Konzernleitung, welche aus ihrem Präsidenten und Vizepräsidenten, dem Chef Financial Officer und dem Chief Credit Officer sowie aus den Leitern der Unternehmensbereiche Schweiz und SBC Warburg und dem weltweit verantwortlichen Chef des Geschäftsbereichs Private Anleger und Vermögensverwaltung zusammengesetzt war – ein um so wichtigeres Führungszentrum, je breiter die entsprechend den Märkten diversifizierte Geschäftsleitung wurde. Dieses Organisationsmodell wurde, wie sogleich noch näher ausgeführt, schon bald überarbeitet und weiterentwickelt; seinem Prinzip, die unternehmerische Verantwortung so marktnah wie möglich zu dezentralisieren, zugleich aber die unternehmenspolitische Verantwortung aus der Sicht der Gruppe als Ganzes so effektiv wie möglich zu zentralisieren, blieb man dabei jedoch treu – und in der Tat kann man es aber kaum anders als zukunfts- und damit erfolgsorientiert bezeichnen.

Im ersten Halbjahr 1995 kam es jedoch zunächst zu nicht unwichtigen weiteren Veränderungen in der Führung und Zusammensetzung speziell des Unternehmensbereichs IFD: Einerseits schied auch *J.A. de Gier* nach seiner Berufung als zweiter Vizepräsident der Konzernleitung mit Standort in Singapur Anfang 1995 aus der Führung der IFD aus; andererseits kamen neu die beiden Amerikaner *John Dugan* (ehemals *O'Connor*) und *Gary Brinson*, der bisherige Leiter der im Vorjahr vom Bankverein übernommenen Asset Management-Firma *Brinson Partners Inc.*, Chicago, hinzu. Vor allem aber wurde im Frühjahr, nachdem die Zustimmung der US-Behörden zur Übernahme von Brinson vorlag, damit begonnen, das inzwischen in die Verantwortung der IFD übergegangene International Institutional Asset Management mit den bisherigen Aktivitäten von *Brinson* zu einem neuen Geschäftsbereich Global Institutional Asset Management zu verschmelzen. Doch auch mit dieser Integrationsaufgabe sollte es sein Bewenden nicht haben: mit dem Erwerb der Investment Banking-Einheiten der *S.G. Warburg plc*, London, der Anfang Juli 1995 rechtswirksam wurde, stellte sich die Aufgabe einer Verschmelzung auch dieser Organisation mit der IFD – ein in jeder Hinsicht höchst anspruchsvolles, für die Zukunft der Bank eminent wichtiges Unterfangen, das der damalige Leiter der IFD und heutige (seit Mai 1996) Konzernleitungspräsident *Marcel Ospel* als CEO der neu geschaffenen *SBC Warburg, A Division of Swiss Bank Corporation* (die nunmehr an die Stelle der bisherigen IFD trat) initiativ in die Wege leitete.

---

[1] In ihre Kompetenz fallen vor allem die Budgetierung, der Jahresabschluss und der Kauf von wichtigen Beteiligungen.

Gerade bei dieser auch im Längsschnitt der Geschichte der Bank aussergewöhnlichen Übernahme eines anderen Finanzinstituts durch den an sich übernahmeerfahrenen Bankverein galt es nämlich, gegen alle Widerstände und Bedenken rasch zu handeln: die EDV- und Abwicklungssysteme beider Institute mussten so schnell wie möglich zusammengeführt werden, um von Anfang an an den Geld- und Kapitalmärkten handeln und als Gegenpartei operieren zu können (man schaffte es tatsächlich innert fünf Wochen), «Verkehrsunfälle» durch unkoordinierte Doppelbetreuung von Kunden waren wenn immer möglich auszuschliessen, und die involvierten Mitarbeiter (insgesamt 10 500 in 40 Ländern!) waren ohne Zeitverzug über ihre Zukunft im Unternehmen zu orientieren[1], ganz davon abgesehen, dass man den Aktionären so rasch als möglich die Synergieffekte auf der Kostenseite zugänglich machen wollte (bis zum Herbst 1995 waren bereits Kosten von 250 Mio Fr. eingespart).[2]

Alle diese – teilweise dramatischen – Veränderungen der Bankverein-Strukturen speziell 1994/95 mochten dem Aussenstehenden gelegentlich vielleicht als eine zwar konsequente, an sich aber doch opportunistische Ausnutzung sich zufällig bietender Gelegenheiten seitens des Bankvereins erscheinen. Nichts wäre jedoch unzutreffender: die Weichenstellungen waren schon seit längerem erfolgt und liessen den Kundigen durchaus erkennen, wohin die Reise nach dem Willen der Verantwortlichen gehen sollte. Und dem «Insider» war klar, dass es sich hier um den Vollzug einer Ende der achtziger Jahre speziell für den Unternehmensbereich International & Finanz eingeschlagene Strategie handelte. Sie war Anfang 1995 von der Konzernleitung erneut kritisch überprüft worden; und was sich jetzt vollzog (bzw. zu vollziehen begann), war die Realisierung einiger wesentlicher Punkte, die der Strategie bei dieser Gelegenheit hinzugefügt worden waren – nämlich der Ausbau der Kapazität des Bankvereins im Bereich der Unternehmensfinanzierung inkl. Beratung bei Übernahmen (Corporate Finance), die Verstärkung der Position der Bank in den wichtigsten europäischen Märkten nicht nur im internationalen, sondern auch im inländischen Emissionsgeschäft, sowie die Entwicklung und der Ausbau der Informationstechnologie mit Blick auf eine Konzentration der Verarbeitung auf wenige Standorte.

Einer breiteren Öffentlichkeit wurde die Tatsache, dass der Bankverein kurz vor seinem 125. Jubiläum in eine ganz neue Phase, gleichsam in ein neues «Zeitalter» seiner Entwicklung getreten war, erstmals spätestens Ende 1995 deutlich, als der mit Blick auf die rechtzeitige Sicherung der Führungskontinuität erfolgte Rücktritt des Verwaltungsratspräsidenten *Walter G. Frehner* per 7. Mai 1996 und dessen Nachfolge in der Person des damaligen Konzernleitungspräsidenten *Dr. Georges Blum* angekündigt wurde: mit der Berufung von *Marcel Ospel* als neuer Konzernleitungspräsident, der Übernahme von dessen Funktion als CEO resp. Executive Chairman von *SBC Warburg* durch den erst kurz zuvor als Konzernleitungsvizepräsident nach Singa-

---

[1] Bis zum Herbst 1995 waren bereits 1200 geplante Kündigungen ausgesprochen und 240 ungewollte Kündigungen zur Kenntnis genommen.
[2] In den USA mussten jedoch zunächst noch bankenrechtliche Genehmigungen abgewartet werden, bevor die Verschmelzung von Tochtergesellschaften der S.G. Warburg und des Bankvereins in Gang gesetzt werden konnte. Für Details dieser Vorgänge siehe S. 138 f.

pur entsandten *Johannes A. de Gier*, der Ernennung von *Herman C. van der Wyck* als Vice Chairman von *SBC Warburg*, sowie der Berufung der SBC Warburg-Geschäftsleitungsmitglieder *George Mark Feiger, Dr. Markus J. Granziol, Andrew Siciliano, David M. Solo, Rodney Gordon Ward* und *Roland H. Wojewodzki* zu Generaldirektoren und Mitgliedern der Erweiterten Konzernleitung[1] war der Bankverein endgültig von jahrzehntealten Gepflogenheiten abgewichen: kaum anders bezeichnen konnte man wohl die drastische Verjüngung (das Durchschnittsalter der Neuernannten lag kaum über 40, und *Marcel Ospel*, der neue Präsident der Konzernleitung selbst, stand in seinem 45. Lebensjahr), die Internationalisierung (zusammen mit den bisherigen stellv. Generaldirektoren *John Dugan* und *Gary Brinson*) – zu Generaldirektoren befördert per 1. Januar 1996 – nahmen jetzt neun Nichtschweizer in der obersten Führungsequipe der Bank Einsitz) und die Erweiterung der Führungsspitze (sieben Mitglieder der Konzernleitung, 14 Mitglieder der Erweiterten Konzernleitung – «a far cry» von der so lange gültig gewesenen Kopfzahl von fünf oder sechs). Jünger als je zuvor war der fast 125jährige Bankverein als internationaler, breitgefächerter Finanzkonzern damit zu neuen Ufern aufgebrochen, die dabei einzugehenden Risiken nicht scheuend, die damit zu erschliessenden Entwicklungsmöglichkeiten anvisierend.

Doch es blieb, wie bereits angedeutet, nicht bei diesen personellen Veränderungen und Ergänzungen in der Führungsspitze der Bank: die kunden- und marktorientierte Ausrichtung der Bank nach Geschäftsbereichen, mit der Anfang 1994 die ehemals dezentrale Führungsstruktur des Bankvereins ersetzt worden war, wurde kurz nach dem so bedeutsamen Generationenwechsel in der Konzernleitung mit einer Reihe wichtiger, im Mai 1996 beschlossener und per Anfang 1997 in Kraft gesetzter Anpassungen konsequent fortgeführt. Kernstück war die Bildung zweier weiterer Unternehmensbereiche in Gestalt von *SBC Private Banking* mit weltweiter Verantwortung für das Geschäft mit Privaten Anlegern (unter Führung von Generaldirektor *Ernst Balsiger*) und *SBC Brinson* für das globale, institutionelle Vermögensverwaltungsgeschäft (unter Generaldirektor *Gary Brinson*). Diese beiden Unternehmensbereiche traten an die Seite der Unternehmensbereiche *SBC Warburg* mit Zuständigkeit für die Investmentbanking-Aktivitäten der Bank weltweit (wie bisher) sowie für die Konzernbetreuung Schweiz (neu), geführt von *J. de Gier*, und des für das Firmenkunden- und Retailgeschäft in der Schweiz verantwortlichen *Unternehmensbereichs Schweiz* (unter der Bezeichnung Schweizerischer Bankverein im Heimmarkt auftretend und geführt von dem – weiterhin direkt auch für den Geschäftsbereich Retail zuständigen – Generaldirektor *Franz Menotti*).[2] Zugleich wurde

---

[1] Mit dieser breiten Führungsequipe suchte man speziell der starken Diversifizierung der mittlerweile aus den fünf Hauptgeschäftsbereichen Devisen, Zinsinstrumente, Aktienprodukte, Corporate Finance und Institutionelle Vermögensverwaltung zusammengesetzten *SBC Warburg* auch führungsmässig Rechnung zu tragen.

[2] Dieser Unternehmensbereich besteht nach einer im September 1996 bekanntgegebenen und ab 1. 1. 1997 wirksamen Überarbeitung seiner Strukturen aus den beiden Geschäftsbereichen Privat- und Geschäftskunden (unter Leitung des auch für den gesamten Unternehmensbereich verantwortlichen Generaldirektors *Franz Menotti*) und Firmenkunden (unter Leitung von *Jürg Haller*) sowie aus den drei Servicebereichen Dienste Schweiz/Services (unter *Stefan Zimmermann*), Human Resources (unter dem langjährigen Chef des Sitzes Zürich *Robert Schenker*) und Informationstechnologie (unter *Thomas Escher*).

das Corporate Center in gewissen Funktionen verstärkt, indem der Chief Financial Officer *Peter A. Wuffli* zusätzlich die Verantwortung für die konzernweite Personalpolitik übernahm, während dem Chief Credit Officer *Alberto Togni* das Ressort Risk Control zugeordnet wurde. Die Funktion des weltweiten Einkaufs, der Immobilienbewirtschaftung und der Sicherheit wurde bei *Hanspeter Brüderli* zentralisiert. Die Konzernleitung setzte sich ab 1. Juni 1996 neu aus ihrem Präsidenten *Marcel Ospel* und dem Vizepräsidenten (*Dr. Georges A. Streichenberg*), dem CFO und dem CCO und den Leitern der vier Unternehmensbereiche zusammen.

War damit, so fragten sich viele direkt Beteiligte und auch Aussenstehende, der mehrjährige, die Bank zeitweise im übertragenen Sinne auf den Kopf stellende Reorganisationsprozess beendet? Das wohl kaum – die Bankenmärkte sind auch weiterhin in raschem Wandel begriffen und werden auch den jetzt so durchgreifend «modernisierten» Bankverein immer wieder zu weiteren, mehr oder weniger tiefgreifenden Anpassungen seiner Strukturen herausfordern. Dennoch hiesse es die innere Logik einer mittlerweile fast sechsjährigen Reform der Führungsstruktur der Grossbank verkennen, wenn man auch das jetzt beschlossene Organisationsmodell nur als einen weiteren Zwischenschritt ansehen würde: in Tat und Wahrheit ist mit ihm ein 1990 angetretener Weg zu einer konsequenten organisatorischen Fokussierung der Bank auf ihre Kernbereiche beschritten und abgeschlossen worden. Viele Details werden auch weiterhin laufenden Veränderungen unterworfen sein, aber die jetzt eingeführten Grundstrukturen dürften doch für eine Reihe von Jahren die Basis für die dynamische geschäftliche Weiterentwicklung der Bank bilden, hat die vollzogene Strukturreform doch mittlerweile «eine Eigendynamik entwickelt, die nicht mehr zu bremsen ist», wie der neugewählte Verwaltungsratspräsident des Bankvereins, *Dr. Georges Blum*, es in einem Interview am Tage nach seiner Wahl im Mai 1996 ausdrückte.

## Abschnitt 2:
## Logistik als stete Herausforderung

### Der Vormarsch von Informatik und Kommunikation[1]

Lange bevor Worte wie «Informatik», «Informationsverarbeitung», «Kommunikation», «Telematik» im täglichen Sprachgebrauch der Banken Einzug hielten, hatte für den Bankverein das Zeitalter der (zunächst mechanischen, später elektronischen) Datenverarbeitung bereits begonnen: 1947 war die erste Lochkartenanlage in Betrieb genommen worden, und 1961 hatte der Computer Einzug gehalten – bei der elektronischen Abwicklung der Börsenabrechnung zunächst und ein Jahr später bei der Wertschriftenbuchhaltung. In der Folge wurde der

---

[1] Die Entwicklung der Funktion «Informatik» beim Bankverein in den vergangenen 50 Jahren verdiente nicht nur wegen ihrer strategischen Bedeutung für die Bank, sondern auch wegen der grossen Zahl der mit ihr befassten Personen, des hohen Aufwands an Intelligenz und Zeit sowie an finanziellen und sonstigen Mitteln, und schliesslich auch wegen der Vielzahl und oft auch Dramatik der hierauf bezogenen Entscheidungen (und gelegentlich auch Fehlentscheidungen) eine eigene Chronik. Leider fehlt hierfür an dieser Stelle der Raum; immerhin mag die Skizzierung einiger wichtiger «Milestones» den Weg verdeutlichen, den die Bank in einer relativ kurzen Zeitspanne auf diesem für Banken eigentlich so fremden und doch so entscheidenden Gebiet zurückgelegt hat.

Ausbau rasch vorangetrieben: Ende der sechziger Jahre waren alle Bankverein-Geschäftsstellen dem Computersystem angeschlossen, nachdem die verschiedenen Adressbestände in einem einheitlichen, auf Magnetband gespeicherten *Central Information File (CIF)* zusammengefasst und die Abwicklung der Kontokorrentbuchhaltung über drei Regionalzentren in Basel, Zürich und Genf sichergestellt waren. Wenig später war bereits die Basis gelegt für etwas, was wir heute als ein interaktives, vernetztes Informationssystem bezeichnen würden, und ohne das die Dienstleistungsbereitschaft einer Grossbank heute nicht mehr aufrechterhalten werden könnte: Im Jahre 1970 realisierte die Bank mit Bildschirmgeräten des Typs IBM 2260 (später durch solche des Typs 3270 abgelöst) ein nach der Einführung der berühmten IBM 370 noch auf eine erweiterte Grundlage gestelltes Online-Datenbank-Abfragesystem. Das Tor zum «Real Time Banking» war damit aufgestossen.

*Die elektronische Datenverarbeitung hielt im Jahre 1961 Einzug und eröfffnete die Möglichkeit, ein stets wachsendes Geschäftsvolumen zu bewältigen.*

### Die Wunderwelt: Real Time Banking

Bevor die Bank dieses Tor auf breiter Front durchschritt, war freilich noch ein gerüttelt Mass an Arbeit vonnöten: Ein Jahr vor dem hundertsten Jubiläum wurde eine Planungsgruppe für das Real Time Banking (RTB) unter Leitung des damaligen Direktors und späteren Generaldirektors *Max Kühne* aufgestellt, welche die Entscheidungen in einer «kriegsentscheidenden» Frage vorzubereiten hatte – derjenigen nämlich, welchen Weg der Bankverein in bezug auf die sich abzeichnende Automatisierung aller Sparten des Bankgeschäfts einschlagen sollte. Die Frage hatte weit mehr als nur technischen Charakter: man erkannte schnell, dass von dem erstmals ins Auge gefassten Einsatz von Datenterminals auf breiter Front erhebliche Rückwirkungen auf die Organisationsstrukturen – von den Arbeitsabläufen einmal ganz abgesehen – zu erwarten waren. Demgemäss lösten sich die Projektbearbeiter gedanklich von der bestehenden Organisation, ersetzten diese sodann durch Funktionsmodelle für die einzelnen Arbeitsbereiche und skizzierten die ihnen für diese Bereiche wünschbar erscheinenden Entwicklungen. Ein intensiver, die Generaldirektion und die Direktionen der grossen Niederlassungen einbeziehender Meinungsbildungsprozess resultierte schliesslich in einem langfristigen Entwicklungskonzept – ein Konzept, das sowohl die Technik, wie die Wirtschaftlichkeit, wie die notwendige Personalschulung, die zu gewährleistende Sicherheit, wie auch die Projektorganisation für die eigentliche Realisierung umfasste.

- In bezug auf die technische Ausstattung entschied man sich für folgende Systemkonfigurationen:
  Bei den in den Regionalzentralen installierten Hauptcomputersystemen handelte es sich um den Grossrechnertyp IBM 370 mit einer grossen Anzahl angeschlossener Magnetplatten, Magnetbandeinheiten und Schnelldruckern. Auf diesen Systemen wurden sowohl alle bisherigen als auch die neuen RTB-Anwendungen verarbeitet. Die Datenbanken wurden auf den angeschlossenen Magnetplatten gespeichert, was bedeutete, dass sämtliche Datenbankinformationen ausschliesslich über diese Systeme zugänglich waren.
  Den IBM-Systemen vorgelagert waren *Burroughs* Frontend Computer, die das Netzwerk von Übermittlungslinien und Terminals steuerten. IBM- und *Burroughs*-Anlagen waren übrigens so ausgelegt, dass im Falle einer Panne in den meisten Fällen weitergearbeitet werden konnte, wenn auch mit verminderter Leistung.
  Die bei den Geschäftsstellen installierten Ausrüstungen bestanden aus verschiedenen Typen von *Burroughs*-Terminals beziehungsweise aus Terminalmodulen, die nach dem Baukastenprinzip entsprechend den Anforderungen des jeweiligen Arbeitsplatzes zusammengestellt wurden.
  Die Übermittlung zwischen Frontend- und Hauptcomputersystem wurde über sogenannte intelligente, das heisst programmgesteuerte Konzentratoren geführt. In jeder Geschäftsstelle stand mindestens ein solches Gerät, dessen Leistung für die Steuerung von vier bis acht Terminals ausreichte. Die Konzentratoren waren genügend leistungsfähig, um bei einem Ausfall der Hauptsysteme, der Frontends oder der Übermittlungsleitung im Offline-mode den Bankbetrieb aufrechterhalten zu können.
- Was die Wirtschaftlichkeit betraf, so machten sich die Sachbearbeiter die Aufgabe nicht leicht, prognostizierten sie doch im Sommer 1973 die gesamten Betriebskosten der 1980 einerseits für die bisherige Organisationsform und andererseits, zur Gegenüberstellung, für die in Aussicht genommene Lösung. Die umfangreiche Rechenarbeit wurde überdies in drei Varianten ausgeführt, denen unterschiedliche Annahmen bezüglich der weiteren Geschäftsentwicklung und der jährlichen Teuerungsrate zugrunde gelegt wurden.
  Das Ergebnis war, dass ein Leistungsgewinn von rund 800 Arbeitskräften berechnet wurde, der sich innerhalb von drei bis vier Jahren einstellen würde, etwa gleich gross wie der in der gleichen Zeitspanne aus der Zunahme des Geschäftsvolumens resultierende Mehrbedarf an Arbeitskräften. Der Personalbestand des Bankvereins sollte sich nach diesen Berechnungen für einige Zeit per saldo ungefähr auf dem Stand von 1973 stabilisieren.
  Bemerkenswert war, dass mit der Realisierung des RTB-Projektes eine bis dahin unbekannte Steigerung der Kapitalintensität des eigentlichen Bankbetriebs einherging. Man war sich klar darüber, dass die Gewichtsverlagerung von den variablen zu den fixen Kosten unvermeidlich war, war sich aber auch bewusst, dass dieses eine im Grunde genommen unerwünschte Entwicklung war, die man im Auge behalten musste.
- Dem Thema der Ausbildung des Bankpersonals in den neuen Arbeitstechniken wurde gleichfalls grosse Bedeutung beigemessen. Die Bank entwickelte eigene Lehrpläne und setzte modernste Methoden und Hilfsmittel ein. Die Ausbildungskurse in den mit Terminals ausgerüsteten drei Ausbildungszentren dauerten je nach Aufgabengebiet zwischen zwei und zehn Tagen. Neben dem Aufbau der Applikationen in den RTB-Bereichen und der Schaffung der programm- und maschinentechnischen Voraussetzungen mussten die Mitarbeiter nicht zuletzt mit einer neuen Arbeitsphilosophie vertraut gemacht werden. Die RTB-Ausbildung erreichte die gesteckten Ziele: Von 44 vollamtlichen Instruktoren wurden bis Ende Oktober 1977 über 3000 Mitarbeiter ausgebildet.

- Ebenso systematisch wurde sodann auch die alles entscheidende Realisierung dieses bedeutenden Vorhabens vorbereitet. Ein Projekt, für das etwa 200 Personen (wovon viele allerdings nur in Teilzeitarbeit) eingesetzt wurden und bei dem überdies mehrere Stabsabteilungen, die Frontabteilungen und mehrere Lieferanten als Partner miteinander in Berührung kamen, und das sich mit etwa 3000 im Netzplan enthaltenen Aktivitäten befassen musste, bedingte eine ausgefeilte, praxisnahe Projektorganisation und Arbeitsmethode. Die Koordination der Tätigkeiten und die Qualität der Arbeit mussten gleichsam vom System her abgesichert, das heisst durch dieses garantiert werden. Die Kreativität der Mitarbeiter wurde aber keineswegs durch straffe Regelungen gehemmt – im Gegenteil: Klare Abgrenzungen erlaubten eine grosszügige Aufgabendelegation, so dass sich die Mitarbeiter innerhalb der Grenzen ihres Aufgabenbereiches um so selbständiger bewegen konnten. Eine derartige Projektorganisation verhinderte Flaschenhälse, ein «Hängenbleiben» in Koordinationsproblemen, und war damit auch für die Einhaltung der Termine von ausschlaggebender Bedeutung.

  Grosses Gewicht wurde der Schaffung von Fachausschüssen beigemessen, in denen zu etwa zwei Drittel Fachpersonal aus der Linie, das heisst von Bankverein-Geschäftsstellen, vertreten war, und die in den einzelnen Projekten über die Detailausführung berieten. Die Gefahr, dass der Dialog in zeitlicher und finanzieller Hinsicht ins Endlose abglitt, konnte so umgangen werden. Die Zusammenarbeit zwischen Technikern und Bankpraktikern gewährleistete sowohl eine benützerorientierte Entwicklung als auch die Identifikation des Bankpersonals mit den Zielen des Projektes. Dieselbe Zusammenarbeit zwischen Stab und Linie bestand auch im RTB-Kontrollausschuss – einem aus Direktoren der grossen Niederlassungen und der Generaldirektion gebildeten Gremium. Allein in den Jahren 1974 bis 1976 leisteten die Projektgruppen eine Entwicklungsarbeit im Umfang von rund 280 Personenjahren, und es wurden etwa 10 000 Computerstunden für Tests aufgewendet.

- Schliesslich wurde auch dem Thema Sicherheit grosse Aufmerksamkeit zuteil, bedingen Projekte dieser Art mit ihren vielfältigen Zusammenhängen nicht nur die Sicherheit der Computeranlagen und der Daten selber, sondern die veränderten Zuständigkeiten im Betrieb erfordern zum Teil auch ganz neue Sicherheitsvorkehren. Nur durch den Einbezug des Inspektorates und des Rechtsdienstes der Bank in die Projektarbeit, und zwar von allem Anfang an, liessen sich diese Fragen zweckmässig lösen.

*Gegenüberliegende Seite: Der Computer als unentbehrliches Arbeitsinstrument für die Kundenberatung. Inserat aus dem Jahre 1982.*

Nachdem man 1974 bereits ein Real Time-System auf dem Gebiet des Devisenhandels und der Devisenabrechnungen als Feldversuch eingeführt hatte, war es 1976 dann soweit: mit einer nur viermonatigen Verspätung auf den 1971 ausgearbeiteten Terminplan erfolgte die Umstellung des Bankbetriebs auf RTB, wenn natürlich auch nicht schlagartig. Vielmehr wurden die neu entwickelten Arbeitsverfahren zwischen 1976 und 1979 schrittweise in allen Geschäftsstellen in der Schweiz eingeführt, wobei etwa 1300 Arbeitsplätze umzustellen waren; nicht ganz die Hälfte betrafen Schalterterminals, etwa ein Fünftel der Geräte wurde für den Zahlungsverkehr, ein Viertel für die Datenbanknachführung und -abfrage und der Rest für verschiedene andere Zwecke eingesetzt. Doch blieb man hierbei natürlich nicht stehen: die ständige Zunahme des Geschäftsvolumens und der Kundenbedürfnisse, aber leider auch des Kostendrucks zwangen in den Folgejahren dazu, den Betrieb sowohl mittels EDV wie auch mit konventionellen Organisationsmassnahmen weiter zu rationalisieren – Anlass dafür, 1979 eine zweite Phase des RTB in Angriff zu nehmen. Gerichtet war sie vor allem auf die Börsen-, Emissions- und Coupongeschäfte, die jetzt ebenfalls auf Terminalverarbeitung umgestellt wurden, und zudem auch auf zahlreiche neue Anwendungen im Interbank-Zahlungsverkehr sowie im Zusammenhang mit *Eurocard* und *Eurocheque*; schliesslich wurde auch für den Devisenhandel ein gegenüber der Pilotlösung von 1974 wesentlich erweitertes System in Angriff genommen. Ergebnis all dieser Bemühungen war, dass die Bank in der Schweiz in die achtziger Jahre mit einem voll vernetzten, bis an die Arbeitsplätze herangeführten Informationssystem eintreten konnte.

Doch auch ausserhalb der Schweiz intensivierten die Informatik-Manager des Bankvereins zu dieser Zeit ihre Bestrebungen zur Verwirklichung ähnlicher Verarbeitungskonzepte bei den ausländischen Niederlassungen und Tochtergesellschaften. 1978 hatte man damit begonnen, die EDV-Organisation der Geschäftsstellen der «Auslandorganisation» ebenfalls systematisch zu entwickeln und zu vereinheitlichen; jetzt wurde ein sich über fünf Jahre erstreckendes grosses Projekt in Angriff genommen, dessen Ziel die rationelle Bewältigung des Wachstums und der Kontrolle des expandierenden Geschäftsvolumens, die Rationalisierung des (wuchernden) internen und externen Berichtwesens, sowie die Verbesserung der Kundendienste war. Als es an sein Ende kam, brach für den Bankverein international wie auch in der Schweiz (wo das RTB inzwischen weiter vervollkommnet worden war) ein neuer Zeitabschnitt in der nimmer endenden Entwicklung der Logistik an: dasjenige der *«Office Automation»*.

### Das Zauberwort: Office Automation

Inzwischen waren nämlich mit den Personal Computern Organisationsmittel verfügbar geworden, die den kombinierten Einsatz von Text- und Datenverarbeitungssystemen (dieses der Kern der

**Was Ihnen unser Computer bringt: einen Bankberater, der im Bild ist.**

Genaugenommen kann unser Computer eigentlich nur drei Dinge. Er kann Informationen aufnehmen. Er kann Informationen abgeben. Und er kann rechnen. Weil er das aber so zuverlässig und vor allem schnell kann, arbeiten unsere Berater in jeder unserer rund 200 Filialen sehr gern mit ihm.

Warum? Weil der Computer jederzeit ziemlich schnell alles Wichtige zeigen kann, können unsere Berater Ihr Geldproblem nicht nur schneller, sondern eben auch umsichtiger lösen. Das spart Zeit.

Zeit, die unsere Berater zu nutzen wissen. Das merken Sie beim nächsten Gespräch. Und das ebenfalls ziemlich schnell.

Sicher sein – Bankverein

Schweizerischer Bankverein
Société de Banque Suisse

Büroautomation) und damit wesentliche Effizienzsteigerungen im Administrativbereich ermöglichten. Mit den Personal Computern, die gegenüber den bisher für das RTB benutzten Bildschirmgeräten viel weitergehende Möglichkeiten boten – etwa für Textverarbeitung, Kalkulation, Datenverwaltung, Grafiken, vor allem aber die Zugriffsmöglichkeit auf externe Datenbanken – wurden speziell die Mitarbeiter an der Kundenfront von Routinetätigkeiten entlastet und, wichtiger noch, in ihrer Beratungsarbeit ganz wesentlich unterstützt. Mit Blick hierauf nahm die Bank 1984 die Entwicklungsarbeiten in Angriff, und nur zwei Jahre später, 1986, wurden nach erfolgreich verlaufenem Pilotbetrieb die ersten Büroautomationssysteme bei den schweizerischen Niederlassungen in Betrieb genommen. Die damit erzielten Effizienz- und Qualitätsverbesserungen erwiesen sich als derart bedeutend, dass die Bankverein-Logistiker in der Folge mit massivem Mitteleinsatz eine Entwicklung vorantrieben, die für die Beteiligten etwas buchstäblich Atemberaubendes hatte. Sie andeutungsweise nachempfinden kann der Aussenstehende schon anhand weniger, die Entwicklung charakterisierender Zahlen: allein im Jahre 1987 war die Zahl der Arbeitsplätze mit Bildschirmgeräten und Personal Computern beim Bankverein in der Schweiz um 2200 auf rund 9000 gestiegen, um fünf Jahre später, Ende 1992, bereits bei 17 400 – wovon 12 800 vernetzte PCs – angelangt zu sein!

Natürlich blieb die Entwicklung auch hierbei nicht stehen. Das «papierlose Büro» schien (und scheint) zwar noch ein gutes Stück Utopie zu sein – aber eine beträchtliche Eindämmung der für Banken so typischen Papierflut trat jetzt doch ins Blickfeld. Einen ersten Schritt in dieser Richtung tat die Bank im Jahre 1989, indem damit begonnen wurde, die internen Kopien von Gutschrifts- und Belastungsanzeigen sowie von Konto- und Depotauszügen nicht mehr auf Papier auszudrucken, sondern sie zunächst für sechs Monate für den direkten Abruf auf elektronischen Datenträgern bereitzuhalten und danach auf Mikrofilmen zu speichern. Mit derartigen EDV-gestützten Retrieval-Systemen wurde es nicht nur möglich, Daten in der Registratur rasch und gezielt abzurufen, sondern es liessen sich auf diese Weise auch gleich im ersten Jahr 65 Mio Blatt Papier (und die Arbeiten zu deren Entsorgung) einsparen. Weitere Schritte schlossen sich im Zusammenhang mit dem an, was Ende der achtziger, Anfang der neunziger Jahre zu einem weiteren «Buzz Word» in der Bankverein-Logistik wurde: dem Kommunikationssystem.

### Der Schlüsselbegriff: Kommunikationssystem

Ein vor Einführung der neuen Spartenorganisation der Bank per 1. Januar 1987 im Dezember 1986 abgehaltener mehrtägiger strategischer Workshop der Geschäftsleitung und ihrer Stäbe wurde zum Ausgangspunkt weiterer wichtiger Entwicklungen für die Bankverein-Logistik: im Hinblick auf die wünschenswert erscheinende nähere Heranführung der EDV-Entwicklung an die einzelnen Geschäftsbereiche wurde die Einsetzung sogenannter *Strategischer Entwicklungsgruppen (SEG)* beschlossen, die in den darauffolgenden Jahren einen wesentlichen Impuls für die stärkere Fokussierung der Arbeiten auf diesem Gebiet leisteten[1]; und zugleich wurde an diesem Workshop die Ausarbeitung eines ehrgeizigen längerfristigen Informatikkonzepts (genannt *Global Banking System*) angestossen, mit dem die übergreifenden Informatikziele, die wichtigsten Projekte, sowie die Realisierungspläne bis in die neunziger Jahre hinein festgelegt wurden. Schwerpunkte dieses Konzepts waren – neben der technischen Infrastruktur – das Electronic Banking, die Handels- und Führungssysteme und die Büroautomation. Erstmals konkret anvisiert wurde dabei der konzern- und weltweite Verbund der Computersysteme des Bankvereins – eine unerlässliche Voraussetzung sowohl für die interdependenten globalen Handelsaktivitäten der Bank wie auch für die Bedienung der multinationalen Kundschaft mit Electronic Banking-Dienstleistungen, ganz abgesehen von der immer dringlicher werdenden weltweiten Risikosteuerung. Zu diesem Zwecke wurden zu jener Zeit einerseits die für einen solchen Verbund notwendigen Standards für die System-, Kommunikations- und Datenarchitektur sowie die Applikationsentwicklung erarbeitet; andererseits wurde der Aufbau eines Bankvereineigenen internationalen Kommunikationsnetzes für alle Kommunikationsformen und schliesslich der Übergang zur vierten und fünften Technologiegeneration bei den Datenbanken und der Computerprogrammierung eingeleitet.

Blickt man heute auf diese Jahre zurück, so werden sie unschwer als eine neue Phase wichtiger logistischer resp. technologischer Durchbrüche beim Bankverein erkennbar. 1987 wurde mit dem sogenannten *SBCNet* ein weltumspannendes digitales Kommunikationsnetz in Betrieb genommen, das der mit speziellen Kryptographieverfahren chiffrierten Übermittlung von Sprache, Daten, Texten, Dokumenten und Grafiken dient. Alle EDV- und Textverarbeitungssysteme, Telexgeräte und Haustelefonzentralen des Bankvereins wurden an diesen Verbund angeschlossen, mit dem dank modernster Technologie nicht nur ein im Vergleich mit den öffentlichen Netzen wesentlich leistungsfähigerer, sondern auch erheblich billigerer (um rund 45% zu jener Zeit) Service erreicht wurde. Ende 1988 verband das *SBCNet* die Bankverein-Niederlassungen in Basel, Zürich, Genf, London, Frankfurt, Luxemburg, New York, Tokio und Hong Kong miteinander; und im Jahre darauf wurde der Verbund erstmals auch auf Kunden und Geschäftspartner ausgedehnt. Schon vorher, im Jahre 1987, war auch die übergreifende Vernetzung aller Bankverein-Handelszentren eingeleitet worden, unerlässliche Voraussetzung für eine optimale Steuerung des Gesamtengagements im globalen 24-Stunden-Handel; die Weitergabe noch offener Aufträge nach Einstellung des Handels an einem Platz an ein anderes Bankverein-Devisenzentrum wurde ab Anfang 1988 möglich. Weitere Meilensteine auf dem Wege zur permanenten, weltumspannenden Kommunikation innerhalb des Bankvereins bestanden in der mit der durchgehenden Vernetzung aller Datengeräte ermöglichten Einführung der Elektronischen Post *(SBC*

---

[1] Die SEG setzten sich zu gleichen Teilen aus Vertretern der «Front», der Informatik und verschiedener zentraler Stäbe zusammen und wurden jeweils von einem Geschäftsleitungsmitglied präsidiert; Aufgabe der zwischen 1988 und 1992 bestehenden SEG war es, strategische Entscheidungen bezüglich Produkt- und EDV-Entwicklung in den verschiedenen Geschäftsbereichen frontorientiert vorzubereiten.

*Mail)* im vierten Quartal 1989, einem zwei Jahre später bereits von rund 11000 Mitarbeitern benutzten Kommunikationssystem, das im Jahre 1992 noch um das Dokumentationssystem *DOKSYS* erweitert wurde)[1], ferner auch im 1990 begonnenen Aufbau von Bankverein-eigenen *Videokonferenz-Einrichtungen*, die es mittels verschlüsselter Übertragung von Bild und Ton über das *SBCNet* gestatten, mit geographisch weit entfernten Partnern zeit- und kostensparend zu konferieren.[2]

Ebenfalls in die von einer eigentlichen technologischen Aufbruchstimmung geprägten späten achtziger Jahre fiel auch die Aufnahme der Entwicklungstätigkeit auf einem von manchem Banker alter Schule zunächst als futuristisch empfundenen Gebiet – demjenigen der *Künstlichen Intelligenz (KI)*, oder, etwas nüchterner, der *Wissensbasierten Systeme*. Nachdem zunächst daran gearbeitet worden war, die Spezialkenntnisse hochqualifizierter Experten in bestimmten Banktätigkeiten für die Computerverarbeitung zu erfassen und sie damit einem breiteren Kreis von Benützern zur Unterstützung bei der Entscheidvorbereitung zugänglich zu machen, begann der Bankverein 1988 damit, die bisher erarbeiteten Modelle in praxisorientierte Lösungen umzusetzen. Anfang der neunziger Jahre standen dann beim Bankverein bereits KI-gestützte Lösungen zur Bewertung der Bonität von kommerziellen Schuldnern und zur Beurteilung von Hypothekarkrediten für Einfamilienhäuser im Einsatz. Seither ist auch diese Entwicklung weiter im Fluss; und ihren Antrieb bezieht sie heute wie vor zehn Jahren aus den Zuwächsen an Professionalität, Schnelligkeit und Effizienz, die mit dem Einsatz praxistauglicher KI-Systeme winken – und deshalb wird sie auch weiterhin vorangetrieben werden.

**Die Organisation von Informatik und Kommunikation**

In einer nicht speziell der Geschichte der Informatik im Bankverein gewidmeten Chronik der Bank fehlt der Platz, den zahlreichen, manchmal widersprüchlichen, oft überraschenden, stets aber mit viel Engagement aller Beteiligten vorangetriebenen personellen und organisatorischen Entwicklungen «in der Informatik» im einzelnen nachzugehen – von den eher unscheinbaren Anfängen einer kleinen Lochkarten-Crew in den späten vierziger Jahren über den schon recht ausgewachsenen, für EDV-Betrieb und -Entwicklung ebenso wie für die (Ablauf-)Organisation in der Schweiz und im Ausland zuständigen *Bereich EDV und Organisation* vom Beginn bis in die zweite Hälfte der achtziger Jahre, bis hin zum sieben Abteilungen umfassenden, auf Stufe Geschäftsleitung angesiedelten «*Dept. E. Gautschi*», dem von 1988 bis 1993 als Teil der Sparte Logistik[3] sowohl der EDV-Betrieb im In- und Ausland wie die Planung und

---

[1] Betriebswirtschaftlich insofern besonders bedeutsam, als dieses System nicht nur die rasche Verbreitung von Mitteilungen und Weisungen ermöglicht, sondern es dem Benutzer auch gestattet, die gespeicherten Informationen nach beliebigen Stichworten abzurufen, womit die aufwendige, zeitraubende Suche in konventionellen Papierablagen entfällt.
[2] Ende 1992 waren Basel, Zürich, London, New York und Chicago dem Videokonferenznetz angeschlossen.
[3] Ihr sass Generaldirektor *Max Kühne* vor, und sie umfasste ausser dem *Dept. E. Gautschi* noch das *Dept. M. Kühne* (mit Rechnungswesen und Controlling, Fiskalfragen und Immobilien) sowie das *Dept. Dr. K. Steuber* (Personal und Ausbildung).

Entwicklung von Operationellen und Führungssystemen wie auch die Ablauforganisation in den schweizerischen Geschäftsstellen der Bank oblag, und schliesslich bis zum heutigen, von «Outsourcing» und einer weitgehenden sachlichen und auch regionalen Arbeitsteilung zwischen den einzelnen Unternehmensbereichen geprägten Stand von Logistik und Informatik im Bankverein. Festgehalten seien hier lediglich einige Charakteristika, von denen die Entwicklung der Informatik beim Bankverein seit ihren Anfängen bis heute geprägt gewesen ist.

• Da ist als erstes die in allen Banken bekannte Problematik des Frontbezugs der EDV-Entwicklung zu nennen – ein prinzipiell ebenso bestehender wie überbrückbarer, wenngleich gelegentlich auch hochgespielter Gegensatz zwischen Front und Stab in diesem Bereich[1], der beim Bankverein zur sukzessiven Realisierung organisatorischer Alternativen (von Zentralisierung der EDV über deren Delegation an die Geschäftssparten bis zu deren Auslagerung bzw. Outsourcing) Anlass gab;
• zweitens ist die stete Gefahr einer schliesslich in Inkompatibilität der Systeme mündenden Zersplitterung der an vielen Stellen der Bank gleichzeitig vorangetriebenen, permanenten EDV-Entwicklungs- und Verbesserungsprozesse zu erwähnen, eine Eigenart jeder sich explosiv ausbreitenden Technologie, der man beim Bankverein zunächst durch eine lose Koordination, dann durch eine straffe zentrale Führung der Beteiligten und heute durch die konzernweite Zuständigkeit einzelner Personen resp. Einheiten für bestimmte Aufgaben[2] Rechnung zu tragen versuchte;
• drittens beschwor die Tätigkeit an verschiedenen internationalen Standorten und speziell die Übernahme anderer Finanzinstitute immer wieder das Risiko heterogener Informatiklösungen herauf, welcher der Bankverein in der Zeit zwischen 1990 und 1992 mit der Einführung einer weitgehend einheitlichen EDV-Software bei den Niederlassungen und Tochterbanken im Ausland, seit dem Zusammenschluss mit *O'Connor* auch mit der sukzessiven Ausrüstung aller seiner Handelszentren weltweit mit der gleichen Technologie zu begegnen suchte;
• viertens stand eine reine in-house betriebene Informatik-Entwicklung immer in Gefahr, entweder viele am Markt bereits verfügbare Lösungen mit entsprechenden Kosten und Zeitverzögerungen neu (und dann gelegentlich gar am Markt vorbei) zu entwickeln[3], oder aber den Anschluss an andernorts vorangetriebene Entwicklungen mangels eigener «Exposure» im Markt ganz zu verlieren, eine bedrückende Alternative, vor der man sich im Bankverein lange Zeit durch eine intensive Zusammenarbeit mit Hardware-Lieferanten, Software-Firmen und EDV-Beratern zu bewahren suchte[4];

[1] Zum Ausdruck kommend in Standardkritiken wie «da wird am Markt vorbeientwickelt» oder «da werden unsinnige Entwicklungsanforderungen geltend gemacht».
[2] So wurde 1993 die Informatikentwicklung weltweit an drei Standorten konzentriert: Chicago ist seither für die Handelstechnologie, London für die Backoffice-Aufgaben und die Schweiz für Führungssysteme und Risk Management zuständig. Kennzeichnend ist, dass Entwicklungen «vor Ort» nur noch zugelassen sind, wo lokale Eigenheiten das unausweichlich machen. Ähnliches gilt für die kapitalintensiven, wegen der raschen technischen Entwicklung immer wieder erneuerungsbedürftigen internationalen Handelszentren der Bank: wenn hier auch schon aus abwicklungstechnischen Gründen keine Zusammenlegung in Frage kommt, so wird zur Zeit doch zwecks Verminderung der Fixkosten eine Konzentration der Abwicklungszentren auf wenige Standorte weltweit vorbereitet.
[3] Klassisch – nicht nur im Bankverein – ist in diesem Zusammenhang das «Not invented here»-Syndrom zu nennen.
[4] Eine ungern registrierte Konsequenz war die zeitweise erhebliche Aufblähung der eigenen Stäbe mit aussenstehenden Consultants.

- und fünftens schliesslich war auch die Personal- und Kostenseite der schon zwecks laufender Rationalisierung und Produktinnovation unabweisbaren permanenten Arbeit an EDV-Systemen und -Anwendungen selbst für eine Grossbank wie den Bankverein sehr beachtlich[1] – so beachtlich, dass die Bank immer wieder auf Abhilfe sann, ohne dabei aber Entwicklungs- oder Produktionspotentiale preiszugeben.

An allen genannten Punkten gleichzeitig, wenn auch von verschiedenen Seiten, setzten verschiedene in jüngster Vergangenheit von der Bank eingeleitete Initiativen an. Sie sind mit den Namen *O'Connor*, *Systor* und *Perot* verknüpft – drei höchst verschiedene Firmen, die aber alle drei eine wichtige Unterstützung für den Bankverein bei der Meisterung der skizzierten Probleme bieten.

Was *O'Connor* angeht, so mag hier der Hinweis genügen, dass die gesamte Handelstechnologie des Bankvereins seit der Integration dieser Firma von Chicago aus entwickelt und gesteuert wird – ein Schritt, der von manch einem Spezialisten des früheren EDV-Departements in Basel zwar – verständlicherweise – lebhaft bedauert wurde, der aber jedenfalls auf diesem sensitiven Gebiet mehreren der gerade genannten Risiken Rechnung trägt.[2]

Die *Systor AG*, Zürich, eine ursprünglich von der *Schweizerischen Treuhandgesellschaft* übernommene Tochtergesellschaft mit einem bedeutenden EDV-Beratungs-, Ausbildungs- und Softwaregeschäft, wurde im Jahre 1994 zu einem wichtigen Auftragnehmer **und** Auffangbecken für den Bankverein zugleich: zu einem Auftragnehmer für einen bedeutenden Teil der Informatikentwicklung, zu deren Auslagerung der Bankverein sich entschloss (ein zu jener Zeit nicht unüblicher Fall von «Outsourcing» unterstützender Funktionen aus Konzernstammhäusern), zu einem Auffangbecken andererseits für Hunderte von Informatikern, die bisher auf der Lohnliste des Stammhauses gestanden hatten und nun zur Tochtergesellschaft transferiert wurden. Ergebnis dieser (verständlicherweise nicht von allen Mitarbeitern freudig begrüssten) Operation war eine drastische Schrumpfung des zentralen Informatikstabes auf EDV-Betrieb, -Koordination und -Standards; wichtiger als das aber war, dass der Bankverein nunmehr in die Lage versetzt wurde, den so ausgelagerten Informatikressourcen gegenüber als Kunde aufzutreten und damit Informatiklösungen bedarfsgerecht und zu Marktpreisen zu beziehen.

[1] Im Jahre 1992, dem letzten Jahr, bevor mindestens teilweise Auslagerungen von Informatik-Ressourcen in die Wege geleitet wurden, überstiegen die gesamten Aufwendungen des Bankverein-Stammhauses für die Informatikentwicklung, die EDV-Produktion und die Telekommunikation 550 Mio Fr.; konzernweit beschäftigte die Bank auf diesem Sektor Ende 1992 rund 2000 Personen, davon 1200 in der Schweiz und 800 im Ausland. Gut zwei Drittel der Mitarbeiter befassten sich mit Neuentwicklungen.

[2] Ohne hier auf Einzelheiten eingehen zu können, so sei doch – rückblickend auf die Zeit der Übernahme von *O'Connor* durch die Bank – mindestens summarisch festgehalten, dass die Zusammenarbeit mit *O'Connor* zu tiefgreifenden Veränderungen der Organisations- und Arbeitsweise führte. Die Ablösung der beim Bankverein bis dahin sehr ausgeprägten föderalistischen Organisationsstruktur durch einen konsequenten, global ausgerichteten und funktionalen Führungsstil war für viele Mitarbeiter anfänglich schwer verständlich und kann wohl zutreffend als Kulturschock umschrieben werden. Ebenfalls musste der Bankverein seine Salarierungspraktiken den im internationalen Handelsgeschäft üblichen Normen anpassen. Nicht zuletzt waren alle Systeme auf die ununterbrochene globale Handelstätigkeit auszurichten und soweit wie möglich zu vereinheitlichen. Zu vermerken ist hier aber auch, dass grosse Spannungen und ein eigentlicher «Cultural clash» vermieden wurden dank einer weitgehenden Übereinstimmung der Beteiligten hinsichtlich der gesteckten Ziele, der dazu nötigen Zeitkonzepte und der langfristigen Betrachtungsweise.

Teil 2/Kapitel 2: Führung und Organisation der Bank

Eine für die gesamte weitere Konzernentwicklung entscheidend wichtige Frage war mit diesen Schritten allerdings noch nicht überzeugend angepackt: diejenige nämlich nach der weltweiten Optimierung der Organisation des Bankvereins auf dem Gebiete der Informationstechnologie (IT) sowie derjenigen aller – zunehmend miteinander vernetzter – Geschäftsabläufe, letztere dafür ausschlaggebend, dass die bestmögliche Wertschöpfung aus den bestmöglichen Finanzprodukten realisiert wird. In dieser wichtigen Frage tat die Bankverein-Geschäftsleitung im Herbst 1995 einen mutigen, weit in Neuland führenden Schritt, indem sie mit der *Perot Systems Corporation (PSC)*, Dallas/Texas, einer auf den Gebieten der Geschäftsprozessoptimierung, der Systemintegration und der IT-Dienstleistungen führenden Firma, eine strategische Allianz einging. Zu diesem Zweck beteiligte sich die Bank zunächst mit einer Minderheit an der *PSC*[1] und diese ihrerseits mit 40% an der *Systor AG*, letzteres zwecks Förderung des Austausches von technischem Fachwissen und Marketingerfahrungen. Wichtiger als das aber waren zwei Abkommen, die ebenfalls im September 1995 zwischen dem Bankverein und der *PSC* abgeschlossen wurden: der eine ein Servicevertrag für die operative Leitung der IT-Bereiche von *SBC Warburg* durch *PSC*[2], der andere ein Vertrag über die Führung eines Projekts namens *Global Distributed Infrastructure* durch *PSC*, der auf die welt- und konzernweite Vereinheitlichung der IT-Infrastruktur des Bankvereins abzielte. Zwar erfolgte der Startschuss für die operative Tätigkeit dieser Allianz plangemäss erst im Januar 1996, nachdem *PSC* unter dem Namen *Perot Systems Global Financial Services* eine neue Division gegründet hatte, die in erster Linie für den Bankverein arbeitet[3], doch waren *PSC*-Mitarbeiter bereits ab Herbst 1995 in Bankverein-Informatikteams integriert und an wichtigen Systemarbeiten voll engagiert. Für eine Beurteilung dieser Allianz im Lichte der von ihr ausgehenden Wirkungen auf den Bankverein ist es zur Zeit noch zu früh; fest steht aber, dass es sich dabei mindestens potentiell um einen Brückenschlag handelt, der in seiner Bedeutung (teilweise auch in seinem Charakter) der sieben Jahre früher geschlossenen Allianz mit *O'Connor* entspricht.

Zu den Mitte der neunziger Jahre unter Markt- und Kostendruck vorangetriebenen Bemühungen der Bank um das Outsourcing logistischer Dienstleistungen zählte schliesslich noch die im Dezember 1994 erfolgte Überführung eines Teils des auf Logistikaufgaben speziell im Retailgeschäft ausgerichteten Mitarbeiterstabs der Konzernzentrale in ein Servicezentrum mit eigener Rechtspersönlichkeit: das *SBZ Service & Beratungs-Zentrum*, mit Hauptsitz in Olten/SO und ausgestattet mit einem Mitarbeiterstab von zunächst 100 Personen[4] und einem voll vom Bankverein gehaltenen Aktienkapital von

---

[1] Damit war die Option verbunden, über eine bestimmte Zeit 10,5 Mio Aktien von *PSC* zu übernehmen.
[2] Dies bedeutete, dass *PSC* das Management für die gesamte IT-Infrastruktur von *SBC Warburg*, wie z.B. Workstations und Server für Handels- und Büroautomation, Netzwerke, Telekommunikation sowie Rechenzentren, übernahm.
[3] Um jegliche Verletzung des Bankgeheimnisses prinzipiell auszuschliessen, sind Kundendaten für *PSC* nicht zugänglich und werden ausschliesslich durch den Bankverein bearbeitet.
[4] Davon allein 80 im Tessin im Zusammenhang mit der sofortigen Übertragung des Logistikbereiches der *BSI – Banca della Svizzera Italiana* in Lugano an das SBZ. Anderthalb Jahre später, per Mitte 1996, wurden im Zuge der auf S. 162 näher erwähnten Straffung der *BSI* der Zahlungsverkehr und weitere Logistik-Dienstleistungen für die ganze Tessiner Bankverein-Gruppe vom SBZ-Büro in Pregassona übernommen. Damit wurde neu ein Zahlungsverkehrszentrum des Bankverein-Konzerns für das Tessin geschaffen.

3 Mio Fr. Hinter diesem organisatorischen Schritt stand nicht nur das Bestreben, interne Stäbe einem vermehrten Markt- und Wettbewerbsdruck auszusetzen und selber ihre Dienstleistungen bedarfsgerecht einkaufen zu können; vielmehr reagierte die Bank mit dem *SBZ* auch auf Wettbewerbsintensivierung und technologische Revolution im schweizerischen Bankensektor Mitte der neunziger Jahre, die gerade bei kleineren und mittleren Banken ein starkes Bedürfnis nach Service- und Produktionsangeboten Dritter (als Alternative/Vorstufe zum Anlehnungsbedürfnis ... ) ausgelöst hatte. Mit dem *SBZ*, dessen Leitung *Dr. W.-D. Schlechthaupt*, langjährig leitend im Retail Banking des Stammhauses tätig, übertragen wurde, wurde ein stark Retail-orientiertes Service- und Beratungsangebot mit den vier Schwerpunkten Konzepte und Servicepakete für Logistik und Informatik, Produktionsdienstleistungen (etwa im Bereiche Wertschriften und Zahlungsverkehr) sowie Management-Support (im Rechnungswesen und Controlling) und innovative Produkte (aus der Bankverein-Palette oder «massgeschneidert») geschaffen. Die Etablierung der jungen Firma im Markt[1] ist Teil der Welle grösserer Reorganisationsprojekte in der Logistik/Schweiz, mit welcher der Bankverein seit Anfang der neunziger Jahre den rasanten Veränderungen Rechnung zu tragen sucht, die sich gerade hinsichtlich der Geschäftsstrukturen und -abläufe im schweizerischen Mengengeschäft vollziehen.

**Reorganisationsprojekte in der Logistik/Schweiz**

Im Prinzip war und ist die zeit- und bedarfsgerechte Gestaltung der Logistik beim Bankverein wie auch bei anderen gutgeführten Banken ein ständiger, nie endender Prozess von Neuerungen, irritierend manchmal für die direkt davon Betroffenen, doch absolut existenznotwendig. Unter den innerhalb dieses Prozesses unterscheidbaren Projekten stechen in der ersten Hälfte der neunziger Jahre drei Massnahmen wegen ihres grundsätzlichen Charakters hervor: die Reorganisation des schweizerischen Filialnetzes, die Regionalisierung der Logistik, sowie die Konzentration des Securities Management. Zu Beginn der zweiten Hälfte der neunziger Jahre kam schliesslich noch ein weiteres bedeutsames Projekt hinzu: die Straffung des Vertriebsnetzes.

Reorganisation der Filialen: proFIL

Anfang der neunziger Jahre registrierte der Bankverein ein im Trend rückläufiges Ergebnis im Inlandgeschäft, eine voranschreitende Erosion seiner Marktposition im inländischen Firmen- und Privatkundengeschäft sowie eine allgemeine Attraktivitätseinbusse gegenüber der Gesamtheit seiner Konkurrenten auf dem Heimmarkt. Zugleich erkannte er, dass sich Terraingewinne im kaum noch wachsenden Schweizer Markt zunehmend nur noch in einem eigentlichen Verdrängungswettbewerb erzielen liessen – ein Wettbewerb, in dem die Hauptkonkurrenten mit Restrukturierungen *(Schweizerische Bankgesellschaft)* oder Akquisitionen *(Schweizerische Kreditanstalt/Schweize-*

---

[1] Mit der Privatbank *Coutts & Co.*, die im April 1996 die Ausgliederung ihrer gesamten Informationsdienste inklusive Rechenzentrum an das *SBZ* beschloss, wurde der erste Kunde ausserhalb des Bankverein-Konzerns gewonnen.

rische Volksbank) nach Positionsverbesserungen strebten. Schliesslich gaben auch Deregulierungen[1] und technologische Entwicklungen Anlass, die Beziehungslogistik zwischen der Bank und ihren Kunden grundsätzlich zu überprüfen.

Beim Bankverein waren im Jahre 1992 in der Schweiz 16 Sitze und rund 280 Filialen im Rahmen einer produkteorientierten Spartenorganisation für die Marktbearbeitung verantwortlich. Diese Organisation war zwar (einigermassen) flächendeckend; sie war jedoch mit ihrer heterogenen Struktur wenig geeignet, die Herausforderungen der Zukunft zu meistern. Vor allem aber war allen Verantwortlichen klar, dass ein Angebot **aller** Produkte an **alle** Kunden an **allen** Standorten mehr und mehr ein Ding der Unmöglichkeit, jedenfalls unbezahlbar, wurde.

Aus dieser Situation heraus wurde von der Geschäftsleitung auf Vorschlag von *W.G. Frehner* im April 1992 ein sogenanntes Strategisches Projekt namens «*proFIL*» an die Hand genommen, das die Überprüfung des inländischen Geschäftsstellennetzes der Bank und dessen bessere Ausrichtung auf das vorhandene Marktpotential zum Gegenstand hatte. Das Projekt gewann rasch grosse Eigendynamik, waren sich alle Beteiligten[2] doch bewusst, dass die herkömmlichen Organisationsstrukturen dringend einer grundsätzlichen Neuausrichtung bedurften. Ebenso schnell klar wurde aber auch, dass diese Neuausrichtung einen Einfluss nicht nur auf die Filialstruktur haben würde, sondern ganz ebenso auf die Sitze und sogar auf die Geschäftsleitung, wollte man nicht neuerlich Organisationsdiskrepanzen riskieren.

In dieser Hinsicht sollte sich ein mit *proFIL* nicht direkt zusammenhängender Entscheid des Bankverein-Verwaltungsrates von Anfang November 1993 als glücklich erweisen: er richtete sich auf die Einführung der – unabhängig vom Projekt *proFIL* – gemeinsam mit der Unternehmensberatungsfirma *McKinsey* erarbeiteten geschäftsbereichsorientierten Organisationsstruktur auf Gesamtbankebene. Dieses Konzept kam nun den anvisierten *proFIL*-Strukturen entgegen: während *proFIL* gleichsam von unten her eine Struktur mit nach Kundengruppen abgestuften Filialtypen und Dienstleistungsangeboten anvisierte, sah das *McKinsey*-Konzept quasi von oben her eine Neugestaltung der Organisationsstruktur des Bankvereins nach kundenorientierten Geschäftsbereichen vor. Mit diesen Geschäftsbereichen aber – und das stellte sich sozusagen als die strategische Konvergenz der beiden Ansätze heraus – war die mit *proFIL* angestrebte kundenorientierte Marktbearbeitung **und** eine einheitliche funktionale Führungslinie von der Geschäftsleitung bis zu den Beratungs- und Verkaufsgruppen an der Front sichergestellt.

Für diese nunmehr das gesamte Stammhaus betreffende, weit über die Reorganisation der Filialen hinausgehende neue Organisationsstruktur sprachen theoretisch wie praktisch (Pilotprojekte bei den Sitzen Genf und Bern und Kundenbefragungen) so

---

[1] Zu erwähnen ist insbesondere die Aufhebung der im Rahmen der Schweizerischen Bankiervereinigung geschlossenen Konventionen.
[2] An den zentral koordinierten Projektarbeiten waren zwischen Frühjahr 1992 und Anfang 1995 zahlreiche Mitarbeiter sowohl der zentralen Stäbe wie auch der Sitze und ausgewählter Filialen beteiligt, ganz abgesehen von ebenfalls angestellten Kundenbefragungen.

viele Argumente, dass – nachdem die neue Konzernorganisation Anfang Januar 1994 in Kraft gesetzt worden war – das neue Vertriebskonzept im Laufe des Jahres 1994 in der ganzen Schweiz bereits eingeführt wurde. Das schreibt und liest sich nachträglich leicht; doch in Tat und Wahrheit war das ein eigentlicher Kraftakt: viele Kompetenzen mussten neu abgegrenzt und geregelt werden, viele grössere und kleinere «Fürstentümer» wurden dabei angekratzt, viele Kunden waren mit neuen Kundenverantwortlichen (nicht auf dem Korrespondenzweg, sondern in persönlichen Unterredungen) zusammenzuführen, und schliesslich mussten viele Mitarbeiter weitergebildet oder umgeschult werden (für über 2000 Mitarbeiter wurden 20 000 Ausbildungstage durchgeführt). Eine klare Fokussierung der schweizerischen Vertriebsorganisation war jedoch die Frucht aller dieser Bemühungen – rund zwei Drittel aller Filialen wurden auf das Retailgeschäft konzentriert, beim übrigen Drittel handelte es sich entweder um Universalgeschäftsstellen mit vollständigem Dienstleistungsspektrum oder um Niederlassungen, die neben dem Basispaket Zusatzdienstleistungen anbieten, die in ihrem regionalen Markt besonders gefragt sind.[1] In konkreten Zahlen ergab das (per 1. Februar 1995) folgende Filialeinteilung: 326 Retail-Standorte, 69 Standorte für Private Anleger und Vermögensverwaltung, sowie 64 Standorte für einen Teil der Kundengruppe Firmen und Institutionen. Nicht ganz unerheblich war schliesslich, dass bei 38 Filialen rund 17 000 m² Bürofläche für andere Zwecke frei wurden.

Rückblickend auf dieses Projekt verdient schliesslich besondere Hervorhebung, dass es dem Bankverein mit der Realisierung von *proFIL* zum ersten Mal in seiner Geschichte gelungen war, eine tiefgreifende Veränderung seiner inländischen Vertriebsstruktur innert relativ kurzer Zeit und mit allen Konsequenzen durchzusetzen – um so bemerkenswerter, als ja gleichzeitig – wie andernorts in diesem Buche dargelegt – auch in anderen Bereichen der Bank massive Neuausrichtungen realisiert oder vorbereitet wurden.

### Regionalisierung der Logistik

Zu den zu dieser Zeit durchgezogenen Neuausrichtungen zählte – hier immer noch im Bereiche der Logistik – auch die im selben Jahr 1994 im Rahmen des Projekts «Redesign Logistik» durchgezogene Zusammenfassung wichtiger Funktionen an nur noch drei Standorten in der Schweiz. Noch 1994 besassen alle 15 Schweizer Sitze Logistikeinheiten mit nahezu identischen Funktionen. Die damit verbundenen Mehrspurigkeiten, Überlappungen, vor allem aber Kosten waren vielen Sachkennern schon lang ein Dorn im Auge gewesen, doch war man auch aus Rücksicht auf Befürchtungen der Sitzdirektionen in bezug auf die Dienstleistungsqualität für die Kunden vor einer Reorganisation auf diesem Felde immer wieder zurückgeschreckt. Jetzt, wo mit Projekten wie der neuen Konzernorganisation und *proFIL* so manche heilige Kuh geschlachtet wurde und bessere technische Voraussetzungen gegeben waren, schritt man auch hier nach für den Bankverein

---

[1] Alle Filialtypen decken aber weiterhin die Grundbedürfnisse ab, so dass sich für die weitaus grösste Zahl der Kunden in bezug auf ihre gewohnte Bankstelle nichts änderte.

relativ kurzen Vorabklärungen rasch zur Tat: Seit dem 1. Januar 1995 werden nur noch diejenigen Logistik-Dienstleistungen, bei denen die geographische Nähe zum Kunden wirklich nötig ist, lokal erbracht; alle übrigen Funktionen hingegen, bei denen Synergien möglich sind und Kostensenkungspotentiale erschlossen werden können, sind seit diesem Datum in drei Regionalcenters in Basel, Zürich und Genf zusammengefasst und bildeten, zusammen mit einer Zentrale in Basel und den lokalen Logistikeinheiten bei allen übrigen Schweizer Sitzen, den zunächst von Generaldirektor *Hanspeter Brüderli* geführten Geschäftsbereich Logistik/Schweiz.[1] Mit dieser neuen Struktur wurde sichergestellt, dass es inskünftig nur noch **eine** Politik und **eine** Strategie des Bankvereins im Bereiche der Logistik gibt[2]: sie werden bei der Zentrale in Basel entwickelt und von ihr auch durchgesetzt. Die letztere stützt sich dabei auf die drei identisch aufgebauten Regionalzentren[3] mit den Ressorts Human Resources, Infrastruktur und Dienste, sowie Produktion und Rechnungswesen, die ihrerseits die verbliebenen lokalen Logistikeinheiten betreuen. Diese Struktur macht Sinn; doch soll nicht verschwiegen werden, dass auch ihre Einführung zeitweise zu der Verunsicherung eines Teils des Bankverein-Personals beigetragen hat, welche von der Welle der Neuerungen Mitte der neunziger Jahre ausgelöst wurde.

Konzentration des Securities Management

In dieselbe Kategorie gehört schliesslich auch die Zusammenfassung der Verwahrung und Verwaltung von Wertschriften, der sogenannten Titelzentralen, an einem einzigen Ort. Bis kurz vor dem hundertsten Jubiläum der Bank war das «Handling» der Wertschriften Angelegenheit der Filialen gewesen, bei denen der Kunde sein Depot unterhielt. Diese zersplitterte, mit hohen Kosten und Unsicherheiten beim Hin- und Herschicken der Titel behaftete Struktur war im Juni 1970 ungefähr gleichzeitig mit der Gründung des Banken-Gemeinschaftswerks *SEGA Schweizerische Effekten-Giro AG*, Basel, durch eine Konzentration auf fünf Titelzentralen (in Zürich, Basel, Genf, Bern und Lausanne) abgelöst worden – eine Struktur, die bis in die neunziger Jahre hinein Geltung behalten sollte. Auch sie hatte indes ihre Nachteile: bei der zu jener Zeit noch stark regional ausgerichteten Organisationsstruktur der Bank (die Titelzentralen unterstanden den jeweiligen Sitzdirektionen) konnte es nicht ausbleiben, dass auch sie trotz der gesamtschweizerischen EDV-Applikationen im Laufe der Jahre sehr unterschiedliche Organisationen und Arbeitsabläufe entwickelten.

[1] Eine organisatorische Anpassung dieser Struktur erfolgte im Rahmen der im Mai 1996 bekanntgegebenen weiteren Organisationsreform (vgl. hierzu S. 266 f.), indem ein Teil der Logistik in die nunmehr im Corporate Center angesiedelte Funktion Beschaffung (unter *Hp. Brüderli*) integriert wurde, während der Geschäftsbereich Logistik des UB Schweiz in die Servicebereiche Informationstechnologie (unter *Thomas Escher*) und Dienste (unter *St. Zimmermann*) aufgeteilt wurde.
[2] Dies ist eine entscheidende Voraussetzung z.B. für die auch so kostenrelevante und so lange fehlende Koordination der Beziehungen zu Lieferanten des Bankvereins!
[3] Das Regionalcenter Basel wurde zuständig für die Logistik der Sitze Aarau, Basel, Bern und Luzern, das Regionalcenter Zürich für Chur, Lugano, St. Gallen, Schaffhausen, Winterthur und Zürich, und das Regionalcenter Genf für Freiburg, Genf, Lausanne, Neuenburg und Sitten. Diese Zuständigkeit wurde auch nach der im September 1996 angekündigten Überführung der 15 Inland-Sitze in eine neue, auf drei Zentren ausgerichtete Regionalstruktur des Unternehmensbereichs Schweiz im Prinzip beibehalten.

Nachdem dann ab Herbst 1987 im Gefolge des damaligen weltweiten Börsencrash mit rückläufigen Umsätzen im Wertschriftengeschäft überdies Überkapazitäten und Kostendruck auftraten, das elektronische Verarbeitungspotential unausgeschöpft war, und schliesslich sich die Wertschriftenadministration von einer passiven Verwaltung zu einem aktiven Kundendienst wandelte, wurden auch die Mängel dieser nun fast zwanzigjährigen Struktur manifest.

Die daraufhin mit dieser Sache befasste Strategische Entwicklungsgruppe (SEG) beschloss in Anbetracht dieser Mängel im Frühjahr 1991 eine Zentralisierung gewisser, bisher von den fünf Titelzentralen wahrgenommener Wertschriftenfunktionen in einem einzigen Center mit Standort Zürich. Als Termin hierfür wurde zunächst das Jahr 2000 in Aussicht genommen; wenig später, nach Aufhebung der schweizerischen Gebührenkonvention und dem daraus resultierenden Druck auf die Gebühreneinnahmen der Bank, wurde dieser Termin im Jahre 1993 auf Ende 1996 vorverlegt. Dieses Ziel war so ehrgeizig wie manches, was zu dieser Zeit beim Bankverein logistisch an die Hand genommen wurde, konnte eine neue Organisation der Titelzentralen doch nicht über Nacht entstehen, sondern bedurfte mehrerer Zwischenstufen.[1] Indes, die Zentralisierung drängte, war doch offensichtlich, dass die Ausführung gleicher oder ähnlicher Arbeiten an fünf oder auch nur drei Orten (in einem ersten Schritt waren per 1. Juli 1992 die bisherigen Titelzentralen Bern und Lausanne in diejenigen in Basel und Genf integriert worden) mit unnötig hohen Produktionskosten verbunden war.

So kam es dazu, dass – nachdem per 1. Januar 1993 die Leitung des Ressorts Securities Management von Basel nach Zürich Altstetten verlegt worden war – die Projektverantwortlichen die konsequente Zentralisierung dieses Geschäftszweigs **noch** rascher vorantrieben als ursprünglich anvisiert. Motiviert waren sie dabei sicherlich nicht nur durch den gerade erwähnten Kostendruck; hinzu kam auch, dass sich die traditionelle Wertschriftenadministration, früher nur ein Backoffice für die vorgelagerte Wertschriftenhandelsabteilung, seit Ende der achtziger Jahre zu einem Frontoffice entwickelt hatte, erkennbar etwa an Produkten wie *Global Custody* und *Securities Lending*, welche seit 1990 in enger Koordination mit den Schweizer Sitzen vermarktet wurden. Eine neuerliche Vorverlegung des ursprünglich für 2000, dann für Ende 1996 in Aussicht genommenen Termins für eine vollständige Zentralisierung des schweizerischen Securities Management beim Bankverein im Jahre 1994 erwies sich als realistisch: am 3. September 1995 konnte Direktor *Marcel Achermann* vom Securities Management dem Leiter des Geschäftsbereichs Logistik, *Hanspeter Brüderli*, den Vollzug der Titelzentralen-Konzentration in Zürich Altstetten melden. Auch auf diesem nicht unwichtigen Gebiet hatte der Bankverein damit den Schritt von einem föderalistischen Gebilde zu einer zentral und straff geführten Organisation vollzogen – rascher und konsequenter, als es viele Zweifler lange für möglich gehalten hatten.

---

[1] Ein Grund hierfür lag darin, dass die Software teilweise erst entwickelt werden musste. Zudem arbeiteten die Titelzentralen nicht in einem geschlossenen System, sondern waren mit Dritten verbunden, wie der genannten *SEGA*, internationalen Clearingorganisationen wie *Euroclear* und *Intersettle*, sowie zur schweizerischen Optionen- und Futuresbörse *SOFFEX*.

Teil 2/Kapitel 2: Führung und Organisation der Bank

### Straffung des Vertriebsnetzes

Die erwähnte, im Jahre 1994 im Rahmen des Projekts «Redesign Logistik» vorbereitete und Anfang 1995 realisierte Regionalisierung der Logistik wurde in der zweiten Jahreshälfte 1996 konsequent weiterentwickelt. Im Zentrum dieses weiterführenden Ansatzes stand einerseits die Erkenntnis, dass mit der aufrechterhaltenen Sitzstruktur bei den 15 Sitzen neben der bereits zentralisierten Logistik immer noch mancherlei Support-Funktionen etwa bei den Human Resources, im Marketing und in der Kommunikation oder im Rechtswesen in Duplizität zueinander wahrgenommen wurden; anderseits wurde unter dem Druck des Marktes auch immer deutlicher, dass nur mit einer weitergeführten, strikten Trennung von Verkauf und Produktion sichergestellt werden konnte, dass sich die jeweiligen Einheiten auf ihre Kernkompetenzen ausrichten und diese pflegen können.

Diesen Einsichten entsprechend entschloss sich die seit Mai 1996 neu unter der Führung von *Marcel Ospel* stehende Konzernleitung im Frühherbst 1996 zur Etablierung einer von ihren historischen Wurzeln endgültig wegführenden, ganz auf Effizienz ausgerichteten Struktur des Unternehmensbereichs Schweiz: per Anfang 1997 treten an die Stelle der 15 Sitze drei neudefinierte, die Schweiz

*In Zürich Altstetten befindet sich das regionale Verwaltungszentrum, dessen zweite Bauetappe im Jahre 1991 vollendet wurde.*

abdeckende Regionen, denen 17 Marktgebiete mit den dazugehörigen knapp 300 Geschäftsstellen zugeteilt sind. In den Regionen sind nun alle jene Bereiche zusammengefasst, die effizienter zentral geführt werden können (also typische Supporteinheiten), während die Marktgebiete und die Geschäftsstellen sich ganz auf ihre Verkaufs- und Beratertätigkeit konzentrieren können; und unterstützt wird die somit geschaffene, straffe Vertriebsorganisation durch die (bereits 1994 etablierten und jetzt weiter verstärkten) zentral geführten Einheiten in den Bereichen Produktion und Information Technology. Mit den 17 Marktgebieten und ihren Geschäftsstellen sind damit bezüglich Homogenität, Volumengrösse und vor allem Potential vergleichbare Gebilde geschaffen, die eine gute Voraussetzung für eine effektive Marktbearbeitung bieten. Wenn, wie es vorgesehen ist, den Marktgebieten «maximale» Entscheidungsfreiräume eingeräumt werden, so erhalten diese damit die Möglichkeit, sich gezielt auf die jeweiligen Kundenbedürfnisse auszurichten. Daneben steht der produktionstechnische Überbau, der kundenbezogene interne Abwicklungsprozesse und Basisdienstleistungen wie den Zahlungsverkehr, die Wertschriftenverwaltung und das Produktemanagement durch hochspezialisierte Einheiten zentral erstellt, einer Art Fabrik vergleichbar. Schliesslich dient auch die Etablierung einer unabhängigen zentralen Krediteinheit (Credit Risk Management) sowie einer zentralen Stelle zur Durchsetzung einer konsequenten Risikobewirtschaftung und Segmentierung dazu, dass sich die Beraterteams an der Verkaufsfront ganz auf Firmenkunden konzentrieren können, die ein Potential und eine langfristige Perspektive bieten.

Vergleicht man diese Struktur mit jener Organisation, mit welcher der Bankverein in das zweite Jahrhundert seiner Geschäftätigkeit getreten war, so wird der weite Weg deutlich, den die noch vor 25 Jahren keineswegs auf Verkauf ausgerichtete Bank in der Zwischenzeit zurückgelegt hat. Dass manche der vielen Schritte auf diesem Wege zunächst keineswegs auf allseitigen Beifall stiessen und teilweise auch eher zögernd getan wurden, ändert nichts daran, dass sie im Rückblick ganz klar als notwendig erkennbar werden. Denn hätte der Bankverein in der Struktur eines Vereins von Banken heute noch eine Chance auf dem Schweizer Markt? Ein Blick auf andere Gruppierungen selbständig geführter Banken, die sich jetzt vermehrt zum Zusammengehen genötigt sehen, beantwortet diese Frage.

**Elementarschäden in der Logistik**

In den seit dem hundertsten Jubiläum vergangenen 25 Jahren ist der Bankverein in drei Fällen von Grossschäden, hervorgerufen durch die Elemente Feuer und Wasser, betroffen worden. Diese Ereignisse stellten für alle Beteiligten vor dem Hintergrund der imperativen Sicherung der Arbeitsabläufe eine unerhörte Herausforderung dar. Zwei dieser veritablen Katastrophen berührten kurzfristig gar die operative Funktionsfähigkeit der Gesamtbank.

Beim ersten dieser zwei Fälle handelte es sich um einen Grossbrand, der in der Nacht vom 8. auf den 9. Dezember 1978 grosse Teile des Bankverein-Hauptdomizils an der Aeschenvorstadt 1 in Basel

Teil 2/Kapitel 2: Führung und Organisation der Bank   285

in Schutt und Asche gelegt hatte. Die Ursache – nie mit restloser Sicherheit geklärt – war klein: wahrscheinlich stand sie im Zusammenhang mit den zu jener Zeit im Gebäude laufenden Umbau- und Renovationsarbeiten; die Folgen aber waren gross – 600 Arbeitsplätze im Hauptgebäude mitsamt deren Infrastruktur waren ein Raub der Flammen geworden. Glück im Unglück war, dass mindestens die Tresorräume und die meisten Wertgegenstände unversehrt blieben. Die Zentrale der Bank aber war an diesem Platz nicht mehr arbeitsfähig.

Die logistische Aktion zur Sicherung der Arbeitsfähigkeit der Bank, die koordiniert durch einen zentralen Krisenstab[1] unter der Leitung des Generaldirektors *Max Kühne* noch in derselben Nacht anlief, hat wegen ihrer Effektivität in der Folge national und international viel Beachtung gefunden. Tatsächlich gelang es, dank einer sich jetzt als zweckmässig erweisenden Organisation und des freiwilligen, in seinem Engagement aussergewöhnlichen Einsatzes Hunderter Bankverein-Mitarbeiter, über das unmittelbar folgende Wochenende für die 600 vernichteten Arbeitsplätze bis zum folgenden Montagmorgen an anderen Orten Ersatz zu schaffen; doch nicht nur das: diese Arbeitsplätze waren sofort auch wieder in das Kommunikationsnetz des Bankvereins eingebunden, so dass die Bank am darauffolgenden 11. Dezember 1978 wieder voll funktionsfähig war. Hier verdiente die PTT besonderes Lob, die über das Wochenende 130 Telefonleitungen in ein der *Bank für Internationalen Zahlungsausgleich* gehörendes, dem Bankverein für einige der folgenden Jahre zur Verfügung gestelltes Gebäude am Bahnhof SBB in Basel schaltete und betriebsbereit machte; sehr dankbar vermerkt wurde aber auch die spontane Hilfsbereitschaft der chemischen Industrie und befreundeter Finanzinstitute, die dem Bankverein buchstäblich über Nacht Mobiliar, Maschinen und Apparate zur Verfügung stellten, mit denen die «neuen» Büros – in Basel herrschte zu jener Zeit glücklicherweise kein Mangel an Büroräumen – erst einmal ausgestattet werden konnten.

In der Zwischenzeit ist das so weitgehend vernichtete Gebäude (in dem praktisch nur die Arbeitsräume von rund 200 Mitarbeitern der Devisenabteilung und des Notenhandels erhalten geblieben waren und auch während der auf den

*Der Grossbrand des Gebäudes an der Aeschenvorstadt in der Nacht vom 8. auf den 9. Dezember 1978 war der grösste Brandfall, den die Stadt Basel in neuerer Zeit zu verzeichnen hatte.*

---

[1] Dieser Krisenstab war schon lange vor diesem Ereignis vorsorglich aufgebaut worden.

Brand folgenden Monate weiter genutzt wurden) wiederaufgebaut – schöner und vor allem zweckmässiger als vorher, hinter den alten Fassaden, auf deren Abbruch man entsprechend dem Wunsch breiter Kreise verzichtet hatte, den Anforderungen heutiger Arbeitsabläufe Rechnung tragend. Und speziell auch die Kunden hatten an dem im April 1983 wieder in Betrieb genommenen Gebäude ihre Freude: ihnen stand – und steht seither – eine nach den neuesten Erkenntnissen konzipierte, helle und freundliche Kundenhalle zur Verfügung. Doch nicht nur das: mit der erzwungenen Dislokation der über Jahrzehnte hinweg an der Aeschenvorstadt 1 in Basel gemeinsam domizilierten Einheiten der Geschäftsleitung der Bank und des Sitzes Basel war die alte Frage einer räumlichen Trennung dieser Einheiten wieder auf den Tisch gekommen, war doch das alte «Hauptgebäude» schon vor dem Brand hoffnungslos überbelegt gewesen; und der Spekulation mag überlassen bleiben, ob der sodann in dieser Frage (endlich) gefällte Entscheid zugunsten eines Neubaus der «Generaldirektion» am Aeschenplatz 6, der noch parallel zum Wiederaufbau des alten Sitzgebäudes in Angriff genommen und bereits ab 1985 etappenweise bezogen werden konnte, ohne den Grossbrand vom 8./9. Dezember 1978 schon zu diesem Zeitpunkt gefällt worden wäre ...

Der zweite, die Funktionsfähigkeit der Gesamtbank jedenfalls im Handelsbereich kurzfristig bedrohende Katastrophenfall ereignete sich in den frühen Morgenstunden des 13. April 1992 in Chicago, wo nach dem Bruch einer Staumauer des Chicago River unterirdische Tunnel und die angrenzenden Untergeschosse von Gebäuden auf einer Strecke von mehreren Kilometern überflutet und die Untergrundbahn-, Elektrizitäts- und Telefonnetze im Stadtzentrum lahmgelegt worden waren – mit der Folge, dass die Geschäftstätigkeit in den Gebäuden im «Loop» während fast einer Woche ruhen musste.

Der Bankverein war von dieser Katastrophe deshalb in Mitleidenschaft gezogen, weil sich in einem der am schwersten betroffenen Gebäude, jenem des *Chicago Board of Trade*, der Hauptstützpunkt der *SBC-O'C Services L.P.* befand – Zentrum seines weltweiten, auf permanente Einsatzbereitschaft der computergestützten Informationssysteme gestützten Derivatehandels. Wiederum, wie knapp vierzehn Jahre zuvor in Basel, lief eine effiziente Krisenorganisation an: in aller Eile wurden Aussenposten für die Computer installiert, nämlich in den Räumlichkeiten des Bankvereins in New York City, sowie in drei Vororten von Chicago (in Naperville, Alsip und Schaumburg), und Händler dislozierten vorübergehend nach New York, San Francisco, Philadelphia, London und Toronto. Dass es in der Tat gelang, trotz der solchermassen erschwerten Umstände das Geschäft nahezu reibungslos weiterzuführen, stellte auch hier sowohl den involvierten Mitarbeitern wie der Krisenorganisation der Bank ein hervorragendes Zeugnis aus. Dennoch atmeten nicht nur die Mitarbeiter auf, als sie bereits am 20. April 1992 in die Räumlichkeiten des *Board of Trade* zurückkehren und die Geschäfte wieder unter den gewohnten Voraussetzungen aufnehmen konnten ...

Schliesslich wurde – mit begrenzteren Folgen für die Bank – auch eine Bankverein-Filiale von einem durch Wasser verursachten Elementarschaden betroffen: die Niederlassung in Brig wurde zusammen mit dem Zentrum der Stadt Brig am 24. September 1993 nach einer durch heftige Regenfälle ausgelösten Überschwemmung der Stadt von Wasser- und Schlamm-Massen überflutet und verwüstet. Die Katastrophe war so rasch eingetreten, dass sich 15 Angestellte und zwei Kunden nur noch in den ersten Stock der Filiale flüchten und diesen erst am folgenden Vormittag über Leitern verlassen konnten. Auch am Montag nach diesem denkwürdigen Freitag verhinderte nach wie vor eine 1,5 m hohe Masse von Schlamm und Geröll das Betreten der Filiale durch die Eingangstüre. Zu diesem Zeitpunkt aber war die Filiale Brig schon wieder geschäftlich – wenn auch nicht physisch – präsent: die Telefonleitungen waren nach Visp, der nächstgelegenen Bankverein-Filiale, umgeschaltet, und der Zahlungsverkehr sowie die Buchhaltung der Filiale wurden über den Sitz Sitten abgewickelt; und kurze Zeit später war ein provisorischer Schalter im Schlosshotel in Brig eingerichtet worden. Schliesslich war der Bankverein dank des vorbildlichen Einsatzes aller Beteiligten die erste Bank in Brig, die nach der Überschwemmungskatastrophe wieder zu einem normalen Betrieb im angestammten Haus zurückkehren konnte. Insgesamt kamen die Folgen dieses Ereignisses bei weitem nicht an die Brandkatastrophe von Basel heran; aber während in Basel ausser dem Bankverein niemand zu Schaden gekommen war, waren hier weite Teile der Stadt von dem Unheil betroffen, und es dauerte Monate, bis sich das Leben dort wieder normalisiert hatte.

### Abschnitt 3:
## Controlling und Risikomanagement als stete Aufgabe

**Der lange Weg zum Controlling**

Controlling – eine zukunfts- und entscheidungsorientierte permanente Überwachung aller wichtigen geschäftlichen Entwicklungen mit Blick auf Zielsetzungen und Ressourcen – ist heute eine stete, prioritäre Aufgabe des Managements einer Bank. Ebenso eine stete Aufgabe aber stellt sein Aufbau und seine Entwicklung im Hinblick auf die im Zeitablauf veränderten Problemstellungen sowie unter Nutzung der im Zeitablauf verfügbar werdenden Methoden und Instrumente dar. An ihrer Bewältigung wird beim Bankverein permanent gearbeitet – auf jeden Fall seit jener Zeit, in welcher er sein hundertstes Jubiläum beging.

Zu dieser Zeit, genauer 1970/71, entstand auf Initiative des damaligen Generaldirektors *Dr. Hugo Grob* unter Direktor *Dr. John Ilg* eine Führungs- und Planungskonzeption, deren Kerngedanke das *Management by Objectives* war, ein auch aus heutiger Sicht durchaus moderner Ansatz. Das damalige Rechnungswesen, eine vom langjährigen «Zahlengewissen» des Bankvereins, dem späteren Zentraldirektor *René Prodolliet* souverän beherrschte reine Finanzrechnung, musste dazu mit einer Betriebsrechnung ergänzt werden; ein Grobkonzept für sie wurde im Februar des Jubiläumsjahres 1972 von der Geschäftsleitung gutgeheissen. Nach Überwindung zahlreicher Hürden – zeitlicher Vorsprung von Budgetierung und Planung gegenüber der zugehörigen, aber nachhinkenden Rechenwerkentwicklung, getrennte Unterstellung der Planer (*Dr. Ilg* und der spätere Generaldirektor *M. Kühne*) einerseits und der Kostenrechner (*R. Prodolliet* und der spätere erste Controller der Bank, *Roger Miserez*) andererseits, gleichzeitig Aufbau einer EDV-Entwicklung (damals Automation genannt) sowie des *RTB* mit Priorität bei Frontapplikationen statt beim Rechnungswesen – kam die erste Stufe der sogenannten *Kosten- und Leistungsrechnung (KLR)* sowie der *Betriebskostenrechnung (BKR)* nach ausgiebigen Tests ab 1975 bei den Schweizer Sitzen schrittweise zur Einführung. Unmittelbar daran anschliessend wurde sodann auch eine Auslandsversion des KLR entwickelt und bei den ausländischen Niederlassungen der Bank installiert.

Ein nächster Schritt bestand sodann im Aufbau einer Datenbank, die periodisch führungsrelevante Informationen aus den operativen Systemen übernahm und verfügbar hielt. Das hierzu lancierte Projekt trug die anspruchsvolle Bezeichnung *FIS (Führungsinformationssystem)*[1]; erstmals in der Geschichte der Bank waren in ihm nicht nur Spezialisten des Bank- und Rechnungswesens, sondern auch Mathematiker und Naturwissenschafter eingesetzt. Das Team – mit einer nicht immer spannungsfreien, doch letztlich modernen integrierten Mitwirkung von Spezialisten aus der «Automation» – leistete gute Arbeit: auch Mitte der neunziger Jahre ist das FIS noch auf der Basis damals entwickelter Konzepte in Gebrauch gewesen, selbstverständlich in einer an die inzwischen fortgeschrittenen technischen Möglichkeiten angepassten Form.

Ein weiterer wichtiger Baustein bei der Entwicklung dessen, was wir heute als Controlling bezeichnen, war sodann die *Fälligkeits-Bilanz-Analyse (FABIAN)*, mit welcher der Bankverein zu Beginn der achtziger Jahre erstmals über ein seinerzeit revolutionäres Instrument zur Messung und Beurteilung der strukturellen Liquidität der Bilanz verfügte.[2] Das Modell verband in innovativer Weise Elemente wie Häufigkeit, Nennwert und Verfallstruktur bilanzwirksamer Transaktionen mit Methoden der Wahrscheinlichkeitsrechnung und der Versicherungsmathematik, musste aber Ende der achtziger Jahre in dieser Form ersetzt werden, hatten sich doch Verständnis und Interpretation als äusserst anspruchsvoll und abstrakt erwiesen.

Waren alle diese Ansätze noch im wesentlichen Gesamtbank-orientiert, so begann sich ab Anfang der achtziger Jahre der Akzent bei den weiteren Entwicklungsarbeiten im Bankverein-Rechnungswesen vermehrt zu Profit- und Kosten-Center-fokussierten Kosten- und Leistungsanalysen zu verlagern, nachdem sich im schweizerischen Bankwesen die Ansicht auszubreiten begonnen hatte, die «Schlacht» in der Bankbranche werde inskünftig auf der Kosten- resp. Passivseite geschlagen. In der Folge hielten einerseits die Kostenreduktionsmethoden der Industrie wie *Zero-base Budgeting, Gemeinkostenwertanalyse* etc. auch

---

[1] Der Ausdruck wurde wenig später etwas bescheidener durch «Führungsinformation und Statistik» ersetzt.
[2] Der verwendete Ansatz ging auf eine von *Neil Sunderland*, einem zeitweiligen Bankverein-Direktor, an der Eidgenössischen Technischen Hochschule (ETH) Anfang der siebziger Jahre ausgearbeitete Dissertation zurück.

im Bankensektor Einzug, und der Bankverein unterzog seine Generaldirektion unter dem Stichwort *Konzernstabsorganisation (KSO)* einer an das Zero-base Budgeting angelehnten Überprüfung (der in späteren Jahren ähnliche Bemühungen folgten); anderseits wurde jetzt der Blick vermehrt auf die Entwicklung von Methoden zur permanenten Verfolgung der Kosten/Ertrags-Relationen bei den verschiedenen operativen Einheiten der Bank gerichtet. Zunächst standen hier das Kreditgeschäft und dabei das für die Bank rasch wichtiger werdende Hypothekargeschäft im Vordergrund. Auf sie zielten verschiedene, ab 1981 entwickelte Verfahren zur Messung der Rendite bzw. zur Vorkalkulation der Mindestzinsmargen wie etwa eine Berechnung der *Zinsmarge im Hypothekargeschäft* sowie eine (vom heutigen stellv. Direktor *Kurt Hürzeler* ausgearbeitete, auf einem Poolansatz mit Margenhalbierung basierende) *Wertleistungsrechnung* ab. Diese Ansätze wurden bis Ende 1994 benutzt. Konzeptionell wurden sie durch die Marktzinsmethode abgelöst; Nachfolger ist ein bezüglich Datenanforderungen wesentlich anspruchsvolleres Zinsenmodell, das sich applikatorisch Mitte der neunziger Jahre in Entwicklung befand.

Im weiteren richteten sich die analytischen Bemühungen jetzt vermehrt auf die Kontrolle der Wirtschaftlichkeit, der Ergebnisorientierung und der Ergebnisse bestimmter Betriebseinheiten, wobei der Sitz Zürich als grösste operative Einheit der Bank unter einem initiativen Management häufig Schrittmacherfunktionen ausübte. So wurde hier in den Jahren 1983/84 zusammen mit der Abt. Planung und Marketing der Generaldirektion und einer Beratungsfirma eine *Kosten-Leistungsanalyse (KLA)* der wichtigsten operativen Einheiten durchgeführt, deren Ziel es war, die Arbeitsabläufe so zu gestalten, dass – so der Bankverein-Geschäftsbericht 1984 – seine «Dienstleistungen in bedürfnisgerechter Form, zum richtigen Zeitpunkt und zu vernünftigen Kosten erbracht werden können». Weiter entwickelte der Sitz Zürich auf gemeinsame Initiative des 1983 zum Controller ernannten Direktors *R. Miserez* und des seinerzeitigen Zürcher Direktionsvorsitzenden *Berthold Wietlisbach* im Jahre 1985 eine *Hauptabteilungsrechnung (HAR)*; diese auf die Zürcher Organisationsstruktur bezogene Profit Center-Rechnung stellte einen – allerdings als operatives Führungsinstrument nur begrenzt nutzbaren[1] – Anwendungsfall der Betriebskostenrechnung (BKR) dar. Abgelöst wurde sie durch eine im Juni 1990 lancierte *Line of Business (LOB)*-Rechnung, die zunächst beim Sitz Zürich, später vom Sitz Genf eingeführt wurde.[2] Schliesslich war der Sitz Zürich im Jahre 1986 auch «Schauplatz» der zusammen mit dem Mathematiker *Kurt Moll* von der Generaldirektion vorangetriebenen Entwicklung eines Prototyps für die *Erfolgskontrolle Anlageberater*, ein in der Folge der Generaldirektion zur koordinierten Weiterentwicklung übergebenes Projekt. Es war in zweifacher Hinsicht bemerkens-

---

[1] Eine in der BKR zu weit getriebene Aufschlüsselung verwässerte das für diese Rechnung so wichtige Verursacherprinzip, eine Schwäche, die erst vom 1993/94 eingeführten SAP-Programm überwunden wurde.

[2] Auch sie war nicht ohne Probleme, band ihre Produktion doch knappe Ressourcen zur Datenbankauswertung in Basel und konkurrenzierte damit die zentrale Entwicklung einer Profit Center-Rechnung und teilweise auch die Realisierung des Zinsenmodells. Dieser Konflikt war nicht unerheblich: er führte zeitweilig zum Stillstand aller Projekte.

wert: Zum einen handelte es sich hierbei um das erste Führungsmittel, das bis auf die Stufe Mitarbeiter reichte[1], zum anderen erfüllte der Ansatz die Anforderungen der Sitze an die Flexibilität eines Führungsmittels, indem die Generaldirektion den Sitzen Detaildaten und eine Standardauswertungs-Software zur Verfügung stellte, jeder Sitz aber seine eigenen Auswertungen erstellen konnte.[2]

Ein derartiges, zentrale und lokale Kapazitäten zusammenschaltendes Vorgehen hatte zweifellos auf der Hand liegende Vorteile. Dennoch stellen sich die achtziger Jahre im Rückblick im ganzen als eine Zeit der dezentralen Führungsmittelentwicklung im Bankverein dar, für welche die erwähnte Entwicklung der *HAR Profit Center-Rechnung* beim Sitz Zürich den Auftakt bildete. Massgeblich hierfür waren die langen Entwicklungszeiten für zentral produzierte Führungsmittel einerseits und die inzwischen verfügbaren Controlling-Fähigkeiten **und** Personal Computer bei den Sitzen andererseits. Auch ermangelten die zentral erstellten Führungsmittel zeitweise etwas der operativen Orientierung, da der «Hauptkunde» des Konzern-Controlling, die Geschäftsleitung, primär an der Gesamtoptik interessiert war. Die Kehrseite der Medaille waren freilich (wenig produktive) Parallelentwicklungen und vor allem methodische «Glaubenskriege» unter den Sitzen – namentlich zwischen jenen von Basel, Zürich und Genf – sowie zwischen den Sitzen und der Generaldirektion.

Derartigen Zersplitterungen entgegenzuwirken war unter anderem eine der Aufgaben des zentralen Controlling, das 1983 bei der Generaldirektion eingerichtet worden war.[3] Zwischen den Anforderungen der Geschäftsleitung und der Sitze, den Möglichkeiten und Grenzen des Rechnungswesens und der Datenverarbeitung, sowie zwischen den mannigfachen konfliktbeladenen Anforderungen an Schnelligkeit und Zuverlässigkeit einen alle überzeugenden Weg zu finden, war nicht immer leicht für diese neugeschaffene Instanz. Das erwies sich beispielsweise beim Mitte der achtziger Jahre zur Einführung vorgesehenen, höchst arbeitsintensiv vorbereiteten *International Management Accounting System (IMAS)*, einem Projekt, das die Datenbedürfnisse für ein wirksames Controlling an sich durchaus erfüllt hätte: der Ansatz stellte sich als nicht praktikabel heraus, das Projekt war eindeutig überladen. Auch die zum konsistenten Entwicklungskonzept von Führungsmitteln des Controlling ge-

Gegenüberliegende Seite: Das «Leitbild» gut sichtbar in den Arbeitsräumen der Bank.

[1] Das Controlling des Sitzes Zürich nahm im Zusammenhang mit dem für Vorgesetzte und Mitarbeiter neuen Umgang mit dem brisanten Instrument eine wichtige Instruktions- und Überwachungsaufgabe wahr.
[2] Die zur Verfügung gestellte Datenbasis gewährleistete eine Konsistenz der Daten und bewirkte eine Rationalisierung, indem die komplexen Datenbankauswertungen (SESAM) für die Sitze gemeinsam entwickelt und getestet werden konnten. Das war nicht unwichtig, war es damals doch durchaus noch üblich, dass jeder Sitz seine eigenen massgeschneiderten Ad hoc-SESAM-Auswertungen entwickeln liess, womit Doppelspurigkeiten unvermeidlicherweise die Regel waren.
[3] Generaldirektor *Dr. Francis Christe* als das für diesen Bereich zu jener Zeit zuständige Geschäftsleitungsmitglied umschrieb dessen Aufgabe in einem am 6. Mai 1983 an der Direktorenkonferenz gehaltenen Referat unter anderem mit folgenden Worten: «Für unsere Bank sehen wir den Hauptzweck des Controlling in der Unterstützung und Beratung der Konzernorgane in ihren Führungs- und Überwachungsaufgaben, zwecks Sicherstellung der Rentabilität, Wirtschaftlichkeit und Produktivität der gesamten Unternehmung ... Unter Controlling wird das betriebswirtschaftliche Gewissen der Bank verstanden.»

hörende zentrale Entwicklung und Produktion der schliesslich 1984/85 eingeführten *Betriebsleistungsrechnung (BLR)*, einem Instrument zur – wichtigen – vergleichenden Analyse von Geschäftsstellen, stellte in dem damals noch dezentral organisierten Bankverein ein äusserst anspruchsvolles Vorhaben dar, um so mehr als die Bank zu jener Zeit noch die Genauigkeit von Führungsmitteln nach buchhalterischen Standards zu beurteilen pflegte.[1] Die in der Folge unvermeidlichen langen, oftmals unerträglich langen Entwicklungszeiten führten immer wieder zu Eigenentwicklungen einzelner Sitze, die zwar oftmals «schön und gut», ebenso häufig aber auch zumindest in der Summe **noch** arbeits- und kostenintensiver waren als die zentralen Lösungen.

Einen Durchbruch (selbstverständlich nicht nur für das zentrale Controlling!) stellte die an anderem Ort bereits dargestellte Neuorganisation der Bank mit der Konkretisierung der geschäftspolitischen Zielsetzungen (basierend auf den Grundsätzen des 1986 von der Geschäftsleitung erstmals entworfenen, 1994 angepassten Leitbildes der Bank) und mit der Einführung der Spartenorganisation Anfang 1987 dar. Sie brachte einen wesentlichen Impuls sowohl für das zentrale Controlling wie für das betriebliche Rechnungswesen: auch auf der Geschäftsleitungsebene waren damit eine klare Ergebnisverantwortung

---

[1] Bemerkenswert ist immerhin der zukunftsorientierte Charakter, den diese BLR besass: Die BLR sowie die später folgende und darauf beruhende Stückkostenrechnung entsprachen in ihrer Konzeption den zehn Jahre später, Mitte der neunziger Jahre, aktuellen Ansätzen des *Activity based Costing* und der *Prozesskostenrechnung*.

und entsprechende Ansprechpartner installiert.[1] So kam es ab der zweiten Hälfte der achtziger Jahre zur vermehrten Entwicklung und Durchsetzung *zentraler* Ansätze für die Konzern- und Banksteuerung. Einen Schwerpunkt bildete dabei das für die Bank rasch wichtiger (und riskanter) werdende, zunächst in der Sparte Finanz, ab 1991 in der *Sparte Finanz & International (IFG)* gruppierte internationale Geschäft. Hier war es absolut vordringlich, die notwendigen Führungssysteme und -informationen zu schaffen, ohne welche das internationale Geschäft der Bank, die IFG, kaum «auf Kurs gehalten» werden kann.

Zu diesem Zwecke wurde in den Jahren 1992 und 1993 unter Beizug der Bankverein-Niederlassungen London und New York und der Unternehmensberatungsfirma *McKinsey* ein *Executive Information System (EIS)* für die *IFG* aufgebaut. Ein Hauptteil dieses Systems war das *Management Accounting*; es diente dazu, die Rentabilität der IFG permanent zu verfolgen und das weltweite Ergebnis der IFG nach Funktionen zu rapportieren. Das Projekt war methodisch und inhaltlich äusserst anspruchsvoll. Beispielsweise galt es, konsistente Methoden zur Festsetzung von Verrechnungspreisen zwischen Profit Centers resp. Produkten zu erarbeiten, eine dornige Aufgabe, bei deren Lösung mannigfaltige, auch die oberste Führungsebene zeitweilig nicht verschonende Akzeptanzprobleme auftraten. Viele derartige Probleme wurden von speziell gebildeten Task forces bearbeitet und gelöst; um die Verrechnungspreise beispielsweise kümmerte sich eine zeitweise fast legendäre *Transfer Pricing Group* (später als *Transaction Allocation Group* bezeichnet). Ein weiteres Problem ergab sich auch im Zusammenhang mit der Integration aussenstehender Organisationen, wie etwa im Falle der Überführung der *SBC-O'C Services L.P.*, Chicago, in die neu geschaffene interne Einheit *Capital Markets & Treasury (CM&T)*: hier galt es, die erforderlichen separaten Rechnungen für diese wie für andere ähnliche Einheiten ebenfalls mit dem *EIS* sicherzustellen, um nicht zu einer neuen Zersplitterung des Reporting und Controlling zu kommen.

Auch heute noch kann wohl kaum behauptet werden, dass **alle** mit dem zentralen *EIS* für das Auslandsgeschäft des Bankvereins aufgeworfenen Probleme zweifelsfrei gelöst seien – dazu ist allein schon das Geschäft selbst in einer zu raschen, permanenten Veränderung begriffen, die auch hinsichtlich seiner Überwachung immer wieder neue Fragen aufwirft. Dennoch ist es in einer respekterheischenden Anstrengung aller an diesem Projekt Beteiligten gelungen, zumindest die wichtigsten Probleme so weit zu klären, dass der Anfang 1994 geschaffene Unternehmensbereich *International & Finance Division (IFD)* (bzw. seine heutige Nachfolgerorganisation SBC Warburg) seit März 1994 über eine umfassende Online-Dokumentation seiner weltweiten Geschäftstätigkeit verfügt; erstmals konnte die IFD im Dezember 1994 ihren Budgetierungsprozess darauf gestützt auf funktionaler Basis durchführen und wenig später auch ihre Jahresrechnung erstellen.

---

[1] Rückblickend ist die Feststellung sicher nicht unangemessen, dass die dem finanziellen und betrieblichen Rechnungswesen immer wieder nachgesagten Schwächen oftmals auf unklare Organisationsstrukturen zurückzuführen waren.

Selbstverständlich beschränkten sich die Bemühungen um die für eine zentrale Führung und ein straffes Controlling notwendige Informationsbasis auch in diesen Jahren nicht auf den Auslandsbereich der Bank, sondern wurden ebenso auch mit Blick auf das schweizerische Geschäft wie schliesslich auch auf den Gesamtkonzern vorangetrieben. Hier hatte man sich, anknüpfend an frühere Arbeiten, weiterhin intensiv vor allem mit der Zinsproblematik befasst. Mit Blick auf sie wurde im Jahre 1987 eine Liquiditätsdatenbank geschaffen, die der Erfassung des Zinsrisikos diente, und deren Struktur die Anforderungen eines gleichzeitig in Entwicklung befindlichen Zinsenmodells erfüllte. Ein derartiges, zusammen mit *Prof. Dr. Conrad Meyer* von der Universität Zürich entwickeltes Zinsenmodell wurde von der Geschäftsleitung im August 1988 verabschiedet. Es beruhte auf der Marktzinsmethode (Marktzins als Transferpreis) und genügte den Anforderungen von Kundenrechnung und Produktkalkulation; ausserdem korrespondierte es mit der Organisation des Bilanz- und Zinsmanagements (Tresorerie), eine Voraussetzung für die Verwendung der Profit Center-Rechnungen. Der hier benutzte modulare Ansatz war auch insofern zukunftsweisend, als er es gestattet, die komplexen Problemstellungen im Zusammenhang mit konventionellen Hypotheken, Spargeldern und dem sogenannten Bodensatz separat und zu einem späteren Zeitpunkt zu behandeln. Die erwähnte Liquiditätsdatenbank war denn auch keine vorübergehende Einrichtung; heute läuft sie – in ausgebauter, erweiterter Form – unter der Bezeichnung *Konzern-Exposure (KEXPO)*.

Neben der Liquiditäts- und Risikosteuerung und der Margenkalkulation bildete auch die durchgreifende Modernisierung der Kostenrechnung einen Schwerpunkt der Entwicklungsarbeiten im Rechnungswesen und Controlling der Konzernleitung in den späten achtziger/frühen neunziger Jahren. Ein Meilenstein wurde hier 1993/94 mit der Realisierung eines konzeptionellen Lösungsansatzes für eine moderne Online-Kostenrechnung mit dem Controlling-Modul *SAP/RK* erreicht. Diese Kostenrechnung integrierte die vorhandene SAP-Standardsoftware RA (Anlagen), RF (Finanzrechnung), RM (Material) und RP (Personal) und stellt die für die Berichterstattung an die Konzernleitung und die weiteren Führungsebenen notwendigen Informationen zur Verfügung.

Neben allen diesen «Achievements» verdient aber auch festgehalten zu werden, dass die frühen neunziger Jahre auch unter dem Blickwinkel der dringend erwünschten jederzeitigen Verfügbarkeit konsistenter Führungsmittel und -daten keine einfachen Jahre für den Bankverein gewesen sind. Die häufigen, tiefen Eingriffe in die Organisationsstrukturen, wohlbegründet wie sie waren, hinterliessen zeitweise tiefe Spuren in den Führungsinformationen, schmerzlich von den Verantwortlichen registriert vor allem bei allen Budgetierungs- und Controllingprozessen in den Jahren 1991 und 1992. Die Zeit reifte heran, einen grossen Teil der Kernprozesse in der finanziellen Führung der Bank grundsätzlich zu überprüfen, konsequent auf die neuen Organisationsstrukturen auszurichten und zu professionalisieren.[1] Der Zeitpunkt hierfür kam mit der

---

[1] Manches mute – als Reflex seiner Entstehungsgeschichte – noch wie handgestricktes Patchwork an, gut im einzelnen Stück, aber im ganzen nicht voll überzeugend.

andernorts erwähnten Neuordnung der Konzernspitze per 1. Januar 1994 und der Einsetzung eines Chief Financial Officer *(Dr. Peter Wuffli)* im Rahmen des neu geschaffenen *Corporate Center.* Hier sind seither das Controlling, das finanzielle Rechnungswesen und das Corporate Financial Management gebündelt, wobei hier auch die Überwachung und Steuerung jener Risiken erfolgt, die nicht an die *IFD* resp. SBC Warburg delegiert sind (im wesentlichen Bilanzstrukturrisiken sowie Kursrisiken auf eigene Aktien).

Im Rahmen der damit angestossenen Reformen der Managementprozesse im Bereiche der finanziellen Führung der Bank wurde im Jahre 1994 unter Leitung von *Dr. Richard Schneider*, Direktor beim Corporate Controlling, und *Christopher P. Matten*, stellv. Direktor, sogleich eine Neugestaltung des Planungs- und Controlling-Prozesses im Konzern an die Hand genommen. Daneben wurde auch die Entwicklung des *Executive Information System (EIS)* Schweiz als eines wichtigen Pfeilers des Controlling-Prozesses im Unternehmensbereich Schweiz forciert; das *EIS Schweiz* soll inskünftig nicht nur die Grundlage für die Entwicklung und Umsetzung der Geschäftspläne und der Entscheide über Ressourcenzuweisungen darstellen, sondern zudem auch als Instrument für die Ergebnismessung und die Leistungsbeurteilung dienen. Insgesamt wird mit der Umgestaltung des Controlling eine auf dem Instrumentarium des Management Accounting abgestützte Ausrichtung auf die Geschäftsleitungsmitglieder, insbesondere auf die ergebnisverantwortlichen Geschäftsbereichsleiter, angestrebt, die damit wirksam in ihrer Aufgabe unterstützt werden sollen, ergebnisorientierte Geschäftspläne zu entwickeln und ihre Strategien und Resultate laufend zu überprüfen. Hier wie auch an anderen Orten kann sich die heutige Generation von Bankverein-Managern auf viele wertvolle Arbeiten ihrer Vorgänger stützen; aber diese müssen mit den heute zur Verfügung stehenden Methoden weitergeführt und auf inzwischen zum Teil drastisch veränderte Strukturen und Fragestellungen ausgerichtet werden. Das Bankverein-Controlling steht zur Zeit mitten in diesem Prozess.

**Der steinige Weg des Risikomanagements**

Banking ist nicht nur **ein** Geschäft mit Risiken – tatsächlich ist es **das** Geschäft mit Risiken, ob es sich dabei nun um Kredit- bzw. Gegenpartei- oder Marktrisiken, Zinsänderungs- oder Settlementrisiken, und was dergleichen Spielarten des Gesamtphänomens Risiko mehr sind, handelt, ohne die es kein Bankgeschäft geben kann. Demgemäss ist das, was wir heute Risikomanagement nennen, in allen Banken und zu allen Zeiten eine der wichtigsten Führungs- (und Kontroll-)Aufgaben überhaupt. Nicht anders beim Bankverein – oder allenfalls hier noch verschärft: verschärft nämlich dadurch, dass die Bank im Gegensatz zu den vielen nur regional und/oder spezialisiert tätigen Finanzinstituten als weltweit tätige Universalbank permanent mit einem komplexen Bündel unterschiedlichster Risiken fertig werden muss, die irgendwo auf der Welt auftreten und samt und sonders schliesslich die zentrale Risikoabsorptionsfähigkeit des Stammhauses beanspruchen. Dementsprechend sind auch die Bemühungen des

Bankvereins um eine ständige Verbesserung seiner Instrumente zur Steuerung der Risiken in den vergangenen 25 Jahren gekennzeichnet gewesen durch drei parallel zueinander bearbeitete Ansätze: nämlich einmal zur Verfolgung der mit bestimmten Gegenparteikategorien eingegangenen Risiken, zweitens zur Verfolgung der mit bestimmten Geschäftsarten zusammenhängenden Risiken und drittens schliesslich zur Steuerung von Gesamtrisiken.

Was die Risiken betrifft, die mit bestimmten Gegenparteien einhergehen, so hatte der Bankverein angesichts der weltweiten Streuung seiner Aktiven schon frühzeitig Anlass zu vertiefter Analyse der Länderrisiken (Sovereign Risks): schon lange vor dem Ausbruch der Schuldenkrise der Entwicklungsländer im Jahre 1982 hatte die Bank zu Zeiten ihres hundertsten Jubiläums mit dem Aufbau einer Länderengagement-Rapportierung (LER) begonnen, die im Verlaufe der Zeit zu einem eigentlichen, Verlustrisiken und Ertrags-Chancen einbeziehenden Ansatz zur optimalen Portfolio-Steuerung ihrer Engagements ausgebaut wurde. Ihre Bewährungsprobe bestand sie nicht nur in der Schuldenkrise von 1982; auch in den Jahren danach und später im Falle der Zahlungsschwierigkeiten der (ehemaligen) Ostblockstaaten blieb der Bankverein zwar nicht ungeschoren, vermochte sich aber im allgemeinen noch vergleichsweise glimpflich aus der Affäre zu ziehen. Daneben fand aufgrund gegebener Anlässe auch das sogenannte *Tycoon Risk* seinen Weg in die Limitenstruktur der Bank: die zum Teil aufsehenerregenden Zusammenbrüche grosser, im nationalen und/oder internationalen Geschäft angesehener Namen (wie etwa die schon erwähnten Unternehmer *Rey* in der Schweiz oder *Maxwell* in Grossbritannien) veranlassten die Bank in der Folge zur Einführung spezieller Analyse- und Kontrollprozesse für Grossschuldner mit komplexen, auf wenige Personen zugeschnittene Strukturen. In diese Kategorie des Risikomanagements gehören schliesslich auch die branchenorientierten Ansätze, mit denen die Bank, gestützt auf Studien ihrer volkswirtschaftlichen Abteilung, Ende der achtziger/Anfang der neunziger Jahre zu arbeiten begann: sie beruhen auf einer heute auch im Portfolio Management als Input für Allokationsentscheidungen gebräuchlichen systematischen Analyse der unterschiedlichen Entwicklungsphasen und -aussichten einzelner Branchen im Zeitablauf.

Mit diesen Ansätzen im Zusammenhang stehend (und sie auch nutzend) wurden in den zurückliegenden Jahren zu verschiedenen Zeiten auch die Bemühungen um eine verbesserte Steuerung des mit bestimmten Geschäftsarten einhergehenden Risikos verstärkt. Schwerpunkte lagen hier in den achtziger Jahren zunächst bei Handelsrisiken, in der zweiten Hälfte der achtziger und in den frühen neunziger Jahren bei den Kreditrisiken, und seither bei den spezifischen, Handels-, Kredit- und andere Risiken einschliessenden Gefährdungen im Zusammenhang mit derivativen Produkten.[1] Den Anstoss zu vermehrten Bemühungen um die Risikosteuerung

---

[1] Über die speziell für die letzteren getroffenen Vorkehren siehe «Risiko-Management für Risikomanagement-Produkte», S. 112 ff.

gaben regelmässig – wie sollte es anders sein – wachsende Gefahren von Forderungsausfällen auf bestimmten Gebieten.

So bewogen die zunehmenden Risiken im internationalen Geschäft nach Eintritt der Schuldenkrise der Entwicklungsländer Anfang der achtziger Jahre den Bankverein im Jahre 1984, ein Verfahren zur globalen Überwachung seiner Devisen- und Geldmarktengagements für alle Geschäftsstellen und Tochtergesellschaften im In- und Ausland einzuführen. Dieses Verfahren – *Global Limits System* genannt – erfasste die Transaktionen im Real Time-Betrieb; es wurde im Jahre 1987 auch auf den Edelmetallhandel ausgedehnt. Kurz nach dem Börsencrash vom Herbst 1987 wurden sodann Limiten im Wertschriftenhandel in der Schweiz mit dem Zweck eingeführt, das Marktrisiko zu kontrollieren. Hatte dieses System noch aus Gründen der Datenverfügbarkeit mit Volumenlimiten für Wertschriftenkategorien nach Kontenplan gearbeitet, so wurden diese Volumenlimiten mit dem 1989 in Betrieb genommenen *Händlerpositionssystem (HPS)*, einem operativen Führungssystem zunächst für den schweizerischen, dann auch für den internationalen Wertschriftenhandel, durch ein System abgelöst, das aus Limiten für Brutto- und Nettoengagements und -positionen bestand. Dass alles das natürlich mit zahlreichen Problemen und auch Konflikten beladen war, sollte mindestens en passant angemerkt sein, schreibt es sich über solche Arbeiten doch leichter, als diese es tatsächlich waren. So wurde die Einführung des Händlerpositionssystems beispielsweise von vielen Beteiligten wegen der auftretenden Schnittstellenproblematik zwischen Front (Positionsführungssystem) und Backoffice (Wertschriftenbuchhaltung) mit etwelchen Sorgen verfolgt; die entstehenden Konflikte bei der Ressourcenzuteilung von EDV-Projekten wurden jedoch erkannt und anlässlich der Reorganisation von 1990/91 in der neuen Führungsstruktur berücksichtigt.

Im Zentrum aller zur Kontrolle der Risiken unternommenen Anstrengungen der Bank aber stand – und steht – das Kreditrisiko, verständlicherweise nicht nur im Hinblick auf das klassische Kreditgeschäft der Bank, sondern auch im Hinblick auf die Kreditrisiken, die auch in zahlreichen anderen Geschäftssparten auftreten. In den vergangenen 25 Jahren sind zwecks ständiger Verbesserung der Steuerung dieses Risikos eine Reihe tiefgreifender organisatorischer Veränderungen auf der Führungsebene des Bankvereins vorgenommen worden.

Hatte zu Zeiten des hundertsten Jubiläums noch eine durch Limiten des Verwaltungsrates eingegrenzte Zuteilung von Einzelkompetenzen im Kreditbereich des Bankvereins Geltung gehabt, so änderte sich das ab 1975, indem von nun an eine aus General- und Zentraldirektoren zusammengesetzte (Geschäftsleitungs-)*Kommission Kredite* als oberstes Entscheidungs- und Kontrollorgan wirkte. Gut zehn Jahre hatte dieses System Bestand, auch wenn es mit der Zeit (und mit wachsendem Geschäftsvolumen) eine gewisse Schwerfälligkeit in bezug auf die Schnelligkeit und Klarheit der Entscheidungen offenbarte. Dem wurde mit der Spartenorganisation vom 1. Januar 1987 Rechnung getragen: einerseits, indem nunmehr grundsätzlich alle Kreditaktivitäten der Bank in der Sparte Kommerz angesiedelt wurden[1], zum zweiten, indem das Kompetenzsystem geändert wurde (Wiedereinführung von Einzelkompetenzen für Generaldirektoren, Einführung von Zweierentscheiden im Zirkulationsverfahren, Entlastung von Geschäftsleitungsmitgliedern durch Delegation von in der Folge stetig weiter ausgebauten Kreditkompetenzen an Direktionsmitglieder der beiden zentralen Kreditabteilungen Ausland und Schweiz)[2], und drittens schliesslich, indem die Kreditüberwachung einem (an die Stelle der Kommission Kredite tretenden) *Kreditausschuss* auf Geschäftsleitungsebene sowie den aus der bisherigen Organisation übernommenen *Regionalleitern* übertragen wurde, die nebst Marketing-Koordination in ihren jeweiligen Auslandsregionen namentlich für die Überwachung der Länderengagements, deren Plafonierung und die jeweilige Länder-Kreditpolitik verantwortlich waren.

Auch diese ausgefeilte Organisation war allerdings nicht vor dem immerwährenden Zwang zur Anpassung an sich verändernde Verhältnisse gefeit: neue Techniken wirkten ebenso wie neue Produkte auf das Kreditmanagement ein. Mit der Einführung des PC am Arbeitsplatz und der vernetzten Büroautomation wurde der Ablauf der Kreditprozesse gestützt auf Volldokumentation (inkl. Bilanzanalysen etc.) entscheidend beschleunigt, und die Analyse und Überwachung mancher Kreditaspekte konnte systematischer und vermehrt auch Portfolio-orientiert betrieben werden; und das zunehmende Auftreten derivativer Finanzinstrumente gab Anlass zur Entwicklung anspruchsvoller Methoden der Risikoberechnung und -beurteilung und zu deren Integration in das Kreditmanagement. Diesen Veränderungen suchte die Geschäftsleitung der Bank mit erneuten Retouchen der Organisation im Bereich der Kredite im Rahmen der 1990 eingeleiteten Organisationsrevision und hier vor allem als Teil des Unterprojekts «*Move/Basel*»[3] Rechnung zu tragen.

Hierzu wurden zunächst einmal die beiden genannten Kreditabteilungen in einem einzigen rationelleren Kreditressort integriert, und gleichzeitig wurden die Regionalleiter-Funktionen aufgehoben und alle Support-Aufgaben des Kreditwesens zusammengefasst – eine Massnahme, die man auch im Zusammenhang mit dem gerade erwähnten *Move/Basel* sehen muss, ging von der mit ihm angestrebten Zusammenfassung der alten Generaldirektion mit den Führungsfunktionen des Sitzes Basel in einem sogenannten «funktionalen Hauptsitz» doch ein kräftiger Impuls zum Abbau schwerfälliger Administrationen aus. Gleichzeitig wurde eine zukunftsweisende Neue-

---

[1] Der Sparte Finanz war jedoch das operative Kreditmanagement für Firmenkunden und öffentlich-rechtliche Körperschaften des Auslands sowie allgemein für Banken zugewiesen, während die Sparte Anlagen ihr Kreditgeschäft mit privaten Investoren zwar eigenständig, auf den zentralen Kompetenzstufen aber unter der Regie der Sparte Kommerz betrieb. Die Sparte Logistik schliesslich war ihrerseits in Kreditaktivitäten nicht involviert, spielte aber die entscheidende Rolle bei Entwicklung und Unterhalt aller Kreditsysteme, was damals noch weitgehend Grossrechner-orientiert war und unter Oberleitung und Priorität der Technik (und nicht der Benutzerseite) erfolgte.
[2] Die erstere verzeichnete im Höchststand 1988 über 80 Mitarbeiter, die letztere ca. 40 Mitarbeiter.
[3] Vgl. hierzu S. 258 ff.

rung realisiert, indem die Kreditfunktion zunächst im Ausland, später und etwas weniger rigoros auch in der Schweiz, nach amerikanischem Muster von der Marketingfunktion getrennt wurde.[1] Hinter diesem wichtigen Eingriff standen die Verzweigungen des Kreditwesens in den frühen neunziger Jahren (neben dem Aufkommen der Derivatgeschäfte vor allem Spezialisierungen in Projekt-, Flugzeug- und z.T. ausländische Immobilienfinanzierungen, vor allem aber eine intensive Übernahmefinanzierungs-Aktivität) ebenso wie einzelne, den Bankverein belastende Pannen, deren Ursachen unter anderem als im Interessenkonflikt der gleichzeitig für Kundenkontakt, Geschäftserfolg und Kreditsicherheit Verantwortlichen begründet diagnostiziert wurden.

Schliesslich wurde bei dieser Gelegenheit das gesamte Interbankgeschäft des Bankvereins in einem Geschäftszweig *«Correspondent Banking»* zusammengefasst und dabei, wenn auch vorübergehend, die Kreditfunktion gegenüber Banken aus dem übrigen Kreditwesen ausgegliedert und ebenfalls in diesen Bereich verlagert.[2]

So wurde im Laufe der Jahre manches vorbereitet oder teilweise sogar vorweggenommen, was in jüngster Vergangenheit im Jahre 1994 im Rahmen der grossen kundenorientierten Reorganisation der Bank generell etabliert wurde: tatsächlich war die Einführung eines *Chief Credit Officer* auf Konzernleitungsstufe ja nur die letzte Folge des Prinzips einer konsequenten Trennung des Kreditmarketings von der Kredit- und damit Risiko-überwachung und -steuerung.[3] Gleichzeitig erfuhr aber die Kompetenzordnung eine abermalige tiefgreifende Änderung: der Verwaltungsrat delegierte seine Kompetenzen so weit wie möglich an seinen Ausschuss; der Kreditausschuss der Konzernleitung beschränkte sich nunmehr seinerseits auf Ausnahme-, Politik- und Plafondsentscheide, während alle Einzelentscheide Sache von einem resp. zwei Mitgliedern der Erweiterten Konzernleitung wurden. Entscheidend war aber, dass gleichzeitig auch die Kompetenzen der Fronteinheiten um ein Mehrfaches erhöht wurden[4], was u.a. durch ein bankinternes Ratingsystem für Kunden und die erwähnte funktionale Trennung von Marketing- und Steuerungsaufgaben möglich wurde. Der «Pay-off» zeigte sich schnell: er bestand in einem fühlbaren Gewinn an Kundennähe und Schnelligkeit – und zwar **ohne** einen gleichzeitigen Anstieg des gesamten Kreditrisikos!

Ähnliche Erfahrungen wie im Kreditbereich wurden auch im Handelsbereich der Bank gemacht, wo etwa zur gleichen Zeit auch das *Risk Management* (Risikobewirtschaftung) von der *Risk Control* (Risikoüberwachung) getrennt und die Einhaltung der von Verwaltungsrat und Konzernleitung festgesetzten Risikolimiten in den einzelnen Handelsbereichen dem letzteren übertragen

---

[1] In Kauf genommen wurde, dass damit die Kreditorganisation der Zentrale ihrer bisherigen, für sie recht befruchtenden Mitwirkung in der Strategie-Entwicklung für Kreditprodukte verlustig ging.
[2] Erst die Verlegung des Correspondent Banking von Basel nach Zürich führte zur Reintegration von dessen Kreditgruppe in das zentrale Kreditressort des Hauptsitzes in Basel.
[3] Sie machte sich nicht nur durch eine noch weiter getriebene Rationalisierung, sondern vor allem durch eine verstärkte Betonung von Strategie- und Portfolio-Aspekten vor Einzelentscheiden bemerkbar.
[4] Bis zu 80% der Kreditentscheide sowohl im In- wie im Ausland werden seither bei den Geschäftseinheiten der Bank gefällt.

wurde.[1] Über all diesen Ansätzen wurde jedoch eine Grundwahrheit nicht aus den Augen verloren, die mit der immer weiter auseinanderstrebenden Spezialisierung der einzelnen Geschäftszweige der Bank gar zu leicht in Vergessenheit geraten könnte: alle einzelnen Risikoarten addieren sich letztlich zu einem Gesamtrisiko, mit dem die Bank konfrontiert ist und in dem die einzelnen Teilrisiken sich erfahrungsgemäss seltener kompensieren als vielmehr potenzieren. Auf seine integrale Steuerung richten sich seit längerem die – inzwischen durch die Informatik nachdrücklich unterstützten – analytischen Bemühungen des Bankvereins um Erfassung und Überwachung aller Einzelrisiken. Eine erste Frucht dieser Bemühungen war das 1993 weltweit eingeführte neue Risikomanagement-System, das sowohl der weltweiten Limitenbewirtschaftung wie auch der Berechnung der Eigenmittelunterlegung dient.

In einem zweiten Schritt wurde 1994 auf Konzernebene eine spezielle Stelle zur Risikosteuerung eingerichtet. Sie untersteht direkt dem Präsidenten der Konzernleitung und ist damit von den operativ tätigen Unternehmensbereichen Schweiz und SBC Warburg unabhängig; ihre Aufgabe besteht in der Koordination, Steuerung und Überwachung der Risikopolitik der Bank. Sichergestellt werden soll mit dieser Konstruktion, dass alle Risiken innerhalb der Gruppe identifiziert und angemessen behandelt werden. Zu diesem Zweck erstellt das *Risk Policy Committee*, dem die fachliche Verantwortung obliegt[2], für die Konzernleitung regelmässig einen Bericht über Ausmass und Entwicklung der einzelnen Risiken auf Konzernebene und schlägt die sich allenfalls aufdrängenden Massnahmen vor. Für eine umfassende und strukturierte Risikobehandlung –

handle es sich dabei nun um die klassischen Kredit- und Marktrisiken, die Erfüllungs-, Haftungs- und Abwicklungsrisiken oder die aus Prozessen oder Imageverlusten entstehenden Folgerisiken – verfügt der Bankverein damit neuerdings über organisatorisch überzeugend konzipierte Grundlagen. Erwähnenswert erscheint schliesslich, dass die drei Schweizer Grossbanken jüngst auf Initiative des Bankverein-Direktors *Robert Gumerlock* unter der Bezeichnung *Risklab* eine Interessengemeinschaft zur Förderung der Forschung auf dem Gebiet der Konzepte, Modelle und quantitativen Techniken im (globalen) Risikomanagement und -monitoring ins Leben gerufen haben; hier wird im vorwettbewerblichen Bereich mit Unterstützung der Eidgenössischen Technischen Hochschule gemeinsam ein Ziel verfolgt, das wahrlich des «Schweisses der Edlen» wert ist – die bestmögliche Bewältigung aller der Risiken, ohne die es nun einmal kein Bankgeschäft gibt.

---

[1] Die Funktion des Risk Control wird von einem globalen Team – im Jahre 1994 waren es zunächst etwa 40 Personen – mit funktional Verantwortlichen in den drei Zeitzonen Europa, Nordamerika und Asien wahrgenommen. Das Risk Control erstellt für die Führungsverantwortlichen der IFD resp. SBC Warburg täglich einen Bericht über die Marktrisiken und die daraus sich ergebenden Gewinne und Verluste. Auch das zweite, für den Handel bedeutende Risiko, das Kreditrisiko, fällt im Handelsbereich in die Zuständigkeit des Risk Control. Sonstige Risiken, wie Rechts- und Abwicklungsrisiken, werden dagegen auf Konzernebene überwacht. Mit der im Mai 1996 bekanntgegebenen Weiterentwicklung der Führungsstrukturen des Bankvereins (vgl. S. 266 f.) wurde das vorher bei SBC Warburg angesiedelte Ressort Risk Control zum Chief Credit Officer (Generaldirektor *Alberto Togni*) transferiert.

[2] Im *Risk Policy Committee*, das unter dem Vorsitz des auch für das nachfolgend erwähnte Ressort Compliance zuständigen Direktors *Dr. Hans-Peter Bauer* steht, wirkten auch mit Kontrollfunktionen betraute Führungskräfte aus den beiden operativen Unternehmensbereichen sowie aus dem Corporate Center und der Internen Revision mit.

### Der neue Weg zur «Compliance»

Weder vom Controlling noch vom Risikomanagement sichergestellt wird die Vermeidung eines sehr spezifischen Risikos, dem ein weltweit in den verschiedensten Zweigen der Finanzmärkte tätiges Institut wie der Bankverein ausgesetzt ist: dem Risiko nämlich, irgendwo, irgendwie, irgendwann einmal der rasch wachsenden Zahl von einschlägigen Gesetzen, Verordnungen und internationalen Regulierungen vor dem Hintergrund der zunehmenden Komplexität der Bankgeschäfte und der ebenfalls zunehmenden internationalen Verflechtung der Bankverein-Gruppe nicht zu genügen. Im Bestreben, diesem im Laufe der Zeit stark wachsenden Risiko von Regelverstössen bestmöglich entgegenzuwirken, ergänzte die Bank ihre mannigfachen Kontrollmechanismen im Jahre 1992 deshalb mit der Funktion eines *Group Compliance Officer*, der direkt dem Präsidenten der Konzernleitung unterstellt ist; erster Funktionsträger wurde Direktor *Dr. Hans-Peter Bauer*, vorher tätig gewesen in der Geschäftsleitung der *Schweizerischer Bankverein (Deutschland) AG* in Frankfurt. In der Folgezeit erarbeitete der Bankverein allgemeine, für sämtliche Mitarbeiter der Bank geltende Compliance-Richtlinien und baute im Jahre 1993 als erste Schweizer Grossbank eine umfassende, weltweite Compliance-Organisation auf.[1] Jenseits der Erreichung ihrer geschäftlichen Ziele und der Steuerung ihrer geschäftlichen Risiken sucht die Bank damit etwas sicherzustellen, auf das sie immer schon grössten Wert gelegt hat: die gesetzlichen und aufsichtsrechtlichen Vorschriften strikte einzuhalten, wann immer und wo immer das auch sei.

### Die Kosten erwarteter und unerwarteter Risiken

Zwar ist, wie an anderer Stelle gesagt, Banking stets ein Geschäft mit Risiken gewesen, doch hat es zur Kunst seriösen Bankings gehört, diese Risiken auf Einzelfälle zu beschränken – jedenfalls unter normalen wirtschaftlichen Verhältnissen. Demgemäss wurden Rückstellungen für ernsthaft drohende Risiken normalerweise erst dann gebildet, wenn mehr oder minder intuitiv erfasste Frühwarnindikatoren die potentielle Gefährdung speziell von Kreditpositionen anzeigten; in ähnlicher Weise wurden Wertberichtigungen auf tatsächlich eingetretene Risiken jeweils erst ex post und normalerweise am Ende einer Abrechnungsperiode vorgenommen. Kreditausfälle galten, mit anderen Worten, als aussergewöhnliche Einzelfälle, denen auch einzeln Rechnung zu tragen war. Heute will es scheinen, als sei das die Welt des Bankgeschäfts von gestern.

Mit der anhaltenden Verschlechterung des Wirtschaftsklimas seit dem Ende der achtziger Jahre in Westeuropa im allgemeinen, in der Schweiz im speziellen, hat sich, wie allen Beteiligten nur zu leidvoll bewusst ist, ein regelrechter Quantensprung bei problembehafteten Krediten und bei den daraus resultierenden Verlusten in der schweizerischen Bankbranche vollzogen – eine Entwicklung, deren Ende auch heute leider keineswegs abzusehen ist. Immer deutlicher wird, dass ein

---

[1] Mit Compliance Officers in allen wichtigen Handelszentren, die vor Ort darauf achten, dass die von der Bank erlassenen allgemeinen Richtlinien sowie die lokalen aufsichtsrechtlichen Vorschriften, Standes- und Marktregeln eingehalten werden.

Kreditausfall im Bankgeschäft kein ausserordentliches Ereignis (mehr) darstellt, sondern ein mit einer bestimmten Wahrscheinlichkeit eintreffendes *und deshalb kalkulierbares* Risiko. Auf dieser Erkenntnis fussend entschloss sich der Bankverein, wie an anderem Ort bereits kurz erwähnt[1], im Frühherbst 1996 in einem weitherum beachteten, neue Massstäbe wohl für das gesamte schweizerische Bankwesen setzenden Schritt zur Einführung eines neuen Systems zur Berechnung der Kosten von Kreditrisiken. Im Rahmen dieses *ACRA* (Actuarial Credit Risk Accounting) genannten dynamischen, auf statistischen Methoden basierenden Provisionierungssystems werden nunmehr die Kosten der zu erwartenden Kreditausfälle für verschiedene Gruppen von Kunden (Kundenportefeuilles) berechnet.[2] Diese Kosten entsprechen nun – und das ist der Witz dieses Paradigmas – keinem unerwarteten Risiko mehr, sondern sind als Reduktion des Ertrages respektive als Verminderung der Zinsmarge zu verstehen. Bezogen auf das derzeitige Kreditportefeuille der Bank ergab sich auf dieser Basis eine Summe der erwarteten Kreditausfallkosten in Höhe von zunächst 600 Mio Fr. (= rund 0,5% des durchschnittlichen Ausleihungsvolumens), die ab dem Geschäftsjahr 1997 (in einer den jeweiligen Grössenordnungen des Kreditvolumens angepassten Höhe) der konsolidierten Erfolgsrechnung belastet werden soll. Hierin steckt weit mehr als nur eine Änderung der Rückstellungsmethode: Einerseits vollzieht die Bank mit diesem Vorgehen einen grundsätzlichen Wechsel im Finanzierungsgeschäft von einer Ex-post- zu einer Ex-ante-Steuerung, indem die Kreditrisiko-Akzeptanz auf 600 Mio Fr. beschränkt und die Front damit gezwungen wird, ihre Kapitalressourcen danach auszurichten[3];

andererseits können – und sollen – aufgrund der Berechnungsergebnisse der Kreditausfallkosten für verschiedene Kundenportefeuilles alle Kunden in einem solchen Portefeuille über die Preisfestsetzung für ihren Kredit in Zukunft gleichermassen an der Deckung der Kosten beteiligt werden.[4]

Leider ist es aber mit der solchermassen systematisierten und objektivierten Berechnung und Berücksichtigung *erwarteter* Kreditausfallkosten nicht getan. Effektiv schwanken ja die Kreditausfallkosten in einem bestimmten Jahr um den so berechneten statistischen Erwartungswert, je nachdem, wieviele Schuldner effektiv ausfallen, wie hoch ihre benutzten Kredite tatsächlich waren, und welche Sicherheiten noch verwertet werden konnten. Dementsprechend stellen diese Schwankungen ein echtes Risiko dar und verursachen, so gesehen, *unerwartete* Kosten, für die konsequenterweise – neben der Kalkulation der erwarteten Kosten – Rückstellungen gebildet werden müssen. Immerhin liess sich aus dem umfangreichen Datenmaterial des Bankvereins eine Bandbreite an möglichen unerwarteten Verlusten aus dem Kreditgeschäft berechnen, innerhalb derer 97% aller Verluste liegen; anders ausgedrückt ergab sich aus diesen Berechnungen die Höhe der Rückstellungen, die

---

[1] Siehe S. 48 f.
[2] Diese Kosten ergeben sich u.a. aus der effektiven Höhe der benutzten Kredite und den durchschnittlichen Verlustquoten nach Veräusserung der Sicherheiten oder nach Nachlass- oder Konkursverfahren.
[3] Hieraus folgt als Konsequenz, dass die Kreditpolitik so gestaltet werden muss, dass neue Kreditrisiken in Höhe von nicht mehr als 600 Mio Fr. entstehen.
[4] Hiermit kann auch der mangelnden Bereitschaft »guter« Firmenkunden, schlechte Risiken mitzufinanzieren, Rechnung getragen werden.

in 39 von 40 Jahren ausreichen, um als eigentlicher Puffer in der Bilanz unerwartet hohe Ausfallkosten zulasten der konsolidierten Erfolgsrechnung auszugleichen – das Volumen einer einmaligen Rückstellung für allgemeine Kreditrisiken (sog. *ACRA*-Rückstellung) wurde im Sommer 1996 mit 2 Mrd Fr. berechnet und ihre Bildung zulasten der Erfolgsrechnung 1996 in Aussicht genommen. Inskünftig sollen diese *ACRA*-Rückstellungen danach durch jährliche, kalkulierbare Rückstellungen in Höhe der erwarteten Kosten gespiesen werden. Die erwünschte Folge: unerwartete Ausfallkosten werden die konsolidierte Erfolgsrechnung des Bankvereins künftig nicht mehr belasten, in der Erfolgsrechnung der Bank erscheinen nur noch die kalkulierbaren Rückstellungen für erwartete Kreditausfallkosten. Und vielleicht noch wichtiger: Intern wird durch den mit der *ACRA*-Rückstellung gebotenen Ausgleich die Position Wertberichtigungen, Verluste und Rückstellungen berechenbarer, extern wird die Gewinnentwicklung auf Konzernebene stabilisiert.

Tatsächlich hat denn auch bereits die Ankündigung dieser für eine breitere Öffentlichkeit nicht leicht verständlichen Massnahmen im September 1996 ein erhebliches Echo in der Öffentlichkeit ausgelöst. Vordergründig resultierte es sicher daraus, dass als Ergebnis der Bildung der *ACRA*-Rückstellung in Höhe von 2 Mrd Fr. im Zusammenhang mit der an anderem Ort erwähnten, zum gleichen Zeitpunkt bekanntgegebenen einmaligen Rückstellung von 400 Mio Fr. für Risiken bei der Umstellung des Firmenkundengeschäfts und von 910 Mio Fr. auf bankeigene Liegenschaften durch den (mutigen, wenn auch realistischen) Wechsel von der Substanzwert- zur Ertragswert-Methode ein einmaliger, den Jahresgewinn 1996 schmälernder Aufwand von nicht weniger als 3310 Mio Fr. angekündigt wurde – eine, wie es die *Neue Zürcher Zeitung* in einem Kommentar zu jener Zeit ausdrückte, «Grössenordnung, die die Schweizer Bankenwelt noch nie gesehen hat», und mit welcher der Bankverein statt mit einem Konzerngewinn von 1,4 Mrd Fr. mit einem technischen Verlust von 1,9 Mrd Fr. in seinem Abschluss 1996 rechnete. Dahinter aber stand, das wurde aus zahlreichen Äusserungen deutlich, der Respekt vor einer grundsätzlichen Neuausrichtung auf ebenso grundsätzlich veränderte Verhältnisse, eine Neuausrichtung, die für den Mut und die Tatkraft der Verantwortlichen sprach. Auszahlen könnten sich diese Neuerungen übrigens für *alle* Beteiligten schon bald: Für die Aktionäre zunächst als «Jubiläumsbonus» in Form der vorgesehenen steuerfreien Kapitalrückzahlung von 10 Fr. je 50 Fr.-Aktie (eine Dividende würde der Verlustabschluss nicht gestatten), für die Investoren und die Bank sodann in Form einer erhöhten Eigenkapitalrendite, die sich nicht nur wegen dieser Reduktion des Eigenkapitals und des Buchverlustes 1996 ergibt, sondern die auch dank der (an anderem Ort erwähnten) Massnahmen zur deutlichen Ertragsverbesserung im Unternehmensbereich Schweiz und der künftigen Freisetzung von Eigenkapital in diesem Bereich zu erwarten ist. Doch das ist, ebenso wie der mittelfristig von der Bank angestrebte Return on Equity von etwa 15% nach Steuern auf einem Eigenkapital von rund 16 Mrd Fr., heute noch Zukunftsmusik – und demgemäss nicht mehr Gegenstand einer der Entwicklung des Bankvereins in den Jahren 1972–1997 gewidmeten Darstellung.

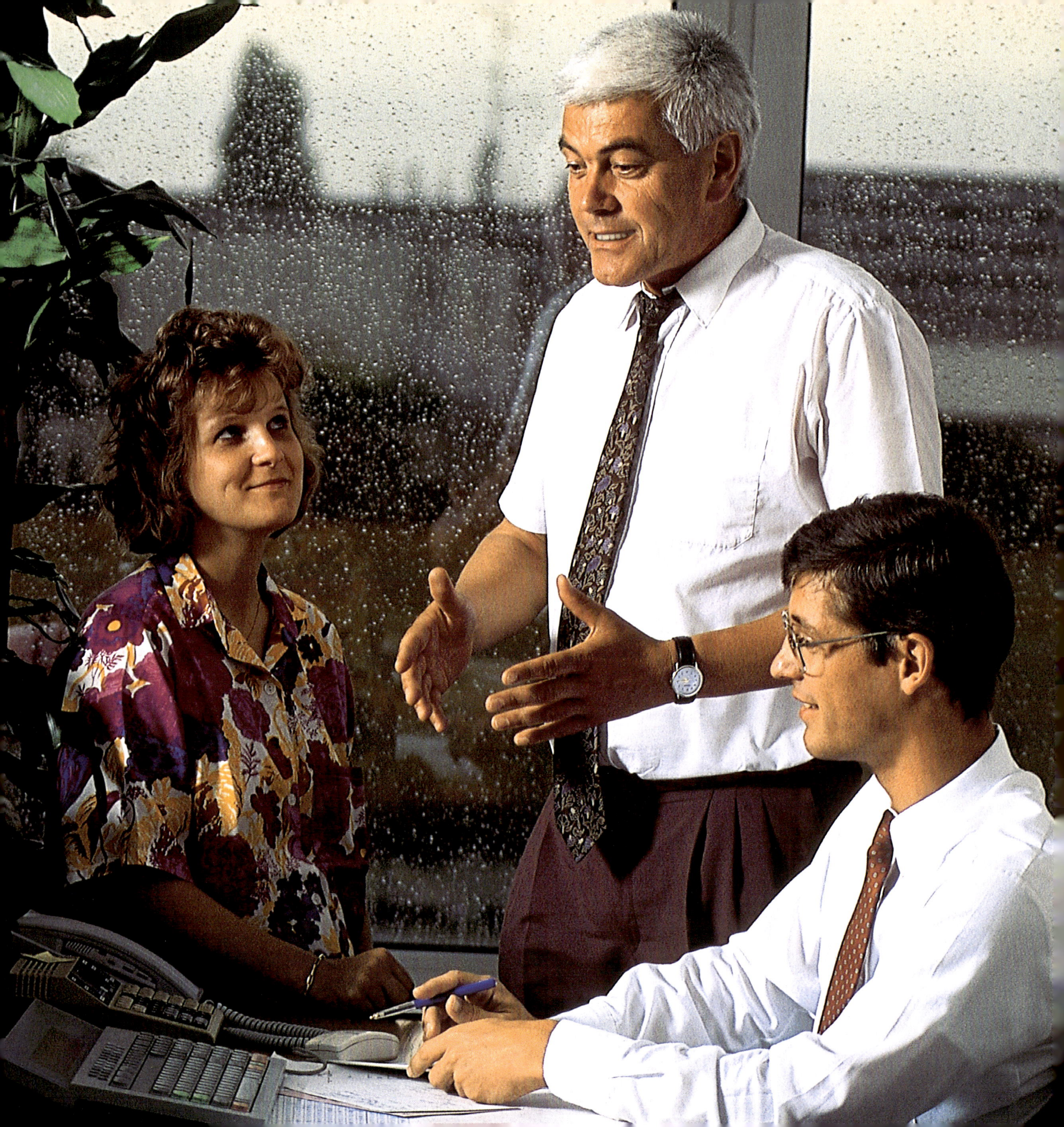

# Banking is People

«Banking is people» – dieser vom damaligen Generaldirektor *Dr. Kurt Steuber* Ende der achtziger Jahre im Bankverein populär gemachte Slogan enthält eine einfache Wahrheit: was in einer Bank tagtäglich abläuft, was im Ablauf der Tage in einer Bank zu ihrer Geschäftsentwicklung und dann im Ablauf der Monate und Jahre zu ihrer Geschichte wird, ist nichts anderes als das Ergebnis der ungezählten Entscheidungen und Handlungen der jeweils bei ihr tätigen Menschen. So gesehen hängen Erfolge und Misserfolge von Banken als personalintensive Dienstleistungsunternehmen letztlich davon ab, wie weit es ihnen gelingt, den jeweiligen Anforderungen angemessene menschliche Ressourcen zur Verfügung zu haben – angemessen in bezug auf ihre Zahl, ihre Zusammensetzung, ihre fachliche Qualifikation und ihre persönlich/charakterliche Eignung, auch in bezug auf ihre Berufs- und Lebenserfahrungen; und weiter dann davon, wie weit deren Information, Motivation, Koordination und Kontrolle «spielt». Von letzterem ist bezogen auf den Bankverein vorangehend immer wieder die Rede gewesen; hier bleibt festzuhalten, was zur Bereitstellung der Ressource «qualifiziertes Personal in adäquater Zahl und Zusammensetzung» im Bankverein seit den Zeiten seines hundertsten Jubiläums geschehen ist. Dabei hat zunächst längere Zeit die schiere Zahl der Mitarbeiter im Vordergrund gestanden – genügend Mitarbeiter aufzubieten, um am Marktwachstum partizipieren zu können.

## Abschnitt 1: Entwicklung des Mitarbeiterbestandes

### Die Zeit der Expansion

Über fast drei Jahrzehnte hinweg, vom Beginn der sechziger bis zum Ende der achtziger Jahre, erlebten die Schweizer Banken speziell in ihrem Heimatmarkt ein historisch einmaliges Wachstum, das sich nicht zuletzt auch in den Personalbeständen niederschlug. Der Bankverein bildete hierzu keine Ausnahme: auch seine Personalbestände wuchsen in einem vorher nie erreichten und künftig nicht mehr zu erwartenden Ausmass. Fast nicht glaubhaft erscheinen einem heute die Zuwachsraten jener Jahre, realisiert nota bene in einem lange Jahre praktisch ausgetrockneten Arbeitsmarkt – zwischen Ende 1962 und Ende 1972 hatte sich der Zuwachs auf 3924 Mitarbeiter, 72% (!), belaufen, und im Jubiläumsjahr 1972 allein war der Personalbestand der Bank um 537 Mitarbeiter oder 6% auf insgesamt 9383 Angestellte gewachsen. In der Folgezeit zeigte der Zuwachs zwar Anzeichen einer gewissen Verlangsamung, hervorgerufen durch wachsende Rekrutierungsschwierigkeiten (in den achtziger Jahren lag die Arbeitslosenquote in der Schweiz kaum einmal höher als 0,4%, der Arbeitsmarkt war «leergefegt») sowie durch den dementsprechend steilen Anstieg der Personalkosten. Dennoch ging die Entwicklung recht schwungvoll weiter: Ende 1982 belief sich der Personalbestand des Bankvereins auf 14 332 Mitarbeiter und lag damit abermals um 53% über dem Stand am Ende des Jubiläumsjahres; und selbst in den von Rückgängen des Wirtschaftswachstums in der Schweiz geprägten achtziger Jahren setzte sich dieser Zuwachs fort – zwischen Ende 1982 und Ende 1989 noch einmal um 4017 Mitarbeiter oder 28% auf einen Gesamtbestand von jetzt 18 349 Arbeitskräften. Vergegenwärtigt man sich nun noch, dass ein wachsender Teil der Geschäftstätigkeit der Bankverein-Gruppe seit Mitte der siebziger Jahre **ausserhalb** des Stammhauses (auf das sich diese Zahlen beziehen) bei den Tochtergesellschaften erfolgte, so erscheint es kaum übertrieben, angesichts dieser Entwicklung von einer eigentlichen Explosion der Personalbestände über die drei Jahrzehnte 1960–1990 zu sprechen.

Diese «Personalexplosion» hatte verschiedene Begleitumstände und Folgen, die auch aus heutiger Sicht noch erwähnenswert sind. Zu den eher skurrilen Aspekten gehört, dass die Bank Mitte der siebziger Jahre vorübergehend einen massgeblichen Einfluss auf zwei Personalvermittlungs- und Zeitarbeitsfirmen erwarb, nämlich die *Ideal-Job Suppléance SA*, Lausanne, und die *Profil Personalberatungs AG*, Zürich, mit Niederlassungen in allen grösseren Städten des Landes.[1] Hauptmotiv für diesen Ausflug auf ein doch recht bankfremdes Gebiet war das Bestreben, auf diesem Wege auch eher bankferne potentielle Mitarbeiter anzusprechen und gleichzeitig zu vermeiden, tagtäglich mit eigenen Personalinseraten in den Tageszeitungen als Konkurrenten um die knappen Arbeitskräfte auf dem Schweizer Arbeitsmarkt in Erscheinung zu treten.

Skurril und problematisch zugleich war ein anderer Aspekt des starken Personalwachstums dieser Zeit: Angesichts der Schwierigkeit, auf einem weitgehend ausgetrockneten Arbeitsmarkt genügend Personal mit guten Qualifikationen im Bankfach zu finden, verlegten sich die schweizerischen Banken und auch der Bankverein in den siebziger und frühen achtziger Jahren zeitweilig notgedrungen darauf, Angehörige anderer Branchen anzuwerben, Mitarbeiter also oft ohne jegliche einschlägigen Berufskenntnisse. Da das naheliegenderweise in manchen Fällen zu Problemen führte, erhöhte sich die ohnehin in diesen Jahren schon aussergewöhnliche Fluktuationsrate – sie betrug beispielsweise im Jahre 1973 dank der guten Wirtschaftslage nicht weniger als 18%! – weiter, was aber seinerseits den Personalbedarf nur noch mehr anfachte.

Aus dieser Situation – und das ist ein heute noch nachwirkender Aspekt der Personalexpansion jener Jahre – ergaben sich wichtige Impulse für den Ausbildungsbereich der Bank. Einerseits galt es, den berufsfremden neuen Mitarbeitern in internen Umschulungskursen so effizient wie möglich die nötigen Kenntnisse für ihre neuen Aufgaben zu vermitteln; andererseits musste das Ausbildungsangebot insgesamt auch deshalb so rasch als eben möglich erweitert werden, damit **alle** Mitarbeiter auf dem Stande des sich stürmisch entwickelnden bankfachlichen und -technischen Wissens blieben. Was das qualitativ und quantita-

---

[1] Die *Ideal-Job* und die *Profil* wurden 1979 an die *Schweizerische Treuhandgesellschaft* übertragen; während die *Profil* heute noch eine Tochtergesellschaft der – inzwischen verselbständigten – STG ist, wurde die *Ideal-Job* im November 1991 von der *STG* via Bankverein im Tausch gegen eine (erhöhte) Beteiligung des Bankvereins an der *Universal Ingenieur AG (UIAG)* verkauft.

Teil 2/Kapitel 3: Banking is People

tiv bedeutete, davon vermittelt der Geschäftsbericht 1974 eine Ahnung, in dem verschiedene im Bankverein damals noch junge Ausbildungsbereiche aufgezählt wurden: Schulung von Lehrlingen, Praktikanten und Stagiaires, Weiterbildung von Angelernten, Ausbildung von nebenamtlichen Personalinstruktoren, Ausbildung auf dem Gebiet des Bankfachs, der Bürotechnik, der Automation und des Verkaufs, Sprachausbildung (auf freiwilliger Basis ausserhalb der Arbeitszeit) und Führungsschulung; und es waren in dem genannten Jahr nicht weniger als 5500 Mitarbeiter (von einem Total von rund 10 000), die an der einen oder anderen dieser Ausbildungsaktivitäten teilnahmen. Man geht sicher nicht fehl in der Einschätzung, dass das (weiter unten noch ausführlicher erwähnte) Ausbildungswesen seinen auffallend hohen Stellenwert in der Geschäftspolitik des Bankvereins, den es seit vielen Jahren besitzt, in jenen stürmischen Zeiten begründet hat.

### Die Zeit der Konsolidierung

Diese turbulenten Zeiten wichen Ende der achtziger Jahre einer neuen Entwicklungstendenz. Wiederholt durchgeführte Überprüfungen der Betriebsabläufe (Re-Engineering) und Restrukturierungen führten seither zur Beseitigung vieler früherer Doppelspurigkeiten und Umwegproduktionen; zudem senkten fortschreitende Automatisierung und Zentralisierung den Personalbedarf in vielen Betriebsbereichen und -abläufen; und schliesslich betrieb die Bank unter dem Druck ständig steigender Betriebs- und insbesondere Personalkosten zunehmend eine Politik der knappen

Personalbestände («Lean Banking»). Ausserdem begann sich die Wachstumsschwäche der schweizerischen Volkswirtschaft in der ersten Hälfte der neunziger Jahre speziell auf das Stammhaus und dessen Personalbedarf in der Schweiz auszuwirken.

Das Ergebnis all dieser Einflüsse war, dass sich zwischen 1989 und 1995 erstmals seit dem Zweiten Weltkrieg beim Stammhaus nur noch eine unbedeutende Erhöhung der Personalzahlen ergab, lagen diese doch – nach einem Ende 1992 verzeichneten Zwischenhoch von 19 120 Mitarbeitern – Ende 1995 mit 18 129 Personen nur noch um 3,7% über dem Ende 1988 verzeichneten Stand von 17 477 Mitarbeitern. Diese Entwicklung ist um so bemerkenswerter, als während dieses

Bürolandschaft im Verwaltungszentrum Zürich Altstetten.

Zeitraums mehrere Finanzinstitutionen in den Bankverein integriert wurden, die entweder bislang als Tochtergesellschaften geführt oder frisch übernommen worden waren: so war beispielsweise die Zunahme des Personalbestandes um 1057 Beschäftigte im Jahre 1989 auf die Übernahme des Personals der zwei Konzerngesellschaften in London, der *SBCI Swiss Bank Corporation Investment banking Ltd.* und der *SBCI Savory Milln Ltd.* durch den (vollkonsolidierten) Sitz London und in der Schweiz auf die Integration der *Walliser Ersparniskasse* in das Stammhaus zurückzuführen.

Wächst der Bankverein also neuerdings nicht mehr, oder wächst er jedenfalls nur noch schwach? Davon kann natürlich jedenfalls gestützt auf diese Zahlen keine Rede sein – Personalwachstum ist niemals ein Indiz für Unternehmenswachstum im Bankgeschäft, jedenfalls heute nicht mehr, wo die Wertschöpfung pro Mitarbeiter sowohl struktur- wie technikbedingt ein Vielfaches früherer Werte erreicht und ständig weiter steigt. Ganz davon abgesehen aber verlagert sich das geschäftliche Wachstum des Bankvereins immer mehr auf die fortlaufend neu von ihm erschlossenen Märkte im Ausland und damit auch das weitere Wachstum der Personalbestände vom Stammhaus in den Konzern. Demgemäss steigt seit 1989 der Personalbestand der gesamten Bankverein-Gruppe weiterhin an, auch wenn er im Stammhaus (fast) stagniert – von den 21 438 Ende 1989 Beschäftigten auf 23 259 Ende 1994, ein Zuwachs also von 8,5%. Der Bankverein wird auch in dieser Hinsicht zunehmend zu einer internationalen Bank, machten Ende 1994 doch die bei Bankverein-Niederlassungen und Tochtergesellschaften im Ausland beschäftigten Mitarbeiter schon fast ein Viertel (24%) der konzernweit beschäftigten Personen aus, verglichen mit 21% Ende 1989. Diese Entwicklung akzentuierte sich noch im Jahre 1995: nach der Übernahme der Investment Banking-Einheiten der *S.G. Warburg Group* und deren Integration in den Bankverein entfielen Ende 1995 bereits 34% des konzernweiten Personalbestandes auf das Ausland – zwischen Ende 1994 und Ende 1995 war der Personalbestand des Bankverein-Konzerns *im Ausland* um nicht weniger als 62,7% auf 9155 Personen gestiegen (in der Schweiz um 2,5% auf 18 081 Mitarbeiter).

Hinter diesen Vorgängen verbirgt sich selbstverständlich mehr, als die rein zahlenmässige Entwicklung erkennen lässt: dahinter steht nicht weniger als ein tiefgreifender struktureller Wandel der Bank, eine neue Unternehmenskultur auch, die von manchem, in der Tradition des «alten» Bankvereins grossgewordenen älteren Mitarbeiter zwar gelegentlich als sehr irritierend empfunden werden mochte (von den Umgangsformen über die Sprache bis hin zu den Leistungs- und Vergütungsnormen ist heute vieles anders im Bankverein als noch vor wenigen Jahren), die von der Mehrzahl der (jüngeren) Mitarbeiter aber als «ihre» Welt geschaffen und begriffen wurde und wird. Die Bank kann und will sich heute nicht mehr aus dem schweizerischen Arbeitskräftemarkt allein alimentieren: für ihr zunehmend globales Geschäft braucht sie zunehmend internationale Mitarbeiter; und für die besonders expandierenden komplexen Finanzgeschäfte etwa im Bereiche von Corporate Finance und Derivatehandel braucht sie zunehmend höchst qualifiziertes Personal – in einer Zahl, die den schweizerischen Arbeitsmarkt heute und wohl noch für einige Zeit überfordert. Hier hat sich, etwa mit der seinerzeitigen Allianz mit O'Connor, schon vor Jahren etwas angebahnt, was heute in vollem Fluss ist: eine tiefgreifende, die Bank prägende Veränderung der Mitarbeiterstrukturen.[1]

### Abschnitt 2:
## Entwicklung der Mitarbeiterstrukturen

### Ausschöpfung von Qualifikationsressourcen

Im Vergleich zum Bankbetrieb unserer Zeit stellte sich die Bank zu Zeiten des hundertsten Jubiläums des Bankvereins noch in weiten Teilen fast als Handwerksbetrieb dar: dispositive Funktionen gab es nur vergleichsweise wenige, die Mehrzahl der Funktionen bestand in der Routinebearbeitung papiergebundener Vorgänge vornehmlich von Hand. Damit hat die heutige Bank nur noch eine sehr entfernte Ähnlichkeit; die Routinearbeiten sind grösstenteils automatisiert, innerhalb des Betriebs überwiegen auf allen Stufen analyse- und entscheidorientierte Arbeiten, an der «Front» ist die Verwaltung der Kundenbeziehungen ihrer Akquisition und aktiven Pflege gewichen, und Routine gibt es weder bei den – sich ständig erneuernden – Produkten noch bei den – speziell durch die Telematik revolutionierten – Betriebsabläufen. Schliesslich kommt bei einer international tätigen Grossbank wie dem Bankverein noch die wachsende Verschiedenheit der Geschäftsstrukturen unter einem einheitlichen Konzerndach hinzu: das Ganze ist mehr als die Summe seiner Teile, wenn und weil diese Teile nicht unverbunden nebeneinanderstehen, sondern ineinandergreifen – und zwar oft in komplexen, Sprach-, Länder- und Geschäftsfeld-übergreifenden Prozessen, die allen Beteiligten ein hohes Mass an Flexibilität, Initiative und Lernbereitschaft abverlangen.

Vor diesem Hintergrund hat sich der Personalbedarf des Bankvereins wie auch derjenige vergleichbarer anderer Banken in den letzten fünfundzwanzig Jahren geradezu dramatisch verändert – wenn man es schlagwortartig ausdrücken will, von der noch in den siebziger Jahren praktizierten Suche nach dem letzten Handwerker, der sich auf die Ausübung von Bankfunktionen umschulen zu lassen bereit und fähig war, zur Ausrichtung der Personalpolitik auf das in den «*Personalpolitischen Grundsätzen des Schweizerischen Bankvereins*» von 1995 festgehaltene Ziel, «... für weltbeste Talente, welche sich im Finanzdienstleistungsbereich engagieren wollen, zum Arbeitgeber erster Wahl zu werden». Anders, nüchterner, ausgedrückt: neben den immer noch gebrauchten und geschätzten, im Bankbetrieb solide ausgebildeten Bankmitarbeitern des Typs «eidgenössisch diplomierter Bankbeamter» und

---

[1] Was den Anteil der beim Stammhaus in der Schweiz beschäftigten Ausländer betrifft, so war dieser im Jahre 1975 mit 12,4% schon einmal recht hoch gewesen, anschliessend bis 1988 aber auf einen Tiefstand von 7,3% abgesunken. Seither ist er wieder im Aufstieg begriffen und hatte 1994 9,2% erreicht. Wesentlich höher war der Ausländeranteil bei der International & Finance Division (IFD) in Zürich: hier erreichte er 1994 über 16%. Doch auch bei der Zentrale des Unternehmensbereichs Schweiz stellte er sich zu diesem Zeitpunkt auf 14,5%.

einer gewissen Quote Angelernter ist die Bank zunehmend angewiesen auf Mitarbeiter mit (zusätzlichen) Kenntnissen in eher abstrakten, vielfach akademischen Fächern wie Finanzmathematik, Informatik, Ökonometrie, Ingenieurwissenschaften, selbstverständlich auch in den traditionellen, inhaltlich aber ebenfalls in raschem Wandel begriffenen Disziplinen der Volks- und Betriebswirtschaft, und hier vor allem in der Fachsparte Rechnungswesen und Controlling. Doch auch damit ist der wachsende Bedarf noch nicht voll umschrieben: zunehmend gebraucht werden Mitarbeiter mit den erwähnten Ausbildungsschwerpunkten, die zusätzlich – neben den inzwischen absolut notwendigen Sprachkenntnissen und den höchst erwünschten praktischen Erfahrungen – charakterliche Eigenschaften wie Verkaufstalent, Teameignung, Durchsetzungsfähigkeit und, last but not least, Zuverlässigkeit und Vertrauenswürdigkeit mitbringen.

Die Deckung dieses gewandelten Personalbedarfs, eine zentrale Erfolgsvoraussetzung für das Bankgeschäft insgesamt, hat den Bankverein in den zurückliegenden Jahren veranlasst, sich um die Ausschöpfung von Begabungsreserven zu bemühen, an denen die Vorgänger der heute Verantwortlichen vor einem Vierteljahrhundert noch achtlos vorübergehen konnten. Das betrifft zunächst einmal die Absolventen weiterführender, höherer Lehranstalten. Anfang der achtziger Jahre erstmals systematischer gepflegt, seit den frühen neunziger Jahren forciert, kümmert sich die Bank inzwischen um ihre Beziehungen zu Mittel-, Fach- und Hochschulen und speziell auch zu Managementschulen wie dem *IMD International Institute for Management Development* in Lausanne, dem *INSEAD* in Fontainebleau, der *Sloan School of Management* am *MIT Massachusetts Institute of Technology* und der *Harvard Business School*. Dass diese Bemühungen über einen längeren Vergleichszeitraum nicht ohne Wirkung geblieben sind, lassen die Zahlen der qualifiziert ausgebildeten Mitarbeiter erkennen. Hier zeigt sich beispielsweise, dass zu Zeiten des Jubiläums, genauer, im Jahre 1975, nur 12% des Bankverein-Personals einen Hoch- oder Mittelschulabschluss oder ein Diplom einer Höheren Wirtschafts- und Verwaltungsschule (HWV) oder einer Höheren Technischen Lehranstalt (HTL) besassen – 1995 waren es dann immerhin schon 25%. Allein der Anteil der beim Bankverein beschäftigten Akademiker stieg zwischen 1975 und 1995 von 3% auf 9%. Wohl ebenso signifikant ist, dass sich der Anteil der Mitarbeiter ohne eine spezifische Ausbildung im gleichen Zeitraum von 32% auf 13% verminderte.

Gleichzeitig visierte der Bankverein ab Mitte der achtziger Jahre mit ehrgeizigen Zielvorgaben auch eine andere Begabungsreserve an, an der nicht nur er allzulange allzu achtlos vorbeigegangen war – diejenige der Frauen. Mit dieser Politik stellte er sich bewusst auch in den Dienst der Chancengleichheit für Frauen und Männer, die er zu dieser Zeit zusammen mit einigen anderen Schweizer Grossunternehmen zu verwirklichen begonnen hatte. Hierbei blieb er nicht nur bei Absichtserklärungen: eine gesamtschweizerische Arbeitsgruppe «Chancengleichheit beim Bankverein» formulierte im Jahre 1991 zusammen mit Vertretern der Personalabteilungen ein konkretes Konzept für die Gewährleistung gleicher Chancen für beide Geschlechter, in dessen Folge bei den Sitzen eine Reihe von Massnahmen in den Bereichen Ausbildung, Berufs- und Karriereplanung, Wiedereinstieg ins Berufsleben, Teilzeitarbeit, sowie Vereinbarkeit von Berufs- und Familienpflichten in die Tat umgesetzt wurden.[1] Diese gewandelte Einstellung zusammen mit dem jetzt verstärkten Bestreben, bei Beförderungen auch die Frauen angemessen zu berücksichtigen, hat in den letzten Jahren erste Früchte getragen. Der Anteil der Frauen am Kader in der Schweiz, Anfang 1983 noch bei 5,1%, war bis Anfang 1996 immerhin auf 12,9% gestiegen – fern noch von höheren Zielmarken, deutlich aber doch in der richtigen Richtung. In Kaderpositionen bei *SBC Warburg* ausserhalb der Schweiz lag der Frauenanteil Anfang 1996 mit 17,9% bereits wesentlich höher.

Ebenfalls auf die Mitarbeiterstrukturen wirkte sich eine weitere Stossrichtung der Bemühungen der Bank um Erschliessung qualifizierter Personalressourcen für ihr weltweites Geschäft aus – diejenige nämlich, die sich auf Mitarbeiter aus Ländern richtete, in denen ein grösseres Angebot gerade von Spezialisten für neue Finanzinstrumente und neue Handels- und Banktechniken besteht als in der Schweiz. Selbstverständlich schlugen sich diese Bemühungen vor allem in den Mitarbeiterstrukturen des Konzerns respektive der International & Finance Division beziehungsweise der *SBC Warburg* nieder, figurieren hier doch die quasi «wholesale» übernommenen nichtschweizerischen Mitarbeiter so bedeutender Einheiten wie *O'Connor*, *Brinson* oder *Warburg*. Aber auch die Personalstruktur des Stammhauses lässt diesen Vorgang im Zeitvergleich erkennen – einen Vorgang nota bene, der zur Internationalisierung des Bankvereins mindestens ebenso beiträgt wie die vielbesprochene Internationalisierung der Geschäftstätigkeit. Oder umgekehrt: in dem Masse, wie das Geschäft der Bank in den letzten zehn Jahren immer vielfältiger, weltumspannender geworden ist, in dem Masse ist auch der Mitarbeiterstab vielfältiger und bunter geworden – und zwar, wie hinzugefügt sei, von den jüngeren Kadern bis hin zur (jüngeren) erweiterten Konzernleitung. Ein kultureller Schock für den 125jährigen Bankverein? Das denn wohl doch nicht, dazu ist die Bank schon zu lange international engagiert; aber ein kultureller Wandel, das ganz gewiss – mit mancherlei Friktionen im einzelnen und grossen Chancen im ganzen.

**Einschätzung von Qualifikationsmerkmalen**

Personalqualifikation wurde im Bankverein schon lange vor dessen hundertstem Jubiläum betrieben, wobei auch damals schon ein regelmässiges Personalgespräch mit dem Mitarbeiter Teil der Qualifikation war. Dieses System wurde 1982 in einem nicht unwesentlichen Punkt erweitert, indem der Mitarbeiter im Sinne einer vermehrt partizipativen Personalpolitik eine aktive Rolle bei der Qualifikation bekam: er erhielt die Möglichkeit, sich regelmässig in schriftlicher Form zu Themen wie Zufriedenheit mit der Arbeit, Arbeitsbelastung, Arbeitsklima sowie Vorstellungen über die eigene

---

[1] Als erste Bankverein-Niederlassung eröffnete Genf im September 1991 eine Kinderkrippe.

berufliche Entwicklung zu äussern. 1991 wurde dieses System der Personalqualifikation dann mit der Einführung des Führungskonzepts des *Management by Objectives* auf eine prinzipiell neue Grundlage gestellt. Seither vereinbaren der Mitarbeiter und sein direkter Vorgesetzter regelmässig persönliche Jahresziele. Jeweils nach Jahresfrist wird die Leistung dann daran gemessen, wie weit diese Ziele erreicht wurden, wobei der Mitarbeiter auch an dieser Einschätzung beteiligt ist. Hiermit sollte nicht nur die Mitarbeiterbeurteilung weiter objektiviert, sondern auch der Dialog zwischen Kadern und Mitarbeitern intensiviert werden. Daran, dass dieses Vorgehen zur Förderung und Motivation der Mitarbeiter beiträgt, besteht kein Zweifel, auch, wenn seine Auswirkungen sich naturgemäss einer einfachen quantitativen Messung entziehen.

Erst relativ spät, nämlich im Jahre 1975, wurde nach der schon länger gepflegten Personalqualifikation auch eine Qualifikation für Direktionskader eingeführt, die diese Bezeichnung verdient. Die Vorgehensweise wich in vielen Punkten von der Personalqualifikation ab; so nahm man die Qualifikation der Direktionskader beispielsweise nur alle drei Jahre (und nicht wie beim Personal alljährlich) vor. Erfasst von diesem System waren zunächst auch nur die Vizedirektoren und die stellvertretenden Direktoren.

Dieses System wurde im Jahre 1990 umgestellt. Seither werden von ihm alle Direktionskader erfasst, also auch die Direktoren und die Direktionsvorsitzenden der Sitze. Ähnlich wie bei der Personalqualifikation gelten seither auch für die Direktionskader die vereinbarten Jahresziele und der nach Jahresfrist gemeinsam beurteilte Grad der Zielerreichung als Qualifikationskriterien. Das Führungskonzept des *Management by Objectives* wird damit seit 1991 konsequenterweise auf das *gesamte* Personal der Bank angewandt. Als objektivierte, über Jahre hinweg zurückzuverfolgende Basis für Gehaltsveränderungen und Beförderungen ist es inzwischen ebensowenig wegzudenken wie als Grundlage für eine längerfristige, die Interessen des Mitarbeiters und der Bank systematisch berücksichtigende Laufbahnplanung.

**Abschnitt 3:**
### Personalpolitik in veränderter Umwelt

**Ausbildung als Herzstück**

Lange vor dem Jubiläumsjahr 1972, genau gesagt im Jahre 1962, wurden im Bankverein die ersten Fundamente für den systematischen Auf- und Ausbau der Ausbildung gelegt. Noch in den fünfziger Jahren war in der Bank die Ausbildung «nebenher» betrieben worden – das heisst von Linienkadern als Nebenbeschäftigung und ohne eigene Organisation und Systematik. Im wesentlichen beschränkten sich die Bemühungen zu jener Zeit noch auf gelegentliche Zusammenkünfte der Lehrlinge; daneben fanden ab 1957 erste Führungskurse in Hertenstein am Vierwaldstättersee statt, einem Ort, der fünfzehn Jahre später einen inzwischen fast legendären Platz in der Geschichte der Führungsschulung der Bank erhalten sollte.

## Aufbau der Ausbildung

Als im Jahre 1962 der spätere Generaldirektor *Dr. K. Steuber* als erster vollamtlicher Ausbilder der Bank seine Tätigkeit beim Sitz Basel aufnahm, bestanden die Ausbildungsaktivitäten des Bankvereins aus der Lehrlingsausbildung, der Personalausbildung in Form eines Kurses für Nachwuchskräfte, sowie aus der Kaderausbildung in der Form eines Vorgesetztenseminars und der daraus hervorgegangenen Studientreffen. *K. Steuber* begann damit, das Fundament jeder betrieblichen Schulung, die Lehrlingsausbildung, systematisch auszubauen. Bald danach wurde auch die Schulung des mittleren Kaders in modernen Führungsinstrumenten im Rahmen von Vorgesetztenkursen aufgenommen. Schliesslich wurden auch die höheren Stufen der Bankverein-Hierarchie in die Weiterbildungsaktivitäten einbezogen – im gerade erwähnten Hertenstein wurde im Jahre 1971 das erste Direktorenseminar abgehalten. Während vieler Jahre danach haben sich an diesem Ort Hunderte von Bankverein-Kadermitgliedern zur Teilnahme an mehrtägigen Weiterbildungsveranstaltungen über volkswirtschaftliche und bankpolitische, betriebswirtschaftliche und bankbetriebliche Themenkreise eingefunden. Die dabei herrschende Atmosphäre hat in dem zu jener Zeit geflügelten Wort vom «Geist von Hertenstein» beredten Ausdruck gefunden.[1]

Kennzeichnend für die unter dem Stichwort der «éducation permanente» betriebene Entwicklung des Aus- und Weiterbildungswesens im Bankverein jener Jahre war ihr schrittweiser Aufbau von unten nach oben. 1978 hatte sie den Stand einer

Das im Jahre 1989 eröffnete Ausbildungszentrum Seepark in Thun weist modern ausgerüstete und ansprechend gestaltete Schulungsräume auf.

Führungsausbildung erreicht, welche die vier Stufen Handlungsbevollmächtigte (Vorgesetztenseminar), Prokuristen (Seminar für Führungstechnik), Vizedirektoren (VD-Seminar) sowie stellvertretende Direktoren und Direktoren (Management-

---

[1] Fast zwanzig Jahre später war er durch den inzwischen kaum weniger lebendigen «Geist des Seepark» ersetzt; siehe hierzu S. 318 f.

seminar) umfasste. 1983 wurde ein weiterer neuer Kurs eingeführt, mit dem die Führungsausbildung für neuernannte Vizedirektoren sowie bewährte Prokuristen vor deren Eintritt in das Direktionskader intensiviert wurde – das wichtige Seminar für Führungsnachwuchs, das einen vierwöchigen Hauptkurs sowie einen Vor- und einen Nachkurs von mehreren Tagen umfasst; einige Jahre später wurde damit begonnen, dieses Seminar zweigleisig zu fahren, indem ein Internationales Managementseminar, das den gleichen Zielen dient, hinzugefügt wurde. Schliesslich wurde auch die Geschäftsleitung einbezogen: seit Januar 1987 begibt sie sich alljährlich zu Jahresbeginn in ein mehrtägiges Strategieseminar, bei dem bankpolitische und banktechnische Themen im Vordergrund stehen.

Als *Dr. Steuber* im April 1992 in den Ruhestand trat, hatte die Aus- und Weiterbildung beim Bankverein einen Stand erreicht, der bestenfalls noch entfernt an die Jahrzehnte zuvor gelegten Fundamente erinnerte: in diesem Jahr wurden in der Bank nicht weniger als 24 500 Mitarbeiter und Mitarbeiterinnen in insgesamt 3070 internen Kursen und Seminaren während einer Gesamtzahl von 8460 Kurstagen geschult. Die Ausbildung lag inzwischen in den Händen von 120 vollamtlichen Instruktoren, die von über 600 Kaderangehörigen und anderen Spezialisten unterstützt wurden; die gesamten Personal- und Sachkosten für die Ausbildung in der Schweiz und im Ausland beliefen sich im Bankverein in diesem Jahr auf 79,5 Mio Fr.

Aus- und Weiterbildung der Mitarbeiter

Blickt man auf das Schulungsprogramm der Bank der vergangenen fünfundzwanzig Jahre zurück, so findet man darin einen Reflex des Wandels der Anforderungen an die Banken und ihre Mitarbeiter im Laufe der Zeit.

Ein erster deutlich erkennbarer Impuls ging vom Wachstum der Zahl der von der Bank angebotenen Produkte aus, indem im Laufe der siebziger Jahre der Verkaufsausbildung eine immer grössere Beachtung zukam, der Einsicht getreu, dass es nicht genügt, gute Produkte zu entwickeln, sondern dass diese gerade im so erklärungsbedürftigen Geschäft der Finanzdienstleistungen auch aktiv verkauft werden müssen. Aus diesem Anlass – die Zahl der Anlageinstrumente hatte sich inzwischen ebenso weiter erhöht wie die Finanzierungsvarianten für Investitionen – wurden die der Verkaufsausbildung gewidmeten Kurse Mitte der achtziger Jahre weiter ausgebaut und das Verkaufstraining, das nunmehr ganz spezifisch auch die Betreuung und Beratung der Kunden in bezug auf neue, oftmals massgeschneiderte Lösungen ihrer Probleme umfasste, stark intensiviert.

Ein beträchtlicher, bis in unsere Tage anhaltender Ausbildungsbedarf ergab sich des weiteren aus der seit den siebziger Jahren immer rascher und breiter vorangetriebenen Elektronisierung der Arbeitsabläufe in der Bank. Speziell die im Jahre 1975 einsetzende, an anderem Ort näher geschilderte bankweite Realisierung des *Real Time Banking* stellte erhebliche Anforderungen auch an die Ausbildung.[1] Sie erhöhen sich ab Mitte der achtziger Jahre auch in qualitativer Hinsicht, als neben dem Retail- auch das Kommerz- und das Anlagengeschäft durch Einbezug der elektronischen Datenverarbeitung rationalisiert und systematisiert wurde.[2] Im Laufe der folgenden Jahre wurden diese geschäftsbereichbezogenen Kurse immer weiter ausgebaut, wofür der Geschäftsbereich Anlagen mit seinen Spezialistenlehrgängen für Kundenberater, Portfolio und Securities Manager ein gutes Beispiel darstellt: gestützt auf eine die Fachkurse mit einer Verkaufsschulung kombinierenden Ausbildung erhielten im September 1993 erstmals 107 Absolventen das Diplom für Anlagespezialisten.

Zu den «Impulsgebern» für die Ausbildung der Mitarbeiter zählte sodann der Personal Computer. Mit seiner raschen Verbreitung in der Bank ab Mitte der achtziger Jahre stieg der Ausbildungsbedarf quasi über Nacht rasch an. Nachdem im Herbst 1986 erste Ausbildungsbausteine auf diesem Gebiet in Form von Kursen über Textverarbeitung und Tabellenkalkulation in das Lehrangebot aufgenommen worden waren, wurde bereits im darauffolgenden Jahr das Kursangebot um generelle Informationstagungen für Mitarbeiter und Kader über Ziele und Möglichkeiten der Büroautomation bis hin zu Spezialkursen über Systemadministration und Dateiverwaltung erweitert. Seither sorgen die Integration des PC in immer neue Arbeitsgebiete ebenso wie dessen Weiterentwicklung für immer neue Anstösse für das einschlägige Schulungsprogramm der Bank.

Schliesslich entstand ein neuer Schulungsbedarf in den zurückliegenden Jahren immer wieder im Zusammenhang mit neuen Organisationsformen der Märkte oder der Bank selbst. Bedeutend in dieser Hinsicht war die Eröffnung der schweizerischen Optionenbörse *SOFFEX* im Jahre 1988, für die im Jahre 1987 ein grosses und vielschichtiges Ausbildungsangebot entwickelt wurde[3]; ähnlich verhielt es sich mit der Inbetriebnahme der *Elektronischen Börse Schweiz (EBS)* im Laufe des Jahres 1996 – sie warf ihren Schatten auf die Ausbildung der Börsenhändler ebenso voraus, wie sie auch in der Folge bleibende Veränderungen im Handels-Training der Bank bewirkte. Last but not least bleibt zu erwähnen, dass auch bankinterne Organisationsprojekte zu deren erfolgreicher Umsetzung je länger desto mehr auf begleitende Schulungsprogramme der Mitarbeiter angewiesen waren und sind. Das zeigte sich besonders an einem die flächendeckende Organisation der Bank betreffenden Projekt wie dem schon erwähnten *proFIL*, in dessen Rahmen speziell im Jahre 1994 die für neue Funktionen vorgesehenen Kundenberater auf ihren Einsatz vorbe-

---

[1] Im Jahre 1975 allein wurden 2500 Mitarbeiter im RTB eingeschult. Für weitere Details siehe S. 269.
[2] Einen Eindruck von dem jeweils rasch aufzubauenden Ausbildungsangebot vermittelt etwa die Tatsache, dass beispielsweise im Jahre 1986 Kreditsachbearbeiter aller Stufen in nicht weniger als 198 Kursen mit über 2400 Teilnehmern von der herkömmlichen Technik auf das in der Bank entwickelte Bilanzanalysesystem umgeschult wurden, eine Aktivität, an der auch Ausbilder und Kreditspezialisten der Front beteiligt waren.
[3] Die Händler des Bankvereins wurden in mehrwöchigen Kursen sowie Aufenthalten bei befreundeten Brokers und Market Makers in den USA auf ihre Aufgabe vorbereitet. Ausserdem schulten eigene Fachkräfte und ein externes Spezialistenteam die im Backoffice tätigen Mitarbeiter, und nicht zuletzt galt es, die über 1000 Kunden- und Anlageberater in der Schweiz mit den Dienstleistungen der *SOFFEX* vertraut zu machen.

reitet werden mussten. Hier erfolgte die Wissensvermittlung erstmals in Selbstlerngruppen, die als Lernform nach deren gesamtschweizerischer erfolgreicher Erprobung in der Bank institutionalisiert wurden. Darüber hinaus fand hier auch der computergestützte Selbstunterricht *(Computer Assisted Instruction/CAI)* Anwendung, den der Bankverein seit Ende der achtziger Jahre bei den Sitzen und zahlreichen Filialen eingesetzt hatte, eine auf die unterschiedlichen Vorkenntnisse der Auszubildenden abgestimmte flexible Form der Aus- und Weiterbildung, mit der ab 1992 ein grosser Teil der Grundlagen des Bankgeschäfts abgedeckt wurde.[1]

Aus- und Weiterbildung des Kaders

Die Anfang der achtziger Jahre im Bankverein systematisch aufgenommene Schulung gerade der jüngeren Kader – 1983 fand, wie bereits erwähnt, erstmals ein fünfwöchiges Seminar für Führungsnachwuchs statt – wurde in den vergangenen Jahren immer weiter ausgebaut: in Richtung auf Internationalisierung, Professionalisierung und Persönlichkeitsentwicklung, wenn man die Schwerpunkte einmal schlagwortartig kennzeichnen will.

Was die Internationalisierung angeht, so liess sich die Bank die Vermittlung von Auslandserfahrungen für ihre leitenden Mitarbeiter besonders angelegen sein. Zu diesem Zwecke schuf sie für überdurchschnittlich qualifizierte Teilnehmer ihrer Anfang der achtziger Jahre eingeführten Hochschulabsolventen-Kurse im Jahre 1985 die Möglichkeit, beim Sitz New York eine halbjährige praktische Kreditausbildung, verbunden mit Workshops und Fallstudien, zu durchlaufen. Der Erfolg dieses Schulungsangebots ebenso wie die voranschreitende Globalisierung des Bankgeschäfts und der inzwischen erfolgte Übergang zur funktionalen Führungsstruktur veranlasste die Bank in den folgenden Jahren, in zunehmendem Masse spartenspezifische Fachkurse für Mitarbeiter aus aller Welt an verschiedenen zentralen Plätzen zu entwickeln. So wurde beispielsweise im Jahre 1991 erstmals qualifizierten Nachwuchskräften aus der Schweiz und dem Ausland, die an einer internationalen Karriere interessiert sind, ein Kommerzseminar in New York sowie ein Finanzseminar in London angeboten. Mit dem im Januar 1995 von der Konzernleitung verabschiedeten *International Mobility Program/IMP* wurde für talentierte Nachwuchskräfte die Möglichkeit geschaffen, sich an verschiedenen Orten persönlich und fachlich weiterzuentwickeln und ein internationales Netz persönlicher Kontakte aufzubauen.[2] Dahinter stand die Erkenntnis, dass

---

[1] Diese Lernprogramme sind verschiedentlich auch ausgezeichnet worden: so erhielt der Kurs »Der Bankkredit« im Jahre 1992 von der *International Foundation for Computer-based Education in Banking and Finance* den Silver Award, und 1993 erhielt der Bankverein für sein Lernprogramm »Behandlung von Reklamationen« den europäischen Multi-Media-Preis in der Kategorie »Technologische Innovation«.

[2] Dieses Programm gehört zu einem zum gleichen Zeitpunkt unter der Bezeichnung *Junior Key People* eingeführten neuen Rekrutierungsverfahren, mit dem der Bankverein sein Engagement und seine Reputation auf dem akademischen Bewerbermarkt zu verstärken suchte. Bei der Anstellung der »Junior Key People« arbeitet die Bank mit der Assessment-Technik *STEP (Short Term Education Program)* sowie mit einem eigens entwickelten »*International Training and Evaluation Seminar/ITES*«, mit dem die Qualität und die Kontinuität bei Auswahl und Ausbildung der »Junior Key People« ebenso wie eine objektive Information für den Entscheid über einen Auslandaufenthalt sichergestellt werden soll. Nach erfolgreicher ITES-Teilnahme stehen den solchermassen Qualifizierten neun internationale Standorte des Bankvereins für einen Einsatz von 18 bis 24 Monaten offen.

die Förderung der internationalen und konzernweiten Mobilität des Führungsnachwuchses eine wichtige Erfolgsvoraussetzung für einen weltweit tätigen Konzern wie den Bankverein darstellt.

Die fortgesetzte Professionalisierung des Kaders war (und ist) ein weiteres Ziel der Kaderentwicklung, das die Bank über die Jahre hinweg mit einer Fülle von zum Teil unkonventionellen Initiativen und Massnahmen verfolgte. Wichtig in diesem Zusammenhang war die Einsicht, dass eine bankspezifische Aus- und Weiterbildung auf fortgeschrittenem Niveau weder von den einzelnen schweizerischen Bankinstituten individuell noch von den Hochschulen des Landes erwartet werden konnte. Sie war es, die zur Gründung der *Swiss Banking School* im Frühsommer 1987 führte, an der sich der Bankverein zusammen mit vier weiteren Schweizer Banken beteiligte. Diese Fachschule vermittelt in Zusammenarbeit mit dem *Institut für Schweizerisches Bankwesen* der Universität Zürich[1] und dem *Institut für Bankwirtschaft* der Hochschule St. Gallen jüngeren Nachwuchskräften über die Zeit von gut zwei Jahren in drei Kursen von je drei Wochen eine berufsbegleitende Führungs- und Fachausbildung.[2] Sie hat im Laufe der Jahre Hunderten von jüngeren Mitarbeitern schweizerischer Finanzinstitute Wissensinhalte vermittelt, die ihnen an keiner anderen Stelle in einer so fachkundigen, praxiserfahrenen Form geboten worden wären. In Ergänzung hierzu wurde vom Bankverein ab der zweiten Hälfte der achtziger Jahre auch der Besuch anderer renommierter (und von der Bank zu diesem Zweck ausgewählter und teilweise auch mitfinanzierter) externer Management-Schulen durch

erfahrene Fachkräfte (jüngere Direktoren) gefördert. Einbezogen in dieses recht grosszügige Programm wurden oben schon genannte Institutionen von internationalem Ansehen wie das *International Institute for Management Development (IMD)* in Lausanne, das *INSEAD* in Fontainebleau, die *Harvard Business School* oder die *Sloan School of Management* am *Massachusetts Institute of Technology (MIT)* in Boston. Zu den Bemühungen um eine möglichst frühzeitige Professionalisierung gerade von Hochschulabsolventen gehörte schliesslich der 1991 unter der Bezeichnung «*SBC Top Talents*» ausgearbeitete Förderungsplan, mit dem elf verschiedene Programme – sogenannte Traineeships – angeboten werden, die nach Studienabschluss absolviert werden können. Ein nicht unwichtiger Nebenzweck dieser Aktivität bestand und besteht für die Bank auch darin, sich rechtzeitig einen qualifizierten Nachwuchs motivierter Hochschulabsolventen zu sichern.

Professionalität und internationale Erfahrungen sind indessen für die Kader eines weltweit tätigen Finanzinstituts zwar notwendige, keineswegs aber hinreichende Erfolgsvoraussetzungen. Hinzukommen müssen vielmehr persönlich/charakterliche Qualitäten wie Sozial- und Führungskompetenz, Teamfähigkeit und dergleichen. Um diesen zunehmend wichtigeren Anforderungen an seine Kader noch besser gerecht zu werden, entwickelte der Bankverein ab 1993 *Management Development-Instrumente*, die ganz gezielt der

---

[1] Das Institut wurde zu jener Zeit von Professor *Dr. Ernst Kilgus*, einem der Initianten der Swiss Banking School, geleitet.
[2] Der erste Kurs mit 80 Teilnehmern begann bereits im September 1987.

Persönlichkeitsentwicklung dienen. Die Instrumente bauen logisch aufeinander auf: es gibt drei Programme für die funktionsgerechte Potentialerfassung *(Potential Evaluation Program/PEP)* und drei Programme für die eigentliche Kaderentwicklung *(Management Development Program/ MDP)*; der Teilnahme an einem *MDP* ist jeweils die erfolgreiche Absolvierung eines *PEP* vorangestellt.

Das am Thunersee gelegene Ausbildungszentrum Seepark, mit Hotel und Restaurant versehen, ergänzt die touristische Infrastruktur der Stadt Thun.

### Ausbau der baulichen Infrastruktur

Macht man sich, wie vorstehend geschildert, das ausserordentliche Wachstum der internen Schulungsaktivitäten des Bankvereins seit seinem hundertsten Jubiläum bewusst, so überrascht es nicht, dass die Bank mittlerweile auch über einen respektablen Bestand an Bauten und Räumlichkeiten verfügt, die allein Ausbildungszwecken dienen.

Seit Anfang der siebziger Jahre entstanden in der Schweiz sukzessive acht regionale Ausbildungszentren – in Basel, Bern, Genf, Lausanne, Lugano, Luzern, St. Gallen und Zürich. Hinzu kam 1989 das Ausbildungszentrum «*Seepark*» in Thun; und schliesslich sind auch das im April 1990 beim Sitz New York dem Betrieb übergebene *SBC Center for Learning and Development* sowie die Ausbildungsräumlichkeiten bei *O'Connor* im Chicago Board of Trade-Gebäude («Seepark West») zu erwähnen.

Das Ausbildungszentrum *Seepark* in Thun, am 27. September 1989 mit einer illustren Gästeschar mit Bundesrat *Flavio Cotti* an der Spitze eingeweiht, bildete einen Meilenstein beim Ausbau des Management Development der Bank. Das Gebäude dient indessen nicht nur der Weiterbildung der oberen Führungskräfte des Bankverein-Konzerns im Rahmen anspruchsvoller Programme zu

Themen wie Markt- und Umweltentwicklung, Geschäftspolitik, Unternehmungs- und Mitarbeiterführung sowie Persönlichkeitsbildung; die Konferenzräume werden zeitweise auch von anderen Firmen und Organisationen sowie für öffentliche Veranstaltungen genutzt. Der Einweihung des *Seepark* waren jahrelange Planungs- und Bauarbeiten vorausgegangen. Zeitweise hatte das ehrgeizige, ursprünglich noch vom damaligen Generaldirektor *Hugo Grob* seit 1977 verfolgte Projekt gedroht, im Geflecht politischer, behördlicher und auch betrieblicher Ansprüche zu versanden; eine unter *Walter G. Frehner* in der Nachfolge des verstorbenen *Dr. Grob* ab 1982 an die Hand genommene, von *Dr. Steuber* tatkräftig umgesetzte Neukonzeption brachte schliesslich den Durchbruch.

Ein weiterer Meilenstein war die Eröffnung des Ausbildungs- und Konferenzzentrums (ABZ) in Basel am 5. Dezember 1994. In dieses Gebäude – es folgte auf die Errichtung moderner Ausbildungszentren in Zürich, Genf, Bern, Lausanne und Lugano in den vorangegangenen Jahren – investierte die Bank noch im Schwung der vorangegangenen, jetzt allerdings allmählich auslaufenden Expansion der Personalbestände in der Schweiz die stattliche Summe von 217 Mio Fr. (davon 35 Mio Fr. allein für die modernen Betriebseinrichtungen); es ist das weltweit grösste Ausbildungs- und Konferenzzentrum des Schweizerischen Bankvereins. Blickt man auf diesen stattlichen, der Ausbildung und Weiterentwicklung der Bankmitarbeiter auf allen Stufen dienenden Immobilienbestand der Bank, so erkennt man hierin unschwer auch ein beredtes Zeugnis dafür, welchen Wert die Bank inzwischen der Schulung ihrer Mitarbeiter beimisst, getreu der Erkenntnis, dass der Erfolg des Unternehmens letzten Endes trotz aller Technisierung und Automatisierung doch von nichts anderem abhängt als von den Menschen – gut ausgebildeten, erfahrenen und motivierten Mitarbeitern.

**Arbeitsbedingungen als Rahmen**

Kaum in irgendeinem anderen Zeitraum seit der Gründung des Bankvereins haben sich die Rahmenbedingungen für die Tätigkeit seiner Mitarbeiter stärker verändert als in den hinter uns liegenden 25 Jahren. Zu Zeiten der Zentenarfeier der Bank waren die Mitarbeiter (das «Personal») noch Angehörige einer streng hierarchisch gegliederten Organisation; heute sind sie, jeder an seinem Platz, die Träger einer dezentral ergebnisverantwortlichen Organisation mit einer Fülle von Mitspracherechten und auch -pflichten; vor einem Vierteljahrhundert waren die «Karrieren» an ein leistungs- **und** altersabhängiges Erklimmen fixierter hierarchischer Stufen geknüpft; heute, wo der Konzern sowohl über eine titel- wie über eine funktionsorientierte Struktur verfügt, richten sich Personalprozesse wie die berufliche Entwicklung und auch die Entlöhnung primär nach funktionalen, leistungsbezogenen Kriterien aus; Anfang der siebziger Jahre waren die Mitarbeiter bezüglich ihrer Entlöhnung in starre Lohn- und Gehaltsklassen eingeteilt, bei denen das Prinzip der Lohnvergleichbarkeit im Vordergrund stand; 25 Jahre später hat die Markt- und Leistungsgerechtigkeit der Löhne in den jeweiligen Segmenten der (verschiedenen regionalen und nationalen) Arbeitsmärkte eindeutig Vorrang vor interner Lohnvergleichbarkeit, und die Gehaltspläne basieren auf der sachlichen Beurteilung individueller Beiträge zum kurz- und langfristigen Konzernerfolg und beinhalten neben dem fixen einen bedeutenden variablen Lohnbestandteil; vor 25 Jahren hatten die individuellen Vergütungen nur einen längerfristigen Zusammenhang mit den Arbeitsleistungen eines Mitarbeiters; heute sind sie direkt an die Erreichung vereinbarter Jahresziele geknüpft; und einst war die Weiterbildung weitgehend jedem Einzelnen überlassen, und heute ist sie Gegenstand systematischer, auf die individuell geplante Entwicklung der einzelnen Mitarbeiter abgestimmter Aus- und Weiterbildungsaktivitäten der Bank.

Nimmt man nun noch die Veränderungen hinzu, die sich in den vergangenen 25 Jahren in bezug auf die Arbeitsabläufe, die Arbeits- und Kommunikationstechniken, die Analyse-, Entscheidungs- und Führungsprozesse, die Produkte und die Märkte, schliesslich auch in bezug auf die Wettbewerbsbedingungen auf den Arbeitsmärkten selbst vollzogen haben, so werden drei Dinge deutlich: erstens, welche grundsätzlichen Umwälzungen die Bank in der Pflege ihrer wichtigsten Ressource, ihren Mitarbeitern, in dem dafür doch recht kurzen Zeitraum vollzogen hat; zweitens, welchen tiefgreifenden Veränderungen längergediente Mitarbeiter in bezug auf ihre Arbeitswelt in diesem Zeitraum unterworfen gewesen sind; und drittens, wie wenig die Welt des heutigen Bankvereinlers noch mit derjenigen seines Vorgängers vor 25 Jahren vergleichbar ist.

Selbstverständlich hat sich der hier erkennbare Wandel nicht umsturzartig, über Nacht sozusagen, ergeben, sondern ist in vielen kleinen Schritten vorangetrieben worden. Sie hier im einzelnen nachzuzeichnen ist nicht möglich; einzelne markante Schritte auf verschiedenen Gebieten der Personalpolitik verdienen indessen doch, festgehalten zu werden, beispielhaft auch für anderes, das zu erwähnen hier der Platz fehlt.

### Gehälter und Bonifikationen

Wohl eine der bemerkenswertesten Änderungen in der Gehaltspolitik für die Mitarbeiter der Schweizer Banken generell und auch des Bankvereins im vergangenen Vierteljahrhundert war die Beseitigung des Giesskannenprinzips, das darin bestanden hatte, dass alle Mitarbeiter zusätzlich zu individuellen oder an die jeweiligen Gehaltsklassen geknüpften Reallohnerhöhungen alljährlich mit einem weitgehenden Ausgleich der Teuerung rechnen konnten. Seit Anfang 1993 ist diese Praxis durch ein leistungsbezogenes Salärsystem ersetzt. Anstelle der vorher bestehenden zehn Gehaltsklassen gibt es seither vier Funktionsgruppen, in die alle Mitarbeiter mit Ausnahme des Direktionskaders nach Ausbildung, Erfahrung und Aufgaben eingeordnet sind. Die ordentlichen, vorher automatisch gewährten Gehaltserhöhungen sind fortgefallen; die Bezahlung orientiert sich seither vorwiegend an der Leistung[1] – eine grundsätzliche Neuorientierung der Personalver-

---

[1] Seit dem 1. Januar 1995 sind *generelle* Lohnerhöhungen nicht mehr erfolgt.

gütungen, die in ähnlicher Weise ja auch alle übrigen Hierarchiestufen der Bank erfasst hat. Dass sich darin natürlich auch die relative Geldwertstabilität widerspiegelt, die seit den frühen neunziger Jahren erreicht wurde, erinnert an die Abhängigkeit gerade auch der Gehaltspolitik von Umweltsbedingungen ausserhalb der Beeinflussbarkeit durch die Unternehmen.

Was die Gehaltspolitik für das Kader angeht, so ist die wesentlichste Veränderung einleitend schon bemerkt worden: der Übergang zu im Laufe der Zeit immer mehr zulasten der fixen Bezüge gewachsenen leistungsabhängigen[1] Bonuszahlungen – ein System, das die Beiträge des Einzelnen zur Entwicklung und zum Ergebnis der Bank in angemessener Weise honorieren soll, und das deshalb bei allen seinen Meriten bisher nie ganz ohne Diskussionen über eben diese Angemessenheit geblieben ist (Hauptprobleme: die Zurechnung von Kosten und Erträgen in vernetzten Geschäften, sowie die Rechtfertigung teilweise ausserordentlicher, vielfach als «exotisch» empfundener Bonifikationen im Falle bestimmter Kategorien von Spezialisten, besonders in den USA und Grossbritannien). Seine Vorteile aber überwiegen eindeutig; und deshalb wird es bleiben und sicher noch weiter ausgebaut werden.

Für alle Mitarbeiter war überdies bereits im Jubiläumsjahr 1972 eine generelle Gewinnbeteiligung eingeführt worden. Der institutionelle Rahmen wurde mit der in diesem Jahr erfolgten Errichtung der *Stiftung des Schweizerischen Bankvereins für die Gewinnbeteiligung der Mitarbeiter* geschaffen, deren Statuten und Reglemente Anfang 1991 den Vorschriften des inzwischen in Kraft getretenen Gesetzes über die berufliche Vorsorge (BVG) angepasst wurden. Die Stiftung erhielt zunächst jährliche Zuwendungen von höchstens 2% des an die Aktionäre der Bank ausgeschütteten Dividendenbetrages; ab 1985 war dieser Satz nach Zustimmung der Aktionäre an der Generalversammlung vom April 1984 auf 3% heraufgesetzt. Was die Ausschüttungen an die Mitarbeiter angeht, so erhielten diese im Jahre 1974 das Recht, für einen Teil ihres Guthabens Namenaktien des Schweizerischen Bankvereins zum jeweiligen Börsenkurs zu erwerben; ab 1. Januar 1992 war es den Begünstigten sodann erlaubt, sogar für ihr ganzes Kapital Namenaktien der Bank zu kaufen.[2] Seit 1995 erfolgen jedoch keine Zuweisungen an die *Stiftung für Gewinnbeteiligung* mehr.[3] Der Grund hierfür ist, dass neu zwei Aktienbeteiligungspläne eingeführt wurden – der eine für Mitarbeiter in der Schweiz, der andere für die oberen Führungskräfte im Ausland. Ihr Ziel ist dasselbe wie dasjenige der Stiftung: die Loyalität der Bankvereinler zum Konzern zu festigen und ihnen auch im Interesse der Aktionäre Ansporn für eine optimale Wertschöpfung zu bieten.

[1] Die Bonuszahlungen sind abhängig von der individuellen Leistung, in der absoluten Höhe aber auch von der für einen Funktionsbereich alljährlich festgelegten Bonus-Summe, und diese wiederum ist abhängig vom gesamten Unternehmensergebnis.
[2] Von diesem Recht machte im Laufe der Jahre ein wachsender Teil der Begünstigten Gebrauch: 1991 waren es bereits 26%, verglichen mit 18% im Jahre 1981. Ende 1994 beliefen sich die Guthaben der Begünstigten auf insgesamt 120 Mio Fr., wovon 25 Mio Fr. in Namenaktien des Bankvereins angelegt waren.
[3] Die Guthaben der Beteiligten werden jedoch weiterhin verzinst und für die von ihnen gezeichneten Namenaktien Dividenden gutgeschrieben.

## Soziale Sicherheit

Auf dem Gebiete der betrieblichen Altersvorsorge zählt der Bankverein in der Schweiz zu den Pionieren: seit dem Jahre 1920 besteht seine Pensionskasse in Form einer Stiftung. Diese Pensionskasse wurde im Laufe der Jahre sukzessive ausgebaut, und zwar sowohl in bezug auf den Kreis der Berechtigten (seit langem alle Bankvereinler) wie auch in bezug auf die Leistungen (weit über die Mindestanforderungen des Mitte der achtziger Jahre erlassenen BVG hinaus); gleichzeitig erfolgte eine laufende Anpassung an die Erfordernisse neuer Gesetze wie etwa desjenigen auf dem Gebiet der Freizügigkeit und der Förderung von Wohneigentum des Jahres 1994, wobei diese Anpassungen vollumfänglich aus vorhandenen freien Mitteln der Pensionskasse finanziert werden konnten. Eine Vorstellung vom inzwischen erreichten Umfang dieses Versorgungswerks vermitteln einige Zahlen: Nachdem der Vermögensbestand der Bankverein-Pensionskassen im In- und Ausland im Jahre 1972 noch bei zusammen 449 Mio Fr. gelegen hatte, bezifferte er sich Ende 1995 auf 4,65 Mrd Fr. (davon 250 Mio Fr. bei den als autonome Kassen geführten Versicherungseinrichtungen im Ausland). Die 21361 Versicherten von Ende 1995 (8298 Ende 1972) leisteten in diesem Jahr Beiträge in Höhe von 76 Mio Fr.; weitere 185 Mio Fr. zahlte die Bank direkt ein (28 Mio Fr. brachten beide zusammen 1972 auf). Und last but not least: die Rentenzahlungen stiegen zwischen 1972 und 1995 von 16 Mio Fr. auf 145 Mio Fr. an.

Seit längerem ergänzt wird die Pensionskasse durch Leistungen der Bank im Rahmen der Unfall- und Krankenversicherung. Schon kurz nach dem Jubiläum von 1972 beschloss die Bank per September 1973 die Einführung einer bankeigenen Unfallkasse zur Deckung von Betriebs- und Nichtbetriebsunfällen der Mitarbeiter in der Schweiz in der Rechtsform einer autonomen Stiftung. Diese Stiftung – ihr gehörten Ende 1975 rund 8500 Mitarbeiter an, Ende 1983 waren es 10 100 – stellte Anfang 1984 ihre Tätigkeit ein, nachdem in der Schweiz am 1. Januar 1984 aufgrund des Unfallversicherungsgesetzes (UVG) die obligatorische Unfallversicherung eingeführt worden war. Seither trägt der Bankverein direkt nicht nur die Kosten der Versicherungsprämien für Betriebsunfälle seiner Mitarbeiter, sondern auch die Hälfte

Personalrestaurant im Verwaltungszentrum Zürich Altstetten.

Teil 2/Kapitel 3: Banking is People 323

der Prämien für Nichtbetriebsunfälle. Auch bei der Versicherung gegen das Risiko Krankheit unterstützt die Bank ihre Angestellten mittlerweile: Anfang 1987 wurde eine freiwillige Kollektiv-Krankenversicherung für die Mitarbeiter und deren Familienangehörigen eingeführt, die grossen Anklang fand. Ende 1988 zählte sie bereits 10 900 Versicherte, und bis Ende 1992 stieg der Bestand weiter auf 12 600.

Die firmeneigene Sport- und Freizeitanlage Guggach in Zürich (Aufnahme aus dem Jahre 1993).

Zu den Vorkehren der Bank für die soziale Sicherheit ihrer Mitarbeiter zählt schliesslich die den Angestellten gebotene Möglichkeit, freiwillig vorzeitig (also vor dem 65. Lebensjahr) und ohne

Arztzeugnis in den Ruhestand zu treten – erstmals mit dem Pensionskassen-Reglement von 1968 geschaffen. Nachdem von dieser Möglichkeit jedoch wegen der vollen versicherungstechnischen Kürzung der Rente, die sie zur Folge hatte, zunächst kaum Gebrauch gemacht worden war, wurde im Jahre 1985 eine neue Regelung eingeführt: nunmehr hatte der Mitarbeiter die Kürzung der Rente bei vorzeitiger Pensionierung nur noch zur Hälfte zu tragen, indem der Bankverein für das fehlende Deckungskapital bei der Pensionskasse aufkam. Doch auch hierbei blieb die Entwicklung nicht stehen. Als sich Anfang der neunziger Jahre zeigte, dass das allgemeine Interesse an einer freiwilligen vorzeitigen Pensionierung weiter wuchs, wurde per 1. Januar 1991 zunächst versuchsweise ein neues, weiter verbessertes Modell eingeführt. Dieses besteht im wesentlichen darin, dass jetzt die Möglichkeit geboten wird, ab dem Alter von 60 Jahren auf eigenen Wunsch vorzeitig in den Ruhestand zu treten, wobei die reglementarische Rentenkürzung nunmehr auf ein Drittel beschränkt ist. Auch dieses Modell entspricht wie so vieles in der Bank den Anforderungen der Zeit und ist zugleich doch der Zeit voraus.

Weit über den Bereich der sozialen Sicherheit hinaus greifen dagegen die im Laufe der Zeit beim Bankverein geschaffenen Regelungen für die Mitwirkungsrechte des Personals. Auf diesem, das Arbeitsleben integral betreffenden Gebiet wurde der Bankverein erstmals im Jahre 1976 aktiv, als in enger Zusammenarbeit mit dem im Jahre 1946 gegründeten Hausverband ein entsprechendes Reglement vorbereitet wurde, das am 1. November 1976 in Kraft trat. Die Mitwirkung, die vom Recht auf Information über Entscheide der Geschäftsleitung bis zur Mitsprache und Mitbestimmung bei der Gestaltung betrieblicher und sozialer Einrichtungen reicht, erfolgt seither teils durch die Angestellten selbst, teils durch Personalvertretungen oder Spezialkommissionen bei der Zentrale in Basel und bei den Sitzen. In diesem Zusammenhang ist nicht unwichtig, dass die Stellung des Hausverbands, der die Mitwirkungsrechte der Personals zentralisiert wahrnimmt, neuerdings mehrfach verstärkt wurde. Zunächst verschafften ab 1988 neu formulierte Richtlinien den Delegierten des Hausverbandes die erforderliche Zeit für die Mandatsausübung und sahen überdies die vermehrte Einsitznahme von Personalvertretern in Arbeitsgruppen und Gremien vor, die sich mit Veränderungen betriebsorganisatorischer und baulicher Art befassten. Eine weitere Neuausrichtung des Hausverbandes, beschlossen Anfang 1996, löste sodann die bisherige «Milizorganisation» durch eine professionellere, schlankere Struktur ab, an deren Spitze seither ein vollamtlich wirkender HV-Präsident Schweiz steht. Gleichzeitig wurden die Funktionen des nunmehr in «Personalkommission» umbenannten Hausverbandes durch organisatorische Massnahmen wie Stellenbeschreibungen, persönliche Entwicklungsplanung etc. aufgewertet und die Auswahl und Ausbildung der Funktionsträger verbessert. Erwähnenswert ist, dass mit dieser stärkeren Institutionalisierung der internen Arbeitnehmervertretung auch eine Kompatibilität mit EU-Normen angestrebt wurde – auch dies ein Zeichen dafür, dass die Bank gewillt ist, auch auf diesem Gebiet mit der Zeit zu gehen.

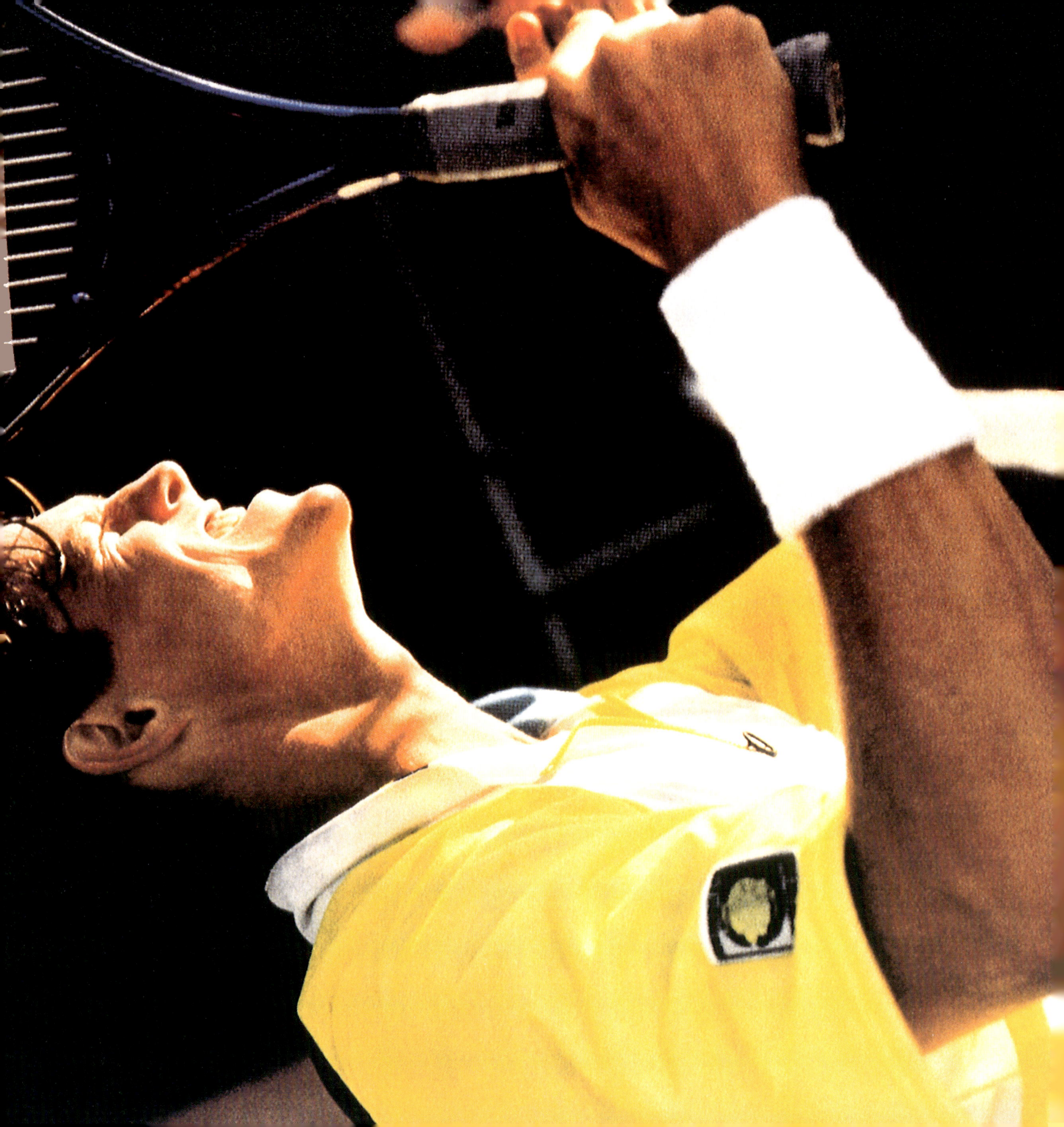

## Der Bankverein und seine Umwelt

Die aktive Auseinandersetzung mit der Öffentlichkeit ebenso wie das offensive Werben um Kunden ist nicht nur beim Bankverein eine erst im Verlaufe der letzten 25 Jahre systematisch und professionell wahrgenommene Funktion: zumindest bei den schweizerischen Grossbanken war noch bis in die sechziger Jahre hinein in bezug auf den Öffentlichkeitsauftritt wenig mehr als vornehme Zurückhaltung angesagt. Diese Haltung mag einer heutigen, an lautstarke Marktauftritte von Wirtschaftsunternehmen und anderen Organisationen gewöhnten Generation kaum noch verständlich erscheinen. Sie entsprang hingegen einer gegenüber heute völlig anderen Umwelt der Banken: der Konkurrenzkampf unter den Banken war im Zeichen ihrer generell starken Anbieterposition, ihrer Passivität im Mengengeschäft, auch ihrer Bindung an verschiedene, die Marketingaktivitäten zügelnde Konventionen[1] noch vergleichsweise zögernd und leise; und weiter kam hinzu, dass die breitere Öffentlichkeit an Nachrichten aus der Wirtschafts- und speziell aus der Bankenwelt noch relativ wenig interessiert war. Alles das begann sich Ende der sechziger, Anfang der siebziger Jahre in beschleunigtem Tempo zu wandeln: vermehrt musste eine für das Geschäft auch der Grossbanken wichtiger werdende breite Öffentlichkeit umworben werden, vermehrt wollte sie auch umworben sein, wuchs mit der Verbreitung der elektronischen Medien doch die allgemeine Anteilnahme (wenn auch nicht unbedingt immer gleichermassen auch das Verständnis) an wirtschaftlichen Vorgängen. Im Zuge dieser Veränderungen wandelte sich auch das Kommunikationsverhalten des Bankvereins von einer sporadischen, punktuellen Werbung und seltenen, dürren Verlautbarungen zuhanden der Aktionäre und einer grösseren Öffentlichkeit hin zu einem permanenten, systematischen Werben um Kunden und Aktionäre einerseits, um Verständnis und Sympathie für die Sache des Bankvereins und der Banken andererseits.

*Die frühere konservative Premierministerin Margaret Thatcher traf im Jahre 1992 die Teilnehmer der vom Sitz London organisierten «UK Investment Conference». Im Bild zusammen mit Walter G. Frehner, Präsident der Geschäftsleitung, und Rudi Bogni, Direktionsvorsitzender der SBC London.*

---

[1] So regulierten einzelne Konventionen beispielsweise den Werbeauftritt der Banken bis in Details wie etwa deren Frequenz und Grösse.

### Abschnitt 1:
## Von der Werbung zur integrierten Marketingkommunikation

### Die Werbung im Inland

Anfang der sechziger Jahre hatte der Bankverein, wie an anderer Stelle dieses Buches näher dargelegt, in der Schweiz zu einem Quantensprung angesetzt. Er ging in Richtung auf den Ausbau des Angebots für einen breiten Kreis von Bankkunden, das heute so bezeichnete Retail Banking; einher ging dieser Ausbau mit einer sprunghaften Expansion des Filialnetzes. Doch war der Bankverein damit nicht allein; andere Grossbanken, aber auch die Kantonalbanken zogen mit. Das Ergebnis war, dass rasch ein hitziger Kampf um Marktanteile entbrannte, und zwar auf einem Markt, auf dem mindestens das Publikum das Leistungsangebot der einzelnen Banken als weitgehend identisch (und trotzdem als durchaus erklärungsbedürftig) wahrnahm.

Konsequenterweise war der Werbeauftritt des Bankvereins in den frühen siebziger Jahren deshalb geprägt von einer Kampagne, die auf die Öffnung der Bank gegenüber einem breiten Publikum gerichtet war. Demgemäss bemühte sich die – damals noch rudimentäre – Werbung des Bankvereins um dessen «Repositionierung» als eine Bank nicht nur für grosse Kunden, sondern als ein freundlicher und kompetenter, menschlicher und zeitgemässer Problemlöser für die Finanzfragen **aller** Bevölkerungsschichten. Die Werbebotschaft jener Zeit, anknüpfend an Geldprobleme des Alltags, endete jeweils mit dem Slogan *«... wir wissen Ihnen etwas Besseres»* – und das Bessere

Beispiel einer Anzeige aus dem Jahre 1972: Probleme und deren Lösungen mit einem Schuss Ironie dargestellt.

waren konkrete Problemlösungen, mit denen der Bankverein sein Leistungsangebot zu verdeutlichen suchte. Diese Werbung richtete sich nicht zuletzt an die damals neu «entdeckte» Zielgruppe der Frauen: als erste Schweizer Bank lancierte der Bankverein in den Jahren 1972 bis 1975 eine auf die Frauen ausgerichtete Kampagne mit dem Ziel, der (künftigen) Kundin die Zusammenarbeit mit dem Bankverein so selbstverständlich wie möglich erscheinen zu lassen – in einer Art Zeitung in

Teil 2/Kapitel 4: Der Bankverein und seine Umwelt

# Sicher sein – Bankverein.

Schweizerischer BANKVEREIN
Société de Banque Suisse

In einer Zeit sich verbreitender Anzeichen von Unsicherheit lanciert der Bankverein eine klare Positiv-Strategie.

Wenn es um mein Geld geht, erwarte ich mehr.

Bankverein ErfolgsSparen

Schweizerischer Bankverein
Bankverein. Eine Idee mehr.

der Zeitung in Form vierfarbiger doppelseitiger Anzeigen in mehrheitlich von Frauen gelesenen Zeitschriften. Diese neu zu erschliessenden Kundenkreisen gewidmete Linie wurde in späteren Jahren weiterverfolgt mit der Lancierung von Kampagnen bei den Jungen und den ganz Jungen in der Bevölkerung – erinnerungswürdig in dieser Hinsicht etwa ein grosser Jugendwettbewerb anlässlich der 700-Jahr-Feier des Bestehens der Schweizerischen Eidgenossenschaft im Jahre 1991 zum Thema «Die Schweiz in 50 Jahren aus der Sicht

Die neue Produkteserie aus dem Jahre 1985 mit der Kernaussage «Eine Idee mehr».

des Jahres 1991»[1] oder der an anderer Stelle näher erwähnte *MAGIC Club* für Jugendliche, oder auch die Anfang der neunziger Jahre zwecks Aufbau der Sympathie bei den Kunden von morgen, den Sechs- bis Vierzehnjährigen, geschaffene Symbolfigur für Kinder – ein *«Topsy»* genanntes, vom

Kinderfreund «Topsy».

[1] Teilnahmeberechtigt waren Jugendliche zwischen 14 und 22 Jahren; die sorgfältig durch regionale und nationale Gruppen von Juroren ausgewählten Sieger erhielten den *Prix Clefs d'Or* und durften an einer grossen Studienreise in die USA teilnehmen.

bekannten Londoner Comics-Zeichner *Ron Wyatt* geschaffenes Plüschtier, das bei seiner «Zielgruppe» grossen Anklang fand (und weiterhin findet). Eine weitere Aufgabe für die Werbung ergab sich in den siebziger Jahren sodann im Zusammenhang mit dem sich immer weiter auffächernden Produktangebot gerade im Retailgeschäft. Um den normalerweise fachunkundigen Kunden weiterhin Überblick über die sie interessierenden Dienstleistungen zu bieten, wurden im Produktbereich sogenannte Untermarken geschaffen – unter dem Begriff *Bankverein-Multiservice* wurden sämtliche Dienstleistungs- bzw. Transaktionskonten gebündelt und beworben, und ähnlich wurde bei den zunehmend differenzierten Sparformen mit dem Begriff *Bankverein-ErfolgsSparen* verfahren.[1] Immer ging – und geht – es hierbei letztlich um **ein** Ziel: einem breiten Publikum die Vielfalt der Bankprodukte und den aus ihnen erwachsenden Nutzen verständlich zu machen – in der Tat eine Kommunikationsaufgabe ersten Ranges.

Grundsätzlicheren, auf den Auftritt des gesamten Instituts abzielenden Charakter hatten dagegen die verschiedenen Überarbeitungen des sogenannten «Corporate Design», des visuellen Unternehmensbildes, und eines die Bank generell kennzeichnenden Schlagworts, die im Verlaufe der Jahre an die Hand genommen wurden. Dass dabei auch den jeweiligen Zeitumständen (vielleicht gar dem Zeitgeist) Rechnung zu tragen versucht wurde, versteht sich von selbst. So wurde dem Mitte der siebziger Jahre ausgeprägt gewachsenen Sicherheitsbedürfnis breiter Bevölkerungskreise mit der 1976 erfolgten Lancierung einer grossangelegten Werbekampagne mit dem Slogan *«Sicher sein –*

Die Jugend wird mehr und mehr aktiver Bankkunde.

*Bankverein»* entsprochen, ein Spruch, der in den folgenden Jahren in der Bankverein-Werbung konsequent verwendet und in der Öffentlichkeit zu einer Art Spruchweisheit wurde. Er wurde 1984 durch den Slogan *«Bankverein. Eine Idee mehr»* abgelöst; der Ersatz der sicherheits- durch eine zukunftsorientierte Aussage bezweckte den ver-

[1] Diese Kampagne war in ihrer Bebilderung stark personenorientiert; die abgebildeten Personen blickten dem Betrachter mit selbstbewusst nach oben gekehrten Daumen entgegen.

Teil 2/Kapitel 4: Der Bankverein und seine Umwelt

mehrten Einbezug der von Marketingspezialisten damals als «*Z-Generation*» (auch Zukunftsgeneration)[1] identifizierten, wachsenden Bevölkerungsgruppe mit einer dynamischen, Veränderungen begrüssenden Einstellung in die Marketingkommunikation der Bank. Vorher war bereits das äussere Erscheinungsbild der Bank untersucht und überarbeitet worden, ein Bemühen, das sich 1979 unter anderem in der Hinzufügung der dynamisch, aktiv wirkenden Farbe Orange zum althergebrachten Türkis auf den Drucksachen, den Anzeigen und an den Gebäuden der Bank niederschlug – eine Farbkomposition, die bis auf den heutigen Tag für den Bankverein steht.

Der Leitgedanke «Eine Idee mehr» blieb seit Mitte der achtziger Jahre bis in die Gegenwart in der Bankverein-Werbung prägend, welche Akzentverlagerungen[2] diese auch immer in diesen Jahren vornahm. Der Bankverein als Problemlöser für alle, die mit Geld umgehen und von ihrer Bank mehr als nur die quasi mechanische Ausführung ihres Auftrags erwarten, und gleichzeitig auch als positive Emotionen auslösender Sympathieträger – das war der Sender der Werbebotschaften; und der Inhalt der Botschaften war der Nutzen seiner Dienstleistungen für die Kunden und die Art und Weise, wie diese Dienstleistungen erbracht werden – nämlich mit Leistungswillen, Können und Engagement. Ihren Ausdruck fanden diese Werbebotschaften oft unter Bezugnahme auf vom Bankverein gesponserte, verbreitete Sportarten wie Ski und Tennis und deren populäre Schweizer Exponenten.[3] Die Resonanz dieses sorgfältig orchestrierten Öffentlichkeitsauftritts war messbar (und wurde gemessen): in den neunziger Jahren errang die Bankverein-Werbung höchste Aufmerksamkeitswerte im Schweizer Publikum, ein

Skirennfahrer wie beispielsweise Peter Müller stehen für Leistungskraft, -wille und Dynamik. Inserat aus dem Jahre 1989.

---

[1] Im Gegensatz zur «X-Generation», der Weltkriegsgeneration mit ihrer Sicherheitsorientierung und Abneigung gegenüber Neuem, sowie zur «Y-Generation», der Wohlstandsgeneration mit deren Ausrichtung auf Konsum und Freizeit.
[2] Ausgeprägte Akzentverlagerungen bestanden vor allem im Übergang zunächst zu einer stark produktorientierten Werbung in der zweiten Hälfte der achtziger Jahre und später, Anfang der neunziger Jahre, zu einer stärker personen- und gefühlsorientierten Linie.
[3] Vgl. hierzu S. 338 ff.

Erfolg, der mit dem sehr positiv aufgenommenen, 1994 unter dem Namen «*KeyClub*» geschaffenen Bonus-System[1] noch untermauert wurde.

Waren damit die Grosskunden der Bank unbeobachtet geblieben? Das sicherlich nicht, wurden sie einerseits – als Personen – auch mit der das schweizerische Mengengeschäft anvisierenden Werbelinie erfasst, und waren sie andererseits auch die Zielgruppe spezifischer, in Fachzeitschriften und in Fachbroschüren dargelegten Werbebotschaften. Vor allem aber wurden die privaten, kommerziellen und institutionellen Grosskunden in der Schweiz auch noch auf einem anderen Wege mit angesprochen: vom internationalen Werbeauftritt des Bankvereins.

### Die Werbung im Ausland

Ende der sechziger, Anfang der siebziger Jahre, als sich der Bankverein auf seinem schweizerischen Heimmarkt zu dem auch für sein Kommunikationsverhalten so wesentlichen Vorstoss in das Mengengeschäft anschickte, galt es für ihn in bezug auf seinen Auslandsauftritt ebenfalls, aus der beginnenden Globalisierung des Bankgeschäfts und der Einrichtung einer zunehmenden Zahl von Bankverein-Stützpunkten ausserhalb der Schweiz die kommunikationspolitischen Konsequenzen zu ziehen. Dementsprechend lancierte er zu Beginn der siebziger Jahre als erste Schweizer Bank eine *internationale* Werbekampagne; sie fand international und auch in der Schweiz starke Beachtung. Ihr Erfolg beruhte auf einem einprägsamen Slogan: «*Swiss – Swiss Bank – Swiss Bank Corporation – The easy-to-remember name in international banking and finance*». Hiermit wurde, anknüpfend an das weltweit mit Sicherheit, Diskretion und Qualität gleichgesetzte Adjektiv «schweizerisch», der Name des Bankvereins resp. der Swiss Bank Corporation international kommuniziert und im oberen Angebotssegment des internationalen Finanzwesens positioniert. Eine ideale, fast geniale Grundlage für alle weite-

---

[1] Vgl. hierzu S. 192.

ren Werbeanstrengungen war damit geschaffen. Sie brauchte es als Hintergrund für die in den achtziger Jahren auch ausserhalb der Schweiz vermehrt auf spezifische Kundensegmente ausgerichteten Marketingbemühungen der Bank.

Hinter diesen Marketingbemühungen stand die zunehmende Auffächerung des Bankverein-Dienstleistungsangebots auf zunehmend erklärungsbedürftige Produkte, ein Vorgang, zu dessen Unterstützung der Hintergrund-Slogan zwar immer noch sehr nützlich, aber nicht mehr hinreichend war. Deshalb wurde in den frühen achtziger Jahren eine auf die verschiedenen Produktgruppen ausgerichtete Werbelinie entwickelt, die zwecks eindeutiger Identifikation der Produkte mit ihrem Anbieter seitens des Publikums mit dem Signet des Bankvereins, den drei Schlüsseln, verbunden wurde: der Slogan *«The key Swiss Bank»* war geboren, das Signet wurde zum prägenden Element. Gleichzeitig wurde (über einige Jahre hinweg) mit dieser Kampagne auch verdeutlicht, dass hinter all den differenzierten Angeboten auch Menschen aus Fleisch und Blut stehen – der persönliche Auftritt leitender, mit Namen und Adresse genannter Kader der Bank in den internationalen Werbeanzeigen des Bankvereins stellte die konsequente, sehr beachtete Weiterentwicklung des «Key Swiss Bank»-Konzepts zu einer *«Key men»*-Kampagne dar.

Hiermit war eine Konstante im so flüchtigen Werbegeschehen gefunden, die unter der Ägide des erfahrenen, langjährigen Werbemanns des Bankvereins, Direktor *Heinz Merzweiler*, über die Jahre hinweg konsequent weiter genutzt wurde: seit Anfang der neunziger Jahre bis in unsere Tage mit der auch in der Schweiz eingesetzten «Key»-Kampagne, bei der die Abbildung interessanter, echter Schlüssel in Verbindung mit dem Schlüssel-Signet des Bankvereins und dem englischen Wortspiel *«The Key Bank»* zugleich Aufmerksamkeits-, Identifikations- und Qualifikationsnutzen hat. Ein weiterer, nicht zu unterschätzender Vorteil dieser Vorgehensweise: Kontinuität im Werbeauftritt des Bankvereins wurde damit in den neunziger Jahren, bei aller Bereitschaft zum Wandel, zum bestimmenden Faktor seiner Marktkommunikation

Die Anzeigenserie «Swiss – Swiss Bank – Swiss Bank Corporation – The easy-to-remember name» fand Anfang der siebziger Jahre viel Beachtung – und auch Nachahmer (siehe Bild auf S. 332). Auch die internationale Präsenz rund um den Erdball war Thema einer Anzeigenserie, erstmals mit dem Slogan «The key Swiss Bank».

– nicht unwichtig in der immer noch anschwellenden Kakophonie der Werbesignale.

In dieser durchgezogenen Linie setzten einzelne, für die Kommunikation der Bank wichtige Anlässe farbige Akzente: Messebeteiligungen und Eröffnungen resp. Jubiläen von Bankverein-Niederlassungen ausserhalb der Schweiz gaben Anlass zu manch einem denkwürdigen Werbeauftritt der Bank. Schon im Jahre 1973 hatte sich die Bank zur Mitwirkung an einer Initiative der *Schweizerischen Zentrale für Handelsförderung (OSEC)* und mehrerer Branchenverbände zur Unterstützung der Exportanstrengungen der schweizerischen Industrie entschlossen. Dementsprechend nahm sie mit einem Pavillon an der Schweizerischen Industrieausstellung in São Paulo teil; und der hier verzeichnete Erfolg gab in der Folgezeit Anlass zu einer Beteiligung an ähnlichen Ausstellungen in Hong Kong, Singapur und Tokio, später in Dakar (Senegal), Jedda (Saudiarabien) und Kairo, ferner in Santiago de Chile, Lima, Johannesburg und Seoul. Darüberhinaus war der Bankverein in den Jahren zwischen 1972 und 1991 an der grössten Industriemesse Europas, derjenigen von Hannover, jeweils mit einem Büro vertreten, und war auch mehrmals an den Messen von Bari und Mailand anzutreffen.[1] In den neunziger Jahren traten diese Aktivitäten in den Hintergrund, nachdem sich die Absatzstrategien der Industrie zu verlagern begannen. Was die Expansion des Niederlassungsnetzes angeht, so war die Eröffnung der Tochtergesellschaft der Bank in der Bundesrepublik Deutschland im Jahre 1985 ein (fast zu) spektakulär gesetzter Markstein der Auslandswerbung. Eine mit der stolzen Doppelseite *«Grüezi Frankfurt»* in den grossen deutschen Zeitungen begonnene, auffallende und sehr eigenständige Kampagne trug erheblich zur raschen Wahrnehmung der neugegründeten *Schweizerischer Bankverein (Deutschland) AG* bei; seither ist sie, abgestellt auf veränderte Marktverhältnisse, im Auftritt deutlich reduziert und ausgesprochen produktspezifisch fortgeführt worden.[2] Schliesslich verdient unter den individuellen, aber dennoch eine Linie verfolgenden Anzeigenkampagnen, mit denen der Bankverein in den späten achtziger

Beispiel aus der Key Bank-Strategie Mitte der neunziger Jahre.

---

[1] Der Bankverein stand an diesen Anlässen den vertretenen Unternehmen mit Rat und Tat zur Seite, beispielsweise bei Problemen im Zusammenhang mit Exportfinanzierung und der Exportrisikogarantie, mit Akkreditiven, Dokumentargeschäften, der Devisenbeschaffung und dem Zahlungsverkehr.

[2] Das gilt zum Beispiel auf dem Gebiet des Optionenhandels, auf dem der Bankverein Frankfurt sich Mitte der neunziger Jahre zum Marktführer in Deutschland aufschwang.

Teil 2/Kapitel 4: Der Bankverein und seine Umwelt 335

Jahren die Jubiläen seiner mittlerweile 25jährigen Niederlassungen und Tochtergesellschaften in der Welt kommunizierte, noch die Kampagne in den USA aus Anlass des fünfzigjährigen Bestehens des Sitzes New York im Jahre 1989 Erwähnung, die diesen als einen nicht unwichtigen Teil des amerikanischen Finanzwesens darstellte. Dass dabei die «Swissness» in der Argumentation eher zurücktrat, war nicht nur Rücksichtnahme auf amerikanische Empfindlichkeiten; es reflektierte auch das gewachsene Selbstbewusstsein der amerikanischen Organisation des Bankvereins.[1]

So wichtig alle diese Werbeauftritte für den Bankverein in einem von heftiger Konkurrenz geprägten Umfeld auch waren, so waren sie indessen je länger desto weniger ausreichend, die erstrebte Profilierung der Bank gegenüber ganz verschiedenen Segmenten von Kunden und Öffentlichkeit

Im Rahmen der vom Sitz Zürich organisierten Veranstaltungsreihe «Forum für die Frau» wurde am 12. März 1996 im Kongresshaus ein Podiumsgespräch über das Thema «Kultur – Notwendigkeit oder Luxus?» durchgeführt.

sicherzustellen. Hierzu brauchte es international wie in der Schweiz neben der klassischen Werbung weitere Instrumente aus dem Werkzeugkasten des Marketings wie «Product Publicity» (die Ankündigung neuer und/oder besonders erfolgreicher Produktentwicklungen), «Professional Publicity» (Vortragsveranstaltungen und Publikationen), «Community Publicity» (aktive Anteilnahme am Gemeinwesen) und, last but not least, Sponsoring. Nach langen Jahren tastender Versuche setzt der Bankverein alle diese Instrumente unter der Führung von *Hans Ulrich Goetz*, einem seit 1994 für die Konzernkommunikation verantwortlichen Marketing- und Werbefachmann, mittlerweile systematisch ein.[2]

[1] Vgl. hierzu S. 236 ff.
[2] Genauer gesagt, seit Mitte der neunziger Jahre, als die bis dahin recht zersplitterten Kommunikationseinheiten der Bank unter der Bezeichnung Corporate Communications zusammengefasst wurden.

## Abschnitt 2:
## Vom Mäzenatentum zum Sponsoring

Mäzenaten hat es in der Schweiz seit eh und je gegeben, das Mäzenatentum hat in diesem Land und zumal in Basel seinen festen Platz und eine stolze Tradition. Auch Banken haben es sich immer wieder angelegen sein lassen, an Vorhaben in öffentlichem Interesse oftmals namhafte Beiträge zu leisten – und das dann erst noch ohne Namensnennung, jedenfalls vor noch nicht allzulanger Zeit. Das Sponsoring dagegen – die marketingorientierte, einen direkten Werbenutzen anstrebende Kostenbeteiligung an Projekten Dritter – ist eine relativ junge Aktivität, zumindest in der Schweiz und zumindest in seiner systematischen, professionellen Form. Diesem Bereich kommt heute naturgemäss die grösste Aufmerksamkeit zu, innerhalb der Banken und auch beim Publikum, zumal er sich als Vehikel des Sports und der populären Zweige der Kultur bedient. Seine Ursprünge liegen indessen bei dem, was man etwas altmodisch «Vergabungen» nennt, und was bis auf den heutigen Tag einen (diskreten) Teil der Öffentlichkeitsarbeit von Unternehmen und Banken darstellt.

### Vergabungen

1972 hatte der Bankverein aus Anlass seines hundertjährigen Bestehens die *Jubiläumsstiftung Schweizerischer Bankverein 1972* gegründet und mit einem Kapital von 15 Mio Fr. ausgestattet. Ihr Zweck war betont nichtkommerziell definiert: die Unterstützung von kulturellen, wissenschaftlichen, gemeinnützigen, wohltätigen oder ähnlichen Institutionen und Bestrebungen. Diese Stiftung hat seit 1973 jährlich Auszahlungen im Betrage von 0,5 bis über 1 Mio Fr. zugunsten derartiger Zwecke geleistet – insgesamt seit Gründung der Stiftung bis 1995 fast 19 Mio Fr. Die Schwerpunkte der Vergabungen lagen auf dem Gebiete der Museen, der Ausbildung, von Erziehung und Freizeit, der sozialen Werke, des Natur- und Heimatschutzes, sowie der Renovation und Restauration von Baudenkmälern und Kunstwerken. Daneben wurden von der Bank direkt noch jährlich zwei- bis dreimal so hohe Beiträge an eine grosse Zahl gemeinnütziger Organisationen, an die schweizerische Entwicklungshilfe, an Unwettergeschädigte oder für wissenschaftliche Vorhaben vergeben.

Während diese Aktivitäten den Namen der Bank nur sehr zurückhaltend (wenn überhaupt) portierten, nahm eine breitere Öffentlichkeit verschiedene bedeutende vom Bankverein finanziell geförderte Ausstellungen wahr. Viel Aufsehen erregte zu ihrer Zeit die im Jahre 1974 in Zürich, Basel und Bern mit massgeblicher Unterstützung der Bank präsentierte Ausstellung *«Eldorado – Goldschätze aus Kolumbien»*[1], für welche dem Schweizerischen Bankverein von der Bank der Republik Kolumbien ein Teil des weltberühmten Schatzes des *Museo del Oro* leihweise zur Verfügung gestellt worden war. Hohe Beachtung fand auch die mit massgeblicher Unterstützung durch die Bank arrangierte, einen Querschnitt durch alle

---

[1] Der Bankverein hatte schon des längeren mit Kolumbien fruchtbare Beziehungen gepflegt und unterhielt überdies in Bogotá eine eigene Vertretung.

Teil 2/Kapitel 4: Der Bankverein und seine Umwelt

337

Aus einer Inseratenreihe zum Thema Kulturengagement (Jazzfestival Bern 1993).

Dynastien und das gesamte Kunstschaffen des alten Ägypten präsentierende Ausstellung «Geschenk des Nils», die in Zusammenarbeit mit den Spezialisten der Universitäten Basel und Zürich im Jahre 1978 in Zürich, Bern, Luzern, Genf und Basel gezeigt wurde. Ferner engagierte sich der Bankverein aus Anlass des 700-Jahr-Jubiläums der Eidgenossenschaft für die Ausstellung «Das Gold der Helvetier», die in Partnerschaft mit dem Landesmuseum in Zürich im Jahre 1991 in Zürich, Lugano, Basel, Genf und Bern sowie – unter dem Patronat der *Schweizerischer Bankverein (Deutschland) AG* – sogar in Frankfurt/M. gezeigt wurde.[1] Schliesslich hat sich die Bank in neuester Zeit aber auch noch auf einem Gebiet betätigt, das zwischen den (gemeinnützigen) Vergabungen und dem (kommerziellen) Sponsoring steht – dem sogenannten Sozio-Sponsoring, und zwar mit der finanziellen Unterstützung der *Stiftung Theodora*, welche das therapeutischen Zwecken dienende Auftreten von Clowns in schweizerischen Kinderspitälern organisiert. Hierbei wird keinerlei Werbung für Bank-Dienstleistungen plaziert; allfällige Inserate dienen nur dazu, die Wahrnehmung des Bankvereins als sozial engagierte Grossbank zu stützen.

---

[1] Einige weitere Engagements ähnlichen Charakters aus den letzten Jahren verdienen es, hier noch summarisch festgehalten zu werden:
- Salon du Livre et de la Presse, Genf, die grösste Schweizer Buchmesse (Sponsor seit 1988)
- «Sonderfall? Die Schweiz zwischen Réduit und Europa»; Ausstellung im Landesmuseum in Zürich (Sponsor im Jahre 1992)
- Aroser Humorfestival (Sponsor seit 1992)
- Design Preis Schweiz: Prämierung der besten Arbeit im Design (Sponsor seit 1994)
- ART Kunstmesse, Basel, die grösste Messe dieser Art der Welt (Sponsor seit 1994)
- Rekonstruktion von Shakespeares «Globe Theatre» in London (Sponsor im Jahre 1993)
- «SBC European Art Competition» – ein vom Bankverein in London lancierter Wettbewerb für Kunststudenten aus mehreren europäischen Ländern (1994)
- Konzert in der Londoner St. Paul's Cathedral mit Musik aus Werken von Andrew Lloyd Webber zugunsten der Restauration dieses Bauwerks (Hauptsponsor im Jahre 1994)
- Solomon R. Guggenheim Museum, New York: Der Bankverein ist seit 1993 dessen Gönner. Er war alleiniger Sponsor der Klee-Ausstellung, mit der das neue Museum in SoHo im Mai 1993 eröffnet wurde. Ferner war er 1994 Hauptsponsor der Ausstellung «Postwar Masterpieces».

### Sponsoring

Während gerade die letztgenannten und ähnliche Vergabungen und Unterstützungen sicherlich auch im Hinblick auf die Förderung von Bekanntheit und Ansehen der Bank nicht vergebens waren, blieb die Werbung dabei doch eher diskret und zurückhaltend, zumal diese Anlässe sich grösstenteils an begrenzte Publikumskreise wandten. Ganz andere Möglichkeiten zur Werbung boten und bieten sich dagegen im Zusammenhang mit der (Teil)finanzierung von populären Musikkonzerten und vor allem von Sportanlässen, eine Sponsoring-Aktivität, in die der Bankverein Mitte der siebziger Jahre einstieg. Einen Meilenstein auf diesem Gebiet stellte die im Jahre 1976 begründete Partnerschaft mit den *Swiss Indoors*-Tenniswettkämpfen in Basel dar, eine Veranstaltung, die sich mit der finanziellen Unterstützung des Bankvereins in den Jahren seither zu einem der bedeutendsten Hallentennis-Turniere Europas entwickelt hat.[1] Eine weitere Verbindung mit dem Tennis-Sport ging die Bank im Jahre 1978 ein, indem sie sich bei den *RADO Swiss Open* in Gstaad als Hauptsponsor engagierte.

Neben dem Tennis-Sport, dem die Bank als Sponsor nunmehr seit 20 Jahren unter die Arme greift, setzten die für Werbung und Sponsoring Verantwortlichen einen weiteren, von der Öffentlichkeit sehr wahrgenommenen Akzent im gerade in der Schweiz so populären Skisport. Als Mitte der achtziger Jahre dank der Änderung der Bestimmungen des *Internationalen Skiverbandes (FIS)* die nationalen Skiverbände nunmehr auch Firmen ausserhalb des Pools der Ausrüster das Individualsponsoring von Sportlern anbieten durften, erkannten die Marketingleute des Bankvereins – der damals für diesen Bereich zuständige seinerzeitige Generaldirektor *Dr. Georges Blum*, Direktor *Heinz Merzweiler* und die begeistert mitgehenden Marketing- und Werbespezialisten der Bank – die hierin liegende Chance für einen besonders breitenwirksamen Öffentlichkeitsauftritt: der Bankverein trat ins Skisponsoring ein – und er hat diesen Schritt bisher weder bereut noch aufgegeben. Mit dem Auftritt populärer, erfolgreicher Skisportler[2] anstelle anonymer Fotomodelle in Anzeigen, Plakaten, Prospekten, in den Kundenhallen und den Schaufenstern der Bank konnten nicht nur der Aufmerksamkeitswert und die Aktualität der Bankverein-Werbung massgeblich gesteigert werden; es gelang damit auch eine dauerhafte Korrektur des Images der Bank in eine Richtung, in der die Bank sich in diesen Jahren tatsächlich entwickelte: jünger, dynamischer, offensiver.

---

[1] Die Zusammenarbeit zwischen Veranstaltern, Sponsoren und den Medien war dabei anfänglich noch wenig reglementiert. Die Folge war unter anderem, dass die Spielpausen damals weder durch die Ausstrahlung bezahlter Spots noch anderweitig überbrückt wurden, so dass die Kamera während der vollen Pausenzeit auf der Hallenwerbung des Bankvereins stehenblieb. An diesen Vorfall, der viel zur Verbreitung des damals neuen Spruchs «Sicher sein – Bankverein» beigetragen hat, hat man sich in der Bank noch lange mit Vergnügen erinnert (allerdings schloss sich an diese Begebenheit eine vehemente Diskussion darüber an, was gestattet sei und was nicht, woraus schliesslich die heutigen strikten Regelungen und Einschränkungen bei Fernsehübertragungen erwuchsen). Neuerdings hat der Bankverein sein Sponsoring-Engagement bei den Swiss Indoors auf eine andere, der «Hospitality» vor der «Visuality» Vorrang gebende Grundlage gestellt.

[2] Genannt seien *Michela Figini*, *Vreni Schneider*, *Erika Hess*, *Maria Walliser* und *Franz Heinzer*; später galt dies auch für *Paul Accola*, *Daniel Mahrer* und *Pirmin Zurbriggen*.

So war es denn nur folgerichtig, dass die Bank dem Skisport seither treu geblieben ist – nicht nur im gerade erwähnten Individualsponsoring, sondern auch auf andere Weise. So reihte sich der Bankverein im Juni 1988 in eine kleine Gruppe namhafter Schweizer Unternehmen ein, welche die *Stiftung Schweizer Skisport* auf die Beine stellte – eine Stiftung, die nicht nur die Domizilierung des *Schweizer Skiverbandes (SSV)* in einem eigenen Haus (dem «Haus zum Skisport» in Muri bei Bern) bezweckte, sondern auch die Unterstützung von SSV-Mitgliedern bei Ausbildung und Umschulung und in Notlagen, die Unterstützung von Projekten zur Förderung der Volksgesundheit durch Skisport und ähnliches mehr. Weiter ist die Bank seit 1992 am alljährlich vom Schweizerischen Skiverband organisierten *Bankverein Ski Open* beteiligt, an dem sich Hobbysportler und Rennläufer an der Zeitvorgabe des besten Rennfahrers der Schweiz messen können. Diesen und anderen, hier aus Platzmangel unerwähnt bleibenden Ski-Sponsoring-Aktivitäten vorangegangen war noch ein anderes, weniger breitenwirksames, aber kaum weniger spektakuläres Engagement des Bankvereins im Wintersport: die 1980 begründete Zusammenarbeit mit dem *Schweizerischen Bob-Verband* – das erste grosse Sponsoring-Engagement der Bank mit einem Verband – brachte den in internationalen Wettkämpfen benutzten Bobschlitten der Schweizer Nationalmannschaft, speziell für sie entwickelt und mit den Hausfarben und dem Logo des Bankvereins verse-

Die Bobs der Schweizer Nationalmannschaft im Design von 1980 bis zum Wechsel ins KeyClub-Design im Winter 1996/97.

Die Engagements im Sport fanden Eingang in die Botschaften der Bank.

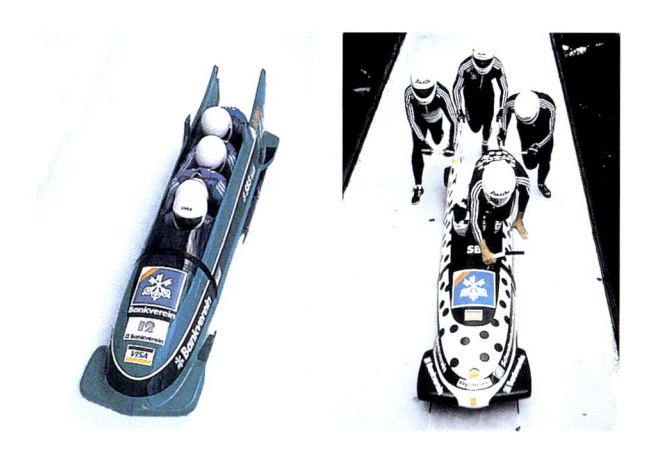

hen, Winter für Winter in die Medien, dynamisches Symbol für eine (ungeachtet ihres Alters von mehr als hundert Jahren) jugendliche, engagierte Bank.

So konzentriert die Sponsoring-Aktivitäten des Bankvereins auf den Wintersport und den Tennis auch waren (und sind), so blieben daneben andere Sportarten nicht gänzlich unbeachtet. Besonders erwähnenswert ist die Unterstützung, welche die Bank den schweizerischen Bestrebungen für eine erfolgreiche Teilnahme an den Olympischen Spielen zukommen liess. In den Jahren 1982/83 trat der Bankverein als Partner der *Stiftung Schweizer Sporthilfe* in das Olympia-Sponsoring ein, mit einem die Schweizer Sportler unterstützenden Dreijahresvertrag über 200 000 Fr. pro Jahr, also mit der für damalige Verhältnisse bedeutenden Summe von 600 000 Fr.; der Vertrag wurde nach Ablauf erneuert. Im Rahmen dieses durch die Werbeaktion *«Der Bankverein baut mit am Schweizer Olympiaerfolg»* unterstützten Engagements wurde ferner ein grosser Publikumswettbewerb unter dem Titel *«Wissen macht sicher»* veranstaltet, bei dem zehn Reisen an die Olympischen Sommerspiele zu gewinnen waren. An ihm beteiligte sich die für einen Bankwettbewerb in der Schweiz einmalige Zahl von 200 000 Einsendern. Im übrigen gewährt die Bank auch dem Pferdesport sowie seit neuerem dem Golfsport und dem Fechten ihre Unterstützung[1] – sicherlich zum Nutzen der Empfänger, ganz ebenso auch aber in ihrem eigenen werblichen Interesse.

Schliesslich wäre dieser ohnehin fragmentarische Überblick über die im Laufe der Zeit vielfältig gewordenen Sponsoring-Aktivitäten der Bank gar zu unvollständig, wenn nicht wenigstens noch die

Gegenüberliegende Seite: Der Schweizerische Bankverein unterstützte die Rekonstruktion von Shakespeares legendärem «Globe Theatre» am Londoner Themse-Ufer im Jahre 1993 mit einem namhaften Beitrag.

Engagements erwähnt würden, welche die Bank seit den frühen achtziger Jahren auf dem Gebiete der Musik eingegangen ist. Hierbei hat – mit dem seit 1982 finanziell geförderten *Internationalen Jazz-Festival Bern* als «Glanzstück» – der Jazz und die Pop-Musik einen bis heute konsequent durchgehaltenen Schwerpunkt gebildet[2]; daneben ist die Bank seit Mitte der achtziger Jahre aber auch ein vielbeachteter Sponsor von Konzertveranstaltungen mit klassischer Musik.[3]

[1] • *Pferdesport:* Pferderennen in Frauenfeld (Sponsor seit 1981); Gold Cup Dielsdorf (Sponsor seit 1985); Concours de Saut International (CSI) in Zürich – das bestbesetzte Hallenturnier im Pferdesport (Hauptsponsor seit 1988); Pferderennen in Aarau (Sponsor seit 1994).
• *Golf:* Neuchâtel Golf Open (Sponsor seit 1989) und Neuchâtel Pro-Am (Sponsor seit 1991).
• *Fechten:* Sponsoring des Schweizerischen Fechtverbandes (seit 1995).
• *Eishockey:* Sponsor in Zusammenarbeit mit dem Schweizerischen Eishockeyverband (seit 1995).

[2] Herausragende Aktivitäten auf diesem Gebiet waren (und sind) unter anderem:
• Internationales Jazz-Festival Bern (Sponsor seit 1982).
• Paléo Festival Nyon – eine bedeutende Musikveranstaltung in der Westschweiz (Sponsor seit 1983).
• Montreux Jazz Festival (Sponsor seit 1988).
• Zusammenarbeit mit Good News, dem Konzertveranstalter für die deutsche Schweiz (Sponsor seit 1986) und mit Opus One, dem Gegenstück für die französische Schweiz (Sponsor seit 1993).
• Hat Hut Productions, im Bereich Jazz und der «neuen Musik» eines der bedeutendsten Plattenlabels (Sponsor seit 1984).

[3] Beispiele für das Bankverein-Sponsoring der ernsten Musik:
• Schatzkammerkonzerte: Sie wurden vom Bankverein ins Leben gerufen (Sponsor bis 1991).
• Schlosskonzerte: ausschliesslich für Bankverein-Kunden organisierte Konzerte unter Mitwirkung von Weltstars der klassischen Musik. Sie haben die Schatzkammerkonzerte abgelöst (Sponsor seit 1991).
• Internationale Musikfestwochen, Luzern (Sponsor von 1985–1994).
• Osterfestspiele, Luzern (Sponsor seit 1995).
• Festival Michel Corboz: Es handelt sich um klassische Konzerte der Region Freiburg i.Ue. (Sponsor seit 1987).
• Verbier Festival & Academy (Sponsor seit 1994).

Teil 2/Kapitel 4: Der Bankverein und seine Umwelt

Überblickt man alle diese vielfältigen Sponsoring-Projekte und stellt überdies in Rechnung, dass auch von einzelnen Bankverein-Sitzen noch eigene, hier unerwähnte Sponsoring-Anlässe verfolgt wurden, so wird eine Gefahr erkennbar, der sich auch der Bankverein in den vergangenen Jahren immer wieder ausgesetzt gesehen hat: derjenigen nämlich der Verzettelung und Zersplitterung bei allem Streben nach Konzentration und Kontinuität. Um dieser Gefahr besser zu begegnen, wurde das Sponsoring im Jahre 1990 systematisch in die Kommunikationsstrategie der Bank eingebaut, das heisst, mit den übrigen Marketing- und Werbeaktivitäten der Bank zusammengeführt. Eine speziell für das Sponsoring 1990 geschaffene Abteilung hat seither die Verantwortung für die professionelle Handhabung dieses so leicht entgleitenden Marketingwerkzeugs. Schwer messbar ist und bleibt, was Sponsoring und auch Werbung (von Public Relations zu schweigen) der Bank in Zahlen – Kunden, Konten, Erträgen, Erfolgen – über die Jahre hinweg gebracht haben und bringen; genauer messbar ist dann schon, was sie die Bank gekostet haben (nämlich Jahr für Jahr hohe zweistellige Millionenbeträge). Fest steht indessen eines: der Bank hätte ein (undenkbarer) *Verzicht* auf Sponsoring und Werbung *nichts* gebracht – oder jedenfalls nichts Gutes.[1]

### Abschnitt 3:
## Von Public Relations zu Public Affairs

Banken sind komplizierte, für den Aussenstehenden schwer durchschaubare Gebilde des Wirtschaftslebens. Der Erklärungsbedarf für das, was

---

[1] *In diesem Sinne hat auch der Autor die ihm in seiner aktiven Zeit beim Bankverein von einem der Werbung und dem Sponsoring eher distanziert gegenüberstehenden Geschäftsleitungsmitglied immer wieder gestellte Frage nach der Zahl der Kunden und der Geschäfte, die mit bestimmten Marketingaktionen gewonnen werden konnten, nie präzise zu beantworten vermocht, und hat sich doch stark für sie eingesetzt ...*

sie tun ebenso wie dafür, wie sie das tun, ist deshalb gross. Das gilt für ein einzelnes Institut wie für die Banken in ihrer Gesamtheit: So wichtig das Bankgeheimnis im Interesse der Bankkunden auch ist, so liegt es nicht im Interesse eines Bankinstituts, seinerseits als geheimnisvoll wahrgenommen zu werden; und die Gesamtheit der Banken sieht sich zu ihrem Schaden immer wieder mit einer verständnislosen Öffentlichkeit konfrontiert, wenn sie es versäumt oder nicht vermag, sich verständlich zu machen. Deshalb müssen Banken Öffentlichkeitsarbeit betreiben – sie müssen es in ihrem hauseigenen Interesse (den eigentlichen Public Relations); und sie müssen es im Interesse der Branche, der sie angehören (den Public Affairs). Der Bankverein hat sich dieser beiden Aufgaben vor nunmehr 25 Jahren systematisch anzunehmen begonnen.

## Public Relations

Bis Anfang der siebziger Jahre beschränkte sich das, was wir heute als Public Relations (oder kurz als PR) bezeichnen, beim Bankverein auf die Abfassung des Geschäftsberichts sowie auf die sporadische Herausgabe dürrer Pressecommuniqués anlässlich von Beförderungen, Neueröffnungen von Sitzen in der Schweiz oder Niederlassungen im Ausland, sowie nach Generalversammlungen der Aktionäre. Eine regelmässige Kommunikation nach aussen gab es darüberhinaus ebensowenig wie eine Pressestelle für Journalisten.

Diese aus heutiger Sicht fast skurril anmutende Situation erfuhr zu Zeiten des hundertsten Jubiläums der Bank, in denen sich so vieles grundlegend zu wandeln begann, eine wichtige Änderung: im Jahre 1973 wurde bei der Generaldirektion eine Abteilung Public Relations geschaffen – Folge der Erkenntnis der Geschäftsleitung, dass der Eintritt in das Bankgeschäft mit einer breiten Öffentlichkeit, das damals kraftvoll aufgenommene Retail Banking, auch den Dialog mit dieser Öffentlichkeit erforderte. Im Jahre darauf wurden unter der Ägide dieser Abteilung erstmals (!) eine Bilanzpressekonferenz und ein Herbstgespräch durchgeführt; und in den folgenden Jahren richtete sie nicht nur diese Anlässe regelmässig aus, sondern entwickelte sich unter Führung ihres damaligen Direktors *Dr. Jörg Boller*[1] (vormals Pressesprecher des 1973 zurückgetretenen Bundesrates *Dr. Nello Celio*) zu einer mehr und mehr genutzten Kontaktstelle für in- und ausländische Medien. Mehr noch: in ungezählten Hintergrundgesprächen mit «Meinungsmultiplikatoren» in Bern, Zürich und andernorts trug sie dazu bei, dass die Anliegen der Bank auch von Dritten verstanden und akzeptiert wurden – keine leichte Aufgabe zumal in dem bankenpolitisch aufgeheizten Klima jener Jahre, in denen die 1977 eingereichte Bankeninitiative der Sozialdemokratischen Partei der Schweiz den Zeitgenossen viel Staub in die Augen wirbelte.

Rückblickend stellen sich indessen auch diese Jahre als Pionierzeiten einer PR-Arbeit, wie sie heute verstanden wird, beim Bankverein dar, liefen die PR-Aktivitäten doch damals noch weitgehend unverbunden neben den übrigen von der

---

[1] Er blieb zunächst für einige Zeit eine «one-man-show».

Bank genutzten Kommunikationswegen einher. Dieser Zustand änderte sich im Zusammenhang mit der an anderer Stelle[1] näher geschilderten grundsätzlichen Reorganisation der Geschäftsleitung und ihrer Stäbe im Jahre 1987.[2] Seither ist organisatorisch dafür gesorgt, dass die Informationen, welche die Bank auf den Kanälen ihrer Öffentlichkeitsarbeit, der Werbung, des Marketings und des Sponsorings verbreitet, auf höchster Ebene koordiniert und zu einer einheitlichen Kommunikationsstrategie zusammengefasst werden. Dabei geht es in der PR nicht nur um die Kontaktpflege zu Medien, Verbänden und Behörden; vielmehr wird inzwischen auch einer offenen, laufenden Information der Mitarbeiter (die lange Zeit als besonders wichtige Teile der Öffentlichkeit **und** Meinungsmultiplikatoren unterschätzt worden waren) grosse Bedeutung beigemessen.[3] Einer derartigen Information der Mitarbeiter sozusagen auf höchster Ebene dient auch das von der Geschäftsleitung erstmals 1986 ausgearbeitete *Leitbild des Schweizerischen Bankvereins*; es ist inzwischen (in einer 1994 leicht überarbeiteten, die Kunden noch stärker betonenden Fassung) in allen Bankverein-Räumlichkeiten angebracht, gerichtet darauf, aus Information Identifikation und schliesslich gar Identität, Bankverein-Identität, werden zu lassen. Diese vorrangige Information der Mitarbeiter ist einer von insgesamt sieben Eckpfeilern eines seit Anfang der neunziger Jahre gültigen, in der Schweiz und international nach Zielgruppen ausgerichtete Kommunikationskonzepts der Bank.[4]

Über einen Mangel an Arbeit hat die PR-Abteilung nie zu klagen gehabt. Abgesehen von den quasi routinemässig zu erledigenden Arbeiten wie Pressekonferenzen, Geschäftsbericht, Generalversammlung und ähnlichem, sowie der nachstehend noch näher erwähnten Public Affairs-Arbeit bildeten und bilden im Prinzip alle Begebenheiten, die auch Gegenstand dieses Buches sind, Gegenstand ihrer Tätigkeit – aufsehenerregende Problemfälle der Bank, ebenso wie die Übernahmen anderer Banken wie etwa der *BSI – Banca della Svizzera Italiana*, der *Solothurner Kantonalbank* oder der Investmentbank *S.G. Warburg*, die Integration von Tochtergesellschaften wie der *Schweizerischen Depositen- und Kreditbank* in das Mutterhaus, der Verkauf von Konzerngesellschaften wie der *Schweizerischen Treuhandgesellschaft*

---

[1] Siehe S. 257 f.
[2] *Dr. Boller* war bereits 1985 ausgeschieden und wurde in der Folge durch den heutigen PR-Chef der Bank, *Dr. Bernhard Stettler*, ersetzt. *Dr. Stettler*, der heutige Leiter des Ressorts Corporate Public Relations, hat seit 1988 wesentlich zu der von der Konzernleitung gewünschten Öffnung der Bank und zur Professionalisierung der PR-Arbeit beigetragen. Dieses Bemühen fand im Februar 1996 Anerkennung in der Öffentlichkeit, indem das Wirtschaftsmagazin «Cash» bei einer Bewertung der Pressestellen grosser Unternehmen in der Schweiz den Bankverein auf Rang 1 plazierte; Dr. Stettler selbst wurde von den Journalisten als «Diplomat im Pressesprechergewand» bezeichnet.
[3] Inzwischen ist dank des Electronic Mail-Verbunds innerhalb der Bank die laufende Information der Mitarbeiter über ihre Bank angehende Neuigkeiten möglich und auch sichergestellt; unternehmenspolitische Stellungnahmen zu derartigen Nachrichten findet der Mitarbeiter jetzt regelmässig auf seinem Personal Computer. Überdies ist die Redaktion der Personalzeitung «Die drei Schlüssel» seit neuestem dem neuerdings etablierten, für die Bankverein-Publikationen zentral zuständigen Ressort Publikationen angegliedert.
[4] Die anderen Eckpfeiler der PR-Arbeit sind Ehrlichkeit, einfache Sprache, klare Aussage, Stärkung des Image der Bank in der Öffentlichkeit, Einbezug der öffentlichen und der veröffentlichten Meinung in die PR-Strategie, sowie weltweite Koordination der PR-Arbeit – letzteres wichtigste Verantwortung der 1995 eingerichteten Stabsstelle Corporate Communications.

oder der *Basler Handelsbank* oder (und vor allem) die vielen, sich fortlaufend vollziehenden, im einzelnen aber oft überraschenden organisatorischen Veränderungen in der Bank und deren personelle Konsequenzen. Neuerdings ist dieser reichhaltige Katalog noch weiter angereichert worden durch die sogenannten Investor Relations.

### Investor Relations

Die Gruppe «Investor Relations» wurde im Oktober 1991 als eigenständige Einheit in der PR-Abteilung auf die Beine gestellt. Ihre Etablierung – Investor Relations bezeichnen alle Massnahmen zur systematischen Pflege der Beziehungen zu bestehenden und potentiellen Aktionären zwecks Sicherung einer fairen Börsenbewertung des Unternehmens – drängte sich auf, weil der Wissensdurst der (immer besser informierten) Investoren und Analysten immer grösser wurde, und die Bank inzwischen eine weit verstreute, internationale «Financial Community» anzusprechen hat. Die Aufgabe ist anspruchsvoll: im Kern geht es darum, unter Beachtung aller einschlägigen aufsichtsrechtlichen Vorschriften in der Schweiz und an anderen wichtigen internationalen Finanzplätzen den Marktteilnehmern zielgruppengerecht relevante, für die Bestimmung des Aktienkurses notwendige Informationen – ohne Präferenzen für einzelne Empfänger – zukommen zu lassen, und damit sowohl an der Finanzierungsaufgabe (die sich auf den Aktienkurs konzentriert) als auch an der Pflege des «Financial Image» der Bank (die das Price/earnings Ratio P/E zum Inhalt hat) mitzuwirken. Hierzu werden nicht nur die Geschäftsberichte, Aktionärsbriefe und sogenannte «Investor Relations Updates», Kurzinformationen für Investoren, eingesetzt; vor allem dienen hierzu weltweit durchgeführte Unternehmenspräsentationen, in deren Rahmen der Bankverein seit 1992 jährlich zehn bis zwanzig «Road Shows» und 30 bis 40 Management-Interviews mit Geschäftsleitungsmitgliedern und leitenden Mitarbeitern an verschiedenen Orten der Welt durchführt.

### Ökologie

Ein nicht zu den Public Relations im engeren Sinne gehörendes und dennoch die Öffentlichkeit legitim interessierendes Gebiet, zu dem der Bankverein seine Haltung seit kurzem kommuniziert, ist dasjenige der *Ökologie*, und zwar sowohl der Betriebsökologie wie auch der Umweltproblematik ausserhalb des eigenen Unternehmens. Das Thema wurde vom Bankverein in seinem Geschäftsbericht erstmals 1985 angesprochen, nachdem die Bank sich bereits seit Mitte der siebziger Jahre – anfänglich eher aus ökonomischen als aus ökologischen Überlegungen[1] – mit jährlichen Investitionen von rund 2 Mio Fr. um Energieeinsparungen bemüht hatte, eine Bemühung mit der sie, jetzt auch ökologisch motiviert, auch nach Abflachung der Ölpreisentwicklung ab 1986 nicht nachliess.[2] Seither ist das Thema Ökologie beim Bankverein nie mehr zu den Akten gelegt worden.

---

[1] Die Ölpreishaussen von 1973/74 und von 1979/80 gaben die ökonomischen Impulse.
[2] Es gelang, den Energieverbrauch auf den Quadratmeter der vom Bankverein belegten Fläche allein in der kurzen Zeit zwischen 1976 und 1988 um etwa ein Fünftel zu senken.

Dabei konzentrierten sich die Bemühungen der Bank zunächst einmal auf die betrieblichen Aspekte dieses Themas. Nachdem die Geschäftsleitung im August 1990 die Etablierung einer Arbeitsgruppe Ökologie beschlossen hatte, konnte sie bereits ein Jahr später ein Konzept für den Einbezug der Ökologie in die Unternehmensstrategie mit den vier Handlungsfeldern Betriebsökologie, Produktökologie, Personal und Ausbildung sowie Kommunikation gutheissen; mit seiner Umsetzung ist seit Ende 1991 die zu diesem Zeitpunkt geschaffene *Koordinationsstelle Ökologie* im Stab der Geschäftsleitung befasst. Hier geht es nicht nur um – wichtige – Fragen wie die Definition längerfristiger ökologischer Ziele für die Bank und die Entwicklung von Instrumenten zur Erfolgskontrolle getroffener Massnahmen (beides erstmals 1993 geschehen), wie auch um den Aufbau eines Öko-Controlling[1] und die Integration ökologischer Gesichtspunkte beim Kunden-Rating etwa im Kreditgeschäft[2] (ab 1994 vorangetrieben); vor allem war der Schritt vom Plan zur Tat zu tun.

Demgemäss angewachsen ist inzwischen bereits die Liste derartiger «Taten»: Drastische Senkung des Karton- und Papierverbrauchs in der Bank, konsequenter Einsatz rezyklierbaren Papiers, ökologisch orientierte Entsorgung in allen Bankverein-Gebäuden, erhebliche Einschränkungen des spezifischen Energieverbrauchs der Bank durch eine Unzahl energie- und wärmetechnischer Vorkehren, Förderung des Einsatzes erneuerbarer Energieformen bei neuen Bankgebäuden sowie des Gebrauchs ökologisch unbedenklicher Produkte[3] und dergleichen mehr.

Andererseits hat das Thema Ökologie im Laufe der letzten Jahre auch einen immer höheren Stellenwert in der eigentlichen Public Relations-Arbeit der Bank gewonnen. Erstmals hatte sich die Bank im Jahre 1986 als Sponsor auch auf dieses Gebiet begeben – mit Beiträgen zur Rettung des Pfynwaldes im Wallis und zu einem Kongress, der sich mit der Entwicklung von Alternativenergieträgern befasste. Diese Linie wurde seither konsequent weiterverfolgt; beispielhaft genannt hierfür seien nur die Unterstützung von Studien der *Schweizerischen Gesellschaft für Umweltschutz* über die Langlebigkeit von Produkten (1987) oder von Anlässen wie dem ersten Symposium der *Genossenschaft Biomasse-Technologie* zum Thema «Verwertung nachwachsender Rohstoffe» im *Seepark* in Thun (1993). Ihr Engagement in umweltpolitischen Belangen dokumentierte die Bank schliesslich auch dadurch, dass sie zu den Mitunterzeichnern der *Charta der Internationalen Handelskammer für eine nachhaltige Entwicklung* (Charter for Sustainable Development) sowie der *Banken-Umwelterklärung* (Banking and the Environment)

---

[1] Vorgesehen ist, die Buchhaltung umweltrelevanter Stoff- und Energieflüsse in der Bank im Rahmen des betrieblichen Rechnungswesens zu einem effizienten Steuerungsinstrument auszubauen.

[2] Konkret geht es darum, direkte und indirekte Umweltrisiken, denen die Kreditnehmer ausgesetzt sind, bei der Kreditbeurteilung und -kontrolle angemessen zu berücksichtigen (in den Kreditweisungen der Bank seit Anfang 1995 vorgeschrieben).

[3] So ist beispielsweise durch die Umstellung der Verfilmung elektronisch aufbereiteter Belege auf Trockenentwicklung Anfang der neunziger Jahre die Entsorgung von 17 500 Liter Entwickler-Chemikalien pro Jahr entfallen; die Umstellung auf Büromaterialien, die keine umweltbelastenden Kunststoffe und Lösungsmittel enthalten, brachte etwa bei den Kundenkarten, die 1993 erstmals aus dem umweltfreundlichen Material PET hergestellt wurden, eine Senkung des PVC-Verbrauchs um 1,5 Tonnen.

des *United Nations Environment Programme UNEP* gehört. Fast schon selbstverständlich erscheint es, dass die Bank darüberhinaus auch Mitglied des *World Industry Council for the Environment* ist. Beim Thema Ökologie handelt es sich um eine Angelegenheit öffentlichen Interesses, um Public Affairs; und derartigen Fragen hat sich der Bankverein für die Öffentlichkeit sichtbar seit längerem immer mehr – und immer professioneller – gestellt.

### Public Affairs

So wechselnd die Themen auch sind, mit denen sich die Bank und speziell ihre auf dem Gebiete der Public Affairs tätigen Mitarbeiter im Laufe der Zeit auch im Dialog mit der Öffentlichkeit zu befassen haben, so sind die Schwerpunkte dieser Arbeit doch stets die gleichen geblieben: einzuwirken auf politische Vorgänge und Entscheidungen, die für die Wirtschaft und für die Banken von besonderer Bedeutung sind, und mitzuwirken an einer Verbesserung des Verständnisses der Öffentlichkeit für die Banken, ihre Arbeit und ihre Anliegen.

Was den erstgenannten Schwerpunkt betrifft, so hat sich der Bankverein, wie andere grosse Schweizer Banken auch, vor allem immer wieder bei wichtigen eidgenössischen Volksabstimmungen engagiert, die sich mit bankrelevanten Themen befassten. Sein gezieltes professionelles Engagement auf diesem Gebiet geht auf das Jahr 1977 zurück, in dem die *Sozialdemokratische Partei der Schweiz* die *Bankeninitiative* lancierte, deren Annahme die Kundenbeziehungen der Banken empfindlich berührt – und nach Überzeugung der Banken beeinträchtigt – hätte. Im Vorfeld dieser Abstimmung kam der PR-Abteilung des Bankvereins eine wichtige Aufklärungsarbeit zu; sie hat ihren Beitrag dazu geleistet, dass die Initiative im Mai 1984 in einer denkwürdigen Abstimmung von Volk und Ständen mit grossem Mehr verworfen wurde. Andere Abstimmungsthemen von ähnlicher Bedeutung, zu denen sich auch der Bankverein durch seine Sprecher und seine Publikationen nachdrücklich vernehmen liess, waren der – vom Souverän im März 1986 zum Bedauern nicht nur der Bank abgelehnte – Beitritt der Schweiz zur *UNO*, der im Mai 1992 gutgeheissene Betritt der Eidgenossenschaft zu den *Bretton Woods-Institutionen*, die im September 1992 angenommene Stempel-

Anlage zur direkten Umwandlung von Sonnenenergie in elektrischen Strom mit einer Leistung von 40 kW auf dem Dach des Ausbildungs- und Konferenzzentrums Basel. Inbetriebnahme 1994.

steuervorlage[1], der Beitritt der Schweiz zum Europäischen Wirtschaftsraum (EWR), den der Souverän zur Enttäuschung nicht nur des Bankvereins, der sich so stark wie noch nie zuvor für ein Ja eingesetzt gehabt hatte, im Dezember 1992 ablehnte, sowie der Übergang von der altertümlichen Warenumsatzsteuer (WUST) zu einem modernen, den europäischen Nachbarländern entsprechenden Mehrwertsteuersystem (MwSt) in der Schweiz, dem das Volk nach mehreren Anläufen schliesslich im November 1993 zustimmte.

Waren derartige Abstimmungsvorlagen und die um sie geführten Auseinandersetzungen auch stets Anlässe, welche die Kräfte der mit Public Affairs im Bankverein befassten Kader in besonderer Weise in Anspruch nahmen, so hatte es damit natürlich nicht sein Bewenden. Ein «Dauerbrenner» über viele Jahre hinweg war (gewiss nicht nur für PR-Leute in Banken!) die sich unsäglich hinziehende Aktienrechtsreform, begonnen in den sechziger und zu Ende geführt schliesslich in den neunziger Jahren, und auch die Bankengesetzgebung fiel mit all ihren Revisionen und Novellierungen nie aus den Traktanden der Bankgeschäftsleitungen und ihrer Stäbe.

Neben all diesen zur Abstimmung gebrachten Themen (und ihre Aufzählung kann hier mangels Platz nur beispielhaft erfolgen) haben in den letzten 25 Jahren auch immer wieder andere Problemkreise, die bankenpolitischen Zündstoff bargen, Anlass zu konzentrierten PR-Engagements des Bankvereins gegeben. An erster Stelle in diesem Zusammenhang zu erwähnen sind hier Themen wie Fluchtgelder, Geldwäscherei, die Insider-Problematik,

Kompetente Information für den interessierten Anleger.

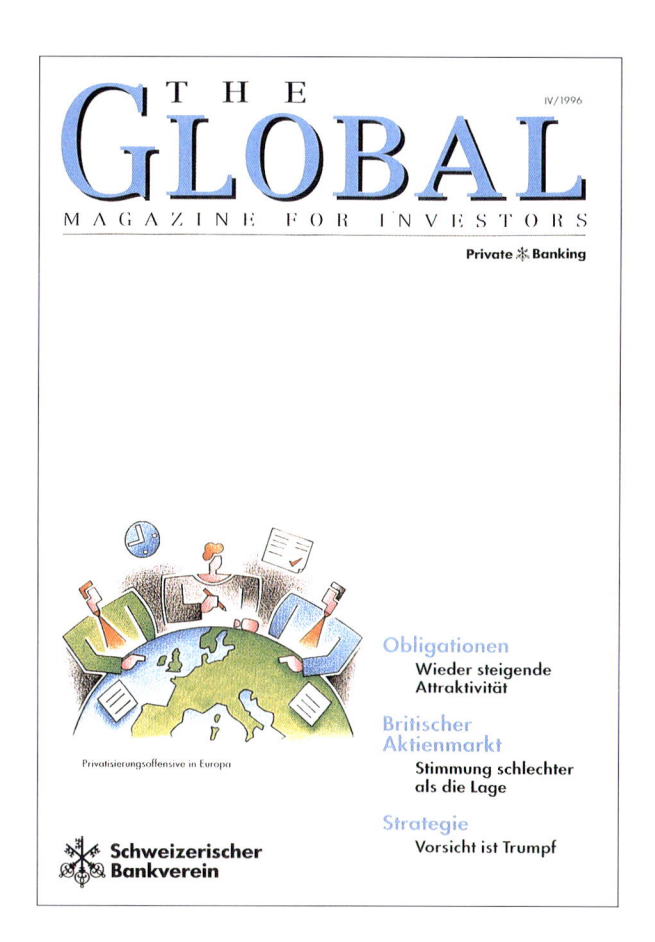

vor allem aber das Bankgeheimnis. Sie und andere ähnliche Fragestellungen drohten im Laufe der Zeit zu kaum noch überprüften, ja kaum noch überprüfbaren Clichés der öffentlichen Meinung

---

[1] Dabei ging es aus der Sicht der Banken vor allem darum, das in der Öffentlichkeit verbreitete Vorurteil zu beseitigen, dass es sich bei der Abschaffung der Stempelsteuer um ein Steuergeschenk für die Banken (und nicht um die Erhaltung eines wettbewerbsfähigen Finanzplatzes) handelte.

zu werden, vor allem durch Kombination mit Reizworten wie (Apartheid-)Südafrika, Drogenhandel und Mafia. Wenn das im ganzen verhindert werden konnte, dann vor allem natürlich deshalb, weil die Schweizer Banken in ihrer Gesamtheit selber mit stringenten Vorkehren gegen Gelder dubioser Herkunft und ebenso gegen unerwünschte Kunden dafür sorgten – unter anderem mit der seit 1977 bestehenden, seit 1987 noch verschärften *Sorgfaltspflichtvereinbarung*, die inzwischen international wegweisend geworden ist und der *Bank für Internationalen Zahlungsausgleich (BIZ)* als Basis für eine Empfehlung an die Mitgliedsländer gedient hat[1], sowie mit einer auf die Aufrechterhaltung der Integrität des Finanzplatzes Schweiz in eigenem Interesse abzielenden Geschäftspolitik. Dass darüberhinaus aber auch die beharrliche PR-Arbeit der Banken mit ihrer fundierten Aufklärung und Information viel zu Versachlichung und Entspannung dieses Streits um oftmals vorgefasste Meinungen beigetragen hat, steht ausser Zweifel und verdient, hier einmal festgehalten zu werden – zumal diese Arbeit sich natürlich nicht nur in einigen wenigen Publikationen erschöpfte, sondern unzählige Diskussionen mit diversen Gruppierungen und Aktionsgruppen, mit Parteien und internationalen Organisationen, sowie – immer wieder – mit Vertretern der Medien umfasste.[2]

Schliesslich standen aber auch immer wieder echt bankgeschäftliche Themen im Vordergrund der vom Bankverein und anderen Schweizer Banken in diesen Jahren zuhanden der weiteren Öffentlichkeit geleisteten Aufklärungsarbeit. Den «Dauerbrenner» in dieser Hinsicht stellen die Hypothekarzinsen dar, kein Wunder bei einer hypothekarischen Verschuldung in der Schweiz, die allein in den fünf Jahren von 1986 bis 1991 um mehr als 50% auf eine Summe von 432 Mrd Fr. und damit auf eine Pro-Kopf-Verschuldung von 63 000 Fr. gewachsen war. Als Anfang der neunziger Jahre erneut ein Zinsanstieg einsetzte, war es wieder einmal soweit: Eine Polarisierung zwischen den Banken und breiten Kreisen der Öffentlichkeit drohte, die in der an die Banken gerichteten Forderung der Subventionierung des Hypothekarsatzes zulasten der (von der Öffentlichkeit überschätzten) Gewinne gipfelte. Wiederum war die Aufklärungsarbeit der Banken gefordert: in unzähligen Diskussionsbeiträgen bemühten sich die Verantwortlichen, der Öffentlichkeit wenig vertraute Begriffe wie Markt- und Zinsmechanismen, Refinanzierungszwänge, sowie volkswirtschaftliche und mietrechtliche Zusammenhänge zu erklären. Dabei waren gerade für den Bankverein ein wichtiges Medium für diese Botschaften seine Publikationen – ein von der Bank seit vielen Jahren gepflegtes, qualifiziertes Instrument anspruchsvoller Öffentlichkeitsarbeit.

Die Anfänge derartiger, an ein wirtschaftlich interessiertes Publikum gerichteter Publikationen des Bankvereins gehen erstaunlich weit zurück: seit 1901 (!) veröffentlichte die Bank regelmässig

---

[1] Der Sorgfaltspflichtvereinbarung zur Seite traten im übrigen die seit 1. August 1990 in Kraft befindlichen Strafrechtsbestimmungen der Schweiz gegen Geldwäscherei sowie die dem gleichen Thema geltenden Richtlinien der Eidgenössischen Bankenkommission.
[2] So fanden beispielsweise zum Thema «Südafrika» regelmässig Treffen zwischen Vertretern der Schweizerischen Bankiervereinigung und Delegationen verschiedenster Interessengruppen für Südafrika, sowie Gespräche mit dem Schweizerischen Evangelischen Kirchenbund, mit der Schweizerischen Bischofskonferenz und mit den Hilfswerken «Fastenopfer» und «Brot für alle» statt.

Kommentare und Analysen zu Wirtschaftsthemen, wenn auch zunächst über Jahrzehnte hinweg in sehr bescheidenen Proportionen sowohl was den Umfang und die Auflage wie auch die Frequenz angeht. Das Medium hierfür, zunächst «*Bericht*», dann «*Monatsbericht*», später «*Bulletin*» genannt, wurde kurz nach dem hundertsten Jubiläum vor allem mit Blick auf den inzwischen heiss entbrannten Konkurrenzkampf im schweizerischen Retail-Markt inhaltlich neu konzipiert und lebendiger gestaltet. Gestützt hierauf wurde Anfang 1974 eine neue, monatlich erscheinende Kundenzeitschrift lanciert, die unter dem Titel «*Der Monat in Wirtschaft und Finanz*» seither in den Sprachen Deutsch, Französisch und Italienisch erscheint und unter der klugen redaktionellen Führung des langjährigen Leiters der (mehrfach umorganisierten und umbenannten) Abteilung Volkswirtschaft *Dr. Aloys Schwietert* ihren guten Platz unter den Finanzpublikationen gefunden hat. Im Laufe der Zeit ist sie mehrfach überarbeitet worden, um veränderten Informationsbedürfnissen, Lesegewohnheiten und Geschmackstrends zu entsprechen; erstmals geschah das bereits 1976, als der Charakter der Publikation als Wirtschaftsmagazin stärker betont wurde, später dann in den Jahren 1982, 1992 und – im Rahmen einer generellen Überarbeitung aller Bankverein-Publikationen besonders gründlich – im Jahre 1996. Über einen Mangel an Leserinteresse hat diese Publikation über die Jahre hinweg nie zu klagen gehabt. Ursprünglich mit einer Auflage von 180 000 gestartet steigerte sich ihr Verteiler bis 1987 auf rund 250 000 Adressen, und eine weitere Erhöhung der Auflage auf 300 000 wurde erwogen. Davon ist in der Folge dann allerdings Abstand genommen worden, um mit einem strafferen Verteiler und weniger Streuverlusten eine bessere Kosten/Nutzen-Relation des aufwendigen Magazins sicherzustellen.[1] Aber auch mit der als Konsequenz dieser Straffung herbeigeführten Senkung der Auflagenziffer auf 170 000 Exemplare ist «*Der Monat*», wie die Zeitschrift überall kurz genannt wird, immer noch die bei weitem auflagenstärkste Wirtschaftszeitschrift der Schweiz – ein wichtiges Sprachrohr des Bankvereins in eigener Sache und auch zu allgemeinen wirtschaftlichen und politischen Themen.

Werden mit dem «*Monat*» und seinen Vorläufern grösstenteils Schweizer Leser angesprochen, so hatte sich frühzeitig auch schon der Gedanke an die Herausgabe einer englischsprachigen Zeitschrift

Eine bankeigene Kundenzeitschrift im Wandel des Zeitgeistes.

---

[1] Zum Aufwand für den «Monat» gehören nicht nur die zunächst ins Auge springenden Kosten für Material, Druck und Versand; vielmehr stellen auch die redaktionellen, hauptsächlich von der Abteilung Volkswirtschaft getragenen Arbeiten einen wesentlichen Aufwandposten dar. Von drastischen Ausgabenkürzungen ist allerdings in den verschiedenen allgemeinen «Sparrunden» immer wieder Abstand genommen worden; im Verhältnis zu den Aufwendungen im Werbebereich und mit Blick auf Nutzen und Ansehen des «Monat» schienen die Kosten dann doch nicht so hoch.

aufgedrängt, um das internationale Publikum zu erreichen. So wurde bereits im Jahre 1939, nachdem die Bankverein-Niederlassung in New York eröffnet worden war, unter dem Namen «*Economic and Financial Prospects*» eine Publikation herausgegeben, die nach der Lancierung des «*Monat*» in der Schweiz zunächst dem «*Monat*» in Konzept und Aufmachung stark angeglichen wurde.[1] Dieses Konzept erfuhr 1983 eine wesentliche Änderung, setzte sich das Zielpublikum für «*Prospects*» doch gemäss der immer stärker gezielten geschäftlichen Ausrichtung des Bankvereins ausserhalb der Schweiz im wesentlichen aus sachkundigen Mitgliedern der «Financial Community» und nicht, wie beim «*Monat*», vornehmlich aus Mengenkunden zusammen.[2] Seither offerieren die «*Prospects*» der internationalen Fachwelt alle zwei Monate in einer Auflage von rund 30 000 Exemplaren wohldokumentierte Einblicke in die «Economists' intelligence» des Bankvereins[3] und haben sich damit inzwischen unter das halbe Dutzend derartiger, international angesehener Bankpublikationen eingereiht.

Mit diesen «Flaggschiffen» unter den Publikationen des Bankvereins hat es in bezug auf dessen publizistische Arbeit aber nicht sein Bewenden. So erschienen in der Zeit zwischen 1974 und 1988 zwei- bis dreimal pro Jahr sogenannte «*Bankverein-Hefte*» als Monographien über einzelne wirtschaftliche und politische Themen, eine Reihe, die seither im Hinblick auf den starken inhaltlichen Ausbau des «*Monat*» nicht mehr weitergeführt worden ist. Darüberhinaus werden unter der Ägide einzelner Abteilungen auch regelmässig Informationsschriften für die speziellen Interessenfelder ihrer Kundenkreise publiziert, so etwa im Bereiche der Kapitalanleger oder der kleinen und mittleren Unternehmer. Schliesslich gibt die Bank in unregelmässigen Zeitabständen Publikationen über einzelne Sachgebiete wie etwa über das Gold oder die Derivate heraus, die vielfach zu (rasch vergriffenen) Standardtexten geworden sind. Hier ist es, wo sich die Öffentlichkeitsarbeit mit der Werbung berührt.

Für eine volkswirtschaftlich interessierte Leserschaft rund um die Welt.

---

[1] Ihr Erscheinen wurde infolge des Zweiten Weltkriegs von 1940 bis 1947 unterbrochen.
[2] Die ab 1947 auch unter dem Namen «*Perspectivas*» herausgegebene Version von «*Prospects*» auf spanisch wurde nach deren Neukonzeption 1983 eingestellt.
[3] Sie dient gemäss Geleitwort von *Dr. Schwietert* zur 250. Ausgabe der «*Prospects*» im Dezember 1993 folgenden Funktionen: «1. Monitoring of the banking environment in the broadest sense; 2. analysis and interpretation of the functioning of modern financial markets; 3. assessing risks at the market, industry and country level.» («Prospects», No. 6/1993, S. 1).

Teil 2/Kapitel 4: Der Bankverein und seine Umwelt

Die Entwicklung der Personalzeitschrift für das Inland und das internationale Netz.

Öffentlichkeitsarbeit im Bereiche der Personalpolitik andererseits stellen die Personalzeitschriften des Bankvereins dar, die seit 1969 für die Mitarbeiter in der Schweiz unter dem Namen *«Die drei Schlüssel»* und von 1988 bis 1995 für die Mitarbeiter weltweit unter dem passenden Namen *«SBC Worldwide»* – seither als *«Wire»* bezeichnet – erscheinen.[1] *«Die drei Schlüssel»* hatten bis 1990 der Mehrsprachigkeit des Bankverein-Mitarbeiterstabes dadurch Rechnung getragen, dass im gleichen Heft Beiträge in deutscher, französischer und englischer Sprache erschienen; seither gibt es getrennte Ausgaben in den drei Schweizer Landessprachen mit einer Gesamtauflage von 26 000 (Ende 1995). Die Auflage von *«SBC Worldwide»* lag zur gleichen Zeit bei rund 14 000. Zu diesen von der «Zentrale» des Bankvereins in der Schweiz herausgegebenen Mitarbeiterzeitschriften kommen noch die regelmässigen Zeitschriften hinzu, mit denen die Sitze London und New York ihre eigenen Mitarbeiter über das Geschehen in der Bank auf dem laufenden halten.[2] In ihrer Gesamtheit sind diese Publikationen vor allem seit den späten achtziger Jahren zu einem professionell gestalteten und interessiert wahrgenommenen Vehikel einer der Offenheit verpflichteten Öffentlichkeitsarbeit der Bank gegenüber dem ständig weiter wachsenden Kreise der Mitarbeiter geworden – wichtig auch für das Bemühen der Bank, im immer globaleren, immer stärker diversifizierten Geschäftsleben des Schweizerischen Bankvereins eine gemeinsame Bankverein-Kultur und einen einheitlichen Bankverein-Geist lebendig zu erhalten – eine kulturelle und geistige Kontinuität und Identität der weltweit operierenden Bankverein-Einheiten und der in ihnen tätigen Menschen über Zeiten und Distanzen hinweg.

[1] *«Wire»* wird in Zusammenarbeit mit SBC Warburg, London, publiziert.
[2] Zu erwähnen sind ferner noch die regelmässigen Informationsschriften grosser Schweizer Sitze für deren Mitarbeiter.

### Abschnitt 4:
### Nachrichtenlose Vermögen aus der Zeit des Zweiten Weltkriegs[1]

Kurz bevor der Schweizerische Bankverein sein fünftes Vierteljahrhundert vollendete, hatten sich die Schweiz und ihre Banken erneut mit Ereignissen auseinanderzusetzen, die fünfzig Jahre zurücklagen: die Rolle der Schweiz und ihres Finanzplatzes während der Nazizeit und unmittelbar nach dem Zweiten Weltkrieg wurde Gegenstand einer die gesamte Öffentlichkeit aufrüttelnden, internationalen Diskussion. Speziell sahen die Banken sich in diesem Zusammenhang mit Fragen nach dem Verbleib der nachrichtenlosen Vermögen von Holocaust-Opfern konfrontiert. Sie erklärten sich zu einer beschleunigten Prüfung der Angelegenheit bereit und liessen ihren Worten dann auch rasch Taten folgen.

Die *Schweizerische Bankiervereinigung* gab neue Richtlinien über die Behandlung nachrichtenloser Vermögen heraus. Zudem wurde ein Ombudsmann ernannt, der denjenigen behilflich ist, die Forderungen geltend machen wollen. Darüberhinaus wurde eine internationale Kommission unter dem Vorsitz von Paul Volcker eingesetzt, um die Anstrengungen der Schweizer Banken zur Identifizierung nachrichtenloser Vermögen aus der fraglichen Zeit zu überwachen. Schliesslich sicherte die Historiker-Kommission des Bundesrates ihre vorbehaltlose Zusammenarbeit zu.

Der Schweizerische Bankverein setzte seinerseits eine Arbeitsgruppe ein, darunter auch international anerkannte Experten. Sie wurde beauftragt, die noch verfügbaren Dokumente zu untersuchen und festzustellen, wie sich die Bank vor, im und nach dem Zweiten Weltkrieg verhalten hat. Die Studie dieser Kommission wird voraussichtlich Mitte 1997 veröffentlicht. Zusätzlich entschlossen sich der *Schweizerische Bankverein*, die *Credit Suisse Group* und die *Schweizerische Bankgesellschaft*, 100 Mio Fr. auf ein Konto bei der *Schweizerischen Nationalbank* einzuzahlen. Sie legten damit den Grundstein für die Schaffung eines «Humanitären Fonds für die Opfer des Holocausts», in der Überzeugung, dass mit all diesen Massnahmen eine für alle Beteiligten zufriedenstellende, konstruktive Lösung gefunden werden kann.

---

[1] Nach Redaktionsschluss eingefügt.

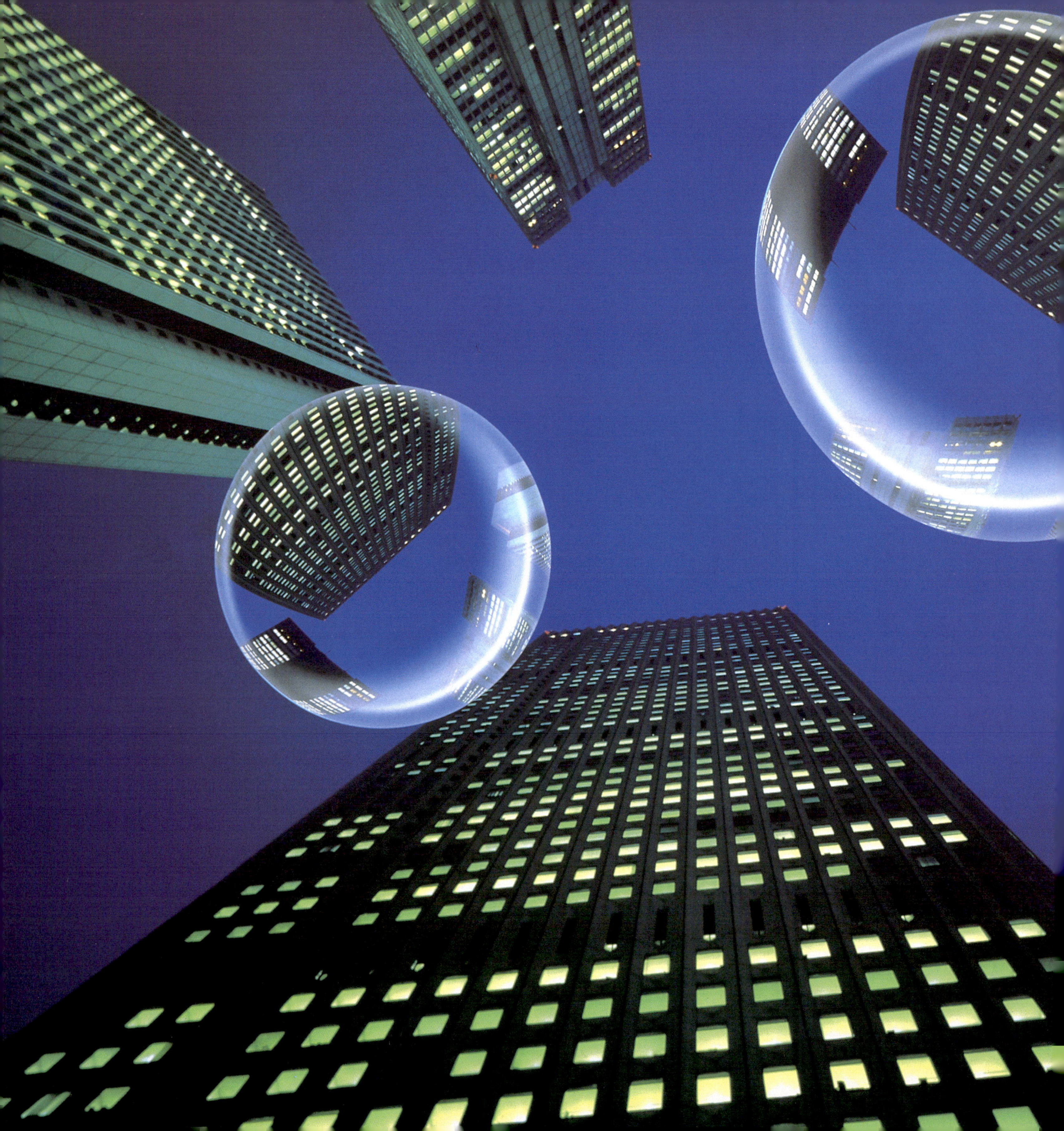

## Rückblick und Ausblick

Der Schweizerische Bankverein hat in den nunmehr 125 Jahren seines Wirkens einen weiten Weg zurückgelegt – von dem regional verwurzelten «Basler Bankverein» der frühen Jahre bis hin zur weltweit angesehenen schweizerischen Grossbank, richtiger, zu einem der weltweit massgebenden Bankkonzerne unserer Tage. Charakteristisch für ihn auf diesem Wege ist eine spezifische Mischung aus Beharrlichkeit und Wandlungsfähigkeit gewesen: Während seine Geschäftsprinzipien, Verhaltensweisen, äusseren Erscheinungsformen jedenfalls lange Zeit einem so behutsam ablaufenden Wandel unterworfen waren, dass deren Manifestationen auch ausserhalb eigentlicher Fachkreise immer wieder als «typisch Bankverein» identifiziert wurden, verlief der Wandel bei den Produkten, den Arbeitsabläufen und Organisationsstrukturen, neuerdings auch bei den Standorten und den handelnden Personen ungleich schneller.

Diese Tatsache springt vor allem bei Betrachtung der 25 Jahre seit dem hundertsten Jubiläum ins Auge: Gleichzeitig mit der allmählichen, schrittweisen Verjüngung und Dynamisierung des Bankverein-Auftritts gegenüber der Öffentlichkeit vollzog sich eine fortwährende Erneuerung der Dienstleistungspalette, der «Produktionsprozesse» sowie der Organisations- und Führungsstrukturen der Bank mit einer so ausserordentlichen, im Zeitablauf noch zunehmenden Kadenz, wie sie wohl kaum einem der am Jubiläum 1972 Beteiligten machbar erschienen wäre. Speziell im Verlaufe der letzten zehn Jahre hat sich die Bank unter dem Einfluss von Deregulierung, Globalisierung und technischem Fortschritt tiefgreifender und schneller verändert als je zuvor in ihrer Geschichte: Die ganze Führungsorganisation – bis 1986 seit hundert Jahren noch dezentral, territorial geprägt – wurde in dieser Zeitspanne nicht weniger als dreimal grundlegend umgebaut, das internationale Geschäft wurde organisatorisch vom schweizerischen Geschäft getrennt und eine konsequente Kundensegmentierung eingeführt, die Konzernstruktur wurde durch Zusammenlegung von bislang dezentral wahrgenommenen Funktionen und von Sitzen ebenso gestrafft wie durch die Integration von Tochtergesellschaften, zwölf Banken wurden übernommen und (im Gegensatz zur Vorgehensweise mancher anderer) grösstenteils unverzüglich integriert, über 250 Filialen wurden eröffnet und parallel dazu rund 70 Filialen geschlossen, gleichzeitig wurden die Geschäfts- und Kundenstrukturen sämtlicher Filialen neu ausgerichtet, und schliesslich wurde in jüngster Zeit die Fertigungstiefe durch Auslagerung bestimmter Tätigkeiten etwa in der Informatik drastisch zurückgenommen. Damit nicht genug: Mit *Brinson* und *Warburg* gingen – ähnlich wie einige Jahre vorher bereits mit *O'Connor* – nicht nur bedeutende (und ebenso eigenständige wie eigenwillige) Institutionen auf den Bankverein über; im gleichen Zuge wurde der Bankverein seinerseits durch diese Übernahmen bis in den Kern seiner Geschäftsaktivitäten, Geschäftsabläufe und sogar Geschäftsphilosophien hinein verändert, weiterentwickelt – und zwar in Zeitspannen, die eher in Monaten als in Jahren zu messen sind.

Stellt man an diesem Punkte des weiten Weges, den der Bankverein in einem mithin jüngst stark beschleunigten Schrittmass allein in den vergangenen zweieinhalb Jahrzehnten zurückgelegt hat, die Frage, wohin ihn sein Weg inskünftig weiter führen wird, so gilt es zunächst, einen bei jeder Würdigung eines Firmenjubiläums drohenden Fehler zu vermeiden: nämlich den gegenwärtig erreichten Stand als Höhepunkt oder gar als Schlusspunkt der Entwicklung zu betrachten. In Zukunft werden speziell dank der rasanten globalen Ausbreitung der vernetzten elektronischen Kommunikation die bereits in Gang befindlichen Veränderungen der Bankenmärkte mit Sicherheit noch tiefergreifend sein und noch rascher vonstatten gehen als bis anhin; und jede international tätige Grossbank wird sich diesem Vorgang mindestens anzupassen haben, wenn sie denn eine international tätige Grossbank bleiben will – auch und gerade der Schweizerische Bankverein als eine Grossbank mit einem verhältnismässig kleinen und stark konkurrenzierten Heimmarkt. Unverändert bleiben wird in Zukunft nur eines: nämlich die Abhängigkeit nachhaltigen Erfolgs von der Fähigkeit zur anhaltenden Erneuerung der Bank. Damit ist selbstverständlich nicht gesagt, dass die seit kurzem beim Bankverein realisierte, konsequent markt- und kundenorientierte Struktur *nicht* zukunftstauglich, geschweige denn zukunftsorientiert sei; aber auch diese Zukunft wird in einer unbestimmten Zeitspanne, die bestimmt im Zeitablauf fortwährend kürzer wird, immer wieder zur Vergangenheit …

Wenn der Blick in die Zukunft also die Feststellung gestattet, dass auch inskünftig die jüngst vom Bankverein so eindrücklich unter Beweis gestellte Fähigkeit zur permanenten Erneuerung der Bank gefordert sein und bleiben wird, und deshalb die lernende, sich selbst in allen ihren Aktivitäten ständig wieder in Frage stellende Organisation als Soll-Vorstellung resultiert, so tritt ein scheinbar gegensätzlicher Erfolgsfaktor ins Bild, von dessen subtiler Pflege der weitere Weg des Bankvereins ebenfalls überstrahlt (oder, im ihn vernachlässigenden Falle, überschattet) sein dürfte: das Beharrungsvermögen, auch zukünftig nicht geringzuschätzen neben dem so offensichtlich geforderten Wandlungsvermögen. Indem immer mehr Kunden dank Deregulierung, Globalisierung und Elektronisierung des Daten- und Informationsverkehrs Zugang zu immer mehr Banken mit immer mehr prinzipiell austauschbaren Produkten erhalten, und indem immer mehr Near-Banks und Non-Banks ins eigentliche Bankengeschäft drängen, wächst die Wichtigkeit einer beharrlich durchgehaltenen *Unique selling position* in einer heute vielfach unterschätzten Weise an. Wenn also der Blick auf den weiteren Weg des Bankvereins erwarten lässt, dass er auch weiterhin zu grossen Veränderungen genötigt (und hoffentlich auch unverändert befähigt) sein wird, so steht auch fest, dass er zugleich auch danach streben muss, eigenständig, unverwechselbar «typisch Bankverein» zu bleiben, zu vermeiden, mit anderen Worten, beliebig austauschbar zu werden. In seiner Abschiedsadresse an der Bankverein-Generalversammlung vom 7. Mai 1996 hat der scheidende Verwaltungsratspräsident *Walter G. Frehner* in einigen persönlichen Bemerkungen zur Entwicklung und Erfolgsstrategie des Bankvereins gesagt: «… in bestimmten Punkten oder Maximen brauchen

Rückblick und Ausblick

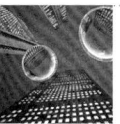

beide, Mitarbeiter und Führungsgremien, ihre Konstante, ihren gemeinsamen nicht veränderbaren Pol, das Credo, das sie zusammenhält», und hat dabei ausdrücklich auf die konsequente Einhaltung von Prinzipien der Loyalität und Fairness als «Verhaltenskonstante» verwiesen, die auch den Kunden gegenüber stets zu beachten sei, um «gute und zufriedene Kunden, motivierte Mitarbeiter und risikobereite Aktionäre nicht nur zu finden, sondern auch zu behalten».[1] Hierum wird es auch weiterhin gehen – und mit welchen Leitbildern, welchen Führungsprinzipien und Entlöhnungssystemen, welchen Organisationsgrundsätzen, welchen Produktenamen und welchen Corporate Identity-Massnahmen auch immer, stets wird es darauf ankommen, in einer Welt des Wandels unternehmenstypische Konstanten zu pflegen und zu erhalten[2], eine unternehmensspezifische Identität zu wahren, auch und gerade, wenn viele Inhalte sich ändern.

Lässt sich aus diesen Perspektiven nun eine konkretere Vorstellung vom Bild des Bankvereins in der Zukunft ableiten? Das zu versuchen, hiesse, einen anderen, aus der Kenntnis des bisherigen Entwicklungsweges der Bank abgeleiteten Kardinalfehler zu begehen. Welchen Weg die Bank in den kommenden Jahren nehmen wird, mit welchen internen Strukturen und externen Erscheinungsformen sie das tun wird, das hängt vielmehr von den – heute noch offenen – Antworten ab, die sie zu gegebener Zeit auf inskünftig sich stellende Fragen und Konstellationen geben wird; und dem prospektiv vorgreifen zu wollen wäre ebenso unangemessen wie vermessen. Und dennoch – einige Fragen lassen sich heute immerhin schon identifizieren, mit denen der Bankverein sich in den kommenden Jahren noch vermehrt auseinandersetzen dürfte (mit allerdings, nochmals sei es betont, vorerst noch offenen Antworten).

Einige der den Weg des Bankvereins in der überschaubaren Zukunft begleitenden Fragen sind Bankverein-spezifisch: die Frage nach einer weiteren Verstärkung der Präsenz im nordamerikanischen Markt für Investment Banking und Corporate Finance etwa, hinsichtlich derer weitere Reformen in der amerikanischen Bankengesetzgebung abgewartet werden müssen, oder die Frage nach einer Konsolidierung und Weiterentwicklung der mindestens an manchen Orten noch in einem Versuchsstadium befindlichen Bankverein-Präsenz in Südostasien, oder auch die Frage nach der längerfristigen Position des Bankvereins in Mittel(Ost)-Europa – Fragen mithin, die für die Bank gewiss nicht neu sind, ebenso gewiss aber noch keineswegs als definitiv gelöst angesehen werden dürften.

---

[1] Der neue Konzernleitungs-Chef *Marcel Ospel* skizzierte die Erfolgskonstanten der Bank in einem Interview mit der Hauszeitung «Die drei Schlüssel» (Nr. 7–8/1996) im Sommer 1996 unter einer etwas anderen Optik wie folgt: «Unser Auftrag lautet unmissverständlich, nachhaltigen Mehrwert für unsere Aktionäre zu schaffen. Als Dienstleistungsunternehmen beginnt dies mit unserer Kundschaft ... Die Praxis zeigt, dass jene Unternehmen am profitabelsten arbeiten, welche über die höchste Kundenloyalität verfügen. Hohe Kundenloyalität erreichen wir mit erstklassiger Dienstleistungsqualität. Diese stellen wir mit hochkarätiger und loyaler Belegschaft (best in class) sicher ... Hoher Franchisewert und hoher Mitarbeiterwert bedeutet hohen Unternehmenswert.»
[2] Das heisst selbstverständlich nicht, dass diese Konstanten ein für allemal gegeben wären; es wird vielmehr um deren *behutsame* Anpassung an veränderte Bedingungen gehen, wie es zum Beispiel mit der Erneuerung des Bankverein-Leitbildes aus dem Jahre 1986 im Jahre 1994 geschehen ist; siehe S. 291.

Rückblick und Ausblick

Eine weitere Gruppe von ebenfalls nicht völlig neuen, in Zukunft aber weiter zu bearbeitenden Fragen stellt sich nicht nur dem Bankverein, sondern im Prinzip allen ähnlich strukturierten grossen Universalbanken: sie betreffen den immer kostenintensiveren, risiko- und zugleich auch chancenreicheren Marketing- und Vertriebsbereich. Hier wird es noch vermehrt darum gehen, die teilweise wuchernden Produkte- und Dienstleistungspaletten weiter zu standardisieren, die Preispolitik bei den Dienstleistungen markt- und vor allem risikogerechter zu gestalten, und speziell im Retail Banking neue, effizientere Vertriebswege wie Electronic Banking und Phonebanking durchzusetzen und auszubauen, sowie das Vertriebsnetz, das mindestens teilweise noch von seinen historischen Strukturen geprägt ist, im Hinblick auf die veränderten Technologien und die veränderten Kunden- *und* Kostenstrukturen zu optimieren. Wie die sich hier stellenden Fragen im einzelnen gelöst werden, ist heute jedenfalls teilweise noch offen; aber dass ihre Lösung wesentlich mehr als nur technischen Charakters sein wird, das steht heute schon fest.

Die grundsätzliche Bedeutung derartiger Fragen tritt besonders im Retail Banking hervor, einer weiteren «Zukunfts-Baustelle» des Bankvereins und ähnlich gelagerter Banken, die sich heute schon erkennen lässt. Hierbei geht es um den schweizerischen Heimmarkt (es sei denn, der Bankverein entschlösse sich zum Angebot von Retail Banking-Dienstleistungen auch ausserhalb dieses Heimmarktes, eine heute bewusst *nicht* verfolgte, mit weiterem Ausbau der elektronischen Kundenkommunikation immerhin aber doch denkbare Option); und in diesem Heimmarkt ist es derzeit für keinen Anbieter «heimelig» und wird es inskünftig bei steigenden Kosten, wachsender Konkurrenz und schwindender Kundenbindung zunehmend unheimlich – zumindest bei grundsätzlich unveränderten Strukturen. Hier bereiten sich weitere bedeutsame Veränderungen vor, die im übrigen nicht nur das Geschäft mit kleinen privaten Kunden, sondern auch mit kleinen Firmenkunden betreffen werden. Wie auch immer sie sich im einzelnen auswirken werden, ob sie zulasten einzelner Bankgruppen wie etwa der Kantonal- und Regionalbanken oder auch der Grossbanken gehen werden, stets wird auch der Schweizerische Bankverein als eine der bedeutenden Kräfte im schweizerischen Retail Banking dabei eine – erst zu gegebener Zeit definitiv zu entscheidende – Rolle spielen.[1]

Doch die Frage nach dem Raum, den der schweizerische Heimmarkt, «overbanked» wie er heute schon erscheint, inskünftig noch für das Wirken insbesondere *dreier* Grossbanken lassen wird, wird sich nicht nur auf dem Felde des Retail Banking stellen, sondern ganz allgemein, um so mehr, als auch die nachhaltige Präsenz dreier schweize-

---

[1] Der Bankexperte *Prof. Dr. Ernst Kilgus* von der Universität Zürich hat die derzeitige Diskussion über dieses Thema in einem Interview mit der «*Handelszeitung*» vom 18. April 1996 mit dem Satz zusammengefasst: «Unter Fachleuten ist fast unbestritten, dass die drei Grossbanken das Kleinkundengeschäft zusammenlegen sollten, um diese Sparte effizient und zu kostendeckenden Preisen betreiben zu können.» Auch diese Aussage ist natürlich zeitbezogen: wenn eine der Grossbanken ihr durch Übernahmen besonders stark ausgeweitetes Geschäftsstellennetz, wie es neuerdings bekanntgeworden ist, drastisch zu reduzieren sich anschickt, kann das allein schon eine Veränderung und Bereinigung der Marktsituation bewirken.

rischer Grossbanken auf den Weltfinanzmärkten im Konkurrenzkampf gegen ausländische Giganten ja keine Selbstverständlichkeit, sondern eine immer von neuem zu bestehende Herausforderung darstellt. Grundsätzlich bieten sich hier eine ganze Reihe von grundsätzlichen Optionen an – von strategischen, einzelne Geschäftsfelder betreffenden Allianzen, über die Ausgliederung und allenfalls Zusammenführung einzelner Sparten in einem Spin-off/Joint Venture-Verfahren, bis hin zu kompletten Zusammenschlüssen. Dass der Bankverein sich stark genug fühlt, seinen Weg auch weiterhin allein zu gehen, das wird von verantwortlicher Stelle der Bank bis in unsere Tage hinein immer wieder mit Nachdruck betont (und er *ist* derzeit gewiss dafür auch stark genug); und dennoch wird auch ihn berühren, welche Antworten seine Konkurrenten allenfalls in dieser Sache suchen und finden werden, und deshalb wird der weitere Weg der Bank auch von den sich künftig abzeichnenden und vollziehenden Neugruppierungen innerhalb der schweizerischen Bankenlandschaft geprägt werden.

Schliesslich ist abzusehen, dass sich auch auf dem vorerst noch vorsichtig beackerten Feld der «Allfinanz» inskünftig weitere Fragen stellen werden, deren Beantwortung sich nicht auf technische Details in der Gestaltung der Produkte und der Vertriebswege beschränken wird. Wird es bei den Joint Ventures bleiben wie demjenigen, das der Bankverein zusammen mit der *Zürich Versicherungs-Gruppe* betreibt? Werden derartige Joint Ventures ein grösseres Eigengewicht, eine grössere Eigendynamik erhalten, als sie heute besitzen? Oder werden sie weitergehenden Kooperationen,

gar Fusionen weichen? Oder wird es zu einer Refokussierung von Banken und Versicherungen auf ihre jeweiligen Kerngeschäfte kommen, dann wieder in direkter Konkurrenz zueinander und in bewusster Abkehr vom einstigen Traum (oder Alptraum) von der «Allfinanz»? Die Antworten, die der Bankverein zu gegebener Zeit auf derartige Fragen geben wird, sind offen; aber dass diese sich stellen werden, und dass ihre Beantwortung sodann auch den weiteren Weg des Bankvereins prägen wird, das steht heute schon fest.

Dass es mit den hiermit skizzierten Fragen, so grundsätzlich und umfassend sie sein mögen, sein Bewenden haben wird, das freilich ist nicht anzunehmen. Einerseits zeichnet sich eine ganze Anzahl hier nicht näher erwähnter Problemkomplexe von kaum wesentlich geringerer Bedeutung ab, deren Lösung – so oder so – massgeblichen Einfluss auf den weiteren Weg des Bankvereins haben wird, angefangen bei Grundsatzfragen der Ressourcenbewirtschaftung (Überprüfungen der Kapitalallokation im Hinblick auf Ertrags- und Risikopotentiale werden inskünftig immer dringender, häufiger und grundsätzlicher werden), über Weichenstellungen in der Informatik wie etwa beim weiteren Ausbau des weltweiten Telematik-Netzwerks der Bank, bis hin zur Einführung neuer Performance Management-Systeme und den dazugehörigen Anpassungen der Gehaltspolitik auf Performance-Basis im Personalbereich – Problemkreise also, deren Bedeutung nicht auf einen Zweig oder eine Marktregion des Bankvereins beschränkt ist. Andererseits steht mit Sicherheit zu erwarten, dass auch in Zukunft der Weg der Bank immer wieder beeinflusst werden wird von deren Antworten auf

Fragen, die sich heute *noch nicht* abzeichnen – Fragen heisst das, mit denen sie etwa aufgrund veränderter politisch/rechtlicher Rahmendaten (wie Reformen der amerikanischen oder der europäischen Bankengesetzgebung), neuer Währungskonstellationen (etwa im Zusammenhang mit der Einführung einer europäischen Währung), gewandelter Wettbewerbsstrukturen (etwa beim Eintritt potenter Nichtbanken in Bankenmärkte), oder gravierender neuer Schuldenkrisen (etwa von bedeutenden souveränen Schuldnern) konfrontiert sein könnte.

Der Versuch, hier abschliessend den weiteren Weg des Bankvereins über sein 125. Jubiläum hinaus zu skizzieren, muss deshalb unterbleiben. Und doch scheint für die Bankvereinler Zuversicht begründet: Die Bank tritt ihren weiteren Weg wohlvorbereitet an – mit einem Kundenpotential, das auch dank der Übernahmen namhafter in- und ausländischer Finanzinstitutionen in den letzten Jahren heute grösser ist als jemals in ihrer Geschichte, mit einem Mitarbeiterstab, der internationaler, wettbewerbsorientierter, wohl auch qualifizierter ist als je zuvor, mit einer Kapitalausstattung, die ihr einen vorderen Rang unter den eigenmittelstärksten Banken der Welt sichert, mit einer Führungs- und Organisationsstruktur, welche nicht mehr von der Vergangenheit geprägt, sondern auf die Zukunft ausgerichtet ist, mit Produkten und Dienstleistungen, die ihr vom Investment Banking bis zu den Fonds-Produkten immer häufiger Auszeichnungen internationaler Fachgremien eintragen, sowie mit einer zentralen, effizienten Überwachung und Steuerung aller Risikopositionen der Bank, die in ihrer Systematik und Effektivität keinen Vergleich mehr zu scheuen hat. Was es jetzt noch braucht auf dem weiteren Weg des Bankvereins in Richtung auf das Jahr 2022, dem Jahr, in dem er sein 150. Jubiläum begehen wird, sind Weitblick, Mut und Tatkraft auf allen Stufen und in allen Geschäftsfeldern – und das Bewusstsein, dass den Bankverein in seiner bisherigen Geschichte nichts so gefordert *und* gefördert hat wie eines: die Dynamik des Wandels.

**Verzeichnis der Tabellen**

| Nr. | | Seite |
|---|---|---|
| 1 | Kennzahlen zur Entwicklung des Schweizerischen Bankvereins 1872–1996 | 363 |
| 2 | Bilanzsumme und Eigene Mittel des Schweizerischen Bankvereins (Stammhaus) 1971–1995 | 364 |
| 3 | Reingewinn, Reservezuweisungen und Dividendensumme des Schweizerischen Bankvereins (Stammhaus) 1971–1995 | 365 |
| 4 | Aktiven des Schweizerischen Bankvereins 1971–1996 | 366 |
| 5 | Passiven des Schweizerischen Bankvereins 1971–1996 | 367 |
| 6 | Reserven, Abschreibungen und Wertberichtigungen des Schweizerischen Bankvereins (Stammhaus) 1971–1995 | 368 |
| 7 | Bilanzsumme, Eigenkapital und Reingewinn des Bankverein-Konzerns 1989–1996 | 369 |
| 8 | Aktien- und Partizipationsscheinkapital des Schweizerischen Bankvereins 1971–1996 | 370 |
| 9 | Entwicklung des Geschäftsstellennetzes des Schweizerischen Bankvereins (Stammhaus) 1872–1995 | 371 |
| 10 | Personalbestand des Schweizerischen Bankvereins (Stammhaus) 1971–1995 | 372 |
| 11 | Personalbestand des Bankverein-Konzerns 1989–1996 | 373 |
| 12 | Anzahl der voll konsolidierten Gesellschaften des Bankverein-Konzerns am Jahresende 1989–1995 | 374 |
| 13 | Fondsvermögen der Anlagefonds des Schweizerischen Bankvereins (Stammhaus) 1970–1995 | 375 |
| 14 | Bankbehörden (Schweizerischer Bankverein) | 376 |

Tabelle 1

## Kennzahlen zur Entwicklung des Schweizerischen Bankvereins[1] 1872–1996

in Mio Franken

| Jahr | Bilanzsumme | Ausgewiesene Eigene Mittel | Reingewinn | Personalbestand |
|---|---|---|---|---|
| 1872 | 35 | 6 | 0,2 | • |
| 1880 | 41 | 9 | 1,6 | • |
| 1890 | 35 | 19 | 1,5 | • |
| 1900 | 161 | 52 | 3,1 | • |
| 1910 | 513 | 99 | 6,4 | • |
| 1920 | 1 190 | 154 | 12 | • |
| 1930 | 1 636 | 214 | 16 | • |
| 1940 | 1 366 | 195 | 7 | 2 981 |
| 1950 | 2 671 | 209 | 16 | 3 512 |
| 1960 | 5 151 | 317 | 35 | 4 774 |
| 1970 | 28 088 | 1 253 | 142 | 8 100 |
| 1980 | 74 109 | 4 345 | 287 | 13 264 |
| 1990 | 190 585 | 12 554 | 828 | 21 559 |
| 1995 | 288 276 | 14 107 | 1 053 | 27 236 |
| 1996[2] | 309 807 | 14 439 | 722[3] | 27 080 |

[1] Bis 1980 Stammhaus; ab 1990 Konzern.

[2] 30. Juni.

[3] 1. Halbjahr.

**Bilanzsumme und Eigene Mittel des Schweizerischen Bankvereins (Stammhaus) 1971–1995**

in Mio Franken

| Jahr | Bilanzsumme | Einbezahltes Aktienkapital | Ausgewiesene Eigene Mittel |
|------|-------------|----------------------------|----------------------------|
| 1971 | 36 078  | 500      | 1 621  |
| 1975 | 49 838  | 1 146[1] | 2 470  |
| 1980 | 74 109  | 2 078[1] | 4 345  |
| 1985 | 127 933 | 3 208[1] | 7 387  |
| 1986 | 137 828 | 3 587[1] | 8 474  |
| 1987 | 146 190 | 3 599[1] | 8 761  |
| 1988 | 154 109 | 3 644[1] | 9 107  |
| 1989 | 162 522 | 3 698[1] | 9 515  |
| 1990 | 166 436 | 3 726[1] | 9 782  |
| 1991 | 168 642 | 3 730[1] | 10 111 |
| 1992 | 171 754 | 3 772[1] | 10 462 |
| 1993 | 182 187 | 3 772    | 11 182 |
| 1994 | 192 860 | 3 852    | 13 972 |
| 1995 | 242 162 | 3 856    | 14 045 |

[1] Inkl. Partizipationsscheinkapital.

Tabelle 3

**Reingewinn, Reservezuweisungen und Dividendensumme des Schweizerischen Bankvereins (Stammhaus) 1971–1995**

in Mio Franken

| Jahr | Reingewinn | Reservezuweisungen | Dividendensumme |
|---|---|---|---|
| 1971 | 142 | 65 | 72 |
| 1975 | 200 | 80 | 115 |
| 1980 | 287 | 80 | 203 |
| 1985 | 603 | 200 | 403 |
| 1986 | 674 | 240 | 437 |
| 1987 | 652 | 210 | 443 |
| 1988 | 675 | 225 | 449 |
| 1989 | 938[1] | 260 | 491 |
| 1990 | 828[1] | 205 | 493 |
| 1991 | 1 032[1] | 260 | 495 |
| 1992 | 1 006[1] | 310 | 495 |
| 1993 | 1 365[1] | 415 | 591 |
| 1994 | 811[1] | 110 | 606 |
| 1995 | 1 053[1] | 60 | 608 |

[1] Konzern.

Tabelle 4

**Aktiven des Schweizerischen Bankvereins**[1] 1971–1996

in Mio Franken

| Jahr | Flüssige Mittel | Bankendebitoren | Ausleihungen an Kunden |
|---|---|---|---|
| 1971 | 3 026 | 18 557 | 10 551 |
| 1972 | 2 449 | 19 477 | 12 053 |
| 1973 | 2 061 | 16 007 | 13 930 |
| 1974 | 2 137 | 17 619 | 15 192 |
| 1975 | 2 723 | 23 988 | 15 874 |
| 1976 | 2 653 | 23 674 | 17 887 |
| 1977 | 3 114 | 22 994 | 20 135 |
| 1978 | 3 577 | 27 638 | 22 851 |
| 1979 | 3 217 | 24 067 | 31 892 |
| 1980 | 3 502 | 22 036 | 36 048 |
| 1981 | 3 025 | 27 268 | 38 271 |
| 1982 | 3 222 | 31 783 | 39 562 |
| 1983 | 3 661 | 27 504 | 44 312 |
| 1984 | 4 585 | 31 848 | 53 851 |
| 1985 | 4 881 | 37 025 | 58 447 |
| 1986 | 5 012 | 42 936 | 61 667 |
| 1987 | 4 842 | 42 000 | 71 290 |
| 1988 | 1 848 | 46 882 | 82 873 |
| 1989 | 3 327 | 49 073 | 106 514 |
| 1990 | 9 506[2] | 48 729 | 109 844 |
| 1991 | 9 678[2] | 48 965 | 118 137 |
| 1992 | 9 591[2] | 41 910 | 112 691 |
| 1993 | 12 448[2] | 28 987 | 107 535 |
| 1994 | 12 148[2] | 30 419 | 111 834 |
| 1995 | 16 984[2] | 45 024 | 122 039 |
| 1996[3] | 13 912[2] | 48 073 | 124 822 |

[1] Bis 1988 Stammhaus; ab 1989 Konzern.
[2] Inkl. Forderungen aus Geldmarktpapieren.
[3] 30. Juni.

Tabelle 5

## Passiven des Schweizerischen Bankvereins[1] 1971–1996

in Mio Franken

| Jahr | Bankenkreditoren | Kundengelder | Ausgewiesene Eigene Mittel |
|---|---|---|---|
| 1971 | 13 807 | 19 714 | 1 621 |
| 1972 | 15 207 | 20 426 | 1 767 |
| 1973 | 13 219 | 20 656 | 1 837 |
| 1974 | 15 003 | 21 907 | 2 059 |
| 1975 | 20 657 | 24 281 | 2 470 |
| 1976 | 20 962 | 26 366 | 3 146 |
| 1977 | 19 307 | 30 371 | 3 236 |
| 1978 | 22 245 | 33 589 | 3 726 |
| 1979 | 22 445 | 37 927 | 3 926 |
| 1980 | 21 793 | 43 619 | 4 345 |
| 1981 | 25 516 | 52 833 | 4 804 |
| 1982 | 22 103 | 65 294 | 5 047 |
| 1983 | 23 123 | 71 349 | 5 259 |
| 1984 | 23 249 | 82 901 | 5 908 |
| 1985 | 26 360 | 85 609 | 7 387 |
| 1986 | 28 345 | 91 789 | 8 474 |
| 1987 | 36 480 | 91 926 | 8 761 |
| 1988 | 37 776 | 96 919 | 9 107 |
| 1989 | 39 264 | 121 747 | 11 658 |
| 1990 | 38 610 | 119 736 | 12 554 |
| 1991 | 39 501 | 131 347 | 13 587 |
| 1992 | 34 797 | 128 615 | 13 864 |
| 1993 | 42 141 | 123 790 | 14 886 |
| 1994 | 38 559 | 131 154 | 15 827 |
| 1995 | 59 530 | 160 736 | 14 107 |
| 1996[2] | 60 763 | 177 469 | 14 439 |

[1] Bis 1988 Stammhaus; ab 1989 Konzern.

[2] 30. Juni.

**Reserven, Abschreibungen und Wertberichtigungen des Schweizerischen Bankvereins (Stammhaus) 1971–1995**

in Mio Franken

| Jahr | Allgemeine gesetzliche Reserven und Andere Reserven (gemäss Bilanz) | Abschreibungen, Wertberichtigungen, Rückstellungen und Verluste (gemäss Erfolgsrechnung) |
|---|---|---|
| 1971 | 1 121 | 24 |
| 1972 | 1 217 | 39 |
| 1973 | 1 287 | 58 |
| 1974 | 1 486 | 84 |
| 1975 | 1 324 | 106 |
| 1976 | 1 568 | 115 |
| 1977 | 1 654 | 132 |
| 1978 | 1 919 | 131 |
| 1979 | 2 084 | 146 |
| 1980 | 2 268 | 180 |
| 1981 | 2 442 | 239 |
| 1982 | 2 571 | 362 |
| 1983 | 2 748 | 423 |
| 1984 | 3 146 | 500 |
| 1985 | 4 179 | 602 |
| 1986 | 4 887 | 658 |
| 1987 | 5 162 | 656 |
| 1988 | 5 463 | 662 |
| 1989 | 5 817 | 695 |
| 1990 | 6 056 | 734 |
| 1991 | 6 380 | 1 859 |
| 1992 | 6 690 | 2 183 |
| 1993 | 7 410 | 2 557 |
| 1994 | 8 729 | 1 101 |
| 1995 | 8 849 | 1 379 |

**Bilanzsumme, Eigenkapital und Reingewinn des Bankverein-Konzerns** 1989–1996

in Mio Franken

| Jahr | Bilanzsumme | Eigenkapital | Reingewinn |
|---|---|---|---|
| 1989 | 187 055 | 11 658 | 938 |
| 1990 | 190 585 | 12 554 | 828 |
| 1991 | 206 800 | 13 587 | 1 032 |
| 1992 | 200 901 | 13 864 | 1 006 |
| 1993 | 206 968 | 14 886 | 1 365 |
| 1994 | 212 210 | 15 827 | 811 |
| 1995 | 288 276 | 14 107 | 1 053 |
| 1996[1] | 309 807 | 14 439 | 722[2] |

[1] 30. Juni.
[2] 1. Halbjahr.

## Aktien- und Partizipationsscheinkapital des Schweizerischen Bankvereins 1971–1996

in Mio. Franken

| Jahresende | Inhaberaktien | Namenaktien | Partizipationsseine | Total |
|---|---|---|---|---|
| 1971 | 500 | · | · | 500 |
| 1972 | 550 | · | · | 550 |
| 1973 | 550 | · | · | 550 |
| 1974 | 550 | · | 23 | 573 |
| 1975 | 550 | 573 | 23 | 1 146 |
| 1976 | 660 | 688 | 230 | 1 578 |
| 1977 | 660 | 688 | 234 | 1 582 |
| 1978 | 726 | 757 | 324 | 1 807 |
| 1979 | 726 | 757 | 360 | 1 843 |
| 1980 | 824 | 858 | 396 | 2 078 |
| 1981 | 945 | 982 | 436 | 2 363 |
| 1982 | 989 | 1 028 | 458 | 2 475 |
| 1983 | 989 | 1 028 | 493 | 2 510 |
| 1984 | 1 057 | 1 097 | 608 | 2 762 |
| 1985 | 1 222 | 1 264 | 722 | 3 208 |
| 1986 | 1 384 | 1 420 | 783 | 3 587 |
| 1987 | 1 384 | 1 420 | 795 | 3 599 |
| 1988 | 1 384 | 1 420 | 840 | 3 644 |
| 1989 | 1 384 | 1 420 | 894 | 3 698 |
| 1990 | 1 384 | 1 420 | 922 | 3 726 |
| 1991 | 1 384 | 1 420 | 926 | 3 730 |
| 1992 | 1 384 | 1 420 | 968 | 3 772 |
| 1993 | 2 352 | 1 420 | · | 3 772 |
| 1994 | 2 402 | 1 450 | · | 3 852 |
| 1995 | 2 402 | 1 454 | · | 3 856 |
| 1996[1] | · | 3 932 | · | 3 932 |

[1] 30. Juni.

### Entwicklung des Geschäftsstellennetzes des Schweizerischen Bankvereins (Stammhaus) 1872–1995

| Periode | Eröffnung / Schliessung Schweiz | Eröffnung / Schliessung Ausland[1] | Bestand am Ende der Periode Schweiz | Bestand am Ende der Periode Ausland[1] | Bestand am Ende der Periode Total |
|---|---|---|---|---|---|
| 1872–1913 | 13 / 0 | 2 / 0 | 13 | 2 | 15 |
| 1914–1930 | 18 / 1 | 0 / 0 | 30 | 2 | 32 |
| 1931–1950 | 5 / 4 | 1 / 0 | 31 | 3 | 34 |
| 1951–1960 | 13 / 0 | 1 / 0 | 44 | 4 | 48 |
| 1961–1970 | 67 / 1 | 1 / 0 | 110 | 5 | 115 |
| 1971–1980 | 88 / 0 | 7 / 0 | 198 | 12 | 210 |
| 1981–1990 | 95 / 15 | 3 / 4 | 278 | 11 | 289 |
| 1991–1995 | 79 / 37 | 1 / 1 | 320 | 11 | 331 |

[1] Ohne Vertretungen.

## Personalbestand des Schweizerischen Bankvereins (Stammhaus) 1971–1995

| Jahresende | Inland | Ausland | Total |
|---|---|---|---|
| 1971 | . | . | 8 846 |
| 1972 | 8 563 | 820 | 9 383 |
| 1973 | 8 942 | 856 | 9 798 |
| 1974 | 9 415 | 961 | 10 376 |
| 1975 | 9 995 | 1 019 | 11 014 |
| 1976 | 10 072 | 1 154 | 11 226 |
| 1977 | 10 260 | 1 248 | 11 508 |
| 1978 | 10 649 | 1 408 | 12 057 |
| 1979 | 11 034 | 1 569 | 12 603 |
| 1980 | 11 609 | 1 655 | 13 264 |
| 1981 | 12 177 | 1 776 | 13 953 |
| 1982 | 12 474 | 1 858 | 14 332 |
| 1983 | 12 531 | 1 816 | 14 347 |
| 1984 | 12 621 | 1 779 | 14 400 |
| 1985 | 12 948 | 1 877 | 14 825 |
| 1986 | 13 851 | 1 924 | 15 775 |
| 1987 | 14 807 | 2 021 | 16 828 |
| 1988 | 15 552 | 2 982 | 18 534 |
| 1989 | 15 491 | 2 858 | 18 349 |
| 1990 | 15 695 | 2 656 | 18 351 |
| 1991 | 15 682 | 2 656 | 18 338 |
| 1992 | 15 795 | 3 361 | 19 120 |
| 1993 | 15 480 | 3 338 | 18 818 |
| 1994 | 15 211 | 3 645 | 18 856 |
| 1995 | 14 738 | 3 391 | 18 129 |

Tabelle 11

**Personalbestand des Bankverein-Konzerns** 1989–1996

| Jahresende | Inland | Ausland | Total |
|---|---|---|---|
| 1989 | 17 009 | 4 429 | 21 438 |
| 1990 | 17 191 | 4 368 | 21 559 |
| 1991 | 18 783 | 4 736 | 23 519 |
| 1992 | 18 346 | 5 399 | 23 745 |
| 1993 | 17 944 | 5 465 | 23 409 |
| 1994 | 17 494 | 5 765 | 23 259 |
| 1995 | 18 081 | 9 155 | 27 236 |
| 1996[1] | 18 110 | 8 970 | 27 080 |

[1] 30. Juni.

**Anzahl der voll konsolidierten Gesellschaften des Bankverein-Konzerns am Jahresende 1989–1995**

| Jahr | Inland | Ausland | Total |
|---|---|---|---|
| 1989 | 35 | 40 | 75 |
| 1990 | 33 | 47 | 80 |
| 1991 | 31 | 48 | 79 |
| 1992 | 29 | 52 | 81 |
| 1993 | 31 | 59 | 90 |
| 1994 | 39 | 120 | 159 |
| 1995 | 45 | 290 | 335 |

## Fondsvermögen der Anlagefonds des Schweizerischen Bankvereins (Stammhaus) 1970–1995

in Mio Franken

| Jahresende | 1970 | 1975 | 1980 | 1985 | 1990 | 1991 | 1992 | 1993 | 1994 | 1995 |
|---|---|---|---|---|---|---|---|---|---|---|
| Aktienfonds | 306,5 | 417,5 | 364,7 | 582,2 | 1 116,0 | 1 486,3 | 1 923,6 | 5 869,9 | 8 450,6 | 8 869,9 |
| Obligationenfonds | 128,4 | 1 090,8 | 1 151,1 | 3 053,5 | 7 140,7 | 8 250,7 | 10 658,4 | 16 121,7 | 15 658,3 | 17 371,1 |
| Geldmarktfonds | · | · | · | · | 3 215,0 | 11 206,1 | 18 056,0 | 21 510,1 | 20 512,5 | 22 823,1 |
| Anlagestrategiefonds | · | · | · | · | · | 133,9 | 564,5 | 3 166,4 | 4 523,2 | 4 993,7 |
| Spezialitätenfonds | · | · | · | · | · | · | · | · | 76,4 | 195,8 |
| Total | 434,9 | 1 508,3 | 1 515,8 | 3 635,7 | 11 471,7 | 21 077,0 | 31 202,5 | 46 668,1 | 49 221,0 | 54 253,6 |
| davon Fonds mit Domizil in Luxemburg in % | · | · | · | · | 31,0 | 58,0 | 70,9 | 72,6 | 72,0 | 74,3 |
| Immobilienfonds[1] | 626,0 | 1 013,1 | 1 403,0 | 1 535,8 | 2 174,3 | 1 906,1 | 1 855,0 | 1 863,4 | 2 098,7 | 2 134,5 |

[1] Anteil der Fonds der Société Internationale de Placements (SIP) zu 50% und jener der HIMAC AG zu 100%.

Tabelle 14

## Bankbehörden (Schweizerischer Bankverein)

### Präsidenten des Verwaltungsrates 1872–1996

| | |
|---|---|
| 1872–1881 | Dr. Karl Stehlin-Merian |
| 1881–1901 | J.J. Schuster-Burckhardt |
| 1901–1906 | Hermann La Roche-Burckhardt |
| 1906–1920 | Alphons Simonius-Blumer |
| 1920–1928 | Dr. h.c. Léopold Dubois |
| 1928–1944 | Dr. Max Staehelin |
| 1944–1961 | Dr. Rudolf Speich |
| 1962–1972 | Dr. Dr. h.c. Samuel Schweizer |
| 1972–1978 | Prof. Dr. Max Staehelin |
| 1978–1984 | Hans Strasser |
| 1984–1993 | Dr. Franz Galliker |
| 1993–1996 | Walter G. Frehner |
| 1996– | Dr. Georges Blum |

### Permanente Vorsitzende der Geschäfts- bzw. Konzernleitung 1942–1996

| | |
|---|---|
| 1942–1949 | Maurice Golay |
| 1957–1961 | Karl Türler |
| 1987–1993 | Walter G. Frehner |
| 1993–1996 | Dr. Georges Blum |
| 1996– | Marcel Ospel |

### Mitglieder der Geschäfts- bzw. Konzernleitung[1] 1972–1996
#### Generaldirektoren

| | |
|---|---|
| Balsiger, Ernst | 1989– |
| Blattmann, Rupert | 1984–1991 |
| Blum, Georges | 1984–1996 |
| Brinson, Gary P. | 1996– |
| Brüderli, Hanspeter | 1994– |
| Christe, Francis | 1982–1988 |
| Dugan, John | 1996– |
| Escher, Thomas K. | 1996– |
| Feiger, George M. | 1996– |
| Feurer, Paul | 1967–1972 |
| Frehner, Walter G. | 1978–1993 |
| Frey, Walter | 1974–1981 |
| Gagnebin, Georges | 1994– |
| Galliker, Franz | 1975–1984 |
| Gautschi, Erich | 1989–1994 |
| de Gier, Johannes A. | 1993– |
| Granziol, Markus J. | 1996– |
| Grob, Hugo | 1967–1982 |
| Hug, Bruno | 1994– |
| Huguenin, Henry | 1972–1973 |
| Kessler, Hans-Conrad | 1987–1991 |
| Köhli, Fritz | 1987–1991 |
| Kühne, Max | 1981–1994 |
| Large, Andrew | 1989 |
| Leber, Ulrich | 1987–1993 |
| Lütolf, Franz | 1976–1988 |
| Menotti, Franz | 1996– |
| Mottet, Louis | 1969–1974 |
| Ospel, Marcel | 1992– |
| Paltzer, Edgar F. | 1962–1976 |
| Rasi, Roland | 1993–1996 |
| Schick, Werner | 1987–1988 |
| Schmitz, Franz | 1969–1981 |
| Schnell, Georg | 1993– |
| Siciliano, Andrew | 1996– |
| Solo, David M. | 1996– |
| Steuber, Kurt | 1989–1992 |
| Strasser, Hans | 1963–1978 |
| Streichenberg, Georges | 1982– |
| Togni, Alberto | 1987– |
| Ward, Rodney G. | 1996– |
| Wojewodzki, Roland H. | 1996– |
| Wuffli, Peter A. | 1996– |

#### Stellvertretende Generaldirektoren

| | |
|---|---|
| Balsiger, Ernst | 1987–1988 |
| Brinson, Gary P. | 1995 |
| Brüderli, Hanspeter | 1992–1993 |

[1] Inkl. Erweiterte Konzernleitung.

| | | | |
|---|---|---|---|
| Dugan, John | 1995 | Blum, Georges | 1982–1984 |
| Gagnebin, Georges | 1992–1993 | Christe, Francis | 1980–1982 |
| Gautschi, Erich | 1987–1988 | Frey, Walter | 1972–1973 |
| de Gier, Johannes A. | 1991–1992 | Galliker, Franz | 1972–1974 |
| Hug, Bruno | 1992–1993 | Jent, Heinz | 1972–1974 |
| Large, Andrew | 1988 | Kessler, Hans-Conrad | 1982–1986 |
| Martin, Kurt | 1989–1990 | Köhli, Fritz | 1984–1986 |
| Menotti, Franz | 1994–1995 | Kühne, Max | 1972–1980 |
| Ospel, Marcel | 1990–1991 | Leber, Ulrich | 1986 |
| Schnell, Georg | 1991–1992 | Matter, Alfred | 1975–1979 |
| Steuber, Kurt | 1987–1988 | Prodolliet, René | 1972–1983 |
| Wuffli, Peter A. | 1994–1995 | Schäfer, Richard | 1983–1986 |
| | | Schick, Werner | 1984–1986 |
| | | Stockmann, Heinrich | 1972–1979 |
| **Zentraldirektoren** | | Streichenberg, Georges | 1975–1981 |
| Baschnagel, Hubert | 1981–1986 | Togni, Alberto | 1981–1986 |
| Blattmann, Rupert | 1978–1984 | Voegeli, Hans Rudolf | 1972–1982 |

# Zeittafel

**18. November 1854**
Formelle Konstituierung des Bankvereins als Konsortium der sechs Basler Privatbanken Bischoff zu St. Alban, Ehinger & Cie, J. Merian-Forcart, Passavant & Cie, J. Riggenbach und von Speyr & Cie.

**23. November 1871**
Unterzeichnung des Protokolls über die Gründung einer Aktienbank in Basel mit dem Namen Basler Bankverein durch die Vertreter des Basler Banken-Konsortiums und des Frankfurter Bankvereins.

**12. Februar 1872**
Gründung des Basler Bankvereins als Bank mit einem Kapital von 50 Mio Fr. Erster Präsident des Verwaltungsrates wird der Advokat und spätere Basler Ständerat Dr. Karl Stehlin. Unter den 17 Verwaltungsräten befinden sich acht Ausländer.

**8. März 1872**
Eintrag der Firma ins Handelsregister.

**15. April 1872**
Der Basler Bankverein öffnet seine Schalter im Haus «zum Wilhelm Tell» an der Aeschenvorstadt 5 in Basel.

**Januar 1896**
Der Basler Bankverein fusioniert mit dem Zürcher Bankverein und ändert den Namen in Basler und Zürcher Bankverein. Der Sitz Zürich nimmt seine Tätigkeit auf.

**Januar 1897**
Der Basler und Zürcher Bankverein fusioniert mit der Schweizerischen Unionbank, St. Gallen. Er gelangt auf diese Weise zu einer Niederlassung in St. Gallen.

**Februar 1897**
Der Basler und Zürcher Bankverein übernimmt die Basler Depositen-Bank und ändert den Firmennamen in Schweizerischer Bankverein. Bis 1917 nennt er sich auf Französisch Bankverein Suisse und auf Englisch Swiss Bankverein.

**1. Juli 1898**
Der Bankverein lässt sich zum ersten Mal im Ausland nieder; er eröffnet in Grossbritannien das London Office.

**Februar 1906**
In Genf übernimmt der Bankverein die Bank d'Espine, Fatio & Cie. Damit erhält er erstmals eine Niederlassung in der französischen Schweiz, und zwar an der Corraterie in Genf.

**7. Oktober 1906**
Der Bankverein gründet eine Tochtergesellschaft, die Schweizerische Treuhandgesellschaft, Basel.

**Februar 1907**
Als Folge der Gründung der Schweizerischen Nationalbank (SNB) übernimmt der Bankverein die Bank in Basel, die Aufgaben versehen hatte, die auf die SNB übertragen wurden.

**Juli 1908**
Übernahme der Fratelli Pasquali in Chiasso. Der Bankverein lässt sich damit zum ersten Mal auch in der italienischen Schweiz nieder.

**1909**
Der Bankverein bezieht einen Neubau an der Aeschenvorstadt in Basel.

**Januar 1911**
Der Bankverein eröffnet in der Uhrenmetropole Biel eine Geschäftsstelle.

**August 1912**
Der Bankverein übernimmt in Lausanne die Banque d'Escompte et de Dépôts, womit er zu einem Sitz in der waadtländischen Kantonshauptstadt und zu einer Filiale in Aigle/VD kommt.

**1912**
Das London Office eröffnet die West End Branch.

**20. März 1917**
Der Schweizerische Bankverein ändert – ausser im Deutschen – seinen Namen. Er nennt sich nun Société de Banque Suisse, Swiss Bank Corporation und Società di Banca Svizzera.

**Oktober 1917**

Der Bankverein übernimmt die Banque de Nyon und erhält damit auch Filialen in Morges und Vallorbe.

**1917**

Der Bankverein gibt sich unter der Bezeichnung Delegation (des Verwaltungsrates) ein geschäftsführendes Organ, das zunächst aus zwei und ab 1920 aus vier Mitgliedern besteht.

**1918**

Der Bankverein übernimmt in La Chaux-de-Fonds das Bankhaus Reutter & Cie und in Le Locle die Banque du Locle.

**31. Dezember 1918**

Die Bilanzsumme des Bankvereins liegt erstmals über der Grenze von 1 Mrd. Fr.

**April 1920**

Der Bankverein übernimmt in Neuenburg die Bank de Pury & Cie. Damit kommt er im Kanton Neuenburg – nach La Chaux-de-Fonds – zu einem zweiten Sitz.

**18. Oktober 1920**

Der Bankverein errichtet unter dem Namen Pensionskasse des Schweizerischen Bankvereins eine Stiftung.

**November 1920**

Die Bank in Schaffhausen wird in einen Sitz des Bankvereins umgewandelt.

**März 1925**

Der Sitz London bezieht das von ihm errichtete Gebäude an der Ecke Gresham Street/Coleman Street.

**1. Juli 1929**

Eine als Generaldirektion bezeichnete und aus fünf Mitgliedern bestehende Geschäftsleitung nimmt ihre Tätigkeit auf. Sie tritt an die Stelle der seit 1917 bestehenden Delegation.

**1935**

Das neben der Corraterie zweite Domizil des Bankvereins an der Rue de la Confédération in Genf wird nach der Liquidation der Schweizerischen Diskontbank nach gründlichem Umbau bezogen.

**1937**

Der Schweizerische Bankverein führt das Firmensignet mit den drei – Vertrauen, Sicherheit und Verschwiegenheit symbolisierenden – Schlüsseln ein.

**16. Oktober 1939**

In New York eröffnet der Bankverein im Equitable Building an der Nassau Street eine Agency.

**5. Oktober 1945**

Der Bankverein übernimmt die nicht transferbeschwerten Aktiven und die Passiven der Basler Handelsbank. Dieses Institut bleibt jedoch in beschränktem Umfang als Bank im Sinne des Bankengesetzes bestehen.

**Frühjahr 1948**

Die Niederlassung Biel wird zu einem Sitz erhoben.

**31. Dezember 1950**

Der Bankverein tritt in der Schweiz mit 31 Geschäftsstellen in die langandauernde Phase der Hochkonjunktur ein, und im Ausland sind es deren drei.

**1. August 1951**

Der Bankverein gründet in Montreal (Kanada) die Swiss Corporation for Canadian Investments Ltd. mit einer Filiale in Toronto.

**1951**

In New York eröffnet der Bankverein das Rockefeller Center Office.

**1953–1963**

In Lateinamerika nehmen fünf Bankverein-Vertretungen ihre Tätigkeit auf, und zwar in Buenos Aires (Argentinien), Lima (Peru), Mexico D.F. (Mexiko), Rio de Janeiro und São Paulo (Brasilien).

**September 1960**

Der Bankverein eröffnet seinen Sitz Bern.

**1960**
Der Bankverein erwirbt die Aktienmehrheit der von ihm 1931 mitgegründeten Internationalen Bodenkreditbank, Basel, und ändert ihren Namen in Bank für Hypothekarkredite.

**1961**
Der Bankverein übernimmt die Banque Populaire Valaisanne, Sitten, sowie die Banque Populaire de Sierre, Siders.

**10. Juni 1963**
In Luzern wird eine Geschäftsstelle eröffnet, die am 1. Januar 1967 in den Rang eines Sitzes erhoben wird.

**Juli 1963**
Der Bankverein gründet eine Factoringgesellschaft, die Factors AG, Zürich.

**1963**
Die New York Agency erhält den Status einer Branch.

**1. Januar 1964**
Zwei Mitglieder der Geschäftsleitung verlegen ihre Tätigkeit nach Zürich. Basel bleibt jedoch der juristische Sitz der Gesellschaft, und hier ist weiterhin die Mehrheit der Generaldirektoren tätig.

**Oktober 1964**
Der Bankverein gründet ein Leasingunternehmen, die Industrie-Leasing AG, Zürich, als 100%ige Tochtergesellschaft.

**1964**
In Hong Kong entsteht die erste Vertretung des Bankvereins im Fernen Osten.

**1. April 1965**
In San Francisco, Kalifornien (USA), nimmt eine neue Geschäftsstelle des Bankvereins ihre Tätigkeit auf.

**Sommer 1965**
Der Bankverein übernimmt die vor dem Zusammenbruch stehende Schweizerische Spar- und Kreditbank, St. Gallen. Er führt sie unter dem Namen Schweizerische Gewerbebank und ab 1968 unter der Firma Schweizerische Depositen- und Kreditbank (SDKB), Basel, weiter.

**1965**
Der Bankverein eröffnet in Freiburg i. Ue. einen Sitz.
In Tokio, Japan, wird ein Beraterbüro eröffnet, das 1966 in eine Vertretung umgewandelt wird.

**31. Dezember 1965**
Die Bilanzsumme des Bankvereins stellt sich auf 10,1 Mrd Fr., womit erstmals in der Geschichte der Bank die 10-Mrd-Grenze überschritten wird.

**1966**
Die Geschäftsstelle Rockefeller Center Office der New York Branch wird ins Swiss Center verlegt.

**1967**
Der Bankverein eröffnet in Madrid (Spanien) ein Beraterbüro.

**1968**
Der Bankverein gründet in Nassau (Bahamas) die Swiss Bank Corporation (Overseas) Ltd. mit einer Filiale in Panama.

**1968/69**
Der Bankverein erwirbt sukzessive die Aktienmehrheit der Bank Frei, Treig & Cie AG, Zürich – ein auf das Konsumkreditgeschäft spezialisiertes Institut.

**3. März 1969**
Der Bankverein eröffnet eine Vertretung in Sydney (Australien).

**1969**
Die Geschäftsstelle Sitten erhält den Status eines Sitzes.

**1. Januar 1970**
In New York nimmt die vom Bankverein gegründete Basle Securities Corporation ihre Tätigkeit auf.

**22. September 1970**
Die vom Bankverein gegründete S.B.C. Australia Limited, Sydney, öffnet ihre Tore.

**Herbst 1970**
Der Bankverein übernimmt das gesamte Aktienkapital der Warag Bank, Zürich, die sich mit dem Konsumkreditgeschäft befasst.

**Ende 1970**
Der Bankverein gründet in Montreal (Kanada) die Swiss Bank Corporation Financial Ltd. mit einer Filiale in Toronto.

**1970**
Die Niederlassungen Lugano und Chiasso werden zu Sitzen erhoben.

**1971**
Als erste Schweizer Bank eröffnet der Bankverein in Tokio (Japan) eine Niederlassung.
Die dem Bankverein nahestehenden Ingenieurbüros werden in einer Dachgesellschaft, der Universal Ingenieur AG (UIAG), Basel, zusammengeschlossen.

**1. Januar 1972**
Die Filiale Panama der Swiss Bank Corporation (Overseas) Ltd., Nassau (Bahamas) wird in eine selbständige Tochtergesellschaft mit dem Namen Swiss Bank Corporation (Overseas) SA umgewandelt.

**1. März 1972**
Der Bankverein errichtet zusammen mit vier anderen Banken und zwei Lebensversicherungs-Gesellschaften die Anlagestiftung für schweizerische Personalvorsorgeeinrichtungen (AST).

**9. Mai 1972**
Der Schweizerische Bankverein hält aus Anlass seines 100jährigen Bestehens die Jubiläums-Generalversammlung ab. Der Offizielle Tag der Jubiläumsfeiern ist der 26. Mai 1972.

**1. Oktober 1972**
Im Bestreben, die oberste Geschäftsleitung zu entlasten, werden acht Direktoren zu Zentraldirektoren ernannt.

**1972**
Aus Anlass seines 100-Jahr-Jubiläums gründet der Bankverein die Jubiläumsstiftung Schweizerischer Bankverein 1972 zur Unterstützung von kulturellen, wissenschaftlichen, gemeinnützigen, wohltätigen oder ähnlichen Institutionen und Bestrebungen. Ferner errichtet er die Stiftung des Schweizerischen Bankvereins für Gewinnbeteiligung der Mitarbeiter.
Der Sitz New York eröffnet das World Trade Center Office.
Die auf das Kleinkreditgeschäft spezialisierten Bankverein-Tochtergesellschaften – die Bank Frei, Treig & Co. AG, die Warag Bank und die Bank Golay & Cie – werden durch Fusion in der Bank Finalba AG, Zürich, zusammengeschlossen.
Der Bankverein gründet die Swiss Bank and Trust Corporation Ltd. mit Sitz in Grand Cayman (B.W.I.).

**27. Juni 1973**
Der im Jahre 1972 vom Bankverein ernannte Internationale Beirat, der sich anfänglich aus elf Persönlichkeiten aus ebenso vielen Ländern zusammensetzt, tritt erstmals zusammen.

**1973**
Der Bankverein gründet die Spezialfinanzierungen AG, Basel, sowie die SBC Finance (Asia) Ltd., Hong Kong.

**19. März 1974**
Die ordentliche Generalversammlung der Aktionäre beschliesst die Schaffung von Partizipationsscheinen mit einem Nominalwert von 100 Fr. Ferner wird die Aufteilung der Inhaberaktien von bisher nom. 500 Fr. in je fünf Inhaberaktien von nom. 100 Fr. beschlossen.

**Juni 1974**
Die 1973 in Chicago errichtete Vertretung wird in eine Niederlassung mit vollem Bankstatus umgewandelt.
Der Bankverein erwirbt eine Mehrheitsbeteiligung am Privatbankhaus Ehinger & Cie, die anschliessend in Ehinger & Cie AG umbenannt wird.

**1. Januar 1975**
Die Société de Banque Suisse (Luxembourg) SA nimmt ihre Tätigkeit auf.

**3. April 1975**
Die ordentliche Generalversammlung der Aktionäre beschliesst die Ausgabe von vinkulierten Namenaktien mit einem Nominalwert von 100 Fr.

**30. April 1975**
Der Bankverein eröffnet in Singapur eine Geschäftsstelle.

**November 1975**
Die Geschäftsleitung informiert erstmals die Vertreter der Presse über die Geschäftspolitik des Bankvereins.

**Juni 1976**
Der Bankverein erwirbt die Aktienmehrheit an der Banque de Placements et de Crédit, Monte Carlo.

**1976**
Der Sitz Zürich nimmt das Verwaltungszentrum I in Zürich Altstetten in Betrieb.
Der Bankverein eröffnet eine Niederlassung (Offshore Banking Unit) in Manama (Bahrain).
Der Bankverein übernimmt in Bern das Privatbankhaus Armand von Ernst & Cie – anschliessend in Armand von Ernst & Cie AG umbenannt – und in Zürich das Bankhaus Adler & Co. AG.

**1. März 1977**
Der Bankverein errichtet eine Niederlassung auf den Cayman Islands (B.W.I.).

**20. Juni 1977**
Der Bankverein wird als eines der ersten schweizerischen Institute an das Netz der Society for Worldwide Interbank Financial Telecommunication (SWIFT) angeschlossen, das in jener Zeit rund 500 Banken in Europa und Nordamerika verbindet.

**1. Oktober 1977**
Die vom Bankverein mitunterzeichnete «Vereinbarung über die Sorgfaltspflicht bei der Entgegennahme von Geldern und über die Handhabung des Bankgeheimnisses» vom 1. Juli 1977 tritt in Kraft.

**1977**
Für die Pensionskassen seiner institutionellen Kunden errichtet der Bankverein eine Freizügigkeitsstiftung.

**20. November 1978**
Die Geschäftsstelle Winterthur erhält den Status eines Sitzes; gleichzeitig bezieht sie ein neues Bankgebäude.

**8./9. Dezember 1978**
Ein grosser Teil des Hauptgebäudes des Sitzes Basel an der Aeschenvorstadt, das auch einen Teil der Generaldirektion beherbergt, wird durch einen Grossbrand zerstört.

**1978**
Der Bankverein beteiligt sich an der Genfer Privatbank Ferrier Lullin & Cie SA.
Der Bankverein übernimmt das gesamte Kapital der im Konsumkreditgeschäft tätigen Bank Prokredit AG, Freiburg i.Ue.

**1. Januar 1979**
Der Bankverein eröffnet eine Niederlassung in Hong Kong.

**25. April 1979**
Der Bankverein übernimmt die Handwerkerbank Basel.

**31. Dezember 1979**
Der Bankverein fusioniert mit der Bank für Hypothekarkredite, Basel.

**1. Juli 1980**
Die Swiss Bank Corporation International Ltd. (SBCI), London, die sich dem internationalen Emissions- und Eurokreditgeschäft sowie dem Eurobondhandel widmet, nimmt ihre Tätigkeit auf.

**1. Oktober 1980**
Die Geschäftsstelle Aarau erhält den Status eines Sitzes.

**1. Juli 1981**
Die beiden kanadischen Tochtergesellschaften SBC Financial Limited, Montreal, und Swiss Corporation for Canadian Investments Ltd., Montreal, fusionieren zur Swiss Bank Corporation (Canada), Toronto.

**Herbst 1982**
Der Sitz London tritt der ersten europäischen Finanzterminbörse, der London International Financial Futures Exchange (LIFFE), und ihrer Clearingstelle, dem International Commodities Clearing House (ICCH), als Mitglied bei.

**1982**
Die Basle Securities Corporation, New York, gründet die SBC Portfolio Management International Inc., New York.

**1983**

Der Bankverein gründet die SBC Finance (Cayman Islands) Ltd., Grand Cayman (B.W.I.) – eine Finanzgesellschaft für internationale Kapitalmarktoperationen der Bankverein-Gruppe.

**31. Dezember 1983**

Die Bilanzsumme des Bankvereins erreicht 105,2 Mrd Fr., womit erstmals die 100-Mrd-Grenze überschritten wird.

**März 1984**

Die Swiss Bank Corporation International Securities Inc. – die frühere Basle Securities Corporation –, New York, gründet die SBCI Futures Inc., New York.

**28. Mai 1984**

Die vom Bankverein gegründete SBCI Holding, Basel, übernimmt das Aktienkapital der Swiss Bank Corporation International Ltd. (SBCI), London, und der Swiss Bank Corporation International Securities Inc., New York.

**23. November 1984**

Die Swiss Bank Corporation International Securities Inc., New York, wird Mitglied der New Yorker Börse.

**1. Januar 1985**

Der Bankverein errichtet die Stiftung INVEST, welches die steuerliche Begünstigung der Eigenvorsorge, der sogenannten dritten Säule, zum Ziele hat.

**Dezember 1985**

Die vom Bankverein gegründete Tochtergesellschaft Schweizerischer Bankverein (Deutschland) AG, Frankfurt/M., nimmt ihre Tätigkeit auf.

**April 1986**

Der Bankverein gibt den Plan bekannt, in New York ein eigenes Hochhaus, den Swiss Bank Tower, zu errichten.

**September 1986**

Die Swiss Bank Corporation International Securities Inc., New York, erhält den Status eines Monthly Reporting Dealer für US-Staatspapiere.

**30. Oktober 1986**

Die am 25. April 1986 von der SBC Finance (Asia) Ltd., Hong Kong, gegründete SBCI Securities (Asia) Ltd., Hong Kong, die das Emissions- und Wertschriftengeschäft in Japan und Hong Kong betreibt, eröffnet eine Niederlassung in Tokio.

**1. November 1986**

Der Bankverein verlegt seine Abteilung Kapitalmarktgeschäfte mit über 80 Mitarbeitern von Basel nach Zürich.

**1986**

Der Bankverein gründet die Swiss Bank Corporation International Holland NV, Amsterdam, die zur Investment Banking-Gruppe gehört.
Der Bankverein schafft sich ein Leitbild.

**1. Januar 1987**

Beim Bankverein tritt eine neue Führungsstruktur in Kraft. Die Geschäftsleitung setzt sich aus einem – im Gegensatz zur Zeit zwischen 1962 und 1986 permanenten – Vorsitzenden sowie aus elf Generaldirektoren und drei stellv. Generaldirektoren zusammen, von denen jeder eines der 14 Departemente leitet, die in den vier Sparten Kommerz, Finanz, Anlagen und Logistik zusammengefasst sind. Gleichzeitig wird der Rang des Zentraldirektors abgeschafft. Die Filiale Chur erhält den Status eines Sitzes.

**Juli 1987**

Die SBC Portfolio Management International Limited, London, nimmt ihre Tätigkeit auf.

**Sommer 1987**

Der Bankverein erwirbt eine Mehrheitsbeteiligung an der Walliser Ersparniskasse, Sitten.

**Ende 1987**

In Tokio wird die SBC Portfolio Management International K.K. gegründet.

**1987**

Der Bankverein erwirbt das Londoner Brokerhaus Savory Milln und gliedert es unter dem Namen SBCI Savory Milln Ltd., London, in seine Investment Banking-Gruppe ein.

**1. Januar 1988**
Das neue Reglement für die Führung und Organisation der Sitze lehnt sich an die Anfang 1987 eingeführte Führungsstruktur an. Der Bankverein erwirbt die Aktienmehrheit an der Banque Stern, Paris. Ab April 1989 gehört sie ihm zu 100%. Ferner übernimmt er eine massgebliche Beteiligung am Maklerhaus Ducatel-Duval, Paris.

**Anfang 1988**
Die SBC Portfolio Management International Ltd., London, gründet die SBC Investment Services Limited, Dublin (Irland). Sie gehört – wie schon die betreffenden Gesellschaften in London, New York, Tokio und Zürich – zur Portfolio Management-Gruppe des Bankvereins.

**Mai 1988**
Die Optionenbörse SOFFEX, zu deren Aktionären der Bankverein zählt, nimmt den Betrieb auf.

**September 1988**
Nach über siebenjähriger Bauzeit wird der Neubau der Generaldirektion am Aeschenplatz in Basel in Betrieb genommen.

**1988**
Der Bankverein handelt als erste Schweizer Grossbank Financial Futures für seine Kunden. Dieses Geschäft wird über die SBCI Futures Inc., New York, getätigt.

**1. Januar 1989**
Der Sitz Chiasso wird in den Sitz Lugano integriert.
Die Ende 1988 vom Bankverein erworbene Commercial Bank (Jersey) Ltd., St. Helier, Jersey (Channel Islands), nimmt unter dem Namen Swiss Bank Corporation (Jersey) Ltd. das Trustgeschäft auf.

**Anfang 1989**
Die SBCI Swiss Bank Corporation Investment banking Ltd., London, und die SBCI Savory Milln Ltd., London, werden in den neustrukturierten Sitz London des Bankvereins integriert. Gleichzeitig erfolgt der Umzug in das Swiss Bank House an der High Timber Street.

**Sommer 1989**
Der Bankverein gründet in Madrid (Spanien) die SBS España SA, die Übernahmen und Verkäufe von mittleren und kleineren Unternehmen arrangiert, und im November 1989 die Beteiligungsgesellschaft Inversiones Ibersuizas SA.

**27. September 1989**
Das Ausbildungszentrum Seepark in Thun wird offiziell eröffnet.

**Dezember 1989**
Der Bankverein ist bestrebt, sich als führendes Institut für alle Arten von Optionen und Financial Futures zu profilieren. Er beschliesst deshalb, mit O'Connor & Associates, Chicago, eine strategische Partnerschaft einzugehen.

**1989**
Der Bankverein gründet die SBC Government Securities Inc., New York, die sich mit dem Handel in US-Staatspapieren befasst.
In Italien erwirbt der Bankverein eine Mehrheitsbeteiligung an der M&A Società di Mergers & Acquisitions S.r.l., Mailand.

**31. Dezember 1989**
Die Walliser Ersparniskasse, Sitten, wird in den Bankverein integriert.

**Ende März 1990**
Die SBC Government Securities Inc., New York, erhält von der Federal Reserve Bank den Status eines Primary Dealer für US-Schatzscheine.

**Mai 1990**
Der Bankverein erwirbt eine Beteiligung von 48,7% an der Vermögensverwaltungsfirma Unigestion SA, Genf, die ihrerseits eine Beteiligung von 49,9% an der BSI – Banca della Svizzera Italiana, Lugano, hält.

**November 1990**
Der Bankverein New York zieht in den Swiss Bank Tower um. In diesem Zusammenhang hebt er seinen Kundenschalter im Swiss Center Office auf.

**Ende 1990**
Der Bankverein gründet zusammen mit O'Connor & Associates, Chicago, die gemeinsame Gesellschaft SBC-O'C Services L.P., Chicago. Die gleichzeitig gegründete SBC Derivatives Inc., Wilming-

ton, Delaware (USA), hält die für den Derivatehandel in den USA erforderlichen Mitgliedschaften bei Börsen und Clearingorganisationen auf den Plätzen Chicago und Philadelphia.

**1990**
Um der Schweizerischen Treuhandgesellschaft, Basel, als Prüfungs- und Beratungsgesellschaft auch die formelle Unabhängigkeit im Sinne der EG-Normen und der internationalen Branchenusanzen zu geben, reduziert der Bankverein seine Beteiligung von bisher 100% auf 25%.

**1. Januar 1991**
Der Bankverein gibt sich eine neue Führungs- und Organisationsstruktur. Das gesamte Wholesale Banking im Ausland wird der erweiterten Sparte Finanz & International (IFG) der Generaldirektion in Zürich zugeteilt. Im Zusammenhang mit der Reorganisation verbleiben in Basel die Sparten Kommerz, Anlagen und Logistik der Generaldirektion. Die bisher nebeneinander bestehenden Organisationen des Sitzes Basel und der Generaldirektion werden bis Ende März 1991 miteinander verschmolzen.
Der Bankverein trennt die südostasiatischen von den japanischen Aktivitäten. Sie werden aus der SBCI Securities (Asia) Ltd., Hong Kong, ausgegliedert und in die neu gegründete SBCI Finance Asia Ltd., Hong Kong, eingebracht, die dem Bankverein zu 100% gehört.

**März 1991**
Zum ersten Mal in seiner Geschichte veröffentlicht der Bankverein eine Konzernrechnung mit Zahlen für die Jahre 1989 und 1990. Die Bilanzsumme des Konzerns stellt sich demnach Ende 1989 auf 187,1 Mrd Fr., während der Reingewinn für das Geschäftsjahr 1989 938 Mio Fr. erreicht.

**28. Juni 1991**
In Australien eröffnet der Bankverein unter dem Namen SBC Dominguez Barry Ltd., Sydney, eine Tochtergesellschaft, die auch einen Teil des Geschäfts der S.B.C. Australia Ltd. übernimmt.

**Herbst 1991**
Der Sitz Zürich nimmt das Verwaltungszentrum II in Zürich Altstetten in Betrieb.

**Ende 1991**
Da sich die Grenzen zwischen Bank- und Versicherungsprodukten zunehmend verwischen, vereinbart der Bankverein mit der Zürich Versicherungs-Gruppe eine Zusammenarbeit.
Die Schweizerische Depositen- und Kreditbank (SDKB) wird vom Bankverein absorbiert.

**1. Januar 1992**
Der Sitz La Chaux-de-Fonds wird mit dem Sitz Neuenburg zusammengelegt.

**Anfang 1992**
Der Bankverein gibt die Absicht bekannt, die mit ihm seit Dezember 1990 assoziierte US-Wertschriftenfirma O'Connor Partners zu integrieren und zusammen mit dem Geld-, Kapitalmarkt- und Devisengeschäft zu einer globalen Kapitalmarkt- und Treasury-Organisation – Capital Markets & Treasury (CM&T) – zu verbinden. In einer ersten Etappe wird am 1. Oktober 1992 die SBC-O'C Services L.P. eingegliedert.

**April 1992**
Der Bankverein nimmt das Projekt proFIL in Angriff. Damit wird das Ziel verfolgt, das Dienstleistungssortiment der einzelnen Filialen konsequent auf die Kundenbedürfnisse und das Geschäftspotential in der jeweiligen Region abzustimmen.

**Mai 1992**
Die Banque Stern, Paris, wird an die Beteiligungsgesellschaft Comipar, Paris, verkauft, an welcher der Bankverein eine Minderheitsbeteiligung hält.

**30. Juni 1992**
Die BSI – Banca della Svizzera Italiana, Lugano, übernimmt vom Bankverein die vier Vermögensverwaltungsbanken Adler & Co. AG, Zürich, Bank Ehinger & Cie AG, Basel, Armand von Ernst & Cie AG, Bern, und Ferrier Lullin & Cie SA, Genf.

**9. Juli 1992**
Unter dem Namen ZBV Beratungs- und Verkaufs AG, Zürich, wird die gemeinsame Vertriebsgesellschaft des Bankvereins und der Zürich Versicherungs-Gruppe ins Handelsregister eingetragen.

**Oktober 1992**

Der Bankverein gründet in Paris zwei Tochtergesellschaften, nämlich die Société de Banque Suisse (France) SA sowie die SBS Gestion (France) SA.

**Herbst 1992**

Die Partner der Schweizerischen Treuhandgesellschaft – Coopers & Lybrand, Basel, übernehmen vom Bankverein die restlichen 25% der Aktien ihrer Gesellschaft. Damit ist die Anpassung an die 8. EG-Richtlinie über die Unabhängigkeit von Prüfungsgesellschaften vollzogen worden.

**1. Januar 1993**

Die Ducatel-Duval SA, Paris, wird in SBS Valeurs (France) SA umbenannt.

**31. März 1993**

Die Hypothekar- und Handelsbank Winterthur wird mit dem Bankverein fusioniert, nachdem er im Januar 1993 eine Mehrheitsbeteiligung erworben hatte.

**1. April 1993**

Die BSI wird rückwirkend auf den 1. Januar 1993 in eine Holdinggesellschaft – die SBSI Holding AG, Lugano – umgewandelt. Das operative Geschäft der BSI geht auf eine zum gleichen Zeitpunkt neu gegründete Gesellschaft mit demselben Namen über.
Die Banque de Placements et de Crédit, Monte Carlo, wird in Société de Banque Suisse (Monaco) umbenannt.

**14. April 1993**

Die ordentliche Generalversammlung der Aktionäre beschliesst, die Partizipationsscheine von je nom. 100 Fr. abzuschaffen und in Inhaberaktien von je nom. 100 Fr. umzutauschen. Gleichzeitig werden die Namenaktien gesplittet; ihr Nominalwert beträgt nun 50 Fr.

**1993**

Die Niederlassung Biel verliert den Status eines Sitzes.
Nachdem 1992 die Funktion eines Group Compliance Officer geschaffen wurde, baut der Bankverein als erste Schweizer Grossbank eine umfassende Compliance-Organisation auf. In allen wichtigen Handelszentren gibt es nun Compliance Officers.

Der Bankverein eröffnet in St. Helier, Jersey (Channel Islands), eine Niederlassung.

**1. Januar 1994**

Eine neue Konzernorganisation des Bankvereins tritt in Kraft, deren Hauptbestandteile in einem Corporate Center – unterteilt in den Chief Financial Officer und den Chief Credit Officer – und in den Unternehmensbereichen Schweiz (mit den Geschäftsbereichen Firmen und Institutionen, Private Anleger und Vermögensverwaltung, Retail und Logistik Schweiz) sowie International & Finanz/IFD (mit den Geschäftsbereichen Global Capital Markets & Treasury, Global Corporate Finance und Logistik IFD) bestehen. An die Stelle der früheren Geschäftsleitung treten nun die Konzernleitung und die Erweiterte Konzernleitung. Ferner wird der Posten eines Vizepräsidenten der Konzernleitung mit Standort in Zürich geschaffen.

Die SBC Dominguez Barry Corporation Limited, Sydney, wird in SBC Australia umbenannt.

**1. April 1994**

Die Seeland Bank, Biel, wird in den Bankverein integriert.

**September 1994**

Der Bankverein kündigt an, die Brinson Partners Inc., Chicago, zu kaufen. Damit bezweckt er die Verstärkung seiner Stellung im internationalen Vermögensverwaltungsgeschäft mit institutionellen Anlegern.

**16. Dezember 1994**

Der Bankverein gründet die KeyFunds Holding AG, Basel. Unter diesem Dach werden die von ihm gehaltenen Beteiligungen an schweizerischen Fondsleitungs- und Immobilienverwaltungs-Gesellschaften zusammengefasst.

**Dezember 1994**

Der Bankverein gründet das SBZ Service & Beratungs-Zentrum, Olten.

**1994**

Das neue Vertriebskonzept für die Filialen, das im Rahmen des Projekts proFIL seit 1992 erarbeitet wurde, wird in der ganzen Schweiz eingeführt.

Ein bedeutender Teil der Informatikentwicklung des Bankvereins wird in seine 100%ige Tochtergesellschaft Systor AG, Zürich, integriert.

Der Bankverein New York beabsichtigt, in Stamford, Connecticut, ein neues Bankgebäude erstellen zu lassen, das Platz für 2000 Mitarbeiter bieten soll und im Jahre 1997 bezugsbereit sein wird.

Der Bankverein überarbeitet sein aus dem Jahre 1986 stammendes Leitbild.

**1. Januar 1995**
Unter dem Namen Solothurner Bank SoBa nimmt die ehemalige Solothurner Kantonalbank als neue Tochtergesellschaft des Bankvereins ihre Tätigkeit auf.

Der Bankverein gründet auf dem Wege der Fusion von drei Konzerngesellschaften in New York und der Integration von O'Connor & Associates, Chicago, die SBC Capital Markets, New York.

**März 1995**
Der Bankverein richtet ein Umtauschangebot an die Minderheitsaktionäre und -partizipanten der SBSI Holding AG, Lugano. Nach Ablauf der Umtauschfrist kontrolliert er 99,1% der Stimmrechte dieser Gesellschaft.

**April 1995**
Nach Erteilung der Bewilligung durch das Federal Reserve Board wird Brinson Partners Inc., Chicago, eine Bankverein-Tochtergesellschaft.

**Mai 1995**
Der Bankverein richtet ein Übernahmeangebot für sämtliche Investment Banking-Aktivitäten der S.G. Warburg Group plc, London.

**Juni 1995**
Der Bankverein führt die Mitarbeiterbeteiligung, bei den Schweizer Niederlassungen Mitarbeiter-Aktienbeteiligungsplan (MAP) genannt, ein, welche die seit 1973 bestehende Gewinnbeteiligung der Mitarbeiter ersetzt.

**Juli 1995**
Nach der Zustimmung der Aktionäre der S.G. Warburg zum Übernahmeangebot rückt der Bankverein zu den führenden Investmentbanken auf. Der Marktauftritt des neuen Unternehmensbereichs erfolgt seit dem 3. Juli 1995 unter dem Namen SBC Warburg – A Division of Swiss Bank Corporation.

**September 1995**
Der Bankverein und die Perot Systems Corporation (PSC), Dallas, Texas (USA), eine der führenden Anbieterinnen von Informatik, beabsichtigen, eine strategische Allianz einzugehen.

**7. Mai 1996**
An der ordentlichen Generalversammlung stimmen die Bankverein-Aktionäre der Einführung der Einheitsnamenaktie zu.

**22. Mai 1996**
Der Bankverein gibt eine weitere Fokussierung der Konzernstruktur bekannt. Sie besteht neu aus den vier Unternehmensbereichen Schweiz (Retail- und Firmenkundengeschäft), SBC Private Banking (Geschäft mit Privaten Anlegern), SBC Warburg (Investment Banking-Geschäft) und SBC Brinson (globales institutionelles Vermögensverwaltungsgeschäft).

**3. Juni 1996**
Das Federal Reserve Board erteilt die Bewilligung, den Teil von S.G. Warburg in den USA mit den Einheiten des Bankvereins zu fusionieren.

**1. Juli 1996**
Die BSI – Banca della Svizzera Italiana, Lugano, konzentriert sich auf das Private Banking. Ihr Retail- und Firmenkundengeschäft wird vom Bankverein übernommen.

**1. Januar 1997**
Die neue Konzernstruktur tritt in Kraft, nachdem die im Mai und September 1996 beschlossenen Massnahmen realisiert worden sind.

# Register

## A

ABN-AMRO Bank, Amsterdam  132, 246
Account Reporting System (ARS)  55
Achermann, Marcel  282
Aciéries Réunies de Burbach-Eich-Dudelange SA (ARBED)  228
ACRA, siehe: Actuarial Credit Risk Accounting
Activity based Costing  291
Actuarial Credit Risk Accounting (ACRA)  48, 301, 302
Adler & Co. AG, Zürich  160, 162
African Development Bank, Abidjan  84
Aktienbeteiligungsplan  321
Allgemeine Schweizerische Uhrenindustrie AG (ASUAG), Biel  42–44
Alterssparheft/-konto  179
American Express Company  183, 196
Amstad, Richard  224
Anlagen (Sparte)  155, 257, 258, 297
Anlagesparkonto/-heft  179–181
Anlagestiftung für schweizerische Personalvorsorge-Einrichtungen (AST)  56
Annuitätenhypothek  39
Armand von Ernst & Cie AG, Bern  160, 162
Arthur Andersen & Co., London  225
Asian Development Bank, Manila  93
ASUAG, siehe: Allgemeine Schweizerische Uhrenindustrie AG (ASUAG)
ASUAG/SSIH, Biel  42–44
Aucreda AG, Zürich  41
Ausbildungskonto  179, 192
Ausbildungs- und Konferenzzentrum (ABZ), Basel  319
Ausbildungszentrum «Seepark», Thun  313, 318, 319, 345

## Ba

Baker-Plan  97
Balsiger, Ernst  151, 155, 163, 170, 197, 263, 266
Banca del Gottardo, Lugano  92
Banca Prealpina SA, Lugano  214
Bancomat  182, 185, 190
Bank Ehinger & Cie AG, Basel  160, 162
Bankeninitiative (der Sozialdemokratischen Partei)  346
Bank Finalba AG, Zürich  184, 188
Bank Frei, Treig & Co. AG, Zürich  188
Bank für Hypothekarkredite (BHK), Basel  35, 38, 178
Bank für Internationalen Zahlungsausgleich (BIZ), Basel  285, 348
Bank Haerry AG, Reinach/AG  214
Bank in Burgdorf  38, 215
Bank in Kriegstetten  216
Bank Langenthal  216
Bank Leu, Zürich  92, 213
Bank of England, London  226
Bank Prokredit AG, Freiburg/Zürich  188
Bankverein-Ausbildungsförderung  192
Bankverein-ErfolgsSparen  330
«Bankverein-Heft» (Kundenzeitschrift)  350
Bankverein-Multiservice  330
Bankverein Ski Open  339
Bankverein VideoService7777  190
Bankverein-VISA, siehe: VISA-Karte
Banque d'Epargne et de Prêts de la Broye, Estavayer-le-Lac  214
Banque Ferrier Lullin (Luxembourg) SA, Luxemburg  160
Banque Nationale de Paris (BNP)  246
Banque Pallas France, Paris  234
Banque Pallas Stern, Paris  234
Banque de Placements et de Crédit, Monte Carlo, siehe: Société de Banque Suisse (Monaco)
Banque Stern, Paris  132, 233, 234
Barings-Bank, London  114
Baschnagel, Hubert  117
Basler Handelsbank  146
«Basler Handelsbank» Beteiligungs- und Finanzgesellschaft (BHB)  51, 101, 146, 344
Basler Versicherungs-Gesellschaft  189
Basle Securities Corporation, New York, siehe: SBCI Swiss Bank Corporation Investment banking Inc.
Bauer, Hans-Peter  299, 300

## Be

Beglinger AG Finanzgesellschaft, W.H., Zürich  51, 52
Berner Allgemeine Versicherungsgesellschaft  68
Betriebskostenrechnung (BKR)  288, 289
Betriebsleistungsrechnung (BLR)  291
Biber-Gruppe, Biberist  47

Black-Scholes-Modell 103
Blattmann, Rupert 188, 230, 257
Blum, Georges 22, 155, 197, 257, 258, 262, 265, 267, 338
Bodenkreditbank in Basel 38
Boller, Jörg 342, 343
Bolliger, Kurt 257
Bonus-Bausparkonto 180
Bopp ISB AG, Zürich 170
Brady-Plan 97
Bretton Woods-System 29, 67, 72, 115
Brinson, Gary P. 156, 264
Brinson Partners Inc., Chicago 19, 24, 138, 156, 213, 240, 264, 266, 311, 355
Brüderli, Hanspeter 263, 267, 281, 282
BSI – Banca della Svizzera Italiana, Lugano 24, 161, 162, 189, 277, 343
Bull and Bear Note 75
Bull cum Bear-Option 68
Bull Spread-Option 84
Business Management and Finance International Ltd. (BMF), Krakau/London 133
Butz, Adolf 225

**C**

Capital Markets & Treasury (CM&T), siehe: Global Capital Markets & Treasury
Cassamat 182, 190
Celio, Nello 342
Central Information File (CIF) 268
Certificate of Deposit 237
Chase Manhattan Bank, New York 87, 166, 246
Chicago Board of Trade (CBOT) 105, 121, 286, 318
Chief Credit Officer 262, 264, 267, 298, 299
Chief Financial Officer 262, 264, 267, 294
Chief Investment Officer 156
Christe, Francis 230, 290
Ciba-Geigy AG, Basel 244
Citicorp, New York 87, 246
CM&T Risk Control 113
Compagnie Industrielle à Paris (Comipar) 100, 234
Computer Assisted Instruction (CAI) 316
Convertible Money Market Unit (CMM) 111

co op AG, Frankfurt/M. 94, 100, 101, 212, 231
Corporate Center 22, 262, 281, 294, 299
Corporate Communications 335
Cotti, Flavio 318
Country Risk Monitoring 99
Coutts & Co. AG, Zürich 278
Crédit Agricole et Industriel de la Broye, Estavayer-le-Lac 216
Credit Risk Management 284
CS First Boston Inc., New York 213
CS Holding, Zürich 20, 212

**D**

Depositenkonto/-heft 178
«Der Monat in Wirtschaft und Finanz» (Kundenzeitschrift) 349, 350
Deutsche Bank, Frankfurt/M. 125
DG Deutsche Genossenschaftsbank, Frankfurt/M. 101
«Die drei Schlüssel» (Personalzeitschrift) 343, 351
DOKSYS 274
Dominguez Barry Samuel Montagu Ltd., Sydney 132
Drei Linden AG, Solothurn 216
Dresdner Bank, Frankfurt/M. 100
Ducatel-Duval, Agent de change, Paris 234, 235
Dugan, John 264, 266

**E**

East European Development Ltd. (EED), London 132
Easy-Dienstleistungspaket 186
«easy»-Zahlungsauftrag 186
ec-Direct 185
ec-Karte 183, 185
«Economic and Financial Prospects», siehe: «Prospects»
EG 1992 36
Ehinger & Cie, siehe: Bank Ehinger & Cie AG
Eidgenössische Bankenkommission 99, 348
Eidgenössische Technische Hochschule (ETH) 288, 299
Einlagekonto 181
Electronic File Transfer for Asset Management Systems (EFTAMS) 158
Electronic Mail, siehe: SBCMail
Elektronische Börse Schweiz (EBS) 315
Emch + Berger AG, Bern 53

Erweiterte Konzernleitung, siehe: Konzernleitung (Schweizerischer Bankverein)
Escher, Thomas K. 263, 266, 281
Espirito Santo – Sociedade de Investimentos SA (ESSI), Lissabon 133
Eurocard 183, 270
Eurocard-Holding 183
Eurocard (Switzerland) SA, Genf 183
Eurocheque 183, 270
Eurocheque-Garantiekarte, siehe: ec-Karte
Euro-clear Clearance System plc 282
Eurocommercial Paper-Programm (ECP) 87
Euronote 86
Europäische Bank für Wiederaufbau und Entwicklung, London 84
Europäische Gemeinschaft (EG), siehe: Europäische Union (EU)
Europäische Investitionsbank (EIB), Luxemburg 76, 77, 83, 84
Europäischer Binnenmarkt, siehe: Europäischer Wirtschaftsraum (EWR)
Europäischer Wirtschaftsraum (EWR) 233, 347
Europäisches Währungssystem (EWS) 118
Europäische Union (EU) 83, 219
Europäische Wirtschaftsgemeinschaft (EWG) 30
European Depository Receipt 83
Exchange Rate Agreement (ERA) 120
Executive Information System (EIS) 292, 294

## F

Factors AG, Zürich 52
Fälligkeits-Bilanz-Analyse (FABIAN) 288
Federal Reserve Board (Fed) 107, 138, 238, 240
Feiger, George Mark 266
Fenways Partners Capital Fund L.P. 146
Ferrier Lullin & Cie SA, Genf 160, 162
Ferrier Lullin International Inc., Panama 160
Festzinshypothek 39, 40
FIDES-Treuhandgesellschaft 55
Financial Planning 172
Financial Services Act (Grossbritannien) 224
Finantia – Sociedade de Investimentos SA, Lissabon 133
Finanz & International/IFG (Sparte) 22, 133, 222, 259, 262, 292
Finanz (Sparte) 129, 257, 258, 292, 297

Firmen und Institutionen (Geschäftsbereich) 263
Firmenkunden (Geschäftsbereich) 198
Floating Rate Certificate of Deposit 83
Floating Rate Note (FRN) 83
Frehner, Walter G. 22, 23, 34, 44, 114, 162, 197, 257, 259, 262, 265, 279, 319, 356
Frei, Karl 250
Freizügigkeitsstiftung 57, 179
Frey, Walter 255
Führungsinformationssystem (FIS) 288
Fünfschilling, Ulrich 130
Future Rate Agreement (FRA) 107, 120

## G

GA (Geschäftsleitungsausschuss), siehe: Geschäftsleitung (Schweizerischer Bankverein)
Gabitass, W. Michael 225
Gagnebin, Georges 163, 263
Galliker, Franz 22, 23, 98, 209, 255, 256, 262
Gautschi, Erich 129, 225, 256, 263, 274
Gehaltskonto 177, 178
Gemeinkostenwertanalyse 288
Genossenschaft Biomasse-Technologie 345
Geschäftsbereich, siehe die einzelnen Geschäftsbereiche
Geschäftsleitung (Schweizerischer Bankverein) 22, 59, 74, 81, 255–258, 261, 291, 293
Gewerbebank Baden 213
de Gier, Johannes A. 134, 224, 225, 263, 264, 266
Glass-Steagall Act 139, 239, 240
Global Banking System 273
Global Capital Markets & Treasury/CM&T (Geschäftsbereich) 239, 240, 260, 263, 292
Global Corporate Finance (Geschäftsbereich) 240, 263
Global Custody 282
Global Distributed Infrastructure 277
Global Institutional Asset Management (Geschäftsbereich) 156, 240, 264
Global Limits System 296
Goetz, Hans Ulrich 335
Golden Dragon GROI 111
Gottlieb Handelsgesellschaft mbH, Freiburg/Br. 101, 146
Granziol, Markus J. 266

Grob, Hugo  128, 255, 287, 319
Group Compliance Officer  300
Group of Thirty  113
Guaranteed Return on Investment Unit (GROI)  111
Gumerlock, Robert  299

**H**

Haegi, Klaus  229
Haller, Jürg  266
Händlerpositionssystem (HPS)  296
Handwerkerbank Basel  35, 214
Harvard Business School  310, 317
Harwanne SA, Genf  146
Hauptabteilungsrechnung (HAR)  289, 290
Hausverband  324
Hayek Engineering AG, Meisterschwanden/AG  43, 44
Heer, Max  244
Herstatt-Bank, Köln  103, 116
Hochschule St. Gallen  317
Holocaust-Fonds  352
Holtzbrinck-Gruppe, Stuttgart/Düsseldorf  54
Hong Kong & Shanghai Bank  246
Hug, Bruno  263
Huguenin, Henry  255
Hürzeler, Kurt  289
Hypothekar- und Handelsbank Winterthur  38, 216

**I**

Ideal-Job Suppléance SA, Lausanne  306
IFD, siehe: International & Finanz/IFD
IFG, siehe: Finanz & International/IFG
Ilg, John  197, 287, 288
IL Immobilien-Leasing AG, Zürich  41
Indelec Finanz AG, Zürich  52
INDELEC Schweizerische Gesellschaft für elektrische Industrie, Basel  52, 129, 145
Industrie-Leasing AG, Zürich  41
INSEAD, Fontainebleau  310, 317
Institute of International Finance (IIF), Washington  98
Institut für Bankwirtschaft, St. Gallen  317
Institut für Schweizerisches Bankwesen, Zürich  317
Inter-American Development Bank, Washington  84
Interlease SA, Luxemburg  41
Internationale Bank für Wiederaufbau und Entwicklung (IBRD), Washington  67, 74, 76, 93, 346
Internationale Bodenkreditbank, Basel  38
Internationale Finanzierungs AG (Interfinanz), Basel  51
Internationale Handelskammer  345
Internationale Nederlanden Group (ING), Amsterdam  114
Internationaler Skiverband (FIS)  338
Internationaler Währungsfonds (IMF), Washington  122, 346
Internationales Jazz-Festival Bern  340
International Factors (internationale Factoring-Gruppe)  52
International & Finance Division/IFD, siehe: International & Finanz/IFD
International & Finance Group/IFG, siehe: Finanz & International/IFG
International Financial Services Center (IFSC), Dublin  153
International & Finanz/IFD (Unternehmensbereich)  22, 133, 222, 226, 236, 240, 261–265, 292, 294, 299, 309
International Foundation for Computer-based Education in Banking and Finance  316
International Institute for Management Development (IMD), Lausanne  310, 317
International Management Accounting System (IMAS)  290
International Mobility Program (IMP)  316
International Monetary Market (IMM), Chicago  107, 121
International Organization for Standardization  186
International Training and Evaluation Seminar (ITES)  316
Intersettle Swiss Corporation for International Securities Settlements, Zürich  282
Inversiones Ibersuizas SA, Madrid  132
Investment Banking-Gruppe, siehe: SBCI-Gruppe
Investment Easy  186
ISO-Norm 9001  186

**J**

Japan Area Office  245
Jent, Heinz  255
Jordi, Michel  185
Jubiläumsstiftung Schweizerischer Bankverein 1972  336
Jugend-Privatkonto  179
Jugendsparheft  179
Junior Key People  316

## K

KAFU-Wasmund  101, 146
Keiser, Franz  256
Kessler, Hans-Conrad  56, 151, 225, 230, 258
KeyClub  192, 332
Key Funds Holding, Basel  170
Key Funds Holding (Luxembourg) SA, Luxemburg  170
KeyPhone  191
Kilgus, Ernst  257, 317, 356
Kleinert-Unternehmensgruppe  46, 47
«Knock-out»-Warrant  93
Köhli, Fritz  129, 225, 257
Kommerz (Sparte)  129, 257, 258, 297
Kommission (Administration, Ausland, Finanz, Kredite)  59, 256, 257, 296
Konsbruck, Guill  228
Konto für Personalvorsorge  179
Konto 60+  181
Konzern-Exposure (KEXPO)  293
Konzernleitung (Schweizerischer Bankverein)  22, 264, 266, 283
Konzernstabsorganisation (KSO)  289
Koordinationsstelle Ökologie  345
Kosten-Leistungsanalyse (KLA)  289
Kosten- und Leistungsrechnung (KLR)  288
Kreditausschuss  297
Kredit Easy  186, 187
Kühne, Max  128, 196, 255, 258, 268, 274, 285, 288
Künzli, Markus A.  129, 256

## L

Länderengagement-Rapportierung (LER)  295
Large, Andrew  91, 224, 225
Leber, Ulrich  117
Leitbild des Schweizerischen Bankvereins  203, 291, 343, 357
Line of Business-Rechnung (LOB)  289
Lipper Analytical Services, New York  170
Lippo Securities, P.T., Jakarta  93, 247
Logistik (Geschäftsbereich bzw. Sparte)  257, 258, 274, 281, 282, 297
London International Financial Futures Exchange (LIFFE)  105, 106, 121
Luginbühl, Bernhard  185
Lütolf, Franz  98, 236

## M

McKinsey & Co. Inc.  279, 292
Macy & Co. Inc., R.H., New York  212
MAGIC Club  192, 329
MAGIC-Jugendkonto  179, 192
Management Accounting  292, 294
Management Committee  263
Management Development Program (MDP)  318
Management by Objectives  287, 312
MAP (Mitarbeiterbeteiligungsplan), siehe: Aktienbeteiligungsplan
Martin, Kurt  229, 230
Martin, de Pury & Cie, Le Locle  124
M&A Società di Mergers & Acquisitions s.r.l., Mailand  132
Massachusetts Institute of Technology (MIT), siehe: Sloan School of Management, Boston
Matten, Christopher P.  294
Maxwell-Gruppe  102, 103, 212
Maxwell, Robert  102, 295
Medium-Term Euronote (MTN)  86
Menotti, Franz  197, 262, 266
Merten, Rudolf S.  250
Merzweiler, Heinz  333, 338
Metallgesellschaft, Frankfurt/M.  125
Metalor, siehe: Métaux Précieux SA Metalor
Métaux Précieux (Far East) Ltd., Hong Kong  122
Métaux Précieux SA Metalor, Neuenburg  123, 124
Meyer, Conrad  293
Micropal, London  170
Midland Bank plc, London  132
Miller, Merton  103
Miserez, Roger  288, 289
Mix-Hypothek  39
Modigliani, Franco  103
Mollet, Ernst  107
Moll, Kurt  289
Monthly Reporting Dealer  81
Moody's  212
Moser, Lucien  249
Mottet, Louis  228, 255
Move/Basel  261, 297
Move/Zürich  261

## N

Nachrichtenlose Vermögen  352
Neue Aargauer Bank, Aarau  213
Neue Emme Bank, Burgdorf  216
North American Merchant Banking Group  240
Note Issuance Facility (NIF)  86

## O

O'Connor, Chicago  24, 88, 89, 107–110, 119, 138, 156, 213, 239, 240, 244, 260, 261, 264, 275–277, 309, 311, 318, 355
O'Connor & Associates, Chicago, siehe: O'Connor
O'Connor Partners, siehe: O'Connor
Olympia & York  212
Omni-Gruppe  46
OPEC (Organization of Petroleum Exporting Countries)  35, 228
Ospel, Marcel  22, 59, 107, 113, 138, 263–267, 283, 357
Österreichische Elektrizitätswirtschafts-Aktiengesellschaft  146

## P

Paltzer, Edgar F.  236, 255
Paul Morgan & Associates (Securities) Pte. Ltd., Singapur  246
PB Securities Sdn. Bhd., Kuala Lumpur  247
PC-Consult PME AG, Altishofen  55
Pensionskasse des Schweizerischen Bankvereins  324
Perot Systems Corporation (PSC), Dallas  213, 276, 277
Perot Systems Global Financial Services  277
Personalkommission, siehe: Hausverband
«Perspectivas» (Kundenzeitschrift)  350
Peyrelevade, Jean  233
Polish Investment Company plc (PIC), London  132
Portfolio Management Decision Support (PMDS)  158
Portfolio Management Service (PMS)  157, 164
Potential Evaluation Program (PEP)  318
Prämiensparkonto/-heft  179
Premex AG, Zürich  122
Premier Finance and Securities Company Ltd., Bangkok  247, 248
Primary Dealer  81, 238
Private Anleger und Vermögensverwaltung (Geschäftsbereich)  60, 166, 263, 264
Private Banking-Gruppe  162, 165
Privat- und Geschäftskunden (Geschäftsbereich)  197
Privatkonto  181

Prix Clefs d'Or  329
Prodolliet, René  255, 287, 288
proFIL  197, 217, 279, 280, 315
Profil Personalberatungs AG, Zürich  306
Profit Center-Rechnung  289, 293
Prognos AG – Europäisches Zentrum für Angewandte Wirtschaftsforschung, Basel  53, 54, 128
«Prospects» (Kundenzeitschrift)  350
Protected Equity Participation Unit (PEP)  111
Prozesskostenrechnung  291
PTT  175, 178, 190, 285

## R

RADO Swiss Open (Gstaad)  338
Rasi, Roland  262, 263
Real Time Banking (RTB)  196, 268–271, 288, 314, 315
Redesign Logistik  283
Regionalcenter  281
Regionalleiter  297
Retail (Geschäftsbereich)  197, 263
Revolving Underwriting Facility (RUF)  86
Rey, Werner K.  46, 47, 212, 295
Risklab  299
Risk Policy Committee  299
RJR Nabisco Inc., New York  75, 130
Roche Capital Market International Ltd., Guernsey  77
Roche Holdings Inc.  84
Rogge, Peter G.  129, 197, 256
RTB, siehe: Real Time Banking

## Sa

Sammelstiftung des Schweizerischen Bankvereins für die berufliche Vorsorge  58
SAP-Software  289, 293
Savory Milln, London, siehe: SBCI Savory Milln Ltd.
SBC Asia Ltd., Hong Kong  245, 247
SBC Australia Limited, Sydney  132, 154
SBC Brinson (Unternehmensbereich)  22, 156, 266
SBC Capital Markets Inc., New York  109, 138, 139, 240
SBC Center for Learning and Development, New York  318
SBC Derivatives Inc., Chicago  108, 138
SBC Derivatives Ltd., Hong Kong  245

SBC Dominguez Barry Corporation Limited, Sydney, siehe: SBC Australia Limited
SBC Dominguez Barry Fund Management Ltd., Sydney  154, 155
SBC Equity Partners AG, Genf  146
SBC Finance (Asia) Ltd., Hong Kong  80, 82, 243–245
SBC Finance (UK) Ltd., London  83
SBC Funds Management Ltd., Sydney  154
SBC Government Securities Inc., New York  82, 138, 238
SBC Hong Kong Ltd., Hong Kong  82, 245
SBCI Finance Asia Ltd., Hong Kong, siehe: SBC Asia Ltd.
SBCI Futures Inc., New York  81, 106, 238
SBCI-Gruppe  81–83, 225, 243
SBCI Holding, Basel  82
SBCI Hong Kong Ltd., Hong Kong, siehe: SBC Hong Kong Ltd.
SBC International Securities Inc., New York, siehe: SBCI Swiss Bank Corporation Investment banking Inc.
SBC Investments Asia Ltd., Hong Kong  245
SBC Investment Services Ltd., Dublin  152
SBCI Savory Milln Ltd., London  225, 226, 308
SBCI Securities (Asia) Ltd., Hong Kong, siehe: SBC Japan Ltd.
SBCI Swiss Bank Corporation Investment banking Inc., New York  81–83, 132, 138, 151, 235, 237, 238
SBCI Swiss Bank Corporation Investment banking Ltd., London  63, 75, 81–83, 85, 87, 88, 92, 224–226, 228, 308
SBCI Swiss Bank Corporation Investment banking NV, Amsterdam  82, 132
SBC Japan Ltd., Hong Kong  82, 106, 243, 244
SBCMail  273, 274
SBCNet  273, 274
SBC-O'C Services L.P., Chicago  108, 286, 292
SBC Portfolio Management (Canada) Inc., Toronto  160
SBC Portfolio Management International Inc., New York  81, 151, 237
SBC Portfolio Management International K.K., Tokio  153, 244
SBC Portfolio Management International Ltd., London  152, 226
SBC Private Banking (Unternehmensbereich)  22, 60, 163, 266
SBC Top Talents  317
SBC Warburg (Unternehmensbereich)  22, 60, 82, 129, 132, 134, 137–140, 156, 222, 226, 233, 240, 264–266, 277, 294, 299, 311
SBC Warburg (France) SA, Paris  235
SBC Warburg Inc., New York  138, 139, 240
SBC Warburg Sp.zo.o., Warschau  133

«SBC Worldwide» (Personalzeitschrift)  351
SB Lebensmittelhandel Beteiligungsgesellschaft mbH, Bremen  101
SBS España SA, Madrid  132
SBS Gestion (France) SA, Paris  234
SBSI-Gruppe  163
SBSI Holding AG, Lugano  162, 165
SBS Valeurs (France) SA, Paris  235
SBV Finanz AG, Zürich  52
SBV Portfolio Management AG, Zürich  153
SBZ Service & Beratungs-Zentrum, Olten  162, 277, 278

**Sch**
Schäfer, Richard  225
Schenker, Robert  266
Schick, Werner  230, 256, 257
Schlechthaupt, Wolf-Dieter  189, 278
Schlüsselhypothek  39, 40
Schmitz, Franz  255
Schneider, Richard  294
Schnell, Georg  216, 263
Schweizerfranken-Geldmarktbuchforderung  67
Schweizerische Bankgesellschaft, Zürich  20, 42, 47, 121, 145, 190, 204, 212, 278
Schweizerische Bankiervereinigung, Basel  279, 348
Schweizerische Bischofskonferenz  348
Schweizerische Depositen- und Kreditbank (SDKB), Basel  38, 215, 343
Schweizerische Eisenbahnbank, Basel, siehe: Schweizerische Elektrizitäts- und Verkehrsgesellschaft
Schweizerische Elektrizitäts- und Verkehrsgesellschaft (Suiselectra), Basel  53, 129, 143, 145
Schweizerische Gesellschaft für Anlagewerte (Socval), Basel  143
Schweizerische Gesellschaft für elektrische Industrie, Basel, siehe: INDELEC
Schweizerische Gesellschaft für Mikroelektronik und Uhrenindustrie AG (SMH), Biel  42, 44
Schweizerische Gesellschaft für Umweltschutz  345
Schweizerische Kreditanstalt, Zürich  20, 47, 121, 167, 203, 204, 213, 278
Schweizerische Nationalbank, Bern/Zürich  31, 32, 36, 40, 49, 64–66, 74, 115, 204, 226

Schweizerischer Bankverein (Deutschland) AG, Frankfurt/M. 82, 95, 101, 111, 132, 153, 165, 230–232, 300, 334, 337
Schweizerischer Bankverein Kapitalanlagegesellschaft mbH, Frankfurt/M. 153
Schweizerischer Bob-Verband 339
Schweizerische Lebensversicherungs- und Rentenanstalt, Zürich 190
Schweizerischer Evangelischer Kirchenbund 348
Schweizerische Treuhandgesellschaft (STG), Basel 53–55, 128, 276, 306, 343
Schweizerische Volksbank, Bern 20, 212, 213, 279
Schweizerische Zentrale für Handelsförderung 334
Schweizer, Samuel 23, 208
Schweizer Skiverband (SSV) 339
Schweiz (Unternehmensbereich) 22, 60, 197, 198, 262, 264, 266, 283, 309
Schwietert, Aloys 99, 349, 350

**Se**
Section 20 Subsidiary 109, 138, 240
Securities and Exchange Commission – SEC (USA) 151, 237
Securities and Exchange Law (Japan) 243
Seeland Bank, Biel 216
SEGA Schweizerische Effekten-Giro AG, Basel 281
Senn, Guido 195
SESAM-Datenbank 290
S.G. Warburg Group & Co. Inc., New York 139, 265
S.G. Warburg Group plc, London 19, 24, 133, 135–139, 157, 208, 213, 223, 224, 226, 235, 240, 248, 264, 308, 343, 355
Shared Currency Option under Tender (SCOUT) 118
Short Term Education Program (STEP) 316
Siciliano, Andrew 117, 266
Simultan AG, Altishofen 55
Singapore International Monetary Exchange (SIMEX) 121
Sloan School of Management, Boston 310, 317
Smithsonian Agreement 30
Société de Banque Suisse (France) SA, Paris 234, 235
Société de Banque Suisse (Luxembourg) SA, Luxemburg 63, 68, 80, 83, 165, 168, 226, 229
Société de Banque Suisse (Monaco), Monte Carlo 160, 165
Société Financière Italo-Suisse SA, Genf 146
Société Suisse pour l'Industrie Horlogère (SSIH), Biel 42–44

SOFFEX (Swiss Options and Financial Futures Exchange) 105, 107, 111, 190, 282, 315
Solo, David M. 266
Solothurner Bank SoBa 216
Solothurner Kantonalbank 24, 216, 343
Sonderkonto für Krankenkassen 179
Sorgfaltspflichtvereinbarung 348
Sparkasse Küssnacht, Küssnacht am Rigi 216
Sparkonto/-heft 178, 180, 181
Spar- und Leihkasse Sarnen 214
Spar- und Leihkasse Schaffhausen 215
Sparplan 179, 181
Sparte, siehe die einzelnen Sparten
Speich, Rudolf 23
von Speyr, Theodor 224
Spezialfinanzierungen AG, Basel 128, 129
Staehelin, Max (Prof.) 21, 23
Standard Chartered Bank, London 166
Steiermärkische Elektrizitäts-Aktiengesellschaft, Graz 143, 146
Stern, Edouard 233, 234
Stettler, Bernhard 343
Steuber, Kurt 129, 256, 274, 305, 313, 314, 319
Stiftung INVEST 58, 179, 181
Stiftung Préval 58
Stiftung Previdenza Ticino 58
Stiftung SAVE 57, 179
Stiftung des Schweizerischen Bankvereins für die Gewinnbeteiligung der Mitarbeiter 321
Stiftung Schweizer Skisport 339
Stiftung Schweizer Sporthilfe 340
Stiftung Theodora 337
Stiftung Unfallkasse 322
Stockmann, Heinrich 255
Strasser, Hans 21, 23, 128, 255, 256
Strategische Entwicklungsgruppe (SEG) 272, 273, 282
Streichenberg, Georges 133, 225, 247, 258, 267
Stüssi, Peter R. 229
Südwestdeutsche Landesbank 153
Suiselectra Ingenieur AG, Basel 53
Suiselectra, siehe: Schweizerische Elektrizitäts- und Verkehrsgesellschaft
Sunderland, Neil 288

**Sw**
SwisCash 54, 55
SwisCash Corporate Treasury Service 55
SwisCom Asset Management 158
SwisFinance PME 55
SwisGuard (Guaranteed Rate at Delivery) 118
SwisNews 157
SwisPortfolio 157
Swiss Bank Center (Opfikon/ZH) 261
Swiss Bank Corporation (Canada), Toronto 160, 240
Swiss Bank Corporation Commingled Investment Trust 152
Swiss Bank Corporation Consultants Group 53, 128, 129
Swiss Bank Corporation International Holland NV, Amsterdam, siehe: SBCI Swiss Bank Corporation Investment banking NV
Swiss Bank Corporation (International) Ltd., London, siehe: SBC Finance (UK) Ltd.
Swiss Bank Corporation International Ltd. (SBCI), London, siehe: SBCI Swiss Bank Corporation Investment banking Ltd.
Swiss Bank Corporation International Securities Inc. (SBCISI), New York, siehe: SBCI Swiss Bank Corporation Investment banking Inc.
Swiss Bank Corporation (Jersey) Ltd., St. Helier 171
Swiss Bank Corporation (Overseas) Limited, Nassau (Bahamas) 80, 228
Swiss Bank Corporation (Overseas) SA, Panama 248
Swiss Bank Corporation Trust (Bahamas) Ltd., Nassau (Bahamas) 171
Swiss Bank House (London) 224, 226
Swiss Banking School 317
Swiss Bank Tower (New York) 239, 241
Swiss Bank & Trust Corporation Ltd., Grand Cayman 171
Swiss Cheque-Karte 182
Swiss Corporation for Canadian Investments Ltd., Montreal 220
SwisSec 158
Swiss Indoors (Basel) 338
Swiss Online 191
Swiss Options and Financial Futures Exchange, siehe: SOFFEX
SwisStar 55, 157, 158
Systor AG, Zürich 55, 276, 277

**T**
TicketCorner 191, 192
Tinguely, Jean 185
Togni, Alberto 244, 262, 267, 299
Total Quality Management 186
Transaction Allocation Group 292
Transfer Pricing Group 292
Treubig, Wolf 170
Tschirren, Eric 244

**U**
Unigestion SA, Genf 161
United Nations Environment Programme (UNEP) 346
Universal Engineering & Finance Corporation (UNEFICO), Genf 53
Universal Ingenieur AG (UIAG), Bern 53, 100, 128, 306
Universität Zürich 293, 317, 358
UNO 346
Unternehmensbereich, siehe die einzelnen Unternehmensbereiche

**V**
Verband Schweizerischer Kantonalbanken 216
Vereinte Nationen, siehe: UNO
Verwaltungsrat (Schweizerischer Bankverein) 162, 298
VISA-Center 184
VISA-Karte 184, 188
VISA Rail Pass 185
VISA Special Edition 185
Vision 2000 239
VITA, Zürich, siehe: Zürich Versicherungs-Gruppe
Voegeli, Hans Rudolf 255
Volksbank Beromünster 214
Volksbank Wolhusen-Malters 214

**W**
Wallenberg-Gruppe 183
Walliser Ersparniskasse, Sitten 214, 308
Warag Bank, Zürich 188
Warburg Group, siehe: S.G. Warburg Group; SBC Warburg
Warburg, Siegmund 135
Ward, Rodney Gordon 266

Weltbank, siehe: Internationale Bank für Wiederaufbau und Entwicklung
Wertleistungsrechnung 289
Wetzel, Dieter 229
Wietlisbach, Berthold 289
«Winterthur» Versicherungen 190
«Wire» (Personalzeitschrift) 351
Wittwer, Willi 238
Wojewodzki, Roland H. 266
World Industry Council for the Environment 346
Wuffli, Peter A. 262, 267, 294
Wyatt, Ron 330
van der Wyck, Herman C. 266

**Z**
ZBV Beratungs- und Verkaufs-AG, Zürich 189
Zero-base Budgeting 288
Zimmermann, Stefan 266, 281
Zinsausgleichssteuer (USA) 79
Zinsenmodell 293
Zinsstufenhypothek 39
Zürcher Kantonalbank 204
Zurich Equitable Securities Corporation Panama, Panama 51
Zürich Versicherungs-Gesellschaft, siehe: Zürich Versicherungs-Gruppe
Zürich Versicherungs-Gruppe 68, 189, 190, 359

# Legenden zu den Bildtafeln

S. 8: Der «Hammering Man» des amerikanischen Künstlers Jonathan Borofsky vor dem 1988 fertiggestellten Verwaltungsgebäude der Zentralbehörden am Aeschenplatz in Basel.

S. 14: Der Eingang zur Kundenhalle der Geschäftsstelle Zürich Altstetten – Symbol für den Schritt in eine hoffentlich strahlende Zukunft.

S. 16: In New York bezog der Schweizerische Bankverein im Jahre 1972 neue Räumlichkeiten im eben fertiggestellten World Trade Center, wo er fast zwei Jahrzehnte lang blieb.

S. 28: Finanzierung von Bau- und Ausrüstungsinvestitionen, eine volkswirtschaftlich wichtige Aufgabe.

S. 62: Informations- und Telekommunikationsgeräte prägen die modernen Händlerräume. Der Devisenhandelsraum an der Gartenstrasse in Basel Anfang der neunziger Jahre.

S. 126: Die gestiegenen Ansprüche der Grossunternehmen verlangen nach globalen Lösungen.

S. 148: Aktien und Obligationen werden mehr und mehr durch papierlose Formen der Verbriefung abgelöst.

S. 174: Vorraum mit Automatenwand und Eingang zur Kundenhalle in der Filiale Riehen/BS.

S. 202: In Zürich ist der Schweizerische Bankverein seit der im Jahre 1895 vollzogenen Fusion des Basler Bankvereins mit dem Zürcher Bankverein niedergelassen. Der heutige, in den Jahren 1949–59 errichtete Gebäudekomplex am Paradeplatz steht an der Stelle eines Hauses, das der Schweizerische Bankverein in den Jahren 1898/99 bauen liess.

S. 252: Der im Jahre 1990 eingeweihte Swiss Bank Tower in New York symbolisiert die eindrückliche Entwicklung, welche die Bank seit den sechziger Jahren in den USA zu verzeichnen hatte.

S. 304: Hinter dem oft abstrakten Bankgeschäft stehen immer auch Menschen, was treffend mit dem Ausdruck «Banking is people» umschrieben ist.

S. 326: Die Bank wird zum Partner im Sport. Grossanlässe ohne Sponsoren wären nicht mehr durchführbar.

S. 354: Unsere Zeit braucht Visionen.

**Bildnachweis**
Kurt Baumli, Basel: S. 285; Christian Baur, Basel: S. 255; Pino Covino, Birsfelden: S. 263; Emch + Berger Management AG, Bern: S. 141, 142; Carl Imber, Laufen: S. 339, 346; Incolor AG, Zürich: S. 126, 148, 232/233, 245, 248, 354; Erwin Küenzi, Zürich: S. 182 (links); Lorenzo Lees, London: S. 120/121; Peter Morf, Zürich: S. 283, 307, 322; Martin Müller, Mettmenstetten: S. 14, 215; Photoswissair, Zürich: S. 323; Prisma, Zürich: S. 28; Susanne Schenker, Basel: S. 8, 179; Willy Spiller, Zürich: S. 159, 242, 304; Universitätsbibliothek Basel: S. 253.

Übrige Bilder: Schweizerischer Bankverein.